DONNER SENS AU NOM DE PERSONNE DANS LE ROYAUME ANGLO-SAXON (X^e-XIe SIÈCLES)

COLLECTION HAUT MOYEN ÂGE

dirigée par Régine Le Jan

35

Donner sens au nom de personne dans le royaume anglo-saxon (X^e-XIe siècles)

Essai d'histoire sociale

ARNAUD LESTREMAU

BREPOLS

© 2018, Brepols Publishers n.v., Turnhout, Belgium.

All rights reserved. No part of this publication may be
reproduced, stored in a retrieval system, or transmitted, in any
form or by any means, electronic, mechanical, photocopying,
recording, or otherwise without the prior permission of the
publisher.

D/2018/0095/123
ISBN 978-2-503-57933-7
DOI 10.1484/M.HAMA-EB.5.115611

ISSN 1783-8711
eISSN 2294-8473

Printed in the EU on acid-free paper.

Remerciements

Ce livre est une version remaniée de ma thèse de doctorat, soutenue en décembre 2013 à l'Université Paris 1 Panthéon-Sorbonne. Ma gratitude est immense vis-à-vis de mes directeurs de recherche, qui ont toujours su m'épauler, tout en me laissant libre. Ce livre doit donc énormément à Régine Le Jan, avec qui j'ai fait mes premières armes, en M1 sur les échanges dans la *Chronique anglo-saxonne*. Parmi les objets qui circulent, le nom figurait déjà en bonne place ; je la remercie donc de m'avoir fait confiance pour que celui-ci fasse l'objet d'une étude plus complète. Pierre Bauduin a également beaucoup apporté à la réalisation de ce projet. Sans ses conseils avisés et son impressionnante minutie, ce travail n'aurait pas livré les mêmes résultats. Je remercie chaleureusement les membres des séminaires de Paris et de Caen, mais aussi des universités du Nord-Pas-de-Calais, en particulier : Adrien Bayard, Camille Bataille, François Bougard, Bruno Dumézil, Martin Gravel, Laurent Jégou, Sylvie Joye, Stéphane Lebecq, Thomas Lienhard, Claire Tignolet. Parmi eux, une pensée toute particulière va à Alban Gautier pour ses conseils, son soutien et l'exemple qu'il représente, et à Laurence Leleu, pour ses relectures et sa générosité.

Les autres membres du jury – Stephen Baxter, Monique Bourin, Geneviève Bührer-Thierry, Véronique Gazeau – ont souvent eu l'occasion de m'encourager, de me conseiller et de m'inspirer. Pour des discussions, des idées, des savoir-faire qu'ils ont réussi à me transmettre, ce livre est aussi redevable à David Bates, Gisèle Besson, Pierre-Henri Billy, Shane Bobrycki, Pascal Chareille, Adam Kosto, Christopher Lewis, Simon Keynes, Rosamond McKitterick, Luc Merchez, Arnaud Pelfrêne, Walter Pohl, Xavier Storelli, Frédéric Weiss. Pour leurs conseils et leur présence sympathique à Paris I, je remercie Marie Dejoux, Fabrice Delivré, Laurent Feller, François Foronda, Jean-Philippe Genet, Dominique Kalifa, Thierry Kouamé, Joseph Morsel, Didier Panfili, Eric Vallet. Je remercie aussi les médiévistes de l'ENS de Lyon, membres du groupe VilMA, désormais dispersés aux quatre vents, mais qui m'apportèrent pendant trois ans un environnement intellectuel stimulant : Matthieu Allingri, Roxane Chilà, Sylvie Duval, Clément Onimus, Nicolas Pluchot, Cédric Quertier, Matthieu Rajohnson, David Sassu-Normand, Frédéric Vitoux.

Je suis très redevable également à mes professeurs, à Lyon, à Rueil ou à Sceaux, eux qui m'ont donné le goût de l'histoire et des textes : Olivier Bardot, Pascale Barthélémy, Pierre Bloc-Duraffour, Alain Cugno, Véronique Desfilles, Isabelle Denoyel, Gilles Duquesnoy, Catherine Durvye, Sylvain Gouguenheim, Dominique Guicheteau, Jean-Pierre Guilhembet, Roland Guyot, Stéphanie Hallard, Nicolas Laurent, Nadia Maison, Quitterie Malcor, Yves Morla, Dominique Prévost, Pierre-Alain Rogues, Anne Soavé, Anne-Marie Sohn.

Je remercie enfin mes proches et mes amis, qui ont partagé le manque de disponibilité et les crispations induits par un tel travail. Je remercie mes parents et mes amis les plus proches. Une pensée particulière va à Sébastien Annen, Bertrand Augier, Matthieu Bierce, Olivier Gaspard et Cédric Quertier. Une autre va à tous ceux qui ont su m'accueillir et me soutenir, ici ou là, mais surtout à Garges-lès-Gonesse, alors que ce travail se finissait : collègues, élèves et parents d'élèves.

Liste des abréviations

ABBON DE FLEURY, *Vita Edmundi*	ABBON DE FLEURY, *Vita S. Edmundi*, éd. M. WINTERBOTTOM, *Three Lives of English Saints*, Toronto, 1972
Acta SS.	*Acta Sanctorum*, éd. J. BOLLAND *et al.*, Anvers, 1643-
ANS	*Anglo-Norman Studies*
ASC	*The Anglo-Saxon Chronicle*, éd. D. N. DUMVILLE et S. D. KEYNES, Oxford, 1983-
ASC A, B, C, D, E ou F	Manuscrits de la *Chronique*, tels qu'ils ont été publiés dans cette collection
ASE	*Anglo-Saxon England*
ÆLFRIC OF EYNSHAM, *CH*	ÆLFRIC OF EYNSHAM, *The Homilies of the Anglo-Saxon Church*, éd. B. THORPE, Londres, 1844-1846
ÆLFRIC OF EYNSHAM, *Épitomé*	ÆLFRIC OF EYNSHAM, *Epitome de S. Swithuni*, éd. M. LAPIDGE, *The Cult of St Swithun*, Oxford, 2003
ÆLFRIC OF EYNSHAM, *Grammatica*	ÆLFRIC OF EYNSHAM, *Grammatica*, éd. J. ZUPITZA, Berlin, 1880
ÆLFRIC OF EYNSHAM, *AT*	ÆLFRIC OF EYNSHAM, *Libellus de Veteri Testamento et Novo*, éd. R. MARSDEN, Oxford, 2008
ÆLFRIC OF EYNSHAM, *LS*	ÆLFRIC OF EYNSHAM, *Lives of Saints*, éd. W. W. SKEAT, Londres, 1881-1900
ÆLFRIC OF EYNSHAM, *Supp.*	ÆLFRIC OF EYNSHAM, *Homilies. A Supplementary Collection*, éd. J. C. POPE, Londres-New York-Toronto, 1967-1968
ÆLFRIC OF EYNSHAM, *Vita Æthewoldi*	ÆLFRIC OF EYNSHAM, *Vita Æthewoldi*, éd. M. LAPIDGE et M. WINTERBOTTOM, *Wulfstan of Winchester : Life of St Æthewold*, Oxford, 1996
ÆLFRIC OF EYNSHAM, *Vita Swithuni*	ÆLFRIC OF EYNSHAM, *Vita Swithuni*, éd. M. LAPIDGE, *The Cult of St Swithun*, Oxford, 2003
ÆTHELWEARD	ÆTHELWEARD, *Chronicon*, éd. A. CAMPBELL, Londres, 1962
Blickling	*Blickling Homilies*, éd. R. MORRIS, Londres, 1880
B., *Vita Dunstani*	B., *Vita Dunstani*, éd. M. LAPIDGE et M. WINTERBOTTOM, *The Early Lives of Dunstan*, Oxford, 2012
BEDE LE VENERABLE, *HE*	BEDE LE VENERABLE, *Histoire ecclésiastique du peuple anglais*, éd. A. CRÉPIN *et al.*, Paris, 2005
Beowulf	*Beowulf*, éd. A. CRÉPIN, Paris, 2007
BL	Londres, British Library
BNF	Paris, Bibliothèque Nationale de France
BYRHTFERTH OF RAMSEY, *Enchiridion*	BYRHTFERTH OF RAMSEY, *Enchiridion*, éd. P. S. BAKER et M. LAPIDGE, Oxford, 1995

8 LISTE DES ABRÉVIATIONS

BYRHTFERTH OF RAMSEY, VSO
: BYRHTFERTH OF RAMSEY, *Vita S. Oswaldi*, éd. M. LAPIDGE, Oxford, 2009

Chron. Ab.
: *The History of the Church of Abingdon*, éd. J. HUDSON, Oxford, 2007-2008

Chron. Ev.
: *Chronicon abbatiae de Evesham, ad annum 1418*, éd. W. DUNN Macray, Londres, 1863

Chron. Pet.
: HUGH CANDIDUS, *Chronicon*, éd. W. T. MELLOWS, Londres, 1949

Chron. Rams.
: *Chronicon abbatiæ rameseiensis a sæc x. usque ad an. circiter 1200 : in quatuor partibus*, éd. W. DUNN Macray, Londres, 1886

Councils & Synods
: *Councils and Synods with other Documents Relating to the English Church, 1 : AD 871-1204*, éd. D. WHITELOCK, Oxford, 1981

DB
: *Domesday Book*, éd. J. MORRIS, Chichester, 39 vols, 1975-1992, suivi du comté et de la section

BDF	Bedfordshire
BRK	Berkshire
BUK	Buckinghamshire
CAM	Cambridgeshire
CHS	Cheshire
CON	Cornwall
DBY	Derbyshire
DEV	Devonshire
DOR	Dorset
ESS	Essex
GLS	Gloucestershire
HAM	Hampshire
HEF	Herefordshire
HRT	Hertfordshire
HUN	Huntingdonshire
KEN	Kent
LEC	Leicestershire
LIN	Lincolnshire
MDX	Middlesex
NFK	Norfolk
NTH	Northamptonshire
NTT	Nottinghamshire
OXF	Oxfordshire
RUT	Rutland
SHR	Shropshire
SOM	Somerset
STS	Staffordshire
SUF	Suffolk
SUR	Surrey

SUS	Sussex
WAR	Warwickshire
WIL	Wiltshire
WOR	Worcestershire
YKS	Yorkshire

DLV — *Durham Liber Vitæ*, éd. D. W. ROLLASON et L. ROLLASON, Londres, 2007

EADMER OF CANTERBURY — *Lives and Miracles of Saints Oda, Dunstan and Oswald*, éd. A. J. TURNER et B. J. MUIR, Oxford, 2009[2]

EER — *Encomium Emmae Reginae*, éd. A. CAMPBELL et S. D. KEYNES, Cambridge, 1998[2]

EHD i — *English Historical Documents, c. 500-1042*, éd. D. WHITELOCK, New York, 1955

EHR — *English Historical Review*

EME — *Early Medieval Europe*

GMAM — *Genèse médiévale de l'anthroponymie moderne* (suivi du numéro de volume)

GNEUSS — H. GNEUSS, *Handlist of Anglo-Saxon Manuscripts : A List of Manuscripts and Manuscript Fragments Written or Owned in England up to 1100*, Tempe, 2001

GOSCELIN DE SAINT-BERTIN, *VSE* — GOSCELIN DE SAINT-BERTIN, « La Légende de Ste Edith », éd. A. WILMART, *Analecta Bollandiana*, 56, 1938, p. 5-101 et p. 265-307

HARMER, *Writs* — *Anglo-Saxon Writs*, éd. F. E. HARMER, Manchester, 1952

HEMMING — HEMMING, *Chartularium* ou *Codicellus*, éd. Th. Hearne, Oxford, 1723

HENRY OF HUNTINGDON — HENRY OF HUNTINGDON, *Historia Anglorum*, éd. D. E. GREENWAY, Oxford, 1996-2002.

ISIDORE DE SÉVILLE, *Etymologiae* — ISIDORE DE SÉVILLE, *Etymologies*, éd. S. A. BARNEY et al., Cambridge, 2010

JOHN OF WORCESTER — JOHN OF WORCESTER, *Chronicon*, éd. R. R. DARLINGTON, P. McGURK et J. BRAY, Oxford, 1995

KER — N. R. KER, *Catalogue of manuscripts containing Anglo-Saxon*, Oxford, 1990

LANTFERTH, *Translatio* — LANTFERTH, *Translatio et miracula S. Swithuni*, éd. M. LAPIDGE, *The Cult of St Swithun*, Oxford, 2003

LE — *Liber Eliensis*, éd. E. O. BLAKE, Londres, 1962

LIEBERMANN — F. LIEBERMANN, *Die Gesetze der Angelsachsen. Herausgegeben im Auftrage der Savigny-Stiftung*, Halle, 1898

LVNM — *The liber vitæ of the New Minster*, éd. S. D. KEYNES, Copenhague, 1996

New Cambridge — *New Cambridge Medieval History*, suivi du volume

OB — Old British. Nom issu du stock celtique

OE — Old English. Nom issu du stock anglo-saxon

OG — Old Germanic. Nom issu d'un stock germanique continental

LISTE DES ABRÉVIATIONS

ON	Old Norse. Nom issu d'un stock scandinave
Okasha	E. OKASHA, *Hand-List of Anglo-Saxon Non-Runic Inscriptions*, Cambridge, 1971 ou suppléments, publiés dans *Anglo-Saxon England* (1982, 1992 et 2004)
ORDERIC VITAL	ORDERIC VITAL, *The Ecclesiastical History*, éd. M. CHIBNALL, Oxford, 1980
PASE	*Prosopography of Anglo-Saxon England*
ROBERTSON, *Charters*	*Anglo-Saxon Charters*, éd. A. J. ROBERTSON, Cambridge, 2009²
ROBERTSON, *Laws*	*The Laws of the Kings of England*, éd. A. J. ROBERTSON, Cambridge, 2009²
S	P. H. SAWYER, *Anglo-Saxon Charters*, Londres, 1968
SPELMAN	H. SPELMAN, *Concilia, decreta, leges, constitutiones in Re Ecclesiarum Orbis Britannici*, Londres, 1639
STENTON, *ASE*	F. M. STENTON, *Anglo-Saxon England*, Oxford, 1971³
SYMEON OF DURHAM, *DOD*	SYMEON OF DURHAM, *De Obsessione Dunelmi*, éd. Th. Arnold, *Symeonis Monachi Opera Omnia*, 1, Londres, 1882, p. 215-220
THORPE	B. THORPE, *The Ancient Laws and Institutes of England*, Londres, 1840
TRHS	*Transactions of the Royal Historical Society*
VER	*The Life of King Edward Who Rests At Westminster*, éd. F. BARLOW, Oxford, 1992
Vercelli	*The Vercelli Homilies*, éd. D. G. SCRAGG, Oxford, 1992
Vita Kenelmi, Vita Rumwoldi	*Vita Kenelmi, Vita Rumwoldi*, éd. R. C. LOVE, *Three Eleventh-Century Anglo-Latin Saints' Lives*, Oxford, 2006
WILLIAM OF MALMESBURY, *GP*	WILLIAM OF MALMESBURY, *Gesta Pontificum Anglorum*, éd. R. M. THOMSON et M. WINTERBOTTOM, Oxford : Clarendon, 2007
WILLIAM OF MALMESBURY, *GR*	WILLIAM OF MALMESBURY, *Gesta Regum Anglorum*, éd. R. A. B. MYNORS, R. M. THOMSON et M. WINTERBOTTOM, Oxford, 1998-1999
WILLIAM OF MALMESBURY	WILLIAM OF MALMESBURY, *Saints' Lives*, éd. M. WINTERBOTTOM et R. M. THOMSON, Oxford, 2002
WULFSTAN OF YORK	WULFSTAN OF YORK, *Homilies*, éd. D. BETHURUM, Oxford, 1998
WULFSTAN OF WINCHESTER, *Breuiloquium*	WULFSTAN OF WINCHESTER, « *Breuiloquium de omnibus sanctis* », éd. Fr. Dolbeau, *Analecta Bollandiana*, 106 (1988), p. 35-98.
WULFSTAN OF WINCHESTER, *Vita Æthewoldi*	WULFSTAN OF WINCHESTER, *Vita Æthewoldi*, éd. M. LAPIDGE et M. WINTERBOTTOM, Oxford, 1996
WULFSTAN OF WINCHESTER, *Collection*	WULFSTAN OF WINCHESTER, *Canon Law Collection*, éd. J. E. CROSS et A. HARMER, Woodbridge, 1999
WULFSTAN OF WINCHESTER, *Narratio metrica*	WULFSTAN OF WINCHESTER, *Narratio metrica de S. Swithuni*, éd. M. LAPIDGE, *The Cult of St Swithun*, Oxford, 2003

> *Qu'il s'agisse des ossements murés dans les remparts de la Syrie, d'un mot dont la forme ou l'emploi révèle une coutume, du récit écrit par le témoin d'une scène ancienne ou récente, qu'entendons-nous en effet par documenta sinon une « trace », c'est-à-dire la marque, perceptible aux sens, qu'a laissée un phénomène en lui-même impossible à saisir[1] ?*

---

1 M. BLOCH, *Apologie pour l'Histoire ou Métier d'Historien*, Paris, 1974 [1949], p. 56.

Introduction

Avec le référendum de juin 2016 sur le Brexit et le déclenchement de l'article 50 par Theresa May en mars 2017, de nombreux Anglais ont donné l'impression de concevoir leur pays comme un isolat, séparé du reste du monde par les eaux qui l'entourent. Dans leur optique, l'Angleterre n'est pas un pays d'Europe, puisqu'elle est par nature drapée dans le Splendide Isolement qui fit la puissance du pays au XIXᵉ siècle.

Pourtant, aux yeux de l'historien, il apparaît impensable de faire de la mer une frontière hermétique. Aussi loin que remonte la mémoire des historiographes médiévaux, l'île de Bretagne a fait l'objet d'invasions. Les Romains l'ont conquise et « civilisée ». Ils ont ensuite dû défendre les provinces du sud et de l'est contre les incursions de peuplades insulaires (Pictes et Scotts) ou continentales (Saxons), auxquelles ils les ont finalement abandonnées. Ceux qu'il est convenu d'appeler « Anglo-Saxons » – mais qui incluaient en réalité des populations d'horizons bien plus variés – ont alors, dès le Vᵉ siècle, pris le contrôle de la partie la plus riche de l'île, au sud et à l'est. Rejoints par des missionnaires venus d'Irlande, d'Écosse et du continent, au cours des VIᵉ-VIIᵉ siècles, ces peuples se sont progressivement convertis au christianisme. Néanmoins, aussitôt ce processus finalisé, une vague de pirates et d'aventuriers originaires de Scandinavie s'est abattue sur l'Europe occidentale. Les IXᵉ-Xᵉ siècles anglais sont des siècles de guerres obscures et de coups de main entre royaumes anglo-saxons et bandes de Vikings. Cette menace, à nouveau venue de la mer, est contenue, puis progressivement éliminée et assimilée au Xᵉ siècle, avant de resurgir, plus forte que jamais, au tournant de l'An Mil, imposant un éphémère empire anglo-danois. Ce sont néanmoins les lointains descendants de Vikings installés en Neustrie qui font la conquête la plus durable du royaume en 1066, sous la houlette du duc Guillaume de Normandie.

L'histoire de l'Angleterre apparaît comme tributaire des courants migratoires qui traversent le pays et viennent, à chaque siècle, enrichir sa culture et sa langue, laissant des traces dans la toponymie et l'anthroponymie[1]. Ce livre s'attache précisément aux noms de personnes, eux qui sont souvent les témoins des identités diverses qui font la richesse d'un pays et de ses habitants : inscription montrant la romanisation des noms celtiques pendant l'Antiquité[2], généralisation des noms germaniques anglo-saxons

---

1 H. WALTER, *L'aventure des langues en Occident*, Paris, 1996, p. 431 sq.
2 A. MULLEN, « Linguistic Evidence for 'Romanization' : Continuity and Change in Romano-British Onomastics : A Study of the Epigraphic Record with Particular Reference to Bath », *Britannia*, 38 (2007), p. 35-61.

14 INTRODUCTION

pendant les *Dark Ages*[3], percée des noms germaniques originaires de Scandinavie au cours du haut Moyen Âge[4] et apparition à partir du XIᵉ siècle de formes à deux noms, calquées sur le modèle continental, avec l'adoption de nombreux prénoms en vogue chez les envahisseurs normands[5]. Ce tour d'horizon rapide montre que le nom est un témoin majeur des échanges qui lient inéluctablement les rivages des mers du Nord entre eux, des déplacements mais aussi de l'intégration de l'Angleterre dans la culture de l'Europe du Nord-Ouest. En effet, les mêmes évolutions du système anthroponymique se rencontrent de part et d'autre des mers du Nord. Sous l'Empire romain, on utilise les *tria nomina*, avec, à la fin de la période impériale, l'abandon du *praenomen* et l'adoption de l'*agnomen*[6]. Parfois, le seul *cognomen* suffit à désigner une personne. Néanmoins, il faut attendre la multiplication des concessions faites aux fédérés et la lente pénétration des peuples germaniques dans l'Empire romain pour observer un véritable retour à l'utilisation de noms simples. Ceux-ci s'imposent entre la fin de l'Antiquité et le début du Moyen Âge. Chaque personne porte alors un *nomen*, un nom unique, bien souvent d'origine germanique. Au cours du haut Moyen Âge, cette coutume n'évolue pas ; en revanche, le mode de transmission entre parents et enfants connaît une lente transformation[7]. Enfin, sous le coup des évolutions sociopolitiques (hiérarchisation accrue du corps social) et culturelles (rôle croissant de l'Église), on observe, à partir du XIᵉ siècle, un passage progressif à un système à deux noms, avec la généralisation de surnoms transmis de façon héréditaire (noms de famille) et la réduction du nombre de noms de baptême disponibles (prénoms « modernes »)[8]. Ce schéma évolutif concerne la totalité de l'Europe continentale, mais il inclut *de facto* l'Angleterre.

Dans ce livre, notre objectif est de rendre aux noms anglo-saxons la polysémie qu'ils avaient au Moyen Âge, mais aussi de les réinscrire dans le contexte historique de l'Europe du nord-ouest. Il convient donc de rompre avec une double tendance à l'isolationnisme. En effet, les études en onomastique anglo-saxonne se concentrent bien souvent sur le nom comme objet linguistique et philologique : savoir si les noms

---

3 H. B. WOOLF, *The old Germanic principles of Name-Giving*, Baltimore, p. 8-161. C. CLARK, « Onomastics », in R. M. HOGG (éd.), *The Cambridge History of the English Language*, Cambridge, 1992, p. 452-489.

4 G. FELLOWS-JENSEN, *Scandinavian personal names in Lincolnshire and Yorkshire*, Copenhague, 1968. J. INSLEY, *Scandinavian personal names in Norfolk*, Uppsala, 1994.

5 P. JACKSON (éd.), *Words, names and history*, Cambridge, 1996. D. POSTLES et J. T. ROSENTHAL (éd.), *Studies on the personal name in later medieval England and Wales*, Kalamazoo, 2006.

6 Le *praenom* (prénom) et le *nomen* (nom de famille) sont en général héréditaires. Le *cognomen* et l'*agnomen* (surnom) sont en général personnels. H. G. PFLAUM et N. DUVAL (éd.), *L'onomastique latine*, Paris, 1977. M. DONDIN-PAYRE et M.-T. RAEPSAET-CHARLIER (éd.), *Noms, identités culturelles et romanisation sous le Haut-Empire*, Bruxelles, 2001.

7 H. B. WOOLF, *The old Germanic principles, op. cit.* R. LE JAN, « Nommer/identifier ou la puissance du nom dans la société du haut Moyen Âge », in C. DE FIRMAS (éd.), *Des noms et des hommes. L'homme et ses désignations des sociétés antiques à l'identifiant chiffré*, 1998, p. 47-56.

8 G. DUBY, « Lignage, noblesse et chevalerie au XIIᵉ siècle dans la région mâconnaise. Une révision », *Annales. Économies, Sociétés, Civilisations*, 27 (1972), p. 803-823. Les multiples publications du groupe GMAM ont permis de rendre compte du mécanisme à l'œuvre. Voir chapitre 5.

sont monothématiques ou dithématiques, dans quelle langue ils ont été composés, quels sont les problèmes morphologiques, phonologiques qu'ils présentent[9], etc. Dans la plupart de ces études, la composante sociale des noms est niée, notamment parce que les formes normalisées ont tendance à estomper la fluidité de l'usage réel[10]. Or, c'est en direction d'une étude sociale des noms que nous souhaitons nous diriger, en mettant à profit les acquis d'autres sciences sociales et humaines[11]. Par le prisme des noms, nous souhaitons aussi répondre à la question que toute recherche historique pose incidemment, souvent sans le dire : qu'est-ce que l'individu ? comment s'insère-t-il dans un (ou plusieurs) groupe ?

Par ailleurs, les travaux sont en général prisonniers d'un paradigme insulaire, qui laisse peu de place aux courants historiographiques continentaux. En conséquence, notre approche méthodologique vise à ancrer les îles Britanniques dans leur contexte – l'Europe du Nord-Ouest – et, pour ce faire, à utiliser massivement les outils intellectuels construits par les courants historiographiques continentaux. Il n'existe pas, à ce jour, de grande étude abordant ensemble les questions de l'anthroponymie anglo-saxonne, des identités insulaires et, plus largement, des structures portantes de la société anglo-saxonne. C'est donc à ce travail minutieux de reconstruction que nous avons souhaité nous atteler, en inscrivant résolument notre propos dans l'optique de l'anthropologie historique. Ce faisant, nous nous intéressons donc au fonctionnement de la société anglo-saxonne au sens large. Pour parvenir à atteindre cet objectif, l'étude des noms nous a semblé l'entrée la plus efficace. En effet, les noms sont omniprésents dans la société et offrent, en l'absence d'information complémentaire, un gisement assez largement inexploité de données susceptibles de nous renseigner sur la place des individus et leur intégration dans les groupes qu'ils côtoient, comme la famille ou une communauté ethnolinguistique. L'Angleterre anglo-saxonne, qui se caractérise par la sous-exploitation de ce matériau anthroponymique, constitue, de ce point de vue, un terrain d'étude propice, car les sources disponibles sont assez nombreuses et variées.

Notre étude se concentre sur le monde anglo-saxon. Nous excluons donc les espaces celtiques de la Grande-Bretagne : Pays de Galles et Écosse, qui connaissent des situations politiques et sociales totalement différentes du royaume de Wessex. En revanche, nous intégrons la Cornouailles dans l'étude, dans la mesure où elle a

---

9   R. I. Page, « Personal Names, Old English », in M. Lapidge *et al.* (éd.), *The Blackwell Encyclopaedia of Anglo-Saxon England*, Oxford, 2007, p. 363-364. C. Clark, « Onomastics », in R. M. Hogg (éd.), *The Cambridge History of the English Language*, Cambridge, 1992, p. 452-489. N. Barley, « Perspectives », *art. cit.* P. Kitson, « How Anglo-Saxon Personal Names Work », *art. cit.* St. Wilson, *The Means of Naming*, *op. cit.*, p. 12-13. F. Colman, *The grammar of names in Anglo-Saxon England : the linguistics and culture of the Old English onomasticon*, Oxford, 2014.

10 C. P. Lewis, « Joining the dots », *loc. cit.*, p. 76.

11 Chr. Bromberger, « Pour une analyse anthropologique des noms de personnes », *loc. cit.*, p. 103. C. P. Lewis, « The French in England », *loc. cit.*, p. 132. C. Clark, « Personal-Name studies », *loc. cit.*, p. 26. Ead., « Socio-Economic Status », *loc. cit.*, p. 110. McClure, Peter, « The Interpretation of Middle-English Nicknames », *art. cit.*, p. 101.

16   INTRODUCTION

été conquise par le royaume de Wessex au IXe siècle[12]. Nous faisons débuter notre réflexion autour de 954, au moment où le roi Eadred des West-Saxons réussit à capturer la cité scandinave d'York. Désormais, l'Angleterre obéit toute entière à un même souverain et il n'y a plus de potentat scandinave en Angleterre. Seuls les rois issus de la lignée de Cerdic y règnent[13]. Certes, nombre d'historiens du social n'accordent pas une telle importance à cet événement[14], aussi le retiendrons-nous surtout par commodité, comme date symbolique d'un changement d'organisation dans la vie politique insulaire. Cela ne nous empêchera pas de prendre en compte les quelques documents utiles à notre propos produits au début du Xe siècle.

De 954 à 980 environ, l'Angleterre connaît une période de paix, pendant laquelle les rois tentent d'intégrer les populations d'origine danoise, en leur garantissant une certaine forme de reconnaissance, notamment par le biais des codes de loi[15]. Il s'agit d'une phase d'unification du royaume, mais qui ne va pas sans poser de difficultés : le règne d'Eadwig (955-958) se solde par une division temporaire du royaume. Eadwig conserve le « vieux Wessex », au sud-ouest de la Tamise, tandis qu'Edgar, son frère, devient roi de la partie septentrionale. Après un an et le décès d'Eadwig, Edgar est le seul roi des Anglais (959-975). C'est la période de la « réforme bénédictine » : de nombreux monastères sont fondés ou refondés, tandis que certaines églises cathédrales sont peuplées de moines. Le couronnement « impérial » de 973 consacre l'âge d'or de la monarchie anglo-saxonne, âge d'or en grande partie construit rétrospectivement par des auteurs favorables à la réforme monastique dont Edgar fut le défenseur.

De 980 à 1016, le royaume est profondément déstabilisé. Avec la disparition du roi Edgar, en 975, l'Angleterre est plongée dans une lutte de factions qui voit le cadet, Æthelred II (978-1016), l'emporter après le meurtre de l'aîné, son demi-frère, Edward le Martyr (975-978). En outre, de la célèbre bataille de Maldon (991) aux amples attaques des années 1000, l'Angleterre est menacée militairement par le retour des Vikings. Cette époque est difficile pour la monarchie – même si celle-ci conserve des bases fiscales solides –, car la fidélité de ses grands dignitaires est mise à rude épreuve. En 1013, le roi des Danois, Swein à la Barbe Fourchue, après avoir chassé du trône Æthelred II, est couronné roi des Anglais. Et même si la mort prématurée de Swein en 1014 donne l'impression d'un coup d'arrêt, le retour d'une grande

---

12 D. GORE, « Britons, Saxons, and Vikings in the South-West », in J. ADAMS et K. HOLMAN (éd.), *Scandinavia and Europe 800-1350*, Turnhout, 2004, p. 35-41. Nous faisons le choix d'utiliser le terme anglais afin d'éviter toute confusion avec la Cornouailles française.

13 Dans STENTON, *ASE*, cette charnière est marquée par un changement de partie. La Dixième Partie (« The Conquest of Scandinavian England ») se finit sur cet épisode, afin de séparer les deux vagues d'invasion venues de Scandinavie, ce que font aussi Gwyn Jones (*A History of the Vikings*, Oxford, 2001, p. 204), Henry Loyn (*The Vikings in Britain*, Oxford, 1994, p. 64) ou Jean-Philippe Genet (*Les îles britanniques au Moyen Âge*, Paris, 2005, p. 52).

14 L'épisode est simplement mentionné, dans le cours de la narration, par Peter Blair (*An Introduction to Anglo-Saxon England*, Cambridge, 2003³, p. 89), John Blair (K. O. MORGAN (éd.), *The Oxford history of Britain*, Oxford, 2001, p. 100), Pauline Stafford (*Unification and Conquest*, Londres, 1989, p. 33), Dawn Hadley (*The Viking in Englan*, Manchester, 2006, p. 67), Julian Richards (*Viking Age England*, Stroud, 2000, p. 29) ou Stéphane Lebecq (*Histoire des îles Britanniques*, Paris, 2007, p. 148-149).

15 H. R. LOYN, *The Vikings, op. cit.*, p. 64. R. BOYER, *Les Vikings*, Paris, 1992, p. 200-207.

armée danoise met fin à ces espoirs. En 1016, Cnut, fils de Swein, devient roi à son tour, en collégialité avec l'Anglo-Saxon Edmund Ironside, fils aîné d'Æthelred II. Lorsqu'Edmund décède de façon prématurée, à la fin de l'année 1016, Cnut devient le seul maître d'une Angleterre traumatisée par trente ans de guerre.

De 1016 à 1042, les Danois dominent l'Angleterre. La prise de pouvoir par Cnut (1016-1035) entraîne l'intégration de l'Angleterre dans un empire septentrional et s'accompagne d'une purge, puis d'un renouvellement de l'élite insulaire. Néanmoins, les dignitaires les plus importants pendant cette période ne sont guère scandinaves, à l'exception de l'*earl* Siward de Northumbrie : Godwine en Wessex et Leofric en Mercie sont tous deux issus de familles anglo-saxonnes. De même, Cnut s'adapte aux habitudes anglo-saxonnes et règne en s'appuyant sur l'Église. Afin de sceller la réconciliation entre Danois et Anglais, il épouse la veuve d'Æthelred II, la Normande Emma. Ainsi naît leur seul fils : Harthacnut. Néanmoins, après la mort de Cnut, la période de domination danoise est marquée par une grande instabilité : l'opposition entre Harald Pied-de-Lièvre (1035-1040), fils illégitime de Cnut, et Harthacnut se traduit par des guerres civiles. Après la mort violente d'Harald, Harthacnut accède au pouvoir (1040-1042), mais en laissant à son tour une image fort négative dans les sources[16].

De 1042 à 1066, les liens entre Scandinavie et Angleterre se distendent, tandis que ceux avec la Normandie se renforcent. Edward le Confesseur, fils d'Æthelred II, après avoir été rappelé en Angleterre par son demi-frère Harthacnut, accède au trône (1042-1066). La part jouée par l'élite, et en particulier la famille de Godwine, est capitale pendant cette période et conditionne nombre d'actions du souverain. Hésitant, il favorise tantôt ce parti (qui l'a soutenu pour son élection au trône), tantôt ses parents et alliés normands. La mort du roi, sans héritier direct, se traduit par l'opposition entre les prétendants en 1066. Tirant profit de sa propre puissance, Harold II Godwineson, beau-frère du roi, est couronné, mais doit rapidement affronter le débarquement du roi norvégien Harald le Sévère dans le nord de l'Angleterre, puis celui du duc Guillaume de Normandie dans le sud. Les Normands s'emparent du royaume suite à la victoire de Guillaume, à Hastings.

Certains considèrent la conquête de Cnut[17] ou l'arrivée au pouvoir d'Edward le Confesseur, dont la culture est normande plus qu'anglo-saxonne[18], comme des césures majeures. Toutefois, c'est bien 1066 qui marque la fin de l'âge viking en Angleterre[19], mais aussi la fin de la période anglo-saxonne[20], même si les études qui interrogent le

---

16 I. HOWARD, *Harthacnut : the last Danish king of England*, Stroud, 2008, p. 117-120. Le manuscrit C de la *Chronique anglo-saxonne* indique une augmentation des impôts suivie d'une vague de défiance, avant de conclure qu'« il ne fit jamais rien qui fût digne d'un roi pendant qu'il régnait » (*ASC C, sub anno* 1040).

17 R. FLEMING, *Kings and Lords, op. cit.* St. LEBECQ et al., *Histoire des îles Britanniques, op. cit.*, p. 171.

18 *EHD i.*

19 J. D. RICHARDS, *Viking Age England, op. cit.*, p. 40.

20 Frank Stenton fait de 1066 la charnière entre le chapitre XV, « The last years of the Old English state » et le chapitre XVI, « The Norman conquest » (STENTON, *ASE*). C'est la date de « transition » retenue par nombre d'historiographes de la période anglo-normande. Ainsi, Henry of Huntingdon en fait la

18 INTRODUCTION

caractère décisif de cette date sont de plus en plus nombreuses[21]. Bien que les évolutions sociales et institutionnelles liées à 1066 fussent sans doute moins importantes que ce que l'on a longtemps cru[22], les conséquences de la Conquête Normande sur l'organisation administrative et foncière du royaume ne peuvent être totalement niées[23]. Nous retiendrons également cette date de clôture pour ne pas répéter les résultats d'études portant sur les pratiques anthroponymiques de l'époque anglo-normande[24].

Pour mener à bien cette étude, nous proposons six chapitres d'ampleurs variables, complémentaires dans leur objet, leur propos et leur méthode. Dans le premier, nous poserons le cadre théorique et méthodologique globale de l'étude. Nous mettrons donc en lumière tous les documents susceptibles d'informer notre réflexion sur les noms et les orientations méthodologiques pour lesquelles nous avons opté dans le traitement de ces données. Il s'agit aussi de montrer à quel point la notion d'identité est complexe, oscillant entre deux acceptions radicalement opposées, l'une exprimant la singularité, l'autre l'insertion dans un groupe de pairs. Le nom apparaît lui aussi comme un marqueur d'appartenances diverses et constitue donc un point d'appui tout trouvé pour mener à bien une telle étude.

Dans les chapitres 2 et 3, nous entrons plus directement dans le cœur du sujet, en nous posant la question de l'usage que l'on faisait du nom au cours d'une existence. Comment le nom permettait-il de structurer la société, à la fois en donnant une place aux personnes, puisqu'il les singularise et permet de les identifier, à la fois en les intégrant dans des groupes, qui se construisaient en donnant, en utilisant, voire en modifiant certains noms ? Dans le chapitre 2, nous mettons en évidence le rôle primordial du nom pour identifier et distinguer les individus au sein du groupe, en nous appuyant notamment sur les représentations théoriques, symboliques et religieuses dont les Anglo-Saxons disposaient. Dans le chapitre 3, nous montrons comment l'utilisation des noms, lors du baptême et des rituels funéraires, mais encore par la construction de surnoms et l'utilisation du nom des saints, jouent le rôle de repères communs dans divers groupes sociaux, tout en contribuant à créer de la hiérarchie en leur sein.

---

rupture entre les chapitres V et VI (HENRY OF HUNTINGDON) et William of Malmesbury entre les Livres II et III (WILLIAM OF MALMESBURY, *GR*).

21 D. BATES, « 1066 : Does the Date Still Matter ? », *Historical Research*, 78/202 (2005), p. 443-464. Colloque international du G.D.R. 3434 « Mondes Britanniques » : les périodisations de l'histoire des mondes britanniques, les 23-24 novembre 2012, à l'université Paris Diderot, avec notamment la communication de Ryan Lavelle sur la périodisation de l'ère anglo-saxonne tardive.

22 Pour les structures seigneuriales (A. WAREHAM, *Lords and Communities in Early Medieval East Anglia*, Woodbridge, 2005, p. 105-110. P. H. SAWYER, « 1066-1086 : A Tenurial Revolution ? », in *ID.* (éd.), *Domesday Book : A Reassessment*, Londres, 1987, p. 71-85. D. ROFFE, « From Thegnage to Barony : Sake and Soke, Title, and Tenants-in-chief », in *ANS XII*, p. 157-176. A. WILLIAMS, *The English and the Norman Conquest*, Woodbridge, 1995). Pour la place des femmes : P. STAFFORD, « Women and the Norman Conquest », in L. K. LITTLE et B. H. ROSENWEIN (éd.), *Debating the Middle Ages*, Oxford, 1998, p. 254-263.

23 R. FLEMING, *Kings and Lords, op. cit.*, p. 105. J. C. HOLT, « Feudal Society and the Family in Early Medieval England, 1 », *TRHS*, 32, 1982, p. 193-212. St. BAXTER, *The Earls of Mercia, op. cit.*, p. 270.

24 P. JACKSON, *Words, names and history, op. cit.* D. POSTLES et J. T. ROSENTHAL (éd.), *Studies on the personal name, op. cit.* D. POSTLES, *Naming the People of England, c.1100-1350*, Newcastle, 2006.

Carte 1. *Les comtés de l'Angleterre anglo-saxonne au temps du Domesday Book*

Dans les trois derniers chapitres, nous nous interrogeons sur les groupes susceptibles d'agir sur le nom, d'une façon tout à fait concrète, c'est-à-dire en jouant un rôle sur le choix précis d'un nom plutôt que d'un autre. Quels sont les groupes les plus influents sur le choix des noms ? Quelles stratégies et quels enjeux le choix précis d'un nom révélait-il pour les acteurs ? Dans le chapitre 4, nous nous intéresserons au groupe qui a joué le rôle le plus important en la matière : la parenté. Le nom était en effet choisi par les parents qui, par ce biais, inscrivaient l'enfant dans leur filiation. Qu'est-ce que cela relève sur les formes de la parenté ? Qu'est-ce que cela indique sur les modalités de transmission des autres biens matériels, immatériels et symboliques au sein de la société anglo-saxonne ? Dans le chapitre 5, nous nous intéresserons à des logiques sociales plus générales, en tentant de cerner les effets de la mode et les influences culturelles qui pouvaient conditionner le choix des parents. Pour cela, nous partons du constat d'un resserrement du stock anthroponymique à la période étudiée et nous intéressons aux causes qui purent l'occasionner. Enfin, dans le dernier chapitre, nous poserons la question cruciale des identités ethniques. Comment l'étude des noms permet-elle de comprendre l'arrière-plan ethnolinguistique de l'Angleterre anglo-saxonne tardive ? Les noms manifestaient-ils l'origine et l'identité ethniques des acteurs ? Comment ces derniers en usaient-ils pour se distinguer et s'intégrer ? Nous nous concentrerons prioritairement sur la question scandinave qui occupe une place fondamentale dans la bibliographie.

CHAPITRE 1

Le nom, substrat essentiel de l'identité

*Le nom propre d'un homme n'est pas simplement un manteau
qui flotte autour de sa personne, et qu'on peut, à la rigueur,
secouer et tirailler ; c'est un habit parfaitement juste, qui s'est
développé sur l'homme tout entier, comme la peau, que l'on
ne peut ni érafler ni écorcher sans le blesser lui-même*[1]

Tout homme est enfermé dans le cercle d'un mot : son nom[2]

L'acte de nommer constitue un *fait de langage*. Il consiste à articuler un signifiant avec un signifié qui n'est pas un concept, mais un référent réel et unique[3]. Dans le champ de la logique, la théorie descriptiviste qui faisait des noms des descripteurs déguisés, dotés d'une connotation, c'est-à-dire un sens qui leur est propre[4], a donc été fermement critiquée[5]. Toutefois, dans le monde social, le nom est effectivement susceptible de recevoir un ensemble de connotations, ce qu'Alan Gardiner a expliqué en soulignant que ces « descriptions » ne sont pas « dans le nom », mais bien dans le corps social, c'est-à-dire dans l'esprit des locuteurs[6]. Ainsi, le nom est une étiquette désignant un référent unique, mais qui est susceptible de se charger de connotations. C'est donc plus qu'un signe discursif : *c'est* une personne que le contexte social explique et qui est révélée par lui[7].

---

1 J. W. v. Goethe, *Vérité et poésie*, Paris, 1862, p. 351.
2 S. Mallarmé, *Le Livre*, fol. 13r.
3 S. Leroy, *Le Nom propre en français*, Paris, 2004, p. 42. L'idée a été émise en premier chef dans J. S. Mill, *A system of logic, ratiocinative and inductive : being a connected view of the principles of evidence and the methods of scientific investigation*, Londres, 1843, p. 37 sq.
4 G. Frege, « Sens et dénotation [1892] », in *Écrits logiques et philosophiques*, Paris, 1971, p. 102-126. B. Russell, « On denoting », *Mind*, 14/4 (1905), p. 479-493.
5 P. Engel, *Identité et référence, la théorie des noms propres chez Frege et Kripke*, Paris, 1985. Saul Kripke a montré l'impasse de l'approche descriptiviste, en affirmant que, les noms constituent des « désignateurs rigides » (S. A. Kripke, *Naming and necessity*, Oxford, 1998 [1972]).
6 A. H. Gardiner, *The Theory of Proper Names : A Controversial Essay*, Londres, 1954.
7 P. McClure, « The Interpretation of Middle-English Nicknames », *Nomina*, 5 (1981), p. 101. C. Clark, « Socio-Economic Status and Individual Identity », in P. Jackson (éd.), *Words, names and history*, op. cit., p. 110.

22   CHAPITRE 1

Le nom dispose ainsi de dimensions psychoculturelle, socioculturelle et anthropologique[8]. Cette dimension sociale vient en partie du fait que nommer est « un moyen d'assigner une position », de classer l'autre[9]. Les critères utilisés sont généralement l'appartenance à une classe spécifique, qui fait l'effet de *connotation sociale*[10] : statut natal, rang de naissance, groupe familial, groupe ethnique ou religieux, niveau socio-culturel des parents, sexe biologique, etc. Ainsi, on peut faire prévaloir la logique de classement, en donnant le même nom à tous les enfants selon son rang dans la fratrie[11], selon son jour de naissance[12]. De même, dans nombre de sociétés traditionnelles, l'appartenance à un groupe détermine le droit à porter certains noms[13]. Ces noms sont la *propriété* du groupe. On doit parfois obligatoirement relever le nom des morts[14]. À l'inverse, la répétition est parfois proscrite pour éviter de voler un vivant ou de blesser un mort[15]. En ce sens, le nom est créé par le groupe pour désigner ses membres, avant d'être un outil que l'individu reprend à son compte[16]. Il est à la source de toute forme d'identité sociale[17], avant d'être une marque de l'identité individuelle.

Avant tout développement analytique portant sur l'usage du nom dans l'Angleterre médiévale, il est indispensable de poser les bases conceptuelles qui sous-tendront la totalité de l'ouvrage. Comment définir l'identité ? Comment déterminer le lien qui unit une personne à divers groupes d'appartenance ? Comment enfin retrouver le foisonnement des connotations qu'inévitablement ceux qui les utilisent attachent aux noms ? Quand cela aura été fait, il conviendra de voir comment les sources produites par les Anglo-Saxons répondent à ce questionnement. Comment en particulier retrouver derrière des formes linguistiques désincarnées et mutilées les individus qui en faisaient l'usage pour assumer leur *nom* au sein de la société anglo-saxonne ? Comment analyser l'appartenance de groupe à travers l'étude des noms et des corpus de noms ?

---

8 J. M. CORKERY, « Approaches to the study of English forename use », *Nomina*, 23 (2003), p. 55-74.

9 Cl. LEVI-STRAUSS, *La pensée sauvage*, Paris, 1962, p. 226, 240. ID., *L'homme nu*, Paris, 1971, p. 492.

10 ID., *La pensée sauvage, op. cit.*, p. 284-285.

11 Ch. COLLARD, « Les noms-numéros chez les Guidar », *L'Homme*, 13/3 (1973), p. 45-48. J. CAUVIN et Kl. DEMBELE, « Les noms africains, sens, valeur, avenir », *Pirogue*, 41 (1981), p. 4.

12 K. B. AKOTIA, « Les noms 'sculptés' : l'art de communiquer avec l'inconnu », *Cahiers de Littérature Orale*, 59-60 (2006), p. 32.

13 Cl. LEVI-STRAUSS, *La pensée sauvage, op. cit.*, p. 149.

14 Reprendre le nom d'un mort est obligatoire en Afrique occidentale ou en Nouvelle-Zélande, pour perpétuer une lignée. L. LEVY-BRÜHL, *Les fonctions mentales dans les sociétés inférieures*, Paris, 1922, p. 407-408.

15 M. HOUIS, *Les noms individuels chez les Mosi*, Dakar, 1963, p. 7. G. CALAME-GRIAULE, *Ethnologie et langage. La parole chez les Dogon*, Paris, 1965, p. 348.

16 Ch. HERFRAY, « L'identité est une histoire », *Sciences sociales*, « L'honneur du nom, le stigmate du nom », 1999, p. 27.

17 F. M. DENNY, « Names and Naming », in M. ELIADE (éd.), *The Encyclopaedia of Religion*, New York, 1987, p. 300-307.

I. Entre identité individuelle et identité de groupe

Le mot « identité » a ceci de problématique qu'il recouvre une polysémie propre à en rendre l'usage trouble[18]. Par ailleurs, il mêle de façon dangereuse les acceptions populaire et analytique[19]. Il convient donc de définir ce mot avant d'entrer plus avant dans notre étude. Depuis Aristote, il est commun de distinguer entre identité d'un être à lui-même et identité spécifique entre deux êtres d'un même groupe[20]. C'est sur ces deux formes d'identités que notre raisonnement prend largement appui.

Identité et individu

L'*identitas* est d'abord ce qui fait qu'un individu est identique à lui-même. C'est donc ce qui le distingue des autres, ce qui rend une personne unique : c'est la conscience intime de la « mêmeté » d'une personne et de sa persistance dans son être. John Locke a ainsi décrit l'identité comme la « participation à la même forme continue de vie de particules de matière qui se déplacent constamment et se succèdent pour animer le même corps organisé[21] ». Dans cette définition, se recoupent donc l'« identité numérique » d'un être à lui-même (on le considère comme *un* être) et son « identité personnelle » (il a des qualités qui lui sont propres et qui le rendent reconnaissable, au-delà des changements qui l'affectent)[22].

Laissons de côté l'identité « numérique » – le fait qu'un être soit identique à lui-même, organiquement –, puisqu'elle n'a pas de dimension psychologique et sociale. En revanche, l'identité « personnelle » a été décrite comme un « sentiment subjectif et tonique d'une unité personnelle et d'une continuité temporelle au principe le plus profond de toute détermination à l'action et à la pensée[23] ». L'identité personnelle est donc logiquement connectée à la notion d'individu, tant elle permet de singulariser les êtres[24].

Comme nous l'avons dit, Aristote distingue identité d'un être à lui-même et identité entre plusieurs êtres. Dans cette seconde catégorie, on trouve les formes d'identités « spécifique » (appartenance à la même espèce) ou « qualitative » (très grande ressemblance avec d'autres êtres)[25]. Ces formes d'identité induisent, selon

---

18 F. BRAUDEL, *L'Identité de la France, Espace et Histoire*, Paris, 1986, p. 16-17. R. BRUBAKER, « Au-delà de l'"identité" », *Actes de la recherche en sciences sociales*, 139 (2001), p. 66. W. J. M. MCKENZIE, *Political Identity*, New York, 1978, p. 11. E. H. ERIKSON, *Identity, Youth and Crisis*, New York, 1968, p. 16.
19 L. WACQUANT, « For an Analytic of Racial Domination », *Political power and social theory*, 11 (2000), p. 221-234.
20 ARISTOTE, *La Métaphysique*, Livre Δ, ch. IX, 1018a, Paris, Vrin, 1991, t. I, p. 275.
21 J. LOCKE, *An Essay Concerning Human Understanding*, Livre II, ch. XXVII, § 6.
22 S. FERRET, *L'identité*, Paris, 1998, p. 11-13. Ces deux définitions recoupent ainsi la distinction entre identité et ipséité (P. RICOEUR, « Cinquième étude. L'identité personnelle et l'identité narrative » et « Dixième étude. Vers quelle ontologie ? », in *Soi-même comme un autre*, Paris, 1990, p. 137-166 et p. 345-410).
23 E. H. ERIKSON, *Adolescence et crise, la quête de l'identité*, Paris, 1972 [1968], p. 14.
24 C. G. JUNG, *Types psychologiques*, Genève, 1968 [1921], p. 449. P. VEYNE, *Sur l'individu*, Paris, 1987, p. 7.
25 S. FERRET, *L'identité, op. cit.*

les psychologues, des processus d'identification ou d'association entre individus semblables. Freud note ainsi que l'assimilation des sentiments d'autrui (*Einfühlung*), c'est-à-dire la reconnaissance chez l'autre de mécanismes similaires à ceux qui sont les nôtres, constitue le fondement du fait social[26]. En ce sens, l'identité est à la fois ce qui singularise la personne, mais aussi ce qui lui donne sa ressemblance avec les membres d'un groupe de pairs.

Cette définition place l'individu à la charnière de deux formes d'identité, entre irréductible intériorité de l'être et incorporation de normes sociales extérieures[27]. L'identité lie donc « deux êtres » inséparables, mais pourtant distincts, dont l'un est l'expression d'« états mentaux qui ne se rapportent qu'à nous-mêmes » et l'autre « qui exprime en nous, non pas notre personnalité, mais le groupe ou les groupes différents dont nous faisons partie »[28].

Le primat de l'identité spécifique au Moyen Âge

D'un point de vue historique, au Moyen Âge, l'identité spécifique des individus aurait primé : « l'homme ne se connaissait que comme race, peuple, parti, corporation, famille[29] ». Il ne pouvait exister sans groupe, sans communauté organique dans laquelle il s'insérait[30], avec laquelle il devait « faire corps[31] ». Il convenait donc d'être « conforme[32] » aux principes du groupe, ce qui pouvait passer par la mobilisation d'archétypes dans lesquels la personne était amenée à se couler. Ces archétypes pouvaient être bibliques, mais aussi « héroïques[33] ».

Dans ce schéma, on distingue donc :
- l'individuation, qui marque la singularité d'un agent distingué par des signes d'identification, en révélant son identité numérique. Ce mécanisme désigne des « sujets empiriques », destinés à naître, grandir et mourir séparément, amenés ainsi à faire des choix et à mener à bien certaines actions individuellement, qui sont présents dans toutes les sociétés ;
- l'individualisation, c'est-à-dire le développement d'un goût pour l'auto-réflexion, illustrée par le fleurissement de l'autobiographie, notamment. Ce mécanisme désigne des « êtres moraux », capables de se déterminer indépendamment du social, sur la base de choix conscients, réfléchis et personnels, mais aussi de se penser comme sujets libres, et qui sont présents seulement dans certaines sociétés[34].

---

26 S. Freud, « Psychologie collective et analyse du moi », *art. cit.*

27 E. H. Erikson, *Adolescence et crise, op. cit.,* p. 22.

28 E. Durkheim, « La sociologie » [1924], in *Sociologie et philosophie*, Paris, 1974, p. 41.

29 J. Burckhardt, *La Civilisation de la Renaissance en Italie*, Paris, 1986, p. 167.

30 A. J. Gourevitch, *La Naissance de l'individu dans l'Europe médiévale*, Paris, 1997, p. 73.

31 A. Vauchez, *Les laïcs au Moyen Âge. Pratiques et expériences religieuses*, Paris, 1987, p. 130.

32 D. Iogna-Prat, « Introduction générale », in Id. et B. M. Bedos-Rezak (éd.), *L'Individu au Moyen Âge. Individuation et individualisation avant la modernité*, Paris, 2005, p. 26.

33 P. Hadot, *Exercices spirituels et philosophie antique*, Paris, 2002. A. J. Gourevitch, *La Naissance de l'individu, op. cit.,* p. 106.

34 D. Iogna-Prat et B. M. Bedos-Rezak (éd.), *L'Individu, op. cit.* et L. Dumont, *Essais sur l'individualisme. Une perspective anthropologique sur l'idéologie moderne*, Paris, 1983, p. 264.

La date de naissance de cette « individu », être moral conscient de lui-même, progressivement libéré des normes sociales, serait apparu à la Renaissance[35], tandis que, sur le plan philosophique, l'essor de la subjectivité daterait de l'époque moderne, avec Descartes[36].

Toutefois, des critiques furent émises contre ce modèle[37], notamment dans le sillage de Walter Ullmann[38]. En effet, la théorie organiciste paulinienne faisait de la religion chrétienne une structure encadrante, destinée à englober la société entière, mais les perspectives eschatologiques suggèrent aussi un salut individuel des croyants, acquis grâce au libre arbitre du sujet pensant et à l'issue d'un jugement personnel à la fin des temps[39]. Marcel Mauss faisait en conséquence du Moyen Âge chrétien un moment où l'individu émergeait comme catégorie spirituelle et métaphysique[40]. Charles Homer Haskins et Colin Morris ont pour leur part fait débuter l'essor de la conscience de soi au tournant du XIIe siècle, avec l'apparition de l'autobiographie comme genre, l'intériorisation de la foi et l'essor du raisonnement logique (au dépens de la seule *auctoritas*)[41].

Les limites du modèle

Au-delà de la date supposé d'apparition de l'« individu », ces modèles peinent à convaincre. Tout d'abord, ils reposent sur une opposition entre groupes et personnes, alors que l'affirmation des uns ne signifie pas nécessairement la disparition des autres. Ensuite, elle repose sur un présupposé chronologique et évolutionniste, en opposant temps anciens et modernité.

L'ensemble de cette construction historiographique repose sur l'opposition implicite entre *Gemeinschaft* et *Gesellschaft*, avec comme idée sous-jacente le fait que le Moyen Âge est une époque où la *Gemeinschaft* prime et que l'on ne peut pas s'extraire des communautés (famille, voisinage ou amitié), puisqu'elles sont organiques et holistes, qu'elles impliquent une vie commune et exercent un niveau fort de contrainte sur ses membres[42]. La communauté repose sur l'apprentissage

---

35 Chr. Le Bart, *L'individualisation*, Paris, 2008. Tzv. Todorov, *Éloge de l'individu : essai sur la peinture flamande de la Renaissance*, Paris, 2000. M. Mauss, « Une catégorie de l'esprit humain », *loc. cit.*, ch. VII.

36 C. Taylor, *The sources of the self. The Making of the Modern Identity*, Cambridge, 1989, p. 12-13.

37 J.-Cl. Schmitt, « 'La découverte de l'individu' : une fiction historiographique ? », in P. Mengal et Fr. Parot (éd.), *La Fabrique, la figure et la feinte*, Paris, 1984, p. 213-235.

38 W. Ullmann, *The Individual and Society in the Middle Ages*, Baltimore, 1966.

39 H.-Ch. Puech, *En quête de la gnose*, Paris, 1978, p. 13. J. Guitton, *Le Temps et l'éternité chez Plotin et Saint Augustin*, Paris, 1933, p. 331-337.

40 M. Mauss, « Une catégorie de l'esprit humain : la notion de personne, celle de 'moi' », in *Sociologie et anthropologie*, Paris, 2004, p. 331-362, ch. IV, V et VI.

41 C. H. Haskins, *The Renaissance of the Twelfth Century*, Cambridge, 1927. C. Morris, *The discovery of the individual, 1050-1200*, New York, 1972.

42 F. Tönnies, *Communauté et société, catégories fondamentales de la sociologie pure*, Paris, 2010 [1887], p. 5-9. Voir la synthèse qu'en donne Durkheim (« Communauté et société selon Tönnies », *Revue philosophique*, 27 (1889), p. 416-422, rééd. in *Textes. 1. Éléments d'une théorie sociale*, Paris, 1975, p. 383-390).

CHAPITRE 1

d'un langage commun, qui permet à chaque membre du groupe de comprendre intuitivement les autres membres, avec pour objectif le bien commun (*Allmend*) et pour expression le consensus (*Verständnis*)[43]. Pour Tönnies, la *Gemeinschaft* est une forme de vie rêvée, antérieure à la Révolution Industrielle, laquelle, au contraire, permit la création d'une société moderne définie par le choix, le primat de l'individu et de l'intérêt, l'existence de groupes d'appartenance plus diffus et moins contraignants, mais aussi moins solidaires[44].

Une telle perspective n'est pas sans poser problème. Tout d'abord, le Moyen Âge n'est pas exclusivement défini par la présence de structures communautaires, étant donné que des institutions capitales relevaient du choix individuel, que l'on pense aux liens de fidélité personnels ou à l'appartenance à une guilde. Par ailleurs, les communautés peuvent être choisies, jusqu'à un certain point, et leur capacité coercitive est parfois très faible, y compris sur les esprits, même lorsque ces groupes se présentent comme holistes et « naturels ». L'individu peut choisir de s'approprier ou non l'identité d'un groupe[45]. Il peut aussi appartenir objectivement à un groupe *ou* s'identifier délibérément à lui[46]. Enfin, il est important de ne pas confondre des groupes, plus ou moins théoriques, les obligations concrètes que ces entités pouvaient exiger des personnes et la façon dont les personnes appartenant à ces structures en acceptaient (ou non) les contraintes[47]. Pour toutes ces raisons, il n'existe pas de rupture nette entre individus et groupes[48].

L'évolution linéaire d'une forme à l'autre est forcément aussi sujette à caution, quelle que soit l'inflexion chronologique qu'on lui donne. Poser l'hypothèse d'un être réfléchissant sur lui-même et capable de se déterminer seul à l'action, c'est présupposer que l'individu, pour exister, doit être « indépendant » de son environnement. Or, ce n'est pas possible : l'individu est toujours lié à la culture de son temps, il intériorise des normes sociales et il est le jeu de déterminismes psychologiques et socio-culturels, au Moyen Âge comme aujourd'hui. L'individualité, aujourd'hui, est une structure idéelle[49], autant que l'était l'appartenance à des groupes dans la structuration de la pensée médiévale. Ce sont là les reflets d'une évolution dans l'ordre des représentations sociales, dans son imaginaire et dans les catégories analytiques utilisées pour penser la société et le politique.

---

43 F. Tönnies, *Communauté et société, op. cit.*, p. 25-26.

44 Une telle opposition est très visible dans le paragraphe sur la famille et les obligations qui procèdent de cette communauté (F. Tönnies, *Communauté et société, op. cit.*, p. 188-190).

45 P. Monnet, « Circonscrire l'identité. En guise de conclusion », *Hypothèses*, 2006, p. 227-242.

46 P. Bourdieu, « Espace social et genèse des 'classes' », *Actes de la recherche en sciences sociales*, 52-53 (1984), p. 4, colonne de gauche.

47 Chr. Klapisch-Zuber, « La construction de l'identité sociale. Les magnats dans la Florence du Moyen-Âge », in B. Lepetit (éd.), *Les formes de l'expérience. Une autre histoire sociale*, Paris, 1995, p. 151-164. M. Loveman, « Is race essential ? Comment on Bonilla-Silva », *American Sociological Review*, 64/6 (1999), p. 891-898.

48 C. W. Bynum, « Did the twelfth century discover the individual ? », *The Journal of Ecclesiastical History*, 31 (1980), p. 1-17.

49 Sur la fabrique de l'individu comme construction sociale et la permanence de l'individu comme être socialisé, voir B. Lahire, *Dans les plis singuliers du social*, Paris, 2013.

En ce sens, il est impossible de souscrire pleinement à l'hypothèse qui voudrait qu'il n'y ait que « communalisation » dans la société médiévale, au motif qu'il n'y aurait qu'individuation actuellement[50]. Il existait très probablement un *moi* et une personne au haut Moyen Âge, mais dans des modalités différentes de celles que l'on connaît et revendique aujourd'hui : un moi émotionnel[51], susceptible d'initiatives individuelles notamment pour défendre son honneur[52], mais aussi pour mettre en place des stratégies originales. Par contraste, le goût pour l'« auto-réflexion » et, plus encore, la conservation de témoignages d'une telle auto-réflexion sont des critères beaucoup trop restrictifs pour définir ce qu'est un « individu » au sens plein du terme. En utilisant une telle approche et en nous fondant sur les seules ressources écrites, ce type d'« individus » serait sans doute minoritaire dans n'importe quelle société et à n'importe quelle période historique.

II. Des identités construites et contextuelles

Après avoir affirmé la coexistence des individus et des groupes pendant la période étudiée, il s'avère que la polysémie de l'« identité » est très précieuse, puisqu'elle permet d'associer et d'articuler le singulier et le collectif. Le caractère arbitraire et potentiellement fluide des identités de groupe permet à chaque individu de s'identifier à un groupe, mais aussi de s'en détacher. Le thème des identités ethniques et le modèle de l'ethnogenèse ont permis de le démontrer.

La théorie constructiviste et fonctionnelle de l'ethnicité

Les constructions antiques, médiévales et contemporaines utilisent un certain nombre d'éléments « objectifs » pour justifier l'appartenance à un groupe ethnique : langue commune, partage d'un territoire, ascendance commune, communauté de coutumes et de croyances, ethnonyme commun, conscience de l'appartenance à un même groupe et existence d'un mythe d'origine[53].

Ces éléments sont cependant fragiles. Walter Pohl a eu l'occasion de démontrer le caractère irrégulier des liens entre ces signes et l'appartenance ethnique, puisque les échanges culturels et les logiques de distinction sociale contribuent très souvent au dépassement d'hypothétiques frontières « nationales »[54]. Même les ethnonymes, les noms collectifs de peuples, ne présageaient pas que l'identité qui leur était attachée

---

50 Otto Gerhard Oexle a montré les limites d'une telle approche : toute société compte une part de communalisation et une part de sociation. O. G. OEXLE, « Les groupes sociaux du Moyen Âge et les débuts de la sociologie contemporaine », *Annales. Économies, Sociétés, Civilisations*, 47/3 (1992), p. 751-765. M. WEBER, *Economie et société. t. I*, Paris, 1971 [1921], p. 78-82.

51 B. H. ROSENWEIN, « Yavait-il un 'moi' au haut Moyen Âge ? », *Revue historique*, 633/1 (2005), p. 31-52.

52 A. J. GOUREVITCH, *La Naissance de l'individu, op. cit.*, p. 62, 111.

53 Fr. HARTOG, *Le miroir d'Hérodote. Essai sur la représentation de l'autre*, Paris, 1980. P. GEARY, *Quand les nations refont l'histoire*, Paris, 2004 [2002], p. 59-62.

54 W. POHL, « Telling the differences », *loc. cit.* R. LE JAN, *La Société, op. cit.*, p. 30-55.

ou même le peuple qui le portait restaient les mêmes[55]. Quant à la langue, tous les paradoxes de l'équation ont été relevés : bilinguisme, changement de langue, zones de contact, distinctions dialectales. Les « propriétés objectives » de l'ethnicité ne sauraient en conséquence constituer des indices essentiels d'ethno-différenciation, puisqu'elles sont démultipliables à l'infini et s'emboîtent les unes dans les autres[56].

La nation repose avant tout sur une *croyance* qui veut que l'on partage ces éléments[57]. Les critères cités plus haut ne sont que des marqueurs *possibles*, susceptibles d'être activés ou désactivés selon les besoins des acteurs[58]. Sur la base de ces formes d'identités « spécifiques[59] », des groupes constituent ainsi des « communautés imaginées », mais ce sont bien les acteurs qui déploient des stratégies d'appartenance susceptibles d'évoluer dans le temps selon leurs intérêts[60]. En somme, l'ethnicité est construite et l'appartenance ethnique fonctionnelle. Fredrik Barth a ainsi montré le rôle de la frontière que les acteurs maintiennent, en sollicitant ces fameux critères socio-culturels. La frontière existe et se renforce par la rencontre avec l'autre, précisément parce qu'elle permet à chacun de se situer et de situer l'autre[61]. Elle joue donc un double rôle d'intégration (en-deçà) et de distinction (au-delà)[62].

L'existence de groupes se traduit par le « sens de la communauté[63] », c'est-à-dire un sens de l'appartenance que les acteurs souhaitent pérenniser parce qu'ils y trouvent un intérêt[64]. Les modalités d'appartenance sont plus ou moins inclusives[65]. Les membres partagent une communauté de références et de sentiments qui est distincte de celles des *autres* – ceux qui se trouvent de l'autre côté de la frontière. Cependant, cette frontière n'est pas nécessairement *géographique* ou linéaire, puisque les communautés

---

55 P. BAUDUIN, « Introduction », in V. GAZEAU, P. BAUDUIN et Y. MODERAN (éd.), *Identité et ethnicité*, Caen, 2008, p. 16.

56 J. BROMLEY et V. KOZLOV, « The Theory of Ethnos and Ethnic Processes in Soviet Social Sciences », *Comparative Studies in Society and History*, 31/3 (1989), p. 425-438. H. R. ISAACS, *Idols of the Tribe : Group Identity and Political Change*, New York, 1975, p. 387.

57 A. D. SMITH, *The ethnic origins of nations*, Oxford, 1986. E. BALIBAR et I. WALLERSTEIN, *Race, nation, classe : les identités ambiguës*, Paris, 1988.

58 Fr. BARTH, « Les groupes ethniques et leurs frontières », in Ph. POUTIGNAT et J. STREIFF-FENART (éd.), *Théories de l'ethnicité*, Paris, 2008 [1969], p. 203-249. ID., « Boundaries and connections », in A. P. COHEN (éd.), *Signifying identities*, Londres, 2000, p. 17-36.

59 B. R. O. ANDERSON, *Imagined communities*, Londres, 1983. V. SÉBILLOTTE, *Des communautés imaginées : l'idée de patrie en Grèce classique*, thèse de doctorat soutenue en 1996 à l'Université Paris 1-Panthéon Sorbonne, sous la direction de Christian Le Roy.

60 J.-Fr. BAYART, *L'illusion identitaire*, Paris, 1996.

61 Kn. ODNER, « Saamis (Lapps), Finns and Scandinavians in history and prehistory. Ethnic origins and ethnic processes in Fenno-Scandinavia », *Norwegian Archaeological Review*, 18 (1985), p. 1-12. I. HODDER, « The distribution of material culture items in the Baringo District, western Kenya », *Man*, 12 (1977), p. 239-269.

62 W. POHL, « Introduction. Strategies of Distinction », in ID. et H. REIMITZ (éd.), *Strategies of Distinction, loc. cit.*, p. 5.

63 A. T. FISHER, C. C. SONN et B. J. BISHOP, *Psychological sense of community : research, applications, and implications*, New York, 2002.

64 S. B. SARASON, *The psychological sense of community*, Londres, 1974, p. 157.

65 D. W. MCMILLAN et D. M. CHAVIS, « Sense of community : A definition and theory », *Journal of Community Psychology*, 14/1 (1986), p. 6-23.

adoptent des formes tantôt territoriales (sur un espace continu), tantôt réticulaires (de façon discontinue)[66]. Cette frontière ne sépare pas tant des territoires que des pratiques, pratiques que les acteurs sont normalement en mesure d'identifier.

Les travaux séminaux de Reinhard Wenskus ont montré que des chefs militaires, porteurs de noyaux de traditions anciennes (*Traditionskern*), utilisaient ces savoirs pour structurer autour d'eux des groupes plus vastes[67]. L'affirmation d'origines communes, mythiques ou non[68], permettait de structurer et regrouper des individus derrière un « meneur » ou un groupe de meneurs[69]. Les travaux de l'École de Vienne ont mis en évidence ce rôle du « politique » comme fondement de la structuration de certaines identités ethniques entre la fin de l'Antiquité et le début du Moyen Âge. En ce sens, l'origine commune n'est pas une cause de ces groupements, mais bien un moyen utilisé pour les justifier et les renforcer. Ce sont des constructions intellectuelles qui justifient *a posteriori* l'unité du groupe. C'est ainsi que la *gens Langobardorum*, après avoir quitté la Scandinavie et migré dans l'Europe danubienne, intégra progressivement divers peuples, avant de (re)constituer une identité lombarde unifiée derrière la famille royale des Lethings et le mythe, en partie fictif, d'une migration commune[70].

Le cérémonial et les croyances jouent également un rôle capital dans cette construction identitaire des groupes[71]. Les textes de loi permettent souvent de l'asseoir et de la conforter, malgré l'omniprésence de l'héritage romain en la matière[72]. L'apparition de ces peuples était parfois complètement « artificielle », relevant *in fine* d'une intervention normalisatrice romaine, comme dans le cas des Goths[73].

Dans la situation trouble des Grandes Migrations, ces identités ont sans doute connu des changements intenses, éclatements ou regroupements, à mesure que des chefs apparaissaient et disparaissaient. À la suite de cette théorisation, différents modèles se sont imposés[74]. L'idéal-type d'un noyau formé par un souverain[75] a ainsi été complété par deux autres cas de figures : celui d'une confédération de peuples, constituée et renforcée par la présence d'un chef charismatique suite à une victoire militaire[76], ou celui d'une ethnogenèse *per se*, au sein d'une communauté.

---

66 J. R. GUSFIELD, *Community : a critical response*, Oxford, 1975.

67 R. WENSKUS, *Stammesbildung und Verfassung*, Cologne, 1961.

68 M. COUMERT, *Origines des peuples*, Paris, 2007.

69 R. COHEN, « Ethnicity : problem and focus », *art. cit.*, p. 396.

70 J. JARNUT, *Geschichte der Langobarden*, Stuttgart, 1982.

71 R. LE JAN, *La Société du haut Moyen Âge*, Paris, 2003, p. 38.

72 P. WORMALD, « The *leges barbarorum* : Law and Ethnicity in the post-Roman West », in H.-W. GOETZ, J. JARNUT et W. POHL (éd.), *Regna and Gentes*, Leyde, 2003, p. 21-54. P. AMORY, « The naming and purpose of ethnic terminology in the Burgundian laws », *EME*, 2/1 (1993), p. 1-28. Br. POHL-RESL, « Legal practice and ethnic identity in Lombard Italy », in *Strategies of Distinction*, *loc. cit.*, p. 209.

73 H. WOLFRAM, *Die Goten. Von den Anfängen bis zur Mitte des 6. Jahrhunderts*, Vienne, 2001.

74 H. WOLFRAM, « Typen der Ethnogenese. Ein Versuch », in D. GEUENICH (éd.) *Die Franken und die Alemannen*, Berlin, 1998, p. 608-627. P. GEARY, « Barbarians and Ethnicity », in G. W. BOWERSOCK, P. BROWN et O. GRABAR (éd.), *Interpreting Late Antiquity : A Guide to the Postclassical World*, Cambridge, 2001, p. 107-129.

75 P. J. HEATHER, *The Goths*, Oxford, 1996.

76 W. POHL, *Die Awaren : ein Steppenvolk im Mitteleuropa, 567-822 n. Chr*, Munich, 1988.

L'action au pluriel

Cette capacité des groupes ethniques à se structurer dans des moments politiques propices et pour une durée variable permet de considérer l'ensemble des logiques identitaires comme procédant de constructions.

Ces logiques reposent bien souvent sur des relations lâches et des mécanismes d'inclusion/exclusion à géométrie variable. Au sein d'une société, ce sont donc de nombreux groupes d'appartenance qui construisent des signes d'appartenance et des frontières. Le fait que chaque groupe puisse déployer des échelles de valeur propres est alors la base d'une société complexe, où les ressorts de l'action sont déterminés par des cadres multiples et parfois contradictoires[77]. En conséquence, l'individu ne se définit plus par son irréductible originalité ou son indépendance par rapport aux faits sociaux, mais bien comme un point de recoupement d'identités de groupes diverses, chaque combinaison d'identités étant potentiellement originale et unique[78]. De ce fait, il nous apparaît évident que les individus priment, même s'ils ne peuvent se passer des groupes, puisque chaque individu est en mesure d'attribuer une importance variable à chacun des groupes auxquels il appartient.

Distincts les uns des autres, ces individus agissent alors en tenant compte de leur insertion dans des groupes, selon des modalités variées. L'appartenance au groupe est elle-même le produit de boucles dialectiques : on fait partie d'un groupe par ressemblance avec ses autres membres et, dans le même temps, le groupe lui-même contribue à créer de l'homogénéité en son sein. C'est dans l'appartenance à un nombre variable de groupes suivant des modalités diverses et dans les espaces qui se créent entre identités de groupes concurrentes que la personne a toujours eu la possibilité de construire une forme d'individualité.

Ainsi, l'identité, « loin d'être statique, est reconnue comme le résultat d'un processus par lequel les individus et les groupes s'identifient eux-mêmes par rapport aux autres dans des contextes spécifiques, sur la base d'une perception de traits culturels, d'attitudes, d'origines et/ou d'intérêts communs[79] » : ces traits communs permettent de justifier un sentiment identitaire plus qu'ils n'en constituent une cause nécessaire et suffisante. Ces phénomènes s'inscrivent dans le champ des représentations, puisque le fait d'appartenir au groupe est moins important socialement que le fait de s'identifier à lui dans un contexte donné[80] ou de se voir assigner une identité donnée dans une situation d'interaction[81].

---

77 L. THEVENOT, *L'action au pluriel*, Paris, 2006. L. BOLTANSKI et L. THÉVENOT, *Les économies de la grandeur*, Paris, 1987. Voir aussi la « théorie des champs » dans P. BOURDIEU, *Raisons pratiques*, Paris, 1994.

78 R. COHEN, « Ethnicity : problem and focus in anthropology », *Annual Review of Anthropology*, 7 (1978), p. 389.

79 P. BAUDUIN, « Introduction », in *Identité et ethnicité, op. cit.*, p. 11.

80 P. BOURDIEU, « L'identité et la représentation : éléments pour une réflexion critique sur l'idée de région », *Actes de la recherche en sciences sociales*, 35 (1980), p. 65, p. 69. O. PATTERSON, « Context and Choice in Ethnic Allegiance : A Theoretical Framework and Caribbean Case Study », in N. GLAZER et D. P. MOYNIHAN (éd.), *Ethnicity, Theory and Experience*, Cambridge, 1975, p. 305-349.

81 D. HANDLEMAN, « The organization of ethnicity », *Ethnic Groups. An International Periodical of Ethnic Studies*, 1/3 (1977), p. 192.

Le « *feuilletage* » sémantique des noms

« La dénomination fonde l'identité de l'individu, assure son intégration au sein de la société, concourt à la détermination et à la définition de la personnalité, tant singulière que sociale[82] ».

Pris comme des « indices de réalités[83] », les noms sont des objets sociaux[84]. Cela suppose une attention particulière du chercheur à la façon de classer qu'ils suggèrent, mais aussi aux stratégies, enjeux et conflits qu'ils polarisent ou révèlent[85]. En effet, le nom *signifie* à la fois l'appartenance à une société (qui a ses usages), à la filiation, à une région, à un statut social, à une citoyenneté, à une religion, à une culture, à une génération, à un sexe, etc. Porteur de sens et d'identité, le nom révèle ces différentes identités. Il se trouve au « carrefour de champs de force[86] » et constitue un « feuilletage[87] » qu'il nous appartient de prendre en compte et de déchiffrer. L'individu existe à l'intersection de ces groupes, ce qui peut se traduire par le fait de porter plusieurs noms, chacun étant adapté à l'un des groupes de référence[88].

Le premier de ces noms, qui est parfois le seul, est le nom de naissance. Toutefois, il n'est pas en premier chef révélateur de l'identité de son porteur, puisque ce nom lui a été donné[89]. En conséquence, si ce nom convoie *a priori* une identité, c'est celle que le donneur du nom a privilégiée, celle qu'il a souhaité révéler[90]. Les noms sont donc l'occasion de comprendre l'arrière-plan socio-culturel de ceux qui ont donné ces noms ou, plus généralement, de la société dans laquelle ils ont été forgés et portés[91]. Un corpus de nom, à l'échelle de la société, incorpore donc nombre des influences culturelles qui affectent le corps social[92]. L'utilisation des noms pour étudier ces phénomènes a alors ceci de commode que ces derniers sont nombreux et qu'ils se renouvellent au rythme des cycles biologiques : ils sont « un indicateur

---

82 Fr. ZONABEND, « Nom », in P. BONTE et M. IZARD (éd.), *Dictionnaire de l'ethnologie et de l'anthropologie*, Paris, 1991, p. 508-509.

83 Chr. BROMBERGER, « Pour une analyse anthropologique des noms de personnes », *Langages*, 16/66 (1982), p. 103.

84 C. CLARK, « Socio-Economic Status », *loc. cit.*, p. 101-102. EAD., « The early personal names of King's Lynn : an essay in sociocultural history », in *Words, names and history, op. cit.*, p. 242, 279.

85 EAD., « Socio-Economic Status », *loc. cit.*, p. 103-104, 116, 118 (dévotion personnelle, transmission familiale, euphonie, choix individuel, choix sémantique, etc.).

86 Fr. ZONABEND, « Le nom de personne », *L'Homme*, 20/4 (1980), p. 12.

87 Fr. HÉRITIER, « L'identité Samo », in Cl. LÉVI-STRAUSS (éd.), *L'identité*, Paris, 1977, p. 65.

88 Cl. LÉVI-STRAUSS, *La pensée sauvage, op. cit.*, p. 246-247.

89 A. L. STRAUSS, *Mirrors & masks : the search for identity*, New Brunswick, 1997, p. 17-18.

90 L. HAAS, « Naming practices », in P. N. STEARNS (éd.), *Encyclopedia of European social history from 1350 to 2000*, New York, 2001, p. 521.

91 C. CLARK, « English personal names, ca. 650-1300 », in D. POSTLES et J. T. ROSENTHAL (éd.), *Studies on the personal name*, Kalamazoo, 2006, p. 7-8.

92 C. CLARK, « Historical Linguistics. Linguistic Archaeology », in *Words, names and history, op. cit.*, p. 95-97.

des changements sociaux[93] » et peuvent ainsi servir de point d'appui à un discours historique[94].

Dans le même temps, le nom offre un potentiel identitaire auquel le porteur a pu ou non consentir[95]. En effet, le porteur peut (ou pas) charger son nom d'un sens ; il peut (ou pas) changer le sens attaché à ce nom. À ce titre, donc, si identité il y a, elle est bien contingente : c'est à nous de prouver son existence. Méthodologiquement, cela se traduit par la nécessité de mobiliser des témoignages qui démontrent la part réelle des identités chez les individus, pour constater si cela a, ou non, un impact sur leurs noms. Il faut *voir* les identités dans la documentation, plutôt que les *imposer* aux sources.

De même, à considérer que les identités jouent un rôle dans le corps social et que le nom les exprime, nous sommes obligés de penser que le nom peut avoir une influence, positive ou négative, sur les relations interpersonnelles et les relations de groupe, en suscitant des assignations identitaires ou en créant des effets de favoritisme/ discrimination. Évidemment, la mise en évidence de tels phénomènes prouverait la force identificatoire réelle des noms, eu égard à certaines identités. À l'inverse, l'absence de conséquences visibles laisserait aussi entendre que les noms ne sont peut-être pas tant *connotés* qu'ils le paraissent à nos yeux, dans le contexte *national* et *identitaire* qui est celui du monde contemporain depuis la fin du xixe siècle.

L'identité associe autour d'un même terme de nombreux mécanismes similaires, complémentaires ou concurrents, qui partagent comme points communs d'être construits, changeants et susceptibles de relever de stratégies. Pour autant, ces constructions induisent des confrontations potentiellement violentes entre groupes concurrents. Bien qu'ils soient construits, malléables, ces groupes n'en sont pas moins des entités solides, susceptibles de mobiliser durablement les acteurs et de sous-tendre leurs actes. Cela prouve le caractère non univoque des identités, tantôt moteurs de l'action, tantôt objets de stratégies.

Les noms peuvent recouvrir cette polysémie et rendre compte, parfois simultanément d'une pluralité d'identités : choix familial, phénomène religieux et recherche d'un élément propitiatoire pour l'enfant, reflet d'une origine géographique et héritage d'une tradition culturelle[96]. En ce sens, le nom est un indicateur ouvert de l'identité du porteur, susceptible de différer d'un individu à l'autre, d'un groupe à l'autre ou de changer au cours d'une existence. Il peut identifier un groupe, mais il peut aussi dissimuler, afin de concorder avec les attentes de la société. La fonction discriminante du nom est toutefois conditionnée à la force des identités que celui-ci peut révéler, mais aussi à la capacité des acteurs à y lire correctement les indices d'un stigmate. Tout l'intérêt d'une étude portant sur eux est donc de réussir à distinguer entre les

---

93 *EAD.*, « Battle c. 1110 : An Anthroponymist Looks at an Anglo-Norman New Town », in *Words, names and history, op. cit.*, p. 222. *EAD.*, « The early personal names of King's Lynn », *loc. cit.*, p. 242. J. M. CORKERY, « Approaches to the study of English forename use », *art. cit.*, p. 58.

94 M. LE GLAY, « Remarques sur l'onomastique gallo-romaine », in *L'Onomastique Latine*, Paris, 1977, p. 273.

95 Fr. HERITIER, « L'identité Samo », *loc. cit.*, p. 69.

96 St. WILSON, *The Means of Naming*, Londres, 1998, p. 5.

usages et les objectifs, entre ceux qui créent les noms, ceux qui les portent et ceux qui les utilisent[97].

III. Trouver les noms, les individus et les groupes

Tous les objets et tous les individus portent un nom. Le sujet de notre étude a donc le mérite d'être omniprésent dans la documentation. Même si le thème du nom est rarement abordé de front dans les textes anglo-saxons, le Moyen Âge cultive un intérêt pour cette question[98]. En outre, la documentation livre un grand nombre de noms. C'est donc surtout à partir des noms dispersés dans les sources que nous devons travailler, en mettant en évidence les usages les plus courants. En conséquence, c'est l'ensemble des documents disponibles, dans toute leur diversité, qu'il convient de solliciter : chartes, *writs*, testaments, sources historiographiques, vies de saints et histoires monastiques, généalogies, *libri vitae*, textes littéraires (poèmes et homélies), monnaies, inscriptions, manuscrits, *Domesday Book* et autres sources fiscales[99]. Cette variété est nécessaire afin de multiplier les points de vue[100] et de réduire les biais d'analyse[101].

Nombre d'études antérieures sur l'objet anthroponymique ont eu tendance à segmenter leur approche et à se concentrer sur un type d'identité. Nous préférons rompre avec cette logique qui induit une surreprésentation de l'ethnicité et repose sur l'application d'une grille de lecture prédéfinie. Ce sont les identités multiples d'une population donnée que nous souhaitons étudier, en prenant soin de ne pas *imposer* de l'identité lorsqu'il n'y en avait pas nécessairement pour les acteurs ou en évitant d'en imposer une, alors que l'interprétation des acteurs pouvait être plus ambiguë. Pour y parvenir, il est nécessaire de partir du nom, afin d'interroger la façon qu'a éventuellement l'identité de transparaître à travers lui.

Cela suppose d'avoir à l'esprit que la grande majorité des sources émane d'une fraction infime de la population, les élites, et poursuit des buts qui sont totalement étrangers à notre étude : édification des fidèles, encadrement social et spirituel, mise en valeur des hauts faits des puissants, construction de la légitimité des uns et des autres, etc. Comprendre la complexité propre à chaque ensemble documentaire, cerner ses limites et être conscient des biais qui l'affectent est donc indispensable.

---

97 J. C. HOLT, *What's in a name ? Family Nomenclature and the Norman Conquest*, Reading, 1982, p. 7-9.

98 M. BOURIN, « De rares discours réflexifs sur le nom mais des signes évidents de choix de dénomination réfléchis », in *GMAM, Tome IV*, p. 239-252.

99 O. VON FEILITZEN, « Planning a new Old English Onomasticon », *loc. cit.*, p. 19-20. À l'instar de Feilitzen, nous incluons dans notre étude les personnages fictifs et littéraires, dès lors que leurs noms peuvent éclairer les pratiques *historiques*. En revanche, contrairement à lui, nous excluons les toponymes, qui ont pour inconvénient majeur de ne pouvoir être datés de manière précise.

100 D. M. HADLEY, *The Viking in England, op. cit.*, p. 1 et G. BEECH, « Prosopography », in J. M. POWELL (éd.), *Medieval Studies. An Introduction*, Syracuse, 1992², p. 197-198.

101 R. FLEMING, *Kings and Lords, op. cit.*, p. 19.

34 CHAPITRE 1

Bases de données, identification linguistique et reconstruction des groupes familiaux

Le nom est un marqueur commode pour les historiens et les sociologues, qui, grâce à lui, peuvent cerner des appartenances potentielles. Dans le cas d'études contemporaines et lorsque l'arrière-plan prosopographique des individus nommés est connu, il est évident qu'une telle approche est commode, parce qu'elle permet de justifier du lien entre l'appartenance à un groupe et la récursivité d'un usage donné chez ses membres. En revanche, pour les périodes anciennes, le rôle du nom comme marqueur d'appartenance existait sûrement, mais il doit d'abord être mis en évidence avec certitude.

Pour cette raison, nous proscrivons les raisonnements circulaires par lesquels nous présupposerions que le nom exprime nécessairement une appartenance[102]. De fait, nous ne pouvons pas partir du nom pour identifier les membres d'une même communauté, dans la mesure où cela aurait une incidence immédiate sur les calculs que nous pouvons produire à propos de la propension des groupes à partager des éléments onomastiques. À l'instar du groupe *Nomen et Gens* ou d'Elisabeth Okasha, nous établissons les identités des acteurs d'après ce que les sources en disent, afin de revenir aux noms ensuite et voir s'ils concordent avec les identités en question[103].

Quand la documentation prouve l'existence de telles identités, la construction de données statistiques s'impose. À la suite de David Parsons, qui estime que les résultats des études quantitatives peuvent encore être améliorés[104], et en nous inspirant des travaux de Cecily Clark[105], nous souhaitons donc faire un usage raisonné des statistiques, en tenant compte des difficultés propres à chaque source, en refusant une statistique trop précise[106] – qui a peu de sens pour l'étude des périodes anciennes –, en ne tirant pas de conclusions trop générales d'échantillons statistiques limitées par la conservation des documents[107]. Nous attendons d'une telle étude qu'elle nous aide à saisir quelques spécificités régionales et sociales, ainsi que la chronologie de certains phénomènes[108].

Les difficultés d'identification des formes nominales sont réelles, notamment lorsqu'il existe des formes réflexes que l'on peut renvoyer à plusieurs langues d'origine[109]. Pour pallier cette difficulté, nous suivons von Feilitzen et ses formes

---

102 P. A. CLARKE, *The English Nobility, op. cit.*, p. 144.
103 D. GEUENICH, W. HAUBRICHS et J. JARNUT (éd.), *Nomen et Gens*, Berlin-New York, 1997. E. OKASHA, *Women's Names in Old English*, Londres, 2011, p. 1.
104 D. N. PARSONS, « Anna, Dot, Thorir… counting Domesday personal names », *Nomina*, 25 (2002), p. 52.
105 P. JACKSON (éd.), *Words, names and history, op. cit.*
106 C. CLARK, « Historical Linguistics », *loc. cit.*, p. 95-96.
107 EAD., « Certains éléments français de l'anthroponymie anglaise du Moyen Âge : essai méthodologique », in *Words, names and history, op. cit.*, p. 88.
108 D. N. PARSONS, « Anna, Dot, Thorir », *art. cit.*, p. 29.
109 F. NEISKE, « La transcription des noms dans les actes du Moyen Âge », in *GMAM, Tome III*, p. 25-37. C. CLARK, « The early personal names of King's Lynn », *loc. cit.*, p. 242-244. EAD., « Personal-Name studies », *Nomina*, 15, 1991-92, p. 29. V. J. SMART, « Scandinavians, Celts, and Germans », *loc. cit.*, p. 172. D. N. PARSONS, « Anna, Dot, Thorir », *art. cit.*, p. 39.

standardisées[110], mais laissons une place importante aux variantes que les compilateurs de chaque source ont pu indiquer :

1) nous reprenons les identifications linguistiques des principaux spécialistes[111], en conservant les points de désaccords afin d'éviter d'assigner de façon trop rigide un nom à une origine quand plusieurs possibilités existent, tout en retenant comme objet d'étude cette possible ambiguïté linguistique[112] ;

2) nous mettons en évidence les thèmes qui rentrent dans la composition de ces noms, afin de faciliter les analyses globales pour la variation et l'allitération[113], y compris lorsque les noms appartiennent à des langues différentes.

L'insertion des noms dans le contexte familial le plus complet possible constitue un objectif méthodologique fondamental[114]. Or, les sources sont très discrètes sur ce point, si l'on exclut les généalogies royales[115]. Pour contrer cette difficulté, nous mettons à profit les acquis méthodologiques liés à l'utilisation de fragments généalogiques[116] et nous appuyons sur les travaux de la *Prosopography of Anglo-Saxon England*[117].

Outre les différentes branches de la *Chronique anglo-saxonne* et les textes de nature hagiographique produits à l'époque anglo-saxonne (Lantfert, Ælfric d'Eynsham, Wulfstan Cantor, Byrhtferth de Ramsey) ou peu après (Goscelin de Saint-Bertin, Eadmer de Canterbury), nous avons incorporé de nombreuses sources narratives ultérieures, qui reposent souvent sur des archives locales, perdues depuis, afin

---

110   O. von Feilitzen, « Planning a new Old English Onomasticon », *loc. cit.*

111   Se référer en bibliographie finale aux travaux d'Erik Björkman, Thorvald Forssner, Mats Redin, Olof von Feilitzen, Veronica Smart, John Insley, Kenneth Jonsson et aux listes de noms contenus dans l'édition *Liber Vitae* de Durham et la dernière monographie d'Elisabeth Okasha (*Women's Names, op. cit.*).

112   D. Whitelock, « Scandinavian Personal Names in the *Liber Vitae* of Thorney Abbey », *art. cit.*, p. 129. V. J. Smart, « Scandinavians, Celts, and Germans », *loc. cit.*, p. 172-173.

113   Elisabeth Okasha propose d'aller plus loin en posant la question des formes très proches, mais néanmoins distinctes : *wynn, wine, win, wen*, etc., dans *Women's Names, op. cit.*, p. 12.

114   C. Clark, « Personal-Name studies », *art. cit.*, p. 30. G. Fellows-Jensen, « On the identification », *art. cit.*, p. 31. G. Redmonds, « English Surnames Research », in *The Study of the Personal Names of the British Isles, op. cit.*, p. 75-82.

115   P. A. Clarke, *The English Nobility, op. cit.*, p. 119-120, 141. E. M. C. van Houts, « Family, marriage, kinship », in J. C. Crick, E. M. C. van Houts (éd.), *A social history of England, op. cit.*, p. 136. C'est aussi le constat pour le continent, selon M. Aurell, « La Parenté de l'An Mil », *Cahiers de civilisation médiévale*, 43/170 (2000), p. 127.

116   « Partie 3. Grandeurs et servitudes des fragments généalogiques (x^e-xve siècles) », in *GMAM, Tome III*, p. 121-215. Et ce, malgré les préventions de L. Lancaster, « Kinship in Anglo-Saxon Society 1 », *The British Journal of Sociology*, 9/3 (1958), p. 231 et G. Tassin, « La tradition du nom selon la littérature islandaise des xiie et xiiie siècles », *L'Homme*, 21/4 (1981), p. 75 : les risques d'inexactitude liés à la propension des auteurs à inventer et surtout aux familles incomplètes ne peuvent de toute manière être évités.

117   Nous y avons ajouté de nombreux éléments qui avaient été omis ou figuraient dans des textes n'ayant pas encore fait l'objet d'un dépouillement. Ainsi, nous avons confirmé l'existence de 926 liens familiaux présents dans la *PASE* et adjoint 327 liens supplémentaires.

CHAPITRE 1

d'inclure certaines données, notamment prosopographiques[118]. Au nombre des auteurs de la période anglo-normande, nous avons intégré à notre réflexion tout ou partie des écrits de :

- Symeon de Durham, moine mort après 1129, dont le témoignage est précieux pour l'histoire du nord du royaume. Symeon a pour objectif principal de montrer la continuité de l'histoire de sa communauté depuis la période antique de Cuthbert, inscrivant de fait son écriture dans la continuité de celle de Bède. Ce faisant, il se présente aussi en défenseur du monachisme local[119] ;
- John de Worcester, moine décédé autour de 1140, présente avec quelque précision le règne de Cnut dans sa *Chronicon ex chronicis* et utilise nombre de documents disparus à ce jour, ce qui en fait une source précieuse et relativement fiable[120] ;
- Orderic Vital, moine mort vers 1142, dresse un vaste tableau de l'histoire ecclésiastique de la Normandie et des espaces liés à cette dernière, en sollicitant de multiples sources locales (chartes et cartulaires essentiellement) et en multipliant les informations de détail[121] ;
- William de Malmesbury, moine mort vers 1143, produit une histoire des rois et une histoire des évêques d'Angleterre en mobilisant la plupart des sources accessibles à son époque, certaines ayant été perdues depuis. Son approche des traditions anglo-saxonnes est ambiguë, alternant entre vision critique et admiration[122] ;
- Henry de Huntingdon, archidiacre mort vers 1157, fait en particulier référence à des traditions orales pour le xie siècle. Sa vision de l'histoire repose en bonne partie sur une posture de *contemptus mundi*[123] ;

---

118 M. CHIBNALL, « Charter and Chronicle : The Use of Archive Sources by Norman Historians », in Chr. N. L. BROOKE (éd.), *Church and government in the Middle Ages*, Cambridge, 1976, p. 1-18. A. GRANSDEN, *Historical writing in England, vol. I : c. 550-c. 1307*, Londres, 1974. E. M. C. VAN HOUTS, « Historical Writing », in Chr. HARPER-BILL et E. M. C. VAN HOUTS (éd.), *A companion to the Anglo-Norman world*, Woodbridge, 2003, p. 103-121.

119 Th. ARNOLD (éd.), *Symeonis Monachi Opera Omnia. De Obsessione Dunelmi*, Londres, 1882. A. GRANSDEN, *Historical writing in England, op. cit.*, p. 148-151. D. W. ROLLASON, *Symeon of Durham*, Stamford, 1998.

120 JOHN OF WORCESTER, p. 143-148. P. McGURK, « The *Chronicon ex chronicis* of 'Florence' of Worcester and its Use of Sources for English History before 1066 », in *ANS V*, p. 185-196. C. R. HART, « The Early Section of the *Worcester Chronicle* », *Journal of Medieval History*, 9 (1983), p. 251-315.

121 ORDERIC VITAL. A. GRANSDEN, *Historical writing in England, op. cit.*, p. 151-165. M. CHIBNALL, *The world of Orderic Vitalis*, Oxford, 1984. EAD., « Charter and Chronicle : The Use of Archive Sources by Norman Historians », in C. N. L. BROOKE (éd.), *Church and government in the Middle Ages*, Cambridge, 1976, p. 12-13.

122 WILLIAM OF MALMESBURY, *GP*. WILLIAM OF MALMESBURY, *GR*. A. GRANSDEN, *Historical writing in England, op. cit.*, p. 166-185. R. M. THOMSON, *William of Malmesbury*, Woodbridge, 1987. E. FREEMAN, « Sailing between Scylla and Charybdis : William of Malmesbury, historiographical innovation and the recreation of the Anglo-Saxon past », *Tjurunga*, 48 (1995), p. 23-37. D. H. FARMER, « William of Malmesbury's life and works », *Journal of Ecclesiastical History*, 13 (1962), p. 39-54.

123 HENRY OF HUNTINGDON. A. GRANSDEN, *Historical writing in England, op. cit.*, p. 193-194. N. F. PARTNER, *Serious entertainments : the writing of history in twelfth-century England*, Chicago, 1977, p. 11-48.

- le *Liber Eliensis*, un texte composite, est rédigé au cours du XIIe siècle par au moins deux auteurs anonymes et dont un pan entier s'appuie sur un cartulaire de l'abbaye. L'objet du texte est de montrer la grandeur du monastère et son indépendance, aussi bien par rapport à ses rivaux que par rapport à l'évêque de Dorchester/Lincoln[124] ;
- d'autres sources qui entretiennent des liens plus ou moins étroits avec le cartulaire local, à Peterborough[125], Ramsey[126], Abingdon[127], Worcester[128] et Evesham[129].

Au-delà de ce que les sources disent, il est toujours possible de reconstituer certains liens et certains groupes familiaux. Ainsi, par un travail minutieux de reconstruction, nous avons ajouté aux liens attestés dans la PASE, la totalité des liens qui pouvaient en être déduits[130]. Par contraste, l'identification des groupes familiaux relève souvent de la probabilité plus que de la certitude[131]. Cumuler les indices réduit les risques pour attester de la proximité familiale entre deux personnes. Ainsi, l'amitié avec une même institution religieuse, le fait de disposer d'une charge similaire, d'être lié avec des personnes appartenant au même groupe ou encore le fait de posséder des domaines dans la même zone constituent autant d'indices convergents permettant d'envisager un lien de parenté entre deux personnes[132]. Cette technique ne va pas sans évoquer les méthodes mises en avant par Karl Ferdinand Werner[133], puis Karl Schmid, lesquelles faisaient se recouper nom, charge, terre ou lien de confraternité avec un même monastère pour procéder à une identification[134]. En mettant bout à bout les liens clairement produits par les sources et ces différentes méthodes, nous avons ainsi pu reconstruire plusieurs groupes familiaux de l'aristocratie anglo-saxonne.

---

124 *LE*, p. XLVI-XLIV sur la production du texte. A. GRANSDEN, *Historical writing in England, op. cit.*, p. 270 sq. E. M. C. VAN HOUTS, « Historical Writing », *loc. cit.*, p. 110. J. FAIRWEATHER, *Liber Eliensis*, Woodbridge, 2005, p. XVII.
125 *Chron. Pet.*
126 *Chron. Rams.*
127 *Chron. Ab.*
128 Th. HEARNE, *Hemingi Chartularium Ecclesiæ Wigornensis*, Oxford, 1723.
129 *Chron. Ev.*
130 Nous avons ainsi obtenu un ensemble de 2781 relations entre deux individus.
131 G. BEECH, « Prosopography », *loc. cit.*, p. 202. Les différentes méthodes d'identification (par le nom, le surnom, les biens, les charges, les liens commémoratifs, les listes de témoins, etc.) sont synthétisées dans cet article, p. 200-206.
132 A. WILLIAMS, *Land, power and politics*, Deerhurst, 1997, p. 5-6. P. STAFFORD, « Kinship and women in the world of *Maldon* : Beorhtnoth and his family », in J. COOPER (éd.), *The Battle of Maldon*, Londres, 1993, p. 227.
133 Deux personnes sont supposées appartenir au même groupe si elles partagent le même nom et le même titre, d'après K. F. WERNER, « Bedeutende Adelsfamilien im Reich Karls des Grossen », in W. BRAUNFELS (éd.), *Karl der Grosse I*, Düsseldorf, 1965, p. 83. La reconstruction de l'ascendance de Foulques le Roux se fondait sur une méthodologie similaire (voir K. F. WERNER, « Untersuchungen zur Frühzeit des französischen Fürstentums I-III », *Die Welt als Geschichte*, 18/4 (1958), p. 256-289).
134 Pour l'exposé de ces méthodes, voir R. LE JAN, *Famille et pouvoir*, Paris, 1995, p. 180 et L. LELEU, *Semper patrui, op. cit.*, p. 467.

38 CHAPITRE 1

Noms, individus et groupes dans les chartes

La documentation diplomatique est indispensable pour étudier les pratiques élitaires[135]. Même si l'impact social d'un tel type de documents pose question[136], ils préservent de nombreuses attestations et donc de très nombreux noms, tout en étant datés avec précision, ce qui permet de restituer des évolutions invisibles par ailleurs[137].

Une charte découle de l'acte performatif d'une personne, physique ou morale, détentrice d'une autorité et désireuse d'accorder un privilège ou d'enregistrer une transaction. L'acte performatif est oral et le document écrit en est la trace, avec un objectif mémoriel : se souvenir de ce qui a été dit[138], assurer une transmission officielle cohérente de cette parole[139] et, au-delà, affirmer et mettre en scène un pouvoir[140].

On distingue les chartes et les *writs*. Les chartes sont des actes qui suivent un formulaire repérable (*invocation, proem, superscription, dispositive section, sanction, boundary-clause, witness-list, endorsement*)[141]. Leur introduction en Angleterre est sans doute due à Augustin de Canterbury[142]. Elles sont le plus souvent rédigées en latin, ce qui induit un décalage par rapport à la langue parlée par les acteurs. Les listes de témoins qui les concluent, ainsi que leurs développements narratifs, permettent de reconstituer des éléments prosopographiques pour une partie des individus qui y sont mentionnés[143]. Les *writs* correspondent aux brefs continentaux. Ils sont écrits de façon moins formelle que les chartes, généralement en langue vernaculaire, ce qui révèle la mise par écrit d'un formulaire oral, à la demande des bénéficiaires. Ils apparaissent vers la fin du Xe siècle[144]. Ces documents sont plus courts que les chartes et sont dépourvus de listes de témoins[145].

---

135 James Holt considère qu'il s'agit du type de source le plus fiable pour les études familiale, devant les documents fiscaux (*What's in a name ?, art. cit.*, p. 6-7).

136 B.-M. Tock, « Les textes diplomatiques, des médias au Moyen Âge ? », in M. Serwanski (éd.), *Le rôle des médias à travers l'histoire*, Poznan, 1995, p. 61-84. Patrick Geary estime que les passages de l'oral à l'écrit et de l'écrit à l'oral, en particulier pour la transmission du nom des terres appartenan à un groupe familial étaient de puissants ferments identitaires (« Land, Language and Memory in Europe 700-1100 », *TRHS*, 9 (1999), p. 169-184).

137 Ch. Insley, « Where Did All the Charters Go ? Anglo-Saxon Charters and the New Politics of the Eleventh Century », in *ANS XXIV*, p. 109-127.

138 S. E. Kelly, « Anglo-Saxon Lay Society and the Written Word », in R. McKitterick (éd.), *The Uses of literacy in early mediaeval Europe*, Cambridge, 1990, p. 43-46. P. Wormald, « Lex Scripta and Verbum Regis », in P. H. Sawyer et I. Wood (éd.), *Early Medieval Kingship*, Leeds, 1977, p. 105-138.

139 S. Foot, « Reading Anglo-Saxon Charters : Memory, Record, or Story ? », in E. M. Tyler et R. Balzaretti (éd.), *Narrative and history in the early medieval West*, Turnhout, 2006, p. 39-65.

140 V. H. Galbraith, « Monastic Foundation Charters of the Eleventh and Twelfth Centuries », *Cambridge Historical Journal*, 4 (1934), p. 214.

141 S. D. Keynes, « Charters and Writs », in *The Blackwell Encyclopaedia, op. cit.*, p. 99-100.

142 P. Chaplais, « The Origin and Authenticity of the Royal Anglo-Saxon Diploma », *Journal of the Society of Archivists*, 3 (1965), p. 48-61.

143 P. A. Clarke, *The English Nobility Under Edward the Confessor*, Oxford, 1994, p. 2.

144 G. Barraclough, « The Anglo-Saxon Writ », *History*, 39 (1954), p. 193-215 et P. Chaplais, « Anglo-Saxon Chancery : from the Diplomas to the Writs », *Journal of the Society of Archivists*, 3 (1965-1969), p. 166-176. *Contra*, pour un usage qui remonterait au IXe siècle : Harmer, *Writs*, p. 10-13.

145 D. Bates, « The Prosopographical Study of Anglo-Norman Royal Charters », in K. S. B. Keats-Rohan (éd.), *Family Trees and the Roots of Politics*, Woodbridge, 1997, p. 90.

Le mode de production des diplômes royaux anglo-saxons a fait l'objet de vifs débats[146] : à la production locale et ecclésiastique[147], s'est opposée l'hypothèse d'un « secrétariat royal » dès l'époque d'Æthelstan et d'un contrôle royal sur la production des actes[148]. Ce débat a trouvé un point d'équilibre : on reconnaît la place des clercs dans la production, soit dans l'entourage du souverain[149], soit dans des espaces spécifiques, reconnaissables à des usages propres, comme à Exeter[150], dans le sud-ouest en général[151], à Winchester[152] ou à Glastonbury (avec les chartes dites « Dunstan B[153] »). Rien n'empêche aussi de penser que les clercs de chancellerie circulaient entre service des monastères, des évêques et des seigneurs laïques[154]. Par ailleurs, les chartes étaient sans doute le fruit d'une négociation et donc le produit d'un travail commun du souverain, de ses conseillers, de ses clercs, des bénéficiaires et des autres acteurs qui interviennent dans l'acte[155]. En ce sens, les noms qu'elles préservent sont à replacer dans le contexte d'un discours, qui est celui de la monarchie anglo-saxonne elle-même et, au-delà, de son élite ecclésiastique et laïque.

Le problème majeur que révèle ce type de documents tient à leur conservation. Les bénéficiaires plaçaient les chartes dans des monastères afin qu'elles y soient conservées[156] – quand ces chartes n'étaient pas simplement acquises par le monastère. Nous reprenons la distinction établie par Pierre Chaplais à propos du degré d'authenticité des actes :

- *l'original* suppose la conservation d'une charte sur feuille simple, avec utilisation de la minuscule anglo-saxonne et d'un style cohérent par rapport à l'époque supposée d'écriture ;
- les documents préservés sur feuille simple, avec un script conforme à l'époque de production, mais dont les traits stylistiques et le contenu n'ont pas encore

---

146 Pour un résumé, voir N. P. Brooks, « Anglo-Saxon charters : Recent Work », in *Anglo-Saxon Myths, op. cit.*, p. 181-215.

147 T. A. M. Bishop et P. Chaplais (éd.), *Facsimiles of English Royal Writs to A.D. 1100*, Oxford, 1957, p. xii-xiii. P. Chaplais, « The Origin and Authenticity », *art. cit.*, p. 58-61.

148 S. D. Keynes, *The Diplomas of King Æthelred « the Unready »*, Cambridge, 1980, p. 19-153.

149 P. Chaplais, « The Royal Anglo-Saxon "Chancery" of the Tenth Century Revisited », in H. Mayr-Harting et R. I. Moore (éd.), *Studies in Medieval History presented to R. H. C. Davies*, Londres, 1985, p. 41-51. S. D. Keynes, « Giso bishop of Wells (1061-88) », in *ANS XIX*, p. 203-271.

150 P. Chaplais, « The Authenticity of the Royal Anglo-Saxon Diplomas of Exeter », *Bulletin of the Institute of Historical Research*, 39 (1966), p. 1-34.

151 Ch. Insley, « Charters and Episcopal *Scriptoria* in the Anglo-Saxon South-West », *EME*, 7 (1998), p. 173-197. P. Stafford, « Political ideas in late tenth-century England. Charters as evidence », in *Ead.*, J. L. Nelson et J. Martindale (éd.), *Law, laity and solidarities*, Manchester, 2001, p. 68-82.

152 S. D. Keynes, *The Diplomas of King Æthelred, op. cit.*, p. 92-94.

153 C. R. Hart, *The early charters of Northern England and the North Midlands*, Leicester, 1975, p. 19-22. S. D. Keynes, « The 'Dunstan B' charters », *ASE*, 23 (1994), p. 165-193.

154 N. P. Brooks, « Anglo-Saxon charters », *loc. cit.*, p. 209.

155 O. Guyotjeannin, J. Pycke et B.-M. Tock, *Diplomatique médiévale*, Turnhout, 2006, p. 223-224. S. E. Kelly, « Anglo-Saxon Lay Society », *loc. cit.* D. Bates, « Charters and historians of Britain and Ireland : problems and possibilities », in M. T. Flanagan et J. A. Green (éd.), *Charters and Charter Scholarship in Britain and Ireland*, Basingstoke, 2005, p. 1-14, p. 4.

156 F. M. Stenton, *The Latin Charters of the Anglo-Saxon Period*, Oxford, 1955, p. 19-20.

40 CHAPITRE 1

fait l'objet d'une étude attentive entrent dans la catégorie des *apparent originals*[157] ;
- la *copy* suppose qu'il n'y ait pas de traits douteux dans l'écriture, mais que la graphie soit postérieure, ce qui inclut la totalité du matériau conservé dans les cartulaires et les écrits savants ;
- les chartes dites *spurious* ou *dubious* sont celles qui présentent des traits douteux ;
- la *forgery* relève de la volonté de tromper et de l'existence de traits incontestables de falsification.

Nombre des documents ont été préservés par le biais de cartulaires d'époque anglo-normande, ce qui suppose une altération nette du contenu de ces documents du fait d'opérations de réécriture, de réductions à l'état de notices ou d'interpolations[158]. Toutefois, le faible nombre d'originaux disponibles invite à utiliser comme base de travail les documents considérés comme authentiques[159]. Seules les analyses les plus sensibles aux aléas de la copie reposent sur les chartes originales, quelque problématique que soit leur petit nombre.

Tableau 1. *L'authenticité du matériau diplomatique*

	Total dont :	Originaux (ou apparents)	Authentiques (non suspects)	Forgeries
Chartes	722	58	478	33
Writs	123	4	59	6

La documentation étudiée présente des déséquilibres connus. La plupart des documents ont été émis par le roi et des dignitaires ecclésiastiques. Mieux encore, la représentativité géographique et chronologique de notre documentation peut être discutée[160]. Une ventilation des documents par décennie signale une forte concentration au tout début de la période et un effondrement relatif pendant le règne des Danois. 85 % des documents correspondent aux quatre règnes d'Eadwig, Edgar, Æthelred II et Edward le Confesseur, tandis que les années 1020-1030 apparaissent comme une période de déclin pour l'usage (ou la conservation) des chartes royales[161]. Le paramètre décisif pour expliquer la conservation médiocre de leur production diplomatique n'est sans doute pas tant l'incapacité des Danois à mobiliser l'écrit que le peu de faveur dont ils jouirent, après leur mort.

---

157 P. CHAPLAIS, « The Authenticity », *art. cit.*, p. 3.
158 R. FLEMING, *Kings and Lords, op. cit.*, p. 16-17. Quant à la formation de ces cartulaires, se référer aux introductions de la série « Anglo-Saxon Charters » et aux articles de Simon Keynes portant sur des cartulaires perdus d'époque tardo-médiévale, à St Albans et à Abbotsbury.
159 S. FOOT, « Reading Anglo-Saxon Charters », *loc. cit.*, p. 48.
160 P. A. CLARKE, *The English Nobility, op. cit.*, p. 122. R. FLEMING, *Kings and Lords, op. cit.*, p. 18-19. P. WORMALD, « Charters, Law and the Settlement of Disputes in Anglo-Saxon England », in W. DAVIES et P. FOURACRE (éd.), *The Settlement of Disputes in Early Medieval Europe*, Cambridge, 1986, p. 151.
161 R. FLEMING, *Kings and Lords, op. cit.*, p. 53.

Graphique 1. *Nombre de chartes conservées par décennie*

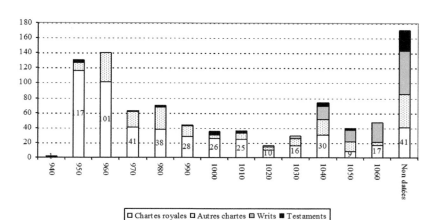

La répartition géographique de la documentation laisse apparaître un net déséquilibre au profit du Wessex et de la Mercie anglaise, auxquels s'ajoutent les grands monastères du Fenland et de Canterbury. Les institutions ecclésiastiques de Winchester, Worcester, Abingdon et Canterbury représentent presque 50 % du matériau. Les domaines concédés, eux aussi, se concentrent au cœur du royaume (Hampshire, Berkshire, Wiltshire, Gloucestershire). En ce sens, la partie nord-est du royaume est globalement absente de la documentation[162].

L'étude des listes de témoins constitue un élément important dans la critique diplomatique[163]. Toutefois, il est difficile d'identifier à coup sûr les personnes qui apposent leurs *signa* en bas des chartes royales. Nous traitons cette difficulté en nous fondant sur l'identification systématique de ces personnes par Simon Keynes, puis par la *Prosopography of Anglo-Saxon England*. Dans le matériau diplomatique, des groupes de noms souvent associés les uns aux autres ont tout lieu de renvoyer à des parents proches qui souscrivaient ensemble, tandis qu'un nom revenant à une place similaire dans plusieurs listes de témoins de la même période a toute chance de désigner la même personne[164].

En conclusion, il apparaît que nos sources sont réparties de manière assez inéquitable. L'idéal-type de la charte anglo-saxonne que nous aurons à étudier peut d'ores et déjà être défini par quatre grandes caractéristiques : celle-ci a été émise dans le sud, par un roi de la dynastie anglo-saxonne, dans la seconde moitié du Xe siècle et contient au moins une vingtaine de souscripteurs.

---

162 S. D. Keynes, *The Diplomas of King Æthelred*, op. cit., p. 161-162, 204.
163 J.-M. Giry, *Manuel de diplomatique*, Paris, 1894, p. 550 sq. O. Guyotjeannin, J. Pycke et B.-M. Tock, *Diplomatique médiévale*, op. cit., p. 89-90.
164 S. D. Keynes, *The Diplomas of King Æthelred*, op. cit., p. 188-189, 209-213. B.-M. Tock, *Scribes, souscripteurs et témoins dans les actes privés en France (VIIe-début du XIIe siècle)*, Turnhout, 2005.

Carte 2. *Répartition du matériau diplomatique par archives et par comtés dans lesquels les domaines sont concédés*

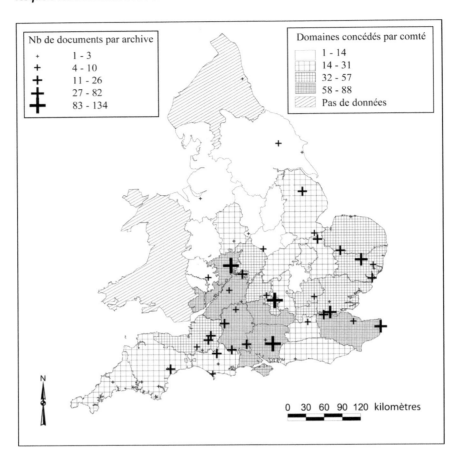

Intérêt individuel et intérêt de groupe dans les testaments

Les testaments vernaculaires sont eux aussi à comprendre comme les traces écrites d'un acte qui est avant tout oral, devant témoins[165]. La forme écrite est libre et informelle, s'apparentant tantôt à une lettre, tantôt à une charte, tantôt à un *writ*[166].

---

165   H. D. HAZELTINE, « Comments on the writings known as Anglo-Saxon wills », in D. WHITELOCK (éd.), *Anglo-Saxon Wills*, Londres, 1930, p. VII-XL. M. M. SHEEHAN, *The Will in Medieval England*, Toronto, 1963, p. 19. L. TOLLERTON, *Wills and will-making in Anglo-Saxon England*, Woodbridge, 2011, p. 15-18.
166   M. M. SHEEHAN, *The Will, op. cit.*, p. 54-59. L. TOLLERTON, *Wills, op. cit.*, p. 22-23.

Si les testaments apparaissent en premier lieu dans le Kent au début du IXe siècle, ils se répandent ensuite dans l'ensemble du royaume, mais d'une façon déséquilibrée tant chronologiquement que géographiquement, avec la prépondérance de quelques centres archivistiques, comme Bury St Edmunds ou Canterbury[167]. Par ailleurs, nombre de ces documents sont des copies tardives, qui aplatissent souvent la complexité des originaux en procédant à une sélection des informations, supprimant les listes de témoins ou des détails contractuels. Néanmoins, les informations transmises sont fiables[168].

L'objectif principalement visé est le salut de l'âme du testateur, avec la multiplication de dons pieux aux établissements religieux du royaume[169] : l'Église est ainsi toujours bénéficiaire du testament[170]. Ces dons apparaissent aussi comme l'occasion de créer des liens avec des établissements proches de la famille royale ou susceptibles d'agir au profit de la mémoire du groupe[171]. En effet, un des objectifs est d'éviter les querelles ultérieures, en associant le roi à la donation[172] et en maintenant un équilibre prudent entre désir de salut individuel et/ou collectif, d'une part, et nécessité de ne pas blesser des parents ou fragiliser la survie du groupe par l'aliénation de domaines, de l'autre[173]. À terme, le testament peut être produit en justice à titre de preuve[174].

Tout le monde s'accorde à reconnaître le grand nombre de testatrices[175]. Michael Sheehan pensait que les testatrices étaient probablement des veuves ou des femmes

---

167 L. Tollerton, Wills, op. cit., p. 11-14. M. D. C. Drout, « Anglo-Saxon Wills and the inheritance of tradition », Journal of the Spanish Society for Medieval English Language and Literature, 10 (2000), p. 10.

168 K. A. Lowe, « Latin versions of Old English wills », Journal of Legal History, 20/1 (1999), p. 1-23. Pour synthèse, voir L. Tollerton, Wills, op. cit., p. 18-22.

169 M. M. Sheehan, The Will, op. cit., p. 67. Cet élément est développé avec plus de force dans Id., Marriage, Family, and Law in Medieval Europe, Toronto, 1997, p. 3-7, 315-317. Voir le récent développement de L. Tollerton, Wills, op. cit., p. 228-278, avec la prépondérance des demandes d'enterrement ad sanctos et l'insistance sur les rituels commémoratifs.

170 M. M. Sheehan, The Will, op. cit., p. 16. J. Crick, « Women, Posthumous Benefaction, and Family Strategy in Pre-Conquest England », The Journal of British Studies, 38/4 (1999), p. 401 et Ead., « Women, Wills and Moveable Wealth in Pre-Conquest England », in M. Donald et L. Hurcombe (éd.), Gender and Material Culture in Historical Perspective, Londres, 2000, p. 20.

171 A. Wareham, « The transformation of kingship and the family in late Anglo-Saxon England », Early Medieval Europe, 10/3 (2001), p. 375-399, p. 383-387. J. Crick, « Women, Wills and Moveable Wealth », loc. cit., p. 26.

172 A. Wareham, « The transformation of kinship », art. cit., p. 383-385. L. Tollerton, Wills, op. cit., p. 73-75. Le paiement du heriot au souverain fait l'objet d'une obligation spécifique pour tous les thegns (M. M. Sheehan, The Will, op. cit., p. 67-74, 76-82). Les risques de confiscation par le roi sont également évoqués p. 46. Pour synthèse, voir P. Stafford, Unification and Conquest, op. cit., p. 170-171.

173 M. M. Sheehan, The Will, op. cit., p. 76-82. L. Tollerton, Wills, op. cit., p. 140-179.

174 M. M. Sheehan, The Will, op. cit., p. 4-16, 59-66. L. Tollerton, Wills, op. cit., p. 15-18, avec un développement sur des testaments copiés sur le même parchemin que la charte qui confirme la donation.

175 Environ un quart des testaments. L. Lancaster, « Kinship in Anglo-Saxon Society 2 », The British Journal of Sociology, 9/4 (1958), p. 359-377, p. 362. M. M. Sheehan, The Will, op. cit., 70-71. M. D. C. Drout, « Anglo-Saxon Wills », art. cit., p. 27, indique 12 % de femmes parmi les testateurs. La rareté des femmes dans les autres types de sources fait l'objet d'une synthèse bibliographique dans J. Crick, « Women, Wills and Moveable Wealth », loc. cit., p. 19. Ainsi, 93 % des chartes sont concédés à des

44 CHAPITRE 1

testant seules, mais avec l'autorisation de leur époux[176]. Pauline Stafford ou Julia Crick ont abondé dans son sens : les femmes agissent comme « la moitié qui a survécu à une union maritale avec toutes les obligations qui incombent à une épouse[177] ». La portée des testaments est limitée à la transmission des *booklands*, les terres tenues par charte[178]. Par ce biais, le testateur peut choisir de distinguer un héritier spécifique[179] ou contraindre un héritier à concéder les terres en question à un autre légataire ultérieurement, ce qui limite sa propre marge de liberté lorsqu'il transmettra les biens à son tour[180].

Ces documents sont précieux, puisqu'ils permettent non seulement de reconstituer des groupes plus ou moins amples, qui incluent souvent parents, dépendants et amis, mais aussi parce qu'ils sont les seuls à nous donner accès à la parenté réelle des Anglo-Saxons. Ces documents méritent donc d'être étudiés dans la mesure où ils portent la marque de la proximité affective entre des personnes nommées, ce qui permet de poser l'importante question des transmissions simultanées du patrimoine onomastique et matériel.

Identifier noms et personnes dans le Domesday Book

Au tableau diachronique évoqué ci-dessus, les sources fiscales ajoutent une peinture synchronique de l'Angleterre à la fin de notre période d'étude.

Le Domesday Book a pour nom d'origine *Liber Wintoniensis*, « Livre de Winchester » (site où l'ouvrage fut réalisé et conservé). Le nom que nous lui connaissons lui a été attaché à la fin du XIIe siècle. Richard FitzNigel, trésorier d'Henri II, rapporte que ce surnom lui a été donné par les Anglais, puisque les sentences de ce livre, à l'instar de celles du Jugement Dernier (*Domes Dai* en Moyen Anglais), ne peuvent être annulées[181]. Il est conservé aux Archives Nationales à Kew, mais l'accès à ce document est très simple puisque le texte a été édité et traduit à plusieurs reprises[182] et compilé dans une base de données[183].

---

hommes, selon M. A. Meyer, « Land charters and the legal position of Anglo-Saxon women », in B. Kanner (éd.), *The women of England : from Anglo-Saxon times to the present*, Londres, 1980, p. 59-60.

176 M. M. Sheehan, *The Will, op. cit.*, p. 67-74.

177 J. Crick, « Women, Wills and Moveable Wealth », *loc. cit.*, p. 27.

178 L. Lancaster, « Kinship 2 », *art. cit.*, p. 362. K. A. Lowe, « The Nature and Effect of the Anglo-Saxon Vernacular Will », *Journal of Legal History*, 19 (1998), p. 23-61, p. 38.

179 T. M. Charles-Edwards, « Anglo-Saxon Kinship Revisited », *loc. cit.*, p. 197. J. C. Holt, « Feudal Society, 1 », *art. cit.*, p. 195-197.

180 Sur le modèle du testament du roi Alfred (S 1507). H. R. Loyn, « Kinship in Anglo-Saxon England », *ASE*, 3 (1974), p. 197-209, p. 200. P. Stafford, « VIII. King and Kin, Lord and Community. England in the Tenth and Eleventh Centuries », in *Gender, Family and the Legitimation of Power*, Aldershot, 2006, p. 13-14.

181 *Dialogus de Scaccario*, éd. E. Amt, Oxford, 2007, Livre I, ch. XVI.

182 *Domesday Book*, éd. J. Morris, Chichester, 39 vols, 1975-1992. *Domesday Book*, éd. A. Williams et G. H. Martin (éd.), Londres, 2003.

183 L'ensemble des bases et des études, ainsi que la traduction de l'édition Phillimore est disponible sur le site de l'université d'Hull : https://discover.ukdataservice.ac.uk/catalogue/?sn= 5694&type= Data%20catalogue, accès le 23 avril 2017.

LE NOM, SUBSTRAT ESSENTIEL DE L'IDENTITÉ   45

Matériellement, le *Domesday Book* est constitué de deux parties d'une taille à peu près identique. Le « Great Domesday Book » couvre la majeure partie du royaume et un total de trente-et-un comtés, dans 413 folios écrits d'une seule main et corrigés d'une seconde main[184]. Le « Little Domesday Book » établit une description circonstanciée de trois comtés (Essex, Norfolk, Suffolk) dans 475 folios, écrits par une douzaine de mains « non curiales[185] ». Ces deux volumes sont organisés en livrets qui rassemblent l'information de façon cohérente et uniforme. Dans chacun des chapitres, l'information est triée par *tenant-in-chief* (les *lords* les plus importants du royaume à l'époque de Guillaume le Conquérant) puis par *hundred* (la subdivision administrative la plus proche des administrés)[186]. La différence fondamentale qui oppose ces deux parties de l'enquête tient à la concision relative de la première partie, comparée au luxe de détails apportés dans la seconde. Une telle hétérogénéité invite à retracer brièvement le processus qui a permis l'élaboration d'une telle somme[187].

Tous les historiens s'entendaient, jusqu'à peu, pour attribuer la paternité du texte à Guillaume le Conquérant[188]. Cette paternité est affirmée dans une entrée de la *Chronique anglo-saxonne*[189] et dans le colophon du *Little Domesday Book*, qui indique que « cette description a été faite en l'an 1086 depuis l'incarnation du Christ, en la vingtième année du règne de Guillaume, non seulement dans ces trois comtés, mais aussi dans les autres[190] ». Cette date, un an à peine après le lancement de l'Enquête, est matériellement crédible[191]. Des envoyés royaux (*legati*) étaient envoyés dans chaque comté, sans doute en premier lieu auprès des *county courts*, dans lesquelles siégeaient les seigneurs locaux et les représentants des communautés. Les résultats, obtenus par *hundreds*, étaient validés par douze jurés, six anglo-saxons et six normands, dûment choisis dans la société locale[192].

---

184 A. R. Rumble, « The Paleography of the Domesday Manuscripts », in P. H. Sawyer (éd.), *Domesday Book : A Reassessment*, Londres, 1987, p. 45.

185 V. H. Galbraith, *The Making of Domesday Book*, Oxford, 1961, p. 59.

186 *Ibid.*, p. 33-34. P. H. Sawyer, « The Original Returns and Domesday Book », *EHR*, 70 (1955), p. 177-197.

187 L'article de vulgarisation de Victoria King constitue un résumé honorable de ce que nous développons (« Domesday Book », *History Magazine*, 2001, disponible en ligne : http://www.history-magazine.com/domesday.html, accès le 23 avril 2017).

188 J.-Ph. Genet, *Les îles britanniques, op. cit.*, 2005, p. 91. St. Lebecq, *Histoire des îles Britanniques, op. cit.*, p. 185. J. Morris, « Introduction », in *Domesday Book*, Chichester. G. H. Martin, « Introduction », in A. Williams et G. H. Martin (éd.), *Domesday Book : A Complete Translation*, Londres, 2003, p. vii ; etc.

189 *ASC E, sub anno* 1085.

190 Domesday Book, fol. 450a : *Anno millesimo octogesimo sexto ab incarnatione domini vicesimo vero regni Willelmi facta est ista descriptio non solum per hos tres comitatus sed etiam per alios.*

191 La capacité matérielle de produire manuellement un tel document a été validée (*Domesday Re-bound*, Londres, 1954, p. 34).

192 Cette part des jurés locaux a été particulièrement bien étudiée : R. A. W. Finn, *The Domesday Inquest and the Making of Domesday Book*, Londres, 1961, p. 99-109. R. Fleming, « Oral Testimony and the Domesday Inquest », in *ANS XVII*, p. 101-122. C. P. Lewis, « The Domesday jurors », in D. Postles et J. T. Rosenthal (éd.), *Studies on the personal name, op. cit.*, p. 307-339.

Dans quel but et dans quel contexte un tel document fut-il produit ? En s'appuyant sur l'*Inquisitio Eliensis*[193] et la *Chronique anglo-saxonne*, certains ont défendu une visée strictement fiscale[194]. Alors que l'Angleterre est en proie aux menaces de voisins (et notamment à la volonté hégémonique du roi danois Cnut IV), le *Domesday Book* serait intervenu comme un moyen administratif de mieux contrôler et utiliser la richesse du royaume. Pour ce faire, la grande Enquête de 1085 a permis aux agents royaux de relever la totalité des taxes et autres redevances dues à la Couronne. En ce sens, il n'était pas question d'épargner les magnats, d'autant qu'ils disposaient de la moitié des terres du royaume[195].

Mais Vivian Galbraith ou James Holt ont défendu que le *Domesday Book* était surtout destiné à justifier *a posteriori* le droit des nouveaux maîtres de l'Angleterre[196]. L'organisation du texte par fief, alors que l'impôt était prélevé à l'échelle du village, semble d'ailleurs confirmer cette interprétation. Par le biais de ce texte, le roi et ses barons établissaient une sorte d'accord : Guillaume reconnaît le droit des barons, tandis que les barons acceptent en contrepartie de payer les taxes nécessaires à la Couronne. David Roffe a par la suite concilié et précisé ces deux objectifs[197], en déconnectant toutefois la réalisation de l'Enquête de l'écriture du Livre. L'Enquête, effectivement commandée par Guillaume le Conquérant, aurait été réalisée par Guillaume de Saint-Calais[198] à l'occasion de la menace danoise de 1085, avec l'objectif de relever le niveau de la fiscalité anglaise. Par contraste, le Livre, commandé par Guillaume le Roux, aurait été produit sous la direction de Ranulf Flambard afin de fixer la propriété de la terre suite aux révoltes de 1088[199].

Les informations relevées posent parfois de réelles difficultés. Le *Domesday Book* livre de nombreuses informations sur la structure de la propriété en 1086, mais aussi des données relatives à la fin de la période anglo-saxonne[200]. La perpétuation, pendant vingt années ou plus, d'informations détaillées et abondantes relatives à la propriété

---

193   *Inquisitio Eliensis*, éd. N. E. S. A. HAMILTON, *Inquisitio Comitatus Cantabrigiensis*, Londres, 1876, p. 97.

194   J. H. ROUND, « Domesday Book », in *Feudal England. Historical studies on the XIth and XIIth centuries*, Londres, 1895, p. 3-146. F. W. MAITLAND, *Domesday Book and beyond : three essays in the early history of England*, Cambridge, 1897, p. 3. P. R. HYAMS, « 'No Register of Title'. The Domesday inquest and land adjudication », in *ANS IX*, p. 127-141. S. P. J. HARVEY, « Taxation and the Ploughland in Domesday Book », in *Domesday Book : A Reassessment, op. cit.*, p. 86-103. P. WORMALD, « Domesday Lawsuits », in C. HICKS (éd.), *England in the eleventh century*, Stamford, 1992, p. 61-102.

195   Les calculs de Marjorie Chibnall soulignent que les magnats normands disposaient d'environ 48,5 % du pays (*Anglo-Norman England, 1066-1166*, Oxford, 1986, p. 38).

196   V. H. GALBRAITH, *The Making of Domesday Book, op. cit.*, p. 37-38. R. A. W. FINN, *The Domesday Inquest, op. cit.*, p. 60-73. J. C. HOLT, « 1086 », in *Domesday Studies, op. cit.*, p. 41-64. A. COOPER, « Protestations of ignorance in the Domesday Book », in R. F. BERKHOFER, A. COOPER et A. J. KOSTO (éd.), *The Experience of Power in Medieval Europe, 950-1350*, Aldershot, 2005, p. 169-181, p. 177.

197   D. ROFFE, « The Making of Domesday Book Reconsidered », *Haskins Society Journal*, 6 (1995), p. 153-166 et ID., *Domesday : The Inquest and the Book*, Oxford, 2002.

198   P. CHAPLAIS, « William of Saint-Calais and the Domesday Survey », in *Domesday Studies, op. cit.*, p. 65-77.

199   Avec la confirmation, problématique, d'Orderic (vol. IV, Livre VIII, ch. III, § 312, p. 172).

200   Certains individus, morts depuis dix ans en 1066, sont mentionnés aux côtés d'individus effectivement détenteurs de droits sur des terres à cette date. C. P. LEWIS, « The Domesday jurors », *loc. cit.*, p. 9. P. A. CLARKE, *The English Nobility, op. cit.*, p. 2-3.

sous le règne d'Edward, laisse perplexe[201]. Effectivement, de nombreuses informations posent problème par leur imprécision : des villages disparaissent[202], de même que des marchés[203], des hommes libres[204] et des églises[205]. Dans le même temps, la description de la société se limite à la *landed gentry* du royaume[206], à l'exclusion des dépendants et des femmes. Chose plus étonnante encore, une partie des hobereaux locaux est ignorée, tandis que les données familiales sont globalement négligées[207]. Enfin, d'autres oublis plus notoires posent des difficultés insolubles : le document n'inclut pas vraiment la frange septentrionale du pays, tandis que les grandes villes de Londres et Winchester font également défaut[208]. Or les régions les plus touchées par une présence durable de colons iro-norvégiens (la côte nord-ouest) et les sites les plus attractifs pour d'éventuels migrants en quête de pouvoir (les villes, centres marchands et décisionnels importants dès notre période d'étude) auraient mérité une analyse propre.

Toutefois, l'homonymie généralisée des personnes citées pose le problème majeur de leur identification[209]. Il est, pour l'heure, impossible d'identifier à coup sûr ces individus. Faute de mieux, nous avons donc décidé de créer des « individus synthétiques », sur la base de la proximité géographique (même *hundred*), de la continuité dans le texte (même section, sauf mention contraire – *alter X*), de la transmission du domaine (même *overlord* en 1086) et de la dépendance (même *overlord* dans un autre domaine du comté). Ce travail a donné lieu à l'identification de plus de 13 000 personnes physiques ou morales, dont 8 057 sont nommées. Cette méthode n'est pas exempte de limites, puisqu'elle interdit virtuellement à deux homonymes de fréquenter le même lieu et le même *overlord* (en les regroupant automatiquement sous une même identité synthétique). Toutefois, une telle démarche a le mérite de nous rapprocher du nombre probable de personnes réelles qui sont mentionnées dans le texte source[210]. En attendant que les conclusions du projet *Profile of a Doomed Elite*, débuté à King's College sous la houlette de Stephen Baxter et Christopher Lewis[211], nous sommes donc contraints de nous limiter à cette ébauche.

---

201 C. P. LEWIS, « Joining the dots : a methodology for identifying the English », in K. S. B. KEATS-ROHAN (éd.), *Family Trees and the Roots of Politics, op. cit.*, p. 72.

202 H. C. DARBY et E. M. J. CAMPBELL, *The Domesday geography of South-East England*, Cambridge, 1962, p. 494-500.

203 P. H. SAWYER, « Fairs and Markets in Early Medieval England », in N. LUND et N. SKYUM-NIELSEN (éd.), *Danish medieval history*, Copenhague, 1981, p. 156.

204 J. F. R. WALMSLEY, « The *Censarii* of Burton Abbey and the Domesday Population », *North Staffordshire Journal of Field Studies*, 8 (1968), p. 73-80.

205 J. BLAIR, « Secular Minster Churches in Domesday Book », in *Domesday Book : A Reassessment, op. cit.*, p. 104-142.

206 O. VON FEILITZEN, *Pre-Conquest Personal Names in Domesday Book*, Uppsala, 1937, p. 12.

207 C. P. LEWIS, « The Domesday jurors », *loc. cit.* P. A. CLARKE, *The English Nobility, op. cit.*, p. 3. Le lord anglo-saxon est oublié dans 60 % des cas dans l'Oxfordshire et très souvent aussi dans le circuit IV.

208 R. FLEMING, *Kings and Lords, op. cit.*, p. 14.

209 O. VON FEILITZEN, *Pre-Conquest Personal Names, op. cit.*, p. 13. P. H. SAWYER, « 1066-1086 », *loc. cit.*, p. 72. J. PALMER, « Domesday Book and the Computer », in *Domesday Book : A Reassessment, op. cit.*, p. 170. P. A. CLARKE, *The English Nobility, op. cit.*, p. 4. C. P. LEWIS, « Joining the dots », *loc. cit.*, p. 70.

210 Des discussions informelles avec Stephen Baxter laissent à penser que ce nombre est cependant nettement plus faible que celui auquel nous parvenons : entre 3000 et 5000 personnes, sinon moins.

211 http://www.kcl.ac.uk/artshums/depts/history/research/proj/profile.aspx, accès le 23 avril 2017.

48   CHAPITRE 1

La question qui se pose enfin est celle d'une identification sérieuse, sur des bases philologiques, des formes nominales disponibles. Les diagnostics pour identifier un mot ou un nom sont globalement considérés comme fiables[212] et les travaux d'Olof von Feilitzen[213] permettent d'aborder de façon sereine les quelques 1 100 noms différents consignés dans le texte pour le temps du roi Edward. Cependant, les formes nominales sont souvent complètement « distordues[214] », du fait de leur latinisation conventionnelle[215], ce qui renforce les difficultés d'identification. Certains noms sont en effet réduits à des formes ambiguës qui empêchent, par exemple, de distinguer entre *Æthelwine* et *Ælfwine*, qui apparaissent régulièrement sous la même forme, *Alwine*, tandis qu'*Ælfric*, généralement orthographié *Aluric*, prend parfois aussi la forme *Alric*, ce qui rend impossible toute distinction par rapport aux formes elles aussi modifiées du nom *Æthelric*[216]. Un protothème aussi courant qu'*Æthel*- peut être retranscrit comme *Ed-*, *Ad-*, *El-* ou *Al-* dans le Domesday Book[217].

Cette source, quels que soient ses défauts, a le mérite de nous proposer un instantané de la société aristocratique anglo-saxonne dans les années 1060, ce qui implique la transmission d'informations vraisemblables, au nombre desquelles de nombreux noms, disposés dans le paysage insulaire avec une rare précision. Cela ouvre la perspective d'une étude complète, à l'échelle du royaume, des aspects linguistico-culturels et socio-économiques liés aux pratiques anthroponymiques.

Qui sont les monétaires ?

Les monnaies anglo-saxonnes constituent une source complémentaire aux chartes, mais également au *Domesday Book*, puisqu'elles présentent des noms et des personnes que le reste de la documentation ne connaît guère[218]. Leur nombre (environ 20 000) et leur égale répartition sur le territoire permettent de cerner des évolutions chronologiques relativement fines et la répartition spatialement différenciée des anthroponymes en Angleterre. En conséquence, l'étude des noms de monnayeurs représente un élément important de l'historiographie des cinquante dernières années sur l'étude des noms[219].

De nombreuses monnaies ont été perdues et d'autres ont sans doute été refondues. Toutefois, un grand nombre de monnaies appartenant à des séries très diverses étant

---

212   M. TOWNEND, *Language and History in Viking Age England*, Turnhout, 2002, p. 95.

213   O. VON FEILITZEN, *Pre-Conquest Personal Names, op. cit.*

214   J. M. DODGSON, « Domesday Book : Place-Names and Personal Names », in *Domesday Studies, op. cit.*, p. 122-123.

215   C. CLARK, « Domesday Book – a great red-herring », in *Words, names and history, op. cit.*, p. 156-167.

216   A. WILLIAMS, « A vice-comital family in pre-Conquest Warwickshire », in *ANS XI*, p. 281.

217   G. FELLOWS-JENSEN, « On the identification of Domesday tenants in Lincolnshire », *Nomina*, 9 (1986), p. 37.

218   Quelques recoupements sont toutefois effectués dans R. FLEMING, « Rural Elites and Urban Communities in Late-Saxon England », *Past & Present*, 141 (1993), p. 34.

219   Se référer, en bibliographie finale, aux articles de Veronica Smart et à O. VON FEILITZEN et Chr. BLUNT, « Personal names on the coinage of Edgar », in P. CLEMOES et K. HUGHES (éd.), *England Before the Conquest*, Cambridge, 1971, p. 183-214.

préservé, il est vraisemblable que l'échantillon disponible soit, somme toute, assez représentatif. En revanche, elles semblent avoir été assez peu falsifiées.

La frappe anglo-saxonne de la période tardive se caractérise par sa grande qualité, qui témoigne de l'efficacité de la royauté à maintenir un standard relativement élevé. En 973, Edgar rétablit le standard établi par Alfred, un siècle plus tôt, autour d'1,6 g par monnaie d'argent, tout en exigeant que la monnaie soit périodiquement refrappée, tous les six ans d'abord, puis tous les trois ans à compter de la mort de Cnut[220]. La monnaie agit également comme un des seuls média de masse de la période[221], notamment lorsqu'il s'agit de mettre en place une forme de « propagande » favorable au Wessex[222].

Le standard qui voulait que les ateliers monétaires soient sis en ville s'imposa progressivement avec Æthelstan. Il se traduisit ensuite dans la réforme d'Edgar par l'obligation de préciser le site de frappe sur les monnaies[223]. Il fallait également y faire figurer les noms des monétaires. Un problème difficile à résoudre concerne toutefois l'identité sociale de ces individus. Qui étaient-ils ? « Les ouvriers qui ont réellement frappé ces pièces, ou bien les hommes qui étaient responsables de la production[224] » ? Mats Redin, il y a presque un siècle, pensait qu'ils étaient d'une condition proche de l'esclavage[225]. L'étude de Martin Biddle sur les monétaires de Winchester d'après le *Winton Domesday* tend à montrer au contraire que ces individus étaient particulièrement riches et que leurs domaines urbains étaient nombreux[226]. Ian Stewart a également démontré que certains d'entre eux pouvaient être des *thegns*, qu'ils attestaient dans certaines chartes et qu'il devait plutôt s'agir d'un groupe de « financiers[227] ». L'étude de Pamela Nightingale sur les monétaires de Londres confirme cette hypothèse et permet même de postuler que ce groupe était en mesure d'acquérir des domaines dans la campagne alentour, à l'instar de n'importe quel autre membre de l'élite[228]. Tout en prenant cette évolution historiographique en compte[229], Veronica Smart suppute toutefois que nombre d'entre eux devaient être des ouvriers, puisque les

---

220 M. DOLLEY et D. M. METCALF, « The reform of the English coinage under Eadgar », in M. DOLLEY (éd.), *Anglo-Saxon Coins*, Londres, 1961, p. 136-168. H. B. A. PETERSSON, *Anglo-Saxon currency. King Edgar's reform to the Norman Conquest*, Lund, 1969.

221 E. JOHN, *Reassessing Anglo-Saxon England*, Manchester, 1996, p. 63.

222 Richard Hall parle de « propaganda coinage » dans le cadre du monayage d'Olafr Guthfrithsson, lorsque ce dernier reprit le contrôle d'York au milieu du xe siècle (*Viking Age York*, Londres, 1994, p. 20).

223 M. A. S. BLACKBURN, « Mints, Burhs, and the Grately Code, cap. 14.2 », in D. HILL et A. R. RUMBLE (éd.), *The defence of Wessex*, Manchester, 1996, p. 160-175.

224 V. J. SMART, « Scandinavians, Celts, and Germans in Anglo-Saxon England », in M. A. S. BLACKBURN (éd.), *Anglo-Saxon Monetary History*, Leicester, 1986, p. 171-184, p. 171.

225 M. REDIN, *Studies on Uncompounded Personal-Names in Old English*, Uppsala, 1919, p. 188.

226 M. BIDDLE, « Organisation and Society, iii. the Mint », in *Winchester in the Early Middle Ages*, Oxford, 1976, p. 396-422.

227 I. STEWART, « *Ministri* and *Monetarii* », *Revue numismatique*, 6/30 (1988), p. 166-175.

228 P. NIGHTINGALE, « Some London Moneyers and Reflections on the Organisation of English Mints in the Eleventh Century », *Numismatic Chonicle*, 142 (1982), p. 35-50.

229 V. J. SMART, « Osulf Thein and others : double moneyers' names on the late Anglo-Saxon coinage », in K. JONSSON (éd.), *Studies in Late Anglo-Saxon Coinage*, Stockholm, 1990, p. 445.

50   CHAPITRE 1

changements politiques n'eurent à ses yeux aucun impact sur ce groupe[230] – ce qui semble difficilement compatible avec l'histoire mouvementée de l'élite au XIe siècle[231].

Des études importantes ont porté sur les noms et individus concernés avec pour objectif d'étudier, par l'analyse linguistique, les mouvements de population et d'acculturation pendant le règne des Danois[232]. Stenton estimait que cette influence était très forte[233]. Toutefois, Veronica Smart a pu montrer que les noms norrois étaient présents dans le nord-est et dans quelques poches, comme Exeter[234], tandis que les noms gaéliques étaient confinés aux zones de peuplement iro-norvégien du nord-ouest. En cela, le règne de Cnut n'a pas causé de bouleversement majeur[235].

L'utilisation d'abréviations sur les monnaies était commune[236], tandis que leur état de conservation joue un rôle immédiat sur leur lisibilité. Néanmoins, la véritable difficulté tient à l'identification des monétaires : en tenant compte de la rareté du nom, du nombre d'ateliers dans une cité ainsi que de la durée et continuité de la frappe, nous pouvons tenter d'identifier certains monétaires. Une telle méthode ne résout ni le cas des homonymes, ni le cas des monétaires qui auraient changé d'atelier ou auraient été associés aux ateliers de plusieurs cités en même temps.

Pour notre période d'étude, le catalogue des collections anciennes du *FitzWilliam Museum* de Cambridge[237] met en ligne l'essentiel de la documentation disponible et accessible. La matière collectée se monte à plus de 20 000 monnaies. La répartition chronologique des données est nettement plus favorable au premier XIe siècle. De même, la répartition de la documentation sur le territoire est relativement équilibrée, même si elle penche en faveur des villes méridionales sous Edgar (avec huit ateliers à Londres, sept à Canterbury et sept autres à Winchester)[238]. Cette suprématie ne fait que grandir ensuite : Winchester et Londres représentent en effet une part croissante de la frappe au cours du XIe siècle[239]. À la fin du règne d'Edward le Confesseur, le déséquilibre est patent, avec vingt ateliers à Londres[240].

---

230 V. J. SMART, « Moneyers of the late Anglo-Saxon coinage : the Danish dynasty 1017-42 », *ASE*, 16 (1987), p. 305.

231 R. FLEMING, *Kings and Lords*, *op. cit.* K. MACK, « Changing Thegns : Cnut's Conquest and the English Aristocracy », *Albion*, 16 (1984), p. 375-387. S. D. KEYNES, « Cnut earls », in A. R. RUMBLE (éd.), *The Reign of Cnut : King of England, Denmark and Norway*, Londres, 1994, p. 43-88.

232 V. J. SMART, « Scandinavians, Celts, and Germans », *op. cit*, p. 172.

233 STENTON, *ASE*, p. 413-414.

234 J. INSLEY, « Some Scandinavian personal names in south-west England from post-Conquest records », *Studia Anthroponymica Scandinavica*, 3 (1985), p. 23-58.

235 V. J. SMART, « Scandinavians, Celts, and Germans », *op. cit, passim*. V. J. SMART, « Moneyers of the late Anglo-Saxon coinage : the Danish dynasty 1017-42 », *art. cit.*, p. 305.

236 K. JONSSON et G. VAN DER MEER, « Mints and Moneyers c. 973-1066 », in K. JONSSON (éd.), *Studies, op. cit.*, p. 51.

237 http://www.fitzmuseum.cam.ac.uk/coins/emc/, accès le 23 avril 2017.

238 D. M. METCALF, « Anglo-Saxon Coins 2 : Alfred to Edgar », in J. CAMPBELL, E. JOHN et P. WORMALD (éd.) *The Anglo-Saxons*, Londres, 1991, p. 131.

239 D. HILL, « Trends in the development of towns during the reign of Ethelred II », in ID. (éd.), *Ethelred the Unready*, Oxford, 1978, p. 214, 216.

240 P. H. BLAIR, *An Introduction to Anglo-Saxon England*, *op. cit.*, p. 296-297.

Graphique 2. *Répartition (approximative) des monnaies par types*

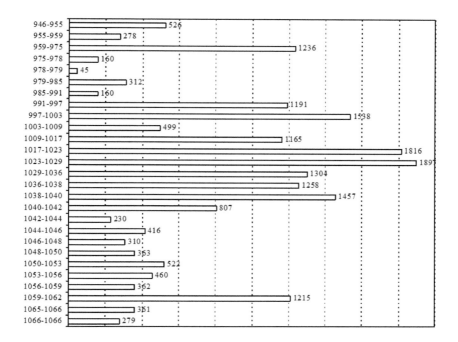

Les monnaies permettent de combler certaines lacunes de la documentation écrite : leur répartition permet d'étudier des périodes et des espaces qui, sans elles, échapperaient à notre étude (premier XIe siècle, nord du royaume), ce qui permet de compléter le matériau diplomatique (important pour le Xe siècle et le sud) et le matériau fiscal (important pour les années 1060) ; elles sont par ailleurs en nombre suffisant sur l'ensemble du spectre chronologique pour donner lieu à l'étude de l'évolution des pratiques anthroponymiques.

Conclusion

Une réflexion portant sur les noms au Moyen Âge porte à son comble le paradoxe et la difficulté de l'histoire de la période. En effet, les noms, le discours sur les noms et le vocabulaire du nom sont omniprésents. Il n'est pas une source qui ne fasse intervenir cet objet linguistique, ou bien directement, ou bien d'une façon métatextuelle. En ce sens, le nom confirme son rôle d'objet linguistique universel et construire une réflexion sur le nom suppose de prendre en considération les difficultés que pose chacune des sources ; d'autant plus que chacune de ces sources n'a manifestement pas été produite pour répondre à la question qui est la nôtre. Bien au contraire, si toutes les sources utilisent des noms, de près ou de loin, il n'en est aucune qui ne s'intéresse qu'à lui et pour lui[241]. De ce point de vue, les biais de sources épargnent en général l'objet que nous nous proposons d'étudier, tout en créant néanmoins des déséquilibres géographiques et chronologiques nets dans la couverture documentaire du royaume. Par ailleurs, bien que les noms soient omniprésents, ils sont souvent maltraités par les chancelleries, les ateliers monétaires ou les *scriptoria* monastiques. Notre objet en ressort déformé, brisé par des scribes qui les confondaient entre eux et les interpolaient, parfois martyrisé aussi par la propension des copistes à mutiler les formes linguistiques et à latiniser à outrance des noms anglo-saxons ou norrois. L'usage du vocabulaire témoigne de cette même imprécision. Les mots étudiés introduisent les noms comme objet de discours et cette fonction explique vraisemblablement un usage parfois imprécis de termes que la grammaire classique définit pourtant avec précision. Cette richesse lexicale témoigne de la connaissance de théories grammaticales, mais aussi de la volonté de focaliser l'attention du public sur ces noms qui renferment une partie du réel qu'ils tentent de décrire ou d'expliquer[242].

Ainsi, nous nous trouvons face à la fragile omniprésence d'un objet que nous trouvons partout, mais dont l'utilisation dans la documentation est toujours soumise à d'autres impératifs. Dans ce contexte, les usages anthroponymiques et les évolutions du stock onomastique entrent en résonance avec des questions essentielles pour qui s'intéresse à l'histoire sociale d'un espace : l'intégration de la personne dans le groupe, la transmission des biens et des droits au sein de la parenté, l'insertion dans un environnement social et religieux, la migration de peuples et la construction de leurs identités. À ces questions, nous proposons de répondre par la construction prudente de raisonnements amenant à eux toute la documentation disponible, afin de mettre en évidence l'univers mental des Anglo-Saxons et la force d'évocation que les anthroponymes pouvaient renfermer à leurs yeux.

---

241 À l'exception des traités de grammaire sur lesquels nous reviendrons au chapitre suivant.
242 Les aspects lexicographiques de nos travaux feront l'objet d'une publication sous forme d'article. Nous en dressons ici les seules conclusions.

CHAPITRE 2

Nom et individuation

Mon fils aimé, j'ai encore autre chose à vous dire : sur la route comme à l'étape, si quelqu'un vous tient longue compagnie, ne manquez pas de lui demander son nom. Vous devez finir par savoir son nom. C'est par le nom qu'on connaît l'homme[1]

Le nom, une fois déterminé, va devenir une composante intrinsèque de l'homme au même titre que son âme. Par lui on peut agir en bien ou en mal sur l'individu lui-même : nommer, c'est agir sur ce qu'on nomme ; se nommer, c'est aussi se particulariser en affirmant sa personnalité, son individualité[2]

De même que les corps permettent de distinguer les hommes dans l'espace, de même les noms permettent de les différencier dans l'ordre linguistique. « Pour exister, il faut être nommé[3] », puisque les noms permettent de distinguer les êtres et de matérialiser leur individuation. Comme tel, le nom sert donc d'abord de « porte identité[4] », notamment dans le champ institutionnel[5]. Sans lui, que seraient les chroniques et les inscriptions de notre corpus ? à quoi serviraient ces chartes ou ces relevés fiscaux ? Le nom est l'élément même du social, du référentiel, dans les constructions textuelles et discursives qu'étaient les documents. Si l'objet linguistique qu'est le nom est susceptible de recevoir des sens variés selon les contextes documentaires et socio-historiques, le fait d'utiliser ce nom-là et pas tel autre ne fait sens qu'en société, parce que c'est bien à cet individu et non à tel autre que ce domaine est concédé, à celui-ci et non à son voisin qu'est imputé le paiement d'un impôt. À une époque où tous les historiens sont peu ou prou les héritiers du *linguistic turn*, les noms constituent un espace où la transsubstantiation du social en langage s'opère visiblement.

Comme le nom fait corps avec la personne, on considère aussi, dans les sociétés traditionnelles, qu'il équivaut à l'âme[6]. Dans une optique eschatologique chrétienne,

---

1 CHRÉTIEN DE TROYES, *Perceval*, Paris, Livre de Poche, 2002, p. 570.
2 A. BADINI, *Naître et grandir chez les Moosé traditionnels*, Paris/Ouagadougou, 1994, p. 50.
3 R. DELIEGE, *Anthropologie de la parenté*, Paris/Masson, 1996, p. 24.
4 E. GOFFMAN, *Stigmate, op. cit.*, p. 73-76.
5 *Pacte international relatif aux Droits civils et politiques*, art 24-2.
6 M. MAUSS, « L'âme, le nom et la personne [1929] », in *Œuvres*, vol. II, Paris, 1969, p. 131-135 et « Une catégorie de l'esprit humain », *loc. cit.*

le nom permet l'individuation et l'identification aux yeux de la divinité, laquelle connaît chacun *par son nom*[7]. En ce sens, le nom est un outil de médiation avec l'au-delà et un moyen d'accès au salut. En conséquence de ce lien, le nom fonde aussi l'identité psychologique et affective de la personne[8]. Freud fait du rapport au nom un des fondements d'un « complexe de sensibilité » et la cause de nombreux troubles de la personnalité[9]. La personne assume et défend son nom comme une part d'elle-même, comme une seconde peau et une incarnation de son honneur[10]. Pour cette raison, l'attention de ceux qui donnent le nom est maximale : il s'agit bien de trouver un nom qui soit protecteur et, à tout le moins, favorable[11]. Comme le nom appartient à l'être profond du sujet[12], son étymologie fait figure de prophétie[13]. Celui-ci, disent Flugel ou Walton, influence son porteur et détermine une partie de son existence[14].

Ces principes définissent un cadre théorique dans lequel le nom est un moyen d'exprimer ce qu'est la personne. Les représentations du nom incluses dans les traités grammaticaux, héritiers du néo-platonisme, dans les sources hagiographiques, homilétiques et mémorielles démontrent l'existence de cette définition dans l'Angleterre anglo-saxonne tardive. La variété de ces sources signale qu'un tel imaginaire appartenait à l'élite intellectuelle, mais elle servait de substrat culturel commun à une partie beaucoup plus importante de la population[15]. Ce lien entre nom et personne, en effet, se manifeste avec clarté dans les sources liturgiques, mémorielles et épigraphiques, puisque le nom y représente l'âme et/ou la personne, afin de faire goûter par la durabilité du support où il est inscrit une parcelle d'éternité à la personne elle-même.

---

7   Ex 33 :17. V. FEROLDI, « Dieu connaît chacun par son nom », in J. CLERGET (éd.), *Le nom et la nomination, op. cit.,* p. 271-278.

8   Fr. DOLTO, citée par J. CLERGET (éd.), *Le nom et la nomination*, Toulouse, 1990, p. 13.

9   S. FREUD, *Totem et tabou*, Paris, 1965, p. 70. Voir les travaux sur le « *name letter effect* » (J. M. NUTTIN, « Affective Consequences of Mere Ownership : The Name Letter Effect in Twelve European Languages », *European Journal of Social Psychology*, 17/4 (1987), p. 381-402). Pour synthèse, N. GUÉGUEN, *Psychologie des prénoms*, Paris, 2008.

10 S. FREUD, *L'interprétation des rêves*, Paris, 1967, p. 184.

11 A. FINE, « L'héritage du nom de baptême », *Annales. Économies, Sociétés, Civilisations*, 42/2 (1987), p. 868. P. ERNY, « Le nom dans la tradition africaine », *art. cit.* P. BECK, « Le nom protecteur », *Cahiers de recherches médiévales*, 8 (2001), p. 165-174. D. BEEAFF, « Ælfræd and Haranfot : Anglo-Saxon personal names », *History Today*, 28 (1978), p. 689.

12 E. DURKHEIM, *Les formes élémentaires de la vie religieuse*, Paris, 1990², p. 190.

13 I. OPELT, « Etymologie », in Th. KLAUSER (éd.), *Reallexikon für Antike und Christentum, vol. VI*, Stuttgart, 1965, col. 797-844.

14 I. FLUGEL, « On the significance of names », in *Men and their motives*, Londres, 1933, p. 214-224. W. E. WALTON, « The affective value of first name », *Journal of Applied Psychology*, 21 (1937), p. 396-409.

15 Les textes sacrés semblent avoir été couramment utilisés sur l'île, en particulier à la fin de la période anglo-saxonne (R. MARSDEN, *The Text of the Old Testament in Anglo-Saxon England*, New York, 1995, p. 444). La traduction des textes bibliques en vernaculaire, entre la fin du IXᵉ et le début du XIᵉ siècle, facilita cette connaissance.

I. La grammaire du nom

La formalisation grammaticale est indissociable des réalités matérielles dans la mesure où la langue *est* elle-même un fait social[16]. À ce titre, les normes qui pèsent sur la langue et les concepts qui sont produits pour en saisir le fonctionnement constituent également des *media* de la représentation sociale[17]. Les traités grammaticaux étant la seule source normative portant sur notre objet et constituant par ailleurs une source usuelle en Angleterre, il est d'autant plus logique de s'attarder sur le rôle qu'ils donnent aux noms.

La grammaire en Angleterre aux Xe et XIe siècles

La grammaire est une des disciplines du *trivium* et représente à ce titre une des bases de l'enseignement médiéval[18]. Les grammairiens tardo-antiques, comme Priscien et Donat, étaient connus en Angleterre, ou bien directement, ou bien par le biais de commentateurs. L'intérêt des insulaires pour la grammaire se traduit par la venue de plusieurs *grammatici* continentaux en Angleterre, comme le breton Israël[19] et surtout Abbon de Fleury. Ce dernier, dans les *Quaestiones grammaticales*, précisément destinées à répondre à la curiosité d'étudiants anglo-saxons, cite couramment Donat, Priscien, Phocas et Servius[20]. Les manuscrits conservés de grammairiens tardo-antiques ou médiévaux sont nombreux aux Xe et XIe siècles[21], ce qui confirme l'importance de cette tradition dans le monde insulaire. Néanmoins, la plupart de ces documents est liée aux pôles monastiques majeurs de l'île.

Cet intérêt des insulaires pour la grammaire se traduit par la rédaction de textes originaux pendant la période :

– les *Excerptiones de Prisciano* constituent une habile synthèse du Xe siècle entre Donat et Priscien, mais aussi Servius, Sergius et Isidore de Séville[22]. Les gloses

---

16 F. DE SAUSSURE, *Cours de linguistique générale*, Paris, 1995[5], p. 32-35, 112. A. MEILLET, *Linguistique historique et linguistique générale*, Paris, 1921, p. 230-271. L'inscription de la langue dans le social constitue le postulat de la sociolinguistique. W. LABOV, *Sociolinguistique*, Paris, 1976. L.-J. CALVET, *Pour ou contre Saussure : Vers une linguistique sociale*, Paris, 1975.

17 L'insertion des acquis de la linguistique dans les recherches historiques était déjà appelée de ses vœux par Marc Bloch (*Apologie pour l'histoire, op. cit.*, p. 28). Pour synthèse, voir R. ROBIN, *Histoire et linguistique*, Paris, 1973 et J.-M. BETRAND et al., *Langue et histoire*, Paris, 2012.

18 J. J. CONTRENI, « The Carolingian Renaissance : education and literary culture », in R. MCKITTERICK (éd.), *The New Cambridge Medieval History*, vol. II, Cambridge, 1995, p. 729-730. D. W. PORTER, *Excerptiones de Prisciano*, Woodbridge, 2002, p. 20-21.

19 M. LAPIDGE, « Israel the Grammarian in Anglo-Saxon England », in *Anglo-Latin Literature 900-1066*, Londres, 1993, p. 87-104.

20 ABBON DE FLEURY, *Quæstiones grammaticales*, éd. A. GUERREAU-Jalabert, Paris, 1982. Voir pour l'adresse explicite aux Anglo-Saxons, les paragraphes 1 et 4, p. 209-211. Pour les références aux grammairiens classiques dans son œuvre, voir M. LAPIDGE, *The Anglo-Saxon Library, op. cit.*, p. 242-247.

21 P. RICHE, « Le latin dans les écoles anglo-saxonnes », in *La lexicographie du latin médiéval et ses rapports avec les recherches actuelles sur la civilisation du Moyen Âge*, Paris, 1981, p. 115-124.

22 *Excerptiones*, éd. D. W. PORTER.

56 CHAPITRE 2

ajoutées au début du XIᵉ siècle dans les trois manuscrits conservés du traité confortent l'idée d'un usage intensif[23]. Ælfric d'Eynsham indique en introduction de sa propre grammaire que ces *Excerptiones*, ou les textes qui en permirent l'élaboration, faisaient figure de manuel dans l'école monastique de Winchester à l'époque où il étudiait sous la férule d'Æthelwold[24] ;

- la grammaire d'Ælfric d'Eynsham s'appuie également sur Donat et Priscien. Toutefois, Ælfric produit une *Schulgrammatik*, à des fins pédagogiques[25] : il écrit donc en vernaculaire et allège les éléments les plus complexes ou les moins utiles à son propos[26]. Les nombreuses gloses dans la quinzaine de manuscrits conservés indiquent que le texte était très pratiqué, en plus d'être répandu[27].

La théorie des noms propres

Dans la terminologie grammaticale actuelle, le nom « correspond sémantiquement à une substance (être ou classe d'êtres, choses, notions)[28] ». Une telle idée se retrouve aussi chez les lexicographes tardo-antiques et médiévaux, qui font dériver *nomen* du verbe *nosco*[29]. Les lettrés anglo-saxons de la période tardive théorisent-ils aussi le *nomen* de cette façon ?

Donat, à la suite de ses prédécesseurs[30], fait du nom la « partie du discours [caractérisée] par un cas, renvoyant à un objet concret ou abstrait et qui est propre ou commun[31] ». Cette définition est donc morphologique, mais surtout sémantique, la distinction entre *corpus* et *res* permettant d'embrasser à la fois les phénomènes physiques et abstraits[32]. La définition est reprise, telle quelle par Tatwine de Canterbury au VIIIᵉ siècle[33], Smaragde de Saint-Mihiel au IXᵉ siècle[34] ou le *Beatus quid est* au Xᵉ siècle[35].

---

23 Voir Ker 2/ Gneuss 775 et Ker 371/ Gneuss 902 pour le détail des gloses.

24 Ælfric of Eynsham, *Grammatica*, p. 1.

25 *Excerptiones*, p. 31. J. Bender-Davis, « Ælfric's techniques of translation and adaptation as seen in the composition of his Old English Latin Grammar », Thèse non publiée, Pennsylvania State University, 1985. V. Law, « Anglo-Saxon England : Ælfric's *Excerptiones de arte grammatica anglice* », *Histoire Epistémologie Langage*, 9/1 (1987), p. 47-71.

26 T. N. Hall, « Ælfric as pedagogue », in H. Magennis et M. Swan (éd.), *A Companion to Ælfric*, Leyde, 2009, p. 193-216, p. 195-196.

27 Voir Ker et Gneuss.

28 « Substantif » in *Petit Robert*.

29 J.-Y. Tilliette, « Sémantique du nom de personne dans le haut Moyen Âge (VIᵉ-XIIᵉ siècles) », in *GMAM, Tome IV*, p. 5.

30 J. Lallot, « Origines et développement de la théorie des parties du discours en Grèce », *Langages*, 92 (1988), p. 11-23.

31 Donat, *Ars minor*, éd. L. Holtz, *Donat et la tradition de l'enseignement grammatical. Étude sur l'*Ars de Donat *et sa diffusion (*IVᵉ-IXᵉ *siècle) et édition critique*, Paris, 1981, p. 585.

32 A. Luhtala, *Grammar and philosophy in late Antiquity*, Amsterdam, 2005, p. 38.

33 Tatwine, *Ars*, éd. M. de Marco, *Tatuini Opera Omnia*, Turnhout, 1968, p. 5.

34 Smaragde de Saint-Mihiel, *Liber in partibus Donati*, éd. B. Löfstedt, L. Holtz et A. Kibre, Turnhout, 1986, p. 8-9.

35 *Beatus quid est*, éd. M. Bayles, in V. Law (éd.), *History of Linguistic Thought in the Early Middle Ages*, Amsterdam, 1993, p. 66-110, p. 86.

Donat distingue nom propre (*nomen proprium*) et nom commun (*nomen appellatiuum*), le nom propre étant « le nom d'un seul[36] ». Cette distinction est reprise en Angleterre. La *qualitas* du *nomen* est ainsi définie dans une glose du *Beatus quid est* comme étant « *aut propria aut appellatiua* », cette distinction étant développée ultérieurement dans le traité[37]. Dans les *Excerptiones*, les noms communs renvoient aux qualités communes des objets appartenant à un même ensemble, tandis que les noms propres indiquent la qualité propre de ce qui est désigné et donc ce qui distingue chaque individu[38]. Ælfric adapte la définition et propose des exemples insulaires : « il existe des noms propres, comme *Edgar* et *Dunstan*, et des noms communs, comme roi ou évêque » et « avec ces noms, nous nommons toutes les choses, ou bien singulières, ou bien plurielles ; les choses singulières l'étant grâce au nom propre[39] ». En conséquence, dans son glossaire, il distingue au sein du groupe *nama* (glosé en *nomen*), le *proprium nomen* ou *agen nama*, et l'*appellativum nomen*, ou *gemænelic / gecigendlic nama*[40].

Le grammairien byzantin du VIᵉ siècle, Priscien de Césarée, reprend et précise la définition de Donat. Le *nomen* désigne « la substance et la qualité ». Cette « qualité [peut être] propre ou commune à chacun des corps ou des choses. Il est appelé *nomen* [...] qui est presque *notamen*, parce que grâce à lui nous observons la qualité d'une substance singulière[41] ». Portés par l'héritage platonicien et néo-platonicien[42], qui définit le nom comme un dérivé de la nature des choses[43], les grammairiens de l'Antiquité tardive donnent au nom propre un rôle central dans l'expression de la substance. C'est le cas chez Isidore de Séville[44] ; c'est aussi le cas en Angleterre, puisque les *Excerptiones* reprennent les deux définitions de Priscien[45], y compris l'explication étymologique qui associe *nomen* et *notamen*. Le *Beatus quid est* cite cette même définition étymologique dans le texte principal et dans une longue glose de définition du nom[46]. Ainsi, le nom est bien un moyen de rendre manifeste (*manifestam*) la chose, de la faire connaître (*notam et certam*) et donc de la décrire[47].

---

36 DONAT, *Ars minor, op. cit.*, p. 585.

37 *Beatus quid est*, éd. M. BAYLES, *op. cit.*, p. 86-87.

38 *Excerptiones de Prisciano*, éd. D. W. PORTER, *op. cit.*, § II, 1, p. 60 et § II, 4, p. 62.

39 ÆLFRIC OF EYNSHAM, *Grammatica*, p. 8 et 11.

40 M. MENSAH et F. TOUPIN, *La Grammaire d'Ælfric*, Paris, 2005, p. 193.

41 PRISCIEN, *Institutiones grammaticales*, éd. L. HOLTZ, *op. cit.*, vol. II, p. 55-56.

42 Priscien reprend sa définition du *nomen* à Apollonius Dyscole (A. LUHTALA, « Priscian's Philosophy », in M. BARATIN, B. COLOMBAT et L. HOLTZ (éd.), *Priscien. Transmission et refondation de la grammaire de l'Antiquité aux Modernes*, Turnhout, 2009, p. 109-124).

43 PLATON, *Cratyle*, 390d-e. N. KRETZMANN, « Plato on the correctness of names », *American Philosophical Quarterly*, 8 (1971), p. 126-138.

44 ISIDORE DE SÉVILLE, *Etymologiae*, Livre I, ch. VII, § 1. J. FONTAINE, *Isidore de Seville et la culture classique dans l'Espagne wisigothique*, Paris, 1983², p. 30.

45 *Excerptiones de Prisciano*, éd. D. W. PORTER, *op. cit.*, § 70, p. 58 et II, 1, p. 60.

46 *Beatus quid est*, éd. M. BAYLES, *op. cit.*, p. 85-86.

47 *Ibid.*, p. 85 : le *notamen*, « le moyen de désignation », qui glose le *nomen*, « le nom », est lui-même glosé par *notatio uel manifestatio*, « l'étymologie, la définition » ou « la manifestation, l'évidence ».

CHAPITRE 2

Cette opposition entre ce qui est propre et ce qui est commun recoupe implicitement la distinction philosophique entre le particulier et le général, entre l'un et le multiple ; et c'est d'ailleurs ce couple antinomique que reprirent les successeurs de Donat, comme Diomède et Charisius[48] ou encore Tatwine de Canterbury[49] et Smaragde de Saint-Mihiel[50]. À ce titre, il semble logique de lier la notion de *particulier* utilisée pour définir le nom propre à celle d'identité, qui renvoie à la mêmeté d'un être par rapport à lui-même. De cette manière, le *proprium nomen* du grammairien fait figure de manifestation de l'*identitas* du logicien[51], puisqu'il rend perceptible socialement la persistance de l'individu nommé dans son être. C'est d'ailleurs la vertu que Cicéron attribue au nom[52].

Avec cette idée en tête, le principe même des étymologies se trouve justifié, puisque les noms sont porteurs de sens et révèlent l'individu[53]. Ainsi, ces noms prennent sens et se changent en définition[54], par le biais de ce que Claude Buridant appelle une « étymologie ontologique[55] ». Ce processus de construction du sens inclut le destin du porteur dans le nom. Ce principe trouve un écho dans l'exégèse des textes sacrés, pour laquelle l'étymologie des noms bibliques permet de révéler le sens littéral des écritures[56], d'où la volonté de Jérôme et Isidore de les expliciter[57]. Isidore cite d'ailleurs cet important prédécesseur et ce qu'induit une telle méthode pour justifier une part de son exposé[58]. « [Le nom] est la forme signifiée par le langage humain, lui-même issu d'un langage divin, de l'Idée divine qui est à l'origine de l'être qu'il signifie[59] ». De ce point de vue, l'étymologie constitue une manière très platonicienne

---

48 A. LUHTALA, *Grammar, op. cit.*, p. 45.

49 TATWINE, *Ars, op. cit.*, p. 5-6.

50 SMARAGDE DE SAINT-MIHIEL, *Liber in partibus Donati, op. cit.*, p. 10.

51 C'est le cas chez Sedulius Scottus (A. LUHTALA, « Syntax and Dialectic in Carolingian Commentaries on Priscian's *Institutiones Grammaticae* », in V. LAW (éd.), *History of Linguistic Thought in the Early Middle Ages*, Amsterdam, 1993, p. 145-191, p. 150-151).

52 CICERON, *De inuentione*, Livre I, § 34.

53 J. FONTAINE, « Cohérence et originalité de l'étymologie isidorienne », in J. ITURRIAGA ELORZA, *Homenaje a Eleuterio Elorduy*, Bilbao, 1978, p. 113-144. J.-Y. TILLIETTE, « Sémantique du nom », *loc. cit.*

54 G. GENETTE, *Mimologiques : Voyages en Cratylie*, Paris, 1976, p. 24.

55 Cl. BURIDANT, « Les paramètres de l'étymologie médiévale », *Lexique*, 14 (1998), p. 11-56. E. R. CURTIUS, « L'étymologie considérée comme forme de pensée », in *La littérature européenne et le Moyen Âge latin*, Paris, 1956, t. II, p. 317-326.

56 G. LOBRICHON, « Making sense of the Bible », in T. F. X. NOBLE, J. M. H. SMITH (éd.), *The Cambridge History of Christianity, Vol. III*, Cambridge, 2008, p. 539-540.

57 Le *Liber interpretationis Hebraicorum nominum* de Jérôme est connu d'au moins un manuscrit du début du XIe siècle (GNEUSS 659), passé par Canterbury. Il est aussi cité par Aldhelm, Bède et Ælfric (M. LAPIDGE, *The Anglo-Saxon Library, op. cit.*, p. 315). Les *Allegoriae* d'Isidore de Séville ne sont pas connues en Angleterre : il n'y a ni manuscrit conservé de notre période, ni citation de ce texte par les auteurs anglo-saxons (M. LAPIDGE, *The Anglo-Saxon Library, op. cit.*, p. 309).

58 ISIDORE DE SÉVILLE, *Etymologiae*, Livre VII, ch. I, § 1-2.

59 B. RIBEMONT, *Les origines des encyclopédies médiévales d'Isidore de Séville aux Carolingiens*, Paris, 2001, p. 44. Pour l'expression initiale de ce principe, voir PLATON, *Cratyle*, 424a.

NOM ET INDIVIDUATION 59

de rejeter l'arbitraire du signe, en ramenant dans les noms la substance des choses[60]. Chez les grammairiens anglo-saxons de même que dans les grammaires classiques, le nom vaut pour son étymologie, qui lui donne un sens susceptible de définir son porteur, en particulier lorsqu'il s'agit d'un nom propre[61]. À ce titre, celui-ci indique la substance et la qualité, au sens aristotélicien de ces termes, c'est-à-dire qu'il permet l'individuation des êtres et leur identification.

La théorie du nom est très stable entre Antiquité tardive et Moyen Âge central, depuis la lointaine Byzance jusqu'au monde britannique. L'implantation de cette tradition dans le monde anglo-saxon est attestée par une terminologie vernaculaire spécifique, qui ne fait pas nécessairement référence aux équivalents latins[62]. Mieux encore, cette terminologie semble être utilisée à titre de gloses pour rendre la terminologie latine plus accessible[63]. Cette culture grammaticale suppose aussi sans doute une compréhension des mécanismes linguistiques propres au vernaculaire et donc une compréhension des noms qui ne se limite pas à leur usage en langue latine[64].

Les types de noms

Donat complète la distinction entre noms propres et communs, en opposant « le *nomen* qui n'appartient qu'à une personne, l'*appellatio* qui appartient à plusieurs et le *vocabulum* qui renvoie aux choses[65] ». Diomède, en se fondant sur l'argumentaire de Scaurus, grammairien du IIe siècle[66], reprend et complète ce tableau[67]. Ainsi, le *nomen* renvoie à la singularité d'un être animé, clairement identifié, tandis que l'*appellatio* (pour les êtres animés[68]) et le *vocabulum* (pour les inanimés) relèvent du général et du multiple. En ce sens, pour paraphraser Aristote, le *nomen* renvoie à l'identité d'un être avec lui-même, tandis que l'*appellatio* et le *vocabulum* permettent de dénoter l'identité entre des êtres d'une même classe[69]. Le *nomen* est donc un *nomen proprium*, tandis que l'*appellatio* et le *vocabulum* s'apparentent à des types de *nomina*

---

60 J. FONTAINE, « Isidore et la lexicographie médiévale », in *La lexicographie du latin médiéval et ses rapports avec les recherches actuelles sur la civilisation du Moyen Âge*, Paris, 1981, p. 97-103. B. RIBEMONT, *Les origines, op. cit.*, p. 45 sq.

61 J. HILL, « Ælfric's Use of Etymologies », *ASE*, 17 (1988), p. 44. Sur la place de la méthode étymologique à l'époque, voir D. CHAPMAN, « Uterque Lingua / Ægðer Gereord : Ælfric's Grammatical Vocabulary and the Winchester Tradition », *Journal of English and Germanic Philology*, 109/4 (2010), p. 429-430.

62 E. R. WILLIAMS, « Ælfric's grammatical terminology », *Publications of the Modern Language Association*, 73 (1958), p. 456-461. Le *nama* (le nom) est très souvent cité et très souvent il l'est sans référence au *nomen* latin. D. CHAPMAN, « Uterque Lingua / Ægðer Gereord », *art. cit.*, p. 422.

63 V. LAW, « Anglo-Saxon England », *art. cit.*, p. 63.

64 Cet aspect a été mis en évidence par les travaux de Melinda Menzer cités en bibliographie finale.

65 DONAT, *Ars maior*, éd. L. HOLTZ, *op. cit.*, p. 614 : *nomen unius hominis, appellatio multorum, uocabulum rerum est.*

66 SCAURUS, *De ordinatione partium orationis*, éd. L. HOLTZ, *op. cit.*, vol. VII, p. 14-34.

67 DIOMEDE, *Ars grammatica*, éd. A. GARCEA, *Corpus Grammaticorum Latinorum*, Paris, 2012, p. 320.

68 Là où Donat n'incluait dans cette catégorie que les personnes.

69 ARISTOTE, *Métaphysique*, liv. Δ, ch. IX, Paris, Vrin, 1991, t. I, p. 275.

appellativa. En Angleterre, la distinction entre le *nomen*, l'*appellatio* et le *vocabulum* est aplanie, en particulier dans les gloses du *Beatus quid est*[70].

Tableau 2. *Principales subdivisions du* nomen

Catégorie générale	Distinction logique		Distinction ontologique		Objets
	Catégories	Objets	Catégories	Objets	
Nomen	*Nomen proprium*	Unique	*Nomen*	Être animé	*Être animé unique*
	Nomen appellativum	Multiple	*Appellatio*		*Plusieurs êtres animés*
			Vocabulum	Objet inanimé	*Plusieurs choses*

Donat signale l'existence de sous-catégories du nom propre : le *praenomen*, le *nomen*, le *cognomen* et l'*agnomen*[71]. Ces termes renvoient aux éléments classiques des *tria nomina*, augmentés de l'*agnomen*[72]. Cette distinction est reprise de façon durable par les héritiers de Donat, comme Isidore[73], y compris lorsque les pratiques anthroponymiques se sont complètement détachées de ce modèle. C'est le cas chez Tatwine[74] ou Smaragde[75]. En Angleterre, en revanche, seules les *Excerptiones* reprennent cette distinction[76], le *Beatus quid est* et la grammaire d'Ælfric n'ayant aucun intérêt à expliquer un élément obsolète au xe siècle.

Par ailleurs, parmi les sous-catégories du nom commun, plusieurs pourraient entrer dans la composition des noms de personnes : les patronymiques (formés sur le nom du père, de la mère ou de l'oncle) et les ethniques (de *gens* pour l'« appartenance à un peuple » ou de *patria* pour l'« origine géographique »)[77]. Tout ou partie de cette terminologie est adoptée par les médiévaux, comme les noms de *gens* et de *patria* chez Smaragde[78]. De même, en Angleterre, les noms de *gens* et de *patria* sont distingués par les *Excerptiones*, avec des exemples méditerranéens[79], tandis qu'Ælfric les adapte à son propos en sollicitant des exemples issus du monde insulaire[80]. De la même manière, le

---

70 *Beatus quid est*, éd. M. BAYLES, *op. cit.*, p. 86 : la glose de *nomen* est, précisément, *uocabulum*.

71 DONAT, *Ars maior, op. cit.*, p. 614.

72 Ce système est en pleine mutation à l'époque de Donat. M. DONDIN-PAYRE, *Les noms de personnes dans l'empire romain. Transformations, adaptation, évolution*, Bordeaux, 2011. R. W. B. SALWAY, « What's in a Name ? A Survey of Roman Onomastic Practice from c. 700 BC to AD 700 », *The Journal of Roman Studies*, 84 (1994), p. 124-145.

73 ISIDORE DE SÉVILLE, *Etymologiae*, Livre I, ch. VII, § 1.

74 TATWINE, *Ars, op. cit.*, p. 6-7.

75 SMARAGDE DE SAINT-MIHIEL, *Liber in partibus Donati, op. cit.*, p. 28.

76 *Excerptiones de Prisciano*, éd. D. W. PORTER, *op. cit.*, § II, 4, p. 60.

77 DONAT, *Ars maior, op. cit.*, p. 616-617.

78 SMARAGDE DE SAINT-MIHIEL, *Liber in partibus Donati, op. cit.*, p. 25.

79 *Excerptiones de Prisciano*, éd. D. W. PORTER, *op. cit.*, § II, 12, p. 64.

80 ÆLFRIC OF EYNSHAM, *Grammatica*, p. 13. M. MENSAH et F. TOUPIN, *La Grammaire d'Ælfric, op. cit.*, § 42-43, p. 18.

nomen patronymicum est traité longuement par les *Excerptiones*, qui limitent son existence au monde grec[81]. De son côté, Ælfric ne mentionne ce terme qu'en passant, mais avec des exemples anglo-saxons[82]. Aucun des deux textes n'indique que ces noms ethniques ou patronymiques pouvaient être utilisés en guise de surnom pour un individu spécifique.

S'il y eut de nombreuses déperditions entre l'âge d'Alcuin et celui de Dunstan, la grammaire a su retrouver une place capitale dans l'enseignement monastique à compter du xe siècle. À ce titre, une transmission insulaire par le biais des *auctoritates* locaux comme Bède, les liens avec le continent et l'initiative des savants insulaires ont permis le redéploiement d'une culture classique dans les bibliothèques monastiques. Si les textes classiques et les commentaires carolingiens ont peiné à s'implanter ailleurs que dans les grands centres liés au continent, comme Canterbury ou Worcester, d'autres textes ont, en revanche, réussi à s'imposer partout en Angleterre. C'est le cas du corpus isidorien, mais surtout de la grammaire d'Ælfric. Chez les grammairiens de la période anglo-saxonne tardive, néanmoins, les distinctions les plus complexes ne sont plus utilisées.

Entre les témoins manuscrits « directs » et les commentateurs continentaux et anglo-saxons, dont l'importance ne cesse de croître à partir du ixe siècle[83], il est possible d'affirmer que la théorie du nom propre des grammairiens classiques a été transmise au monde insulaire, au moins dans les pôles monastiques. Si l'arrière-plan philosophique (platonicien) de la grammaire n'a pas toujours été transmis, il n'en reste pas moins que le goût pour la logique d'inspiration aristotélicienne et l'étymologie (dont témoignent les nombreux manuscrits et les références multiples à Isidore de Séville) ont probablement permis de donner aux noms un sens ontologique[84]. La théorie du langage transmise par ce biais permet de définir le nom, comme l'expression de la substance et de la qualité des êtres, le nom propre désignant spécifiquement les êtres et choses singulières. Cette définition ramène donc l'anthroponyme dans le champ de l'identité et en fait l'expression langagière adéquate pour distinguer les personnes les unes par rapport aux autres.

II. Les représentations du nom

La théorie savante du nom indique que ce dernier est un moyen de signifier la substance de ce qu'il désigne. « Or il n'est pas douteux que le langage et, par conséquent, le système de concepts qu'il traduit, est le produit d'une élaboration collective. Ce qu'il exprime, c'est la manière dont la société dans son ensemble se représente les objets de l'expérience. Les notions qui correspondent aux divers éléments de la langue sont donc des représentations collectives[85] ». C'est ce champ

---

81 *Excerptiones de Prisciano*, éd. D. W. PORTER, *op. cit.*, II, 26-34, p. 66-68.
82 ÆLFRIC OF EYNSHAM, *Grammatica*, p. 14-15. M. MENSAH et F. TOUPIN, *La Grammaire d'Ælfric*, *op. cit.*, § 55, p. 19.
83 V. LAW, « Anglo-Saxon England », *art. cit.*, p. 49.
84 A. LUHTALA, « Syntax and dialectic », *loc. cit.* V. LAW, *The history of linguistics*, *op. cit.*, p. 147 sq.
85 E. DURKHEIM, *Les formes élémentaires de la vie religieuse*, *op. cit.*, p. 620.

62   CHAPITRE 2

des représentations collectives[86] que nous souhaitons aborder maintenant. Pour ce faire, nous nous appuierons sur des textes de nature homilétique et bibliques, qui sont les seuls à avoir été amplement diffusés dans le corps social[87].

Le matériel homilétique et poétique est concentré dans quelques manuscrits bien connus : le *Codex Exoniensis*[88], le *Vercelli Book*[89], le *Codex Beowulf*[90] et les *Blickling Homilies*[91] constituent, en plus des manuscrits d'Ælfric et (dans une moindre mesure) Wulfstan, les principales compilations pour la période qui nous intéresse. Tous ces documents ont été copiés entre la seconde moitié du Xe siècle et le tout début du XIe siècle[92]. Ils s'adressent *a minima* à une élite de moines, de clercs et de laïcs cultivés[93], mais certains visaient aussi un public plus large et représentatif[94], notamment dans le contexte de la prédication[95] ou de la lecture publique[96], comme en témoigne l'usage du vernaculaire[97]. Le nombre de manuscrits disponibles, en particulier pour les homélies d'Ælfric, suppose qu'elles ont été très largement diffusées, au moins dans les principales cités du royaume[98].

---

86 Id., « Représentations individuelles et représentations collectives », *Revue de métaphysique et de morale*, 6 (1898), p. 273-302. M. I. Finley, *Le Monde d'Ulysse*, Paris, 1969 [1954]. D. Whitelock, « Anglo-Saxon Poetry and the Historian », *TRHS*, 31 (1949), p. 75-94.

87 H. Magennis, « Approaches to saints' lives », in P. Cavill (éd.), *The Christian Tradition in Anglo-Saxon England*, Cambridge, 2004, p. 163.

88 Exeter Cathedral Library, MS 3501 (second Xe siècle, sud-ouest de l'Angleterre). B. J. Muir, *The Exeter anthology of Old English poetry*, Exeter, 2000². Il s'agit d'un manuscrit donné à la cathédrale de la ville par l'évêque Leofric (1050-1072).

89 Vercelli, Biblioteca Capitolare, MS CXVII (fin Xe siècle, sud-est de l'Angleterre).

90 BL, MS Cotton Vitellius A.xv, fols 94-209 (X^e-XIe siècles, voire première décennie du XIe siècle). Le manuscrit a été endommagé lors de l'incendie de la bibliothèque cottonienne en 1731.

91 Princeton, Princeton University Library, W. H. Scheide Collection, MS 71 (X^e-XIe siècles).

92 Voir aussi pour le *Codex Beowulf* (*Beowulf*, éd. R. M. Liuzza, Peterborough 2000, p. 11) et pour le *Vercelli Book* (*The Vercelli Homilies*, éd. D. G. Scragg, Oxford, 1992, p. 73). À propos de ces compilations homilétiques, voir M. Clayton, « Homiliaries and Preaching in Anglo-Saxon England », *Peritia*, 4 (1985), p. 207-242.

93 M. Godden, « Ælfric and the Vernacular Prose Tradition », in *The Old English homily and its backgrounds, op. cit.*, en particulier, p. 107-108. Id., *Ælfric's Catholic Homilies : The Second Series Text*, Londres, 1979, p. xxi-xxix. Id., « Ælfric's Saints' Lives and the Problem of Miracles », *Leeds English Studies*, 16 (1985), p. 94. E. G. Whatley, « Late Old English Hagiography », in G. Philippart (éd.), *Hagiographies, op. cit.*, vol. II, p. 429-499, p. 437-438.

94 P. Wormald, « Anglo-Saxon Society and its literature », in *The Cambridge Companion to Old English Literature, op. cit.*, p. 1-22.

95 J. Wilcox, *Ælfric's Preface*, Durham, 1994, p. 21. Pour Sisam, ces textes servaient aux prêtres pour les prêches publics, mais étaient éventuellement adressés aux moines (« MSS. Bodley 340 and 342 : Ælfric's catholic homilies », *The Review of English Studies*, 8/29 (1932), p. 51-68). Pour Malcolm Godden, le clergé était plus nettement visé (« The development of Ælfric's Second Series of Catholic Homilies », *English Studies*, 54 (1973), p. 209-216). Pour Milton Gatch, les *Lives of Saints* sont adressées aux moines (*Preaching and theology in Anglo-Saxon England : Ælfric and Wulfstan*, Toronto, 1977, p. 40-41). À l'inverse, pour Mary Clayton, les homélies sont sauf exception écrites pour des laïcs (M. Clayton, « Homiliaries and Preaching », *art. cit.*, p. 231-242).

96 M. T. Clanchy, *From memory to written record : England 1066-1307*, Londres, 1979, p. 175-231.

97 E. G. Whatley, « Late Old English Hagiography », *loc. cit.*, p. 448.

98 On compte une vingtaine de manuscrits pour les homélies d'Ælfric en un siècle (Gneuss). Pour Wulfstan, voir J. Wilcox, « The Dissemination of Wulfstan's Homilies : the Wulfstan Tradition in Eleventh-Century Vernacular Preaching », in *England in the eleventh century, op. cit.*, p. 199-217.

Identifier, ordonner et contraindre par le nom

Au milieu du Moyen Âge, les marqueurs fonctionnels d'identification sont extrêmement faibles, en l'absence de documents d'identité[99]. Les noms apparaissent ainsi comme les seuls outils disponibles pour individuer et reconnaître les personnes. Ainsi, à la fin du songe de Dryhthelm, l'ange indique au prêtre northumbrien l'identité d'un saint homme et, pour ce faire, le nomme[100]. De même, quand une jeune femme perd l'usage de la parole, après avoir été *aliénée* par un démon, l'intervention miraculeuse de Martin de Tours permet la réappropriation des noms qui sont les supports de son identité[101].

Dans une société fondée sur l'inter-connaissance, la relation d'homme à homme et la circulation de la parole, le contrôle des noms équivaut donc à la domination sur ceux qui les portent[102]. Il s'agit d'un moyen de diriger et d'ordonner, comme l'indique le vocabulaire lui-même[103]. Ainsi, quand un paralytique désire se rendre à la tombe de Swithun pour y recevoir une guérison miraculeuse, le saint évêque Æthelwold nomme un moine pour qu'il le guide[104]. Le fait de connaître ce nom constitue la manifestation textuelle du pouvoir de l'évêque : en nommant ce moine – et sa situation d'*alumnus* – Æthelwold démontre son autorité sur les moines de Winchester et sa capacité à agir sur ces derniers. Nommer, c'est donner un rôle à celui dont on connaît le nom. De la même manière, dans le *Colloquium Hispericum*, un abbé demande son nom à un moine dont l'apprentissage n'est visiblement pas fini, avec, en arrière-plan, une évidente mise à l'épreuve de son savoir[105]. Pour contraindre une jeune personne au mariage, on nomme son époux[106], et, pour envoyer des soldats en guerre, on inscrit leurs noms sur une liste prévue à cet effet[107].

De la même manière, ces mots portent un sens juridique[108]. Nommer, c'est disposer d'un pouvoir de contrainte[109]. Cet aspect est particulièrement net dans les textes narratifs qui rapportent la mémoire des grandes persécutions. La procédure judiciaire romaine y donne au nom une place centrale. Le juge païen demande au

---

99 I. ABOUT et V. DENIS, *Histoire de l'identification des personnes*, Paris, 2010.

100 ÆLFRIC OF EYNSHAM, *CH*, Série n°2, Homélie n°23, p. 356.

101 *ID.*, *LS*, Homélie n°31, l. 1116-1117.

102 Fr. NIETZSCHE, *Généalogie de la morale*, *Œuvres philosophiques complètes*, t. VII, Paris, 1971, p. 225. Pour comparaison, en chinois, « Ming » veut dire « ordonner », mais aussi « donner un nom ». P. BUGARD, *Essai de psychologie chinoise : petite chronique sur bambou*, Paris, 1992, p. 108.

103 *Nemnan, hatan, cígan, clypian, cweðan, appellare* et *vocare* signifient à la fois « nommer » et « ordonner ».

104 WULFSTAN OF WINCHESTER, *Vita Æthelwoldi*, § 42, p. 64. ÆLFRIC OF EYNSHAM, *Vita Æthelwoldi*, p. 79, § 27.

105 Sc. GWARA, *Latin Colloquies from Pre-Conquest Britain*, Toronto, 1996, p. 103.

106 ÆLFRIC OF EYNSHAM, *LS*, Homélie n°9, l. 36-37.

107 *Ibid.*, Homélie n°31, l. 31-32. Ou encore ÆLFRIC OF EYNSHAM, *CH*, Série n°2, Homélie n°39, p. 500.

108 *Appellare/appellatio ; vocare ; notare/notamen* renvoient également à un dépôt de plainte ou à une accusation. Chez maintes populations d'Afrique, le nom doit rester secret sous peine d'ouvrir la voie à une agression de la part d'esprits néfastes. P. SAULNIER, *Noms de naissance. Conception du monde et système de valeurs chez les Gun au Sud-Bénin*, Paris, 2002, p. 18. J. FEDRY, « Le nom, c'est l'homme », art. cit., p. 94.

109 P. ERNY, « Le nom dans la tradition africaine », *art. cit.*

64   CHAPITRE 2

chrétien qu'il indique « de quelle cité il venait et quel était son nom », comme dans la *Vie de Georges*[110]. Ce nom permet que le coupable soit formellement identifié.

Outil d'individuation, le nom se fait moyen d'identification. Cependant, la possibilité de nommer ne s'arrête pas là. Celui qui maîtrise les noms est aussi comptable de la destinée de ceux qu'il peut nommer. Créant de possibles relations dissymétriques, entre ceux qui connaissent les noms et ceux qui ne peuvent les utiliser, la maîtrise des noms est un des fondements de la situation sociale, autant qu'un outil d'encadrement.

L'étymologie ontologique des noms

Les théories linguistiques et philosophiques du nom font du sens de ce dernier un indicateur important pour expliquer le destin d'une personne. À l'origine, Jérôme ou Isidore de Séville n'hésitaient pas à expliquer les noms des patriarches[111] et des prophètes[112] afin de mettre en avant leur rôle dans l'histoire du Salut.

Dans les textes homilétiques et narratifs, cette même logique se déploie[113]. Une relation entre le nom et la personne nommée est susceptible de se développer, par l'adéquation entre le sème contenu dans le nom et l'histoire vécue de l'individu. Ce mécanisme d'explicitation du sens des noms est assez systématique chez Ælfric[114] et se justifie sans doute d'autant plus que l'hébreu, le grec et le latin sont des langues étrangères pour les fidèles.

Chaque terme riche d'un sens susceptible d'échapper au public des homélies est explicité, défini, traduit. Dans ce cas, l'« histoire » biblique se fait le catalyseur d'une relation entre individu, nom et sens[115]. Ainsi, Étienne, le « couronné », a un nom qui préfigure sa gloire future[116]. Dans certains cas, un raffinement certain utilise tous les éléments disponibles pour créer un portrait cohérent du personnage, autour de son nom : Grégoire, « le Vigilant », est un nom qui le prédestinait à être évêque (et donc pape), puisque l'ἐπίσκοπος est littéralement « celui qui veille ou surveille ». En l'occurrence, le nom et le titre fusionnent complètement, du fait de leur synonymie, ce qui fait implicitement de Grégoire l'archétype même du bon évêque et du bon pasteur[117]. Cette logique s'exprime également dans des textes écrits par et destinés à des

---

110   Ælfric of Eynsham, *LS*, Homélie n°14, l. 25.

111   Isidore de Seville, *Etymologiae*, Livre VII, ch. vii, § 1.

112   *Ibid.*, Livre VII, ch. viii, § 3.

113   F. C. Robinson, « The Significance of Names in Old English Literature », *Anglia*, 86 (1968), p. 14-58, p. 19-20, avec les précédents chez Augustin (*Enarrationes in Psalmos*, CCL, XXXVIII, 64 et *De doctrina christiana*, II, xvi, 23), Clemens Alexandrinus et Jérôme. L'explication du nom repose généralement sur l'usage des références tardo-antiques et médiévales les plus courantes (Jérôme, Isidore, Grégoire le Grand, Bède, Raban Maur).

114   Le seul nom peut, chez Ælfric, donner lieu à un exposé doctrinal et donc à une homélie (T. M. Pearce, « Names Patterns in Ælfric's *Catholic Homilies* », *Names*, 14 (1966), p. 150-156).

115   La structure syntaxique est toujours la même : la *justification* (*gereht*) est suivie d'une conjonction de subordination exprimant la cause (comme *forðon* ou *forðam*, « parce que »).

116   Ælfric of Eynsham, *CH*, Série n°1, Homélie n°3, p. 50, sur le modèle d'Isidore de Seville, *Etymologiae*, Livre VII, ch. xi, § 3.

117   Ælfric of Eynsham, *CH*, Série n°2, Homélie n°9, p. 118.

Graphique 3. *Naturalisation et resémentisation des noms*

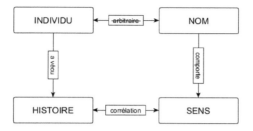

L'individu reçoit un nom *a priori* arbitraire. Cependant, la corrélation entre son histoire personnelle et le sens inclus dans son nom permet de gommer cet arbitraire initial.

laïques. Ainsi, au commencement de sa *Chronique*, l'*ealdorman* Æthelweard n'hésite pas à donner l'interprétation d'*Adam*, « le Terrestre[118] », dont le nom s'accorde si bien avec l'histoire de son modelage à partir de terre[119].

En somme, l'interprétation des noms est courante en Angleterre anglo-saxonne[120] et les noms de personnes anglo-saxons ont également donné lieu à ce type d'interprétations. Bède y recourt régulièrement. C'est le cas avec l'évêque Felix de Dunwich (mort vers 648)[121] ou avec Æthelthryth, la fondatrice d'Ely (morte vers 679)[122]. À l'origine même du processus de conversion de l'île, Bède rappelle le triple jeu de mot de Grégoire le Grand sur les noms du peuple (*Angli* / *angeli*), du royaume (Deira / *de ira [Dei]*) et du roi de Deira (Ælle / Alleluia) pour justifier l'envoi de la mission d'Augustin de Canterbury[123]. Cette fameuse histoire est encore largement connue et diffusée au xe siècle[124]. Sur ce point, Simon Keynes parle d'une tradition antique et biblique tournée par Bède en direction des noms germaniques[125]. Les parallèles continentaux, chez Raban Maur ou Ermold le Noir[126], sont nombreux et ont fait l'objet d'études spécifiques[127].

---

118 Æthelweard, Livre I, ch. 1, p. 3. L'étymologie est conforme à Isidore (*Etymologiae*, Livre VII, ch. VI, § 4), lequel cite Jérôme.
119 Gn 2 :7.
120 Les noms hébreux sont souvent traduits dans les gloses des manuscrits de la Bible (H. D. Meritt, *Fact and Lore about Old English Words*, Stanford, 1954, p. 207-209 et *Old English Glosses (A Collection)*, Londres, 1945, p. 5).
121 Bede le Venerable, *HE*, Livre II, ch. XVI, § 1, p. 376. Ou, plus tardivement, *LE*, Livre I, ch. I, p. 11.
122 *LE*, Livre I, Proème, p. 7.
123 Bede le Venerable, *HE*, Livre II, ch. I, § 11, p. 286.
124 Ælfric of Eynsham, *CH*, Série n°2, Homélie n°9, p. 120-122.
125 S. D. Keynes, « A note on Anglo-Saxon personal names », in K. Barker, D. A. Hinton et A. Hunt (éd.), *St Wulfsige and Sherborne*, Oxford, 2005, p. 22.
126 J.-Y. Tilliette, « Sémantique du nom », *loc. cit.*, p. 7-8.
127 W. Haubrichs, « Veriloquium nominis. Zur Namenexegese im frühen Mittelalter », in Fr. Ohly *et al.* (éd.), *Verbum et signum*, vol. I, Munich, 1975, p. 231-266.

Graphique 4. *Naturalisation et resémentisation des noms*

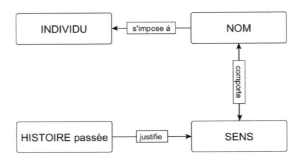

L'histoire passée d'un homonyme a justifié le sens propre à un nom. En conséquence, c'est cette réalisation précise que l'on attend du porteur, qui doit alors modeler sa vie sur un exemple passé.

Lorsqu'il s'agit de saints, l'objectif semble être de retrouver dans son nom la manifestation de ses pouvoirs[128] : ainsi Guthlac, « récompense de guerre[129] », voit son nom explicité aussi bien dans sa *vita* (où le nom est donné *ex caelesti consilio*[130]) que dans le Martyrologe vieil anglais[131], ce qui se traduit dans le poème Guthlac A par la prolifération des combats et les gains célestes que le saint en retire[132].

Lorsque le nom a été « bien » porté par le passé ou qu'il contient un sens transparent, l'attente sur ceux qui le portent peut être très forte[133]. Avant le couronnement de Constantin le Grand, Bède le Vénérable souligne à quel point « l'espoir de son nom, plus que le mérite de ses capacités » a joué un rôle capital dans sa désignation comme chef par ses troupes[134]. De la même manière, au xe siècle, Edith de Wilton, fille du roi Edgar de Wessex, semble avoir « hérité de sa tante sa virginité et son nom, ainsi que toutes ses qualités[135] ». À ce titre, les deux personnages se doivent d'accomplir le présage qui est contenu dans leur nom.

Ces situations laissent entendre que le nom et son sens peuvent ne plus être en adéquation avec la situation de la personne. Le nom est alors un masque susceptible de cacher une réalité invisible, ce que notre documentation n'hésite pas à rappeler[136]. Ainsi, dans la vie d'Euphrosyne, la jeune femme se réfugie dans un monastère

---

128 F. C. Robinson, « The Significance of Names », *art. cit.*, p. 41 sq.
129 *Ibid*, p. 43-44. W. F. Bolton, « The Background and Meaning of Guthlac », *Journal of English and Germanic Philology*, 61 (1962), p. 595-603.
130 Felix, *Vita Guthlaci*, ch. x.
131 G. Herzfeld, *An Old English Martyrology*, Londres, 1900, p. 56.
132 *Guthlac A*, v. 123-124, v. 171-172, v. 448-450, v. 470-471, v. 778-780, v. 784-786.
133 S. D. Keynes, « A note on Anglo-Saxon personal names », *loc. cit.*, p. 22.
134 Bede le Venerable, *HE*, Livre I, ch. xi, § 1, p. 148.
135 Goscelin de Saint-Bertin, *VSE*, § 8, p. 53-54.
136 Le nom s'oppose alors à la réalité, comme l'indique J. E. Cross, « The Name and Not the Deed », *The Modern Language Review*, 54/1 (1959), p. 66.

Graphique 5. *Le mensonge du nom*

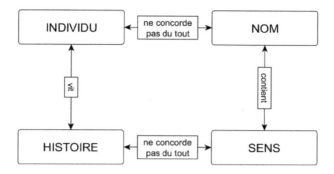

Explication : l'histoire personnelle de l'individu ne concorde pas avec le sens de son nom. Son nom lui sert donc de masque, en lui attribuant une substance qui n'est pas la sienne.

d'hommes, sous une fausse apparence et un faux nom – Smaragde[137]. Dans son cas, le nom cache à la fois son identité et son genre. Son nouveau nom la change en homme, certes, mais aussi en une pierre pure (l'émeraude), dont l'éclat rehausse le trône de Dieu et les murs de la Jérusalem céleste[138]. Par cette transmutation, elle parvient ainsi à dissimuler son sexe et à changer le destin auquel son nom l'attachait.

Lorsque nom et être ne coïncident plus, la situation est problématique, mais se résout le plus souvent par l'intervention divine. En effet, dans le matériau biblique et homilétique, Dieu n'hésite pas à intervenir pour modifier le nom de ses envoyés[139], afin de rétablir l'accord entre la substance des êtres et leur nom ou afin qu'un nouveau nom coïncide avec la nouvelle importance d'un personnage. L'exemple vétéro-testamentaire le plus important est celui d'Abraham et de son épouse, Sarah[140], même si, parfois, l'homéliste n'en dit rien[141]. Parfois, le changement intervient discrètement, comme c'est le cas avec Saül/Paul, qui change de nom au détour d'une phrase, suite à sa conversion[142]. La dation du nom de Simon/Pierre par Jésus est elle aussi connue et largement développée[143], de sorte que les Évangiles la mentionnent parfois de façon proleptique[144] et que les Actes des Apôtres la mentionnent toujours par allusion[145].

---

137 ÆLFRIC OF EYNSHAM, *LS*, Homélie n°33, l. 284.
138 Ap 4 :3 et 21 :19.
139 Le programme de ces dations divines du nom est contenu dans Es 62 :2.
140 Gn 12 :1-2. ÆLFRIC OF EYNSHAM, *CH*, Série n°1, Homélie n°6, p. 92.
141 ÆLFRIC OF EYNSHAM, *CH*, Série n°1, Homélie n°13, p. 204, mais aussi *ibid.*, Série n°2, Homélie n°12, ou *ID.*, *LS*, Homélie n°16, l. 24-26.
142 *ID.*, Série n°2, Homélie n°5, p. 82. Ce changement est aussi attesté dans *Elene* de Cynewulf (v. 503-504).
143 ÆLFRIC OF EYNSHAM, *CH*, Série n°2, Homélie n°28, p. 390. *Ibid.*, Série n°1, Homélie n°38, p. 586.
144 Mc 3 :16.
145 Ac 10 :5.

Le nom annonce donc le comportement du personnage et peut s'imposer à lui comme un *label*, selon les choix qu'il effectue sa vie durant. Susceptible de masquer la réalité de son être, de mentir sur sa personne, le nom (dans la Bible et les récits qui sont liés) connaît alors régulièrement des mises à jour, afin qu'une corrélation stricte soit préservée entre nom et substance de l'être, notamment grâce à l'intervention divine. L'action divine agit de sorte que chacun mérite son nom ou ait le nom qu'il mérite. De cette manière, la providence rencontre la représentation platonicienne du nom. Autant que possible, en effet, nom et être se trouvent fermement liés l'un à l'autre par une relation d'identité : le nom permet d'exprimer le caractère principal de l'individu et l'individu, idéalement, se met en conformité avec son nom. De cette manière, la disparition du nom coïncide avec la mort :

> *Après que la neuvième année s'achevât, le roi des Anglais, Edward, mourut. Ces choses ayant pris fin alors, son nom, pas moins que sa persévérance, cessèrent*[146].

Dans ce cas précis, Edward, « la riche garde », périt en même temps que le nom et la qualité qui caractérisent l'activité que ce nom suppose, la *pertinacia*, « la persévérance ». À ce titre, *nomen* peut à juste titre être traduit par « personne[147] ».

Graphique 6. *Dation divine du nom et rétablissement du sens*

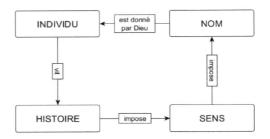

Explication : Dieu intervient pour changer le nom d'une personne, afin que l'histoire personnelle de l'individu et le sens du nom concordent ou afin de manifester la nouvelle mission qui a été confiée à cette personne.

L'interprétation des noms est au fondement de la pensée médiévale : elle se manifeste par une capacité à construire du sens sur ces signes langagiers et à les lier à la vie de leurs porteurs. Signe d'individuation et d'identification, le nom est capable d'exprimer l'être profond. De la sorte, la théorie philosophique du nom naturel se trouve comme conforté par la lecture exégétique des noms bibliques. Si cette logique s'applique aux noms hébreux, en particulier dans les homélies, les mêmes principes accompagnent parfois l'utilisation des noms germaniques. En faisant se rejoindre providence divine et théorie du nom naturel, nos textes construisent une figure supérieure du nomothète platonicien : Dieu.

---

146 ÆTHELWEARD, Livre IV, ch. IV, p. 54.
147 Nous retrouvons d'ailleurs ce sens en vernaculaire, quand le *nama* du Christ désigne par synecdoque son porteur. ÆLFRIC OF EYNSHAM, *CH*, Série n°1, Homélie n°15, p. 226.

NOM ET INDIVIDUATION   69

En conclusion, les textes révèlent la persistance d'un discours sur le nom qui croise les inspirations bibliques et classiques. Les homélies et les versions de la Bible anglo-saxonne permettent de définir le nom de façon extrêmement précise. Il identifie son porteur et fait, idéalement, sens par rapport à l'histoire de ce dernier. En conséquence, les mécanismes textuels que nous pouvons tracer sont opérants pour bon nombre d'anthroponymes : ces noms portent un sens qui rend les personnages comptables de leurs actions, ou bien en confirmant que ce nom est porté à juste titre, ou bien en entraînant la dation d'un nouveau nom. Dans ces traditions, le nom est ainsi tourné vers l'expression de l'être. Cette sémiotique des noms, révélateurs d'une réalité profonde, est centrale dans les représentations sociales[148], au moins pour les informateurs que nous connaissons, mais sans doute aussi pour de larges pans de la population qui étaient imprégnés de discours du même ordre, notamment par le biais des récits bibliques.

III. Dieu connaît chacun par son nom

Dans une perspective eschatologique, les individus se réduisent à leurs âmes. Or le lien entre la divinité et ces âmes se manifeste par le nom[149]. Lors du Jugement, « les foules les plus grandes devant le Puissant, éternel et toujours jeune, iront par force et par besoin, appelées par leurs noms[150] ». À Dieu seul est attribuée la capacité de connaître tous les hommes par leurs noms : Dieu s'adresse en conséquence à ses amis (comme Moïse[151], Constantin[152], Cædmon[153] ou Æthelwold[154]) et à ses ennemis (Nabuchodonosor[155]) en les nommant, car ces noms constituent pour lui le moyen ultime d'identification, de connaissance et de maîtrise des êtres. Le nom manifeste ainsi l'identité profonde de l'homme[156].

Il semble impensable de ne pas accorder un intérêt tout particulier aux moments où le nom apparaît avec force dans le champ social et y manifeste la « personne » morale. De la naissance au Jugement Dernier, la vie du chrétien se tend tout entier dans son nom : c'est à travers lui qu'il est engagé, au cours de son baptême, à renoncer au diable et à ses pompes, et c'est sur lui que se focalisent les prières et les rituels mémoriels après son décès. Ainsi, la relation à la divinité insiste sur le médium du nom comme outil et révélateur d'un salut qui ne peut qu'être individuel. Les rituels qui découlent de cette croyance sont fondamentaux pour comprendre le rôle des noms dans les logiques d'individuation des sujets.

---

148   J.-Cl. ABRIC, « Les Représentations sociales : aspects théoriques », in ID. (éd.), *Pratique sociales et représentations*, Paris, 1994, p. 10-36.

149   V. FEROLDI, « Dieu connaît chacun par son nom », *loc. cit.*, p. 271.

150   *Christ C*, v. 1069-1073, éd. B. THORPE, *Codex Exoniensis, op. cit.*, p. 66.

151   Ex 33 :12. Traduit en vernaculaire dans ÆLFRIC OF EYNSHAM, *AT*.

152   CYNEWULF, *Elene*, v. 76-78.

153   BEDE LE VENERABLE, *HE*, Livre IV, ch. XXII, § 2, p. 334.

154   WULFSTAN OF WINCHESTER, *Vita Æthelwoldi*, § 39, p. 58.

155   ÆLFRIC OF EYNSHAM, *CH*, Série n°2, Homélie n°33, p. 432.

156   P. BECK, « Le nom protecteur », *art. cit.*, § 33.

CHAPITRE 2

La discrète omniprésence du nom dans la liturgie baptismale

Le schéma général d'un baptême peut être aisément résumé : « instruction, exorcisme, immersion ou aspersion, confirmation, messe[157] ». De nombreuses variantes étaient observables, sur le continent, y compris dans des espaces très proches les uns des autres[158], et en Angleterre[159]. Néanmoins, notre connaissance repose essentiellement sur des textes liturgiques. Représentatifs d'une mentalité et d'une mystique, ces textes étaient avant tout normatifs, ce qui ne permet pas vraiment d'en apprécier la portée.

Cinq textes ont conservé un *ordo* baptismal pour la période anglo-saxonne tardive[160] :

1. le *Missel de Robert de Jumièges*[161], a été produit entre 1008 et 1025 par un moine de Winchester, probablement du New Minster[162] ;
2. le *Sacramentaire de Winchcombe*[163], produit en Angleterre, mais jamais utilisé sur place[164], entretient des liens avec des sacramentaires de Fulda ou Saint-Amand[165] ;
3. une copie du *Pontifical romano-germanique*[166] du XIe siècle, établie à Winchester à partir d'un archétype originaire de Cologne[167] ;
4. le *Livre Rouge de Darley*[168], une copie peu soigneuse[169], mais fidèle du sacramentaire grégorien[170], reprenant les additions d'Hadrien[171], par un prêtre pour ses propres besoins[172] ;

---

157 J. M. H. SMITH, « Religion and lay society », in *New Cambridge, vol. II*, p. 657.

158 *Ibid.* R. E. REYNOLDS, « The organization, law and liturgy of the western church, 700-900 », in *New Cambridge vol. II*, p. 618-621.

159 Le fait que le concile de Chelsea, en 816, ait conseillé prioritairement l'immersion laisse à penser que d'autres rituels étaient pratiqués concurremment (S. FOOT, « 'By Water in the Spirit' », in J. BLAIR, R. SHARPE (éd.), *Pastoral Care before the Parish*, Londres, 1992, p. 171-192, p. 177-178).

160 J. H. LYNCH, *Christianizing Kinship*, Ithaca, 1998, p. 57-60. S. L. KEEFER, « Manuals », in A. CORRÊA et R. W. PFAFF (éd.), *The liturgical books of Anglo-Saxon England*, Kalamazoo, 1995, p. 99-109, p. 101-102.

161 *The Missal of Robert of Jumièges*, éd. H. A. WILSON, Woodbridge, 1896.

162 *Ibid.*, p. XXXVII-XXXIX.

163 *Winchcombe Sacramentary*, éd. A. DAVRIL, Woodbridge, 1995.

164 R. W. PFAFF, « Massbooks », in *The liturgical books, op. cit.*, p. 14-15. *Winchcombe Sacramentary*, éd. A. DAVRIL, p. 21 sq.

165 *Ibid.*, p. 14.

166 À la Parker Library : http://dms.stanford.edu/catalog/CCC163_keywords, accès le 23 avril 2017.

167 M. R. JAMES, *A Descriptive Catalogue of The Manuscripts in the Library of Corpus Christi College Cambridge*, vol. I, Cambridge, 1899, p. 368.

168 À la Parker Library : http://dms.stanford.edu/catalog/CCC422_keywords, accès le 23 avril 2017. Pour les rubriques, illisibles sur le site, voir l'analyse à l'ultra-violet de R. I. PAGE, « Old English Liturgical Rubrics in Corpus Christi College, Cambridge, MS 422 », *Anglia*, 96 (1978), p. 149-158.

169 R. I. PAGE, « Old English Liturgical Rubrics », p. 156-157. J. BLAIR, *The church in Anglo-Saxon society*, Oxford, 2005, p. 492, note 295.

170 *Le sacramentaire grégorien*, éd. J. DESHUSSES, Fribourg, 1971, p. 371-379.

171 H. GITTOS, « Is there any evidence for the liturgy of parish churches in late Anglo-Saxon England ? The Red Book of Darley and the status of Old English », in Fr. TINTI (éd.), *Pastoral Care in Late Anglo-Saxon England*, Woodbridge, 2005, p. 63-82, p. 71.

172 Chr. HOHLER, « The Red Book of Darley », in *Nordiskt kollokvium II i latinsk liturgiforskning*, Stockholm, 1972, p. 39-47.

5. le *Missel de Leofric*, produit autour de l'an 900 en Angleterre[173], propose un *ordo* original et constitue un état intermédiaire entre le sacramentaire gélasien du VIIIe et un sacramentaire grégorien antérieur aux ajouts d'Hadrien[174].

Les modalités du baptême sont au cœur de notre réflexion, puisque le nom intervient de manière régulière au cours de la cérémonie. Pour chaque étape, ou presque, il se trouve un texte liturgique qui fait référence au nom du catéchumène. Dès avant la cérémonie, le parrain fait inscrire le nom de l'enfant auprès de l'acolyte[175]. Ensuite, l'exorcisme se fait en prononçant régulièrement le nom du catéchumène, comme pour exposer directement à la bienveillance divine un individu encore possédé par le démon du péché originel[176]. Au cours de l'*Abrenuntio*, l'officiant demande au catéchumène son nom[177] :

> *Le prêtre demande à celui qui tient l'enfant, le nom de l'enfant, en disant : « Renonces-tu à Satan[178] ? ».*

Une telle pratique a évidemment tendance à attacher à cette promesse le nom de ceux qui devront la tenir, le parrain et son filleul. Si ce n'est au cours de l'*Abrenuntio*, c'est au cours de la profession de foi que s'opère cette association entre affirmation du nom et décision d'entrer dans la foi chrétienne[179]. Dans les fonts aussi, « le prêtre demande comment tu t'appelles » au catéchumène. En quinze pages d'*Ordo*, six demandes de ce type sont formulées par le prêtre[180].

Au cours de la séance, lors des différentes prières, les textes liturgiques laissent une place importante au nom, sous l'espèce d'un formulaire que l'officiant avait pour charge de compléter. Les manuscrits intercalent d'ailleurs un *N*[181], un blanc[182], *ita* ou [*nomina*] *ill*[183], pour signaler qu'une réponse était attendue. Enfin, les *notarii* et

---

173 *The Leofric Missal*, éd. N. A. ORCHARD, Woodbridge, 2002.

174 *Ibid.*, vol. I, p. 113-117.

175 M. RUBELLIN, « Entrée dans la vie, entrée dans la chrétienté, entrée dans la société », in *Les Entrées dans la vie. Initiations et apprentissages*, Nancy, 1982, p. 31-51, p. 35. Voir, en Angleterre, *The Missal of Robert of Jumièges*, éd. H. A. WILSON, *op. cit.*, p. 93.

176 *Winchcombe Sacramentary*, éd. A. DAVRIL, *op. cit.*, p. 323.

177 *The Gelasian Sacramentary*, éd. H. A. WILSON, Oxford, 1894, ch. XLII, p. 78-79. *The Missal of Robert of Jumièges*, éd. H. A. WILSON, *op. cit.*, p. 97. *The Leofric Missal*, éd. N. A. ORCHARD, *op. cit.*, vol. II, fol. 316r.

178 *Winchcombe Sacramentary*, éd. A. DAVRIL, *op. cit.*, p. 87.

179 *The Leofric Missal*, éd. N. A. ORCHARD, *op. cit.*, vol. II, fol. 318r.

180 Pour la réception du sel (Cambridge, Corpus Christi College, MS 422, p. 369), lorsque l'enfant est amené sur les fonts par son parrain (p. 377), puis à quatre reprise pendant l'*Abrenuntio* et le *Credo* (p. 388-390). Joseph Lynch ne compte que ces quatre occurrences, dans *Christianizing Kinship, op. cit.*, p. 84.

181 *Livre Rouge de Darley* et *Sacramentaire de Winchcombe*. Par moment, aussi dans *The Missal of Robert of Jumièges*, éd. H. A. WILSON, p. 94, par exemple.

182 *The Missal of Robert of Jumièges*, éd. H. A. WILSON, *op. cit.*, p. 99. De même dans *Le Pontifical romano-germanique du dixième siècle*, éd. C. VOGEL et R. ELZE, Città del Vaticano, 1963, vol. II, p. 163. S. A. KEEFE, *Water and the word, op. cit.*, vol. I, p. 49.

183 *Missel de Leofric*.

72   CHAPITRE 2

les *stationarii* proclamaient les noms des baptisés après la cérémonie[184], tandis que le rituel de la confirmation usait d'artifice similaire[185].

De la sorte, nous pouvons clairement conclure à l'omniprésence du nom, en particulier quand le prêtre a besoin d'agir sur le catéchumène, ou bien de façon magique et spirituelle (exorcisme, prière), ou bien lorsque cela engage réellement la responsabilité de la personne (renonciation au diable, profession de foi), et, par suite, pour officialiser ces engagements pris (avant et après la cérémonie, lors des diverses proclamations). Dans ces situations, le nom lie donc son porteur : il est un symbole de son âme.

La mémoire du nom dans la liturgie commémorative

Le christianisme est fondamentalement une religion mémorielle[186]. Or la *memoria, gemynd* en vieil anglais, passe par le nom et le nom permet de fixer la mémoire d'une personne, comme l'indiquent les prescriptions de l'Ecclésiaste en matière de sépulture[187].

Les craintes eschatologiques se traduisent par des pratiques rituelles propitiatoires ou réparatrices. En la matière, au cours de la période médiévale, la capacité d'intercession de l'Église s'affirme pour répondre à cette inquiétude : les prières des moines équivalent de plus en plus à une promesse de salut, notamment grâce aux messes votives qu'ils pouvaient donner[188]. La place croissante de la pénitence et de la commémoration aboutit au IXe siècle dans la grande synthèse carolingienne[189], laquelle se propage en Angleterre entre la fin du IXe siècle et le XIe siècle[190]. Les textes littéraires[191], les textes normatifs[192] et les miniatures[193] confirment l'adoption de ces croyances en Angleterre.

---

184   R. E. Reynolds, « The organization, law and liturgy », *loc. cit.*, p. 606.

185   J. H. Lynch, *Christianizing Kinship, op. cit.*, p. 105-107. Ainsi dans *Sidney Sussex Pontifical*, éd. H. M. J. Banting, *Two Anglo-Saxon Pontificals*, Woodbridge, 1989.

186   O. G. Oexle, « Memoria und Memorialüberlieferung im frühen Mittelalter », *Frühmittelalterliche Studien*, 10 (1976), p. 71, 80.

187   Ecc 6 :3-4.

188   R. McKitterick, « The Church », in *New Cambridge, Vol. III*, p. 161. A. Angenendt, « *Missa Specialis*. Zugleich ein Beitrag zur Entstehung der Privatmessen », *Frühmittelalterliche Studien*, 17, 1983, p. 153-221. M. McLaughlin, *Consorting with saints*, Ithaca, 1994, p. 153-165.

189   F. S. Paxton, *Christianizing death : the creation of a ritual process in early medieval Europe*, Ithaca, 1990. P.-A. Fevrier, « La mort chrétienne », in *Segni e riti nella chiesa altomedievale occidentale*, Spolète, 1987, p. 881-942.

190   Notamment grâce à la traduction du capitulaire de Théodulf d'Orléans.

191   A. J. Kabir, *Paradise, death, and doomsday in Anglo-Saxon literature*, Cambridge, 2001, p. 113-122.

192   « Letter from an Archbishop to Wulfsige III », éd. *Councils & Synods*, p. 229 et « Bishop's Duties », § 15, éd. *Councils & Synods*, p. 422.

193   C. E. Karkov, *The Ruler Portraits of Anglo-Saxon England*, Woodbridge, 2004, p. 140 sq. et « Judgement and Salvation in the New Minster *Liber Vitae* », in K. Powell et D. G. Scragg (éd.), *Apocryphal texts and traditions in Anglo-Saxon England*, Woodbridge, 2003, p. 151-163.

D'après l'Ecclésiaste, « la mémoire [de l'homme sage] ne recule guère et son nom repose de génération en génération[194] ». Cet espoir d'une mémoire infinie des noms et donc d'un salut éternel constitue l'horizon idéal à atteindre. Comme la mémoire humaine ne saurait couramment excéder 90 à 120 ans[195], le recours à l'écrit intervient pour fixer les noms dans des documents de plus en plus adaptés à cet usage exclusif. Des listes de noms circulent en conséquence dès l'époque de Cyprien, puis les collections de noms se multiplient[196]. Le Moyen Âge se caractérise ainsi par une prolifération de listes en tous genres, en marge des sacramentaires[197], sur les autels, etc.[198]. Ces pratiques sont attestées en Angleterre, sur la pierre dans les églises[199] ou en marge d'autres documents[200], comme dans les livres liturgiques[201].

Dans une logique de réorganisation des matériaux antérieurs, des obituaires et des nécrologes se mettent en place. Nous savons par Bède que de telles listes existaient en Angleterre à une époque relativement archaïque[202] et qu'elles se maintinrent pendant toute la période[203]. Seize de ces listes ont été éditées[204]. Dans ces cas, le principe d'organisation est la date d'anniversaire du décès, ce qui renforce le caractère individuel de la commémoration[205].

---

194 Ecc 39 :12-13. Cité dans *The Durham Collectar*, éd. A. CORRÊA, Woodbridge, 1992, fol. 40v-41r, et dans WULFSTAN OF WINCHESTER, *Breuiloquium*, v. 248-249, p. 71.

195 R. LE JAN, *Famille et pouvoir, op. cit.*, p. 36-38. B. GUENÉE, « Temps de l'histoire et temps de la mémoire au Moyen Âge », *Annuaire-Bulletin de la société de l'histoire de France*, 1978, p. 25-35.

196 Les rites mémoriels utilisant des listes de noms se généralisent en Gaule autour de l'an 700 : G. CONSTABLE, « The commemoration of the dead in the early Middle Ages », in D. A. BULLOUGH et J. M. H. SMITH (éd.), *Early medieval Rome and the Christian West*, Leyde, 2000, p. 179-180. M. MCLAUGHLIN, *Consorting with saints, op. cit.*, p. 90-101.

197 J.-L. LEMAÎTRE, *Mourir à Saint-Martial : la commémoration des morts et les obituaires à Saint-Martial de Limoges du XIe au XIIIe siècle*, Paris, 1989, p. 34-42.

198 O. G. OEXLE, « Die Gegenwart der Toten », in H. BRAET et W. VERBEKE (éd.), *Death in the Middle Ages*, Louvain, 1983, p. 46-47. C. TREFFORT, *Mémoires carolingiennes*, Rennes, 2007, p. 17-83.

199 Wigberht a laissé son nom sur le font baptismal qu'il a gravé pour l'église de Little Billing (Okasha85). Le nom de la veuve Ælfwaru a été gravé sur l'autel, à Ely (J. FAIRWEATHER, *Liber Eliensis, op. cit.*, Livre II, ch. LXI, p. 159, note 291).

200 V. GREENE, « Un cimetière livresque », *Le Moyen Âge*, 105/2 (1999), p. 329-330. J. BLAIR, *The church in Anglo-Saxon society, op. cit.*, p. 208-209. L. WATTS *et al.*, « Kirkdale - The Inscriptions », *Medieval Archaeology*, 41 (1997), p. 63-64. V. THOMPSON, *Dying and death in later Anglo-Saxon England*, Woodbridge, 2004, p. 106-107 et p. 160-162.

201 Par exemple dans l'évangéliaire Londres, BL, MS Royal 1.D.ix, fol. 43v.

202 BEDE LE VENERABLE, *Vita Cuthberti*, éd. B. Colgrave, Cambridge, 1940, p. 146.

203 R. FLEMING, « History and Liturgy at Pre-Conquest Christ Church », *Haskins Society Journal*, 6 (1995), p. 68-70.

204 J. GERCHOW, *Die Gedenküberlieferung der Angelsachsen*, Berlin, 1988. Les obituaires de Canterbury ont été réédités : R. FLEMING, « Christchurch's Sisters and Brothers : an Edition and Discussion of Canterbury Obituary Lists », in M. A. MEYER (éd.), *The culture of Christendom*, Londres, 1993, p. 115-153.

205 K. SCHMID et J. WOLLASCH, « Die Gemeinschaft der Lebenden und Verstorbenen in Zeugnissen des Mittelalters », *Frühmittelalterliche Studien*, 1 (1967), p. 365-405, p. 368. O. G. OEXLE, « Memoria und Memorialüberlieferung », *art. cit.*, p. 74-76. M. MCLAUGHLIN, *Consorting with saints, op. cit.*, p. 97.

74   CHAPITRE 2

La pratique la plus spectaculaire en la matière était néanmoins la compilation de *libri vitae*. Sept *libri vitae* sont conservés pour le haut Moyen-Âge[206], dont deux en Angleterre :

- le *Liber Vitae* de Durham (BL Cotton Domitian A.VII) a été débuté au IXe siècle et poursuivi jusqu'au XVIe siècle. Il compte quelques 3 000 noms, dont un nombre limité a été consigné entre le Xe et le XIe siècle[207]. Il appartient à une communauté monastique northumbrienne, Lindisfarne ou Wearmouth-Jarrow[208] ;
- le *Liber Vitae* du New Minster de Winchester (BL Stowe 944) a été commandé vers novembre/décembre 1031, par l'abbé Ælfwine lors de son entrée en fonction, afin de stimuler le sentiment identitaire de la communauté du New Minster[209]. Il a été poursuivi jusqu'à l'époque moderne ;
- s'ajoutent à ces deux textes le *Liber vitae* de Thorney des XIe et XIIe siècles[210] et des entrées marginales d'Anglo-Saxons dans les *Libri Vitae* continentaux[211].

Les listes reposaient sur l'autel en-dehors des offices. Ces listes constituaient donc des sortes de « cimetières textuels[212] ». Par leur biais, un lien métaphorique (du nom à l'âme) et métonymique (de l'église à l'Église) se tissait, en prenant appui sur le nom d'un saint, lui aussi présent dans la liste[213]. Cette proximité entre nom des morts ordinaires et noms des saints donnaient aux fidèles l'espoir que leurs noms aussi seraient inscrits « dans le registre de la vie céleste » avec celui du saint[214]. Ces listes étaient néanmoins destinées à la « commémoration liturgique[215] ». Elles étaient présentées quotidiennement par le sous-diacre pour être lues au cours de la messe et de psalmodies[216]. Aussi la plupart des textes liturgiques proposent-ils des sections pour la bénédiction, la mémoire ou la messe des morts[217]. Pour commémorer

---

206 Salzbourg (Autriche), Pfäfers et Saint-Gall (Suisse), Reichenau et Corvey (Allemagne), Remiremont (France), Brescia (Italie).

207 D. W. ROLLASON *et al.* (éd.), *The Durham Liber Vitæ and its Context*, Woodbridge, 2004, p. XI.

208 J. GERCHOW, *Gedenküberlieferung, op. cit.*, p. 119-131.

209 *LVNM*, p. 38.

210 300 noms, issus d'une liste compilée vers 1020-1021, auraient été ajoutés à un évangéliaire du Xe siècle. J. GERCHOW, *Gedenküberlieferung, op. cit.*, p. 186-197 pour l'analyse et p. 326-328 pour l'édition.

211 Nous ne traiterons pas ces entrées puisqu'une majorité d'entre elles sont antérieures à notre période.

212 V. GREENE, « Un cimetière livresque », *art. cit.*, p. 325-326.

213 N. HUYGHEBAERT et J.-L. LEMAITRE, *Les documents nécrologiques*, Turnhout, 1972, p. 33. M. McLAUGHLIN, *Consorting with saints, op. cit.*, p. 94-95 et 211-212.

214 *Vitae Swithuni*, éd. M. Lapidge, *The Cult of St Swithun, op. cit.*, p. 791.

215 M. McLAUGHLIN, *Consorting with saints, op. cit.*, p. 62-63 (lecture de nom pendant l'eucharistie), p. 93 (lecture des noms des nécrologes à l'office), p. 160 (usage des noms pendant la messe) et p. 253 (lien courant du nom avec les pratiques mémorielles). J. WOLLASCH, « Monasticism : the first wave of reform », in *New Cambridge, Vol. III*, p. 173. S. D. KEYNES, « The Liber Vitæ of the New Minster », in *The Durham Liber Vitæ and its Context, op. cit.*, p. 149-163, p. 151-153. *LVNM*, p. 49-50.

216 *LVNM*, fol. 13r-v, avec une traduction p. 83.

217 *The Benedictional of Archbishop Robert*, éd. H. A. Wilson, Londres, 1903, fol. 174v (*pro defunctis*). *Winchcombe Sacramentary*, éd. A. Davril, *op. cit.*, p. 272-273 (*missa defunctorum*). *The Missal of Robert of Jumièges*, éd. H. A. Wilson, *op. cit.*, p. 297-313 (*missa mortuorum*). *The Leofric Missal*, éd. N. A. Orchard, *op. cit.*, fol. 235r-236r (*pro requie defunctorum*), fol. 237v-238v (*missa defunctorum*).

individuellement les morts, ces prières utilisent des formules, comme N^{218} ou *ille*[219], afin que les noms soient ajoutés le moment venu et entendus au cours de l'office.

De telles pratiques permettent d'analyser le nom comme un artefact autour duquel se joue le salut des hommes. Il agit à la manière d'un talisman propitiatoire et salvificateur pour le mort[220]. C'est en effet par son intermédiaire que le salut se matérialise dans les livres et les voix des moines. Le *nomen*, grâce à la *memoria*, se rapproche ainsi du *numen*, de la puissance divine, assurant à la personne une forme d'éternité[221].

Mémoire individuelle et sources non-liturgiques

L'accès à la *memoria* institutionnelle que traduit ce recours aux obituaires et aux *libri vitae* n'est guère généralisable à l'ensemble de la société. En Scandinavie, les gens du commun érigeaient plutôt des pierres, même modestes, dans le but de perpétuer leur propre souvenir[222], ce qui leur conférait une « forme d'immortalité personnelle[223] ».

Quatre-vingt-deux inscriptions lisibles ont été identifiées pour l'Angleterre des xe-xie siècles, dont plusieurs semblent déployer une logique similaire. La fin de la période anglo-saxonne se caractérise en effet par un usage croissant des noms dans les inscriptions. Or il était d'usage de placer une pierre avec le nom du mort dans la tombe, afin de l'identifier dans la perspective du Jugement[224]. En cela, il semble que la production de ces inscriptions recoupait en bonne partie une pratique funéraire.

Deux possibilités peuvent être identifiées. D'une part, les individus issus de la haute société étaient commémorés sur les inscriptions les plus monumentales, mais aussi dans des textes liturgiques. C'est là une pratique élitaire habituelle sur le continent[225], mais aussi en Angleterre, à Winchester[226] et dans le contexte monastique[227]. Par exemple, Fridburg, commémoré sur une pierre à Whitchurch dans le

---

218 *The Leofric Missal*, éd. N. A. Orchard, *op. cit.*, *passim. Winchcombe Sacramentary*, éd. A. Davril, *op. cit.*, p. 323 sq., p. 349 sq. *The Claudius Pontificals*, éd. D. H. Turner, Chichester, 1964, Pontifical I, fol. 148r, Pontifical II, fol. 9r, fol. 17-18, fol. 87v sq. *Pontificale Lanaletense*, éd. G.-H. Doble, fol. 64r-v, fol. 72r, fol. 88r, 196v sq. *Ælfwine's Prayerbook*, éd. B. Günzel, *op. cit.*, fol. 63v ou fol. 75r.

219 *Pontificale Lanaletense*, éd. G.-H. Doble, Londres, 1937, fol. 92v, fol. 112r-v et 193r-194r.

220 A. FINE, « L'héritage du nom de baptême », *art. cit.*, p. 871. P. BECK, « Le nom protecteur », *art. cit.*

221 L. BRAUDY, *The frenzy of renown : fame & its history*, Oxford, 1986, p. 132-133.

222 B. SAWYER, *The Viking-Age Rune-Stones*, Oxford, 2000, p. 152.

223 K. HOLMAN, *Scandinavian Runic Inscriptions in the British Isles*, Oslo, 1996, p. 11.

224 S. HAMILTON, « Rites of passage and pastoral care », in *A social history of England*, *op. cit.*, p. 304, avec l'exemple d'Odda de Deerhurst et de l'évêque Giso de Wells. E. OKASHA, *Hand-List of Anglo-Saxon Non-Runic Inscriptions*, Cambridge, 1971, p. 7-8.

225 Chr. SAUER, *Fundatio und Memoria*, Göttingen, 1993, ch. IV.

226 B. KJOLBYE-BIDDLE et R. I. PAGE, « A Scandinavian Rune-Stone from Winchester », *The Antiquaries Journal*, 55/2 (1975), p. 389-394.

227 Voir l'exemple du *mausoleum mirabile* d'Oswald à Worcester, selon Byrhtferth (*VSO*, Livre V, ch. XVIII, p. 194). Certains objets étaient les vecteurs de l'identité des communautés, en matérialisant la présence de morts privilégiés. C. CUBITT, « Monastic Memory and Identity in Early Anglo-Saxon England », in W. O. FRAZER et A. TYRRELL (éd.), *Social Identities in Early Medieval Britain*, Londres-New York, 2000, p. 253-276, p. 271.

Graphique 7. *Les noms dans les inscriptions trouvées en Angleterre*

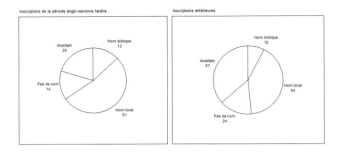

Hampshire[228], est sans doute la même personne que celle qui est commémorée dans le *Liber Vitae* du New Minster, dans un ajout postérieur à 1031[229]. De nombreux autres exemples peuvent être cités et sont connus par ailleurs[230], parfois en association avec la fondation d'églises[231]. Ces usages permettaient de garantir le salut de ces défunts, d'asseoir leur statut social, y compris au-delà de la mort, et enfin de renforcer les prétentions de leurs successeurs.

D'autre part, à un niveau social plus bas, les inscriptions sont nettement plus brèves et nettement moins monumentales. Il n'est pas rare que celles-ci portent mention d'un seul nom[232]. Au moins dans un cas, le nom est associé à celui des évangélistes : « Eadred. Marc. Luc. Jean. Eadred. Matthieu [233] ». Cette proximité des noms du défunt et des saints reproduit à une échelle modeste ce que nous avons dit à propos de la liturgie. Une telle pierre est peut-être un des moyens pour un homme du commun d'ancrer sa mémoire et d'appeler son prochain à la prière, faisant ainsi du nom cette part pérenne de la personne, cet élément de l'identité des individus, dans la perspective de la mort[234]. Ces noms se caractérisent par l'absence de liens familiaux ou communautaires revendiqués, par des pierres de qualité médiocre, par des graffitis en partie illisibles, par des sites isolés, par la rareté même des noms ainsi enregistrés

---

228 Okasha135.
229 *LVNM*, fol. 29r.
230 Okasha135 (Æthelweard, cité dans le *Liber Vitae* du New Minster et dans le Domesday Book), Okasha138 (Gunni, cité dans le *liber vitae* de Thorney), Okasha161 (Eadsige, cité dans plusieurs obituaires de Canterbury), Okasha21 (Wulfmæg, sœur d'un abbé connu dans la documentation de Canterbury), Okasha226 (Siferth correspond peut-être à l'évêque de Lincoln, connu dans les sources diplomatiques).
231 Okasha1 (Ulfr, cité dans le Domesday Book et l'église d'Aldbrough), Okasha146 (trois personnes, dont Grim, cité dans le Domesday Book et l'église St Mary d'York), Okasha28 (Odda et l'église de Deerhurst), Okasha64 (Orm, fils de Gamal, connu pour graviter autour des *earls* de Bamburgh et l'église de Kirkby), Okasha73 (Tostig et l'église de St Mary-le-Wigford de Lincoln).
232 Br E3 (Dolgfinnr), Br E11 (Dotbert), Br E13 (Thorðr), Br E14 (Wulfric), Okasha2 (Eadwulf), Okasha12 (Eadric), Okasha25 (Eadmund), Okasha101 (Ælfwynn).
233 Okasha94.
234 C. TREFFORT, *Mémoires carolingiennes, op. cit.*, p. 168-175.

et par l'absence de mémoire institutionnelle indépendante[235]. Pour ces individus, il semble que la *memoria* et le désir d'éternité ne reposaient que sur eux-mêmes.

Les inscriptions renforcent la surface sociale de leurs porteurs, dans le meilleur des cas, mais assurent *a minima* la pérennité de leur mémoire, y compris en-dehors de tout groupe. L'usage de pierres isolées, où seuls quelques graffitis figurent, témoigne de cette franche individualisation des pratiques dans certains cas.

Les noms d'auteurs

À la jonction entre dynamique identificatoire et jeu étymologique, les noms des auteurs donnent du sens à leurs œuvres et éclairent leur conception de ce que le nom doit être : un masque qui sert aussi bien à se préserver du péché qu'un moyen qui permet d'obtenir le Salut.

Dans une perspective chrétienne, l'anonymat a longtemps prévalu afin d'éviter aux auteurs de tomber dans le péché d'orgueil, en particulier chez les théologiens[236] : il s'agit de rapporter l'origine de son savoir, en citant les *auctoritates*, plutôt que le nom de celui qui tient la plume et ne dispose pas d'une telle autorité[237]. Face à la grandeur de l'objet décrit, les auteurs n'hésitent donc pas à adopter régulièrement une posture topique de l'humilité, feinte ou non, dans les prologues notamment[238]. Un certain nombre d'auteurs, comme Byrhtferth[239] ou Wulfstan Cantor[240], restent purement et simplement anonymes. B., l'hagiographe de Dunstan, se rabaisse pour expliquer sa démarche : « prêtre le plus bas et vile indigène de race saxonne[241] ». Ce *topos* de l'humilité est également implicitement développé par l'Encomiaste d'Emma dans son propre prologue, sans doute de façon feinte, lorsque l'on se rappelle la comparaison explicite qu'il établit entre son texte et l'*Énéide*[242].

Toutefois, les postures plus ambiguës sont tout aussi nombreuses et plus intéressantes pour notre propos. Dans le manuscrit qui comprend le *Livre de Prière d'Ælfwine*[243], abbé du New Minster, le scribe, qui a aussi écrit le *Liber Vitae* du monastère, signe son œuvre dans un « alphabet cryptique simple[244] » : *Ælsinus*, c'est-à-dire Ælfsige. Dans un poème longtemps considéré comme anonyme, le *Breuiloquium de omnibus sanctis*, François Dolbeau a montré que Wulfstan, chantre de Winchester, « métricien

---

235 Toute tentative d'identification des individus dont le nom figure de façon isolée sur une pierre de taille modeste a échoué, malgré l'utilisation de la totalité de la documentation disponible.

236 Th. O'LOUGHLIN, « Individual anonymity and collective identity : the enigma of early medieval Latin theologians », *Recherches de théologie et philosophie médiévales*, 64/2 (1997), p. 291-314.

237 M. SWAN, « Authorship and anonymity », in Ph. PULSIANO et E. M. TREHARNE (éd.), *A companion to Anglo-Saxon literature*, Oxford, 2001, p. 71-83. J. HILL, *Bede and the Benedictine reform*, Jarrow, 1998, p. 2.

238 B. RIBEMONT, « Encyclopédie et Tradition », in E. BAUMGARTNER et L. HARF-LANCNER (éd.), *Seuil de l'œuvre dans le texte médiéval, vol. II*, Paris, 2002, p. 78, pour les ouvrages scientifiques.

239 M. LAPIDGE, *Byrhtferth of Ramsey, The Lives of St Oswald and St Ecgwine*, Oxford, 2009, p. XXXVI.

240 WULFSTAN OF WINCHESTER, *Narratio Metrica*.

241 B., *Vita Dunstani, Prologus*, p. 2.

242 *EER, Prologus*, p. 4.

243 *Ælfwine's Prayerbook*, éd. B. Günzel, Woodbridge, 1993.

244 R. GAMESON, *The scribe speaks ? Colophons in early English manuscripts*, Cambridge, 2002, p. 45.

78 CHAPITRE 2

le plus habile qu'ait jamais produit l'Angleterre anglo-saxonne[245] », avait dissimulé son nom dans les dix hexamètres du prologue, grâce à une acrostiche, un vers sur deux : *VVLFSTANUS*[246]. Plusieurs auteurs jouent avec leur nom, en le traduisant en latin[247] : Heahstan, clerc de la fin du VIIIe siècle, se fait appeler *Alta Petra*[248], le chroniqueur Æthelweard, à la fin du Xe siècle, se dit *Patricius Quaestor*[249] et Wulfstan, archevêque, législateur et homéliste du XIe siècle, signe ses textes comme *Lupus*[250]. D'une façon plus discrète, l'auteur des *Translatio et Miracula S. Swithuni*, le moine Lantferth, indique son nom au détour d'un miracle qui a lieu en France, mais en parlant de lui-même à la troisième personne[251], de même que Wulfstan dans sa *Vita Æthelwoldi*[252].

À l'inverse, d'autres auteurs affirment leurs noms avec force, dans l'espoir d'en retirer quelque prière. Cynewulf, l'auteur du poème *Juliana* « demande à chaque homme de la race humaine [*sic*] qui puisse réciter ce poème de se souvenir avec attention de [lui] par son nom[253] » et Godeman, le scribe du *Bénédictionnel de Saint Æthelwold*, un des plus beaux manuscrits enluminés conservés pour l'Angleterre du Xe siècle, débute son œuvre par un poème dédicatoire signé et qu'il adresse directement à l'évêque de Winchester[254]. De même, le Psautier de Paris, copié au XIe siècle en Angleterre, contient un colophon identifiant son scribe comme étant un certain *Wulfwine cognomento Cada*[255]. Enfin, les textes d'Ælfric d'Eynsham sont le plus souvent signés par leur auteur[256]. Cette affirmation chez Ælfric doit être comprise comme l'occasion pour lui d'afficher son autorité intellectuelle, afin de donner à ses textes la force de guider ses lecteurs sur le chemin du salut[257].

La relation que les auteurs anglo-saxons entretenaient avec leurs noms témoigne du rôle que ces derniers pouvaient jouer dans le salut de leur âme : le mettre en

---

245 M. LAPIDGE, « The Anglo-Latin Background », in S. B. GREENFIELD et D. G. CALDER (éd.), *A New Critical History of old English Literature*, New York, 1986, p. 28.

246 Fr. DOLBEAU, « Le Breuiloquium de omnibus sanctis », *Analecta Bollandiana*, 106 (1988), p. 35-98.

247 N. BARLEY, « Perspectives on Anglo-Saxon Names », *Semiotica*, 11 (1974), p. 1-31.

248 E. DÜMMLER, *Epistolae Karolini Aevi*, t. II, Berlin (MGH), 1895, p. 79-80.

249 ÆTHELWEARD, Prologue, p. 1 et Livre IV, ch. IX, p. 56. *Æthel= Patricius=* « noble » et *Weard= Quaestor=* « gardien ».

250 C'est le cas dans le titre des homélies VI et XX (WULFSTAN OF YORK, p. 142, 261, 267) et dans l'adresse de lettres qu'il écrivit alors qu'il était évêque de Londres (*Councils & Synods*, p. 231-237).

251 LANTFERTH, *Translatio*, § 32, p. 320.

252 WULFSTAN OF WINCHESTER, *Vita Æthelwoldi*, § 42-43, p. 64-66.

253 *Juliana*, v. 718-721, éd. B. Thorpe, *Codex Exoniensis*, *op. cit.*, p. 285.

254 *The Benedictional of St Æthelwold*, éd. A. Prescott, Londres, 2002, fol. 4v-5r.

255 BNF, lat. 8824. R. GAMESON, *The scribe speaks ?*, *op. cit.*, p. 46.

256 Les textes de nature homilétiques, les lettres pastorales et les traductions bibliques sont tous introduits par une préface où Ælfric n'hésite pas à parler en son nom propre (J. WILCOX, *Ælfric's Prefaces*, *op. cit.*). Ainsi, on peut lire : « *EGO ÆLFRICUS, alumnus Adelwoldi* » dans ÆLFRIC OF EYNSHAM, CH, Série n°1, Préface latine, p. 1, et « *Ælfric, abbas, Wintoniensis episcopus* » dans ÆLFRIC OF EYNSHAM, *Vita Æthelwoldi*, p. 71.

257 M. SWAN, « Ælfric, Authorial Identity and the Changing Text », in D. G. SCRAGG et P. E. SZARMACH (éd.), *The editing of Old English*, Woodbridge, 1994, p. 179. Ælfric envisage son écriture comme digne de mémoire et moyen de Salut. K. DAVIS, « Boredom, Brevity and Last Things : Ælfric's Style and the Politics of Time », in *A Companion to Ælfric*, *op. cit.*, p. 333.

évidence permet d'assurer une certaine reconnaissance, vectrice de prières salvatrices, tandis que le cacher permettait de se mettre à l'abri d'un péché d'orgueil, synonyme de chute de la personne.

La place des noms dans le matériau hagiographique

Le rôle du nom pour appuyer l'affirmation d'une identité singulière est particulièrement sensible dans le cadre hagiographique. En effet, en leur attribuant des qualités (et des histoires) finalement très topiques et convenues, les hagiographes dé-personnalisent les saints, en les vidant partiellement de ce qui faisait leur spécificité et leur identité. C'est donc le seul nom du saint qui permet de l'individuer. En le nommant, l'hagiographe lui rend une « identité numérique » et le fait émerger d'une communauté indistincte de patrons et d'intercesseurs.

L'étymologie et le sens du nom du saint constituent des moyens puissants d'asseoir son autorité et de mettre en évidence son exemplarité[258]. Dans la *Narratio metrica de S. Swithuno*, Wulfstan of Winchester affirme que l'évêque Æthelwold était « noble et digne par son mérite et par son nom[259] ». Cette assertion repose sur un jeu de mot étymologique : « noble », *æthel*, « volonté », *wold*. Quelques années plus tard, le même auteur reprend son idée, en soulignant qu'Æthelwold était « bienveillant dans son nom, son esprit et son action[260] ». Le même type d'explications étymologiques supposées asseoir la crédibilité et l'unicité du saint se font jour à propos d'Oda de Canterbury[261], Dunstan de Canterbury[262] ou Edith de Wilton[263].

Dans ce contexte, les hagiographes utilisent les noms des saints d'une façon très répétitive dans les textes qui leur sont consacrés. L'étude des hagiographies de saints anglo-saxons, écrites en Angleterre aux xe-xie siècles, révèle que le nom du saint éponyme recouvre environ 40 % des cas où un individu est nommé, alors que les saints éponymes ne représentent que 3 % des personnages de ces textes. Qui plus est, les hagiographes se passent régulièrement des formes pronominales pour désigner le saint éponyme. En ce sens, le nom du saint est surreprésenté dans les textes, tandis que les personnages secondaires sont grammaticalement anonymés, malgré leur grand nombre. En conséquence, si un clerc ouvrait le manuscrit au hasard ou si quelqu'un arrivait au milieu d'une lecture ou d'un prêche public, il

---

258 J. BLISS, *Naming and Namelessness in Medieval Romance*, Woodbridge, 2008, p. 10.

259 WULFSTAN OF WINCHESTER, *Narratio Metrica*, Livre I, ch. I, p. 420.

260 WULFSTAN OF WINCHESTER, *Vita Æthelwoldi*, § 9, p. 14.

261 Oda *se goda*, « le bon ». BYRHTFERTH OF RAMSEY, *VSO*, Livre I, ch. I, p. 10. BL Cotton Tiberius B.v (GNEUSS 373), fol. 21r. *ASC F, sub anno* 961. WILLIAM OF MALMESBURY, *GP*, Livre I, ch. XIX, § 7, p. 38. ID., *Vita Dunstani*, Livre II, ch. VIII, § 23, p. 254. EADMER OF CANTERBURY, *Vita Dunstani*, § 46, p. 122. ID., *Vita Odonis*, § 15, p. 36.

262 Dun-stan, « montagne-pierre », comme signe de sa stabilité. ADELARD DE GAND, *Lectiones in Depositione S. Dunstani*, lect. XII, éd. M. Lapidge et M. Winterbottom, *The Early Lives of Dunstan*, Oxford, 2012, p. 142. WILLIAM OF MALMESBURY, *Vita Dunstani*, Livre I, ch. III, § 2, p. 174 et ch. XXVII, § 5, p. 228.

263 Gytha (diminutif de Eadgyth) *se goda*, « la bonne ». GOSCELIN DE SAINT-BERTIN, *VSE*, § 24, p. 94.

pouvait rapidement comprendre de quel saint il était question, tant son nom était omniprésent dans le texte lui-même. Le statut même du saint était également affirmé avec une grande régularité : dans un tiers des cas où le nom du saint est utilisé, il est précédé de *sanctus* ou *beatus*. Il y a donc une maximisation des apparitions textuelles du saint, sous une forme qui ne laisse aucun doute sur son identité, mais aussi une normalisation de ces apparitions. L'individu est ainsi clairement identifié comme un saint et le saint est clairement distingué de ses confrères par son nom.

Dans l'histoire de Swithun, en particulier, cette dimension est centrale. On ne sait rien de ce saint-évêque de Winchester, de sorte que les hagiographies qui lui sont consacrées font de la découverte de son nom un élément central du dispositif narratif[264]. Jusqu'au second chapitre, avec la *translatio* du saint, les personnages ignorent son nom[265]. Le fait de retarder cette révélation crée un effet d'attente, qui polarise l'intérêt du lecteur/auditeur et le rend sans doute beaucoup plus attentif (et susceptible de mémoriser) le nom et l'identité de ce dernier, une fois l'information fournie.

En somme, les noms sont très utilisés par les hagiographes, pour donner une visibilité et une contenance à leurs personnages principaux. Alors que ces textes ont tendance à vider les personnages de leur substance pour y substituer l'image conventionnelle de saints aux qualités topiques, l'utilisation massive des noms permet de les individualiser. Ce faisant, les noms assurent évidemment le caractère « publicitaire » de l'hagiographie en rendant manifeste l'identité du saint dont elle prétend illustrer l'existence.

Conclusion

L'étude des catégories grammaticales traditionnelles, dans une tradition qui commence avec Donat et se poursuit sans grand bouleversement jusqu'à Ælfric d'Eynsham, permet de mettre en évidence une définition ontologique du nom. Bien que la grammaire classique ait connu des éclipses en Angleterre (entre Alcuin et Dunstan), il semble difficile de remettre en cause une constante que ces textes se sont attachés à ancrer dans les écoles monastiques : les noms propres ne sont pas donnés de manière arbitraire. Comme catégorie grammaticale, ils sont réservés à l'expression de la substance et de la qualité des choses singulières. Dès lors, ils sont indissolublement liés à l'expression de l'identité de l'objet désigné.

Moyens d'individuer les acteurs et de donner du sens à leurs actions, les noms sont fondamentaux pour caractériser leur identité. En ce sens, un jeu se dessine couramment dans l'imaginaire biblique et hagiographique afin de maintenir une articulation fluide entre histoire et noms des personnages : de la sorte, les actes posés sont toujours en accord avec la fenêtre d'action que le sens des noms leur ouvrait. Les noms se doivent d'exprimer au mieux les réalisations et la destinée du porteur, c'est-à-dire d'exprimer son être, quitte à ce qu'une personne, humaine ou

---

264 Wulfstan of Winchester, *Narratio Metrica*, Livre I, ch. i (p. 412), ch. ii (p. 414).
265 *Ibid.*, Livre I, ch. ii, p. 432-434.

divine, intervienne pour donner un nom plus adapté. Le nom, à ce titre, exprime idéalement l'être des individus. Le mythe confirme finalement l'idée grammaticale que nous avons mise en évidence.

Toutefois, le nom ne saurait recouvrir la totalité d'une identité. Il arrive donc que le nom soit comme un masque porté par les personnes. C'est pour cette raison d'ailleurs que Dieu apparaît comme celui qui connaît les noms et en maîtrise le sens, même lorsqu'ils sont cachés. Mieux que tous, il peut les utiliser de façon signifiante pour agir directement sur leurs porteurs, parce qu'il est le nomothète universel. Ce lien entre Dieu et les noms se traduit dans le champ eschatologique par la construction du sujet autour d'un nom qui fait corps avec l'âme. Au baptême et après la mort, les noms occupent une place centrale. Tous les supports étudiés mettent en avant le nom comme point focal d'une conversion intime et comme garant du salut. Par l'efficace truchement du nom, les hommes se rapprochent de la divinité. Utilisé dans la liturgie, associé aux monuments sacrés, le nom permet une inclusion métonymique de l'âme dans l'Église. Derrière tous ces usages, c'est une quête personnelle du salut qui se joue, car le nom permet d'individuer les croyants aux yeux de la divinité.

Le sens théorique et les représentations associés au nom montrent qu'il est un soubassement indispensable pour l'identité des individus, mais il l'insère aussi dans divers groupes sociaux[266]. D'une part, il s'inscrit dans la pratique descendante de la dation de nom. Le nom est certes lié à l'âme, mais l'âme elle-même est un legs des ancêtres, c'est-à-dire un bien collectif[267]. Les grammairiens confirment cet aspect, en signalant l'existence de noms patronymiques, qui inscrivent les individus dans leur parenté. D'autre part, la maîtrise et l'usage asymétriques des noms, entre celui pour qui connaître un nom est une faveur qui lui permet de demander et celui qui connaît de plein droit les noms de ses dépendants pour les juger, les contraindre ou les punir, dessinent en filigrane la base de toute société hiérarchisée. De même, l'usage *ad nauseam* des noms des puissants constituait la base d'une identité sociale élitaire et familiale, en assurant le prestige et en confortant la légitimité du groupe entier[268]. S'il y a dans le nom une part de la substance ou de l'identité des personnes, il se fait aussi le reflet d'un homme qui est déjà pluriel.

---

266 B. M. BEDOS-REZAK, *L'Individu au Moyen Âge, op. cit.*, p. 33-35.
267 M. MAUSS, « L'âme, le nom et la personne », *loc. cit.*
268 Ph. DEPREUX, « La dimension publique de certaines dispositions privés : fondations pieuses et *memoria* en Francie occidentale aux ixe-xe siècles », in Fr. BOUGARD, M. C. LA ROCCA et R. LE JAN (éd.), *Sauver son âme et se perpétuer : transmission du patrimoine et mémoire au haut Moyen Âge*, Rome, 2005, p. 331-378.

CHAPITRE 3

Nom et intégration sociale

Un homme de la cour qui n'a pas un assez beau nom, doit
l'ensevelir sous un meilleur ; mais s'il l'a tel qu'il ose le porter,
il doit alors insinuer qu'il est de tous les noms le plus illustre,
comme sa maison de toutes les maisons la plus ancienne [...] ;
dire en toute rencontre : ma race, ma branche, mon nom
et mes armes [...] et à force de le dire, il sera cru[1]

Pour être confirmé dans mon identité, je
dépends entièrement des autres[2]

Les fonctions linguistiques et logiques du nom font de lui un moyen pour identifier et individuer des personnes. Toutefois, pour qu'un tel « désignateur rigide » soit opérant, les locuteurs doivent connaître le signe linguistique (le nom) et le référent (la personne désignée)[3]. Cela signifie que la médiation du champ social est indispensable au fonctionnement plein et entier de l'objet linguistique. Dans ce contexte, les usages que l'on peut faire du nom méritent d'être détaillés : a) une fonction d'intégration sociale, le nom constituant la marque d'une reconnaissance sociale dans un groupe donné, après un acte de « baptême » ; b) une fonction d'interpellation, qui utilise le nom comme opérateur de relation sociale, pour débuter une discussion ; c) une fonction référentielle, qui fait du nom un outil pour parler d'un tiers, en son absence[4].

Ces différentes modalités d'action du nom dans le champ social constituent le cœur de ce chapitre. Comment le nom intervenait-il pour intégrer l'individu dans des groupes sociaux ? Comment soutenait-il l'interaction en leur sein ? Comment était-il utilisé pour construire l'identité du groupe lui-même ? Comment son usage servait-il de soubassement pour légitimer les hiérarchies ? Comment circulait-il dans le corps social pour nourrir un imaginaire social et un paysage mental commun ?

Comme dans toutes les sociétés chrétiennes, les Anglo-Saxons donnaient aux enfants une place dans le groupe par l'attribution officielle d'un nom lors de la cérémonie du baptême, qui occupera en premier chef notre réflexion. Par suite, toutefois, les noms sont susceptibles d'être changés, à mesure que l'individu est soumis aux aléas

---

1 La Bruyere, *Les Caractères*, « De la cour », 20 (IV).
2 H. arrendt, *Le Système totalitaire*, vol. III, Paris, 1972, p. 228.
3 S. A. Kripke, *Naming and necessity, op. cit.*, p. 56 sq.
4 J. Fedry, « Le nom, c'est l'homme », *art. cit.*, p. 100-102. Fr. Armengaud, « Nom », *Encyclopædia Universalis*, Paris, 2013.

84 CHAPITRE 3

de l'existence. Nous nous intéresserons donc aux formes de pouvoirs, verticales (royauté, Églises) ou horizontales (communautés), qui jouent avec les noms des personnes pour intégrer ou exclure. Par suite, nous verrons comment les noms sont utilisés pour structurer hiérarchiquement le corps social, aussi bien du vivant des personnes qu'après leur mort.

I. Baptême, dation du nom et environnement social

Pour Saül Kripke, la reconnaissance et l'association d'un nom à un individu sont le fait d'un baptême initial, qui fixe cette convention[5]. C'est donc le groupe qui fixe en premier lieu le nom pour le compte d'un individu. Au moment précis où il est inscrit dans le corps social, l'individu n'est qu'un spectateur passif, généralement un enfant inconscient.

Dans l'archétype biblique, la dation du nom de Jésus se diffracte dans deux scènes complémentaires : l'Annonciation et la Circoncision. Son baptême, en revanche, n'a rien à voir avec la question des noms. L'opposition entre Annonciation et Circoncision révèle la dualité entre les moments *privés*, pendant lesquels les parents de l'enfant se concertent pour établir leur choix, avec une aide surnaturelle en l'occurrence, et les moments ritualisés pendant lesquels ce choix affronte un public plus vaste et se fait de façon plus solennelle. La naissance et les événements qui l'entourent intéressent les femmes adultes, et non l'Église[6]. Dans ce contexte, la partie *privée* du processus au cours duquel on va « créer un nom[7] » reste confinée au champ de l'impensé et donc de l'invisible.

C'est donc surtout les moments ritualisés d'affirmation publique du nom du nouveau-né que l'on peut étudier, en prenant modèle sur les analyses des ethnologues. Par exemple, en Afrique occidentale, peu après la naissance, le nom de l'enfant est choisi avec l'intervention d'un parent (ou plusieurs) et d'un marabout[8]. Ainsi, pour déterminer/affirmer le nom d'un nouveau-venu, la présence conjointe de la parenté et des médiateurs du sacré, sous le regard de la communauté de vie, apparaît centrale.

Choisir le nom d'un enfant : le rôle des parents

Quand le nom était-il donné ? Avant la naissance, entre la naissance et le baptême ou lors du baptême ? En général, les formules des chartes laissent à penser que l'on recevait son nom peu après sa naissance, à « l'âge infantile[9] », « au début de la

---

5 S. A. Kripke, *Naming and necessity, op. cit.*, p. 96-97. M.-N. Gary-Prieur, *Grammaire du nom propre*, Paris, 1994, p. 29.

6 F. S. Paxton, « Birth and death », in *Early Medieval Christianities, op. cit.*, p. 386.

7 N. Barley, « Perspectives on Anglo-Saxon Names », *art. cit.*, p. 5.

8 J. Fedry, « Le nom, c'est l'homme », *art. cit.*, p. 80-82.

9 S 669, S 1004. L'*infans*, par définition, est celui qui ne parle pas encore. J.-P. Neraudau, *Être enfant à Rome*, Paris, 1984, p. 53-55. Voir Isidore de Séville, *Etymologiae*, Livre XI, ch. II, § 9.

vie[10] » ou à l'« âge du berceau[11] ». Néanmoins, ces documents ne permettent pas de trancher sur un moment précis, dans la mesure où le baptême avait probablement lieu très rapidement après la naissance[12].

Au premier temps de la chrétienté, le nom était donné au huitième ou neuvième jour après la naissance, conformément au rite romain[13], tandis que le baptême intervenait après une période de catéchuménat adulte. Même lorsque le baptême des enfants se généralisa, il s'insérait dans le calendrier liturgique lors des fêtes de Pâques et de la Pentecôte, ce qui induisait un délai nécessaire entre naissance et cérémonie religieuse[14]. En conséquence, l'enfant restait peut-être anonyme jusqu'à son baptême[15], à moins qu'une cérémonie et une dation de nom n'aient eu lieu dans le cadre familial, en privé, sur le modèle romain[16]. Parmi les païens scandinaves, une pratique semblable de lustration et de dation du nom peu après la naissance est attestée, mais dans des sagas écrites après la conversion[17]. Avec le maintien probable du paganisme dans le nord de l'Angleterre pendant une partie du XIe siècle, il est possible que ce rituel ait existé par endroit pendant la période étudiée[18]. Parmi les chrétiens, seule une source narrative indique que le nouveau-né avait « reçu » un nom lors de la naissance, et donc avant son baptême. Il s'agit de la *Vita Rumwoldi*, un texte hagiographique anonyme de la seconde moitié du XIe siècle[19]. Toutefois, le fait que ce nom s'impose par la volonté divine et que le bambin ait clamé haut et fort, au cours d'un miracle unique dans l'Angleterre anglo-saxonne tardive, son amour pour la divinité et son propre nom lors de sa naissance rendent toute généralisation difficile.

Par contraste, les attestations de dations du nom au cours du baptême sont nombreuses. Æthelwold de Winchester aurait reçu son nom de ses parents, « pendant

---

10 S 1795.

11 S 551, S 578, S 595, S 657, S 934.

12 La date de copie tardive de ces documents (souvent des manuscrits du XIIIe) invite en outre à la prudence.

13 C'est l'ondoiement des nouveaux-nés pour le *dies lustricus*. M. MESLIN, *L'homme romain, des origines au premier siècle de notre ère*, Paris, 1978, p. 219. S. DIXON, *Childhood, Class, and Kin in the Roman World*, Londres, 2001, p. 55.

14 J. CORBLET, *Histoire dogmatique, liturgique et archéologique du sacrement du baptême*, Paris, 1882, vol. II, p. 242 et 293.

15 A. FINE, « L'héritage du nom de baptême », *art. cit.*, p. 869-870.

16 La pratique est relevée par A. GUERREAU-JALABERT, « *Spiritus et caritas*. Le baptême dans la société médiévale », in Fr. HERITIER-AUGE et E. COPET-ROUGIER (éd.), *La parenté spirituelle*, Paris, 1995, p. 133-203.

17 Ce rituel, appelé *ausa barn vatni*, « l'aspersion des enfants », marque l'entrée dans la famille et occasionne la dation du nom. E. HULL, « Pagan Baptism in the West », *Folklore*, 43/4 (1932), p. 411. J.-M. MAILLEFER, « Une question identitaire de l'Islande médiévale », in *Identité et ethnicité, op. cit.*, p. 219. P. G. FOOTE et D. M. WILSON (éd.), *The Viking achievement*, Londres, 1973 [1970], p. 115.

18 L. ABRAMS, « Conversion and Assimilation », in D. M. HADLEY et J. D. RICHARDS (éd.), *Cultures in Contact*, Turnhout, 2000, p. 135-153, p. 137-138 et « The conversion of the Danelaw », in J. GRAHAM-CAMPBELL *et al.* (éd.), *Vikings and the Danelaw*, Oxford, 2001, p. 31-44.

19 *Vita Rumwoldi*, § 3, p. 99. Voir p. clix et clxxiv-v pour la datation.

86 CHAPITRE 3

qu'il était purifié par le très saint baptême[20] ». De même, Dunstan de Canterbury, peu de jours après sa naissance « fut régénéré dans l'eau sacré et reçut [son] nom[21] ». Wulfstan confirme cette concomitance, en signalant que le nom était « donné dans les fonts baptismaux[22] ». Dans l'*Encomium Emmae reginae*, Harthacnut reçoit également son nom de ses parents sur les fonts baptismaux[23]. Néanmoins, l'Encomiaste et les hagiographes sont imprégnés de culture biblique et peut-être ne font-ils que reprendre le modèle de la dation du nom de Jésus au cours de sa circoncision. En effet, ce faisant, il est probable qu'ils se contentent de reprendre un modèle archétypal en insistant sur les points communs entre le Christ et leurs personnages dans le but de mettre ces derniers en valeur. Il est dangereux, dans ces conditions, de considérer ces épisodes comme relevant de la réalité *historique*.

Quoi qu'il en soit, le moment du baptême apparaît, par défaut, comme le moment le plus tardif auquel le nom d'un enfant pouvait être rendu public. Or les spécialistes s'accordent pour dire que le baptême des enfants était courant à l'époque, que ce soit sur le continent[24] ou en Angleterre[25]. Certes, les demandes répétées des autorités ecclésiastiques pour un respect strict du délai de huit jours après la naissance, dans le but d'éviter que l'enfant ne meure païen, laissent à penser qu'il y avait des déviances[26]. Toutefois, pour les zones les moins accessibles, la limite de trois ans fixée par les pénitentiels était sans doute respectée[27]. Les sources homilétiques et liturgiques confortent ce point de vue, puisque les questions relatives au baptême font mention d'enfants[28]. On peut donc raisonnablement penser que la plupart des personnes étaient baptisées en très bas âge, peu après leur naissance, et qu'un nom leur était donc donné, au plus tard, à cette occasion, c'est-à-dire pendant la petite enfance.

---

20 ÆLFRIC OF EYNSHAM, *Vita Æthelwoldi*, p. 72, § 4. WULFSTAN OF WINCHESTER, *Vita Æthelwoldi*, § 4, p. 8.

21 EADMER OF CANTERBURY, *Vita Dunstani*, § 1, p. 52. WILLIAM OF MALMESBURY, *Vita Dunstani*, Livre I, ch. III, § 2, p. 174.

22 WULFSTAN OF WINCHESTER, *Breuiloquium*, v. 15-16, p. 63.

23 *EER*, Livre II, ch. XVIII, p. 34.

24 J. M. H. SMITH, « Religion and lay society », *loc. cit.*, p. 656. F. S. PAXTON, « Birth and death », *loc. cit.*, p. 386. Ph. NILES, « Baptism and the Naming of Children in Late Medieval England » [1982], in *Studies on the personal name, op. cit.*, p. 147-157, p. 153. *Contra* : J. CORBLET, *Histoire dogmatique, op. cit.*, vol. II, p. 7.

25 J. BLAIR, *The church in Anglo-Saxon society, op. cit.*, p. 161, 168. S. FOOT, « By Water in the Spirit », *loc. cit.*, p. 187-188.

26 J. M. H. SMITH, « Religion and lay society », *loc. cit.*, p. 657. J. BLAIR, *The church in Anglo-Saxon society, op. cit.*, p. 459. M. F. GIANDREA, *Episcopal culture in Late Anglo-Saxon England*, Woodbridge, 2007, p. 119. WULFSTAN OF WINCHESTER, *Collection*, Recension A, § 103, p. 111. « Canons of Ælfric », § 26, éd. THORPE, p. 352. « Law of the Northumbrian Priests », § 10, éd. THORPE, p. 292. « Canons made in King Edgar's Reign 960 », § 15, éd. SPELMAN, p. 449. *The Egbert Pontifical*, éd. H. M. J. Banting, *Two Anglo-Saxon Pontificals, op. cit.*, fol. 7v-8r.

27 M. RUBELLIN, « Entrée dans la vie, entrée dans la chrétienté », *loc. cit.*, p. 39.

28 J. BAZIRE et J. E. CROSS (éd.), *Eleven Old English Rogationtide Homilies*, Toronto, 1982, p. 68. S. IRVINE, *Old English Homilies from MS Bodley 343*, Oxford, 1993, p. 58-60. J. TALLY LIONARONS, *The Homiletic Elements of Archbishop Wulfstan*, Woodbridge, 2010, p. 126-127. *The Benedictional of Archbishop Robert*, éd. H. A. Wilson, *op. cit.*, fol. 91v-92r.

Qui choisissait le nom ? Dans les Évangiles, si l'on met de côté l'intervention divine, ce sont les parents qui choisissent le nom de Jésus ou Jean-Baptiste[29]. C'est également le cas dans la *Vita Willibrordi* d'Alcuin[30], dans les vies d'Æthelwold et dans l'*Encomium Emmae reginae*. Le matériau diplomatique, quand il aborde ce sujet, précise que ce sont « les parents [qui] ont donné [le] nom[31] » ou que le nom « ne fut pas donné par hasard, mais par la volonté des parents[32] ». Cet horizon semble pouvoir être généralisé sans grand danger à la plupart des enfants de l'Angleterre anglo-saxonne[33].

Comment choisissait-on le nom ? Dans le livre de prière d'Ælfwine de Winchester, écrit entre 1020 et 1035[34], de nombreux pronostics sont compilés, dont certains concernent le jour de naissance[35]. Ces pronostics ont été interprétés comme la manifestation des superstitions qui avait cours parmi les membres de l'élite cultivée[36]. Pour autant, une opposition stricte entre culture lettrée et culture populaire, à cette époque, n'a pas grand sens et il est fort à parier que ce goût pour les pronostics touchait aussi le reste de la population[37]. Si les noms étaient bel et bien dotés d'un sens, alors ces pronostics pouvaient conduire à l'adoption d'un nom propitiatoire lié aux conditions de la naissance[38]. À défaut, ces textes relèvent l'attention qui était portée au jour de naissance des enfants, ce qui suffit à donner à ce moment une place plus importante dans la vie des Anglo-Saxons que ce que les textes narratifs ou normatifs laissent apparaître.

Le baptême et la sacralisation du nom

Si le nom était sans doute donné *en privé*, pendant que l'enfant était en bas âge, avant le baptême ou à son occasion, c'est bien lors de cette cérémonie *publique* que le nom était à coup sûr officialisé et sacralisé. La substitution du baptême chrétien au rite judaïque de la circoncision conforte cette hypothèse, en

---

29 Lc 1 :59-63.

30 ALCUIN, *Vita sancti Willibrordi*, § 3.

31 S 886.

32 S 551, S 578 et S 595. Ces trois chartes furent produites en 949, 949 et 956, et conservées dans les archives de Glastonbury, Abingdon et Thorney. En ce sens, même si les manuscrits datent des XIIIe-XIVe siècles, il semble difficile de les analyser comme les témoins d'une idiosyncrasie de la part d'un clerc ou d'un copiste.

33 P. KITSON, « How Anglo-Saxon Personal Names Work », *Nomina*, 25, 2002, p. 91-132, p. 100. Pour une nuance, E. OKASHA, *Women's Names*, *op. cit.*, p. 110.

34 *Ælfwine's Prayerbook*, éd. B. Günzel, *op. cit.*, p. 1-2.

35 *Ibid.*, fol. 3v-4v (jours de chance ou de malchance pour la naissance), fol. 6v-8r (pronostics par jour de la semaine ou de la lunaison).

36 L. S. CHARDONNENS, *Anglo-Saxon Prognostics, 900-1100 : Study and Texts*, Leyde, 2007, p. 128-129.

37 R. M. LIUZZA, « Anglo-Saxon prognostics in context : a survey and handlist of manuscripts », *ASE*, 30 (2001), *passim*.

38 J. M. CORKERY, « Approaches to the study », *art. cit.*, p. 56. Cette hypothèse est accréditée pour une période antérieure. J. CORBLET, « Des noms de baptême et des prénoms chrétiens. Étude philologique et liturgique », *Revue de l'art chrétien*, 5, 1876, p. 273-306, p. 302-304.

88 CHAPITRE 3

Angleterre et ailleurs en Europe[39]. Dans quelles conditions cette officialisation intervenait-elle ?

Où le nom était-il rendu public pour la première fois ? La question de l'endroit où avaient lieu les baptêmes est directement liée à la controverse sur les *minsters*[40]. Le *minster* constituait un site central dans la vie des croyants, mais les formes de la vie pastorale variaient beaucoup d'une région à une autre. Le fait que ces *minsters* administraient de grandes paroisses suppose un réseau subordonné d'églises de second rang, des *public churches*, sous la direction d'archiprêtres[41]. La densité du semis ecclésiastique est mentionnée par l'évêque Herman de Ramsbury, lors du concile de Reims en 1049[42], et les études prenant appui sur le Domesday Book mentionnent quelques 6 000 ou 7 000 églises à la fin du XIe siècle[43]. La plupart des chercheurs concluent donc à la qualité de la *cura pastoralis* délivrée aux fidèles grâce à ce système[44]. Cela implique qu'il était matériellement possible de baptiser rapidement un enfant en bas âge dans la plupart des régions du royaume, ce qui conforte l'hypothèse d'une cérémonie publique de dation du nom intervenant alors que l'enfant était en bas âge.

La prépondérance des fonts en pierre plaide pour un baptême à des endroits fixes[45]. Toutefois, les formules de dédicace des fonts, comme dans le *Claudius Pontifical*[46], ne permettent pas de confirmer cette prépondérance de la pierre, qui, par nature, avait moins de chance de disparaître ou d'être fondue qu'un baptistère en plomb. L'hypothèse de baptêmes en plein air[47] est cependant difficile à défendre puisque le *Pontifical d'Egbert* interdit qu'un « prêtre ose célébrer des messes dans les maisons ou bien dans tout autre lieu qui ne soit pas une église consacrée[48] ». Or, évidemment, la cérémonie baptismale suppose qu'il y ait une messe. En conséquence, elle avait forcément lieu dans une église et la dation publique du nom y avait donc également lieu.

---

39 Ac 15 :19-21. C. A. LEES, *Tradition and belief : religious writing in late Anglo-Saxon England*, Minneapolis, 1999, p. 117. A. DEBERT, « L'iconographie de l'Imposition du nom dans l'Europe occidentale du Moyen Âge », in *GMAM, Tome IV*, p. 75-81. Un panorama est donné dans J. CORBLET, « Des noms de baptême », *Revue de l'art chrétien*, 6 (1877), p. 94-97.

40 Suite à la publication de J. BLAIR, *Minsters and Parish Churches*, Oxford, 1988 et *Pastoral Care before the Parish, op. cit.*, le débat s'est cristallisé dans la revue *EME* de 1995, entre Eric Cambridge, David Rollason et John Blair.

41 J. BLAIR, « Minster churches in the landscape », in D. HOOKE (éd.), *Anglo-Saxon settlements*, Oxford, 1988, p. 51. ID., *The church in Anglo-Saxon society, op. cit.*, p. 36-39.

42 R. GEM, « The English parish church in the eleventh and early twelfth centuries : a great rebuilding ? », in *Ministers and Parish Churches, op. cit.*, p. 21.

43 R. MORRIS, *Churches in the landscape*, Londres, 1989, p. 147, 167. J. BLAIR, « Secular Minster Churches in Domesday Book », *loc. cit.*

44 S. FOOT, « Parochial ministry in early Anglo-Saxon England : the role of monastic communities », *Studies in Church History*, 26 (1989), p. 43-54.

45 J. BLAIR, *The church in Anglo-Saxon society, op. cit.*, p. 459-462.

46 *The Claudius Pontificals*, éd. D. H. Turner, Pontifical I, *op. cit.*, fol. 78v-79r.

47 S. FOOT, « By Water in the Spirit », *loc. cit.*, p. 182-183. R. MORRIS, « Baptismal places 600-800 », in I. WOOD et N. LUND (éd.), *People and places in Northern Europe 500-1600*, Woodbridge, 1991, p. 15-24. *Contra* : J. BLAIR, *The church in Anglo-Saxon society, op. cit.*, p. 463.

48 *The Egbert Pontifical*, éd. H. M. J. BANTING, *Two Anglo-Saxon Pontificals*, Woodbridge, 1989, fol. 7v.

NOM ET INTÉGRATION SOCIALE   89

Qui présidait à cette cérémonie ? Les diacres peuvent depuis Théodore de Canterbury administrer le baptême en Angleterre[49], même si c'est une dérogation par rapport aux coutumes continentales. Ce sont donc des évêques, des prêtres ou des diacres qui étaient en charge du baptême[50]. Ils s'aidaient de livres, manuels[51] ou sacramentaires. Le *Livre Rouge de Darley* en est un exemple et son usure est telle qu'on en déduit un usage réel et régulier[52]. Néanmoins, le fait que les textes normatifs aient fortement recommandé un tel usage[53] laisse à penser que ce n'était pas toujours le cas[54].

Choisissait-on des noms spécifiques ? L'évolution du stock anthroponymique, qui débute autour de l'An Mil sur le continent, pour intégrer de plus en plus de noms de saints, n'est pas encore à cette époque un sujet central aux yeux des hommes d'Église en Angleterre. Les textes de Tertullien ou Jean Chrysostome sur l'abandon des noms païens n'ont laissé aucune trace en Angleterre[55]. En conséquence, l'Église sacralisait le choix des parents, plus qu'elle ne le guidait[56]. Le nom choisi importait alors moins aux yeux de l'Église que le sacrement du baptême et la qualité de la *cura pastoralis*[57]. En ce sens, la cléricalisation du baptême permit sans doute de rassurer les laïcs sur la qualité du sacrement, tout en satisfaisant les clercs par l'attribution qui leur était fait d'un *monopole* sur ce sacrement, mais sans perturber les usages anthroponymiques[58].

Quel est le rôle de la communauté ? L'utilisation de rubriques anglo-saxonnes dans le *Livre Rouge de Darley* a été analysée comme un moyen d'intégrer le laïc dans la cérémonie, lorsque cette dernière rendait la compréhension du fidèle nécessaire[59]. Le but était donc bien d'ancrer le baptisé dans sa communauté, mais aussi d'ancrer le baptisé et sa communauté dans l'Église. Le baptême consacre en effet l'entrée des nouveau-nés dans la famille métaphorique et la communauté d'âme qu'était la chrétienté[60]. Sans lui, on ne fait pas partie de la communauté des hommes et on

---

49 S. Foot, « By Water in the Spirit », *loc. cit.*, p. 185.
50 C. Cubitt, « Pastoral care and conciliar canons : the provisions of the 747 council of *Clofesho* », in *Pastoral Care before the Parish, op. cit.*, p. 193-211. *Contra* : S. Foot, « By Water in the Spirit », *loc. cit.*, p. 185-186.
51 R. W. Pfaff, « Massbooks », *loc. cit.*, p. 21-22. S. L. Keefer, « Manuals », *loc. cit.*
52 H. Gittos, « Is there any evidence », *op. cit.*, p. 68. V. Thompson, *Dying and death, op. cit.*, p. 57-91.
53 R. W. Pfaff, *The liturgy in medieval England*, Cambridge, 2009, p. 66-68. Ælfric of Eynsham, « Pastoral Letter to Bishop Wulfsige of Sherborne », éd. *Councils & Synods*, p. 206-207.
54 U. Lenker, « The Rites and Ministries of the Canons : Liturgical Rubrics to Vernacular Gospels and their Functions in a European Context », in H. Gittos et M. B. Bedingfield (éd.), *The liturgy of the late Anglo-Saxon church*, Woodbridge, 2005, p. 185-212.
55 Tertullien, *De Idolatria*, ch. xiv-xvi et xx-xxi.
56 Les « noms de naissance » priment sur les « noms de baptême » jusqu'au xiie siècle, selon J. Corblet, « Des noms de baptême » *Revue de l'art chrétien*, 5 (1876), p. 5-24. En réalité, la transition entre les deux régimes est progressive (P. Beck, « Le nom protecteur », *art. cit.*, § 13).
57 J. Corblet, *Histoire dogmatique, op. cit.*, vol. II, p. 7.
58 M. Rubellin, « Entrée dans la vie, entrée dans la chrétienté », *loc. cit.*, p. 45-46.
59 D. N. Dumville, *Liturgy and the Ecclesiastical History*, Woodbridge, 1992, p. 131-132. H. Gittos, « Is there any evidence », *loc. cit.*, p. 80-81.
60 Bede le Venerable, *In Lucam Expositio*, Partie I, ch. x.

90   CHAPITRE 3

s'exclut du Salut[61]. Ainsi, pour Wulfstan d'York, le baptême permet de passer du paganisme au christianisme et, par là, de prendre part au corps mystique du Christ[62]. Aussi le baptême constitue-t-il une seconde naissance[63]. Mais il s'agit aussi d'une entrée très concrète dans une communauté d'interconnaissance. Point aveugle de la cérémonie, le nouveau-né était incapable de comprendre ce qui se passait autour de lui, s'il était effectivement baptisé sous huit jours[64]. Il s'agissait d'un rite de passage transitif[65] et d'une forme de renaissance institutionnelle[66] qui garantissait à la fois l'existence sociale de l'individu, accepté au sein d'un groupe[67], mais permettait aussi à la société elle-même de se restructurer à cette occasion et de faire corps[68]. Cela se traduit par la tenue de festins, afin d'accueillir le nouveau venu et fêter la communion du groupe[69]. Les festivités organisées à l'occasion du baptême d'Edmund, fils du roi Edgar et héritier présomptif du royaume, en 966 constituent un exemple paradigmatique de ce fonctionnement[70].

En ce sens, « prénommer est un acte central du baptême, [pour] l'admission des nouveau-nés dans la communauté chrétienne[71] ».

La rareté de la parenté rituelle

Le pédo-baptême qui se développe à la fin de l'Antiquité rend nécessaire la présence de parrains qui s'assurent de la durabilité de l'effort du baptisé vers le Salut et en constituent donc les fidéi-jusseurs[72]. La fonction éducatrice des parrains se

---

61   P. BECK, « Le nom protecteur », *art. cit.*, § 2.

62   WULFSTAN OF YORK, Homélie n°8c, l. 1-28 et l. 100-115.

63   *The Portiforium of saint Wulstan*, éd. A. HUGHES, Leighton Buzzard, 1958-1960, fol. 384, 388-390, 395. *Winchcombe Sacramentary*, éd. A. DAVRIL, *op. cit.*, p. 85-86. *The Durham Collectar*, éd. A. CORRÊA, *op. cit.*, fol. 12v, 15v, 16r. *The Egbert Pontifical*, éd. H. M. J. BANTING, *Two Anglo-Saxon Pontificals*, *op. cit.*, fol. 106v. ÆLFRIC OF EYNSHAM, *CH*, Série n°2, Homélie n°15, p. 268. ID., *Supp.*, Homélie n°1, l. 398-401. BYRHTFERTH OF RAMSEY, *Enchiridion, Ammonitio Amici*, l. 55-60, p. 246-247.

64   A. GUERREAU-JALABERT, « *Spiritus et caritas* », *loc. cit.*, *passim.* C. A. LEES, *Tradition and belief*, *op. cit.*, p. 121, 128.

65   A. VAN GENNEP, *Les rites de passage*, Paris, 1909, p. 14-27. P. BOURDIEU, « Les rites comme actes d'institution », *Actes de la recherche en sciences sociales*, 43 (1982), p. 58-63. L. DE HEUSCH, « En guise d'introduction », in G. THINES et L. DE HEUSCH (éd.), *Rites et ritualisation*, Paris, 1995, p. 13-19 : le rite de passage transitif consacre un changement définitif de statut, par opposition aux rites occasionnels et aux rites cycliques.

66   W. ULLMANN, *Principles of Government and Politics in the Middle Ages*, Londres, 1961, p. 32-33 et p. 96. J. L. NELSON, *Politics and Ritual in Early Medieval Europe*, Londres, 1986, p. 63-64.

67   F. S. PAXTON, « Birth and death », *loc. cit.*, p. 387-388. J. L. NELSON, « Parents, Children, and Church », *Studies in Church History*, 31 (1994), p. 105.

68   Ph. BUC, « Rituel politique et imaginaire politique au haut Moyen Âge », *Revue historique*, 306 (2001), p. 843-883.

69   A. GAUTIER, *Le Festin dans l'Angleterre anglo-saxonne*, Rennes, 2006, p. 66-68.

70   P. STAFFORD, *Unification and Conquest*, *op. cit.*, p. 53.

71   L. PEROUAS, *Léonard, Marie, Jean et les autres*, Paris, 1984, p. 86.

72   M. RUBELLIN, « Entrée dans la vie », *loc. cit.*, p. 49-50. M. J. BENNETT, « Spiritual kinship and the baptismal name » [1980], in *Studies on the personal name*, *op. cit.*, p. 115-146, ici p. 116.

renforce alors sous le contrôle du clergé[73]. Mais, tandis que les liens entre parrains et filleuls étaient généralement dépourvus de force sociale pendant la période tardo-antique[74], ils prennent progressivement ce rôle au cours du Moyen Âge. Ils permettent la création de liens sociaux multiples, entre parrains et filleuls, entre compères, entre baptiseur et baptisé[75], ce qui contribue aussi bien à la densification qu'à l'extension du réseau d'un groupe de parenté[76]. Étant donnée l'utilité sociale de tels liens, les familles ont alors démultiplié le nombre de parrains et les occasions de parrainage, s'attirant rapidement les critiques de l'Église[77].

Joseph Lynch affirme que le parrainage est omniprésent dans le monde insulaire[78]. En effet, dans une période de stress social, dû à la mobilité sociale accrue[79], à la violence endémique[80] et au renforcement de structures intrusives comme la royauté et le *lordship*[81], le besoin de sécurité spirituelle et matérielle aurait trouvé dans la parenté spirituelle une réponse effective. Toutefois, ce sont surtout les références canoniques, homilétiques et liturgiques qui confortent ce sentiment[82] : le parrain joue effectivement le rôle de fidéi-jusseur ou d'avocat de son filleul[83]. Mais la reprise d'une théorie pastorale par des homélistes n'a pas de quoi surprendre et ne garantit pas la matérialité du recours au parrainage. Or, les références narratives au parrainage sont justement rarissimes aux Xe-XIe siècles.

Sur le continent, le parrain donnait généralement son nom au filleul[84]. Cette tradition est envisagée comme un des moteurs de la mutation anthroponymique, puisqu'elle aurait accéléré la transmission des noms d'une élite prioritairement choisie

---

73 J. H. LYNCH, *Godparents and Kinship*, Princeton, 1986, p. 305-332. Les prêtres s'assurent que les parrains connaissent les prières de base et veillent à ce qu'ils les apprennent à leurs filleuls.

74 J. H. LYNCH, « *Spiritale vinculum* », in T. F. X. NOBLE et J. J. CONTRENI (éd.), *Religion, Culture and Society in the Early Middle Ages*, Kalamazoo, 1987, p. 181-204, p. 181.

75 S. FOOT, « By Water in the Spirit », *loc. cit.*, p. 190. J. L. NELSON, « Parents, Children, and Church », *art. cit.*, p. 97-105. M. J. BENNETT, « Spiritual kinship », *loc. cit.*, p. 118-123. E. LE ROY-LADURIE, *Montaillou, village occitan de 1294 à 1324*, Paris, 1975, p. 184.

76 M. J. BENNETT, « Spiritual kinship », *loc. cit.*, p. 127-134.

77 J. H. LYNCH, *Godparents, op. cit.*, p. 205-218. ID., « *Spiritale vinculum* », *loc. cit.*, p. 194-196. ID., *Christianizing Kinship, op. cit.*, p. 99-134. M. J. BENNETT, « Spiritual kinship », *loc. cit.*, p. 120.

78 J. H. LYNCH, *Christianizing Kinship, op. cit.*, p. 98.

79 W. G. RUNCIMAN, « Accelerating social mobility : the case of Anglo-Saxon England », *Past & Present*, 104 (1984), p. 3-30.

80 S. D. KEYNES, « Crime and punishment in the reign of King Æthelred the Unready », in *People and places, op. cit.*, p. 69-73.

81 STENTON, *ASE*, p. 490-491.

82 « Theodulf's Capitula 994 », § 22, éd. SPELMAN, p. 599. « Canons of Edgar », § 22, éd. *Councils & Synods*, p. 322. ÆLFRIC OF EYNSHAM, *CH*, Série n°2, Homélie n°3, p. 50. WULFSTAN OF YORK, Homélie n°8c, l. 126-129. Cambridge, Corpus Christi College, MS 422, p. 388. *The York Gospels*, éd. N. BARKER, Londres, 1986, fol. 161v.

83 J. H. LYNCH, *Christianizing Kinship, op. cit.*, p. 97.

84 M. J. BENNETT, « Spiritual kinship », *loc. cit.*, p. 135. Ph. NILES, « Baptism and The Naming », *loc. cit.*, p. 154-155. J. DUPAQUIER, « Le prénom. Approche historique », in *Le nom et la nomination, op. cit.*, p. 212-213. L. PEROUAS, *Léonard, Marie, op. cit.*, p. 66-67.

pour parrainer les enfants[85]. Mais, en Angleterre, cette tradition est difficile à déceler. Le parrain de Rum-*wold* se nomme Ead-*wald*, mais la source en question est d'une fiabilité toute relative, comme on l'a vu[86]. Par testament, Æthel-gifu lègue quelques dépendants à son filleul, Æthel-ric[87], de même que l'*ealdorman* Ælf-heah cède un domaine à sa *commater*, la reine Ælf-thryth[88]. Certes, des éléments onomastiques sont communs aux deux personnes à chaque fois, mais les thèmes nominaux en question sont très courants et les legs effectués sont toujours ridicules par rapport aux richesses dont disposent les testateurs. En outre, dans le second cas, les deux personnes sont *compatres* et appartiennent donc à la même génération, ce qui exclut toute transmission de nom entre eux. Les relations de compaternité entre l'archevêque Oswald d'York et un certain Eadric[89] ou de parrainage entre Edward le Confesseur et un certain Baldwin[90] ne donnent pas lieu à ce type de transmission. De même, l'exemple de Wulfric Spot et de sa filleule anonyme, pour peu qu'elle puisse effectivement être identifiée à Ælfgifu, femme d'Ælfgar de Mercie et petite-nièce de Wulfric lui-même, ne révèle ni un choix onomastique signifiant, ni un legs substantiel[91]. Les exemples connus sont donc peu concluants et il semble impossible de prouver l'effectivité d'une pratique par laquelle on aurait transmis des éléments anthroponymiques et une quantité notoire de richesse à son filleul. On considère, en général, que les membres de la *consanguinitas* et autres *cognati*, au nombre desquels les parents rituels, jouent le rôle de témoins passifs et n'ont pas leur mot à dire dans le processus de détermination du nom de l'enfant, comme le montre d'ailleurs le modèle scripturaire du choix du nom de Jean-Baptiste. Le fait que si peu de liens de parrainage soient connus, et moins encore avec une transmission d'éléments onomastiques, confirme que ce fait était rare.

En conclusion, le moment de la dation du nom dessine plusieurs cercles concentriques. Tout s'organise autour d'un individu passif qui reçoit un nom. Un premier cercle est celui du groupe familial resserré, dans lequel s'opère le choix du nom, l'action du père étant impossible à distinguer de celui de la mère. L'exemple biblique témoigne d'un dualisme entre le moment *privé* où le nom était choisi et le moment *public* où il était réellement donné à l'enfant, de façon rituelle et officielle. Les sources sur ce point sont très allusives et convergent vers le baptême, tout en ne permettant pas d'exclure l'idée d'un nom choisi, voire donné avant celui-ci. Cette cérémonie avait lieu rapidement après la naissance, et non à des dates spécifiques.

---

85 G. DUBY, « Lignage, noblesse et chevalerie au XIIe siècle dans la région Mâconnaise : Une révision », *Annales. Economie, Société, Culture*, 27 (1972), p. 805-806. B. GUENÉE, « Les généalogies entre l'histoire et la politique : La fierté d'être Capétien en France au Moyen Âge », *Annales. Economie, Société, Culture*, 33 (1978), p. 457. M. J. BENNETT, « Spiritual kinship », *loc. cit.*, p. 139-143.

86 *Vita Rumwoldi*, § 6, p. 102.

87 S 1497. *The will of Æthelgifu*, éd. D. WHITELOCK, Oxford, 1968.

88 S 1485.

89 S 1310.

90 DB OXF 1,3.

91 S 1536. P. H. SAWYER, *The Charters of Burton Abbey*, Oxford, 1979, p. XL-XLIII. A. WILLIAMS, *Æthelred the Unready*, Londres, 2003, p. 74. S. BAXTER, *The Earls of Mercia, op. cit.*, p. 299.

Elle se déroulait dans des sites consacrés, en la présence de clercs et de parents rituels. Néanmoins, ce deuxième cercle n'intervenait pas pour imposer un contenu à l'objet anthroponymique, que ce soit un nom issu de la tradition biblique ou un nom propre à la parenté du parrain. Ce deuxième cercle se contentait de valider le choix familial, ce qui donnait un caractère solennel à l'instant. Le nom était cependant omniprésent dans le rituel, comme nous l'avons vu. Cela permettait donc d'intégrer le nouveau venu dans un troisième cercle, celui du public, des témoins, c'est-à-dire de la communauté d'habitants, puisqu'il infusait ainsi dans cette dernière, marquant du baptisé à sa famille, mais aussi de la famille et du baptisé à cette communauté réelle et, au-delà, en assurant le salut du catéchumène, à la communauté imaginaire des chrétiens. À cette occasion, la cohésion de tous ces groupes s'en trouvait renforcée.

II. Renommer et surnommer : les maîtres des noms

Dans les sociétés traditionnelles, chaque nouvelle initiation et tout changement (mariage, premier enfant, etc.) peut occasionner l'attribution d'un nouveau nom[92]. Comme nous l'avons dit, il s'agit de faire coïncider le nom, comme médium de la connaissance des personnes, avec ces évolutions qui affectent leur existence. Comment les noms évoluent-ils au cours d'une vie en Angleterre anglo-saxonne ? Comment s'adaptent-ils pour absorber et retranscrire les changements de rôle au sein de la société ? Comment le corps social par l'usage de noms nouveaux, par l'attribution de *cognomina*, d'*agnomina*, parvient-il à retranscrire les changements de position et d'affiliation réels ou imaginaires du porteur ? Le changement de religion, l'entrée dans les ordres, une migration, une promotion ou l'acquisition d'une nouvelle forme de pouvoir sont autant d'occasions qui peuvent donner lieu à des changements anthroponymiques. La rareté des changements de nom invite à se concentrer sur les surnoms et le rôle qu'ils jouaient dans ce cas. D'ailleurs, la frontière entre surnoms et noms propres est parfois difficile à établir[93]. Ces surnoms sont de plusieurs types : sobriquets, noms de métiers, topoanthroponymes, ethniques, patronymiques, hypocoristiques[94].

---

92 Fr. ZONABEND, « Pourquoi nommer ? », in *L'identité, op. cit.*, p. 266. J. S. MBITI, *African religions and philosophy*, New York, 1990, p. 154-155. M. J. HERSKOVITS, *Dahomey, an ancient West African kingdom*, Evanston, 1967, vol. I, p. 151. M. L. NAGATA, « Names and Name Changing in Early Modern Kyoto, Japan », *International Review of Social History*, 47/2 (2002), p. 246. Pour synthèse, se référer à Cl. PAIRAULT, « Péripétie de noms propres », *Études*, 388/4 (1998), p. 482-484 ou à J. FEDRY, « Le nom, c'est l'homme », *art. cit.*, p. 79-80, 88-92.

93 C. CLARK, « Some Early Canterbury Surnames », in *Words, names and history, op. cit.*, p. 214-215.

94 J. M. KEMBLE, « The Names, Surnames and Nicnames », in *Proceedings of the Annual Meeting of the Archaeological Institute of Great Britain and Ireland*, Winchester, 1846, p. 81-102, p. 90 sq. O. VON FEILITZEN, « The personal names of the Winton Domesday », in M. BIDDLE et Fr. BARLOW (éd.), *Winchester in the early middle ages*, Oxford, 1976, p. 143-229. C. CLARK, « The early personal names of King's Lynn », *loc. cit.*, p. 241-279. M. BOURIN et B. CHEVALIER, « L'enquête : buts et méthodes », in *GMAM, I*, p. 7-12. S. D. KEYNES, « A note on Anglo-Saxon personal names », *loc. cit.*, p. 21. Nous nous intéressons aux noms patronymiques et ethniques dans les chapitres suivants.

94 CHAPITRE 3

L'usage du surnom est souvent interprété comme un moyen de distinguer des individus, dans un contexte de croissance démographique et d'homonymie[95]. Toutefois, cet argument fonctionnel est excessivement rigide, dans la mesure où il nie l'arrière-plan social des noms, pour transformer ces derniers en outils destinés à supprimer les doublons dans un système référentiel. Or, dans le contexte anglo-saxon, il est rare que les homonymes soient distingués et, bien souvent, l'utilisation de surnoms varie d'une source à l'autre, voire dans une même source[96]. Ainsi, dans le Domesday Book, Æthelnoth cild est parfois appelé *Æthelnoth de Canterbury*, mais généralement *Æthelnoth de Kent* en-dehors de ce comté[97]. Il semble, dans ce contexte, que l'analyse fonctionnelle relève plutôt du corollaire que de la cause : la présence de surnoms est susceptible d'aider les historiens à distinguer des homonymes, mais ils n'ont pas forcément été forgés dans ce but.

En réalité, le surnom intervient en général *per se*, comme une marque de la relation entre un groupe et une personne[98]. Le surnom peut tout à fait être créé dans des contextes où l'homonymie est pour ainsi dire inexistante[99]. Il peut être la résultante d'une volonté individuelle d'insertion sociale, en donnant à la personne un rôle spécifique dans un groupe[100]. L'usage de noms additionnels peut aussi être analysé comme la marque d'une identité sociale seconde pour une personne appartenant à un groupe spécifique[101]. Dans ce cas, c'est le groupe qui sécrète de l'identité sur le compte d'un délocuté, souvent de façon péjorative, en lui attribuant un sobriquet[102].

---

95 E. BENVENISTE, *Problèmes de linguistique générale*, Paris, 1976, vol. II, p. 200. *GMAM*, II-1, p. 2. P. KITSON, « How Anglo-Saxon Personal Names Work », *art. cit.*, p. 92. L. LANCASTER, « Kinship 2 », *art. cit.*, p. 368-370, 372. S. D. KEYNES, « A note on Anglo-Saxon personal names », *loc. cit.*, p. 21. C. CLARK, « Willelmus Rex ? Vel Alius Willelmus ? », in *Words, Names and History, op. cit.*, p. 284-285. EAD., « Some Early Canterbury Surnames », *loc. cit.*, p. 208.

96 C. P. LEWIS, « Joining the dots », *loc. cit.*, p. 68-87. V. J. SMART, « Osulf Thein and others », *loc. cit.*, p. 451. C. CLARK, « Personal-Name studies », *loc. cit.*, p. 30-31.

97 A. WILLIAMS, « A West-Country Magnate of the Eleventh Century », in *Family Trees, op. cit.*, p. 41-68.

98 E. BENVENISTE, *Problèmes de linguistique générale, op. cit.*, vol. II, p. 105-106. M. BLOCH, « Noms de personne et histoire sociale », *Annales d'histoire économique et sociale*, 13/4 (1932), p. 67-69.

99 Fr. ZONABEND, « Pourquoi nommer ? », *loc. cit.*, p. 282.

100 S. SUÁREZ BELTRÁN, « Notas al sistema antroponimico asturiano en los siglos x al xii » et M. ZIMMERMANN, « Les débuts de la révolution anthroponymique en Catalogne (xe-xiie siècles) », in P. MARTINEZ SOPENA (éd.), *Antroponimia y sociedad*, Santiago de Compostela, 1995, respectivement p. 121-132, p. 126, et p. 351-369, p. 359-360.

101 M. ACETO, « Ethnic Personal Names », *art. cit.*, p. 589. H. KOHL et J. HINTON, « Names, graffiti, and culture », in Th. KOCHMAN (éd.), *Rappin'and stylin'out : Communication in urban Black America*, Urbana, 1972, p. 275. Voir à ce propos l'analyse rapportée par Jacques Fédry à propos du bar Elise de Yaoundé, dans lequel chaque nouvel entrant se voit immédiatement attribuer un sobriquet positif comme marque de son intégration à la micro-société locale (« Le nom, c'est l'homme », *art. cit.*, p. 91).

102 R. D. ALFORD, *Naming and identity : A cross-cultural study of personal naming practices*, New Haven, 1988, p. 82. J. MORGAN et Chr. O'NEILL, *Nicknames : Their origins and social consequences*, Londres, 1979.

NOM ET INTÉGRATION SOCIALE

Le surnom des aristocrates, affirmation de soi ou choix du roi?

Les topoanthroponymes représentent « une des modes les plus simples, à défaut d'être la plus ancienne[103] ». Ils sont nombreux à l'époque anglo-saxonne[104], mais encore adventices, révélateurs de l'appartenance à une zone géographique et non d'une seigneurie familiale durable[105]. Leur usage est attesté dès le début de notre période[106]. Ils sont cependant rares dans les documents royaux[107] et toutes les chartes royales qui les utilisent peuvent être suspectées de forgerie[108]. Généralement, ils apparaissent donc dans des sources produites par les aristocrates eux-mêmes[109], prioritairement dans les listes de souscriptions, la partie *discursive* et *polyphonique* des chartes[110]. En termes géographiques, les archives monastiques représentées[111] et les comtés concernés par ces documents[112] se répartissent équitablement dans toute la partie méridionale du royaume.

Ces topoanthroponymes peuvent être analysés comme les marques d'un lieu de pouvoir, d'origine ou d'habitation[113]. Dans le Domesday Book, une trentaine de *lords* reçoivent un surnom de lieu, mais la pratique du scribe est irrégulière, puisque ce dernier n'utilise pas systématiquement le surnom d'un même individu, que les formes sont diverses, avec ou sans suscription, avec ou sans particule introductive (*de*)[114]. L'analyse selon le « circuit » réalisé par les enquêteurs confirme la rareté de la pratique dans le nord du royaume[115]. Le surnom donné au *lord* coïncide avec

---

103 J. M. KEMBLE, « The Names, Surnames and Nicnames », *art. cit.*, p. 102.

104 G. TENGVIK, *Old English bynames*, Uppsala, 1938, p. 28-138. Deux tableaux de synthèse sont proposés aux p. 137-138. Pour la période 950-1050, Tengvik compte 57 occurrences de surnoms introduits par *æt*, 30 par *de*, 27 par *on* et 9 par *of*. Le Domesday Book à lui seul ajoute à cet ensemble plusieurs milliers d'occurrences.

105 J. C. HOLT, *What's in a name?*, *art. cit.*, p. 11, par opposition à la situation normande, décrite p. 12-13.

106 S 1447, peut-être original, produit entre 950 et 968.

107 Pour les chartes, voir P. A. CLARKE, *The English Nobility*, *op. cit.*, p. 123. Pour le Domesday Book, voir C. P. LEWIS, « Joining the dots », *loc. cit.*, p. 80.

108 S 981, S 1029, S 1030, S 1039, S 1043 et S 1060. Seule S 877 paraît authentique, mais le manuscrit date du xvᵉ siècle.

109 S 1447, S 1454, S 1460, S 1464, S 1471, S 1473, S 1497. S 1497, le testament d'Æthelgifu, est un original de la fin du xᵉ siècle.

110 54 % des occurrences.

111 Canterbury, Ely, Exeter, Hereford, Ramsey, Rochester, Sherborne, St Albans, Westminster, Winchester et Worcester.

112 Bedfordshire, Berkshire, Buckinghamshire, Cambridgeshire, Devon, Gloucestershire, Hampshire, Herefordshire, Hertfordshire, Huntingdonshire, Kent, Lincolnshire, Middlesex, Oxfordshire, Shropshire, Somerset, Staffordshire, Surrey et Worcestershire.

113 P. BECK et P. CHAREILLE, « Espaces migratoires et aire d'influence de la ville de Dijon à la fin du xivᵉ siècle », *Cahiers de recherches médiévales et humanistes*, 3 (1997), p. 17-32. P.-H. BILLY, « Nommer en Basse-Normandie aux xiᵉ-xvᵉ siècles », in *Mélanges René Lepelley*, Caen, 1995, p. 223-232.

114 Par comparaison, voir M. PARISSE, « Sur-noms en interligne », in *GMAM, Tome III*, p. 7-24.

115 Sont représentés les circuits 1 (Berkshire, Hampshire, Kent, Sussex), 2 (Dorset, Somerset, Wiltshire), 3 (Bedfordshire, Buckinghamshire, Cambridgeshire, Hertfordshire, Middlesex), 4 (Oxfordshire, Warwickshire), 5 (Gloucestershire, Herefordshire, Worcestershire) et 7 (Essex, Norfolk, Suffolk).

96 CHAPITRE 3

son domaine le plus vaste ou celui qui a la plus grande *value* dans 28 % des cas[116] et il représente plus de 15 % des hides enregistrées dans 31 % des cas[117]. Pour toutes ces personnes, le surnom était donc le reflet d'une organisation domaniale et cela coïncidait sans doute aussi avec un lieu de résidence[118]. À l'inverse, les surnoms renvoyant à un nom de ville laissent à penser que ces personnes y habitaient[119]. Dans les autres cas, le surnom renvoie à un lieu situé à proximité immédiate des domaines mentionnés dans le Domesday Book, ce qui signale peut-être un lieu de naissance ou un bastion familial[120]. Quand le surnom coïncidait avec un domaine marginal, en termes d'importance, par rapport à l'ensemble des possessions d'un *tenant*, le lieu désigné renvoyait sans doute aussi à un bastion familial ou à un lieu de naissance[121]. Dans l'ensemble, le Domesday Book se fait donc l'écho des structures domaniales en rapportant l'existence de ces surnoms, mais il semble aussi avoir agi comme une caisse de résonance pour les pratiques des *lords*. Le surnom était sans doute *porté*, *revendiqué* par les aristocrates locaux, avant d'être utilisé par les enquêteurs royaux pour les identifier[122]. Toutefois, il n'est pas permis d'affirmer que les enquêteurs n'ont pas, à l'occasion, créé ces surnoms de toutes pièces, lorsque cela permettait d'identifier plus commodément une personne[123].

Par contraste, les noms de fonctions apparaissent régulièrement dans nos sources[124]. Ils agissent comme des surnoms portant sur les activités officielles les

---

116 Almer de Bennington : 10 hides (HRT 36,7) ; Burghard de Shenley : 7 hides (BUK 13,2 et 13,3) ; Edric d'Elham : 6 hides (KEN 5,129) ; Eskil de Ware : 24 hides (HRT 26,1) ; Godric de Bishopsbourne : 7 hides (KEN 9,42) ; Godric de Colchester : 4 hides (ESS B1) ; Leofwine de Bacton : 4,2 hides (SUF 41,7) ; Siward de Maldon : un peu moins de 6 hides (ESS 34,12) ; Thorkil de Wrentham : un peu plus de 9 hides (SUF 26,12a) ; Wulfmer d'Eaton Socon : 20 hides (BDF 21,1).

117 Almer de Benington : 37,9 % ; Alsi de Bromham : 31,2 % ; Burghard de Shenley : 100 % ; Edric d'Easthorpe : 31,2 % ; Edric d'Elham : 26,7 % ; Eskil de Ware : 22,5 % ; Godric de Bishopsbourne : 93,3 % ; Godric de Colchester : 43,4 % ; Leofwin de Bacton : 64 % ; Thorkil de Wrentham : 100 % ; Wulfmer d'Eaton Socon : 25,8 %.

118 Sur la tête du domaine, voir A. WILLIAMS, « A bell-house and a *burh-geat* : lordly residences in England before the Norman Conquest », *Medieval Knighthood*, 4 (1992), p. 221-240.

119 G. H. MARTIN, « Domesday Book and the boroughs », in *Domesday Book : A reassessment, op. cit.*, p. 143-163. Sur le modèle de R. FLEMING, « Rural Elites and Urban Communities », *art. cit.*

120 Alderford se trouve à proximité des domaines d'Ælfric, dans le *hundred* d'Hinckford (Essex) ; Aylesbury à proximité de ceux d'Ælfeat (Buckinghamshire) ; Borley de ceux d'Almer (Essex, *hundred* d'Hinckford) ; Scottow de ceux de Godwin (Norfolk, *hundred* de South Erpingham) ; Soulbury de ceux de Godwine (Buckinghamshire) ; Winterton de ceux de Toki (Norfolk, *hundred* de West Flegg) ; Brundon de ceux de Wulfric (Essex, *hundred* d'Hinckford) et Whaddon de ceux de Wulfwin (Buckinghamshire, *hundred* de Mursley ou de Yardley).

121 Alstan de Boscombe, Edric de Laxfield et Goti de Stambourne.

122 Quelle utilité cela pouvait-il avoir de préciser pour son domaine central de Ware qu'Eskil était surnommé *de Waras* (HRT 26,1), sans jamais faire usage de cette précision pour ses nombreux autres domaines ?

123 Ainsi Burghard de Shenley reçoit ce surnom (suscrit) pour sa seule possession qui ne soit pas Shenley (BUK B4), tandis que le scribe se dispense du surnom dans le cas précis où les deux domaines de Shenley sont mentionnés.

124 G. TENGVIK, *Old English bynames, op. cit.*, p. 233-275. Est inclus dans l'index un grand nombre de titres renvoyant à des fonctions curiales (*eorl, disc-thegn, cubicularius, dapifer*, etc.).

Graphique 8. *Les titres comme partie du nom dans les sources narratives*

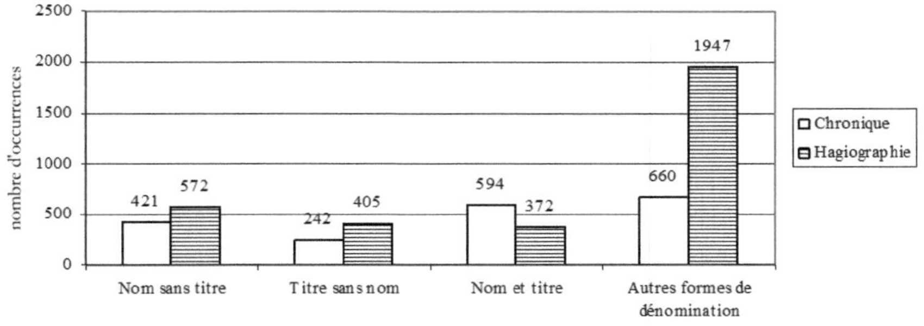

plus prestigieuses de la société[125]. Ils peuvent être utilisés comme des « désignateurs rigides », au même titre que les noms propres[126].

La distinction entre usage de noms seuls, de titres seuls (utilisés de façon anaphorique ou cataphorique) et de noms accompagnés d'un titre dans les manuscrits des xe-xie siècles montre que les titres sont très souvent utilisés. Toutefois, c'est dans les chroniques que ce tropisme est le plus marqué, ce qui semble logique, s'agissant de textes qui ont pour vocation de décrire les actions de dirigeants politiques et, d'une manière générale, des grands du royaume. Cette logique culmine également dans les chartes royales. Le nom du roi y est immédiatement suivi du titre dans 42 % des cas[127]. De la même manière, parmi les chartes royales adressées à une personne physique, le nom du destinataire est accompagné d'un titre dans 91 % des cas[128]. Le même type de calcul pourrait être fait avec les souscriptions, qui allient, elles aussi, et de façon souvent plus synthétique un nom et un titre, en respectant le principe de coalescence. De la sorte, dans les milieux liés au pouvoir et, avant toute chose, dans la documentation qui véhicule l'idéologie de ce dernier, le titre suit immédiatement le nom. En somme, il *fait partie* du nom.

---

125 J. M. KEMBLE, « The Names, Surnames and Nicnames », *art. cit.*, p. 91.

126 « Le roi », « l'archevêque » et à des échelles adéquates, « l'évêque », « l'*ealdorman* », « l'abbé », « le *sheriff* » peuvent jouer le rôle de noms propres pour désigner des individus uniques et aisément identifiables. Ainsi, dans la *Chronique anglo-saxonne*, Æthelred II apparaît 42 fois sous l'espèce de son seul titre, généralement *se cyning* (*ASC C*). De la même manière, dans la *Translatio S. Swithuni* de Lantferth, l'évêque Swithun apparaît 92 fois comme le *pontifex, presul, antistes, sacerdos, presibiter, vates* ou *episcopus*.

127 La majorité des autres cas intercale des éléments qui déterminent le titre entre le nom et ce dernier (ressort et invocation), selon un ordre variable.

128 Ces formules comptent en général : 1) une relation à l'autorité émettrice (*meus, mihi*), 2) la fonction/titre du bénéficiaire, 3) l'adjectif qui le qualifie (*fidelis, devotus*), 4) l'adjectif qui compte (*unus, quidam*) et les lexèmes utilisés pour introduire son nom, 5) formes verbales (*vocitare, appellare*) et 6) nominales (*nomen, vocabulum*). La coalescence entre le nom et le titre est d'autant plus rare que la formule est complexe.

98   CHAPITRE 3

Les titres sont donnés dans un contexte particulier (la cour) et par un nomothète spécifique (le roi)[129]. En considérant que le roi disposait des fonctions à sa guise[130], c'est bien à lui seul que revient la possibilité de nommer les grands dignitaires. Dès lors, le choix du personnel curial avait aussi une incidence sur les modes de dénominations, tandis que l'apparition de nouvelles fonctions – les *earls* sous Æthelred II[131] ou les *stallers* sous Edward le Confesseur[132] – déterminait l'attribution de nouveaux surnoms.

De l'analyse comparée des sources produites à la cour et localement, il ressort que les souverains préféraient utiliser comme nom complémentaire un titre, lequel renvoyait *de facto* à leur propre pouvoir, plutôt que d'entériner une identité de lieu, synonyme de pouvoir *local* et indépendant pour leurs dignitaires. Dans cet usage anthroponymique, nous retrouvons le paradoxe fondamental du pouvoir des *lords*. Ces individus devaient tout ou partie de leur pouvoir à leur présence à la cour et tout ou partie à un héritage qui se manifestait par la maîtrise d'un espace donné ; le plus souvent, cette double allégeance constituait la force et la faiblesse des grands aristocrates, qui étaient contraints de délaisser l'un des deux espaces pour renouveler leurs liens dans l'autre[133]. En somme, il est possible de lire ces usages anthroponymiques comme une traduction langagière de la lutte entre l'affirmation de leurs ancrages locaux par les aristocrates dans les documents les moins formels et les moins proches du roi, et l'affirmation du pouvoir royal sur le territoire et les élites, *via* une chancellerie qui faisait son possible pour ramener les *lords* dans le giron de la monarchie, en utilisant systématiquement les noms de fonctions que seule cette monarchie avait le pouvoir de distribuer.

Le désintérêt de l'Église

La conversion et le changement de nom des adultes est un élément important dans l'histoire du christianisme naissant. L'*Ordo* du baptême conserve la trace de cet important héritage, avec l'obligation formelle pour le catéchumène d'accomplir un parcours rituel assez long avant d'être admis dans la communauté chrétienne[134]. Le Nouveau Testament transmet en conséquence le souvenir et le modèle de chan-

---

129 En Chine, l'Empereur peut donner un nouveau nom à ses sujets, pour faire montre d'une faveur ou d'une disgrâce (V. ALLETON, *Les Chinois et la passion des noms*, Paris, 1993, p. 109-110).

130 J. CAMPBELL, « The late Anglo-Saxon state », in *The Anglo-Saxon State*, Londres, 2000, p. 1-30. S. BAXTER, *The Earls of Mercia, op. cit. Contra* : R. R. DAVIES, « The Medieval States : The Tyranny of a Concept ? », *Journal of Historical Sociology*, 16/2 (2003), p. 280-300.

131 P. STAFFORD, « The reign of Æthelred II : a study in limitations of royal policy and action », in D. HILL (éd.), *Ethelred the Unready*, Oxford, 1978, p. 15-46.

132 K. MACK, « The stallers : administrative innovation in the reign of Edward the Confessor », *Journal of Medieval History*, 12 (1986), p. 123-134.

133 S. BAXTER, *The Earls of Mercia, op. cit.*

134 J. D. C. FISHER, *Christian Initiation : Baptism in the Medieval West*, Mundelein, 2004, p. 40, avec treize rencontres préalables entre le catéchumène et le prêtre, d'après l'*ordo* italien, en usage dans l'Empire carolingien.

gements de nom pour les Princes des Apôtres[135]. En conséquence, sur le continent, des baptêmes à l'âge adulte entraînent un changement de nom quelques siècles plus tôt[136] ou quelques siècles plus tard[137].

De tels changements avaient-ils lieu en Angleterre ? Les textes homilétiques et liturgiques se font rarement l'écho de la collusion entre changement de vie et changement de nom[138]. Ainsi, alors que les références à la conversion de Paul sont multiples, son changement de nom n'apparaît que dans deux textes[139]. Quelques rares saints tardo-antiques suivent cet exemple, comme Eustache-Placide[140]. Dans les textes narratifs, les exemples les plus marquants sont antérieurs à notre période[141] et cette pratique n'est guère systématique[142]. C'est que le catéchuménat adulte joua un rôle réel en Angleterre, avant le VIIIᵉ siècle. Il déclina ensuite et fut peut-être partiellement réactivé, du fait des conversions de Scandinaves païens[143]. Le *Missel de Robert de Jumièges* accorde ainsi une place particulière au baptême de païens[144]. Ce baptême se faisait parfois dans un but diplomatique[145], comme lors de la probable conversion/confirmation d'Olaf Tryggvason à la cour d'Æthelred II[146], et avait régulièrement une dimension hiérarchique et collective[147]. Néanmoins, ce type de baptêmes était plutôt rare[148] et il ne semble pas avoir occasionné de changement de nom.

En définitive, le seul exemple que nous ayons trouvé pour la période étudiée est celui du roi Cnut, qui aurait reçu « au baptême le nom de Lambert[149] ». Toutefois,

---

135 Mt 16 :13-20. Ac 13 :9.

136 G. Thoma, *Namensänderungen in Herrscherfamilien des mittelalterlichen Europa*, Kallmünz, 1985.
R. Le Jan, « Dénomination, Parenté et Pouvoir dans la Société du Haut Moyen Âge (VIᵉ-Xᵉ siècle) », in *Femmes, pouvoir et société dans le haut Moyen Âge*, Paris, 2001, p. 236.

137 P. Beck, « Discours littéraires sur la dénomination (VIᵉ-XVIᵉ siècles) », in *GMAM, Tome IV*, p. 123-161.

138 « Institutes of Polity », § 24, éd. Thorpe, p. 338. Sur Pierre et Paul, voir Ælfric of Eynsham, *CH*, Série n°1, Homélie n°27, p. 390 et Homélie n°38, p. 576.

139 *The Missal of Robert of Jumièges*, éd. H. A. Wilson, *op. cit.*, p. 156. *The Missal of the New Minster*, éd. D. H. Turner, Leighton Buzzard, 1960, fol. 70v-71r.

140 Ælfric of Eynsham, *LS*, Homélie n°30, l. 93-97.

141 Cædwalla de Wessex (Bede le Venerable, *HE*, Livre V, ch. VII, § 1, p. 40) ou Guthrum d'East Anglia (Asser, *Vita Alfredi*, § 56). Les deux exemples sont connus d'Æthelweard, Livre II, ch. X, p. 20 et Livre IV, ch. III, p. 47.

142 Æthelberht de Kent (Ælfric of Eynsham, *CH*, Série n°2, Homélie n°9, p. 130), Anna d'East Anglia (*LE*, Livre I, ch. VI, p. 17) ou Cenwalh de Wessex (*Ibid.*, Livre I, ch. VII, p. 18).

143 J. H. Lynch, *Christianizing Kinship, op. cit.*, p. 68-73. S. Foot, « By Water in the Spirit », *loc. cit.*, p. 186-187.

144 *The Missal of Robert of Jumièges*, éd. H. A. Wilson, *op. cit.*, p. 101.

145 J. H. Lynch, *Christianizing Kinship, op. cit.*, p. 205-228. St. Coviaux, « Baptême et conversion des chefs scandinaves du IXᵉ au XIᵉ siècle », in P. Bauduin (éd.), *Les Fondations scandinaves en Occident*, Caen, 2005, p. 67-80. Pour l'analyse du baptême d'Harald Klak, voir P. Bauduin, *Le monde franc et les Vikings (VIIIᵉ-Xᵉ siècle)*, Paris, 2009, p. 123-149. Le récit du baptême est dans Ermold le Noir, *Poème au roi Louis le Pieux*, v. 2164-2529.

146 P. H. Sawyer, « Ethelred II, Olaf Tryggvason, and the Conversion of Norway », *Scandinavian Studies*, 59/3 (1987), p. 299-307.

147 L. Abrams, « Germanic Christianities », in *Early Medieval Christianities, op. cit.*, p. 111-112.

148 G. Fellows-Jensen, *The Vikings and their victims : the verdict of the names*, Londres, 1995, p. 5.

149 Adam de Brême, *Historia archiepiscoporum Hammaburgensis*, schol. 37.

100   CHAPITRE 3

dans les sources anglo-saxonnes, ce nom n'est jamais utilisé[150]. En outre, seul Adam de Brême développe l'hypothèse d'un changement de nom lors d'une conversion à l'âge adulte après une enfance parmi les païens[151]. Au contraire, ce nom était sans doute un héritage que Cnut tenait de la famille de sa mère et le baptême aurait eu lieu alors que Cnut était jeune. Si donc l'idée d'un baptême réservé aux adultes, avec changement de nom à la clé, ne peut être exclue, aucune source ne permet de l'attester avec certitude.

La *conversio* des Princes des Apôtres pointe alors vers le sort spécifique des clercs et des moines[152]. Nous savons que les papes prenaient presque systématiquement un nouveau nom[153], que certains évêques faisaient de même au moment d'être intronisés[154], et que les moines en changeaient très souvent au moment de se retirer du monde[155]. Néanmoins, en Angleterre, nous n'avons pas trouvé le moindre encouragement visant à susciter un tel changement dans les sources liturgiques, conciliaires et homilétiques. Lorsque des entrées en religion peuvent être observées, dans les sources narratives, il n'est jamais fait mention d'un tel changement[156]. Une telle coutume a toutefois été évoquée pour le début de la période anglo-saxonne, à l'occasion des intronisations archiépiscopales d'Ithamar et Deusdedit[157]. Elle a également été envisagée pour Theodred, évêque de Londres[158] et la ressemblance entre les noms d'Oda de Canterbury et Odon de Cluny est également troublante. Le second nom de certains hommes d'Église, du temps de Bède, peut également être interprété comme un nom latin adopté à l'occasion d'une entrée au couvent[159]. Auquel

---

150 J. GERCHOW, « Prayers for King Cnut : the Liturgical Commemoration of a Conqueror », in *England in the Eleventh Century*, *op. cit.*, p. 235-236. La seule occurrence est *The Leofric Missal*, éd. F. E. Warren, Oxford, 1883, p. LI, dans la rédaction C, qui fut écrite sous l'autorité d'un évêque formé en Lotharingie, où le culte de Lambert est important. Voir *The Leofric Missal*, éd. N. A. ORCHARD, *op. cit.*, vol. I, p. 206-208.

151 M. HARE, « Cnut and Lotharingia : two notes », *ASE*, 29 (2000), p. 263, 268.

152 C'est une des cinq raisons pour lesquelles on changeait couramment de noms au Moyen Âge selon G. THOMA, *Namensänderungen*, *op. cit.* M. MITTERAUER, *Ahnen und Heilige*, Munich, 1993, p. 150-151, p. 301 et p. 470. L'auteur note cependant que cette habitude était plus usuelle à Byzance.

153 R. MCKITTERICK, « The Church », *loc. cit.*, p. 139-141. M. MITTERAUER, *Ahnen und Heilige*, *op. cit.*, p. 365 et p. 475.

154 BEDE LE VENERABLE, *HE*, Livre V, ch. XI, § 14, p. 66 (Willibrord-Clément). ADAM DE BRÊME, *Historia archiepiscoporum Hammaburgensis*, Livre I, ch. XIX (Gaubert- Simon).

155 A. M. TALBOT et S. MCGRATH, « Monastic Onomastics », in M. KAPLAN (éd.), *Monastères, images pouvoirs et société à Byzance*, Paris, 2006, p. 89-120. ADAM DE BRÊME, *Historia archiepiscoporum Hammaburgensis*, Livre IV, ch. XX (Hiltinus-Jean).

156 *De S. Elphego, cognomento calvo, episcopo Wintoniensi, Acta SS. Martii Tomus Secundus*, p. 229-231, § 1.3, pour l'entrée dans les ordres d'un malade. *Chron. Rams.*, § 50 et 81, pour l'entrée en religion de l'*ealdorman* Æthelstan Half King à la fin de sa vie. *ASC E, sub anno* 1048, lors de l'intrônisation de l'évêque Spearhafoc à Londres.

157 R. SHARPE, « The Naming of Bishop Ithamar », *EHR*, 117/473 (2002), p. 889-894.

158 T. PESTELL, *Landscapes of Monastic Foundation*, Woodbridge, 2004, p. 84, note 104. C. R. HART, *The Danelaw*, Londres, 1992, p. 33.

159 BEDE LE VENERABLE, *HE*, Livre III, ch. XX, § 1, p. 114 (Berhtgils Boniface), Livre IV, ch. XVI, § 1, p. 284 (Benoît Biscop) et Livre IV, ch. II, § 2, p. 202 (Æddi Stephanus). Au sujet des doubles noms et des seconds noms chrétiens, voir M. MITTERAUER, *Ahnen und Heilige*, *op. cit.*, p. 96-97.

cas, les archevêques de Canterbury Ælfheah « Godwine » (1006-1012)[160] et Ælfstan « Lyfing » (1013-1020)[161] ont peut-être imité cet usage. Leur second nom est certes anglo-saxon, mais la connotation religieuse est envisageable : Godwine est « l'ami de Dieu » et Lyfing « celui qui est cher [à Dieu][162] ». Des exemples monastiques sont également envisageables[163]. En somme, le changement de nom est attesté, mais il est impossible de connaître l'ampleur du phénomène. Les preuves en sont très limitées pour la période qui nous intéresse et le phénomène nous paraît donc marginal pour les moines[164]. En revanche, pour les archevêques, cela semble plus habituel[165]. Auquel cas, l'évolution majeure des xe-xie siècles, entre Oda et Lyfing, pourrait résider dans le fait d'opter pour un nom de règne anglo-saxon, mais avec de fortes connotations religieuses, et non pour un nom continental ou latin.

En conclusion, nous pouvons affirmer que l'Église n'intervenait pas directement sur les noms de ses fidèles, aussi bien lors d'un baptême à l'âge adulte que lors d'une entrée dans les ordres. Toutefois, la tradition pluriséculaire qui consistait à adopter un nouveau nom en entrant dans les ordres et sans doute aussi en s'asseyant sur le trône archiépiscopal de Canterbury se maintint sans doute, au moins à l'état de trace. Ce changement de nom intervenait alors comme une marque de l'élection divine.

Donner un nom aux adultes au sein de la communauté

L'utilisation de sobriquets pose nombre de problèmes, même lorsqu'on en comprend le sens littéral[166]. Liés à une activité réelle ou utilisés pour fixer un trait repérable du caractère ou de la physionomie, ils peuvent aussi être imputés à l'ironie ou à la dérision[167]. Le fait d'être intégré à une société d'interconnaissance, d'être connu des autres membres d'un groupe, est une condition nécessaire à l'utilisation des sobriquets. C'est pour cette raison qu'ils sont souvent portés par des membres de l'élite à Rome[168]. De même, dans le Domesday Book, ces surnoms étaient moins fréquemment donnés aux pauvres qu'aux riches[169]. Ils sont donc une marque d'intégration, mais aussi de distinction.

---

160 ASC A, sub anno 984.
161 ASC D, sub anno 1019. Voir aussi WILLIAM OF MALMESBURY, GP, Livre I, ch. XXI, § 1, p. 42, S 950 (charte authentique de 1018, préservée dans plusieurs manuscrits, dont un possible original) et S 1641 (charte authentique de 1013-1020, conservée dans cinq manuscrits, remontant au mieux au xiie siècle).
162 J. R. CLARK HALL et H. D. MERITT, A Concise Anglo-Saxon Dictionary, Toronto, 2007⁴.
163 LVNM, fol. 21r, entrée 18a.xxxii (Ælfweard Culla, c'est-à-dire Ardor). LVNM, fol. 19v, entrée 17.cxx (Wulfstan Jacob). Okasha161 (Eadsige Girald, en référence à Géraud d'Aurillac).
164 C'est aussi la conclusion à laquelle en arrivent les différents historiens qui participèrent à la seconde rencontre du groupe GMAM. Voir GMAM, Tome II-1.
165 M. MITTERAUER, Ahnen und Heilige, op. cit., p. 337.
166 C. CLARK, « People and Languages in Post-Conquest Canterbury », in Words, names and history, op. cit., p. 179-206, p. 192.
167 Fr. ZONABEND, « Pourquoi nommer ? », loc. cit., p. 269. G. TENGVIK, Old English bynames, op. cit., p. 276-390. Un tableau de synthèse (p. 382) comptabilise pour la période 950-1050 : 71 personnes affectées par un sobriquet reposant sur un trait physique, 17 sur une qualité morale et un nombre infime sur d'autres critères.
168 J. N. ADAMS, « Conventions of naming in Cicero », Classical Quarterly, 28 (1978), p. 150, 158.
169 P. A. CLARKE, English Nobility, op. cit., p. 31.

102   CHAPITRE 3

La documentation nous renseigne sur l'existence de plusieurs sobriquets peu après la mort de leurs porteurs, ce qui laisse aussi à penser qu'ils étaient portés par des vivants[170]. Moins d'une génération après sa mort, Æthelweard rapporte que le roi Eadwig, « à cause de sa très grande beauté, reçut du peuple le nom de 'Tout-Beau'[171] ». Edmund Flanc-de-Fer tient son surnom de sa valeur militaire. Attesté dès 1057[172], courant par la suite[173], ce surnom lui fut peut-être donné de son vivant[174]. *A contrario*, le surnom d'Harold « Pied-de-Lièvre » apparaît tardivement dans les sources[175]. Chez les aristocrates, le surnom d'Æthelstan, « Half-King », du fait de son poids dans les affaires du royaume et de son pouvoir en East Anglia, est attesté dès la fin du Xe siècle[176]. Parmi les évêques, Theodred de Londres est surnommé *Bonus* par Abbon de Fleury, qui écrit moins d'un demi-siècle après sa mort[177], tandis que son contemporain, le saint-confesseur Ælfheah, évêque de Winchester, reçoit rapidement un surnom portant sur sa calvitie, signe de son caractère vénérable ou de son état monastique[178]. Là encore, le surnom n'est pas attesté dans les sources les plus contemporaines[179], mais est utilisé couramment à l'époque anglo-normande[180]. Pour des *thegns*, comme Thurkil Hoche à Stamford[181], l'usage contemporain est en revanche attesté.

Les surnoms négatifs étaient donnés par dérision, dans le but de transgresser l'interdit, de renverser l'autorité et de niveler le corps social[182]. Plusieurs sont connus. *Un-ræd* est le surnom qui fut donné à Æthelred II : en jouant sur l'étymologie du nom royal, il sape l'autorité du souverain en gommant sa noblesse (*æthel*) et en lui déniant toute capacité réflexive (*un-ræd*, « absence de conseil »). Le contexte critique de son règne (guerres danoises et trahisons multiples), l'usage du mot *ræd* chez Ælfric, la critique implicite qui découle des comparaisons entre le comportement d'Æthelred et celui d'Edgar ou Edmund, dans les homélies consacrées à Swithun et au roi-martyr d'East Anglia, ou les remarques acerbes du manuscrit C de la *Chronique anglo-saxonne* signalent qu'il existait des critiques contemporaines à l'encontre du

---

170   B. BARRIERE, « La dénomination chez les vicomtes limousins : le lignage de Comborn », in *GMAM, Tome III*, p. 65-80. *Contra* : M. PARISSE, « Des surnoms pour les morts. Quelques remarques sur les surnoms princiers », in *GMAM, Tome IV*, p. 107-119.

171   ÆTHELWEARD, Livre IV, ch. VIII, p. 55.

172   *ASC D, sub anno* 1057.

173   HENRY OF HUNTINGDON, Livre VI, ch. XII, p. 356. *LE*, Livre II, ch. LXXIX, p. 148. *Chron. Rams.*, § 69.

174   M. LAWSON, « Edmund II (d. 1016) », *Oxford Dictionary of National Biography*, Oxford, 2004.

175   *LE*, Livre II, ch. XCI, p. 160.

176   BYRHTFERTH OF RAMSEY, *VSO*, Livre III, § XIV, p. 84. *Chron. Rams.*, § 4. Voir C. R. HART, « Athelstan Half-King and his family », *ASE*, 2 (1973), p. 115-144.

177   ABBON DE FLEURY, *Vita Sancti Edmundi*, § 15, p. 83.

178   B., *Vita Dunstani*, § 7.2, p. 26. Voir la note n°77 à propos de sa probable tonsure monastique.

179   *ASC A, sub anno* 951.

180   JOHN OF WORCESTER, *sub anno* 935, p. 392. *Vita Elphegis* (of Winchester), in *Acta SS, Martii XII*, Col. 229B, § 1, 1.

181   S 961. La charte est sans doute un original. Son surnom signifie le « Prudent » ou le « Beau », selon que l'on sollicite une étymologie anglo-saxonne ou norroise, selon G. FELLOWS-JENSEN, « Of Danes-and Thanes-and *Domesday Book* », in *People and Places, op. cit.*, p. 116.

182   Fr. ZONABEND, « Pourquoi nommer ? », *loc. cit.*, p. 271.

roi et suggèrent que le surnom lui fut peut-être donné de son vivant[183]. Parmi les aristocrates, « l'*earl* de Northumbrie, Siward, était appelé *Digri*, c'est-à-dire le fort, en langue danoise[184] », au même titre que d'autres hommes : le danois Osgod[185] et Ælfwold[186]. Si le premier texte est élogieux, les deux autres sont plutôt négatifs par rapport à des impies manifestes. Or le terme norrois, *digr*, est plus ambigu que le *grossus* latin : il hésite entre force et grosseur[187]. Il « serait, évidemment, intéressant de savoir quel sens les contemporains privilégiaient[188] », à une époque où la grosseur était devenue signe de gloutonnerie et donc de péché[189], tandis que la force conservait évidemment un caractère flatteur. La possibilité pour les individus d'interpréter ce surnom à leur guise selon les contextes, sa « scriptibilité[190] », est très intéressante, puisqu'elle donne la possibilité de critiquer à mots couverts, sans remise en cause frontale des hiérarchies. En ce sens, le terme était suffisamment fluide pour que les locuteurs sachent quel sens activer selon le contexte, ce qui représentait un moyen d'intégration, en discriminant ceux qui partageaient le sens critique et ceux qui abondaient dans l'éloge de l'aristocrate. Les cas d'individus qui portaient comme surnoms *Myrenheafod*, « Tête de fourmi » ou « Tête de jument[191] », et de *Streona*, le « Profiteur[192] », sont susceptibles de recevoir le même type d'interprétation ambiguë.

Hans Georg Pflaum a analysé la prolifération des titres comme un moyen de stabiliser au profit des élites une structure sociale touchée par une forte mobilité ascendante[193]. Bourdieu signale en outre que le titre permettait l'objectivation, la légalisation d'un capital social[194]. L'usage d'un titre ou d'un topoanthroponyme constituait donc un puissant moyen d'affirmation de son rang social. Le titre (notamment pour les ecclésiastiques) étant attribué au terme d'une cérémonie, cette dation d'un nom complémentaire reproduisait les mêmes logiques de ritualisation et d'officialisation que ce que le baptême supposait pour les enfants. Toutefois, ces noms n'étaient que des compléments : ils n'avaient pas vocation à remplacer le *vrai* nom de naissance des aristocrates et il est impossible d'être sûr du fait qu'ils étaient

---

183 M. CLAYTON, « Ælfric and Æthelred », in J. A. ROBERTS et J. L. NELSON (éd.), *Essays on Anglo-Saxon and related themes*, Londres, 2000, p. 65-88. *Contra*, les sources mentionnent ce surnom à partir de l'époque angevine seulement, ce qui invite à la prudence. S. D. KEYNES, « The Declining Reputation of King Æthelred the Unready », in *Ethelred the Unready, op. cit.*, p. 227-253.

184 *VER*, Livre I, § 3, p. 34.

185 *Vita Kenelmi*, § 18, p. 72.

186 *LE*, Livre II, ch. XIA, p. 89-90.

187 G. T. ZOËGA, *A Concise Dictionary of Old Icelandic*, Toronto, 2004 [1910].

188 K. HOLMAN, *The Northern Conquest, op. cit.*, p. 104.

189 A. GAUTIER, « 'Matériau de débauche et mère de tous les vices' : goinfrerie, démesure et luxure dans la littérature homilétique anglaise aux Xe-XIe siècles », *Food & History*, 4/2 (2006), p. 113-129.

190 R. BARTHES, *S/Z*, Paris, 1970.

191 HENRY OF HUNTINGDON, Livre VI, ch. VI, p. 348, en déformant : *ASC C, sub anno* 1010.

192 HEMMING, *Codicellus*, p. 280.

193 H. G. PFLAUM, « Titulature et rang social sous le Haut-Empire », in Cl. NICOLET (éd.), *Recherches sur les structures sociales dans l'antiquité classique*, Paris, 1970, p. 159-185.

194 P. BOURDIEU, « Espace social », *art. cit.*, p. 7. Le sobriquet témoigne d'un capital social, mais à une échelle plus informelle (et non à une échelle plus individuelle, comme l'affirme Bourdieu).

portés de façon ostentatoire par les principaux intéressés. À l'inverse, le bas peuple était privé des titres les plus ronflants, ce qui le condamnait sans doute à subir les titres, notamment lorsqu'il se trouvait au contact de ceux qui avaient le droit d'en porter. Les gens du commun utilisaient sans doute des surnoms pour désigner les puissants, mais aussi pour se désigner entre eux, ce qui permettait aux communautés de se structurer autour de figures marquantes, locales, régionales ou nationales. La multiplication des surnoms au XIᵉ siècle peut être analysée comme un exutoire dans un contexte de stress social, dû aux guerres et à l'instabilité. La production d'appellatifs idiosyncrasiques et de surnoms péjoratifs ou ambigus, par leur dimension frondeuse et carnavalesque, suggère l'existence d'une complicité ironique entre les locuteurs, qui s'opposaient de façon sourde aux formes de pouvoir susceptibles d'affecter la communauté. En ce sens, la pratique anthroponymique jouait un double rôle identitaire, autour de l'individu surnommé, mais aussi pour ceux qui partageaient la connaissance des noms qu'ils attribuaient à des tiers.

III. La renommée des puissants et la structuration des communautés

Le renom et la réputation représentent un aspect fondamental de l'identité individuelle qui émerge à la rencontre d'une autre personne : l'« être-pour-autrui »[195]. C'est que le nom est une parcelle tout à fait volatile de l'être, qui peut très rapidement parcourir le corps social, faisant l'acquisition de nouvelles propriétés – de nouveaux prédicats, diraient les linguistes. La circulation des noms dans l'espace social fait écho à la circulation des personnes elles-mêmes. Dans un univers où les relations d'inter-connaissance et de face-à-face règnent en maîtres, le nom et le porteur sont souvent rassemblés devant ceux qui connaissent le second et font usage du premier. En cela, le *nomen*, qui est un moyen de connaître[196], rencontre la *fama*, qui est l'objet de la parole[197]. La *fama* se fixe sur le nom, se cristallise autour de lui et en constitue la caisse de résonance. La réputation et la célébrité témoignent d'échelles de valeurs au sein de la société et sont donc totalement tributaires d'une vision du monde qu'elles contribuent à conforter. Le renom valorise donc certaines personnes et en exclut d'autres. Cette partie s'intéresse à cette opposition entre ceux qui ont un « bon nom », une bonne « renommée » et ceux dont le nom disparaît dans les limbes de l'histoire à cause de leur *ignom*inie.

---

195 J.-P. SARTRE, *L'Être et le néant. Essai d'ontologie phénoménologique*, Paris, 1976, p. 310-368.

196 On reconnaît d'ailleurs le radical *no*, présent aussi dans *noscere*, « connaître », auquel s'ajoute le suffixe –*men*, qui couramment désigne un outil, ce qui fait à proprement parler du nom un « outil pour connaître » (C. T. LEWIS et Ch. SHORT, *A Latin Dictionary*, Oxford, 1933).

197 Le radical *fa* dans la *fama* se retrouve aussi dans le verbe *fari*, « parler ». T. S. FENSTER et D. L. SMAIL (éd.), *Fama : the politics of talk and reputation in medieval Europe*, Ithaca, 2003, p. 3.

NOM ET INTÉGRATION SOCIALE   105

La glorification du nom des élites

Le renom est l'identité de l'individu que le corps social fait circuler[198]. L'ambiguïté de la *fama* est grande, dans la mesure où le chrétien doit fuir le péché capital d'orgueil[199]. Son équivalent en vieil anglais, la *hlísa*, reçoit la même définition[200], mais aussi les mêmes préventions en étant assimilée à l'envie, à la flatterie mondaine et à la vanité[201]. Seule la personne divine et ses élus peuvent jouir de cette gloire sans crainte[202]. Néanmoins, les saints, comme Swithun, sont plus souvent caractérisés par leur *gloria*[203] et certains aristocrates sont décrits par leur *illustria*[204] et, jusque dans les chartes, par leur *claritas*[205].

La *fama* témoigne ainsi pour les élites de la nécessaire transmutation en capital symbolique de leur capital économique et social[206]. Cet aspect sociologique, hiérarchique, va de soi à la fin du Moyen Âge[207]. Cela se traduit par la volonté de « se faire un nom[208] » et d'être « connu par son nom[209] ». Cette forme de renommée a des fondements bibliques, puisque l'Ecclésiaste affirme qu'« avoir un bon nom est meilleur qu'un onguent précieux[210] » et que les Proverbes préfèrent le renom à de nombreuses richesses[211]. Le renom échoit donc aussi à des laïcs remarquables par leurs accomplissements[212] : Judith face à Holopherne[213] ou Beowulf[214]. Les chartes indiquent également de manière topique que le nom de certains bénéficiaires était

---

198   Cl. GAUVARD, « La *Fama* une parole fondatrice », *Médiévales*, 24 (1993), p. 5-13.
A. LEFEBVRE-TEILLARD, « *Nomen, Tractatus, Fama.* Variation sous un même thème », *Mémoires de la Société pour l'Histoire du Droit et des Institutions des anciens Pays bourguignons, comtois et romands*, 45 (1988), p. 287-297.
199   E.-D. HEHL, « War, peace and the Christian order », in *New Cambridge*, vol. IV, p. 185, 188, 216.
200   J. BOSWORTH et T. N. TOLLER, *An Anglo-Saxon Dictionary*, Oxford, 1921².
201   *Old English Boethius*, ch. XVIII. ÆLFRIC OF EYNSHAM, *CH*, Série n°1, Homélie n°33, p. 492. *Ibid.*, Série n°2, Homélie n°11, p. 162 et Homélie n°44, p. 566.
202   *Ibid.*, Série n°2, Homélie n°45, p. 584 (Salomon). *ID.*, *Supp.*, Homélie n°17, l. 304. *Guthlac A*, v. 60.
203   WULFSTAN OF WINCHESTER, *Narratio Metrica*, Livre II, ch. VIII, p. 512. A. GRONDEUX, « Le vocabulaire latin de la renommée au Moyen Âge », *Médiévales : langue, textes, histoire*, 24 (1993), p. 15-26.
204   *Chron. Rams.*, § 5.
205   S 911.
206   P. BOURDIEU, *Raisons pratiques, op. cit.*, p. 160-161.
207   A. PORTEAU-BITKER et A. TALAZAC-LAURENT, « La renommée dans le droit pénal laïque du XIIIᵉ au XVᵉ siècle », *Médiévales*, 24 (1993), p. 67-80. J. FLORI, « Knightly society », in *New Cambridge*, vol. IV, p. 182.
208   *Wyrcan naman.* ÆLFRIC OF EYNSHAM, *LS*, Homélie n°25, l. 300.
209   *Namcuð.* ÆLFRIC OF EYNSHAM, *CH*, Série n°2, Homélie n°22, p. 342. *ID.*, *LS*, Homélie n°23, l. 628-630.
210   Ecc 7 :1.
211   Pr 22 :1.
212   J. BLISS, *Naming and Namelessness, op. cit.*, p. 5.
213   M. GODDEN, « Biblical literature : The Old Testament », in *The Cambridge Companion to Old English Literature, op. cit.*, p. 222. *Judith*, v. 334-349. Le terme utilisé est *mærðu*, « honneur, gloire, célébrité ».
214   *Beowulf*, v. 1471, p. 132. Sur le renom de Beowulf, voir A. GAUTIER, *Le Festin, op. cit.*, p. 91.

106   CHAPITRE 3

renommé : *nobile*[215], *famosum*[216], *usitatum*[217], *notum*[218]. Cette notabilité des noms est le revers d'un usage fréquent au sein d'un petit nombre d'aristocrates, qui se connaissent entre eux et sont connus du roi.

Une telle importance a pu déterminer des stratégies et une volonté de maîtriser l'information[219]. C'est ce que l'on observe dans certaines œuvres apologétiques[220], mais aussi dans la pratique de la vantardise au sein du *comitatus*[221]. Les chroniques jouent un rôle capital pour rapporter la renommée des aristocrates et de leur roi[222]. Dans la *Chronique* d'Æthelweard, c'est ainsi un membre de la famille royale lui-même qui chante les louanges de ses parents dans un texte qu'il adresse à une cousine éloignée[223].

Cette louange passe couramment par l'insistance de l'auteur sur le nom de ceux qu'il entend distinguer. En ce sens, les jeux étymologiques sur le nom permettent d'insister sur les qualités d'une personne, conformément au schéma ontologique décrit plus haut. Æthelweard insiste donc sur les réussites du règne d'Edgar, « la joyeuse lance », en expliquant son nom[224]. Symbole attaché initialement à Woden, la lance est aussi un objet de la Passion christique qui suscite un culte spécifique à la même époque en Germanie[225]. Cela renvoie peut-être à la réputation pacifique et à la rumeur de sainteté qui se développe autour du roi, après sa mort, dans les cercles liés à la Réforme bénédictine qu'il a tant soutenue[226]. Le même type d'explication est donné à propos du nom d'Harthacnut[227]. La renommée permet donc de valoriser le rôle des élites sociales, en légitimant leur pouvoir. Les louanges passent alors par la glorification du nom des personnes.

---

215   Onze occurrences. S 717 et S 801 sont des originaux apparents.

216   S 748.

217   S 882.

218   Vingt-neuf occurrences. S 602, S 636, S 736, S 772, S 864 sont des originaux apparents.

219   Chr. WICKHAM, « *Fama* and the law in Twelfth-Century Tuscany », in *Fama, op. cit.*, p. 15-26. L. J. WALTERS, « Constructing Reputations : *Fama* and Memory in Christine de Pizan's Charles V and L'Advision Cristine », in *Fama, op. cit.*, p. 118-142. J. MARTINDALE, « Secular Propaganda and Aristocratic Values : The Autobiographies of Count Fulk le Réchin of Anjou and Count William of Poitou, Duke of Aquitaine », in *Writing medieval biography, op. cit.*, p. 151.

220   E. M. TYLER, « Talking about History in Eleventh-century England : The *Encomium Emmae Reginae* and the Court of Harthacnut », *EME*, 13 (2005), p. 364-367. E. OKASHA, *Women's Names, op. cit.*, p. 117. R. FRANK, « Germanic legend in Old English literature », in *The Cambridge Companion to Old English Literature, op. cit.*, p. 88-106.

221   H. MAGENNIS, *Images of community in old English poetry*, Cambridge, 1996, p. 47 et p. 95. A. C. HALAMA, « Flytes of fancy : boasting and boasters from Beowulf to gangsta rap », *Essays in Medieval Studies*, 13 (1996), p. 81-96. Dw. CONQUERGOOD, « Boasting in Old English literature : a structuralist study », *Old English Newsletter*, 13/2 (1980), p. 30-31. F. C. ROBINSON, « Beowulf », in *The Cambridge Companion to Old English Literature, op. cit.*, p. 150-151.

222   N. P. BROOKS, « Why is the *Anglo-Saxon Chronicle* about kings ? », *ASE*, 39 (2010), p. 43-70.

223   ÆTHELWEARD, Livre IV, ch. II.

224   *Ibid.*, Livre IV, ch. IX, p. 56.

225   LIUTPRAND DE CREMONE, *Antapodosis*, Livre IV, ch. XXV.

226   J. S. BARROW, « Chester's earliest regatta ? Edgar's Dee-rowing revisited Early Medieval Europe », *EME*, 10/1 (2000), p. 91-93. S. D. KEYNES, « Edgar, *rex admirabilis* », in D. G. SCRAGG (éd.), *Edgar, King of the English, 959-975*, Woodbridge, 2008, p. 3-59.

227   *EER*, Livre II, ch. XVIII, p. 34. A. CAMPBELL, « The Encomiast's Etymology of the name Hörðaknutr », in *EER*, p. 97-98.

NOM ET INTÉGRATION SOCIALE   107

Mauvais nom et damnatio memoriae

La *fama* a été décrite dans toute son ambiguïté : réputation, renommée, mais aussi bruit qui court, rumeur et même médisance[228]. Comment le « mauvais nom » frappait-il ?

Dans l'Antiquité, la *damnatio memoriae* est une décision officielle de détruire les signes de l'existence d'une personne, notamment par la mutilation du nom du personnage déchu[229]. Dans la Bible, « la mémoire du juste est en bénédiction, mais le nom des méchants tombe en pourriture[230] ». La réputation et le nom se trouvent donc liés. Ainsi, meurtriers, voleurs, hérétiques, traîtres, suicidés et autres excommuniés ne peuvent être enterrés en terre consacrée[231]. Cela constitue une forme de *damnatio* des corps et des âmes, qui se traduit parfois par la disparition des noms[232] :

Celui qui pend au gibet recourbé attend son destin. Que son nom soit maudit[233] !

Les actes de profonde impiété, comme l'usurpation des terres ecclésiastiques, donnent lieu dans les clauses comminatoires des chartes à des formules qui appellent sur les fautifs une semblable damnation : perte du *nomen* (*ignominia*)[234] ou de la *fama* (*infamia*)[235]. Le nom était alors déshonoré[236].

En écho à cet héritage, Bède le Vénérable préconise l'oblitération de « la mémoire des rois infidèles[237] », ce qui put amener la destruction des documents qu'ils émirent[238]. Une telle situation explique peut-être l'absence des souverains danois dans la documentation. De la même manière, les traces du roi Eadwig, de sa reine Ælfgifu et de l'évêque Ælfsige, qu'Eadwig fit nommer, furent en partie effacées, du fait des relations tendues que le souverain entretenait avec Dunstan, meneur de la Réforme bénédictine, tour à tour abbé de Glastonbury, évêque de Londres et archevêque de Canterbury[239]. Ainsi, Ælfgifu reste anonyme dans la *Vita Oswaldi* de Byrhtferth de Ramsey[240]. De la même manière, les noms de Godwine, Harold et leurs

---

228 Isidore de Séville, *Etymologiae*, Livre V, ch. xxvii, § 25-27. J.-P. Neraudau, « La *Fama* dans la Rome antique », *Médiévales*, 24 (1993), p. 27-34.

229 E. R. Varner, *Mutilation and transformation* : damnatio memoriae *and Roman imperial portraiture*, Leyde, 2004. Fl. Krüpe, *Die* damnatio memoriae *: über die Vernichtung von Erinnerung*, Gutenberg, 2011.

230 Pr 10 :7.

231 D. M. Hadley et J. Buckberry, « Caring for the dead in late Anglo-Saxon England », in *Pastoral Care in Late Anglo-Saxon England*, *op. cit.*, p. 128-129, 145-146. A. Reynolds, *Anglo-Saxon deviant burial customs*, Oxford, 2009, p. 216-217. « Penitential Canons of Confession 963 », § 24, éd. Spelman, p. 463 et Wulfstan of Winchester, *Collection*, Recension A, § 105, p. 113.

232 V. Thompson, *Dying and death*, *op. cit.*, p. 191-192.

233 *The Fortunes of Men*, v. 33 et v. 41-42.

234 Le thème apparaît dans 8 chartes. S 1044 peut-être un original.

235 S 869 et S 1520.

236 S 885 et S 886. S. D. Keynes, *The Diplomas of King Æthelred*, *op. cit.*, p. 102.

237 Bede le Venerable, *HE*, Livre III, ch. I, § 2, p. 18 et Livre III, ch. IX, § 1. En référence à Dt 7 :24.

238 P. J. Geary, *Phantoms of remembrance*, Princeton, 1994, p. 134-157.

239 Sh. Jayakumar, « Eadwig and Edgar : Politics, Propaganda, Faction », in *Edgar, King of the English*, *op. cit.*, p. 83, 102-103.

240 Byrhtferth of Ramsey, *VSO*, Livre I, ch. II, p. 12. B., *Vita Dunstani*, ch. xxi-xxii, p. 66-70. En revanche, la mère de la reine est nommée dans le second cas.

108 CHAPITRE 3

proches ont été régulièrement effacés dans les sources mémorielles de Canterbury, à l'époque anglo-normande[241]. Dans l'obituaire de l'*Easter Table*, en 1053, pour la mort de Godwine, figure ainsi un *signum* suivi d'un nom gratté[242]. En conséquence, dans certains cas, le nom semble avoir cristallisé la vindicte de certaines personnes pour effacer le souvenir d'individus tombés en disgrâce.

Dans une société où la renommée joue un rôle important, la stratégie de l'oubli volontaire n'est pas la plus courante : préserver la mémoire du nom d'une personne permet en effet d'attenter avec efficacité à la réputation de la personne. C'est ce souci d'identifier le damné durablement qui intervient lorsqu'Æthelweard insiste pour nommer les principaux ennemis danois tués lors de la bataille d'Ashdown[243] ou lorsque la *Chronique anglo-saxonne* nomme Leofa, meurtrier du roi Edmund[244]. Parmi les souverains les plus facilement brocardés par les sources ultérieures, le roi Eadwig subit ce type d'attaques directes, focalisées sur son nom, jusqu'en plein XIIᵉ siècle[245]. Parfois ces attaques prennent des formes fantaisistes, mais néanmoins très violentes, comme lorsque la reine Ælfthryth est dépeinte par le *Liber Eliensis* comme « courant de-ci, de-là, parmi les chevaux, sautant, se [montrant] à eux sans aucune retenue[246] ». Il est difficile d'interpréter ces étranges accès d'impudicité de la part de la reine. La seule certitude est que cette anecdote permet d'accabler un peu plus une personne qui est déjà accusée d'avoir causé par sorcellerie la mort de l'abbé Leofric d'Ely.

Les individus qui furent le plus durement fustigés par de telles stratégies textuelles étaient les traîtres. Le règne d'Æthelred II livre ainsi de nombreux exemples. En 992, la trahison de l'*ealdorman* Ælfric entraîne un premier échec[247]. En 993, l'armée territoriale fuit devant l'armée danoise, à l'instigation de trois hommes, Fræna, Godwine et Friðegist[248]. En 1003, la reddition d'Exeter a lieu à cause du suivant normand d'Emma nommé Hugues[249]. En 1009, Wulfnoth cild s'enfuit avec une partie de la flotte et Beorhtric le poursuit sans succès, ce qui aboutit à la dissolution de l'armée royale[250]. En 1010, la trahison de Thurcytel Myrenheafod donne l'avantage au roi Swein contre Ulfcytel d'East Anglia[251]. Enfin, en 1015, le meurtre par traîtrise de Morcar et Sigeferth par Eadric Streona, *ealdorman* de Mercie, est connu, de même

---

241 R. FLEMING, « Christchurch's Sisters and Brothers », *loc. cit.*, p. 126-130. EAD., « History and Liturgy at Pre-Conquest Christ Church », *art. cit.*, p. 75-77.

242 Oxford, Bodleian Library, MS Bodley 579, fol. 53r (voir *The Leofric Missal*, éd. F. E. WARREN, *op. cit.*, p. 50), alors que le nom apparaît dans BL, MS Cotton Caligula A.xv, fols 132v-137r (*ASC F*, p. 126).

243 ÆTHELWEARD, Livre IV, ch. II, p. 37.

244 *ASC F, sub anno* 948. *ASC D, sub anno* 946. *Contra*, les versions A et C, qui sont contemporains des faits, ne préservent pas le nom du meurtrier et constituent plutôt un exemple de *damnatio memoriae*.

245 WILLIAM OF MALMESBURY, *Vita S Dunstani*, Livre I, ch. XXVII, § 1, p. 224.

246 *LE*, Livre II, ch. LVI, p. 127-128.

247 ASC C, D, E et F, *sub anno* 992.

248 ASC C, D, E et F, *sub anno* 993.

249 ASC F, *sub anno* 1003.

250 ASC C, D, E et F, *sub anno* 1009.

251 ASC C, D, E et F, *sub anno* 1010.

que sont décrits ses agissements et ses volte-face pendant les guerres danoises[252]. L'usage du nom des traîtres et les développements détaillés qui permettent de cerner leur absence de scrupules, voire leur virtuosité dans la traîtrise (dans le cas d'Eadric Streona), témoignent d'une volonté évidente de trouver des responsables aux difficultés de l'armée anglo-saxonne à la fin du règne d'Æthelred II. Cet ensemble change le bon nom de ces membres de l'élite en une mauvaise réputation durable. Si les noms de ces hommes sont connus, leur *fama* est changée en *infamia*, leur honneur en déshonneur et la *damnatio memoriae* n'en a que plus d'effets.

La privation du nom

À l'inverse de l'élite, délimitée par un nom connu, plusieurs catégories d'individus se voient privées de nom. À Rome, les femmes, les enfants, les acteurs, les esclaves étaient ainsi considérés comme *infames*, dépourvus de *fama*, et donc aussi dépourvus de nom, ignominieux[253]. Dans les textes bibliques, ce sont ces mêmes catégories qui sont le plus souvent anonymées. Sauf exception, cet anonymat suggère une oblitération de l'identité[254].

La plupart des sources s'intéressent à l'action des puissants, ce qui transforme les faibles et les pauvres en anonymes. Ces derniers sont souvent inclus dans un collectif, comme la *fyrde* ou la *turba*[255]. Le chroniqueur ne dit-il pas qu'il parle d'un grand nombre d'individus, « bien qu'[il] ne nomme que les plus éminents[256] » ? Quant aux autres, « leurs noms ne sont pas confiés à l'écriture[257] ». Dans les hagiographies, ce sont les miraculés qui deviennent souvent des anonymes pour que la valeur exemplaire de leur situation soit renforcée[258]. La proportion d'anonymes dans ces textes est donc considérable[259]. Dans les différentes réécritures de la *Translatio de Swithun*, l'oblitération de certains noms est clairement perceptible. Æthelsige, un clerc bossu cité nominalement par Lantferth et Wulfstan, perd son nom et son statut de clerc dans l'*Épitomé* et la *Vita* vernaculaire d'Ælfric[260], de même que le fondeur de cloches Teothic[261]. Un *adulescens* soigné au tombeau du saint, anonyme chez Lantferth,

---

252 ASC C, D, E et F, *sub anno* 1015 et *passim*.

253 C. EDWARDS, *The politics of immorality in ancient Rome*, Cambridge, 1993, p. 118.

254 A. REINHARTZ, *"Why ask my name ?" : anonymity and identity in Biblical narrative*, Oxford, 1998. Les deux premières parties portent sur les serviteurs et les femmes.

255 R. P. ABELS, *Lordship and military obligation in Anglo-Saxon England*, Londres, 1988. Les exemples sont nombreux dans la *Chronique anglo-saxonne*. Quant à la foule, se référer aux travaux en cours de Shane Bobrycki.

256 ASC B, C, *sub anno* 905. ASC A, *sub anno* 904.

257 *LE*, Livre II, ch. XVII, p. 93.

258 J. BLISS, *Naming and Namelessness*, op. cit., p. 10. E. ROSE, *Ritual memory*, Leyde, 2009, p. 111.

259 De 40 % dans les vies d'Oswald et Æthelthryth par Ælfric à près de 80 % dans la *Translatio Swithuni* de Lantferth.

260 LANTFERTH, *Translatio*, § 2, p. 266. WULFSTAN OF WINCHESTER, *Narratio Metrica*, Livre I, ch. II, p. 420. ÆLFRIC OF EYNSHAM, *Épitomé*, § 7, p. 566. ID., *Vita Swithuni*, § 7, p. 594.

261 LANTFERTH, *Translatio*, § 6, p. 288. WULFSTAN OF WINCHESTER, *Narratio Metrica*, Livre I, ch. IX, p. 468. ÆLFRIC OF EYNSHAM, *Vita Swithuni*, § 12, p. 596.

110 CHAPITRE 3

retrouve chez Wulfstan son nom (Pépin) ainsi que son statut d'oblat[262]. *A contrario*, dans les *Passiones* d'Edmund écrites par Abbon de Fleury et Ælfric d'Eynsham, si le miraculé Leofstan est systématiquement nommé, c'est qu'il appartient à un groupe privilégié[263].

La renommée des femmes est en général moindre que celle des hommes dans la société médiévale[264]. Dépositaires de l'honneur familial, les femmes sont précieuses pour les hommes, protégées par eux et la possibilité de les faire circuler d'un groupe à un autre est capitale[265]. Cette place des femmes pour la structuration du corps social explique peut-être la mise en retrait des femmes de la textualité[266]. Cette logique culmine dans *Beowulf*, avec la mère de Grendel, dont la désignation passe tout entière par le nom de son monstrueux fils[267]. Dans la *Chronique* d'Æthelweard, bien que le texte soit adressé à Mathilde, abbesse d'Essen, aucune femme ne joue un rôle d'importance ; à la fin du Livre IV, qui correspond au Xe siècle, aucune femme n'est mentionnée[268]. Dans le manuscrit C de la *Chronique anglo-saxonne*, les femmes représentent 5 % des personnages, mais seulement 2 % des individus nommés. Seules des femmes d'autorité sont nommées : reines[269], aristocrates[270], abbesses[271]. Mais les reines elles-mêmes perdent parfois leurs noms, comme la reine Ealhswith chez Asser[272] et dans l'*Historia de S. Cuthberto*[273]. Dans les textes hagiographiques, cette tendance est connue[274]. Les femmes anglo-saxonnes nominalement et clairement identifiées comme saintes, dans le corpus hagiographique de notre période sont en nombre très limité : Ælfflæd, abbesse de Whitby[275], Æthelthryth, abbesse d'Ely[276] et la reine Ælfgifu, mère du roi Edgar[277]. On compte donc trois personnes, six occurrences nettes et une seule *vita* d'époque… Parmi ces trois saintes, deux appartiennent à une

---

262 LANTFERTH, *Translatio*, § 37, p. 330. WULFSTAN OF WINCHESTER, *Narratio Metrica*, Livre II, ch. XX, p. 546.

263 ABBON DE FLEURY, *Vita Edmundi*, § 16, p. 88. ÆLFRIC OF EYNSHAM, *LS*, Homélie n°25, p. 330.

264 M. H. CAVINESS et C. G. NELSON, « Silent Witnesses, Absent Women, and the Law Courts in Medieval Germany », in *Fama*, *op. cit.*, p. 47-72.

265 J. PITT-RIVERS, *Anthropologie de l'honneur. La mésaventure de Sichem*, Paris, 1983.

266 J. BLISS, *Naming and Namelessness*, *op. cit.*, p. 55-58. J. H. McCASH, June H., « Images of women in the Lais of Marie de France », *Medieval Perspectives*, 11 (1996), p. 96-112.

267 M. DOCKRAY-MILLER, *Motherhood and Mothering in Anglo-Saxon England*, New York, 2000, p. 94.

268 ÆTHELWEARD, Livre IV, ch. VII-IX, p. 55-56.

269 Ælfgifu de Northampton, première épouse de Cnut et reine Edith, fille de Godwine.

270 La veuve de Sigeferth des Five Boroughs et Gytha, épouse de Godwine.

271 Eadgifu de Leominster, Herelufu de Shaftesbury et Wulfwynn de Wareham.

272 P. STAFFORD, « The king's wife in Wessex 800-1066 », *Past & Present*, 91 (1981), p. 3.

273 *Historia de Sancto Cuthberto*, § 15-18, éd. T. J. SOUTH, Cambridge, 2002.

274 15 % des saints sont de sexe féminin selon J. M. H. SMITH, « Saints and their cults », in *Early Medieval Christianities, c.600-c.1100*, *op. cit.*, p. 585-586.

275 ÆLFRIC OF EYNSHAM, *CH*, Série n°2, Homélie n°10, l. 89. Elle est anonymée et son identification passe par la mobilisation de la source d'Ælfric, la *Vie en prose de Cuthbert* de Bède (§ 34, éd. B. COLGRAVE, *op. cit.*).

276 ÆLFRIC OF EYNSHAM, *LS*, Homélie n°20.

277 LANTFERTH, *Translatio*, § 36, p. 328. WULFSTAN OF WINCHESTER, *Narratio Metrica*, Livre II, ch. XIX, p. 544.

période antique, sont placées sous l'autorité de Bède et, en tant qu'abbesses, sont des prototypes de la *virago*[278]. Toutes sont, enfin, membres de la haute aristocratie[279], comme c'est aussi souvent le cas pour les saintes continentales[280]. Parmi les personnages de second ordre et d'un niveau social plus faible, l'anonymat est constant[281]. Ælfric a même pour habitude de supprimer les miracles dont les femmes sont les bénéficiaires[282]. Ainsi, la veuve Vestiane, dans le *Vie de Basile*, devient une riche veuve anonyme[283]. Le seul contre-exemple manifeste est Oswynn, fidèle du roi Edmund, qu'Abbon et Ælfric n'hésitent pas à nommer[284].

Parmi les hommes de rang social inférieur, l'affirmation identitaire passe rarement par la mémorialisation des noms et se traduit plutôt par l'attachement revendiqué à un groupe qui, bien souvent, est celui du métier. Ce n'est donc presque jamais dans les sources textuelles que les noms de ces personnes sont préservés. Ce sont plutôt des inscriptions qui permettent à ces personnes de sortir de leur anonymat, grâce à la formule assez sobre « X me fit ». Godric a ainsi laissé son nom sur un couvercle d'encensoir en bronze ouvragé à Pershore (Worcestershire)[285], Wigberht sur des fonts baptismaux à Little Billing (Northamptonshire)[286], Leofwine sur un couvercle en bois de sycomore gravé retrouvé à Lund[287], Thorfast, en runes, sur un peigne retrouvé à Lincoln[288], Ricarð, en runes, sur un objet indéterminé de Bridekirk (Cumberland)[289] et Wudeman sur une broche circulaire en argent[290]. Ces objets plutôt luxueux sont représentés à part égale avec les armes : ainsi Osmund pose sa griffe sur un couteau en fer, décoré de plaques d'argent, à Londres[291], Æthel[] sur une épée retrouvée à Wareham (Dorset)[292], [L]eofric sur une garde d'épée en bronze d'Exeter[293], Eadric

---

278 A.-M. Helvetius, « *Virgo et virago* : réflexions sur le pouvoir du voile consacré d'après les sources hagiographiques de la Gaule du Nord », in St. Lebecq *et al.* (éd.), *Femmes et pouvoirs des femmes à Byzance et en Occident, VIᵉ-XIᵉ siècles*, Villeneuve d'Ascq, 1999, p. 189-203.

279 P. Stafford, « Queens, Nunneries and Reforming Churchmen : Gender, Religious Status and Reform in Tenth- and Eleventh-Century England », *Past & Present*, 163 (1999), p. 3-35.

280 J. M. H. Smith, « The problem of female sanctity in Carolingian Europe c. 780-920 », *Past & Present*, 146 (1995), p. 3-37. K. Heene, « Female Saints and their Lives : The Geographical Distribution of the Carolingian *vitae feminarum* », in M. van Uytfanghe et R. Demeulenaere (éd.), *Aevum inter utrumque*, La Haye, 1991, p. 205-226.

281 *Vita metrica Sancti Iudoci*, Livre V, § 342, éd. M. Lapidge, *The Journal of Medieval Latin*, 10 (2000), p. 255-306.

282 E. M. Treharne, « The Invisible Woman : Ælfric and his Subject Female », *Leeds studies in English*, 37 (2006), p. 191-208.

283 Ælfric of Eynsham, *LS*, Homélie n°3, l. 527.

284 Abbon de Fleury, *Vita Sancti Edmundi*, § 14, p. 82. Ælfric of Eynsham, *LS*, Homélie n°25, p. 328.

285 Okasha100.

286 Okasha85.

287 Okasha199.

288 Br E4.

289 Br E1.

290 Okasha19.

291 Okasha174.

292 Okasha179.

293 Okasha37.

112   CHAPITRE 3

et []ic sur deux fourreaux en cuir retrouvés à Dublin[294] et Trondheim[295], tandis que Beorhtsige pose la sienne sur un fourreau de cuir, découvert à Aix-la-Chapelle et décoré avec du verre, des gemmes et des appareillages d'or[296]. À Great Edstone (Yorkshire), Loðan a gravé un cadran solaire[297], tandis qu'à Old Byland, à proximité, c'est un « serviteur de la maison de Sumarliði » qui laisse son nom sur un autre cadran[298]. Enfin, une inscription à Wallingford (Berkshire), sur ce qui a tout lieu d'être un émouloir de tisserand en os de baleine, désigne Eadburh[299].

La comparaison avec les épées portant le nom « Ulfberht » incite à la prudence. Ce nom était la marque de la qualité du produit, et non un signe indiquant le nom de l'artisan ou du groupe d'artisans producteurs des épées[300]. En conséquence, ces noms distinguaient le propriétaire de l'objet plus que leur hypothétique producteur. Dans le meilleur des cas, cela suggère donc deux interprétations : le nom construit l'identité de l'artisan par rapport au produit de son travail, en témoignant d'un statut (artisan spécialisé), en attachant aussi sa propre renommée à un objet destiné à durer, tandis que ceux qui possédaient ce type d'objets se trouvaient également démarqués, distingués socialement par la présence d'un nom, qui agissait comme un marqueur d'authenticité et de qualité.

Le nom est le moyen le plus simple de répandre au loin la renommée d'une personne. À ce titre, il assure autant la connaissance des grands hommes du temps qu'il permet à ces derniers de se reconnaître comme appartenant à une même élite. La resémentisation des noms, le lien entre noms et objets marqueurs de statut permettent de cristalliser avec une force encore plus grande la réputation des puissants. Par contraste, les femmes et les faibles font partie d'un même groupe fonctionnel, en ce que leurs noms sont retirés de la scène sociale. Ces derniers sont souvent regroupés au sein d'entités collectives qui permettent de gommer l'identité individuelle et d'inscrire les membres d'une même catégorie dans un groupe. L'anonymat de ces individus est une forme de négation de leur identité sociale publique[301]. Le revers de cette discrimination sociale est aisé à concevoir : ceux qui ont le nom le plus grand sont aussi ceux qui courent le plus grand risque de voir ce nom souillé et touché par l'ignominie. Toutefois, contrairement aux Romains, les Anglo-Saxons oubliaient rarement les noms de ceux qu'ils entendaient réprouver : leurs noms circulaient, afin que leur réputation soit systématiquement affectée. Toutefois, la répartition des cas de *damnatio memoriae* dans la documentation mémorielle et des cas de publicité dans

---

294 Okasha163.
295 Okasha207.
296 Okasha185.
297 Okasha41.
298 Okasha98.
299 Okasha118.
300 H. R. E. Davidson, *The Sword in Anglo-Saxon England. Its archaeology and literature*, Oxford, 1962, p. 47-48. Récemment, il a été proposé d'en faire le nom d'un officier chargé de la production des épées. A. Stalsberg, « Ulfberht revisited : a classification », in J. Sheehan et D. Ó Corrain (éd.), *The Viking age : Ireland and the West*, Dublin, 2010, p. 450-464, p. 458.
301 L. Braudy, *The frenzy of renown, op. cit.*, p. 343.

les sources narratives contemporaines permet peut-être de distinguer deux objectifs complémentaires : faire oublier le nom et la mémoire de ceux pour qui l'on pourrait prier, mais stigmatiser ceux qui vivent encore et n'agissent pas conformément à la morale et au droit. Par tous ces mécanismes, le nom constitue un point de convergence où se joue l'identité du groupe et la distinction sociale des individus.

IV. Le rôle social des noms dans les pratiques mémorielles

Au-delà de la mort, un double jeu se met en place pour l'identité individuelle. D'une part, l'identité du défunt se rétracte tout entière dans l'image laissée derrière lui, dans son « être-pour-autrui », et ce sont donc les vivants qui informent l'identité du mort par leur mémoire collective[302]. Cette résorption de l'identité individuelle dans la mémoire des groupes contribue alors à structurer l'identité des groupes eux-mêmes[303]. D'autre part, les morts constituent des réserves d'exemplarité. Comme leur regard confine à l'omniscience, il est susceptible de susciter la honte des vivants[304]. Le mort est ainsi au centre de la construction identitaire des vivants qui se sentent *observés* et déterminés à l'action par leurs prédécesseurs.

Le rapport au passé n'est cependant pas fixe : il est fluide, créatif et s'adapte selon les circonstances et les besoins du groupe[305]. La « mémoire sociale » est « sujette à la loi de l'offre et de la demande[306] ». On opère donc des choix, ce qui tend à réorganiser l'identité du groupe, en oubliant certains morts, par exemple. En outre, les groupes étant multiples, il y a prolifération des mémoires, fondatrices d'identités parfois concurrentes[307]. En ce sens, la mémoire est susceptible de se déployer de diverses manières autour d'un individu, selon les groupes auxquels il appartient et selon les groupes qui la forgent. Cet usage constant du passé pour définir la valeur des actions des vivants[308] invite à embrasser d'un même regard la mémoire des morts et le culte des saints[309].

---

302 M. Halbwachs, *Les Cadres sociaux de la mémoire*, Paris, 1925.
303 Y. Hen et M. Innes (éd.), *The uses of the past in the Early Middle Ages*, Cambridge, 2000, p. 1.
304 J.-P. Sartre, *L'Être et le néant, op. cit.*, p. 299-300 sur la honte et p. 600 sur le lien entre mort et « être-pour-autrui ».
305 On parle d'*imaginative memory*. A. G. Remensnyder, *Remembering kings past : monastic foundation legends in medieval southern France*, Ithaca, 1995 et Ead., « Legendary Treasure at Conques : Reliquaries and Imaginative Memory », *Speculum*, 71/4 (1996), p. 884-906.
306 J. Fentress et Chr. Wickham, *Social memory*, Oxford, 1992, p. 201.
307 Y. Hen et M. Innes (éd.), *The uses of the past, op. cit.*, p. 7.
308 J. M. H. Smith, « Saints and their cults », *loc. cit.*, p. 601.
309 O. G. Oexle, « Die Gegenwart der Toten », *loc. cit.*, p. 30. P. J. Geary, *Living with the dead*, Ithaca, 1994, p. 42-43. Id., *Le vol des reliques au Moyen Âge*, Paris, 1993, p. 51-72. R. W. Southern, *Western society and the Church in the Middle Ages*, Londres, 1970, p. 31. Ainsi, dans le *Rituel de Durham*, la liturgie des morts (fol. 70r15-71r7) succède à celles des saints (fol. 68v31-70r14), tandis que le terme de *commemoratio* est utilisé pour les deux rituels.

114   CHAPITRE 3

La distinction des élites

À Rome, les pratiques commémoratives sont plus souvent destinées à mettre en valeur le commanditaire que le mort[310]. La *memoria* des élites est affaire de distinction sociale. Mener à bien des actes « mémorables », comme le patronage ecclésiastique et l'action militaire, représente à ce titre une stratégie classique chez les aristocrates[311].

Une même stratégie est habituelle chez les Anglo-Saxons. La mémorialisation des actes militaires les plus retentissants est le fait de la *Chronique anglo-saxonne*. Les poèmes insérés dans la *Chronique anglo-saxonne*, en particulier pour les rois Æthelstan[312], Edmund[313], Edgar[314], Edward le Martyr[315], l'*ætheling* Alfred (fils d'Æthelred II et Emma)[316], l'*ætheling* Edward (fils d'Edmund Flanc-de-Fer)[317] et Edward le Confesseur[318], permettent de rendre grâce au rôle protecteur du souverain, en sollicitant la forme versifiée des anciennes épopées vernaculaires, en particulier lorsque ce souverain a mené à bien des actes militaires de première importance (Æthelstan ou Edmund) ou de saluer la paix et la noblesse du souverain (Edgar ou Edward le Confesseur). Les actions d'Ulfcytel d'East Anglia, pendant les guerres danoises, sont aussi l'objet de descriptions laudatives de la part des chroniqueurs[319]. À mi-chemin entre patronage religieux et acte de bravoure, *The Battle of Maldon* loue la mémoire de l'*ealdorman* Beorhtnoth d'Essex[320]. Le poème fut peut-être composé à Ely, qui conserve aussi une mémoire propre de la bataille[321]. Ainsi donc, l'ensemble de ces sources permet de distinguer les élites, en associant des actes courageux à des noms.

Les nombreuses fondations et refondations de monastère attirent sur leurs auteurs une mémoire similaire au moment de la réforme bénédictine du second xe siècle, comme sur celle du roi Edgar[322]. *A contrario*, plusieurs rois sont honorés dans une institution et dévalorisés dans d'autres. Ainsi Eadwig, roi incapable et débauché pour

---

310 St. WILSON, *The Means of Naming, op. cit.*, p. 3. Voir la critique qu'en fait AUGUSTIN D'HIPPONE, *La Cité de Dieu*, Livre I, ch. XII.

311 A. WILLIAMS, « Thegnly piety and ecclesiastical patronage », in *ANS XXIV*, p. 1-24.

312 ASC A, *sub anno* 937.

313 ASC A, D, *sub anno* 942.

314 ASC E, *sub anno* 959. ASC A, D, E, *sub annis* 973 *et* 975.

315 ASC E, *sub anno* 979.

316 ASC C, *sub anno* 1036.

317 ASC D, *sub anno* 1057.

318 ASC C, D, *sub anno* 1065.

319 En particulier *ASC C, sub anno* 1004. Mais les autres manuscrits portent également mention des faits, tandis que les années 1010 et 1016 sont également positives.

320 K. O'BRIEN O'KEEFFE, « Heroic values and Christian ethics », in *The Cambridge Companion to Old English Literature, op. cit.*, p. 117. R. WOOLF, « The ideal of men dying with their lord in the Germania and in The Battle of Maldon », *ASE*, 5 (1976), p. 63-81. R. FRANK, « The Ideal of Men Dying With Their Lord in the Battle of Maldon : Anachronism or Nouvelle Vague », in *People and Places, op. cit.*, p. 95-106.

321 *LE*, Livre II, ch. LV et LXII. Voir les ch. XXV, XXVII, XXXIII et XLVI pour son activité plus générale en faveur du monastère. Les testaments de sa femme et de sa belle-sœur sont aussi faits en faveur d'Ely (S 1486 et S 1494). Voir *LE*, Livre II, ch. LXIII, pour les dons de sa veuve.

322 BYRHTFERTH OF RAMSEY, *VSO*, Livre III, ch. IX, p. 74. ID., *Vita Ecgwini*, Livre IV, ch. XI, éd. M. LAPIDGE, *op. cit.*, p. 298. *Chron. Ev.*, p. 39. *Chron. Rams.*, § 14 et 20. LANTFERTH, *Translatio*, Préface et § 31. WULFSTAN OF WINCHESTER, *Narratio Metrica*, Livre I, ch. IV, p. 450 et Livre II, ch. XIV, p. 530.

NOM ET INTÉGRATION SOCIALE 115

certains[323], apparaît comme un soutien important d'Abingdon[324]. D'une façon similaire, le soutien de la *Chronique de Ramsey* à Cnut, Emma et Harthacnut[325] s'explique par la bienveillance de ces derniers à l'égard du monastère[326].

De tels liens existent aussi avec l'élite aristocratique, qui trouvait à se rapprocher du sacré par le biais de fondations familiales[327]. En focalisant la mémoire familiale sur un site monastique spécifique[328], ces fondations permettaient de nouer des relations durables avec de puissants intercesseurs[329]. Grâce à l'écrit, une « mémorialisation de long court » était possible, ce qui permettait de pérenniser cette emprise sur le sacré et de l'étendre dans le groupe[330]. L'exemple le plus visible est celui de Ramsey, dont les textes continuent de chanter la louange du fondateur, Æthelwine d'East Anglia et de ses héritiers directs, bien après leur mort[331]. On trouve le même type de remarques à propos de l'*earl* Leofric de Mercie à Coventry[332] ou Evesham[333], mais aussi à propos de donateurs, parfois insignifiants, du Xe siècle dans les cartulaires-chroniques de Ramsey ou Ely. Par ce moyen, le nom des puissants capte la sacralité et le nimbe de gloire qui entoure le saint dont ils promeuvent le culte.

L'utilisation de la *memoria* par les élites est un trait général de la documentation. En effet, fonder un monastère suppose de disposer de biens en quantité, afin de ne pas prendre de risque en concédant certains d'entre eux de nuire à la survie de la famille[334]. Cet impératif réserve un tel type de commémoration à une mince frange de l'élite[335], le don et sa traduction mémorielle devenant alors des marques de distinction

---

323 B., *Vita Dunstani*, § 21-22 et Byrhtferth of Ramsey, *VSO*, Livre I, ch. 11.

324 S 583 (10 hides à Ginge, Berkshire), S 584 (20 hides à Tadmarton, Oxfordshire), S 605 (20 hides à Abingdon), S 607 (un bois à Hawkridge, Berkshire), S 658 (charte de privilège et de confirmation), S 663 (20 hides dans le Berkshire) et S 876 (charte de confirmation, avec le privilège de libre élection de l'abbé). La dernière charte, par Æthelred II, est aussi la seule à être originale, voire la seule à être authentique. La prolifération de faux au nom d'Eadwig témoigne toutefois de l'image positive qui circulait à son égard dans le monastère, ce que la charte d'Æthelred II confirme en citant les actions favorables d'Eadwig en faveur d'Abingdon.

325 *Chron. Rams.*, § 70 à propos de Cnut, § 89 à propos d'Emma et § 109 à propos d'Harthacnut.

326 Les *writs* S 996 et S 997 d'Harthacnut sont les seuls témoignages directs. Cependant le premier document se fonde et cite les actions menées en faveur du monastère par Cnut, ce que font aussi une charte (S 1030) et deux *writs* (S 1106 et S 1110) d'Edward le Confesseur. Si seul S 1106 semble authentique, les faux témoignent d'une mémoire favorable à Cnut.

327 R. Le Jan, *La Société, op. cit.*, p. 66-67. Ead., « Réseaux de parenté, *memoria* et fidélité autour de l'an 800 », in *Femmes, pouvoir et société, op. cit.*, p. 108-118.

328 G. Constable, « Religious Communities, 1024-1215 », in *New Cambridge, vol. IV*, p. 360.

329 P. J. Geary, « Exchange and Interaction between the Living and the Dead in Early Medieval Society », in *Living with the dead, op. cit.*, p. 86-87.

330 J. M. H. Smith, « Oral and Written : Saints, Miracles, and Relics in Brittany, c. 850-1250 », *Speculum*, 65/2 (1990), p. 309-343.

331 Byrhtferth of Ramsey, *VSO, passim. Chron. Rams.*, § 40.

332 William of Malmesbury, *GP*, Livre IV, ch. clxxv, § 1, p. 470.

333 *Chron. Ev.*, p. 83-85. Voir sur ce point S. Baxter, *The Earls of Mercia, op. cit.*, p. 152-203.

334 Fr. Bougard, « Conclusion », in *Sauver son âme, op. cit.*, p. 485-494.

335 O. G. Oexle, « Memoria und Memorialüberlieferung », *art. cit.* Ainsi, dans l'*Easter Table*, le seul aristocrate qui figure dans le calendrier sans appartenir à la famille royale est l'*earl* Godwine de Wessex, beau-père du roi et père du futur souverain (*Anglo-Saxon Chronicle I Easter Table Chronicle*, éd. P. S. Baker, p. 131).

sociale[336]. En conséquence, par nature, au Moyen Âge, toutes les sources ont tendance à être mémorielles[337], puisqu'elles transmettent en général la preuve ou l'effet de tels actes de piété. Ainsi, les testaments, en instituant un *devoir* de prière, créaient des liens forts entre institutions et testateurs[338], ce qui impliquait la circulation des noms entre documents diplomatiques et *libri vitae*[339] et explique que ces derniers procédaient par collation du nom des bienfaiteurs d'une institution[340]. Les cartulaires pouvaient sans doute aussi être utilisés directement comme supports liturgiques, afin d'honorer la mémoire des donateurs[341]. Parmi les testateurs qui ont légué des biens au New Minster de Winchester[342], une majorité peut ainsi être identifiée dans le *Liber Vitae* du monastère[343] et un petit nombre dans son obituaire[344]. Un constat similaire peut être établi, dans le cas de Christ Church, Canterbury, entre la collection locale de testaments et l'obituaire d'époque anglo-normande[345]. Les donations de biens meubles (et en particulier de mobilier religieux volumineux susceptible de focaliser l'attention des moines) n'ont toutefois aucune incidence notable dans les sources mémorielles[346]. Ainsi, l'*ealdorman* Æthelmær, qui donne de l'argent à quatorze institutions, dont certaines ont légué d'importants obituaires (Christ Church, Canterbury, pour ne citer qu'elle), n'est commémoré nulle part, hormis peut-être au New Minster[347] et à

---

336 Ph. DEPREUX, « La dimension publique », *loc. cit.*, p. 331-378. P. STAFFORD, « Queens and treasure in the early Middle Ages », in E. M. TYLER (éd.), *Treasure in the medieval West*, York, 2000, p. 80.

337 J. WOLLASCH, « Les obituaires, témoins de la vie clunisienne », *Cahiers de civilisation médiévale*, 22 (1979), p. 140.

338 J. C. CRICK, « Posthumous Obligation and Family Identity », in *Social Identities in Early Medieval Britain, op. cit.*, p. 197-198, 200-202.

339 J. S. MOORE, « Family-entries in English libri vitæ, c.1050 to c.1530 : Part I », *Nomina*, 16 (1992), p. 105.

340 V. THOMPSON, *Dying and death, op. cit.*, p. 203.

341 Chr. SAUER, *Fundatio und Memoria, op. cit.*, ch. III. P. J. GEARY, « Entre gestion et *gesta* », in O. GUYOTJEANNIN, L. MORELLE et M. PARISSE (éd.), *Les Cartulaires*, Paris, 1993, p. 13-26. ID., *Phantoms of remembrance, op. cit.*, p. 95-96. R. FLEMING, « Christ Church Canterbury's Anglo-Norman cartulary », in C. W. HOLLISTER (éd.), *Anglo-Norman political culture and the twelfth-century Renaissance*, Woodbridge, 1997, p. 83-107, p. 91-93.

342 S 1484 (Ælfgifu), S 1485 (Ælfheah), S 1491 (Ælfsige), S 1496 (Æthelgeard), S 1498 (Æthelmær), S 1503 (Æthelstan), S 1504 (Æthelwald), S 1505 (Æthelwald), S 1512 (Beorhtric), S 1515 (Eadred) et S 1524 (Ordnoth).

343 Ælfgifu (fol. 26r, 20.xxii), Ælfheah (fol. 17r, 14.v), Ælfsige (fol. 16r, 8.xxv), Æthelgeard (sans doute fol. 17r, 15.i), Æthelmær (fol. 17r, 14.viii), Æthelstan (fol. 14v, 4.v), Æthelwald (fol. 17r, 14.iii), Æthelwald (fol. 25v, 19.lix ou 19.lxxxv), Eadred (fol. 14r, 3.xiv), Ordnoth (fol. 17v, 15.xiii ou fol. 25v, 19.lii).

344 London, BL, Cotton Titus D.xxvi-xxvii. Il existe des homonymes, à tout le moins, pour Ælfgifu (fol. 7v), Ælfsige (deux prêtres aux fol. 5r et 6r), Æthelmær (fol. 4v), Æthelwald (un diacre au fol. 7r), Beohrtric (fol. 3r, fol. 5v, fol. 6v, fol. 7v ou fol. 8r).

345 S 1486, S 1488, S 1494, S 1498, S 1501, S 1503, S 1506, S 1511, S 1519, S 1530, S 1535. Les textes G et N de l'obituaire sont édités dans R. FLEMING, « Christchurch's Sisters and Brothers », *loc. cit.*, p. 115-153, et les autres versions dans J. GERCHOW, *Gedenküberlieferung, op. cit.*

346 Malgré les affirmations de C. CUBITT, « Monastic Memory and Identity », *loc. cit.*, p. 271. M. F. SMITH, R. FLEMING et P. HALPIN, « Court and piety in late Anglo-Saxon England », *The Catholic Historical Review*, 87 (2001), p. 569-602.

347 BL, Cotton Titus D.xxvi-xxvii, fol. 4v. Mais Æthelmær a cédé aussi plusieurs domaines aux moines.

Ely[348]. Les actes de manumission se traduisent d'une manière tout aussi irrégulière par l'inscription dans une liste mémorielle. Dans le *Missel de Leofric*, Beorhtric, qui avait libéré des esclaves au début du livre, est ainsi commémoré un peu plus loin[349], mais ce n'est pas le cas d'un autre, Eadgifu, malgré ses nombreuses manumissions[350].

La légitimation des pouvoirs

L'insistance sur les noms des puissants constituait un moyen de perpétuer leur mémoire, mais cela donnait aussi à leurs successeurs un point d'appui immatériel pour légitimer leur puissance et accroître leur propre prestige[351].

La promotion du nom des prédécesseurs permet de mettre en valeur son propre nom, en créant un effet de continuité. Les inscriptions runiques sont parfois utilisées pour légitimer la possession de terres[352]. Seuls deux exemples manifestes permettent d'identifier une telle pratique, avec l'adoption du formulaire typique : « X a fait dresser cette pierre en mémoire d'Y[353] ». Dans les deux cas, la promotion de la *memoria* du prédécesseur pour garantir un droit foncier est possible. Pour les souverains, en revanche, cette stratégie est identifiable dans les généalogies officielles[354]. De même, le *Liber Vitae* du New Minster et l'*Encomium Emmae reginae* permettent, en glorifiant l'image de Cnut et Emma, d'appuyer les prétentions de leur enfant, Harthacnut[355]. De ce point de vue, la construction de la *memoria* des parents permet de pallier les déficits en légitimité de l'enfant, dans un contexte d'instabilité politique.

Les listes épiscopales jouent le même rôle[356] et on en connaît en Angleterre depuis le VIIIe siècle[357]. Le manuscrit BL Cotton Tiberius B.v, fol. 21-22, du second quart du

---

348 Cambridge, Trinity College O.2.1, fol. 2v. Mais l'épouse de l'*ealdorman* Beorhtnoth, dont il était un parent, en avait fait l'exécuteur de son propre testament, lequel était largement favorable au monastère (S 1486).

349 Oxford, Bodleian, Bodley 579. N. A. ORCHARD, *The Leofric Missal, op. cit.*, fol. 8r et fol. 50v.

350 Fol. 1v, fol. 8v et fol. 11v.

351 G. ALTHOFF, J. FRIED et P. J. GEARY (éd.), *Medieval concepts of the past*, Cambridge, 2002. S. FOOT, « Remembering, Forgetting and Inventing : Attitudes to the Past in England at the End of the First Viking Age », *TRHS*, 9 (1999), p. 185-200.

352 J. L. NELSON, « Rulers and Government », in *New Cambridge, Vol. III, p.* 109, sans doute sur la base de B. SAWYER, *Property and inheritance in Viking Scandinavia : the runic evidence*, Alingsas, 1988, p. 15-24.

353 Okasha87 et Okasha186. E. OKASHA, « An Anglo-Saxon Inscription from All Hallows, Barking-by-the-Tower », *Medieval Archaeology*, 11 (1967), p. 249-251.

354 R. LE JAN, *Famille et pouvoir, op. cit.*, p. 40 sq. Pour les généalogies royales anglo-saxonnes, voir au chapitre suivant.

355 C. E. KARKOV, *The Ruler Portraits, op. cit.*, p. 132 sq. *EER*, p. 6. Dans l'*Encomium*, le nom des individus dont on souhaite faire l'éloge est systématiquement écrit en majuscule.

356 J.-Ch. PICARD, *Le souvenir des évêques : sépultures, listes épiscopales et culte des évêques en Italie du Nord des origines au Xe siècle*, Rome, 1988. M. SOT, « Historiographie épiscopale et modèle familial en Occident au IXe siècle », *Annales. Économies, Sociétés, Civilisations*, 33/2 (1978), p. 433-449.

357 S. D. KEYNES, « Episcopal Lists », in *The Blackwell Encyclopaedia, op. cit.*, p. 172-174. R. I. PAGE, « Anglo-Saxon Episcopal Lists, Parts I and II », *Nottingham Medieval Studies*, 9 (1965), p. 71-95. ID., « Anglo-Saxon Episcopal Lists, Parts III », *Nottingham Medieval Studies*, 9 (1966), p. 2-24. B. YORKE, « *Bretwaldas* and the origins of overlordship in Anglo-Saxon England », in S. BAXTER, C. E. KARKOV et J. L. NELSON (éd.), *Early medieval studies in memory of Patrick Wormald*, Farnham, 2009, p. 85-86.

118   CHAPITRE 3

xie siècle, constitue l'exemple d'une compilation importante, sans doute originaire de Canterbury, tandis que le manuscrit A de la *Chronique anglo-saxonne* (Cambridge, Corpus Christi College 173, fol. 55) propose une version originaire de Winchester. Cette version, copiée dans le manuscrit BL Cotton Otho B.xi, est à l'origine des listes du *Liber Vitae* du New Minster, dont l'abbé Ælfwine du New Minster ordonna la compilation. Dans ce document, il n'existe pas de liste des abbés. Toutefois, en l'espace de trois folios, au milieu de la communauté, tous les abbés du New Minster de 964 à 1066 sont commémorés, dans un ordre chronologique strict[358]. Le même type d'analyse est possible à partir de l'obituaire d'Ely et du *liber vitae* de Thorney. Dans chacun de ces manuscrits, les noms des abbés interviennent comme les pivots d'une identité en mutation. Ces marques concrètes de la continuité du pouvoir renforçaient le pouvoir des dignitaires ecclésiastiques, tout en conférant une aura supplémentaire aux maisons ainsi distinguées par leur ancienneté.

Le développement du culte des saints est aussi régulièrement le fait d'autorités ecclésiastiques ou laïques qui s'appuient sur eux pour légitimer leur autorité[359]. Ainsi, nombre de martyrs ont été promus par leurs ennemis, tandis que les saintes vierges de la famille royale étaient globalement célébrées par leurs propres monastères qui y voyaient l'occasion de renforcer les liens avec la royauté[360]. Bien entendu, la sacralisation du défunt renforçait aussi le prestige de sa parentèle entière[361]. Ces cultes permettaient également de montrer la supériorité de monastères et de sièges épiscopaux sur leurs rivaux[362]. Enfin, la promotion de la mémoire des saints fondateurs constituaient un bon moyen de défendre le monastère, en menaçant un potentiel agresseur de représailles divines[363]. Abbés et évêques n'hésitaient donc pas à utiliser des cultes locaux, qui

---

358 D. KNOWLES, C. N. L. BROOKE et V. C. M. LONDON, *The Heads of Religious Houses*, Cambridge, 1972, p. 81. Æthelgar [964-988], Ælfsige [988-1007], Beorhtwald [1007-1012], Beorhtmær [1012-1015] et Æthelnoth [1015-1031], au fol. 20v, entrées 18a.i, 18a.ii, 18a.iii, 18a.iv et 18a.xi. respectivement ; Ælfwine [1031-1057] au fol. 21v, entrée 18b.i ; Ælfnoth [1057-1063] au fol. 21v, entrée : 18b.xxxv ; Ælfwig [1063-1066] au fol. 22r, entrée 18ter.xxxix.

359 M.-C. ISAIA, *Remi de Reims : mémoire d'un saint, histoire d'une église*, Paris, 2008, p. 417-464 (Hincmar), p. 311-352 (les Carolingiens) et p. 695-763 (les Capétiens). Pour les limites de cette idée, voir P. A. HAYWARD, « Demystifying the role of sanctity in Western Christendom », in J. HOWARD-JOHNSTON et P. A. HAYWARD (éd.), *The cult of saints in Late Antiquity and the Middle Ages*, Oxford, 1999, p. 115-142.

360 S. J. RIDYARD, *The royal saints of Anglo-Saxon England*, Cambridge, 1988. D. W. ROLLASON, « The cults of murdered royal saints in Anglo-Saxon England », *ASE*, 11 (1982), p. 18-21. Parmi les martyrs, le culte d'Edmund d'East Anglia a été promu par Guthrum, celui d'Edward le Martyr par Ælfheah de Mercie, celui de saint Olaf de Norvège par Cnut. À propos du culte d'Olaf, voir St. COVIAUX, « Les échanges culturels au sein du monde nordique : l'exemple du culte de saint Olaf », in *Les Echanges Culturels au Moyen-Âge*, Paris, 2002, p. 207-225. Sur le culte d'Edmund d'East Anglia, voir S. J. E. RICHES, « Hagiography in Context : Images, Miracles, Shrines and Festivals », in S. SALIH (éd.), *A Companion to Middle English Hagiography*, Cambridge, 2006, p. 25-46.

361 D. W. ROLLASON, « The cults », *art. cit.*, p. 15.

362 Les listes épiscopales et les vies d'évêques jouent ce rôle, que l'évêque soit considéré comm un saint ou non. Voir R. MCKITTERICK, « The Church », *loc. cit.*, p. 151-152. Pour la situation en Italie, se référer à J.-Ch. PICARD, *Le souvenir des évêques, op. cit.*

363 A. G. REMENSNYDER, « Topographies of Memory », in *Medieval concepts of the past, op. cit.*, p. 193-214.

fleurissaient spontanément, en les officialisant, afin de bénéficier de l'aura du saint[364], tandis que, à certaines occasions, le culte de saints romains a été littéralement importé pour obtenir le même résultat[365]. Aux Xe-XIe siècles, la Réforme bénédictine fut un puissant moteur pour la création ou la promotion de tels cultes locaux[366] : Kenelm à Winchcombe ou Ecgwine à Evesham[367], Swithun à Winchester ou Æthelthryth à Ely[368]. Pour ne prendre que deux exemples, la promotion du culte de Swithun à Winchester fut l'occasion pour son successeur, l'évêque Æthelwold, de renforcer son emprise sur la cité et justifier le choix réformiste de l'expulsion des chanoines de l'église cathédrale et leur remplacement par des moines[369], tandis que la promotion d'anciens saints locaux dans les monastères refondés du Fenland fut sans doute un moyen d'asseoir et de stabiliser l'influence de l'épiscopat et de la royauté west-saxons dans ces zones récemment conquises[370]. Le rôle de ces monastères réformés et leur puissance d'intercession supposée stimulèrent ensuite les donations et la dévotion des aristocrates[371]. De la sorte, le paysage liturgique fut globalement unifié à l'époque et nombre de saints disparurent des calendriers[372]. Dans le nouveau paradigme que la Réforme mit en place, intérêts des monastères, des évêques, des souverains et des aristocrates se trouvaient ainsi liés dans la promotion de quelques cultes.

C'est toujours avec des noms et en associant son propre nom à celui d'individus passés dont la valeur est reconnue, en s'assimilant à eux donc par le biais de cette juxtaposition dans des listes, et en assimilant une dimension sacrée, que la mémorialisation procède. De cette manière, elle constitue un moyen redoutable de légitimer l'ordre social[373].

---

364 M. McLaughlin, *Consorting with saints, op. cit.*, p. 215-218. C'est particulièrement vrai pour les cultes des martyrs, selon F. Lifshitz, « The Martyr, the Tomb, and the Matron », in *Medieval concepts of the past, op. cit.*, p. 311-341. Pour l'Angleterre, voir J. Blair, *The church in Anglo-Saxon society, op. cit.*, p. 353. L'exemple du culte de Cuthbert est développé dans A. T. Thacker, « Lindisfarne and the Origins of the Cult », in *St. Cuthbert, his cult and his community, op. cit.*, p. 105-108.

365 Id., « Roman Apostles and Martyrs in the 7th and 8th centuries », in *Early medieval Rome and the Christian West, op. cit.*, p. 247-277.

366 P. Wormald, « Æthelwold and his Continental Counterparts : Contact, Comparison, Contrast », in B. Yorke (éd.), *Bishop Æthelwold*, Woodbridge, 1988, p. 39. A. T. Thacker, « Cults at Canterbury : Relics and Reform under Dunstan and his Successors », in N. Ramsay, M. Sparks et T. Tatton-Brown (éd.), *St. Dunstan*, Woodbridge, 1992, p. 232-236. D. W. Rollason, *Saints and Relics in Anglo-Saxon England*, Oxford, 1989, p. 177-182.

367 C. Cubitt, « Universal and local saints in Anglo-Saxon England », in A. T. Thacker et R. Sharpe (éd.), *Local Saints and Local Churches*, Oxford, 2002, p. 423-453, p. 449-450.

368 M. Gretsch, *Ælfric and the Cult of the Saints in Late Anglo-Saxon England*, Cambridge, 2005, p. 162 sq.

369 E. Treharne, « Ælfric's Account of St Swithun : Literature of Reform and Reward », in *Narrative and history, op. cit.*, p. 176-177. A. T. Thacker, « Æthelwold and Abingdon », in *Bishop Æthelwold, op. cit.*, p. 61-62. P. A. Hayward, « Saints and cults », in *A social history of England, op. cit.*, p. 313.

370 N. Banton, « Monastic Reform and the Unification of Tenth Century England », in St. Mews (éd.), *Religion and national identity*, Oxford, 1982, p. 71-85. E. John, « The King and the Monks in the Tenth Century Reformation », in *Orbis Britanniae, and other studies*, Leicester, 1966, p. 154-180.

371 D. W. Rollason, *Saints and Relics, op. cit.*, p. 179.

372 J. Blair, *The church in Anglo-Saxon society, op. cit.*, p. 142-143.

373 M. Godelier, *L'énigme du don*, Paris, 1996, p. 171.

120 CHAPITRE 3

La structuration de l'identité des groupes

Les pratiques mémorielles constituent une forme d'obligation due aux morts par les vivants[374], qui permet aux communautés de revenir sur leur passé et de construire leur identité[375]. Or les noms jouent un rôle central dans ces rituels, puisque ce sont eux qui rendent présents les disparus et donnent l'occasion aux communautés de se reformer autour d'eux, le temps d'une cérémonie[376]. L'évocation du nom est donc continuation de l'existence, préservation de l'être[377], mais toujours dans l'optique de groupes et par le truchement d'une communauté donnée[378]. La liturgie permet de manifester cette logique identitaire, ce que garantit son caractère dramatique et interactif[379]. À travers la commémoration du mort, tous les groupes auxquels il appartient sont concernés[380]. Avec les noms et leur inscription dans des textes mémoriels, ces identités créent un feuilleté[381]. Toutefois, il y a généralement éviction d'une identité par une autre.

L'École de Fribourg-Münster, par l'étude du matériau nécrologique, a surtout mis en avant la prégnance des identités familiales, avec l'insertion de groupes cohérents dans les *libri vitae*[382]. De même, dans le nécrologe de Winchester[383], l'abbé Ælfwine du New Minster a fait ajouter au milieu du nom des moines, des évêques et des rois, des entrées pour commémorer ses parents, Æthelnoth et Wulfwynn, ses sœurs, Leofgifu, Ælfwynn, et Gode, et son frère, Ælfnoth[384]. De cette manière, l'identité familiale de l'abbé se superpose à l'identité attachée à sa communauté religieuse, en offrant au passage à ses proches un environnement nécrologique favorable à leur salut[385]. Cependant la plupart des listes ne reposent pas sur une organisation familiale.

---

374 P. J. Geary, « Echanges et relations entre les vivants et les morts », *Droit et cultures*, 12 (1986), p. 3-17. F. S. Paxton, « Communities of the Living and the Dead in Late Antiquity and the Early Medieval West », in M. F. Williams (éd.), *The making of Christian communities*, Londres, 2005, p. 149-176. O. G. Oexle, « Die Gegenwart der Toten », *loc. cit.*

375 M. Halbwachs, *Les Cadres sociaux de la mémoire*, *op. cit.*, p. 167.

376 O. G. Oexle, « *Memoria* und Memorialüberlieferung », *art. cit.*, p. 79-86, 84. M. McLaughlin, *Consorting with saints*, *op. cit.*, p. 239 sq.

377 P. Hintermeyer, « Le nom au-delà de la mort », *Sciences sociales, L'honneur du nom, le stigmate du nom*, 26 (2000), p. 18-21.

378 V. Greene, « Un cimetière livresque », *art. cit.*, p. 307-309.

379 M. B. Bedingfield, *The Dramatic Liturgy of Anglo-Saxon England*, Woodbridge, 2002.

380 M. McLaughlin, *Consorting with saints*, *op. cit.*, p. 100-101. H. Finger et Th. Schilp, « *Memoria* im frühmittelalterlichen (Erz-)Bistum Köln », in D. Geuenich, U. Ludwig et Th. Schilp (éd.), *Nomen et fraternitas*, Berlin, 2008, p. 297-316.

381 Z. Devlin, *Remembering the dead in Anglo-Saxon England*, Oxford, 2007.

382 K. Schmid, « Zur Problematik von Familie, Sippe und Geschlecht, Haus und Dynastie beim mittelalterlichen Adel : Vorfragen zum Thema 'Adel und Herrschaft im Mittelalter' », *Zeitschrift für die Geschichte des Oberrheins*, 105, 1957, p. 1-62. G. Tellenbach, « Der *Liber Memorialis* von Remiremont », *Deutsches Archiv für Erforschung des Mittelalters*, 25 (1969), p. 94. G. Althoff, *Family, Friends and Followers*, Cambridge, 2004 [1990], p. 20-22.

383 Londres, BL, MS Cotton Titus D.xxvii (éd. *in* J. Gerchow, *Gedenküberlieferung*, *op. cit.*, p. 332-335).

384 *LVNM*, p. 122.

385 La volonté de s'associer au salut des moines fait l'objet de développements spécifiques dans J. C. Crick, « Posthumous Obligation », *loc. cit.*, p. 201. B. H. Rosenwein, *To be the neighbor of Saint Peter*, Ithaca, 1989, p. 202-207.

Le groupe « professionnel » peut jouer un rôle. Dans le *Liber vitae* de Thorney[386], dans l'Evangéliaire de Canterbury[387] et peut-être aussi dans le *Liber vitae* du New Minster[388], furent entrés en masse les membres du *comitatus* de Cnut. De la même manière, les guildes représentent un autre groupement susceptible de donner lieu à des formes collectives de commémoration[389], comme l'indiquent les statuts de la guilde d'Abbotsbury[390]. D'autres analyses ont pu être faites afin de faire ressortir de ces pratiques une identité locale, régionale ou ethnique, étant entendu que ces trois aspects ont tendance à se recouper partiellement[391]. Ainsi, le *liber vitae* de Thorney indique le lieu d'une communauté de dévotion centrée sur le Northamptonshire, le Lincolnshire, le Cambridgeshire et le Huntingdonshire[392].

La liturgie a été décrite comme une expression et un moyen de construire les identités monastiques[393]. Ce sont justement les identités monastiques qui sortent gagnantes de ces diverses listes[394]. Rassemblant le nom de membres de la communauté ou de bienfaiteurs d'un établissement donné[395], ces documents intègrent à l'occasion les noms de moines issus d'une maison liée par la confraternité[396]. Par le biais de ces textes, en définitive, ce sont donc surtout les monastères qui organisent le réel, en fonction du statut des individus, d'une appartenance à l'ordre des clercs, mais aussi de l'appartenance à l'élite épiscopale ou laïque du royaume[397]. Ce point de vue est

---

386 D. WHITELOCK, « Scandinavian Personal Names », *art. cit.*

387 BL, MS Royal 1.D.IX, fol. 43v.

388 Voir les *Dani* inscrits au folio 25r.

389 C. CUBITT, « Pastoral Care and Religious Belief », in P. STAFFORD (éd.), *A companion to the early Middle Ages : Britain and Ireland c.500-1100*, Chichester, 2009, p. 405.

390 « Abbotsbury Guild Statutes », éd. *Councils & Synods*, p. 517.

391 R. McKITTERICK, « History and memory in early medieval Bavaria », in *History and memory in the Carolingian world*, Cambridge, 2004, p. 174-185.

392 C. CLARK, « The *Liber Vitæ* of Thorney Abbey and its 'catchment area' », in *Words, names and history, op. cit.*, p. 320-338.

393 C. CUBITT, « Unity and diversity in the early Anglo-Saxon liturgy », in R. N. SWANSON (éd.), *Unity and diversity in the church*, Oxford, 1996, p. 46.

394 J. WOLLASCH, « Les moines et la mémoire des morts », in D. IOGNA-PRAT et J.-Ch. PICARD (éd.), *Religion et culture autour de l'an mil*, Paris, 1990, p. 47-54. R. McKITTERICK, *The Uses of literacy, op. cit.*, p. 258-259.

395 S. COATES, « Ceolfrid : History, Hagiography and Memory in Seventh- and Eighth-Century Wearmouth-Jarrow », *Journal of Medieval History*, 25/2 (1999), p. 69-86. E. BRIGGS, « Nothing but names : the original core of the Durham Liber Vitæ », in *The Durham Liber Vitæ and its Context, op. cit.*, p. 77 sq. Les obituaires contiennent aussi une majorité de noms de clercs et de moines (J. GERCHOW, *Gedenküberlieferung, op. cit.*, p. 332-359).

396 N. HUYGHEBAERT et J.-L. LEMAITRE, *Les documents nécrologiques, op. cit.*, p. 26-29. D. GEUENICH, « A Survey of the *Early* Medieval Confraternity Books from the Continent », in *The Durham Liber Vitæ and its Context, op. cit.*, p. 141. Au New Minster, ce sont Ely, Abingdon et Romsey (fol. 26-28v). *LVNM*, p. 49-50 et p. 56.

397 Les *libri vitae* anglo-saxons sont organisés en grandes catégories, qui permettent de mettre à part les moines et les prélats, pour regrouper les bienfaiteurs laïques sans ordre visible. Au New Minster, sont distingués les rois (fol. 14r), les *æthelings* (fol. 14v), les archevêques de Canterbury (fol. 15r), divers évêques (fol. 15r-17r), les *ealdormen* (fol. 17r), les femmes (fol. 26r-v). À Durham, les rois (fol. 15v)

CHAPITRE 3

aussi celui auquel souscrivent les confrères laïques des monastères qui prennent part et souhaitent s'intégrer à la compagnie de saints hommes[398].

Les identités monastiques sortent aussi renforcées par le culte rendu aux saints présents dans le monastère, par l'intermédiaire des reliques, des nécrologes ou des calendriers liturgiques[399]. En effet, les saints garantissaient au monastère la sécurité, d'un point de vue théorique, et la prospérité, d'un point de vue pragmatique[400]. Ce développement fait du saint en question un intercesseur privilégié pour la *familia* monastique, mais aussi pour les fidèles laïcs, ce qui induit une communauté de prière et de croyance entre ces individus, avec comme trait d'union la reconnaissance du nom du saint. Dans le *Psautier de Bury St Edmunds*[401], Edmund est ainsi fêté dans la litanie (fol. 159v), tout en faisant l'objet de quatre fêtes dans le calendrier local, les 30 mars, 31 mars, 18 octobre et 20 novembre. Dans le *Psautier de Crowland*[402], Guthlac apparaît dans la litanie (fol. 117v) et à deux reprises dans le calendrier (11 avril et 30 septembre). Le nom des saints majeurs pour une communauté était même valorisé par l'utilisation de lettres capitales[403]. L'étude d'autres calendriers liturgiques aboutirait à une analyse semblable pour d'autres sites[404]. À l'occasion de fêtes, une attention toute particulière était portée aux saints de la communauté, ce qui stimulait l'identité du groupe entier. Pour ce faire, on faisait sans doute « résonner » le nom du saint[405], « en le disant et en le répétant très souvent[406] ».

L'identité des communautés paroissiales se construisait sans doute aussi sur le culte des saints[407] et des morts les plus renommés du lieu[408]. C'est ainsi au nom d'un (ou plusieurs) saint que les églises sont consacrées[409]. L'utilisation liturgique des listes de défunts et des litanies de saints[410], en particulier lorsqu'elles étaient versifiées,

---

et les diacres (fol. 26r) sont identifiés comme tels. *LVNM*, p. 57. J. S. MOORE, « Prosopographical Problems of English *libri Vitæ* », *loc. cit.*, p. 169-170, 175-176. E. BRIGGS, « Nothing but names », *loc. cit.*, p. 70.

398 C. CLARK, « A Witness to Post-Conquest English Cultural Patterns : The *Liber* Vitæ of Thorney Abbey », in *Words, names and history, op. cit.*, p. 339.

399 C. CUBITT, « Monastic Memory and Identity », *loc. cit.*, p. 267-268, 272. EAD., « Universal and local saints », *loc. cit.*, p. 437. EAD., « Memory and Narrative in the Cult of Anglo-Saxon Saints », in *The uses of the past, op. cit.*, p. 29-66. J. COLEMAN, *Ancient and medieval memories*, Cambridge, 1992, p. 129-136.

400 P. J. GEARY, *Le vol des reliques, op. cit.*, p. 40-41.

401 Vatican, Biblioteca Apostolica Vaticana, Reg. Lat. 12.

402 Oxford, Bodleian, Douce 296.

403 Ainsi, le nom de Kenelm dans *Winchcombe Sacramentary*, éd. A. DAVRIL, *op. cit.*, p. 275, p. 332. *Contra*, p. 280, en minuscules.

404 Fr. WORMALD, *English Benedictine Kalendars before A.D. 1100*, Woodbridge, 1988. R. RUSHFORTH, *Saints in English kalendars before A.D. 1100*, Woodbridge, 2008. M. LAPIDGE, « A Tenth-Century Metrical Calendar from Ramsey », *Revue Bénédictine*, 94 (1984), p. 326-369. R. W. PFAFF, *The liturgy, op. cit.*, p. 70.

405 *The Canterbury Hymnal*, éd. G. R. WIELAND, Toronto, 1982, hymne 40, v. 6. WULFSTAN DE WINCHESTER, *Breuiloquium de omnibus sanctis*, v. 443, p. 78. *Vercelli*, Homélie n°18, l. 121-123.

406 *Vitae Swithuni*, § 20, éd. M. LAPIDGE, *The Cult of St Swithun, op. cit.*, p. 662.

407 J. BLAIR, « A saint for every minster ? », in *Local Saints, op. cit.*, p. 455-494.

408 ID., *The church in Anglo-Saxon society, op. cit.*, p. 426 sq.

409 *The Benedictional of Archbishop Robert*, éd. H. A. WILSON, *op. cit.*, fol. 115r.

410 M. LAPIDGE, *Anglo-Saxon Litanies of the Saints*, Woodbridge, 1991.

comme le *Breuiloquium de Omnibus Sanctis*, devait avoir un effet hypnotique sur l'assistance. L'énoncé rythmique de ces noms agissait alors probablement comme un puissant psychotrope sur une foule proche de la transe extatique collective[411], ce qui favorise le sentiment de fusion dans un tout et donc le sentiment d'appartenance à une même communauté pour les croyants.

La connaissance et la dévotion qui se concentraient sur le nom de quelques saints permettaient également de structurer un ensemble de communautés imaginaires[412] et de communautés textuelles[413]. Cela permettait le développement d'un sentiment d'identité entre des espaces proches, puisque le nom du saint y était connu et célébré le même jour[414]. Ce développement de mémoires collectives nourries des cultes régionaux a été démontré pour l'Écosse[415] et le nord de l'Angleterre[416]. Ainsi, Ecgwine, Oswald et Wilfrid apparaissent systématiquement dans les litanies de saints, les listes de reliques et les sources liturgiques des West Midlands[417], ce qui en fait des saints régionaux importants[418]. L'expansion d'un culte, autour d'un point central disposant des reliques d'un saint, suppose que la plupart des habitants de la zone souscrivaient à ce culte et, *a minima*, les familles aristocratiques. Ainsi, la famille des *earls* de Mercie, qui était fortement implantée dans la région et liée avec la plupart des institutions mentionnées devait trouver dans ces cultes un moyen de structurer des formes identitaires partagées avec des dépendants[419].

En revanche, certains saints emblématiques, comme Grégoire le Grand, Augustin de Canterbury, Cuthbert ou Ælfheah de Canterbury jouent le rôle de patrons pour le royaume entier, en tant que garants de son unité, en liant tous les sujets du roi dans la commémoration d'un même nom[420]. Cela se traduit par l'unification du calendrier liturgique pour la fête des principaux saints, avec l'idée de rassembler pour certaines occasions tous les habitants de l'île dans une même communauté de

---

411 G. LAPASSADE, *Les états modifiés de conscience*, Paris, 1987.

412 Nous entendons par « communauté imaginaire » un groupe constitué d'individus liés par des dynamiques identitaires, mais sans situation quotidienne de face-à-face. Pour un usage médiéval de ce concept, voir J. PALMER, « Anskar's Imagined Communities », in H. ANTONSSON et I. H. GARIZPANOV (éd.), *Saints and their lives on the periphery*, Turnhout, 2010, p. 171-188.

413 Br. STOCK, *Implications of Literacy*, Princeton, 1983, p. 88-240.

414 L'utilisation de noms pour fixer une mémoire commune a été indiquée par P. J. GEARY, *Phantoms of remembrance, op. cit.*, p. 20.

415 S. T. DRISCOLL, « Christian Monumental Sculpture and Ethnic Expression in Early Scotland », in *Social Identities in Early Medieval Britain, op. cit.*, p. 233-252.

416 C. CUBITT, « Universal and local saints », *loc. cit.*, p. 442.

417 Oswald apparaît à Worcester et, peut-être, à Evesham, selon l'origine du MS Oxford, Bodleian, Hatton 113 (SC 5210) fol. Iii r-viii v. Wilfrid est présent à Worcester, Leominster, sans doute Winchcombe et peut-être Evesham. Ecgwine est cité à Worcester, Leominster et, peut-être, à Evesham.

418 Pour Ecgwine, sur quatorze références pour le royaume, sept se trouvent dans cette région. Pour Oswald, huit sur les dix-sept du royaume y sont localisées. Pour Wilfrid, le *ratio* est moins favorable, avec six des vingt-trois références. Les autres monastères sont systématiquement Bury, Crowland, Exeter, Shaftesbury et Winchester.

419 S. BAXTER, *The Earls of Mercia, op. cit.*, p. 152-180, p. 251 sq.

420 87 témoins manuscrits pour Grégoire, 62 pour Augustin, 72 pour Cuthbert et 29 pour Ælfheah.

124 CHAPITRE 3

croyance, autour d'un rite qui se concentre sur le nom du même saint[421]. C'est ainsi que le cinquième code d'Æthelred décrète que le 18 mars sera désormais un jour de festival pour le défunt roi Edward le Martyr[422]. Cette intervention du roi dans le champ du sacré est d'ailleurs suivie d'effet puisque nous retrouvons la mention d'une fête pour Edward dans quelques dix-huit calendriers liturgiques différents. Les éléments « biographiques » transmis par les martyrologes, mais aussi par des vies de saints, collectées ou préservées individuellement, complétaient ces connaissances. Ainsi, le martyrologe vieil anglais comptait 238 entrées[423], le Légendier dit Cotton-Corpus en comptait 165[424], les collections homilétiques d'Ælfric environ cinquante[425] et celles d'autres auteurs en ajoutent une vingtaine. L'ensemble de ces éléments servaient de base aux cérémonies et aux rites dont le saint était le centre d'intérêt. Ainsi, tout le royaume pouvait communier autour du même nom, le même jour, en ayant sans doute en tête une image assez similaire de ce que cette personne avait été. L'objectif de telles constructions était, outre la quête d'une unité dans un royaume nouvellement unifié, de promouvoir une *holy society*[426].

Les actions d'éclat, mais surtout la transsubstantiation miraculeuse des biens terrestres en biens célestes, par l'intermédiaire des moines, donnait l'occasion aux puissants de rendre leurs noms proéminents dans la liturgie commémorative. Cela permet de distinguer les plus influents, dont le nom apparaît dans les chroniques pour leurs actes de bravoure, dans la mémoire des monastères pour les fondations et dans les obituaires pour les donations les plus splendides. Les *libri vitae*, qui mêlaient les personnes sans ordre, sans distinction spécifique, accueillent aussi de nombreux noms, mais de façon moins sélective. Le niveau social constitue ainsi une raison majeure pour différencier entre les morts que l'on commémore en groupe (les pauvres, privés de noms) et ceux que l'on commémore individuellement (les puissants)[427]. En conséquence, les grands avaient un nom ; les autres ne faisaient que tenter d'en gagner un.

Omniprésents dans la liturgie, les noms des morts et des saints servent de substrat identitaire indispensable pour des communautés réelles, comme les monastères ou les paroisses, tout en jouant le rôle de trait d'union pour regrouper, au-delà des

---

421 D. W. ROLLASON, *Saints and Relics*, op. cit.

422 V Æthelred 16 (ROBERTSON, *Laws*).

423 G. GERZFELD, *An old English martyrology*, op. cit. G. KOTZOR, *Das altenglische Martyrologium*, Munich, 1981.

424 P. JACKSON et M. LAPIDGE, « The Contents of the Cotton-Corpus Legendary », in P. E. SZARMACH (éd.), *Holy men and holy women*, Albany, 1996, p. 131-146. Le manuscrit Cotton Nero E.i contient également les vies d'Ecgwine et Oswald, par Byrhtferth de Ramsey, ainsi que LANTFERTH, *Translatio*.

425 M. GRETSCH, *Ælfric and the Cult of the Saints*, op. cit., p. 1-3. Mechthild Gretsch note d'ailleurs des points communs entre ces textes et ceux contenus dans le *Bénédictionnel d'Æthelwold* (ibid., p. 1-20). *The Benedictional of St Æthelwold*, éd. A. PRESCOTT, op. cit.

426 P. WORMALD, « Anglo-Saxon Society and its literature », loc. cit., p. 16-18.

427 J. WOLLASCH, « Gemeinshaftsbewusstsein und soziale Leistung im Mittelalter », *Frühmittelalterliche Studien*, 9, 1975, p. 268-286. Megan McLaughlin mentionne également la création progressive d'un service continu et durable pour commémorer les grands bienfaiteurs des monastères (M. MCLAUGHLIN, *Consorting with saints*, op. cit., p. 93).

contingences géographiques, de larges communautés imaginaires. L'appartenance à une communauté dévotionnelle suggère de partager la même religion et, à l'échelle du royaume lui-même, de se conformer aux cultes les plus officiels et les plus symboliques de la dépendance à la monarchie. Il s'agit, en ce sens, d'un substrat important pour l'unification de la communauté politique anglo-saxonne. La mise en liste de ces noms permit en quelque sorte d'objectiver le passé de ces communautés, mais surtout d'en construire l'identité.

Conclusion

L'usage des noms dans le corps social sert à construire des identités. L'appartenance à un groupe a effectivement deux conséquences pour les noms : 1) le nom d'un membre est connu des autres membres, 2) certains noms (et certaines personnes) sont mieux considérés et plus connus que d'autres. De la sorte, la logique à la fois intégratrice et hiérarchisante des groupes se traduit dans l'usage des noms. Ces identités concernent de nombreuses communautés, réelles ou imaginaires : parenté, monastère, réseau monastique, village, paroisse, région, royaume, classe sociale, corps professionnel, etc.

Autour de l'individu des cercles concentriques se centrent en partie sur le nom :

a) des porteurs, simples mortels ou saints, enfants ou adultes, dont le nom est déterminé au cours d'une cérémonie rituelle peu après la naissance (baptême), répété au cours d'autres rites (messes des morts, culte des saints) ou simplement mentionné lors de discussions informelles (avec l'attribution possible d'un surnom) ;

b) des groupes d'appartenance, proches des porteurs, qui ont choisi ces noms ou pour qui ces noms convoient un sens particulier et incarnent un passé commun. Le nom est alors utilisé pour indiquer que le porteur fait partie d'un groupe par les membres de ce groupe eux-mêmes. Si ce membre est un enfant, cela lui donne des droits sur le patrimoine commun ; si le membre est un défunt, saint ou non, alors c'est le groupe des vivants qui affirme ainsi ses propres droits, ou ses propres valeurs. En ce sens, ces noms font totalement partie des groupes, dont ils forment le cœur identitaire ;

c) une autorité, souvent ecclésiastique, organise ces rituels ou les textes qui en sont le support. L'Église avalisait le choix du groupe précédent, son objectif étant de s'assurer du salut des âmes par l'encadrement des fidèles, tout en monopolisant le rôle de médiateur du sacré ;

d) un groupe de témoins plus éloignés, membres d'une communauté réelle, à laquelle le porteur appartient ou que la communauté revendique comme sien. Ce groupe connaît les mêmes noms, puisque leurs porteurs en sont les membres, vivants ou morts. Un sentiment diffus d'identité procède de cette connaissance, puisque tous les membres du groupe furent bercés par la même liste de naissance, de défunts et de saints, selon les mêmes modes liturgiques ;

e) d'autres personnes, membres d'une communauté imaginaire, qui ont en commun certains noms connus de tous. Ces noms deviennent alors la propriété du groupe. Cette réserve de noms « connus » inclut des vivants et des morts : rois, aristocrates, prélats et saints.

Dans ces deux derniers cas, le fait d'être bercé par la liturgie des mêmes morts et des mêmes saints, d'habiter un territoire dont les toponymes sont liés à des histoires similaires ou aux possessions d'un même aristocrate devait contribuer à créer un paysage mental commun. Tous ces noms irriguent des groupes, au point de constituer un arrière-plan culturel et cultuel qui confinait sans doute, dans bon nombre de cas, à l'inconscient des noms égrainés à la messe et dans le paysage, que l'on n'écoute plus guère, mais que l'on connaît pourtant. Cet arrière-plan, ce paysage familier, se nourrit des noms qui circulent en tous lieux, définissant des groupes qui n'en sont pas forcément, mais qui baignent dans la même mémoire collective.

Ces éléments expliquent le fonctionnement de la seconde logique de groupe, énoncée ci-dessus. En effet, ces principes distinguent les élites, mettant en évidence de façon symbolique les autres formes de capital que ces dernières possèdent. La circulation (*fama*) et la durabilité (*memoria* individuelle) des noms sont des marqueurs immatériels de statut, qui distinguaient socialement leurs porteurs. À ce titre, idéalement, l'appartenance à l'élite se traduit par la circulation laudative et la conservation du nom dans le champ liturgique, afin de s'approcher aussi du nom des saints. Par surcroît, l'élite s'affirmait par le fait de porter des noms multiples, comme les topoanthroponymes ou les titres. Toutefois, le déshonneur, l'ignominie, l'infamie étaient d'autant plus susceptibles de frapper les membres de l'élite que leurs noms avaient l'habitude de circuler au loin.

Si ces biens immatériels sont en partie acquis pour ceux qui héritent d'un « bon nom », ou faciles à acquérir pour ceux qui disposent du capital social, économique ou symbolique, ils ne sont pas non plus irrémédiablement fermés à ceux qui viennent ensuite. À une autre échelle, ils appartiennent donc également à l'aristocratie locale (*thegns*, *nobiles*), à l'élite des artisans spécialisés ou à certaines franges du clergé. Ces logiques se reproduisent localement pour des individus moins importants, quitte à ce que l'échelle de la *fama* et de la *memoria* s'arrête aux portes du village ou du quartier. La distinction est cependant aussi forte qu'est rigoureuse la sélection. Et, en-deçà d'un certain niveau social ou lorsqu'il s'agit de femmes, l'anonymat guette et l'on entre dans la mémoire du groupe comme membres indistincts d'un collectif.

Les élites et les structures sociales englobantes tentaient aussi de maîtriser les noms à leur manière. L'Église – par le biais des noms de cloître, mais aussi de désignations complémentaires faisant état de la fonction des clercs –, le souverain – par l'attribution de titres –, mais aussi les groupes sociaux – grâce à l'usage de surnoms – marquaient leur pouvoir sur les personnes, en modifiant à la marge leurs « vrais noms ». Par ce biais, ces structures tentaient de négocier une part de l'identité des personnes qu'ils renommaient, affirmant de cette manière leur propre vision de l'ordre social.

CHAPITRE 4

Nomen, famille et pouvoir

> *Je tenais à ce que leurs noms ne fussent pas choisis d'après la mode*
> *du jour, mais déterminés par le souvenir de personnes chères.*
> *L'attribution des noms transforme les enfants en revenants*[1]

> *Que quelqu'un ait le même nom que vous, sans être de*
> *votre famille, est une grande raison de le dédaigner... Nous*
> *craignons des confusions, nous les prévenons par une moue*
> *de dégoût si l'on nous parle d'eux. En lisant notre nom porté*
> *par eux, dans le journal, ils nous semblent l'avoir usurpé*[2]

L'importance du nom comme médium de l'intégration dans un groupe social révèle la place fondamentale du groupe familial. Avec le baptême, ce sont les parents qui choisissent le nom de leur enfant. À la mort, le nom devient l'objet d'une liturgie portée par les proches et les enfants en viennent ainsi à se souvenir du nom de leurs parents défunts. Entre ces deux moments, le nom est susceptible de circuler dans la parenté. « Refaire » un nom est ainsi un moyen de fonder le patrimoine matériel des vivants sur le patrimoine immatériel des morts[3].

Après avoir montré que les noms construisaient l'identité des personnes et des communautés, nous souhaitons désormais comprendre quelles logiques présidaient aux choix des acteurs. Comment les noms sont-ils utilisés afin de marquer l'appartenance d'un individu à sa parenté ? Quelles stratégies les familles adoptent-elles pour construire des logiques onomastiques cohérentes, susceptibles de garantir la pérennité de leur patrimoine, matériel et immatériel ? Quelles formes de la parenté la transmission d'éléments onomastiques permet-elle de mettre en évidence ?

---

1 S. FREUD, *L'interprétation des rêves, op. cit.*, p. 415.
2 M. PROUST, *A la recherche du temps perdu : Le Côté de Guermantes*, Paris, 1920-1921, p. 237-238.
3 P. J. GEARY, « Exchange and Interaction », *loc. cit.*, p. 87-89. Chr. KLAPISCH-ZUBER, « Le nom 'refait' », *L'Homme*, 20/4 (1980), p. 77-104. Pour une analyse sociologique, voir B. VERNIER, « La circulation des biens de la main-d'oeuvre et des prénoms Karpathos : du bon usage des parents et de la parenté », *Actes de la Recherche en Sciences sociales*, 31 (1980), p. 63-92.

I. Bilan – Les formes de la parenté et le rôle du nom

Le discours historique sur la parenté est sans doute un de ceux qui a le plus évolué depuis le début du xxe siècle[4]. L'histoire positiviste visait avant tout à produire un savoir généalogique incontestable, tandis que l'histoire du droit tentait de ressaisir les principales modalités d'action des individus dans le champ juridique de la parenté. À compter du milieu du siècle, l'attention des historiens s'est progressivement portée sur la structure de la parenté. Toutefois, de Le Play à Ariès, la famille du Moyen Âge était considérée comme large, caractérisée par l'importance de la mortalité infantile et l'absence de sentiments forts entre ses membres[5]. Mais dans les années 1970, le groupe de Cambridge a fait voler ce modèle en éclats : grâce à l'analyse des groupes domestiques, il a été démontré que la famille nucléaire était omniprésente[6]. Même si, parfois, d'autres formes de parenté vécue coexistaient avec elle, la famille nucléaire est aujourd'hui considérée comme prépondérante[7].

Généralement, ces groupes nucléaires étaient insérés dans des groupes plus larges. Gerd Tellenbach et Karl Schmid ont mis en évidence l'existence d'une aristocratie propre aux empires carolingien et ottonien (*Reichsaristokratie*), originaire du cœur de l'Empire et composée de groupes larges (*Sippen*, « cousinages »). Ces *Sippen* devaient leurs terres et leurs offices à leur proximité avec le souverain (*Königsnähe*)[8]. Elles se structuraient de façon cognatique autour d'individus-pivots, qui disposaient généralement d'offices publics et renouvelaient périodiquement leurs liens par le biais de rituels spécifiques (banquets, cérémonies marquant l'entrée d'un nouveau membre dans le groupe, etc.), d'alliances, mais aussi de pratiques mémorielles conjointes[9]. Ces *Sippen* ne sont pas définies par la loi[10], mais par un ensemble de liens horizontaux entre cousins et de liens verticaux à un ancêtre commun, ce qui rend leurs frontières très difficiles à déterminer[11].

Avec l'explosion de l'empire et la chute de l'autorité royale dans l'Occident, entre la fin du ixe siècle et le début du xe siècle, les groupes aristocratiques auraient eu

---

4 Pour synthèse, voir A. GUERREAU-JALABERT, R. LE JAN et J. MORSEL, « De l'histoire de la famille à l'anthropologie de la parenté », in O. G. OEXLE et J.-Cl. SCHMITT (éd.), *Les tendances actuelles de l'histoire du Moyen Âge en France et en Allemagne*, Paris, 2002, p. 433-446. D. LETT, *Famille et parenté dans l'Occident médiéval (v^e-xve siècle)*, Paris, 2000. L. LELEU, *Semper patrui, op. cit.*, p. 10 sq.

5 P. G. F. LE PLAY, *L'organisation de la Famille selon le vrai modèle signalé par l'histoire de toutes les races*, Paris, 1871. Ph. ARIÈS, *L'Enfant et la vie familiale sous l'Ancien Régime*, Paris, 1960. Cette vision évolutionniste est encore mentionnée récemment, afin d'apporter un argument complémentaire à un point de vue mutationniste, dans R. FOSSIER, « Rural economy », in *New Cambridge, Vol. III, p.* 31-32.

6 P. LASLETT et R. WALL, *Household and family in past time*, Cambridge, 1972.

7 R. LE JAN, *Famille et pouvoir, op. cit.*, p. 168-170, 378-379. J. GOODY, *La Famille en Europe*, Paris, 2001, p. 91-96. D. LETT, *Famille et parenté, op. cit.* Dans les hagiographies, la prépondérance de la famille nucléaire a été montrée, voir I. RÉAL, *Vies de saints, vie de famille*, Turnhout, 2001, p. 123 sq.

8 K. SCHMID, « The structure of the nobility in the earlier middle ages », in T. REUTER (éd.), *The Medieval Nobility*, Amsterdam, 1978 [1959], p. 37-61.

9 *Ibid.*, p. 42-43. K. SCHMID et J. WOLLASCH, *Memoria*, Munich, 1984.

10 G. ALTHOFF, *Family, Friends, op. cit.*, p. 25, 41. A. C. MURRAY, *Germanic Kinship Structure*, Toronto, 1983, p. 20 sq. D. HERLIHY, *Medieval households*, Cambridge, 1985, p. 44 sq.

11 K. SCHMID, « Zur Problematik von Familie », *op. cit.*

tendance à ancrer leur pouvoir localement, en gagnant (ou en s'arrogeant) rapidement le droit de transmettre leurs biens et leurs charges[12]. De la sorte, aux *Sippen* se seraient progressivement substitués des groupes de parenté agnatiques, dès le Xe siècle[13]. Ces évolutions se caractérisèrent par la production de généalogies nobiliaires de plus en plus complexes, par l'adoption de rites mémoriels tournés vers les ancêtres, par la fixation du groupe autour d'un château et de charges transmises en indivision, très souvent au fils aîné, et par l'adoption d'un nom *de famille* spécifique à la branche aînée du groupe, entre le Xe et le XIIe siècle[14].

Cette modélisation d'une évolution linéaire entre horizontalité et verticalité des groupes de parenté a, depuis les années 1980, suscité de nombreux appels à la prudence et à la nuance[15]. L'utilisation par Schmid des *libri vitae* comme source majeure a été critiquée pour les biais que ces derniers induisent : produits d'une culture cléricale qui visait à maintenir la cohésion des groupes aristocratiques, ils se font le reflet de structures idéelles et non réelles au sein de la société[16]. Dès lors, le changement de structure observé peut être analysé comme l'effet d'une « mutation documentaire » : ce n'est pas la structure des groupes qui aurait changé, mais la nature et la quantité des documents disponibles après le Xe siècle, avec pour corollaire, le fait que nous ne voyons ni les mêmes groupes sociaux, ni par le même prisme idéel[17]. Le passage de groupes cognatiques et horizontaux à des lignées, verticales et agnatiques, a aussi été nuancée : le rôle des femmes comme pourvoyeuses de noblesse grâce à la généralisation des mariages hypogamiques et la persistance du pouvoir royal impliquent en effet la coexistence des structures agnatique et cognatique[18]. En définitive, c'est un système

---

12 M. AURELL, « La Parenté de l'An Mil », *art. cit.* P. STAFFORD, « La mutation familiale : a suitable case for caution », in J. HILL et M. SWAN (éd.), *The community, the family, and the saint*, Turnhout, 1998, p. 103-125. R. LE JAN, *La Société*, *op. cit.*, p. 233-246.

13 K. SCHMID, « Zur Problematik von Familie », *art. cit.*

14 ID., « The structure of the nobility », *loc. cit.*, p. 38, pour l'ancrage territorial de l'aristocratie, pour le nom et le château, p. 56, pour le château et la généalogie. G. ALTHOFF, *Family, Friends, op. cit.*, p. 40, sur la place des offices dans l'émergence de l'unigéniture, et p. 48-49, pour le rôle de la *memoria* dans le reforcement d'une structure lignagère.

15 P. STAFFORD, « La mutation familiale », *loc. cit.*, p. 124-125. M. AURELL, « La Parenté de l'An Mil », *art. cit.*, p. 132-134. J. C. HOLT, « Feudal Society and the Family, 2 : Notions of Patrimony », *TRHS*, 33 (1983), p. 204-205.

16 K. LEYSER, « The German Aristocracy from the Ninth to the Early Twelfth Century », *Speculum*, 41 (1968), p. 34. J. C. HOLT, « Feudal Society and the Family, 3 : Patronage and Politics », *TRHS*, 34 (1984), p. 5. J. MORSEL, « Le médiéviste, le lignage et l'effet de réel. La construction du *Geschlecht* par l'archive en Haute-Allemagne à partir de la fin du Moyen Âge », *Revue de Synthèse*, 125 (2004), p. 83-110.

17 D. BARTHELEMY, *La Société dans le comté de Vendôme : de l'an mil au XIVe siècle*, Paris, 1993, p. 514 ou p. 545-546. C. B. BOUCHARD, « Family Structure and Family Consciousness among the Aristocracy in the Ninth to Eleventh Centuries », *Francia*, 14 (1986), p. 649.

18 K. LEYSER, « The German aristocracy », *art. cit.* G. ALTHOFF, *Family, Friends, op. cit.*, p. 26. R. LE JAN, « Continuity and change in the tenth-century nobility », in A. DUGGAN (éd.), *Nobles and nobility in medieval Europe*, Woodbridge, 2000, p. 53-57. A. GUERREAU-JALABERT, « Sur les structures de parenté dans l'Europe médiévale », *Annales. Économies, Sociétés, Civilisations*, 6 (1981), p. 1028-1049, p. 1039-1040. L. LELEU, *Semper patrui, op. cit.*, p. 470-471. J. C. HOLT, « Feudal Society and the Family, 4 : The Heiress and the Alien », *TRHS*, 35 (1985), p. 1-28. D. BATES, *Normandy before 1066*, Londres,

130 CHAPITRE 4

cognatique avec des inflexions agnatiques plus ou moins nettes qui se dessine pour l'ensemble de la période[19].

D'un point de vue méthodologique, l'imprécision de Schmid au regard des exigences terminologiques des anthropologues de la parenté a aussi été relevée[20]. La réponse à cette objection a eu lieu à partir des années 1980, avec l'articulation croissante de l'anthropologie de la parenté et de l'histoire de la famille[21]. L'étude de la terminologie utilisée dans la documentation révèle ainsi que la parenté est « concentrique », avec d'un côté, les parents assez proches pour que leur rôle soit précisément défini par un terme propre et ceux qui sont plus éloignés et donc décrits selon des termes génériques[22]. Ont également été précisés es liens établis entre les trois ensembles qu'étaient le cousinage (cognatique, *kindred*, *Sippe*), le lignage (généralement agnatique, *lineage*, *Geschlecht, stirps*) et la maisonnée (*household, Familie, familia*)[23]. Grâce à ces études, nous savons que la parenté se déploie de façon fluide autour d'*Ego*, chaque individu ayant une parentèle propre selon les alliances conclues à la génération précédente[24]. Au sein de cet ensemble, les contours s'adaptent en fonction des besoins et des enjeux (héritage, faide, commémoration, amitié, etc.)[25]. Cette distinction entre « parenté

1982, p. 111-121. P. BAUDUIN, « Observations sur les structures familiales de l'aristocratie normande au XIe siècle », in D. BATES (éd.), *Liens personnels, réseaux, solidarités en France et dans les îles britanniques (XIe-XXe siècle)*, Paris, 2006, p. 15-28.

19 D. BULLOUGH, « Early Medieval Social Groupings : The Terminology of Kinship », *Past & Present*, 45 (1969), p. 3-18, p. 13-14. D. HERLIHY, « The Making of the Medieval Family », *Journal of Family History*, 8 (1983), p. 122. P. TOUBERT, « Le moment carolingien (VIIIe-Xe siècle) », in H. BRESC *et al.*, *La Famille occidentale au Moyen Âge*, Bruxelles, 2005 [1986], p. 144-154. A. GUERREAU-JALABERT, « La Parenté dans l'Europe médiévale et moderne : à propos d'une synthèse récente », *L'Homme*, 29/110 (1989), p. 69-93, p. 73-74. R. LE JAN, *Famille et pouvoir, passim*, mais p. 224-250 pour la question des noms. St. AIRLIE, « The aristocracy », in *New Cambridge, vol. II, p.* 442. M. AURELL, « La Parenté de l'An Mil », *art. cit.*, p. 129. L. LELEU, *Semper patrui, op. cit.*, p. 471-471.

20 G. DUBY et J. LE GOFF, *Famille et parenté dans l'Occident médiéval*, Rome, 1977.

21 J. GOODY, *The Development of the Family and Marriage in Europe*, Cambridge, 1983.
   A. GUERREAU-JALABERT, « La désignation des relations et des groupes de parenté », *Archivum Latinitatis Medii Aevi*, 46 (1988), p. 65-108. R. LE JAN, *Famille et pouvoir, op. cit.*, p. 159-178. L. LELEU, *Semper patrui, op. cit.*, p. 151-310. Voir aussi les remarques ponctuelles sur la terminologie dans A. GUERREAU-JALABERT, « Sur les structures de parenté », *art. cit.*, p. 1030, sur « parenté » et « famille », EAD., « La Parenté dans l'Europe », *art. cit.*, p. 71-72, sur « lignage ». Des débats sur le sujet ont également opposé Donald Bullough et Karl Leyser à propos des termes *agnatio* et *cognatio* (K. LEYSER, « The German Aristocracy », *art. cit.* D. BULLOUGH, « Early Medieval Social Groupings », *art. cit.* K. LEYSER, « Maternal Kin in Early Medieval Germany. A Reply », *Past & Present*, 49 (1970), p. 126-134).

22 R. LE JAN, *Famille et pouvoir, op. cit.*, p. 168 sq.

23 *Ibid.*, p. 331-332. R. FOSSIER, « Rural economy », *loc. cit.*, p. 31-32. M. AURELL, « La Parenté de l'An Mil », *art. cit.*, p. 128.

24 A. C. MURRAY, *Germanic Kinship Structure, op. cit.*, p. 11-32. A. GUERREAU-JALABERT, « La Parenté dans l'Europe », *art. cit.*, p. 73-74. EAD., « Observations sur la logique sociale des conflits », in M. AURELL (éd.), *La Parenté déchirée*, Turnhout, 2010, p. 413-429, p. 416. C. B. BOUCHARD, « Conclusions : Family Structure and the Year 1000 », in *Those of my blood*, Philadelphia, 2001, p. 175-180, p. 180.

25 D. BULLOUGH, « Early Medieval Social Groupings », *art. cit.* K. LEYSER, « Maternal Kin », *art. cit.* C. B. BOUCHARD, « Family Structure », *art. cit.* J. C. HOLT, « Feudal Society, 3 », *art. cit.*, p. 11-12, 14-15. P. STAFFORD, *Unification and Conquest, op. cit.*, p. 163-164. P. J. GEARY, « Exchange and

réelle » et « parenté vécue[26] », entre « parenté objective » et « parenté pratique[27] », entre parenté objective et « parenté symbolique[28] », en un mot entre « parenté théorique » et « parenté pratique[29] », est un élément capital qui permet d'échapper aux logiques classificatoires, théoriques ou juridiques, afin de se concentrer sur les pratiques concrètes du groupe familial[30]. Les analyses de l'histoire anthropologique ont confirmé la fonction sociale du groupe constitué par cette « parenté pratique » : protéger ses membres et leur apporter soutien et solidarité[31].

Dans le même temps, les familles aristocratiques faisaient reposer leur légitimité sur une origine plus ou moins mythique, mais généralement ancienne et si possible prestigieuse. On parle avec Bourdieu de « généalogie officielle[32] ». Ce type de constructions a été identifié dans de nombreux cas au Moyen Âge, pour l'aristocratie carolingienne[33], pour les branches de la dynastie capétienne[34], pour les Plantagenêt et leur lien avec le monde arthurien[35], pour les principales familles scandinaves et islandaises[36], au point d'être considéré comme un fait culturel aussi central que l'étymologie dans les structures mentales du temps[37].

Interaction », *loc. cit.*, p. 79-80. R. Le Jan, *Famille et pouvoir, op. cit.*, p. 382-387. L. Leleu, *Semper patrui, op. cit.*, p. 345 sq. Ead., « La famille aristocratique et ses ancêtres en Germanie ottonienne. Revendication et dissimulation des liens de parenté », *Hypothèses*, 1 (2006), p. 26.

26 L. Leleu, *Semper patrui, op. cit.*

27 D. Lett, « Les Frères et soeurs, 'parents pauvres' de la parenté », *Médiévales*, 54 (2008), p. 6-7.

28 R. Le Jan, *Famille et pouvoir, op. cit.*, p. 382 sq.

29 P. Bourdieu, *Le sens pratique*, Paris, 1980, p. 59-60.

30 Une analyse fondée sur la seule terminologie ou les règles de succession pose problème dans la mesure où les formes de parenté ainsi déterminées sont théoriques et non « sociologiques ». E. R. Leach, *Critique de l'anthropologie*, Paris, 1968, p. 93. B. Phillpotts, *Kindred and clan in the middle ages and after*, Cambridge, 1913, p. 216, note 2. D. Bullough, « Early Medieval Social Groupings », *art. cit.*, p. 15. G. Pfeffer, « The Vocabulary of Anglo-Saxon Kinship », *L'Homme*, 27/103 (1987), p. 114.

31 M. Bloch, *La société féodale*, Paris, 1978 [1939], p. 183-208. R. Le Jan, *Famille et pouvoir, op. cit.*, p. 225-262. Ead., *La Société, op. cit.*, p. 239. G. Althoff, *Family, Friends, op. cit.*, p. 23, 59-61. I. Real, « Représentations et pratiques des relations fraternelles », in S. Cassagnes-Brouquet et M. Yvernault (éd.), *Frères et soeurs*, Turnhout, 2007, p. 73-93. L. Leleu, *Semper patrui, op. cit.*, p. 661 sq. Ces fonctions n'ont pas lieu d'être remises en cause en Angleterre. D. Whitelock, *The beginnings of English Society*, Londres, 1962, p. 39. L. Lancaster, « Kinship 1 », *art. cit.*, p. 234. Ead., « Kinship 2 », *art. cit.*, p. 368-372. Stenton, *ASE*, p. 315-318. J. C. Holt, « Feudal Society, 3 », *art. cit.*, p. 8-10.

32 P. Bourdieu, « La parenté comme représentation et comme volonté », in *Esquisse d'une théorie de la pratique*, Genève, 1972, p. 71-151.

33 R. Le Jan, *Famille et pouvoir, op. cit.*, p. 38-45. C. B. Bouchard, « The Carolingian creation of a model of patrilineage », in C. M. Chazelle et F. Lifshitz (éd.), *Paradigms and methods in early medieval studies*, New York, 2007, p. 140-141, 146-147.

34 B. Guenée, « Les Généalogies », *art. cit.*

35 Fr. Ingledew, « The Book of Troy and the Genealogical Construction of History : The Case of Geoffrey of Monmouth's *Historia regum Britanniae* », *Speculum*, 69 (1994), p. 665-704.

36 U. Bragason, « The Politics of Genealogies in Sturlunga Saga », in J. Adams et K. Holman (éd.), *Scandinavia and Europe 800-1350*, Turnhout, 2004, p. 309-321.

37 R. H. Bloch, *Etymologies and genealogies : a literary anthropology of the French Middle Ages*, Chicago, 1983. Id., « Genealogy as a Medieval Mental Structure and Textual Form », in *Grundriß der romanischen Literaturen des Mittelalters*, 11, Heidelberg, 1986, p. 135-156.

132 CHAPITRE 4

Pour les anthropologues, le nom marque l'entrée dans la parenté[38], les règles qui en encadrent l'usage faisant du nom une commémoration des noms portés dans la même famille[39], souvent de grand-père en petit-fils[40]. Une telle circulation des noms permettait le maintien de l'identité du groupe familial[41], mais accompagnait aussi la transmission d'une partie du patrimoine matériel[42]. En conséquence de l'importance de ces enjeux, des règles strictes accompagnaient la dation du nom aux nouveau-nés. Par contraste, l'appropriation de noms appartenant à un groupe différent pouvait constituer un préliminaire pour l'appropriation de leur héritage[43].

Marc Bloch entrevit dès les années 1930 la richesse de l'étude anthroponymique et ses liens avec l'identité familiale[44]. À la fin de la décennie, Henry Woolf démontra l'usage courant, en particulier en Angleterre, d'un mode de dévolution du nom au sein des groupes familiaux par allitération, puis par variation, et enfin, par transmission des noms entiers, avant que n'apparaisse le surnom/nom de famille[45]. C'est avec les travaux de Schmid et ses disciples que les *Namenforschungen* devinrent incontournables[46]. L'étude des grands *libri vitae* montre que chaque famille aristocratique possédait un stock restreint de noms-souches (*Leitnamen*), ce qui faisait du nom un marqueur d'appartenance et une preuve de la conscience dynastique (*Sippenbewußtsein*) de ces groupes[47]. Ainsi, le nom était à la fois prénom (*Vorname*) et nom de famille (*Sippename*)[48]. Ces noms étaient propriété du groupe et ouvraient des droits à l'héritage des biens, des honneurs ou des fonctions. Progressivement, entre le Vᵉ et le XIᵉ siècle, le système de la variation a laissé la place à la transmission de noms complets (*Nachbenennung*)[49]. Ces noms étaient prioritairement ceux des

---

38 L. LEVY-BRÜHL, *Les fonctions mentales, op. cit.*, p. 408. R. FIRTH, « Bilateral Descent Group : an Operational Viewpoint », in I. SCHAPERA (éd.), *Studies in Kinship and Marriage*, Londres, 1963, p. 22-37. P. ERNY, « Le nom dans la tradition africaine », *art. cit.*

39 M. V. SEEMAN, « The unconscious meaning of personal names », *Names*, 31 (1983), p. 237-244.

40 E. BENVENISTE, *Vocabulaire des institutions européennes*, Paris, 1969, p. 234.

41 M. MITTERAUER, *Ahnen und Heilige, op. cit.*, p. 367-403.

42 Chr. BROMBERGER, « Pour une analyse anthropologique », *art. cit.*, p. 113-117. ID., « Choix, dation et règles d'utilisation des noms propres dans une commune de l'Hérault : Bouzigues », *Le Monde Alpin et Rhodanien*, 1/2 (1976), p. 133-151.

43 B. VERNIER, « La circulation des biens », *art. cit.*

44 M. BLOCH, « Noms de personne », *art. cit.*, p. 69.

45 H. B. WOOLF, *The old Germanic principles, op. cit.*

46 K. F. WERNER et M. HEINZELMANN, « Liens de parenté et noms de personne : un problème historique et méthodologique », in *Famille et parenté, op. cit.*, p. 13-34. R. LE JAN, « Personal names and the transformation of kinship », in G. BEECH, M. BOURIN et P. CHAREILLE (éd.), *Personal Names Studies of Medieval Europe*, Kalamazoo, 2002, p. 31-50.

47 H.-W. KLEWITZ, « Namengebung und Sippenbewußtsein in den deutschen Königsfamilien des 10.-12. Jahrhunderts », *Archiv für Urkundenforschung*, 18 (1944), p. 23-37. J. WOLLASCH, « Societas et Fraternitas : Begründung eines kommentierten Quellenwerkes zur Erforschung der Personen und Personengruppen des Mittelalters », *Frühmittelalterliche Studien*, 225 (1975), p. 529-571. ID. et K. SCHMID, « The structure of the nobility », *loc. cit.*, p. 44. ID., « Zur Problematik von Familie », *art. cit.*

48 ID., « Über das Verhältnis von Person und Gemeinschaft im früheren Mittelalter », *Frühmittelalterliche Studien*, 1 (1967), p. 233.

49 L'explication du fonctionnement de ces différents « modes de transmission du nom » apparaît ci-dessous dans la partie ainsi nommée.

personnalités les plus marquantes du groupe familial (*Stammname*)[50]. Ces études ont été complétées en France par les travaux de Régine Le Jan. Selon elle, le nom fait partie de l'*hereditas* nobiliaire : il légitime le pouvoir des membres d'un groupe et se transmet de façon cognatique, jusqu'au troisième degré de parenté, sans suivre de règle arrêtée[51]. Les études portant sur les XIe et XIIe siècles, en particulier en France, n'ont pas remis en question le caractère primordial de l'identité familiale et l'importance du nom dans le maintien de cette dernière[52]. En ce sens, le choix de la transmission ou non d'un nom lignager à un aîné ou un cadet[53], la transmission prioritaire du nom de grand-père à petit-fils[54] ou de père en fils[55], la possibilité de changer de nom en cas de disparition de l'aîné[56], le fait d'attacher un nom à un droit[57] ou la transformation progressive des surnoms en patronymes[58] ont été mis en évidence.

II. La transmission du nom

Dans *La Société féodale*, Marc Bloch suggère qu'il n'existe pas de règles spécifiques pour la transmission des noms dans les familles aristocratiques, notamment anglo-saxonnes, à notre période[59]. Cecily Clark indique quelques années plus tard que la famille avait un rôle fondamental dans la transmission du patrimoine onomastique à la même époque, mais sans préciser quelles en étaient les règles[60].

Nous nous proposons de mettre en évidence les différentes solutions qui existaient pour transmettre les noms, avant d'interroger les évolutions et disparités du système.

---

50 H.-W. GOETZ, « Zur Namengebung in der alamannischen Grundbesitzerschicht der Karolingerzeit. Ein Beitrag zur Familienforschung », *Zeitschrift für die Geschichte des Oberrheins*, 133 (1985), p. 1-41. M. MITTERAUER, *Ahnen und Heilige, op. cit.*, p. 230-233.

51 R. LE JAN, *Famille et pouvoir, op. cit.*, p. 183-185.

52 P. BECK, « Le nom protecteur », *art. cit.*, § 3 et § 11. M. BOURIN et P. CHAREILLE, « Le choix anthroponymique : entre hasards individuels et nécessités familiales », in *GMAM, Tome III*, p. 220, 227.

53 B. BARRIERE, « La dénomination », *loc. cit.* O. TROTIGNON, « Hiérarchie sociale et dévolution généalogique du nom dans le Berry méridional », in *GMAM, Tome III*, p. 81-87.

54 P. BECK, « De la transmission du nom et du surnom en Bourgogne à la fin du Moyen Âge (X[e]-XVe siècles) », in *GMAM, Tome III*, p. 123-141.

55 M. MOUSNIER, « Transmission anthroponymique en Gascogne toulousaine (seconde moitié du XIIe siècle) », in *GMAM, Tome III*, p. 155-170.

56 E. KRAWUTSCHKE et G. BEECH, « Le choix du nom d'enfant en Poitou (XIe-XIIe siècle) : l'importance des noms familiaux », in *GMAM, Tome III*, p. 143-154.

57 J. MORSEL, « Changements anthroponymiques et sociogénèse de la noblesse en Franconie à la fin du Moyen Âge », in *GMAM, Tome III*, p. 114.

58 P.-H. BILLY, « Nommer à Toulouse aux XIe-XIVe siècles », in *GMAM, Tome III*, p. 171-189. P.-A. SIGAL, « La transmission des patronymes provençaux dans quelques textes hagiographiques provençaux de la fin du XIIIe et du XIVe siècle », in *GMAM, Tome III*, p. 211-215.

59 M. BLOCH, *La société féodale, op. cit.*, p. 81.

60 C. CLARK, « Socio-Economic Status », *loc. cit.*, p. 101-102, note 7.

134   CHAPITRE 4

Les modes de transmission du nom

Dans un ouvrage pionnier, à la fin du XIXe siècle, Searle proposait une rapide réflexion sur la transmission de thèmes nominaux entre parents et enfants[61]. Henry Woolf a ensuite approfondi cette idée, signalant que parmi les « principes bien définis pour le choix des noms, les plus importants étaient l'allitération, la variation et la répétition[62] ». Depuis, ces principes n'ont pas été remis en cause[63].

On parle d'allitération, quand une même lettre se répète, au début du nom de deux individus liés. Elle est attestée dans les sources poétiques, mais aussi dans les familles royales, comme celle du Wessex[64]. Ainsi, le roi E̱dgar a pour fils le roi Æthelred. Selon nos propres calculs, 18 % des liens de filiation et 28 % des relations de consanguinité sont manifestés par l'usage de l'allitération. L'allitération est difficile à analyser, dans la mesure où la part du hasard peut aisément jouer, l'alphabet vieil anglais ne comptant que vingt-deux consonnes, en plus des voyelles qui allitèrent entre elles[65].

Lorsque des thèmes nominaux circulent entre deux individus, on parle de variation[66]. On parle de *front-variation* lorsque le deutérothème est transmis (*Ælf-red / Æthel-red*) et de *end-variation* lorsque le protothème est transmis (*Ead-gar / Ead-mund*). Quand elle fonctionne avec un des deux parents, on parle de *single variation* (*Wig-mund* fils de *Wig-laf* et de *Cyne-thryth*) ; quand c'est avec les deux, ce qui est rare, on parle de *double variation* (*Wulf-stan*, fils de *Wulf-gifu* et d'*Æthel-stan*)[67]. La variation est courante sur le continent et en Islande[68], mais aussi en Angleterre[69]. Ainsi, le roi *Ead-mund* a pour frère *Ead-red* et pour fils *Ead-wig* et *Ead-gar*. Selon nos calculs, 25 % des liens de filiation et 22 % des relations de consanguinité sont manifestés par l'usage de la variation. La variation constitue un « système à la fois ouvert et fermé, permettant de ménager une forme de discontinuité entre les individus et une continuité dans les lignes de descendance et les groupes familiaux[70] ». De la sorte, il permet de

---

61 W. G. Searle, *Onomasticon Anglo-Saxonicum*, Cambridge, 1897, p. XIII-XIV.

62 H. B. Woolf, *The old Germanic principles, op. cit.*, p. 1.

63 H. Gneuss, « The Old English language », in *The Cambridge Companion to Old English Literature, op. cit.*, p. 51. S. D. Keynes, « A note on Anglo-Saxon personal names », *loc. cit.*, p. 21.

64 H. B. Woolf, *The old Germanic principles, op. cit.*, p. 118 (pour les familles aristocratiques), p. 148, p. 152, 158 (à propos de *Beowulf*), p. 250 (pour une synthèse) et p. 84 (pour le Wessex). D. E. Beeaff, « Ælfræd and Haranfot », *art. cit.*, p. 689, compte 22 individus sur 23 vérifiant ce principe dans la même dynastie.

65 F. Mosse, *Manuel de l'anglais du Moyen Âge des origines au XIVe siècle*, Paris, 1955³, t. I, p. 54 et p. 179.

66 H. B. Woolf, *The old Germanic principles, op. cit.*, p. 2-3.

67 La *double variation* est rare et souvent jugée archaïque. M. Mitterauer, *Ahnen und Heilige, op. cit.*, p. 380. R. Le Jan, *Famille et pouvoir, op. cit.*, p. 194, 225-226. L'exemple cité est donné par William of Malmesbury, *Vita Wulfstani*, Livre I, ch. II, p. 14 : *Puero Wlstanus uocabulum datum, ex anteriore materni et ex posteriore paterni nominis compositum*. Voir les références faites à ce sujet par H. B. Woolf, *The old Germanic principles, op. cit.*, p. 2, D. E. Beeaff, « Ælfræd and Haranfot », *art. cit.*, p. 689. E. Okasha, *Women's Names, op. cit.*, p. 110.

68 R. Le Jan, *Famille et pouvoir, op. cit.*, p. 232. *EAD.*, « Dénomination, Parenté et Pouvoir », *loc. cit.*, p. 206-214. G. Tassin, « La tradition du nom », *art. cit.*, p. 69.

69 H. B. Woolf, *The old Germanic principles, op. cit.*, p. 119.

70 N. Barley, « Perspectives on Anglo-Saxon Names », *art. cit.*, p. 5-6.

renforcer la cohésion familiale, en donnant aux porteurs un signe d'appartenance dans le cadre de la filiation et de la fratrie[71], mais sans violer le tabou qui porte sur le nom des vivants et des morts[72]. Néanmoins, si la variation permet la reconnaissance familiale, il ne donne pas la possibilité aux acteurs de prendre conscience d'une continuité réelle avec des ancêtres plus lointains[73].

La répétition (*Nachbenennung*) consiste à reprendre l'intégralité du nom d'un parent, généralement prestigieux[74]. Il s'agissait d'abord de remplacer un mort, de le « refaire », en attribuant son nom à un enfant du même groupe[75]. Cette transmission est associée à la légitimité d'un héritage. On l'observe chez les Mérovingiens, mais il se généralise chez les Carolingiens et devient courant dans l'aristocratie continentale et islandaise à compter du xe siècle[76]. Pour Schmid, la transmission de tels noms au sein d'un groupe constituerait la preuve éclatante du caractère désormais agnatique des groupes familiaux, tout en manifestant l'affirmation de la primogéniture masculine[77]. Cette mode existe en Angleterre, mais elle est rarissime dans les cas de filiation[78] et ne concerne que 2 % des relations de consanguinité.

Après cette rapide présentation des modes de transmission du nom, il semble difficile de s'accorder avec l'idée émise par Bloch. Évidemment, le résultat total reste modeste, puisque la totalité des liens, par allitération, variation ou répétition, représente

---

71 R. LE JAN, *Famille et pouvoir, op. cit.*, p. 193-200.

72 M. MITTERAUER, « Zur Nachbennenung nach Lebenden und Toten in Fürstenhäusern des Frühmittelalters », in F. SEIBT (éd.), *Gesellschaftsgeschichte*, Munich, 1988, p. 386-399. R. LE JAN, « Dénomination, Parenté et Pouvoir », *loc. cit.*, p. 231-232. H.-W. GOETZ, « *Nomen Feminile*. Namen und Namengebung der Frauen im frühen Mittelalter », *Francia*, 23 (1996), p. 100-101.

73 R. LE JAN, *Famille et pouvoir, op. cit.*, p. 229.

74 H. B. WOOLF, *The old Germanic principles, op. cit.*, p. 2-3. A. J. GOUREVITCH, *La Naissance de l'individu, op. cit.*, p. 72.

75 Pour les exemples bibliques qui valident ce modèle, voir Gn 48 :16, Dt 25 :5-9, Mt 2 :1-23, Mt 14 :6-11 et Lc 1 :18-25. Leur traduction dans ÆLFRIC OF EYNSHAM, *AT*, p. 86, 166, *CH*, Série n°1, Homélie n°32, p. 478 (Hérode), *CH*, Série n°1, Homélie n°25, p. 354 (Jean Baptiste) et *LS*, Homélie n°10, l. 200-201 (Pétronille, fille de l'apôtre Pierre). Pour la transmission de cet usage romain aux Germains, voir R. LE JAN, « Dénomination, Parenté et Pouvoir », *loc. cit.*, p. 229-230. E. EWIG, « Die Namengebung bei den ältesten Frankenkönigen und im merowingischen Königshaus. Mit genealogischen Tafeln und Notizen », *Francia*, 18 (1991), p. 41. Pour la tradition italienne, voir Chr. KLAPISCH-ZUBER, « Le nom 'refait' », *art. cit.*

76 E. EWIG, « Die Namengebung », *art. cit.*, p. 41-43. R. LE JAN, *Famille et pouvoir, op. cit.*, p. 180-182. *EAD.*, « Dénomination, Parenté et Pouvoir », *loc. cit.*, p. 230-233. G. TASSIN, « La tradition du nom », *art. cit.*, p. 69 et p. 76.

77 A. GUERREAU-JALABERT, « Sur les structures de parenté », *art. cit.*, p. 1043.

78 H. B. WOOLF, *The old Germanic principles, op. cit.*, p. 119. Quatre cas sont identifiables : Eadgifu, fille d'Eadgifu et d'Edward l'Aîné (*De S. Eadburga siue Edburga, Acta SS. Junii Tomus Secundus*, p. 1070-1071), Edmund, fils d'Edmund Flanc-de-Fer (JOHN OF WORCESTER, *sub anno* 1017. WILLIAM OF MALMESBURY, *GR*, Livre II, ch. CLXXX, § 10), Gospatric, fils de Gospatric (SYMEON OF DURHAM, *DOD*, p. 217. SYMEON OF DURHAM, *De Northymbrorum comitibus*, éd. Th. Arnold, *op. cit.*, p. 383) et Ralph, fils de Ralph (*ASC D*). Au sujet de ce dernier, voir A. WILLIAMS, « The king's nephew », in Chr. HARPER-BILL, C. J. HOLDSWORTH et J. L. NELSON (éd.), *Studies in medieval history presented to R. Allen Brown*, Woodbridge, 1989, p. 327-343.

136 CHAPITRE 4

à peine la moitié des liens de filiation et de parenté connus, de sorte que, si ces règles ne sont pas automatiques et systématiquement utilisées, elles existent néanmoins.

Évolutions et disparités

Selon Woolf, en Angleterre, la variation l'emporte sur les autres pratiques, suite à un essor au xe siècle[79]. Pour lui, la variation est omniprésente, persistante et hégémonique[80]. Les chiffres que nous avons avancés plus haut (20 % de variation entre parents consanguins) permettent d'emblée de nuancer cette appréciation initiale. Olof von Feilitzen signale, pour le même xie siècle, que ces pratiques se maintinrent « dans une certaine mesure[81] » et Woolf lui-même apporte une curieuse nuance, en signalant son déclin du fait de la présence des Scandinaves et des Normands en Angleterre[82].

En prenant en considération la totalité des liens de consanguinité recensés, on observe une diminution régulière du taux de transmission des noms, quel qu'en soit le moyen (allitération, variation ou répétition), avec un taux de 80 % au début du xe siècle et un taux légèrement supérieur à 30 % à la fin du siècle suivant. Si l'on se concentre sur le seul taux de variation, la progression est exactement la même, puisque l'on passe de 30 % à moins de 10 % pendant le même laps de temps. En conséquence, l'âge d'or de la variation, comme de l'allitération, se situe au xe siècle[83], tandis que la répétition est marginale pendant ces deux siècles, quoi qu'elle connaisse une progression elle aussi linéaire[84].

Non seulement la variation ne se maintient pas d'une façon stable pendant la période, accusant au contraire un réel déclin, mais l'allitération a plutôt tendance à se défendre contre cette dernière. Dans ce contexte, les conclusions et les explications invoquées par Woolf semblent caduques. En effet, ce dernier prétend que la présence d'autres populations, notamment scandinaves, aurait désorganisé les principes de transmission du nom des peuples anglo-saxons.

À défaut, l'origine scandinave de nouveaux noms apparus dans les sources au tournant de l'An Mil a-t-il un impact sur la façon de transmettre ce type de matériau au sein des groupes de parenté ? Une telle étude en fonction du critère linguistique pose une grande difficulté méthodologique, dans la mesure où l'échantillon disponible pour les paires de noms scandinaves (et continentaux) est nettement moins important que ce dont nous disposons pour les noms anglo-saxons. En conséquence, le résultat mérite d'être nuancé, même si le taux de transmission entre deux individus portant

---

79 H. B. WOOLF, *The old Germanic principles*, op. cit., p. 110. St. WILSON, *The Means of Naming*, op. cit., p. 76.

80 H. B. WOOLF, *The old Germanic principles*, op. cit., p. 252.

81 O. VON FEILITZEN, *Pre-Conquest Personal Names*, op. cit., p. 31.

82 H. B. WOOLF, *The old Germanic principles*, op. cit., p. 95. P. A. CLARKE, *The English Nobility*, op. cit., p. 141-144.

83 Plus de 50 % d'allitérations au début du xe siècle et près d'un tiers de variation au début et au milieu du siècle.

84 Passage de 0,5 % à 3,1 % au cours des deux siècles.

Graphique 9. *Évolution des modes de transmission du nom entre parents consanguins à la fin de la période anglo-saxonne*

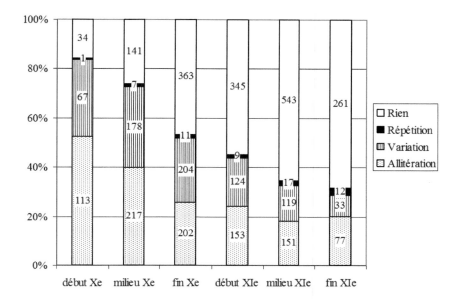

un nom anglo-saxon se monte à 65 %, alors qu'il tourne autour de 20 % pour les paires d'individus portant des noms norrois ou continentaux[85].

Le taux de variation étant plus faible pour les noms d'origine exogène, peut-être observerait-on une stabilité dans l'usage de la variation en limitant l'analyse aux seuls noms d'origine anglo-saxonne… Qu'en est-il ? En procédant à ce nouveau calcul, nous obtenons, en réalité, le même résultat : la transmission du nom accuse un décrochage fort entre le milieu et la fin du Xe siècle, c'est-à-dire avant même la conquête du royaume par Cnut et l'implantation de nouveaux colons danois. C'est ainsi entre le milieu et la fin du Xe siècle (-6,9 points) et entre le milieu et la fin du XIe siècle (-7,4 points) que les reculs de la variation sont les plus forts. Si ces deux périodes correspondent vaguement au moment que les Vikings et les Normands choisirent pour menacer militairement l'Angleterre, il serait excessif de considérer que ces événements (et notamment le premier) eurent un impact si rapide sur les modes de transmission du nom. Or, au cours du XIe siècle, le niveau global de la transmission du nom (tous moyens compris) est d'une grande stabilité : 51,6 % au début du siècle, 45,2 % au milieu et 46,6 % à la fin, ce qui laisse à penser que la présence danoise durable n'entraîna pas de changements radicaux. Ainsi, quoique

---

85 Le cas des langues « celtiques » est à mettre à part dans ce graphique, puisqu'il repose presque exclusivement sur les cas de *Nachbenennung* du *Leitname* Gospatric dans la famille des Uhtredsons.

Graphique 10. *Part relative des modes de transmission du nom entre consanguins dans les différentes langues représentées en Angleterre à la fin de la période anglo-saxonne*

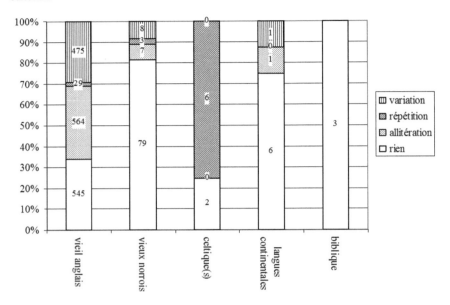

l'usage de la variation et de l'allitération soit plus habituel chez les individus portant des noms anglo-saxons, le déclin que l'on peut observer dans l'usage de ces modes de transmission ne peut être imputé au second âge viking ou à l'arrivée des Normands, dans la mesure où il précède ces événements.

Woolf affirmait également que la variation était présente d'une façon homogène sur le territoire du royaume. Pour revenir sur son assertion, nous avons tenté de situer ces pratiques dans l'espace[86]. Dans la zone du Wessex, qui regroupe en fait la plupart des membres de la famille royale, les principes de la transmission du nom sont très forts, alors que d'autres zones connaissent un niveau beaucoup plus faible en la matière (*Five Boroughs*). Entre ces extrêmes, le reste du royaume connaît des taux assez proches, entre 35 et 55 %.

L'analyse du seul taux de variation laisse apparaître pour sa part une opposition entre le sud-ouest du royaume[87] et le Danelaw[88]. Ce sont donc les zones les plus

---

86 Nous avons retenu comme lieu d'action l'espace dans lequel la personne possédait des domaines ou, à défaut, la zone dans laquelle elle exerçait une influence ou une charge. Lorsque ces informations font défaut, nous avons considéré que la personne était active dans la zone couverte par le document qui la mentionne. Afin d'atteindre une masse critique d'enregistrement, nous avons regroupé les comtés en régions.
87 Sud-est (42 %), Wessex (29,3 %), Sud-ouest (21,6 %), West Midlands (21,6 %).
88 Entre 16 % et 21 % en East Anglia, dans les East Midlands et les Five Boroughs. 6,7 % en Northumbrie.

Graphique 11. *Évolution de la part des modes de transmission des noms anglo-saxons*

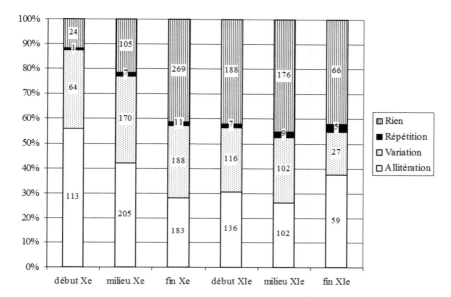

touchées par le premier âge viking qui affichent les taux les plus faibles de variation, peut-être parce que les effets de mode se calquaient sur des formes de transmission du nom différentes de celles que l'on connaissait dans les zones soumises à l'autorité des rois de Winchester, mais sans doute parce que le taux de variation était lui-même beaucoup plus faible lorsque la langue dans laquelle le nom était forgé n'était pas le vieil anglais[89].

Le recoupement des critères chronologiques et géographiques ne permet pas de tirer de conclusions fructueuses[90]. Si la zone capitale se distingue par la force de la transmission du nom au Xe siècle, c'est aussi la zone qui connaît l'effondrement le plus significatif de ces modes au siècle suivant, au même titre que la plupart des régions du sud (sud-est, West Midlands, East Midlands, East Anglia), tandis que la transmission du nom, au contraire, se renforce en Northumbrie. En somme, contrairement à ce qu'affirmait Woolf, la transmission du nom se renforce au XIe siècle dans la zone où l'influence scandinave est supposée avoir été la plus forte, tandis qu'elle faiblit visiblement dans la zone où elle fut moindre.

---

89 Nous savons que les noms d'origine scandinave étaient nettement plus nombreux dans le nord-est de l'Angleterre. Voir chapitre 6, *infra*.
90 Dans le sud-ouest, dans les Five Boroughs, dans le sud-est au XIe siècle ou en Northumbrie au Xe siècle, l'échantillon est trop faible pour que l'on puisse défendre coûte que coûte ce constat. En revanche, les données pour le Wessex et même pour les East Midlands et l'East Anglia sont suffisamment conséquentes pour que nos conclusions fassent sens.

CHAPITRE 4

Tableau 3. *Répartition géographique des principales formes de transmission du nom dans la parenté consanguine (X^e-XIe siècles)*

	Allitération	Variation	Répétition	Rien	Total	Part de la tradition
Sud-Ouest	13	19	0	56	88	36,36 %
Wessex	318	229	13	221	781	71,70 %
Sud-Est	10	43	1	48	102	52,94 %
West Midlands	52	43	1	103	199	48,24 %
East Midlands	92	73	5	222	392	43,37 %
East Anglia	74	77	6	214	371	42,32 %
Five Boroughs	2	6	1	27	36	25,00 %
Northumbrie	83	20	12	183	298	38,59 %
À l'étranger	2	2	1	45	50	10,00 %
Total	647	512	40	1119	2317	51,70 %

Ainsi, la thèse souvent réaffirmée par Woolf selon laquelle la présence du matériau onomastique scandinave aurait troublé les habitudes anthroponymiques anglo-saxonnes[91] ne peut être validée. Au contraire, elle peut avoir joué un rôle pour renforcer le recours à l'allitération dans le nord du royaume. Parallèlement, tous les modes de transmission du nom sont présents autour de la capitale royale.

Woolf soutient ainsi que l'utilisation récurrente de la variation dans la famille royale au Xe siècle était représentative des traditions du commun[92]. Néanmoins, quelques pages plus loin, il souligne que les serfs d'Hatfield[93] utilisaient couramment l'allitération et la variation, mais qu'ils ne recouraient pas à la répétition du nom qui, pour sa part, était habituelle dans la famille aristocratique des Uhtredsons[94], mais aussi dans la famille royale[95]. Il en déduit une forme d'asymétrie sociale, avec un usage de la variation plus commune et plus précoce chez les membres de l'élite[96]. L'hypothèse sous-jacente d'une asymétrie des principes de transmission du nom a

---

91 H. B. WOOLF, *The old Germanic principles, op. cit.*, p. 108-109, 119, 252.

92 H. B. WOOLF, *The old Germanic principles, op. cit.*, p. 70.

93 D. A. E. PELTERET, « Two Old English Lists of Serfs », *Mediaeval Studies*, 48 (1986), p. 470-513.

94 H. B. WOOLF, *The old Germanic principles, op. cit.*, p. 137-141.

95 Ce sont les régions du nord qui arrivent en tête, avec 2,8 % dans les Five Boroughs et 4 % en Northumbrie, puis viennent le Wessex, les East Midlands et l'East Anglia, avec 1,7, 1,3 et 1,6 %. Les autres valeurs sont très faibles, avec moins d'1,5 % et même aucun cas recensé pour le sud-ouest du royaume. La présence des Uhtredsons et de la famille royale justifie en grande partie ces statistiques, mais peut-être aussi l'influence scandinave dans le Danelaw, avec un modèle qui intègre un peu plus la répétition comme mode de dévolution du nom.

96 *Ibid.*, p. 252.

Carte 3. *Cartographier la transmission du nom : variation et allitération*

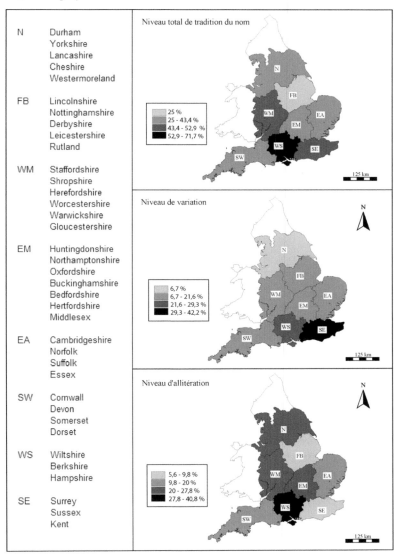

de quoi séduire et Elisabeth Okasha proposait récemment de généraliser une telle analyse[97]. Malheureusement, Le caractère lacunaire des sources pour la connaissance des groupes qui ne sont pas membres d'une certaine élite nationale ou locale ne permet pas vraiment de répondre à la question. *A minima*, il est possible d'interroger

---

97 E. Okasha, *Women's Names, op. cit.*, p. 118.

Graphique 12. *Les formes de transmission du nom dans les différents groupes sociaux à la fin de la période anglo-saxonne*

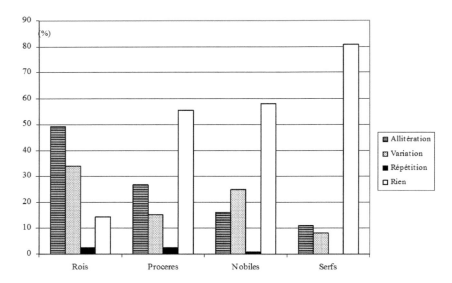

les divergences susceptibles d'opposer la dynastie royale, les grands groupes aristocratiques (*proceres*) et des groupes dont l'influence est seulement locale (*nobiles*)[98].

Les deux groupes situés aux antipodes se distinguent profondément. Alors que la famille royale pratique une forme ou une autre de transmission des noms dans près de 85 % des cas, les serfs qui nous sont connus ont recours à ce type de coutumes dans moins de 20 % des cas[99]. L'usage de la répétition, en particulier, semble être un indicateur de prestige puisque seules les deux catégories les plus élevées socialement la pratiquent à un niveau statistiquement significatif. L'usage de l'allitération, pour systématique qu'il soit, est proportionnel à la surface social du groupe étudié. Enfin, la variation connaît une grande vigueur dans la plupart des groupes, mais elle est plus importante dans la famille royale et chez les *nobiles*.

---

98 L'analyse porte sur les liens de filiation, les fratries et les relations avunculaires. La famille royale est composée de tous les souverains, de leurs descendants et de leurs alliés par mariage, à moins qu'ils ne soient identifiés comme appartenant à un autre groupe. Les *proceres* sont ici entendus comme les membres des principaux groupes de parenté où se recrutaient les *ealdormen* et les *earls* (Æthelstan Half-King, Beorhtnoth d'Essex, Ælfhere et Ælfheah, Æthelweard, Wulfric Spot et Ælfhelm, Leofwinesons, Godwinesons, Uhtredsons). Les *nobiles* incorporent probablement une partie du commun, mais regroupent tous les autres individus connus, à l'exception des serfs, que nous avons distingués dans une ultime catégorie. Pour l'opposition entre *proceres* et *nobiles*, voir Voir, R. Le Jan, *Famille et pouvoir*, op. cit., p. 141 sq.

99 De ce point de vue, l'effet de source est évident : étant donné que nous connaissons des groupes plus étoffés dans l'élite, il est plus facile d'y détecter un usage courant des formes de tradition du nom.

NOMEN, FAMILLE ET POUVOIR   143

Au vu de la documentation, il s'avère que les formes de transmission du nom sont toutes connues en Angleterre anglo-saxonne. Néanmoins, il est impossible d'affirmer qu'elles se maintinrent inchangées jusqu'à 1066 : toutes déclinent dès la fin du Xe siècle. L'impact de migrations d'origine scandinave ou normande ne peuvent expliquer ce changement, même si la variation et l'allitération sont plus rares chez les individus portant un nom continental ou scandinave. En revanche, les distinctions sociales sont nettes : en l'état de nos connaissances, les formes de transmission du nom sont plus répandues au sommet de l'échelle sociale. De même, les formes de transmission du nom touchent aussi plus nettement les espaces méridionaux du royaume, cette conclusion étant largement liée à la précédente, puisque la cour, la famille royale et une partie des groupes aristocratiques, résidaient à Winchester.

Les limites du système

Au-delà des explications culturelles, la plupart des changements mis en évidence jusqu'ici sont susceptibles de recevoir une explication liée à la nature des corpus utilisés.

Le déclin des traditions du nom autour de l'An Mil peut être expliqué par les différences de comportement constatées entre les *procere* et les autres membres de l'élite aristocratique. En effet, nous connaissons moins bien la parentèle des *nobiles* du XIe siècle et la famille royale s'éteint à la génération des enfants d'Æthelred II. Par opposition, il y a un nombre plus important de *procere* connus au second XIe siècle. Le changement de transmission du nom que l'on croit déceler chez les *procere* au cours du règne d'Æthelred II et qui contamine l'ensemble de notre population statistique traduit en réalité le profond renouvellement du personnel curial entre la période 984-993 et la période 993-1006[100]. Sous le règne de Cnut, cette mutation fut confortée, avec l'élimination du personnel politique propre à la fin du règne d'Æthelred II et la promotion de nouveaux groupes, comme les Godwinesons et les Leofwinesons, ce que Robin Fleming a décrit comme un double mouvement de « destruction of the royal kindred » et de promotion de « new men[101] ». En ce sens, trois changements parallèles ont lieu au XIe siècle : a) une réorganisation de la société curiale et la promotion d'*homines noui*, b) un changement de mode dans les formes de transmission du nom au sein de ces groupes aristocratiques, qui ne disposaient pas du même patrimoine immatériel que leurs devanciers, et c) la rareté d'un matériau étoffé à propos des premières générations de ces groupes.

Le dernier point explique les changements par les fluctuations qualitatives de la documentation. Au cours de la période, le nombre de liens de filiation connus

---

100 Simon Keynes appelle respectivement ces périodes « period of youthful indiscretions » et « years of maturity » (*The Diplomas of King Æthelred, op. cit.*, p. 176 sq., 186 sq.).

101 R. FLEMING, *Kings and Lords, op. cit.*, p. 21 sq., 53 sq. K. MACK, « Changing Thegns », *art. cit.*

Graphique 13. *La disparition des grands-parents à la fin du Xe siècle dans la documentation*

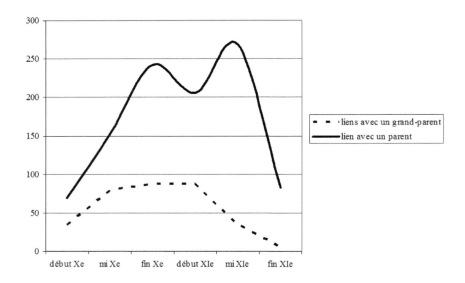

est stable[102]. En revanche, le nombre total de grands-parents pour chaque individu recensé commence à diminuer à compter du XIe siècle[103].

La documentation recense aussi de moins en moins de liens pour chaque individu à compter de la fin du Xe siècle. Ce n'est pas la transmission du nom qui s'effondre, mais bien la capacité des sources à nous transmettre une information continue sur de nombreux groupes familiaux pendant plus de deux générations. Ce phénomène est lui-même à penser comme une conséquence immédiate du renouvellement de la cour sous Æthelred II et Cnut, mais aussi peut-être comme l'effet d'un changement documentaire sous Cnut (absence de cartulaires-chroniques ou d'hagiographies, relatif silence des sources diplomatiques, annalistiques et historiographiques).

En conclusion, il existait en Angleterre anglo-saxonne tardive plusieurs moyens de transmettre du matériau onomastique. Parmi ces moyens, la variation et l'allitération sont les plus courants. Il semble, néanmoins, que les élites sociales, les habitants du sud de l'île et les gens du Xe siècle aient plus facilement adopté ce type de traditions.

---

102 La faiblesse des données pour le début du Xe siècle et la fin du XIe siècle tient au fait que notre dépouillement n'a pas été exhaustif pour ces périodes. Nous avons seulement retenu ceux des liens qui permettaient de précéder ou de clore l'étude des rares groupes familiaux connus sur plusieurs générations.

103 Jusqu'au milieu du Xe siècle, il est possible d'identifier un grand-parent pour 50 % des individus dont on connaît un parent. Ce pourcentage tombe à 35-42 % au tournant de l'An Mil, avant de s'effondrer à nouveau au milieu du XIe siècle (13 %), en bonne partie à cause du Domesday Book, qui relève de nombreux liens de filiation, mais sans jamais aller au-delà.

Les changements sociaux et documentaires, notamment le renouvellement de l'aristocratie et la disparition des chartes et des cartulaires-chroniques, expliquent en partie le déclin observé.

III. Anthroponymie et structures de la parenté

Les structures de la parenté sont connues à travers les sources normatives et les sources de la pratique. Ainsi, les lois sur l'attribution du *wergeld* font essentiellement intervenir les parents des premiers cercles (enfants, épouses, frères, oncles)[104] et les femmes des deux premiers cercles sont les seules qu'un prêtre ou un évêque a le droit de voir en privé[105]. En outre, le vocabulaire de la parenté classificatoire est très vague au-delà des oncles et tantes[106]. Ces documents déterminent donc le groupe de la « parenté pratique ». En son sein, les *libri vitae* et les sources de la pratique permettent de reconstituer des groupes familiaux de 4,25 à 5,32 personnes pour la période anglo-normande[107]. Enfin, ces premiers cercles s'intègrent dans une parenté large, mais aux attributions restreintes[108].

En Islande, les noms permettent de faire ressortir les premiers cercles de la parenté, avec des taux de variation beaucoup plus forts entre membres de ce groupe[109]. Dans l'Angleterre et la Germanie du très haut Moyen Âge, en revanche, la circulation de matériau anthroponymique entre les différentes branches de la parentèle, en référence à un ancêtre commun, réel ou mythique, permettait de rendre sa cohérence à la parenté élargie, grâce à l'usage de la variation et de la répétition[110]. L'étude de la transmission des noms confirme-t-elle ces conclusions[111] ?

Le primat de la famille nucléaire

La famille anglo-saxonne est avant tout de type nucléaire[112]. À rebours du modèle d'Ariès, la plupart des spécialistes insistent sur l'affection qui anime les relations

---

104 « Wergeld 5 », éd. LIEBERMANN, p. 392-394.

105 ÆLFRIC OF EYNSHAM, « Pastoral Letter to Wulfsige III », éd. *Councils & Synods*, p. 198.

106 L. LANCASTER, « Kinship 1 », *art. cit.*, p. 232-233. La limite de six degrés pour le *sib* ne trouve aucun écho positif dans la documentation (A. R. RADCLIFFE-BROWN, *African Systems of Kinship and Marriage*, Londres, 1950, p. 15).

107 J. S. MOORE, « The Anglo-Norman Family : size and structure », in *ANS XIV*, p. 153-196 : 5,2 p. dans les *Rotuli de Dominabus* (p. 167), 4,34 p. dans les *libri vitae* (p. 174-180), entre 4,15 et 4,55 dans les documents judiciaires selon le niveau de vie.

108 R. FLEMING, *Kings and Lords, op. cit.*, p. 5 sq.

109 G. TASSIN, « La tradition du nom », *art. cit.*, p. 71-72.

110 H. B. WOOLF, *The old Germanic principles, op. cit.*, p. 15-16.

111 Cela suppose d'avoir en tête que tous les noms ne peuvent se conformer au principe de la variation, tous n'étant pas composés de thèmes nominaux susceptibles d'être transmis.

112 P. STAFFORD, *Unification and Conquest, op. cit.*, p. 164. EAD., « Kinship and women », *loc. cit.*, p. 228. E. M. C. VAN HOUTS, « Family, marriage, kinship », *loc. cit.*, p. 133.

146   CHAPITRE 4

entre parents chez les Anglo-Saxons[113]. Cette proximité s'exprimerait par l'usage d'hypocoristiques[114]. Or ceux-ci, sans être courants, n'en sont pas moins connus d'une documentation qui peine souvent à rentrer dans le champ des relations affectives[115].

Cette force de la famille nucléaire est clairement perceptible dans les usages anthroponymiques. Sur l'ensemble des liens de filiation connus dans les sources, on observe un usage de la variation dans un quart des cas. C'est avec le père que ce lien est le plus souvent marqué. Si l'on se borne à étudier la centaine de cas dans laquelle les deux parents de l'enfant sont connus, la part des pères est très nettement supérieure à celle des mère (34 % contre 15 %)[116]. En outre, ce sont les fils qui reçoivent prioritairement cet héritage. Cette surreprésentation des fils par rapport aux filles témoigne sans doute de leur rôle dans la transmission du prestige familial[117].

Tableau 4. *La variation dans les liens de filiation (en %)*

Taux de variation	Mère	Père	Total
Fille	20	24,3	22,6
Fils	12,6	29,1	25,9
Total	14,9	25,9	25,3

Parmi les liens adelphiques, l'usage de la variation est sensiblement similaire (28 %)[118]. Le genre semble une nouvelle fois influencer ces choix, puisque les relations entre sœurs se prêtent bien plus souvent à variation. À l'inverse, les relations entre une sœur et un frère sont celles qui donnent le moins souvent lieu à variation, même si le taux reste élevé[119].

---

113 P. STAFFORD, *Unification and Conquest, op. cit.*, p. 169. J. S. MOORE, « Inside the Anglo-Norman Family », in *ANS XXVIII*, p. 1-18. C. E. FELL, C. CLARK et E. WILLIAMS, *Women in Anglo-Saxon England and the impact of 1066*, Bloomington, 1984, p. 78-79 et p. 84-87.

114 H. B. WOOLF, *The old Germanic principles, op. cit.*, p. 260-261.

115 Voir BEDE LE VENERABLE, *HE*, Livre II, ch. v, § 4, p. 316. Pour le XIᵉ siècle, von Feilitzen propose quelques exemples : Wine pour Wulfwine, Gode pour Godgifu, etc. (O. VON FEILITZEN, *Pre-Conquest Personal Names*, p. 17).

116 Quant au rôle néanmoins important des mères dans le monde anglo-saxon, se référer à M. DOCKRAY-MILLER, *Motherhood, op. cit.*

117 Voir l'analyse de la structure des familles de WASPs dans l'Oklahoma contemporain (R. D. ALFORD, *Naming and identity, op. cit.*, p. 132).

118 Il est probable que des relations entre demi-frères et/ou demi-sœurs se soient glissées dans notre population, mais il est très rare que les textes distinguent entre les uns et les autres. Un des rares cas est celui des rois Harthacnut et d'Edward le Confesseur, tous deux fils d'Emma de Normandie, le premier par Cnut le Grand et le second par Æthelred II (*ASC C, sub anno* 1041).

119 La plupart des deutérothèmes étant masculins ou féminins, les cas de *back-variation* sont inexistants, ce qui explique la rareté de la variation sœur/frère. Il y a tout lieu d'analyser la prépondérance du taux de variation entre sœurs par le fait que le stock de noms féminins est moins important, ce qui implique une probabilité plus grande d'observer l'une ou l'autre des formes de transmission du nom.

Tableau 5. *La variation dans les fratries, exprimée en valeur absolue et en valeur relative par rapport au nombre total de liens identifiés*

	variation	total des liens	part de la variation
sœur/sœur	16	45	35,6
frère/frère	79	279	28,3
sœur/frère	40	161	24,8
Total	135	485	27,8

Quelques exemples permettront d'illustrer cette double logique de dévolution des noms au sein d'un groupe familial[120]. Le premier laisse apparaître la transmission d'un thème, de mère en fille, sur trois générations, d'abord *wynn*, puis *flæd*. Le fils de Wynnflæd transmet son protothème à ses deux enfants qui, par voie de conséquence, le partagent également entre eux. Dans le second groupe, à chaque génération, le père transmet un élément à son fils. Cependant, ce n'est jamais le même d'une génération à l'autre, ce qui permet de confirmer la grande labilité des supports de l'identité, familiale en l'occurrence. En effet, les thèmes disponibles dans le nom du premier individu (Heahstan) ont totalement disparu à la troisième génération (Ælfric), de même entre la seconde et la quatrième génération (Ælfstan / Eadric). Néanmoins, le nom *Ælfheah* apparaît lui-même comme la synthèse entre des éléments issus respectivement des noms du père et du grand-père paternel. Cette fluidité donc fait ressortir la famille nucléaire avec force. Le troisième *stemma* est d'autant plus complexe que nous connaissons plus de personnes dans le groupe familial. Un deutérothème passe de père en fils (*-noth*) et un autre de mère en fille (*-wynn*)[121], tandis que trois enfants partagent un protothème (*ælf-*) et deux autres, éventuellement, un deutérothème (*-gifu*)[122]. De cette manière, il y a bien des logiques qui se dessinent, mais celles-ci ne donnent pas le sentiment d'une grande cohérence, puisqu'il n'y a pas de point commun entre chacun des individus de chacun des schèmes de filiation.

---

120 Nous tirons ces schémas de trois documents. Le premier groupe est tiré du testament de Wynnflæd (S 1539, contenu dans Londres, BL, Cotton Charters viii.38). Il porte mention de domaines situés dans l'ouest du royaume, de part et d'autre de la Tamise (Wiltshire, Berkshire et Oxfordshire), Wynnflæd ayant fait rédiger son testament à une date inconnue, peut-être à la fin du Xe siècle. À son sujet, voir L. TOLLERTON, *Wills, op. cit.*, p. 169-170. Le second est issu de la charte S 1458 (Londres, BL, Cotton Charters viii.20) et concerne un groupe du Kent, le document ayant été rédigé en 995. Voir les notes à ce sujet dans ROBERTSON, *Charters*, p. 332-334. Le dernier est tiré de l'obituaire du New Minster (Londres, BL, MS Cotton Titus D.xxvii, éd. J. GERCHOW, *Gedenküberlieferung, op. cit.*, p. 332-335) et concerne Ælfwine, abbé du lieu de 1031 à 1057. Voir au sujet de la famille d'Ælfwine dans *LVNM*, p. 122. Les trois sources sont d'époque anglo-saxonne et pourraient toutes être des originaux.

121 Le thème *-wynn* ne peut être confondu avec le thème *-wine*, contenu dans le nom de son fils, mais il en est tout de même très proche.

122 Si l'on considère que Gode est ici un hypocoristique.

CHAPITRE 4

Graphique 14. *Trois groupes de parenté (S 1539, S 1458 et obituaire du New Minster)*

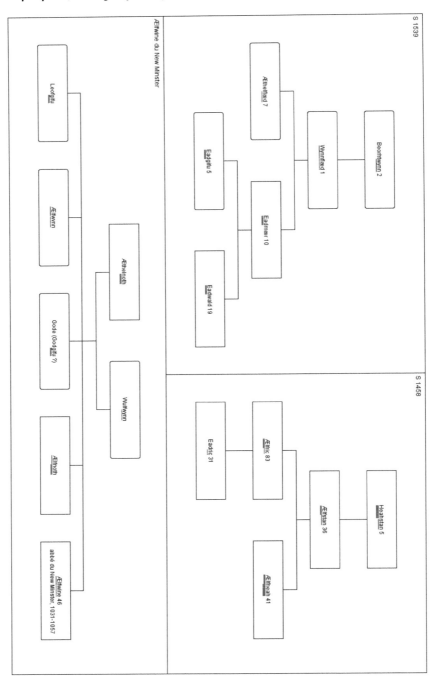

NOMEN, FAMILLE ET POUVOIR 149

Pour leur part, les cas de répétition sont très rares et souvent tardifs. Nous connaissons quatre cas de transmission du nom complet d'un père à un fils[123] et un cas d'une mère à une fille[124]. Au sein de fratries, le cas se présente également, avec Ælfhelm Polga citant son frère Ælfhelm[125] et les trois sœurs nommées Ælfgifu, filles d'Ealdred de Durham, dans la famille des Uhtredsons[126]. Ces cas sont peu nombreux, certes, mais, à l'exception d'Ælfhelm Polga, s'inscrivent dans des contextes familiaux très spécifiques, puisque la famille royale et les Uhtredsons sont les deux familles, plus ou moins rivales d'ailleurs, qui contrôlent le sud et le nord du royaume. Des cas similaires sont connus, en Germanie ou en Francie, pour le XIᵉ siècle, au sein de familles aristocratiques.

On admet généralement que le surnom héréditaire est un trait continental, imposé progressivement en Angleterre après 1066[127]. Cette thèse peut être nuancée par quelques cas datant de l'époque anglo-saxonne, même si tous ces cas sont issus de documents produits après 1066 (ou doivent être reconstitués d'après des sources variées). a) Æthelmær Greate[128] pourrait avoir été le fils d'Æthelweald Greate, qui joue le rôle de témoin pour la charte S 877[129]. b) Æthelweard Mæw, auteur d'une charte de confirmation pour la fondation de Cranborne[130], est imité par son fils dix ans plus[131]. Or cet Ælfgar, fils de Mæw[132], apparaît aussi sous le nom Ælfgar Mæw dans la charte S 896[133]. c) Æthelric Bigga est témoin de quatre chartes à Canterbury[134]. Une autre charte, S 1471, indique qu'un Æthelric et son fils, Esbern, ont reçu plusieurs domaines de la part de l'archevêque. Les cinq documents ont en commun leur aire géographique et leurs listes de témoins. Or, dans le Domesday Book, un certain Esbern *bigga* possède des domaines à proximité de ceux que détenait Esbern fils d'Æthelric[135]. d) Ælfred Westou *larwe*, sacristain de Durham et prêtre d'Hexham,

---

123 Deux Gospatric, fils de Gospatric, dans la famille des Uhtredsons. Voir SYMEON OF DURHAM, *DOD*, p. 216, 217 respectivement. Earl Ralph, fils de Ralph the Staller, neveu d'Edward le Confesseur, est cité dans *ASC E, sub anno* 1075. Enfin, il y a Edmund, fils du roi Edmund Flanc-de-Fer, mentionné par JOHN OF WORCESTER, *sub anno* 1017 et WILLIAM OF MALMESBURY, *GR*, Livre II, ch. CLXXX, § 10.

124 Eadgifu, fille du roi Edward the Elder, et de sa troisième épouse, Eadgifu, est identifiée d'après *De S. Eadburga, op. cit.*, p. 1070-1071.

125 *LE*, Livre II, ch. X.

126 SYMEON OF DURHAM, *DOD*, p. 219. Pour étrange que ce cas soit, il s'agit probablement d'un nom donné successivement à plusieurs sœurs mortes en bas âge.

127 E. A. FREEMAN, *The history of the Norman Conquest of England*, Oxford, 1876, vol. V, p. 570. G. TENGVIK, *Old English bynames, op. cit.*, p. 10-22. P. H. REANEY, *The Origin of English surnames*, Londres, 1967, p. 300. J. C. HOLT, « Feudal Society, 1 », *art. cit.*, p. 200. ID., *What's in a name ?, art. cit.*, p. 10.

128 *ASC C, sub anno* 1017.

129 ROBERTSON, *Charters*, p. 387. A. WILLIAMS, « A West-Country Magnate », *loc. cit.*, p. 43, mais aussi *Land, power and politics, op. cit.*, p. 24, note 28.

130 EAD., « A West-Country Magnate », *loc. cit.*, p. 43.

131 C. R. HART, *The Early Charters of Eastern England*, Leicester, 1966, p. 253-254.

132 JOHN OF WORCESTER, *sub anno* 1016.

133 S. D. KEYNES, *The Diplomas of King Æthelred, op. cit.*, p. 209, n. 202, et p. 227, n. 265, à son sujet.

134 S 981, S 1400, S 1465 et S 1473. Le dernier est peut-être un original. Tous les documents datent *grosso modo* du milieu du XIᵉ siècle.

135 DB, KEN 9,16 ; KEN 5,86 et KEN 5,87.

avait un fils nommé Eilaf *larwe*[136]. Le petit-fils d'Eilaf *larwe* était Aelred de Rievaulx, ce qui nous a permis de conserver la mémoire de ce surnom transmis entre son arrière-grand-père et son grand-père[137].

L'utilisation de surnoms patronymiques est aussi courante dans le monde méditerranéen qu'elle est emblématique des pays scandinaves (*-sen* ou *-son*), de sorte que certains spécialistes ont fait de leur essor dans le monde anglo-saxon une conséquence de la migration de Scandinaves[138]. Néanmoins, ces noms sont présents en Angleterre dès avant la présence scandinave, sous des formes vernaculaires (*-ing, -son*) ou latines (*filius X*) et dans des zones, comme le Devon, où l'influence de ces migrants est presque inexistante[139]. Certes, la présence scandinave a pu ancrer cette habitude, notamment dans les zones où ceux-ci étaient très présents comme le Yorkshire[140].

Tableau 6. *Les surnoms matronymiques et patronymiques compilés par Tengvik par catégorie et par langue pour le nom du parent*[141]

		Total	OE	ON	OG	OB	lat.
Patronymiques	dérivatifs en –ing	23	23				
	dérivatifs en –suna	146	111	24	42	3	4
	dérivatifs en filius	247	94	57	81	10	5
	dérivatifs en -es ou -i	6	6				
	juxtaposition d'un second nom	104	29	26	42	3	4
Matronymiques	dérivatifs en –suna	13	10		2	1	
	dérivatifs en filius	19	12	3	4		
	juxtaposition d'un second nom	3	2			1	

---

136 AELRED DE RIEVAULX, *De Sanctis Ecclesiae Haugustaldensis*, ch. XI.

137 H. H. E. CRASTER, « Some Anglo-Saxon records of the see of Durham », *Archaeologia Aeliana*, 1 (1925), p. 192. A. WILLIAMS, *The English and the Norman Conquest, op. cit.*, p. 153, 182.

138 E. EKWALL, « The Scandinavian Element », in F. M. STENTON et A. MAWER (éd.), *Introduction to the survey of English place-names*, Nottingham, 1924, p. 73.

139 H. SMITH, « Early Northern Nick-Names and Surnames », *Saga-Book of the Viking Society*, 11 (1928), p. 30-60. G. TENGVIK, *Old English bynames, op. cit.*, p. 166-207. P. H. REANEY, *The Origin of English surnames, op. cit.*, p. 86 et 89. ID. et R. M. WILSON, *A Dictionary of English Surnames*, Oxford, 1997, p. XIX-XXI.

140 G. TENGVIK, *Old English bynames, op. cit.*, p. 147-148. J. GEIPEL, *The Viking legacy : the Scandinavian influence on the English and Gaelic languages*, Newton Abbot, 1971, p. 174-179. J. KOUSGÅRD SØRENSEN, *Patronymics in Denmark and England. The Dorothea Coke memorial lecture in Northern studies*, Londres, 1983, p. 21-24.

141 G. TENGVIK, *Old English bynames, op. cit.*, p. 139-227 (patronymiques) et p. 228-232 (matronymiques). Les dérivatifs en *filius* posent le problème d'une possible origine latine et non d'un usage local. La juxtaposition d'un autre nom peut renvoyer à un patronymique/matronymique, mais peut toutefois aussi signaler un second nom, utilisé comme surnom.

NOMEN, FAMILLE ET POUVOIR   151

À ces derniers s'ajoutent de rares matronymiques. Tengvik en compte une trentaine, contre plus de 500 patronymiques[142]. L'utilisation persistante de matronymiques laisse à penser, ou bien que la famille de la mère était plus prestigieuse que celle du père, ou bien que le père n'était pas connu[143]. Malgré l'absence de matronymiques pour le début de la période anglo-saxonne, ces derniers semblent avoir été utilisés dès l'époque la plus reculée, en particulier dans les monastères féminins[144].

Ces surnoms apparaissent régulièrement dans le matériau poétique[145]. Dans *The Battle of Maldon*, les liens familiaux sont omniprésents, avec plus de la moitié des vingt-quatre individus nommés identifiés par un lien de parenté, la relation au père étant écrasante[146]. Dans *Beowulf*, lorsque le héros arrive à proximité d'Heorot, son nom lui est demandé et le guerrier geat indique aussi celui de son père[147]. Ensuite, le nom du père de Beowulf est cité à treize reprise, souvent à des moments où les qualités et la gloire du héros sont mises en avant[148]. En ce sens, l'usage du patronymique permet à la fois de lier le personnage à un groupe familial prestigieux, connu des courtisans d'Heorot[149] et, *in fine*, de faire circuler la gloire d'un nom à l'autre. L'utilisation des patronymiques apparaît ainsi liée à une volonté de distinction sociale et personnelle : il s'agit de se mettre en avant et de révéler une naissance noble ou une ascendance prestigieuse[150].

Le lien parent/enfant est capital dans la société anglo-saxonne. Il se manifeste par l'usage de la variation. Cette dernière révèle cependant la prépondérance des relations père/fils, qui se traduisent aussi par l'usage courant de surnoms patronymiques. Loin de constituer un simple moyen d'individuation, ceux-ci jouent le rôle d'indicateur de prestige. Toutefois, ce lien ne s'est pas traduit par l'apparition de la répétition ou la transmission héréditaire de surnoms, qui restent rares, voire douteuses. La plupart des cas référencés appartiennent à l'extrême fin de la période anglo-saxonne, la répétition concernant des individus très en vue, alors que la transmission de surnoms semble plutôt concerner la *nobilitas*.

Un système bilatéral à tendance patrilinéaire

Les prières incluses dans les textes liturgiques sont généralement utilisées pour déterminer les frontières de la « parenté pratique ». Elles appellent souvent au salut de la *familiaritas*, de la *consanguinitas* ou et de l'*affinitas carnis*[151]. Cet espace flou, entre

---

142 G. TENGVIK, *Old English bynames, op. cit.*, p. 228-232.
143 Le plus probable est que l'enfant était orphelin de père.
144 M. DOCKRAY-MILLER, *Motherhood, op. cit.*, p. 1-76.
145 K. SISAM, « Anglo-Saxon Royal Genealogies », *Proceedings of the British Academy*, 39 (1953), p. 322.
146 P. STAFFORD, « Kinship and women », *loc. cit.*, p. 225-226.
147 *Beowulf*, v. 263.
148 *Ibid.*, v. 529, 631, 1383, 1473, 1550, 1651, 1871, 1999, 2177, 2367, 2398, 2425 et 2387.
149 H. R. LOYN, « Kinship », *art. cit.*, p. 199.
150 J. KOUSGÅRD SØRENSEN, *Patronymics, op. cit.*, p. 9-13. M.-Cl. FIEVE, M. BOURIN et P. CHAREILLE, « Désignation des clercs et des laïcs en Touraine : le cartulaire de Noyers. Étude d'anthroponymie comparative », in *GMAM II-1*, p. 60-61.
151 *Winchcombe Sacramentary*, éd. A. DAVRIL, *op. cit.*, fol. 300. *Ælfwine's Prayerbook*, éd. B. GÜNZEL, fol. 64rv et 65r.

famille nucléaire et famille large, est celui où les tensions commencent à se manifester, en particulier lorsque des formes de concurrence pour la captation d'un héritage sont rendues possibles par le droit[152]. Il s'agit, le plus souvent, des petits-enfants, des neveux et nièces, mais aussi des affins[153]. Avec eux, on observe des hésitations entre concurrence (avec les alliés, avec l'oncle paternel) et complémentarité (avec les grands-parents, avec l'oncle maternel)[154]. La transmission des noms témoigne-t-elle de l'existence de liens spécifiques avec ces individus ? Une latéralité est-elle prépondérante dans le système familial anglo-saxon ?

Woolf considère comme courante la transmission d'éléments anthroponymiques entre oncles et neveux, grands-parents et petits-enfants, voire entre arrière-grands-parents et arrière-petits-enfants, sur le continent et en Scandinavie[155]. L'ensemble des liens relevés ou reconstitués indique un taux de variation assez élevé : environ 20 % entre grands-parents et petits-enfants et environ 25 % entre oncles ou tantes et neveux ou nièces. Néanmoins, les grands-mères transmettent à leurs petites-filles plus souvent que les grands-pères (14,5 % contre 6,5 %), qui, pour leur part, voient leurs petits-fils hériter plus régulièrement (26,5 % contre 17 %). Ainsi, les femmes lèguent leurs noms aux femmes et les hommes aux hommes[156]. Ce principe ne se vérifie pas toutefois dans l'étude des relations entre oncles et neveux. En effet, le patrimoine anthroponymique des tantes est plus souvent transféré à leurs nièces que celui des oncles (20,5 % contre 11,6 %), mais leurs noms passent aussi plus facilement à leurs neveux (34 % contre 25,5 % pour les oncles). La seule constante est donc que les garçons captent plus facilement l'héritage anthroponymique de leurs grands-parents et oncles (13 points de plus que les filles).

Les exemples représentatifs, en dehors de la famille royale, sont peu nombreux. Dans le testament S 1527, Thurcytel lègue plusieurs de ses domaines dans le Suffolk à ses neveux. Deux d'entre eux partagent du matériau onomastique avec lui, l'un par variation, Ulfcytel, et l'autre par répétition, Thurcytel[157]. Ce lien préférentiel entre oncles et neveux donne lieu à des commentaires notables chez Goscelin de Saint-Bertin, à propos d'Edith de Wilton :

---

152 M. AURELL, « Introduction. Rompre la concorde familiale : typologie, imaginaire, questionnements », in *La Parenté déchirée, op. cit.*, p. 7-60. A. GUERREAU-JALABERT, « Observations », *loc. cit.*, p. 413-429. À une période ultérieure, 6 % des crimes ont lieu au sein de la famille, mais ce taux monte à 20 % lorsque le niveau social augmente. Cl. GAUVARD, *"De grace especial" : crime, état et société en France à la fin du Moyen Âge*, Paris, 1995, p. 618-619.

153 Les grands-parents représentent en général la limite de l'horizon affectif, notamment quant aux obligations funéraires et mémorielles. D. HERLIHY, *Medieval households, op. cit.*, p. 84-85. J. C. CRICK, « Posthumous Obligation », *loc. cit.*, p. 201.

154 M. AURELL, « Introduction. Rompre la concorde », *loc. cit.*, p. 19-23. L. LELEU, *Semper patrui, op. cit.*, p. 724-727.

155 H. B. WOOLF, *The old Germanic principles, op. cit.*, p. 256-258.

156 Il convient de se rappeler que les deutérothèmes présents dans les noms des hommes et des femmes indiquent très souvent le genre. De ce fait, il est logique que les transmissions se fassent plus facilement au sein d'un même genre.

157 Ce sont les deux neveux dont la latéralité est précisée : les fils de son frère.

Elle s'émerveillait tout particulièrement pour la palme de virginité de sa très sainte tante, la sœur royale du grand [roi] Edgar, de qui elle avait hérité et son nom et sa virginité, ainsi que de nombreuses autres vertus[158].

On la célèbre comme une digne vierge du Christ sous le nom d'Eadgyth, en vérité, d'après [le nom de] sa très sainte tante, la sœur royale de son père Edgar[159].

Ce cas de *Nachbenennung*, pour une femme de la *stirps regia*, n'est sans doute pas généralisable au commun des mortels. Néanmoins, la perspective sous-jacente est bien celle d'un modèle et d'une relation privilégiée entre les deux homonymes, mais aussi d'une transmission par le nom d'un héritage symbolique, constitué des vertus du parent éponyme.

Nous avons déjà noté que les pères et les mères transmettaient différemment leur patrimoine onomastique. En incluant également dans notre réflexion la latéralité des oncles, tantes et grands-parents, c'est la structure de la parenté elle-même que nous sommes en mesure d'approcher. La plupart des spécialistes de la famille anglo-saxonne s'accordent à en faire un groupe cognatique[160], centré sur *Ego*[161], avec toutefois une tendance patrilinéaire exprimée en particulier par le fait que la parentèle patrilatérale reçoit les deux tiers du *wergeld*[162]. Lorraine Lancaster note également que le vocabulaire distingue entre oncles maternels et paternels[163] et qu'il est plus fourni pour la parenté patrilatérale[164]. En se fondant aussi sur les lois qui encadrent le versement du *wergeld*, Thomas Charles-Edwards est un des seuls à avoir décrit la famille anglo-saxonne comme agnatique[165]. Néanmoins, vingt ans plus tard, il semble avoir revu son opinion pour distinguer une filiation patrilinéaire pour les domaines, mais bilatérale pour le reste[166]. En se fondant sur les mêmes données, Henry Loyn hésite fortement, puisqu'il mentionne un groupe cognatique, avant de parler d'un groupe « fortement patrilinéaire[167] ».

---

158 GOSCELIN DE SAINT-BERTIN, *VSE*, § 8, p. 53-54.

159 *Ibid.*, § 24, p. 94.

160 B. PHILLPOTTS, *Kindred and clan*, *op. cit.*, ch. VII. D. WHITELOCK, *The beginnings*, *op. cit.*, p. 39.

161 L. LANCASTER, « Kinship 1 », *art. cit.*, p. 232. EAD., « Kinship 2 », *art. cit.*, p. 359. J. C. HOLT, *What's in a name ?*, *art. cit.*, p. 12.

162 STENTON, *ASE*, p. 316. L. LANCASTER, « Kinship 2 », *art. cit.*, p. 359, 372-373, 376. A. C. MURRAY, *Germanic Kinship Structure*, *op. cit.*, p. 36, 99-108. P. STAFFORD, *Unification and Conquest*, *op. cit.*, p. 162-163. EAD., « VIII. King and Kin, Lord and Community », *loc. cit.*, p. 13-14. Voir la répartition du *wergeld* dans II Æthelstan 11 (éd. LIEBERMANN, p. 156) et sur la faide dans II Edmund (éd. LIEBERMANN, p. 186-190). *A contrario*, sur le continent, les deux lignées sont égales sur ce point (R. LE JAN, *Famille et pouvoir*, *op. cit.*, p. 232). Voir les lois.

163 L. LANCASTER, « Kinship 1 », *art. cit.*, p. 237 (*eam / auunculus* et *fœderan / patruus*). R. FLEMING, *Kings and Lords*, *op. cit.*, p. 7-8. J. C. HOLT, « Feudal Society, 1 », *art. cit.*, p. 200, n. 24.

164 L. LANCASTER, « Kinship 1 », *art. cit.*, p. 238-239.

165 Selon un tract sur le Wergeld (éd. LIEBERMANN, p. 392-394), les amendes de composition doivent être versées exclusivement aux enfants, frères et oncles paternels. T. M. CHARLES-EDWARDS, « Kinship, Status and the Origin of the Hide », *Past & Present*, 56 (1972), p. 26-31.

166 T. M. CHARLES-EDWARDS, *Early Irish and Welsh kinship*, Oxford, 1993, ch. I et p. 87.

167 H. R. LOYN, « Kinship », *art. cit.*, p. 204-206.

154 CHAPITRE 4

Tableau 7. *Part de la transmission du nom (ici variation et répétition) dans les liens consanguins selon la latéralité et le sexe*

Variation/répétition (part)	Femmes	Hommes	Total
Parents maternels	16,7 %	12,5 %	13,7 %
Parents paternels	18,6 %	33,3 %	30,2 %
Total	18 %	28,8 %	26,4 %

L'analyse de la latéralité pour la transmission des noms apparaît comme un moyen classique de répondre à la même question[168]. L'analyse de la documentation complète montre que les hommes reçoivent plus que les femmes (29 % contre 18 %), mais aussi que la transmission se fait très nettement depuis la lignée paternelle (30 % contre 13,5 % depuis la lignée maternelle). En outre, les parents paternels transmettent à leurs descendants masculins d'une façon prépondérante (33,5 % contre des valeurs moindres pour toutes les autres catégories), tandis que les parents maternels ont une propension réelle à léguer leur patrimoine onomastique aux filles.

Tableau 8. *Variation et allitération avec les grands-parents, selon la latéralité, pour les individus dont on connaît trois grands-parents*

	Nombre	Variation	Allitération
Grand-mère maternelle	7	1	
Grand-père maternel	6		2
Grand-mère paternelle	9	4	4
Grand-père paternel	11	6	2

Les effets de sources et l'état de conservation de la documentation jouent peu en la matière. Dans notre documentation, onze personnes ont trois grands-parents connus. Le calcul ne laisse aucun doute sur le rôle primordial du grand-père paternel[169]. Dix cas de variation sur onze et six cas d'allitération sur huit sont concentrés sur les grands-parents paternels. Le biais patrilinéaire est ainsi très nettement conforté par l'étude du matériau anthroponymique.

En reprenant le modèle mutationniste et en l'adaptant à l'étude de la famille anglo-saxonne, Andrew Wareham est un des seuls à tenter de replacer la situation du royaume insulaire dans le contexte continental. Il suggère dans deux études successives que la latéralité paternelle se renforce au cours du Xe siècle[170], mais aussi que la faide northumbrienne se fait à l'exclusion des collatéraux et se concentre même

---

168 Régine Le Jan fait de la dévolution du nom un argument plaidant pour le caractère bilatéral des familles médiévales (*Famille et pouvoir, op. cit.*, p. 183-192), même si Hans-Werner Goetz a aussi souligné un biais patrilinéaire en la matière (« Zur Namengebung », *art. cit.*), de même que Guy Tassin pour les populations scandinaves (« La tradition du nom », *art. cit.*, p. 71-72 : 84% de variation depuis la lignée paternelle pour les hommes, contre 71% pour les femmes).

169 Quand on connaît un grand-parent, c'est toujours *a minima* le grand-père paternel.

170 A. WAREHAM, « The transformation of kinship », *art. cit.*

sur un groupe agnatique[171]. Nous avons eu l'occasion de montrer que la transmission d'éléments onomastiques chutait dans toute la population à la fin de la période anglo-saxonne. Néanmoins, la transmission entre une lignée paternelle et une fille est la catégorie qui connaît la chute la plus spectaculaire, avec une part divisée par 6. À l'inverse, la transmission depuis la lignée paternelle en direction des fils est presque stable, avec une part divisée par 1,5. Par contraste, la transmission depuis la lignée maternelle chute de façon moyenne, mais plus fortement lorsqu'il s'agit de transmettre une partie du nom à un garçon[172]. Ainsi, il n'y a pas vraiment d'évolution en faveur d'une structure agnatique, puisque la transmission du nom se délite globalement. En revanche, la transmission privilégiée du matériau onomastique issu de la lignée paternelle aux fils se confirme au cours de la période, puisqu'elle est diminue moins que tous les autres types de transmission. De ce fait, elle en ressort renforcée, en termes d'importance relative, ce qui peut vraisemblablement être analysé comme la maque de l'affirmation de proto-lignées.

Toutefois, la contradiction portée au modèle mutationniste s'appuyait en particulier sur la capacité de certains groupes à se construire en s'appuyant sur la lignée maternelle, si cela représentait un avantage pour eux, en termes de droits, de biens ou de prestige[173]. L'utilisation de matronymiques pour certains individus, comme Wulfric Spot, fils de Wulfrun, dans S 886, ou l'identification du lien privilégié avec la lignée maternelle pour Ælfwine, héros de Maldon et petit-fils d'Ealhhelm de Mercie par sa mère[174], témoignent d'une telle logique.

Le meilleur exemple, de ce point de vue, est celui de la famille de Beorhtnoth, *ealdorman* d'Essex mort à Maldon en 991[175]. Son mariage avec Ælfflæd, fille d'Ælfgar, précédent *ealdorman* d'Essex, tourne à l'avantage du groupe de son épouse. Leur fille unique, Leofflæd, hérite uniquement du deutérothème de sa mère. À la génération suivante, l'une de ses filles, Leofwaru, hérite de son protothème, tandis que deux autres enfants, Ælfwynn et Ælfwine, héritent du protothème de leur grand-mère maternelle (et de leur arrière-grand-père maternel). Le deutérothème –*swith* peut même être rattaché au nom probable de la grand-mère maternelle de Leofflæd, Wigswith. Dans ce cas spécifique, la lignée maternelle semble plus prestigieuse que la lignée paternelle, ce qui pousse les parents à opter pour la dévolution du matériau onomastique issu de la première en priorité. Ainsi, parmi les quatre enfants connus de Leofflæd et Oswig, tous ont reçu un thème nominal de leur mère ou des parents maternels de cette

---

171 ID., « Two Models of Marriage : Kinship and the Social Order in England and Normandy », in H. TEUNIS, A. WAREHAM et A.-J. BIJSTERVELD (éd.), *Negotiating secular and ecclesiastical powers*, Turnhout, 1999, p. 114-115.

172 Division par 2,9 pour les garçons contre 2,25 pour les filles.

173 Pour les Pippinides, voir K. SCHMID, *Gebetsgedenken und adliges Selbstverständnis im Mittelalter*, Sigmaringen, 1983, p. 204-209. Pour d'autres groupes, voir R. LE JAN, « Structures familiales et politiques au IXe siècle », *Revue Historique*, 265 (1981), p. 289-333, p. 296. Pour synthèse, St. AIRLIE, « The aristocracy », *loc. cit.*, p. 439-440.

174 *The Battle of Maldon*, v. 218.

175 C. R. HART, *The Danelaw, op. cit.*, p. 127 sq. A. WAREHAM, *Lords and Communities, op. cit.*, p. 46 sq. P. STAFFORD, « Kinship and women », *loc. cit.*

Graphique 15. *La parenté de Beorhtnoth d'Essex et ses alliés*

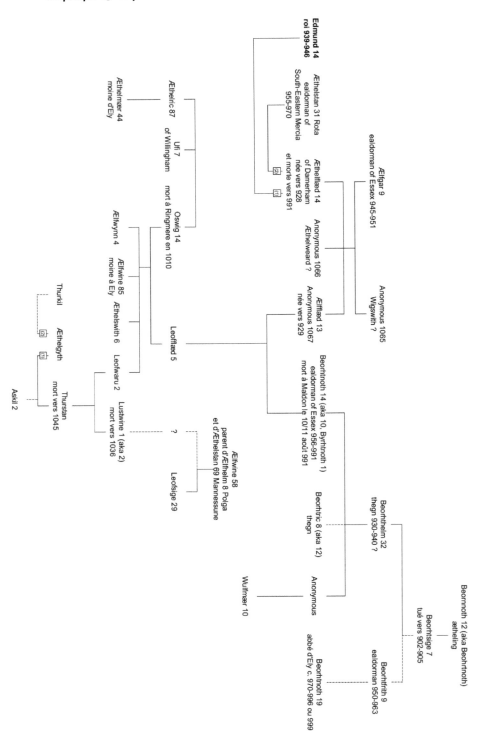

dernière. La possibilité d'un héritage par les femmes peut constituer une stratégie de prime ampleur, capable de se manifester par les choix anthroponymiques des acteurs. Il est clair que c'est le cas parmi les descendants de Beorhtnoth d'Essex.

La dernière question à poser sur ce point est celle de la variabilité sociologique de cette structuration de la parenté. Dans la famille royale, la transmission du nom laisse apparaître avec netteté la prépondérance du matériau issu de la branche paternelle (44,5 % contre 10 % pour la lignée maternelle). Les catégories les plus basses de *nobiles*, qui incluent sans doute aussi une partie du commun, et les serfs semblent affectés par un biais similaire, mais nettement moins fort. En revanche, la parité entre les deux branches se confirme pour les *proceres*, c'est-à-dire pour les familles des *ealdormen* et des *earls*.

Tableau 9. *Les liens familiaux et la transmission du nom selon la latéralité et l'origine sociale des individus (en %)*

	Variation / répétition		Rapport entre parents paternels et maternels[176]
	Maternels	Paternels	
Rois	10,1	44,4	4,4
Proceres	20,8	20,1	1,0
Nobiles	12,5	28,1	2,2
Serfs	2,9	9,1	3,1

En conclusion, le haut niveau de circulation d'éléments onomastiques entre grands-parents et petits-enfants, mais, plus encore, entre oncles et neveux est patent. Le taux global de variation pour ces relations permet de les placer au même niveau que la filiation, ce qui contribue à inscrire oncles et tantes dans le premier cercle de la parenté. Dans l'ensemble, la structure de la parenté anglo-saxonne est cognatique. Toutefois, une tendance patrilinéaire se confirme, puisque les grands-parents et oncles paternels transmettent plus d'éléments et que les neveux et petits-fils en reçoivent également plus que leurs homologues féminins. Ainsi, les modes de dévolution du nom accentuent fortement l'axe grand-père paternel/petit-fils, au détriment de toutes les autres relations, même si les tantes semblent elles aussi transmettre leurs noms avec quelque régularité. Néanmoins, deux distinctions ont été mises en évidence : a) la société connaît une lente maturation en faveur de la filiation en ligne masculine, qui s'effondre moins que les autres biais de transmission au cours de la période étudiée, ce qui renforce la part relative ; b) cette évolution est nettement plus forte dans la famille royale, dont les tendances à la patrilinéarité et à l'unigéniture pour les fils est consubstantielle à la transmission de la couronne. Par contraste, les *proceres* ont tendance à maintenir un strict système bilatéral, n'hésitant pas à revendiquer une filiation en lignée maternelle lorsque cela coïncide avec les intérêts du groupe.

---

176 Il s'agit d'une division entre les valeurs des deux précédentes colonnes. Plus la valeur obtenue est proche d'1, plus la répartition entre les branches patrilatérale et matrilatérale est égale.

158 CHAPITRE 4

La lignée royale et les Sippen aristocratiques

Au-delà de la *famille nucléaire*, la lignée unit vivants et morts par la propriété de biens symboliques et immatériels[177], tandis que le cousinage constitue une forme horizontale dans laquelle le premier cercle de parenté s'intègre. Ces formes de parenté large ont parfois été considérées comme fictives et reposant sur les seuls textes juridiques et mémoriels[178]. Qu'en est-il dans le matériau anthroponymique ?

Contrairement à ce que l'on observe sur le continent[179], la place des ancêtres est réduite dans la documentation anglo-saxonne, en particulier pour les groupes aristocratiques. La seule exception concerne les généalogies royales, sans cependant susciter l'essor de la forme graphique de l'arbre[180]. À l'instar des Luo qui construisaient des généalogies d'autant plus complexes et improbables que la compétition faisait rage dans leurs rangs[181], les rois anglo-saxons, notamment au IXe siècle, construisirent des lignées de plus en plus longues. Remonter jusqu'au dieu Woden (hormis dans le Kent), puis avant Woden est un mouvement global[182]. Cette transmission se poursuit à une époque tardive, notamment pour démontrer la légitimité des rois de Wessex[183]. Les copies tardives de la *Chronique anglo-saxonne* ont, en conséquence, participé à la dissémination de ces généalogies jusqu'à l'An Mil[184]. Mais d'autres documents s'ajoutent à cette liste[185]. Le caractère fictif et l'imprécision dans la transmission de ces généalogies ont été largement mis en évidence[186]. Toutefois, dans toutes ces

---

177 Fl. WEBER, *Le Sang, le nom, le quotidien. Une sociologie de la parenté quotidienne*, La Courneuve, 2005, p. 214-215.

178 E. M. C. VAN HOUTS, « Family, marriage, kinship », *loc. cit.*, p. 134. T. M. CHARLES-EDWARDS, « Anglo-Saxon Kinship Revisited », *loc. cit.*, p. 171.

179 G. ALTHOFF, *Family, Friends, op. cit.*, p. 54.

180 Chr. KLAPISCH-ZUBER, *L'ombre des ancêtres. Essai sur l'imaginaire médiéval de la parenté*, Paris, 2000, p. 86-87 et p. 90.

181 B. G. BLOUNT, « Agreeing to Agree on Genealogy : A Luo Sociology of Knowledge », in M. SANCHES et B. G. BLOUNT (éd.), *Sociocultural dimensions of language use*, New York, 1975, p. 117-136.

182 Dans le Wessex, la généalogie a même été reconstruite afin de remonter à Dieu lui-même, par le biais d'Adam et des patriarches. K. SISAM, « Anglo-Saxon Royal Genealogies », *art. cit.*, p. 298 et p. 308. A. FAULKES, « Descent from the gods », *Medieval Scandinavia*, 11 (1978), p. 92-125. C. R. DAVIS, « Cultural assimilation in the Anglo-Saxon royal genealogies », *ASE*, 21 (1992), p. 28-31. D. N. DUMVILLE, « The West Saxon Genealogical Regnal List and the Chronology of Early Wessex », *Peritia*, 4 (1985), p. 21-66, p. 52, 61-66. M. HUNTER, « Germanic and Roman antiquity and the sense of the past in Anglo-Saxon England », *ASE*, 3 (1974), p. 33.

183 J. M. WALLACE-HADRILL, *Early Germanic kingship in England and on the Continent*, Oxford, 1971, p. 45. H. R. LOYN, « Kinship », *art. cit.*, p. 200. R. FLEMING, *Kings and Lords, op. cit.*, p. 7. T. M. CHARLES-EDWARDS, « Anglo-Saxon Kinship Revisited », *loc. cit.*, p. 187-190.

184 Ces copies furent réalisées vers 1000 (MS B : Londres, BL Cotton Tiberius A.iii, fol. 178rv / A.vi), vers 1025 (MS Ā : Londres, BL, Cotton Otho B.xi, fol. 58 / Add. 34652, fol. 2), vers 1050 (MS C : Londres, BL, Cotton Tiberius B.i) et peu après 1050 (MS D : Londres, BL, Cotton Tiberius B.iv).

185 Londres, BL, Stowe 944, fol. 39r, du New Minster (Winchester) dans le second quart du XIe siècle (*LVNM*). Cambridge, University Library, Kk.3.18 (2004), fol. 3v-4r, de la seconde moitié du XIe de Worcester. Cambridge, Corpus Christi College, 383, fol. 108, du début du XIIe siècle, originaire de Londres.

186 K. SISAM, « Anglo-Saxon Royal Genealogies », *art. cit.*, p. 316-317, 325. D. N. DUMVILLE, « The West Saxon Genealogical Regnal List », *art. cit.*, p. 25-31.

généalogies, la concaténation de noms aux sonorités nobles et antiques permet de transférer la sacralité liée à l'ancienneté de la lignée sur son point d'aboutissement, c'est-à-dire sur le souverain présent. Dans le même temps, ces noms donnent le sentiment que la descendance directe par les fils est *réelle*, pour faire ressortir leur légitimité à gouverner, tout en renforçant leur *Selbstverständnis*[187].

Cette logique étant mise en évidence, il n'y a aucune surprise à constater les habitudes anthroponymiques propres à la dynastie régnante. Après le règne d'Ine au VIIIe siècle, tous les noms des rois de Wessex sont liés par l'allitération par les voyelles[188]. Néanmoins, parmi les possibilités qu'offre cette allitération, se distinguent plusieurs thèmes nominaux (*Ælf-*, *Æthel-* et *Ead-* après Ecgberht[189]). Ainsi, les quinze enfants recensés d'Edward l'Aîné font alterner ces trois racines. Les trois enfants d'Edmund reprennent la racine *Ead-*, tandis que des quatre enfants d'Edgar, trois reprennent ce même élément, à l'exclusion d'Æthelred II, qui renoue avec un protothème présent dans la famille deux générations avant. Parmi les enfants d'Æthelred II, neuf partagent les mêmes thèmes et notamment le thème *Ead-*. Pour ce que nous savons de la génération suivante, les thèmes de la dynastie continuent d'être transmis, mais seulement aux garçons et/ou en ligne masculine, puisqu'Ælfgifu, mariée à Uhtred de Bamburgh, ne transmet pas un nom west-saxon à sa fille (Ealdgyth) et qu'Edmund Flanc-de-Fer a deux fils, Edmund et Edward, et un petit-fils, Edgar, qui suivent cette logique, mais deux petites-filles qui y échappent, Margaret et Christina. Néanmoins, Margaret, épouse de Malcolm III Canmore, en Écosse, parvient à transmettre les noms Edgar et Edward à ses fils[190], à une date où la branche principale en ligne masculine s'est éteinte avec la mort d'Edward le Confesseur et la prise de pouvoir par Guillaume le Conquérant.

À ce double principe d'allitération systématique et de variation sur plusieurs thèmes, s'ajoute une logique de plus en plus nette de transmission des noms entiers au sein de la famille royale à partir du Xe siècle, même si cette inflexion peut n'être due qu'à une multiplication des sources à cette date et donc à une meilleure connaissance des nombreux enfants qui n'ont pas été appelés à régner. Les noms d'Æthelstan, Edward ou Ælfred constituent ainsi des éléments du patrimoine anthroponymique de la famille pour notre période[191]. Au milieu du Xe siècle, le roi Edmund, a donné à deux de ses fils des noms qui n'étaient pas présents dans le groupe avant eux, et qui ne faisaient donc que vérifier le principe de variation (*Ead*wig, *Ead*gar). En revanche, Edgar donne à son aîné, le même nom que son propre grand-père paternel, Edward l'Aîné (899-924). À son cadet, il transmet le nom de son père, Edmund (939-946). Enfin, son benjamin, Æthelred II, reçoit le nom porté par le frère aîné de son arrière-grand-père. Ce sont cependant les enfants d'Æthelred II qui illustrent le plus nettement

---

187 K. SCHMID, « The structure of the nobility », *loc. cit.*, p. 48-49.

188 H. B. WOOLF, *The old Germanic principles*, *op. cit.*, p. 84-92. D. E. BEEAFF, « Ælfræd and Haranfot », *art. cit.*, p. 689 (22 rois sur 23 vérifient ce principe après Cerdic).

189 H. B. WOOLF, *The old Germanic principles*, *op. cit.*, p. 90 : *Ælf-*, *Æthel-* et *Ead-* sont communs à 90 % des noms. A. WILLIAMS, *Land, power and politics*, *op. cit.*, p. 6.

190 WILLIAM OF MALMESBURY, *GR*, Livre II, ch. CCXXVIII, § 2, p. 416. ORDERIC VITAL, Livre VIII, ch. III, § 398, p. 272.

191 H. B. WOOLF, *The old Germanic principles*, *op. cit.*, p. 90.

CHAPITRE 4

cette généralisation de la *Nachbenennung* avec une volonté dynastique sous-jacente indéniable. Ses fils portent tous des noms royaux : Ecgberht (roi de 802 à 839), Ælfred (871-899), Edward (l'Aîné, 899-924, et le Martyr, 975-978), Æthelstan (924-939), Edmund (939-946), Eadred (946-955), Eadwig (955-959), Edgar (959-975). En somme, si l'on excepte Æthelwulf, Æthelbald et Æthelberht, tous les noms royaux portés en Angleterre par des West-Saxons depuis le début du IXe siècle sont ainsi revivifiés, ressuscités par Æthelred dans ses fils. Après le règne du puissant roi Edgar, pendant lequel les généalogies ont été en partie collationnées, il est évident qu'Æthelred II et ses enfants représentent une forme d'aboutissement dans la mise en noms de la conscience dynastique des rois des Anglais. Tous les « grands noms » de la lignée ont été repris[192], faisant de chaque prince un héritier possible par son seul nom et rendant à la dynastie elle-même la conscience de son prestige, sa *Selbstverständnis*[193]. Les générations suivantes sont nettement moins bien connues, mais les noms royaux continuent de circuler parmi les descendants d'Edmund Flanc-de-Fer. C'en est à tel point que la transmission impose à Emma, reine d'Æthelred II et Cnut, l'obligation de prendre un de ces noms dynastiques, en adoptant comme surnom Ælfgifu[194]. Cette transmission témoigne d'une forte conscience dynastique dans le groupe, avec une capacité à insister sur les noms les plus prestigieux de la famille.

Outre cette forme verticale de la parenté, l'exemple continental suggère l'existence d'un groupe de parenté large aux contours flous (*Sippe*, cousinage/parentèle, *kindred*). En Angleterre, les contours de ce groupe de cousins sont tout aussi difficiles à déterminer qu'ils le sont sur le continent. Sur la base des droits d'héritage et des interdits de parenté, le 5e degré semble constituer la frontière extérieure de ce groupe[195]. Néanmoins, en pratique, ce groupe est moins étendu.

Sur le continent, les *libri vitae* permettent d'identifier les membres de telles parentèles en les regroupant dans des communautés de salut. Malheureusement, une étude extensive sur les quelques 400 entrées de laïcs du *liber vitae* du New Minster livre un résultat très faible en la matière[196]. Cette exclusion des collatéraux est aussi visible dans la pauvreté de la terminologie[197] et dans le fait que les collatéraux (y compris les cousins) semblent peu impliqués dans le système de la vengeance privée[198]. Les pratiques testamentaires elles-mêmes excluent souvent les collatéraux[199], de sorte

---

192   P. Bourdieu, « Le capital social », *Actes de la recherche en sciences sociales*, 31, 1980, p. 3, pour le concept des « grands noms » comme éléments du capital social des élites.

193   M. Borgolte, « 'Selbstverständnis' und 'Mentalitäten'. Bewusstsein, Verhalten und Handeln mittelalterlicher Menschen im Verständnis moderner Historiker », *Archiv für Kulturgeschichte*, 79 (1997), p. 189-210.

194   P. Stafford, *Queen Emma and Queen Edith*, Oxford, 2004, p. 72.

195   Ead., *Unification and Conquest, op. cit.*, p. 163.

196   En tout, ce sont seulement 73 individus inscrits successivement dans le *liber vitae* qui partagent du matériau (moins de 20 %), jamais par groupe de plus de quatre personnes.

197   Ce sont les *cognati*, les *consanguinei*, etc. R. Fleming, *Kings and Lords, op. cit.*, p. 6. H. R. Loyn, « Kinship », *art. cit.*, p. 197-198.

198   A. Wareham, « Two Models of Marriage », *loc. cit.*, p. 114-115.

199   T. M. Charles-Edwards, « Anglo-Saxon Kinship Revisited », *loc. cit.*, p. 198, 200. *Contra* : L. Tollerton, *Wills, op. cit.*, p. 140-179.

que certaines institutions connues sur le continent, comme la *laudatio parentum*, par laquelle un bienfaiteur donne la preuve que ses parents acceptent le don fait à l'institution pieuse[200], n'existent guère en Angleterre[201].

C'est que ce groupe de parenté intervient dans de nombreuses actions du groupe (justice, faide, perception/paiement du *wergeld*, aide en cas de difficulté passagère ou durable, etc.)[202], mais à condition d'appartenir à la parenté pratique d'*Ego*. Cela suppose la création de liens supplémentaires (alliance, amitié)[203]. Le cas dans lequel la création de liens peut être présupposée est celui des alliances matrimoniales. Et, dans ce contexte, l'homogénéité du matériau onomastique n'est pas inexistante. Ainsi, le taux de variation et répétition entre affins est plus élevé (15,5 %) qu'entre parents éloignés (14 %)[204]. Dans la mesure où ces personnes ont en commun une part non négligeable de leur patrimoine onomastique, il est possible que cela ait traduit une forme d'endogamie familiale. Or ce taux est corrélé au niveau social : les noms des souverains partagent du matériau onomastique avec leurs affins dans 23 % des cas, ce taux chutant à 16 % pour les *proceres* et à 10 % pour les *nobiles*. Dans ces conditions, avec ces alliances entre membres d'une élite partageant du matériau anthroponymique, il est probable que nous avons affaire à des renouvellements d'alliance au sein d'un groupe de parenté large qui s'étend à l'essentiel de l'élite west-saxonne[205].

Tableau 10. *Parenté éloignés et transmission du nom (variation, répétition) (en %)*

	Variation / répétition
entre Affins	15,5
entre Cousins germains	12,3
entre Autres parents[206]	14,3

D'une façon globale, le taux de variation entre membres éloignés d'une même parentèle (cousins germains et autres cousins éloignés) est très faible. Néanmoins, tout dépend du niveau social des groupes considérés[207]. En substance, plus le niveau social du groupe est élevé, plus le matériau anthroponymique est proche. En

---

200 St. WHITE, *Custom, kinship, and gifts to saints : the laudatio parentum in Western France, 1050-1150*, Chapel Hill, 1988.
201 J. S. MOORE, « Family-entries : Part I », *loc. cit.*, p. 105-106.
202 R. FLEMING, *Kings and Lords, op. cit.*, p. 4-7 et la note 18, p. 6.
203 G. ALTHOFF, *Family, Friends, op. cit.*, sur la combinaison entre liens de différentes natures. R. LE JAN, *La Société, op. cit.*, p. 240. STENTON, *ASE*, p. 315-316.
204 Elle reste très largement inférieure à ce qu'elle est entre parents consanguins du premier degré : 26 %.
205 Les effets de mode peuvent également jouer un rôle important pour favoriser la circulation privilégiée des mêmes éléments et des mêmes noms à certains moments.
206 Il s'agit des cas où les textes ne précisent pas la nature du lien. Celui-ci peut donc, d'aventure, inclure des personnes très proches, y compris des liens de filiation, des liens avunculaires, etc. Le plus souvent, il s'agit néanmoins de liens plus distants, pour lesquels la terminologie n'existe pas.
207 Il est néanmoins difficile, par essence, d'attribuer la relation de cousinage elle-même à un groupe social, puisque les personnes ainsi liées peuvent appartenir à des groupes différents. Les rois ont ainsi des « cousins » qui figurent aussi bien au nombre des *proceres* que des *nobiles*.

Graphique 16. *Part relative des formes de transmission du nom pour les liens de parenté éloignés selon le niveau social des groupes familiaux*

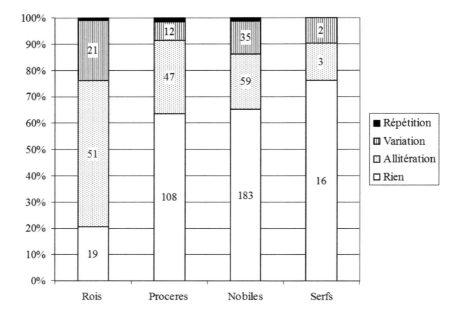

l'occurrence, donc, la famille royale a ceci de particulier qu'elle est à la fois profonde verticalement et étendue horizontalement. L'accentuation du caractère vertical de la lignée royale s'est traduite par la limitation progressive du nombre des *æthelings*, les princes-héritiers, aux seuls enfants et petits-enfants de roi, à l'exclusion, donc, des collatéraux[208]. Comme les Carolingiens, les rois arrêtent également de transmettre leurs noms par les femmes entre le IXe siècle[209] et le XIIe siècle[210]. Ce resserrement a permis dans le même temps d'ouvrir la famille royale à tous ces collatéraux qui désormais revendiquèrent avec plus de netteté leur appartenance à la même parentèle large, ce que la branche principale pouvait accepter sans crainte de voir chez ces collatéraux émerger de potentiels rivaux[211].

Dans le prologue de son *Chronicon*, Æthelweard, *ealdorman* des provinces de l'ouest, membre de la famille royale issu d'une branche collatérale, témoigne de

---

208 D. N. Dumville, « The *ætheling* : a study in Anglo-Saxon constitutional history », *ASE*, 8 (1979), p. 1-33.
209 Baudouin de Flandres a de son épouse, Ælfthryth, fille d'Ælfred le Grand, un fils nommé Adelolf/ Æthelwulf, comme le père d'Ælfred, et une fille, Ealhswith, qui a hérité du nom de l'épouse du roi west-saxon.
210 Margaret, la petite-fille d'Edmund Flanc-de-Fer, mariée au roi des Écossais, Malcolm III, a deux fils nommé Edgar et Edward, mais après l'extinction de la famille en ligne directe masculine.
211 T. M. Charles-Edwards, « Anglo-Saxon Kinship Revisited », *loc. cit.*, p. 192.

NOMEN, FAMILLE ET POUVOIR

l'effectivité d'une telle organisation, puisqu'il affirme à la fois son affection pour sa cousine très éloignée, Mathilde d'Essen, et la fierté qu'il éprouve devant la gloire de ses parents royaux[212]. Si nous ne savons pas précisément quels étaient ses ancêtres immédiats, de même que pour nombre d'*ealdormen* du Xe siècle, nous savons en revanche qu'il était le membre d'une vaste parentèle dont le pivot était la famille royale. Une même hypothèse peut être émise à propos d'Æthelstan Half-King[213], Beorhtnoth d'Essex[214], Ælfheah et Ælhere[215] et même des familles moins prestigieuses comme celle d'Odda de Deerhurst au XIe siècle[216]. Ainsi, bien que les sources pour attester l'existence de cette parenté horizontale soient très fragmentaires du fait de la concentration de la documentation sur la lignée royale, il est probable que se déploie autour d'elle un ensemble de liens transversaux forts complexes avec les principales familles aristocratiques[217]. L'aristocratie entière du royaume, au moins au Xe siècle, fonctionnait en conséquence comme une gigantesque *Sippe* dont les ramifications s'étendaient dans tout le royaume, hormis autour de Durham, malgré la tentative d'Æthelred II de donner sa fille en mariage à Uhtred. Au sein de ce groupe de parenté, les liens d'amitié et les renouvellements d'alliance étaient possibles[218].

Cette appartenance commune se traduisait par une certaine communauté onomastique, entre la famille royale et les autres groupes, comme celui d'Æthelstan Half-King (thème *æthel-*), celui d'Ælfheah et d'Ælfhere (thème *ælf-*), celui d'Æthelweard (thème *æthel-*) et même celui de Wulfric Spot (*thème ælf-*). Réseau aristocratique familial étendu à l'échelle du royaume, *Sippe* partageant du matériau onomastique et pratiquant le redoublement d'alliance, telle était sans doute la forme de la parenté des *proceres* à l'époque tardive. Dans ce groupe, la *Königsnähe* permettait d'autant plus de promouvoir les membres des branches collatérales que le roi disposait d'une puissance exceptionnelle[219].

Au terme de cette partie, il est évident que la façon de transmettre les noms a quelque chose à voir avec la structure de la parenté anglo-saxonne. Nous avons montré que la famille nucléaire constituait un groupe discret et cohérent, dans lequel

---

212 C. E. Fell, C. Clark et E. Williams, *Women, op. cit.*, p. 84-85. Æthelweard, p. 1-2, 34, 38-39.

213 C. R. Hart, « Athelstan Half-King and his family », in *The Danelaw, op. cit.*, p. 569. Nous savons qu'Æthelstan était un membre de la famille royale par sa mère, voir Byrhtferth of Ramsey, *VSO*, Livre III, ch. 14, p. 82.

214 P. Stafford, « Kinship and women », *loc. cit.*, p. 229.

215 A. Williams, « '*Princeps Merciorum gentis*' », *ASE*, 10 (1982), p. 143-172, p. 157. Voir S 585 et S 586, par exemple.

216 Ead., *Land, power and politics, op. cit.*, p. 5.

217 R. Fleming, *Kings and Lords, op. cit.*, p. 3, 33. Le « tableau généalogique » global est assez éclairant en la matière (p. 24).

218 Malgré l'opposition de l'Église. E. M. C. van Houts, « Family, marriage, kinship », *loc. cit.*, p. 138. D. Whitelock, *The beginnings, op. cit.*, p. 150, L. Lancaster, « Kinship 1 », *art. cit.*, p. 239-247, et T. M. Charles-Edwards, « Anglo-Saxon Kinship Revisited », *loc. cit.*, p. 180-182. M. M. Sheehan, *Marriage, Family, and Law, op. cit.*, p. 78-92, 303-310. L'exemple le plus connu est celui de l'archevêque Oda de Canterbury brisant le mariage du roi Eadwig avec sa cousine (?), Ælfgifu.

219 Sans aller jusqu'à la thèse « maximaliste » de James Campbell (« The late Anglo-Saxon state », *loc. cit.*), il semble possible de s'en remettre à l'image d'un roi en mesure d'exiler ses *ealdormen*, de les faire changer de lieu d'action, etc., après S. Baxter, *The Earls of Mercia, op. cit.* Voir R. Le Jan, *La Société, op. cit.*, p. 236-237, à propos de la *Königsnähe*.

164 CHAPITRE 4

néanmoins la relation père/fils se distinguait, notamment à la fin de la période. De même, la place du second cercle de parenté (grands-parents, oncles et tantes) et du troisième cercle (*consanguinitas*) a pu être mise en évidence, mais surtout dans le cas des familles aristocratiques de haut rang. Par contraste, en descendant le long de l'échelle sociale, au niveau des *nobiles* (les *thegns*), et en deçà, en particulier dans les familles de serfs, il semble que la profondeur et l'épaisseur des groupes soit moindre. La prudence invite à considérer que la faible perpétuation mémorielle de liens verticaux et horizontaux pour les groupes les moins puissants est certes un effet de source, mais que cet effet de source est peut-être aussi lui-même le reflet d'une situation réelle.

Par contraste, la famille royale, dans la seconde moitié du Xᵉ siècle, s'organise comme une lignée. De nombreuses généalogies royales attestent ce mouvement de verticalisation. Celui-ci trouve son illustration dans la capacité des rois à renouveler régulièrement certains noms emblématiques portés par des ancêtres prestigieux. Sur ce plan, Æthelred II représente un cas exceptionnel de mémoire du groupe, puisqu'il remonte en arrière de six générations et de trois siècles pour nommer tous ses fils. Avant cela, les noms sont plutôt liés entre eux par la variation. Cette lignée royale apparaît comme un pivot autour duquel gravite une *Sippe* aristocratique dont tous les *ealdormen* semblent être les membres, au moins au Xᵉ siècle[220]. Les redoublements d'alliance entre ces branches, ainsi qu'avec la branche aînée, se traduiraient alors par le fait que parents et parents par alliance aient eu tendance dans un nombre non négligeable de cas à partager du matériau anthroponymique.

IV. Patrimoine matériel et patrimoine immatériel

Le *Stammname* des *Sippen* et le *Leitname* des lignées sont une part essentielle du patrimoine immatériel des groupes. Ils fondent leur identité, mais aussi la légitimité de leurs membres à exercer des prérogatives attachées au groupe lui-même[221]. L'arrivée au pouvoir suppose donc la détention d'un nom spécifique et entraîne même dans certains cas un changement de nom[222]. En conséquence, la compétition que se livrent des groupes concurrents peut se traduire par la volonté de capter le patrimoine anthroponymique du groupe rival dans le but de légitimer une usurpation (*Ansippung*)[223].

---

220 Sur le même modèle que le « *genus* saxon ». R. Le Jan, *Famille et pouvoir, op. cit.*, p. 415.

221 J. Depoin, « De la propriété et de l'hérédité des noms dans les familles palatines », *Revue des Études Historiques*, 68 (1902), p. 545-557. K. F. Werner, « Important noble families in the kingdom of Charlemagne », in *The medieval nobility, op. cit.*, p. 150-152. R. Le Jan, *Famille et pouvoir, op. cit.*, p. 227.

222 R. Le Jan, *Famille et pouvoir, op. cit.*, p. 192.

223 K. Schmid, « The structure of the nobility », *loc. cit.*, p. 48-49. G. Althoff, *Family, Friends, op. cit.*, p. 51. L. Leleu, *Semper patrui, op. cit.*, p. 435-436. Voir chez les Mérovingiens dans R. Le Jan, « Dénomination, Parenté et Pouvoir », *loc. cit.*, p. 230, 235. Pour l'exemple carolingien, voir Ead., *Famille et pouvoir, op. cit.*, p. 200-206. À propos de la seconde dynastie de Gwyned, qui a adopté la même stratégie, en spoliant les noms dynastiques du royaume dont ils ont fait la conquête, voir D. Thornton, « Predatory Nomenclature and Dynastic Expansion in Early Medieval Wales », *Medieval Prosopography*, 20 (1999), p. 1-22.

Dans le cas insulaire, la récursivité d'éléments onomastiques pour les titulaires d'une charge ou pour les propriétaires d'un domaine est courante, aussi est-il possible d'estimer la part qu'a *pu* jouer le rôle d'héritier de biens ou de charges dans le choix du nom, mais aussi l'argument qu'un nom *pouvait* offrir à celui qui revendiquait un bien ou un titre.

Légitimer et revendiquer la charge royale

Pour légitimer ou revendiquer l'accession au pouvoir, le nom jouait un rôle important sur le continent. Le nom royal entrait-il dans une stratégie de conquête et de stabilisation du pouvoir ? Quel rôle pouvait-il jouer au cours d'une révolte ?

Comme nous l'avons noté plus haut, les traditions anthroponymiques de la famille royale se caractérisent par la récurrence de quelques thèmes nominaux, mais aussi d'une allitération systématique par les voyelles et par la répétition de quelques noms. Dans ce contexte, l'apparition de nouveaux noms n'est pas neutre. Parmi les thèmes nouveaux qui apparaissent dans la famille, le protothème *ead-* apparaît pour la première fois pour former le nom d'Edward l'Aîné, le fils du roi Alfred[224]. Selon d'anciennes éditions de la *Vita Alfredi* d'Asser, un des fils d'Alfred, mort en bas âge, portait également le nom *Edmund*[225]. Il s'agit probablement d'une interpolation tardive[226]. Néanmoins, la présence de ce thème *ead-* et la possibilité qu'un enfant d'Alfred se soit nommé Edmund nous semblent cohérents. En effet, Edward l'Aîné, selon le même passage, aurait été le fils aîné du roi, arrivant cependant en seconde position après sa sœur, Æthelflæd[227]. Si l'on recoupe la date de mariage d'Alfred (868), la date de mariage d'Æthelflæd (883) et la date de la première expédition militaire d'Edward (893), il semble probable qu'Edward soit lui-même né dans les années 870, sans doute entre 874 et 877[228]. Or nous savons que le roi Edmund d'East Anglia fut martyrisé par les Danois en 869[229], c'est-à-dire quelques années plus tôt, dans un royaume qui fut placé sous la coupe du Danois Guthrum-Æthelstan en accord avec Alfred après la bataille d'Edington et le traité de Wedmore en 878[230]. Le fait qu'Edward soit sans doute né dans l'intervalle n'est peut-être pas un hasard complet, puisque la récupération d'un thème nominal d'East Anglia permettait de pallier l'extinction de la famille royale locale. Dans le même temps, ce nom permettait aussi d'asseoir un peu plus la stabilité du pouvoir west-saxon dans le sud-est, puisque ce thème était également présent dans l'ancienne famille royale du Kent aux VIIe-VIIIe siècles[231]. Il est difficile de savoir si cela

---

224 H. B. WOOLF, *The old Germanic principles, op. cit.*, p. 89.

225 J. A. GILES, *Six old English chronicles*, Londres, 1848, p. 68. Le manuscrit de la *Vita Alfredi* a été perdu au cours de l'incendie de la bibliothèque cottonienne, ce qui rend les éditions anciennes aussi précieuses que périlleuses.

226 S. D. KEYNES et M. LAPIDGE, *Alfred the Great*, Londres, 2004², p. 90, note 144.

227 ASSER, *Vita Alfredi*, § 75.

228 S. MILLER, « Edward [Edward the Elder] (870s ? -924) », *Oxford Dictionary of National Biography*, Oxford, 2004.

229 *ASC A, sub anno* 870.

230 *Ibid., sub anno* 878.

231 H. B. WOOLF, *The old Germanic principles, op. cit.*, p. 26-27.

166   CHAPITRE 4

a eu une quelconque efficacité, mais il est troublant de constater que c'est aussi Edward l'Aîné qui annexa l'East Anglia au royaume de Wessex, après la soumission définitive de 920[232]. Enfin, il est à noter qu'Edward lui-même donna le nom *Edmund* à l'un de ses fils. En ce sens, l'adoption du protothème *ead-* s'apparente vraisemblablement à un cas d'*Ansippung* de la part des souverains west-saxons.

Le fils aîné d'Edward, Æthelstan, porte un nom dynastique, qui avait déjà appartenu à un de ses grands-oncles, frère du roi Alfred, seul des cinq fils d'Æthelwulf à ne pas avoir régné. Néanmoins, ce nom fut aussi porté à la même époque par le Danois Guthrum, qui reçut ce nom, lors de son baptême, d'Alfred lui-même[233]. En ce sens, le fait qu'Edward ait donné un tel nom à son fils aîné, à la toute fin du IXe siècle ou au tout début du Xe siècle, suggère la réappropriation d'un élément anthroponymique qui était temporairement sorti du groupe de descendance. Le projet d'expansion du royaume vers le nord se traduit non seulement par le choix d'un tel nom, mais aussi par le fait qu'Æthelstan ait été placé en nourrice chez sa tante, Æthelflæd, la Dame des Merciens, à une époque où Edward procédait à la conquête progressive du Danelaw. En ce sens, le nom, après avoir été confié temporairement à Guthrum lorsqu'il était à la tête du royaume anglo-danois d'East Anglia, est revenu dans la famille royale, confortant de fait la main mise du nouveau roi de Wessex sur ce royaume désormais annexé.

Le nom *Edgar*, qui apparaît à la génération suivante dans la famille royale, a été porté à plusieurs reprises, mais toujours par des puissants liés à la Mercie ou à des zones situées au nord de la Tamise, à tout le moins[234]. Ce tropisme mercien dans le choix du nom d'Edgar n'a pas de quoi étonner pour le fils d'un roi qui a achevé de stabiliser le pouvoir west-saxon dans la zone. Edgar, par ailleurs, fut élevé au nord de la Tamise, sans doute dans le Fenland, par Æthelstan Half-King, si l'on en croit la *Chronique de Ramsey*[235], et c'est aussi dans cette zone qu'il aurait régné après que les aristocrates de la zone eurent fait sécession vis-à-vis de son frère, le roi Eadwig, sans doute en 957[236]. Auquel cas, le caractère mercien de son nom coïncide précisément avec la faveur dont il semble avoir joui en Mercie.

L'attirance pour la Mercie et la réappropriation de noms dynastiques jouèrent sans doute alors conjointement lorsqu'Edgar nomma son fils cadet Æthelred. En

---

232 *ASC A*, *sub anno* 921.

233 D. M. HADLEY, *The Viking in England*, op. cit., p. 29-37.

234 « Edgar 2 » et « Edgar 1 » étaient évêques de Lindsey et d'Hereford aux tournants du VIIIe et du Xe siècle respectivement, tandis qu' » Edgar 5 » était évêque de Londres au VIIIe siècle. Le *dux* « Edgar 3 » était actif en Mercie au cours du même siècle. D'autres homonymes interviennent comme témoins dans des chartes merciennes de la fin du VIIIe siècle au milieu du IXe siècle (« Edgar 4 », « Edgar 8 » et « Edgar 9 »). Parmi eux, seuls deux personnes peuvent avoir été aisément connues ultérieurement, en laissant des attestations dans d'autres documents que des chartes ou la *Gesta Pontificum* de William of Malmesbury.
« Edgar 2 » est connu de Bède (BEDE LE VENERABLE, *HE*, Livre IV, ch. XXII).
« Edgar 5 » a été entré plus tardivement dans le *LVNM*, fol. 15r.

235 *Chron. Rams.*, § 4.

236 *Chron. Rams.*, § 14. Voir aussi B., *Vita Dunstani*, § 24. Pour la date, voir *ASC C*, *sub anno* 957.

effet, *Æthelred* était le nom d'un des frères du roi Alfred[237], mais aussi un nom porté par le dernier *lord* mercien indépendant, beau-frère d'Edward l'Aîné, et par un saint mercien dont le culte fut promu par Edgar lui-même, selon William de Malmesbury[238]. En ce sens, la stratégie onomastique semble avoir été tournée en direction d'un renforcement de liens qui n'allaient pas encore de soi avec les Merciens.

Qu'en est-il de l'usage des noms parmi les concurrents des rois des West-Saxons ? Selon David Dumville, n'importe quel fils ou petit-fils d'un ancien roi avait le droit de porter le titre d'*ætheling* et pouvait en conséquence hériter[239]. Toutefois, en général, était privilégiée la succession de père en fils et, très souvent, de frère en frère. Dans ce contexte, les collatéraux membres de la parenté agnatique, représentaient des rivaux capables, en cas de décès du roi, d'obtenir la couronne[240]. Certes, il est difficile d'isoler les traces d'une communication politique fondée sur l'utilisation du « nom royal », compte tenu de la rareté de la documentation, mais il n'est pas exclu que cet élément ait joué un rôle dans la mesure où tous les cas de révoltes connus se caractérisent par le fait que le prétendant portait un tel nom.

Le xe siècle s'ouvre ainsi avec la mort d'Alfred et sa succession par Edward l'Aîné. Or, dès 899, la *Chronique* nous indique qu'Æthelwold, le fils de son oncle paternel, se souleva et réclama une partie du royaume[241]. Æthelwold hérite par son père (et son grand-père) du protothème *æthel-*, qui est courant dans la famille royale. Bien que ce nom soit cohérent pour un membre éminent de la famille régnante, il fut également porté par plusieurs souverains dans deux zones où il trouva des alliés, en East Anglia et en Northumbrie[242]. Son nom lui donnait donc visiblement un droit au trône de Wessex, en marquant son appartenance à la *stirps regia*, mais celui-ci a aussi pu jouer un rôle dans ses relations avec le nord, surtout s'il y fut réellement

---

237 L'introduction de ce nom parmi les descendants de Cerdic semble d'ailleurs se produire au cours du IXe siècle, à un moment où le nom est très courant en Mercie. Voir notamment les rois de Mercie au VIIe siècle et de Northumbrie au VIIIe siècle, « Æthelred 2 » et « Æthelred 7 », *PASE*.
Le premier est omniprésent dans la documentation. Voir BEDE LE VENERABLE, *HE*, Livre IV, ch. XII, XVII et XXI-XXIII, mais aussi Livre V, ch. XIII, XIX et XXIV. Mais il est également cité par la *Vita Wilfridi* de Stephen of Ripon, par la *Vita Guthlaci* de Felix, par la *Chronique anglo-saxonne*, par Æthelweard, par Byrhtferth of Ramsey, par le *Liber Eliensis*, etc.
Le second est connu de la *Chronique anglo-saxonne* et d'Æthelweard. Voir *ASC E, sub annis* 790, 792 *et* 794. et ÆTHELWEARD, Livre III, ch. I.
238 WILLIAM OF MALMESBURY, *GR*, Livre II, ch. CCIX, § 2, p. 390. À propos de ce saint, voir *ASC A, sub anno* 640.
239 D. N. DUMVILLE, « The ætheling : a study in Anglo-Saxon constitutional history », *ASE*, 8 (1979), p. 1-33.
240 T. M. CHARLES-EDWARDS, « Anglo-Saxon Kinship Revisited », *loc. cit.*, p. 179.
241 *ASC A, sub anno* 900 (corrigée en 901 par une main ultérieure). R. LAVELLE, « The Politics of Rebellion : the Ætheling Æthelwold and the West Saxon Royal Succession, 899-902 », in P. SKINNER (éd.), *Challenging the boundaries of medieval history : the legacy of Timothy Reuter*, Turnhout, 2009, p. 51-80.
242 « Æthelwald 5 » fut roi en East Anglia au VIIe siècle (BEDE LE VENERABLE, *HE*, Livre III, ch. XXII) et « Æthelwald 6 » en Deira, à la même époque (BEDE LE VENERABLE, *HE*, Livre III, ch. XXIII), mais un homonyme, « Æthelwald 14 » Moll, régna aussi en Northumbrie au siècle suivant (*ASC E, sub annis* 759 *et* 761).

168 CHAPITRE 4

choisi comme roi[243]. Le fait d'avoir porté un nom doublement royal peut avoir eu son importance pour légitimer les revendications d'un tel prétendant.

Cette hypothèse ne saurait toutefois être avancée sans confirmation. Or, dans la tardive *Chronique de Ramsey*, Æthelstan Half-King est présenté comme « un *ealdorman* des Angles de l'Est qui partageait la dignité et le nom royaux ». C'est dans ce même passage que nous apprenons son rôle prépondérant à la cour au milieu du Xe siècle et que son surnom de *Semirex*, « Half-King », en est déduit[244]. Dans ce contexte, l'homonymie avec le souverain régnant, Æthelstan (924-939), l'origine familiale et l'action du personnage concourent pour en faire un homme de dignité royale et qui ne fut pas roi à part entière pour la seule raison qu'il ne chercha pas, manifestement, à le devenir. Prince en East Anglia, Æthelstan Half-King partageait également le nom de baptême du souverain danois Guthrum qui avait régné exactement dans la même zone deux ou trois décennies plus tôt. En ce sens, nous semble-t-il, ce nom était doublement royal. Bien que ce ne soit pas son nom qui lui ait donné un rôle prépondérant dans le royaume des Anglais, la coïncidence est toutefois frappante, puisqu'elle permettait, par cette curieuse homonymie, de soutenir le prestige, à la fois national et régional, du magnat d'East Anglia.

La stabilité du pouvoir royal et le maintien du pouvoir dans la ligne de descendance directe d'Edward l'Aîné rend ce modèle explicatif difficile à conforter, faute d'exemples ultérieurs. Néanmoins, parmi les prétendants écartés du trône au XIe siècle, deux individus ont retenu notre attention. Lorsque Cnut prit le pouvoir, à la mort d'Edmund Flanc-de-Fer, en 1016, il procéda à une épuration dans les rangs de l'aristocratie. La *Chronique* mentionne l'exil d'Eadwig, *ætheling*, fils du roi Æthelred II, qui était un concurrent direct pour le trône, mais aussi d'un autre Eadwig, « roi des paysans[245] ». Nous n'en savons pas plus sur l'identité ou les objectifs politiques de ce second prétendant. Nous retenons toutefois que ces deux rivaux de Cnut ont en commun leur nom, royal lui aussi. Peut-être cela suggère-t-il qu'il s'agissait en réalité de la même personne, dédoublée dans le texte afin que le titre légitime d'*ætheling* soit dégradé par la création d'un *cognomen* dérisoire. Quoi qu'il en soit, les concurrents qui menacent le nouveau roi anglo-danois est, à nouveau, conforté dans ses prétentions par un nom royal.

Entre le règne d'Edward l'Aîné et celui d'Æthelred II, aucune fille issue de la famille royale ne semble avoir été donnée en mariage à des aristocrates du royaume et, même lorsque cette règle tacite semble s'effondrer, à l'approche de l'An Mil, les noms royaux restent la propriété de la lignée agnatique. Cela laisse à penser que la transmission d'un héritage symbolique, matérialisé par le nom de la lignée royale, était envisagée comme une cause possible de troubles pour la lignée régnante.

En conclusion, la transmission conjointe d'un nom et d'une part du patrimoine des familles a bien existé dans la famille royale. On peut même penser que le nom y a joué un rôle non négligeable pour renforcer le prestige des rois (ou des prétendants)

---

243 ASC D, *sub anno* 905.
244 *Chron. Rams.*, § 4.
245 *ASC D, sub anno* 1017.

et soutenir leur légitimité (notamment lors de la conquête de l'East Anglia et de la Mercie). Toutefois, faute de documents montrant qu'une utilisation politique de ces noms existait, il est difficile de définir avec précision le rôle qui était sans doute le leur.

Appartenir à un groupe aristocratique ou à un clan épiscopal

Il revient à Régine Le Jan d'avoir particulièrement insisté sur la corrélation entre patrimoine onomastique et transmission des *honores* dans ces groupes[246] ; de même la circulation de noms spécifiques dans les clans épiscopaux a été mise en évidence[247]. Qu'en est-il dans les groupes aristocratiques en Angleterre anglo-saxonne tardive ?

Dans la famille d'Æthelstan Half-King, une corrélation semble exister : *Æthel*frith, père d'Æthelstan, *Æthel*stan lui-même et ses deux fils, *Æthel*wald et *Æthel*wine partagent des éléments anthroponymiques. Le même principe peut être relevé pour *Æthel*weard et son fils, *Æthel*mær, pour l'*ealdordom* des Provinces de l'Ouest, mais à une échelle nettement plus réduite. En se fondant sur ces deux exemples, on peut considérer que la transmission conjointe de charges et d'éléments anthroponymiques dans quelques groupes aristocratiques existait. Néanmoins, ces stratégies sont peu durables et concernent un nombre dérisoire d'individus.

En outre, des pratiques aussi cohérentes sont rares par ailleurs. Dans la famille des *earls* de Bamburgh (Uhtredsons), certains noms utilisés à intervalle régulier (Waltheof et Gospatric) jouaient sans doute un rôle de marqueur, mais l'identité familiale reposait aussi sur la récursivité de nombreux thèmes nominaux (-*wulf*, *eald*-, *ead*-, *uht*- ou –*ræd*), ce qui rend toute analyse difficile à mener. Parmi les nouveaux groupes aristocratiques qui émergent au XIᵉ siècle (Leofwinesons et Godwinesons), de la même manière, il n'y a pas de réelle logique pour l'attribution d'un nom significativement lié à la transmission de la charge comtale[248] : en Mercie, les noms de Leofwine et de son fils, Leofric, vérifient le principe de variation, mais ce n'est ni le cas d'Ælfgar, fils de Leofric, ni des fils de ce dernier, Edwine et Morcar, ce dernier étant *earl* de Northumbrie. De même, chez les Godwinesons, la charge principale d'*earl* de Wessex passe de Godwine à son fils, Harold, dont le nom est issu de la famille maternelle, tandis que les autres *earls* de la fratrie portent des noms très variés : Leofwine, Gyrth, Tosti, Swein. Dans ces deux familles, la profondeur généalogique n'était guère suffisante, même pour les acteurs eux-mêmes sans doute, et le pouvoir trop récent pour qu'une logique dynastique ait eu le temps de se déployer.

---

246 R. LE JAN, *Famille et pouvoir, op. cit.*, p. 214-222.
247 L'exemple le plus connu est celui des Adalbéron. K. SCHMID, « The structure of the nobility », *loc. cit.*, p. 45-47. G. BÜHRER-THIERRY, « Des évêques, des clercs et leurs familles dans la Bavière des VIIIᵉ-IXᵉ siècles », in *Sauver son âme, op. cit.*, p. 239-264. L. LELEU, *Semper patrui, op. cit.*, p. 461-463.
248 H. B. WOOLF, *The old Germanic principles, op. cit.*, p. 133-135.

170 CHAPITRE 4

La même difficulté affecte notre connaissance des prélats[249]. Aux Xe et XIe siècles, un nombre croissant d'évêques provient des milieux monastiques[250]. Or nous savons que l'entrée au monastère s'accompagnait bien souvent de l'oblitération de la mémoire familiale. Dans la plupart des cas, nous nous trouvons donc dans une situation très problématique : en l'absence de données, nous n'avons aucune idée de l'arrière-plan familial des évêques. Quelques-uns sont néanmoins connus pour avoir soutenu leurs parents, en particulier leurs neveux, au cours de leur carrière ecclésiastique. L'exemple le plus connu est celui d'Oda et de son neveu, Oswald, tous deux archevêques à la fin de leur carrière, mais aux deux extrémités de l'Angleterre[251]. Certes nous connaissons plusieurs autres membres de la parentèle d'Oda et Oswald. De même, nous pouvons reconstituer une partie des liens familiaux qu'entretenait Wulfstan, archevêque d'York[252], avec des laïcs dont l'ancrage était avant tout régional. Mais les études relatives à ces groupes familiaux montrent que, dans l'Angleterre des Xe et XIe siècles, il n'existait pas de clans épiscopaux semblables à ceux décrits par Schmid. Ces groupes sont tout au plus constitués de trois évêques et, dans ce cas, les noms sont rarement les mêmes, les successions se faisant dans des diocèses différents et la plupart de leurs parents laïcs ne disposant que de charges locales. Seuls Wulfstan, évêque de Worcester (1002-1016) et archevêque d'York (1002-1023), et Wulfstan, évêque de Worcester (1062-1095), si leur lien était avéré, pourraient faire penser à un embryon de dynastie épiscopale[253]. En somme, dans les cas où plusieurs évêques peuvent être liés les uns aux autres, il n'est qu'une exception par laquelle on puisse observer une transmission conjointe d'un nom et d'un siège épiscopal.

Dans les familles de l'élite laïque ou ecclésiastique, il est impossible d'aboutir à la certitude que les noms étaient transmis au même titre que les charges, comtales ou épiscopales. Si la pauvreté de la documentation peut être invoquée pour défendre e silentio l'idée d'une aristocratie qui aurait développé les mêmes modes onomastiques et généalogiques que sur le continent, en se structurant en topolignées agnatiques, cela semble néanmoins très improbable. Le nom ne se transmettait pas ou peu, dans la mesure où les charges les plus importantes n'ont jamais été privatisées par les élites anglo-saxonnes et que le roi conserva toujours un contrôle, même relatif, sur le choix des titulaires. En ce sens, seuls les groupes les plus proches de la famille royale, entre le milieu et la fin du Xe siècle adoptèrent des stratégies un tant soit peu cohérentes de ce point de vue. Mais cela a duré pendant trois générations au mieux. En revanche, au début du XIe siècle, la disparition ou le déclassement de la plupart des groupes aristocratiques antérieurs induit l'essor de nouveaux groupes aristocratiques qui n'eurent pas le temps de mettre en place une stratégie cohérente et dynastique de transmission de leur patrimoine anthroponymique.

---

249 *Ibid.*, p. 95.
250 P. STAFFORD, *Unification and Conquest, op. cit.*, p. 87.
251 H. B. WOOLF, *The old Germanic principles, op. cit.*, p. 168-169.
252 M. TOWNEND (éd.), *Wulfstan, Archbishop of York*, Turnhout, 2004.
253 Cette identification, quoique incertaine, est défendue dans E. MASON, *St Wulfstan of Worcester, c. 1008-1095*, Oxford, 1990, p. 32.

Graphique 17. *Surreprésentation et sous-représentation des légataires selon leur identité et le type de biens concédés*

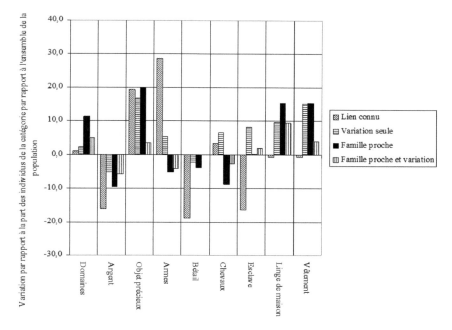

Le pouvoir des familles au village

Sur le continent, il est établi que les noms et les biens ont tendance à circuler conjointement, prioritairement en direction des héritiers les plus proches, mais parfois aussi vers des parents plus éloignés[254]. Nous souhaitons donc poser la même question avec les biens matériels, domaniaux notamment, en nous concentrant sur les *nobiles*.

La liste des bénéficiaires de testaments est très large. Elle inclut comme héritiers majeurs l'Église et le *lord*, qu'il s'agisse du roi lui-même ou d'un autre puissant, puis les membres de la famille nucléaires et, parfois, des cousins plus éloignés, sans préférence visible pour le rang dans la filiation, le genre ou la latéralité du légataire[255]. Néanmoins, pour les domaines en particulier, un biais agnatique a été relevé par plusieurs spécialistes[256].

---

254 St. AIRLIE, « The aristocracy », *loc. cit.*, p. 439-441. Voir aussi B. VERNIER, *La genèse sociale des sentiments. Aînés et cadets dans l'île grecque de Karpathos*, Paris, 1991.
255 L. LANCASTER, « Kinship 2 », *art. cit.*, p. 362-363. M. M. SHEEHAN, *The Will, op. cit.*, p. 74-76. C. E. FELL, *Women, op. cit.*, p. 76-78. J. C. CRICK, « Women, Wills and Moveable Wealth », *loc. cit.*
256 P. STAFFORD, *Unification and Conquest, op. cit.*, p. 164. R. FLEMING, *Kings and Lords, op. cit.*, p. 7. A. WAREHAM, « The transformation of kingship », *art. cit.*, p. 390, 397. P. A. CLARKE, *The English Nobility, op. cit.*, p. 146-147.

172   CHAPITRE 4

Le premier élément de réponse vient de la comparaison que l'on peut établir entre le taux de variation calculé plus haut et celui qui est propre aux parents des premiers cercles (enfants, frères, grands-parents, oncles et tantes) qui apparaissent dans les testaments et dont le lien familial est redoublé par un ou plusieurs legs. Or, d'emblée, nous pouvons constater que le taux de transmission des éléments anthroponymiques au sein de ce groupe spécifique est nettement plus élevé que parmi les individus mentionnés dans les autres types de sources, puisqu'il se monte à 40 % dans les testaments (contre 25-30 % ailleurs).

Le deuxième élément de réponse implique de croiser ces mêmes informations (existence d'un lien connu entre légataire et testateur, transmission ou non d'éléments anthroponymiques entre eux) avec le type de biens échangés, puis de calculer quels types de biens sont surreprésentés ou sous-représentés dans chacune des sous-catégories[257]. L'analyse du tableau livre un résultat assez simple : quel que soit le type de bien concerné, l'écart par rapport à l'axe des abscisses est plus faible pour les individus qui appartiennent à la dernière catégorie (famille proche et transmission du nom [hachures verticales]) que pour ceux qui appartiennent aux deux catégories précédentes (transmission du nom, avec ou sans lien [hachures horizontales], ou lien familial, avec ou sans transmission du nom [noir]). Cela suggère que le nom ne joue jamais un rôle prépondérant : l'appartenance familiale vient avant et détermine les logiques d'ensemble, pour les écarts positifs, comme pour les écarts négatifs. Le seul contre-exemple vaut pour les legs d'esclaves, mais l'écart est insignifiant. En ce sens, notre conclusion répond par la négative à la question posée initialement : on ne semble pas donner certains biens en particulier à ceux qui ont des éléments onomastiques en commun avec leur parent légataire.

Afin d'affiner ce deuxième élément, il convient de s'intéresser en propre aux domaines fonciers. Le fait que ces domaines puissent être des héritages familiaux que le testateur lègue à son tour à ses héritiers est rarement indiqué. En effet, il n'est qu'un exemple dans lequel un centre domanial, c'est-à-dire un signe ostensible de puissance, hérité par le testateur, soit légué à un héritier nommé, c'est dans le testament de Wulfwaru (S 1538)[258]. Cette dernière prend d'ailleurs le soin de partager le seul centre domanial mentionné dans le testament, Butcombe, entre son fils aîné, Wulfmær, et sa fille cadette, Ælfwaru. Ces deux moitiés d'un symbole de prestige font ainsi immédiatement écho au fait que ces deux enfants, indépendamment de leur rang de naissance ou de leur genre, ont également reçu chacun un thème

---

257   Plus les barres sont éloignées de l'axe des abscisses plus l'écart est important par rapport à la moyenne attendue. Nous distinguons entre a) les individus qui entretiennent une relation d'alliance, d'amitié ou de consanguinité avec le testateur (« lien connu »), b) ceux qui ne partagent aucun lien connu, mais dont les noms vérifient un principe de variation avec celui du testateur (« variation seule »), c) ceux qui font visiblement partie de la famille proche du testateur, en allant jusqu'aux cousins germains (« famille proche »), et, enfin, à part, d) ceux de ces parents dont les noms sont proches par variation du nom du testateur (« famille proche et variation »).

258   Le manuscrit date du second XIIe siècle.

nominal de leur mère[259]. En cela, l'exemple de Butcombe donne l'impression que la transmission du nom pouvait jouer un rôle important dans l'attribution d'une part importante des biens fonciers d'un légataire. Le testament de Wulfric Spot (S 1536) semble conforter une telle hypothèse, puisque le fondateur de Burton lègue quatre domaines à son frère, Ælfhelm, mais aussi aux fils de ce dernier. Wulfheah, avec qui il a en commun le protothème *Wulf-* en reçoit quatre, là où Ufegeat, son frère, n'en reçoit qu'un. À niveau égal, ces deux jeunes gens étant ses neveux, il en est donc un qui est privilégié et celui-ci a également reçu comme patrimoine un thème nominal qui était présent dans le nom de Wulfrun, mère de Wulfric. Toutefois, en l'absence d'autres informations pour les centres domaniaux ou d'autres cas aussi flagrants dans les autres testaments, ces exemples, pour saisissants qu'ils soient, ne sauraient être généralisés. Or, dans le reste de la documentation, rien de tel n'est réellement perceptible. Mais les testaments sont peu nombreux et, quoique les copies soient fidèles, beaucoup d'entre eux ont été tronqués lorsque de leur transcription dans des cartulaires à l'époque anglo-normande.

En conséquence, l'étude des cas dans lesquels plusieurs *lords* se partagent le même domaine dans le Domesday Book devrait permettre de pallier la faible représentativité de cette première source. On considère généralement que deux individus possédant des tenures d'une même taille dans un même village sont les héritiers communs d'un bien partagé en parts égales, c'est-à-dire des frères ou des cousins de même rang. C'est ce que l'on appelle une *partible inheritance*[260]. Dans l'ensemble du Domesday Book, nous avons recensé 817 cas de *partible inheritances* associant deux personnes. Entre eux, le taux de variation est de 14,2 %, mais il est très variable selon l'espace dans lequel on se trouve : régulièrement inférieur à 10 % dans le nord du royaume, il excède 30 % dans nombre de comtés du sud[261]. Malgré cette variation régionale qui n'a rien d'étonnant, le taux de variation observé, dans le meilleur des cas, excède à peine ce qui nous est connu pour le règne d'Edward le Confesseur dans la totalité de la documentation dépouillée. On ne peut donc pas dire que la transmission d'éléments onomastiques soit spectaculairement plus élevée parmi des individus qui étaient probablement parents et héritiers à la fois.

Une dernière étude de cas sur les *tenants* de baux d'un évêché permet de descendre un peu plus bas encore le long de l'échelle sociale, même si ces individus n'étaient probablement pas les représentants d'un groupe défavorisé[262]. À Worcester, ces

---

259 Malgré la présence d'autres co-héritiers tout aussi proches : un autre fils (Ælfwine) et une autre fille (Gode), sans compter l'abbé de Bath, Ælfhere.

260 F. W. Maitland, *Domesday Book and beyond, op. cit.*, p. 145-146. T. M. Charles-Edwards, « Kinship, Status », *art. cit.*, p. 24. L. Lancaster, « Kinship 2 », *art. cit.*, p. 359, 373-374. A. Williams, « A vice-comital family », *loc. cit.*, p. 279-295 et Ead., « The king's nephew », *loc. cit.*, p. 327-343.

261 Le faible taux global observé à l'échelle du royaume semble en grande partie lié au faible taux observé dans le nord du royaume où le nombre de *partible inheritances* recensées est nettement plus élevé, en particulier dans le Yorkshire. Cela laisse à penser que les liens familiaux se traduisaient, dans cette zone, par l'héritage commun, mais assez peu par la transmission parallèle d'éléments onomastiques.

262 Néanmoins, le roi Edgar, dans une loi, interdisait théoriquement aux monastères et peut-être aussi aux évêques de céder des domaines à leurs parents et aux puissants. Voir « King Edgar's establishment of monasteries », éd. *Councils & Synods*, p. 153. Dans le cas de Worcester, ce principe semble être resté

baux étaient, comme très souvent ailleurs, concédés pour trois vies. Or nous savons souvent par le cartulaire d'Hemming quelles étaient ces vies successives[263]. Il est clair que ces vies renvoyaient à des membres d'un même groupe qui se transmettaient les domaines entre eux, entre mari et femme, mais aussi en direction des héritiers ou des collatéraux, avec la possibilité de prolonger d'une ou plusieurs vies supplémentaires après les trois premières ou de louer le domaine à nouveau dans la même famille après l'expiration de ces dernières[264]. Ce qui semble intéressant, avec ce type de tenure de la terre, c'est qu'il était impensable de diviser un bien qui appartenait en propre à l'évêque, ce qui favorisait implicitement l'unigéniture[265]. Tous les baux étudiés sont attribués dans le Worcestershire, entre 957 et 996, c'est-à-dire à une période où la variation est relativement élevée. Sur soixante-seize baux, seuls quarante-six présentent plus d'une vie. Seize en ont consigné trois ou plus. Dans nombre de cas, lorsque deux vies se succèdent, il s'agit d'un homme suivi de son épouse, comme Eadric et Wulfrun, qui reviennent à trois reprises (fol. 95r-96v). Lorsque l'on étudie les seuls baux où deux noms seulement figurent, le taux de transmission du nom est élevé (plus de 35 %). En reconstituant des binômes entre locataires successifs dans les baux où plus de deux noms sont connus, le taux est un peu moins important (28,6 %). Si l'on pouvait à coup sûr écarter les couples mariés, il est évident que ce taux dépasserait sans doute 40 ou 50 %. Dans ce cas précis, à l'échelle locale et dans des groupes issus de la petite aristocratie passée sous la dépendance est évêques de Worcester, la corrélation entre héritage des terres et transmission d'éléments onomastiques est très forte.

Pour conclure, nous pouvons apporter un éclairage assez nuancé sur le rôle du nom pour assurer la légitimité d'un individu à hériter d'un droit, d'une charge ou d'un domaine. C'est aux deux extrémités de la société, parmi les souverains et parmi les élites locales, que les deux patrimoines, matériels et immatériels, étaient le plus facilement liés. Envisagés comme des marques permettant d'asseoir une autorité sur un espace donné, ces noms sont aussi un patrimoine fortement corrélé aux cas de révoltes. Dans l'élite locale, la transmission de biens et d'éléments anthroponymiques est également parallèle, ce qui laisse à penser que les uns et les autres jouaient un rôle dans l'affirmation de l'identité du groupe. Néanmoins, nous ne pouvons pas réellement savoir si le nom jouait un rôle important pour garantir l'accession au trône ou à la propriété foncière et s'il était transmis à cet effet, puisque aucune source ne l'affirme.

Le cas des *proceres*, qui gravitent autour du souverain et se partagent les principales charges, tout en étant à l'origine de la plupart des testaments, nous conforte dans notre prudence. Ces groupes sont fragiles et ils ne semblent pas en mesure de transmettre durablement les charges et les biens qui sont les leurs. Les groupes aristocratiques majeurs semblent reprendre à leur compte ou partager de nombreux

---

lettre morte, au moins en ce qui concerne les parents de l'évêque, comme l'indique l'étude des *tenants* des baux, réalisée dans V. KING, « St Oswald's tenants », in N. P. BROOKS et C. CUBITT (éd.), *St Oswald of Worcester : Life and Influence*, Leicester, 1996, p. 100-116.

263 HEMMING, *Geanbec*, éd. Th. HEARNE, fol. 57r-112v, p. 121-292.

264 V. KING, « St Oswald's tenants », *art. cit.*, p. 105.

265 J. C. HOLT, « Feudal Society, 1 », *art. cit.*, p. 202.

points communs avec la *stirps regia*, dont ils étaient souvent les collatéraux, de sorte qu'il n'y a ni autonomisation du pouvoir (les charges étant toujours contrôlées par le roi), ni autonomisation des traditions anthroponymiques (celles-ci étant similaires, imitant même peut-être, celles qui ont cours dans la branche principale), mais le tout sur une durée qui excède rarement trois générations. Dans tous ces groupes, les noms intervenaient assez peu pour appuyer la transmission des *booklands*, puisque la proximité personnelle, souvent familiale, passait avant toute autre considération. Le lien familial passait avant la proximité onomastique et, d'aventures, la transmission se faisait, même si le légataire ne disposait pas du patrimoine onomastique adapté. Toutefois, cette conclusion est sujette à deux réserves : d'une part, il est impossible de tracer dans la documentation la plupart des autres types de domaines (et notamment les nombreux *folklands*, qui étaient transmis automatiquement au sein de la parenté) ; d'autre part, la seul transmission de centre domanial qui nous soit connu respecte une logique plus nette en la matière, avec une corrélation totale entre la transmission du bien et la transmission du patrimoine onomastique.

Conclusion

Depuis l'ouvrage de Bertha Phillpotts, il y a un siècle, nombre d'historiens ont conclu, avec elle, que la parenté s'affaiblissait au cours de la période anglo-saxonne[266]. À compter de la période anglo-saxonne tardive, la loi du roi et les liens de fidélité auraient rendu caduque la parentèle comme groupe légal à même de défendre l'individu[267]. Même si Lorraine Lancaster et Thomas Charles-Edwards ont appelé à la nuance[268], cette position est dominante de nos jours[269]. Ainsi, c'est bien la structure légale de la parenté qui semble s'effriter ; mais cela n'induit pas la disparition de la *familia* comme lieu de vie commune ou de la famille nucléaire comme cellule de base de la société[270].

Pour les spécialistes, non seulement le rôle de la parenté comme structure portante faiblit pendant la période, mais elle apparaît comme une structure créatrice d'identités parmi d'autres, au même titre que le genre, la classe d'âge ou les liens de fidélité[271]. Si la relative faiblesse de la parenté comme support de l'action a été mise en avant,

---

266 B. Phillpotts, *Kindred and clan, op. cit.* D. Whitelock, *The beginnings, op. cit.*, p. 46. H. Härke, « Early Anglo-Saxon Social Structure », in J. Hines (éd.), *The Anglo-Saxons from the Migration Period to the Eighth Century*, Woodbridge, 1997, p. 125-170, p. 132.

267 L. Lancaster, « Kinship 2 », *art. cit.*, p. 368-372. H. R. Loyn, « Kinship », *art. cit.*, p. 199-203, 207-209. J. C. Holt, « Feudal Society, 1 », *art. cit.*, p. 194-195.

268 L. Lancaster, « Kinship 2 », *art. cit.*, p. 254. T. M. Charles-Edwards, « Anglo-Saxon Kinship Revisited », *loc. cit.*, p. 171.

269 P. Stafford, « VIII. King and Kin, Lord and Community », *loc. cit.*, p. 18-19. C. Hough, « Kinship », *loc. cit.*, p. 272-273. E. M. C. van Houts, « Family, marriage, kinship », *loc. cit.*, p. 134-135.

270 H. R. Loyn, « Kinship », *art. cit.*, p. 207-208.

271 G. Tellenbach, « Die geistigen und politischen Grundlagen der karolingischen Thronfolge », *Frühmittelalterliche Studien*, 13 (1979), p. 248. Stenton, *ASE*, p. 315. P. Stafford, *Unification and Conquest, op. cit.*, p. 163, 171. H. Härke, « Early Anglo-Saxon Social Structure », *loc. cit.*, p. 151.

176 CHAPITRE 4

il n'en demeure pas moins que les autres liens, en général, étaient seulement utilisés pour redoubler et renforcer l'appartenance familiale[272]. En outre, ce sont toujours les liens familiaux qui constituent le modèle de tous les autres types de liens, ce qui rend la prévalence d'autres liens ambiguë, dans la mesure où elle signe indirectement la prépondérance des liens de parenté dans l'imaginaire[273].

Qu'apporte l'étude des noms à la compréhension de la parenté anglo-saxonne, en particulier telle que les spécialistes se sont attachés à la décrire ? Le premier élément concerne l'affaiblissement des structures familiales au cours de la période. Nous avons observé que les principes de transmission du nom avaient tendance à diminuer d'une façon régulière au cours des deux siècles étudiés. En ce sens, la parenté ne semble plus se traduire si régulièrement par la transmission d'un élément issu du patrimoine anthroponymique familial au xie siècle. En tout état de cause, le fait que les groupes familiaux connus soient moins étoffés horizontalement et se déploient sur un nombre moins important de générations verticalement contribue fortement à modeler l'image que nous pouvons avoir de cette « évolution ».

Le second élément tient aux formes de la parenté. Le glissement hypothétique d'une forme de parenté large, horizontale, au lignage, vertical et agnatique, caractérisé par un investissement accru dans la *memoria* des ancêtres, ne peut être observé en Angleterre. Si *Sippe* il y a, il s'agit uniquement du groupe familial qui se déploie autour de la *stirps regia* qui, elle-même, est déjà une structure verticale à la fin du ixe siècle, puisqu'elle se caractérise toujours par la descendance de l'ancêtre mythique Cerdic. Dans cette dynastie, on observe la construction de généalogies, une unigéniture masculine et la dévolution récurrente de noms spécifiques. Ces noms permettent d'asseoir l'identité du souverain, de l'inscrire visiblement dans un groupe et, sans doute, de légitimer son pouvoir sur les territoires dont il a hérité ou qu'il projette de conquérir. Par contraste, il n'y a ni *Sippe*, ni lignée pour l'aristocratie anglo-saxonne. Nous ne pensons pas non plus qu'il y eut la moindre « mutation familiale » en Angleterre : tous les changements de formes parmi les groupes de parenté observables peuvent être ramenés à la raréfaction de la documentation sous le règne de Cnut et de ses fils, mais surtout au fait que le xie siècle, avec ses troubles politiques, ait entraîné une réorganisation de l'élite du royaume, avec la disparition de certains groupes et l'apparition de nouveaux. Même s'il est possible que ces nouveaux groupes soient en réalité liés aux anciens, ils ne semblent pas l'avoir revendiqué ou, en tous cas, avoir laissé de trace de cette revendication dans la documentation.

Ces éléments étant posés, nous pouvons déduire quelle était la place de la femme dans ces groupes familiaux. La structure agnatique de la dynastie régnante se confirme par le retrait des femmes. En son sein, les femmes transmettaient rarement leur nom, sinon aux filles dans le meilleur des cas. *A contrario*, dans l'élite, la structure familiale était cognatique et les élites tiraient vraisemblablement une

---

272 G. ALTHOFF, *Family, Friends, op. cit.*, p. 160-162. P. STAFFORD, « VIII. King and Kin, Lord and Community », *loc. cit.*, p. 3-4.

273 G. ALTHOFF, *Family, Friends, op. cit.*, p. 160. T. M. CHARLES-EDWARDS, « Anglo-Saxon Kinship Revisited », *loc. cit.*, p. 173.

part de leur *Königsnähe* d'une descendance de la famille royale par les femmes, mais aussi d'alliances régulières avec cette dernière, les groupes aristocratiques ayant plus souvent tendance à donner des épouses aux rois que l'inverse. Ce faisant, ils plaçaient la femme dans un rôle traditionnel : à la rencontre de plusieurs groupes familiaux et donc à même d'organiser l'échange et de l'orienter. Même lorsque la famille royale n'était guère impliquée, l'échange des femmes donnait l'occasion de créer des liens avec d'autres groupes aristocratiques, selon une logique généralement homogamique. À ce titre, elles agissaient comme pourvoyeuses de noblesse, au même titre que les hommes. Elles en tiraient donc la prérogative de pouvoir transmettre leurs éléments anthroponymiques parmi les *proceres*.

Au niveau inférieur, celui des *nobiles*, les logiques agnatiques étaient plus fortes, peut-être parce que les sources retenaient plus facilement le nom des agnats que celui des cognats, peut-être également parce que ces familles avaient accès aux *folklands* plus qu'aux *booklands* et que les premiers se transmettaient sans doute uniquement en ligne masculine.

Le troisième élément concerne le point de recoupement entre structures horizontale et verticale. La famille nucléaire représente en effet le lieu où se croisent la troncalité de la parenté (ligne de descendance sur deux ou trois générations de co-résidents) et l'horizontalité des cousinages (prépondérance de la fratrie comme lieu de solidarité/rivalité). La totalité des études plaident pour une prépondérance de la famille nucléaire dans l'Angleterre des xe et xie siècles. Notre étude, sur ce point, confirme largement les données antérieures. Les noms se transmettent très facilement au sein de ce groupe, mais ils font ressortir plus facilement les liens entre pères et fils, entre grands-pères paternels et petit-fils, laissant apparaître une tendance agnatique indéniable. Comme nous l'avons déjà dit, néanmoins, cette tendance est moins nette chez les *proceres* qui maintinrent un système totalement cognatique beaucoup plus longtemps.

Le quatrième et dernier point concerne la légitimité et l'identité que la transmission du nom donnait aux personnes. L'étude des principales sources disponibles montre que la transmission des charges et offices était rarement corrélée au fait de porter un nom qui fasse signe vers une prédisposition familiale (nom-programme ou *Leitname*). Le fait que certains groupes aristocratiques aient opté pour la transmission de noms issus du même stock (*æthel-* dans certaines familles d'*ealdormen* du xe siècle ou *Harold* dans celles du xie siècle, en se coulant tantôt dans le moule de la famille west-saxonne, tantôt dans celui de la famille de Cnut) doit, en ce sens, être analysé comme un moyen de mettre en avant la proximité à la *stirps regia* (*Königsnähe*). En effet, la circulation des offices n'était pas le fait des familles elles-mêmes. Ainsi, il était inutile de transmettre un nom fortement connoté ou d'afficher un programme politique quelconque, puisque la réalisation de ce programme dépendait en bonne part du souverain lui-même. À l'échelle locale, néanmoins, les logiques sont plus contrastées. Dans le cas de transmissions de droits sur les terres et mêmes de changements de vie dans des baux, nous avons montré que les taux de variation et de répétition étaient très élevés, ce qui démontrait une corrélation forte entre transmission du patrimoine matériel et transmission du patrimoine immatériel. Cependant, la prudence invite à modérer le sens de cette corrélation : bien qu'il soit impossible d'exclure que ces noms aient permis d'asseoir l'autorité et la légitimité des héritiers, il semble logique de penser, en l'absence de sources pour le démontrer, que transmission des biens et transmission des noms n'étaient pas liées par un principe de causalité, mais dépendaient toutes deux d'une cause unique qui était l'appartenance au même groupe de parenté. Notons, une nouvelle fois, que ces principes et la prégnance des modes de transmission du nom sont assez variées selon les zones géographiques et que la partie septentrionale du royaume confirme une relative désaffection pour les techniques les plus usuelles au sud, comme la variation.

CHAPITRE 5

Popularité des noms
et structuration du corps social

> *Henry Duc de Normandie, fils de Henry second Roy d'Angleterre,*
> *faisant un festin en France, l'assemblée de la noblesse y fut si*
> *grande, que pour passe-temps, s'estant divisée en bandes par la res-*
> *semblance des noms : en la premiere troupe qui fut des Guillaumes,*
> *il se trouva cent dix Chevaliers assis à table portans ce nom[1]*

> *On peut juger de l'air de sa figure par les statues qui nous*
> *restent de lui : ses yeux étaient pers, ardents et rudes ; et la*
> *couleur de son visage rendait encore son regard plus terrible.*
> *Elle était d'un rouge foncé, parsemé de taches blanches ;*
> *on croit même que c'est de là qu'il a tiré son nom[2]*

Pour Anita Guerreau-Jalabert, Régine Le Jan et Joseph Morsel, « le choix des noms se fait en fonction de critères de parenté », mais « il en existe sans doute d'autres[3] ». L'homonymie est habituelle au bas Moyen Âge et Montaigne souligne en premier chef que cette dernière s'appuie souvent sur les noms des saints universels de la chrétienté, qui sont très courants après la « révolution anthroponymique » du Moyen Âge central. Ainsi, le rôle des saints comme protecteurs des vivants et des morts supplée parfois l'ordre familial[4]. Montaigne cite également *Guillaume*, nom ducal en Normandie et en Aquitaine depuis le Xe siècle, qui est fort populaire dans ces régions. En somme, l'autorité et la *fama* des ducs auraient entraîné des choix mimétiques dans la société. Les choix onomastiques seraient donc également le produit de la capillarité sociale : les modèles de l'élite, sociale ou culturelle, s'imposeraient aux autres. L'homonymie constituerait en ce sens un moyen attractif pour des parents dépourvus de patrimoine prestigieux ou pour des parents désireux de capter l'aura de groupes plus puissants que le leur. Les effets de mode qui parcourent la société dans son ensemble sont-ils susceptibles de pénétrer l'intimité des groupes de parenté ?

---

1 MONTAIGNE, *Essais*, Livre I, ch. XLVI, « Des noms ».
2 PLUTARQUE, *Vies parallèles des hommes illustres*, Paris, 1863, Sylla, 2.
3 A. GUERREAU-JALABERT, R. LE JAN et J. MORSEL, « De l'histoire de la famille », *loc. cit.*, p. 438.
4 J.-L. BIGET, « L'évolution des noms de baptême en Languedoc au Moyen Âge (IXe-XIVe siècles) », *Cahiers de Fangeaux*, 17 (1982), p. 299.

180   CHAPITRE 5

Dans la droite ligne des travaux du groupe *Genèse médiévale de l'anthroponymie moderne*, nous souhaitons poser de telles questions. Comment le stock onomastique est-il constitué ? Comment évolue-t-il au cours de la période ? Quelles cohérences les choix générationnels ou régionaux relèvent-ils ? Pour répondre à ces questions, nous nous focaliserons sur les effets que la renommée des puissants, vivants et morts, impulserait au choix du commun. Les noms des saints et des élites aristocratiques et cléricales circulaient plus loin et plus longtemps, grâce à leur renommée et aux processus mémoriels ; ils étaient donc aussi susceptibles de se déposer dans les esprits, d'incuber dans le corps social et d'éclore ensuite dans des effets de mode. L'intrusion des structures seigneuriales et ecclésiastiques déterminait-elle des concentrations du stock sur certains noms ?

I. Bilan – Genèse médiévale de l'anthroponymie moderne

Entre le XIe et le XIIe siècle, des surnoms, bientôt héréditaires, s'ajoutent aux noms de baptême et le stock onomastique de noms personnels se réduit simultanément. Pour décrire ces changements, on a pris l'habitude de parler de « révolution anthroponymique », dans la mesure où Duby a lié cette mutation à la mutation supposée des formes de la famille, qui, elle-même, s'inscrit dans le cadre de la « mutation féodale »[5]. Dans un autre registre, Robert Bartlett a considéré cette évolution des modes comme la marque d'une européanisation des noms, puisque toutes les sociétés européennes y cédèrent à une époque similaire[6]. Ces chercheurs n'ont cependant pas focalisé leur réflexion sur les noms. Une telle étude s'est formalisée ultérieurement, au cours des années 1990, autour de Monique Bourin et Pascal Chareille[7]. « L'ampleur de ces phénomènes, leur rythme et surtout leurs liens, et [...] [la vérification de la] chronologie fine [...] pour vérifier si l'apparition d'un surnom est partout la conséquence directe de la restriction du choix des noms [personnels] » ont donc été étudiés pour la période qui va du Xe au XIVe siècle.

La révolution anthroponymique, qui est au cœur du projet, ne nous concerne pas, puisque nous savons que les surnoms héréditaires ne se généralisent en Angleterre qu'après la conquête normande. En conséquence, le travail typologique fort précis mené par le groupe (nom simple, à deux éléments, etc.) ne nous concerne pas plus. En revanche, les outils statistiques et les concepts que le groupe a permis de populariser pour l'étude des stocks anthroponymiques

---

5   G. DUBY, « Lignage, noblesse et chevalerie », *art. cit.* Voire dès le Xe siècle (G. BEECH, « Les noms de personne poitevins du IXe au XIIe siècle », *Revue internationale d'onomastique*, 26 (1974), p. 81-100). Pour synthèse, voir M. AURELL, « La Parenté de l'An Mil », *art. cit.*, p. 134.

6   R. BARTLETT, *The Making of Europe*, *op. cit.*, p. 291.

7   *GMAM*, 8 vols, 1990-2008. Auxquels s'ajoutent : M. BOURIN, J.-M. MARTIN et Fr. MENANT (éd.), *L'anthroponymie*, Rome, 1996 et G. BEECH, M. BOURIN et P. CHAREILLE (éd.), *Personal Names Studies of Medieval Europe*, Kalamazoo, 2002.

constitueront un viatique indispensable. Ces outils ont été décrits à plusieurs reprises par Pascal Chareille[8] :

- la condensation de ce corpus : le nombre de noms différents pour 100 individus[9]. Plus le nombre est bas, plus le stock est condensé ;
- la concentration du corpus : le nombre minimal de noms nécessaire pour regrouper la moitié de la population et le nombre d'individus portant les cinq noms les plus courants[10]. Lorsque le premier nombre est petit ou que le second est grand, c'est que le stock se concentre sur quelques noms-vedettes très courants ;
- la dispersion du corpus : le nombre d'hapax (noms qui n'apparaissent qu'une fois)[11] et la proportion de la population qu'ils regroupent[12]. Plus ce nombre est élevé, plus l'échantillon est dispersé et le stock varié ;
- le taux d'homonymie correspond au niveau de probabilité pour que deux personnes de la population portent le même nom[13]. Ce taux permet d'objectiver le niveau d'homonymie au sein d'une population donnée, sans prendre le risque de s'en remettre à une intuition. Plus ce nombre, situé en 0 et 1, est élevé, plus l'homonymie est usuelle au sein de la population.

Pour tous ces calculs, évidemment, l'historien est tributaire de sa source, ce qui invite à démultiplier les corpus afin d'obtenir un tableau aussi représentatif que possible du stock total de la société étudiée, dans autant de sites disponibles à l'étude[14].

Le nom est un important indicateur culturel[15]. La multiplicité des courants culturels au sein d'une société se reflète donc partiellement dans les noms[16], de même que la compétition que ces courants peuvent se livrer[17]. Afin d'expliquer

---

8 P. CHAREILLE, « Eléments pour un traitement statistique des données anthroponymiques », in *GMAM, Tome II*, p. 245-297. *ID., GMAM. Tome VI*, p. 41-73. *ID.*, « Methodological Problems in a Quantitative Approach to Changes in Naming », in *Studies on the personal name, op. cit.*, p. 15-27. *ID.*, DARLU, Pierre, « Anthroponymie et migrations », in M. BOURIN, P. MARTINEZ SOPENA et Fr. JACQUESSON (éd.) *Anthroponymie et migrations dans la chrétienté médiévale*, Madrid, 2010, p. 41-73.
9 Nombre de noms différents * 100 / nombre d'individus différents.
10 P. CHAREILLE, *GMAM. Tome VI*, p. 42.
11 *Ibid.*, p. 123-137. P. CHAREILLE et P. DARLU, « Anthroponymie et migrations », *loc. cit.*, p. 49.
12 Nombre de hapax * 100 / nombre d'individus différents (ou nombre de noms différents).
13 P. CHAREILLE et P. DARLU, « Anthroponymie et migrations », *loc. cit.*, p. 50. Ce taux représente la somme des probabilités pour que deux noms identiques soient tirés au sort dans l'ensemble de la population. La probabilité pour un nom porté plusieurs fois d'être tiré au sort est : nombre d'individus portant un nom / nombre total d'individus * (nombre d'individus portant un nom - 1) / (nombre total d'individus - 1).
14 P. CHAREILLE, « Methodological Problems », *loc. cit.*, p. 17-18. Malgré les préventions méthodologiques, nous sommes parfois obligés de procéder à ces calculs en utilisant des corpus de taille fort modeste.
15 J. T. ROSENTHAL, « Introduction », in D. POSTLES (éd.), *Naming, Society and Regional Identity*, Oxford, 2002, p. xv. M. VOVELLE, *Piété baroque et déchristianisation en Provence au XVIIIe siècle*, Paris, 1978, p. 175.
16 J. T. ROSENTHAL, « Names and Naming Patterns in Medieval England : An Introduction », in *Studies on the personal name, op. cit.*, p. 4. J. M. CORKERY, « Approaches », *art. cit.*, p. 58-60.
17 C. CLARK, « The early personal names of King's Lynn », *loc. cit.*, p. 242.

les changements anthroponymiques de la société européenne, Monique Bourin soulignait l'influence combinée de l'encadrement seigneurial et des nouvelles formes de piété, avec deux phases de déploiement du matériau dans la société : noms d'aristocrates, noms de rois, noms de saints, puis noms scripturaires s'imposent progressivement autour de l'an 1100[18]. L'adoption prioritaire d'un petit nombre de noms de saints, à partir de l'époque de la révolution anthroponymique, constitue sans doute un bon exemple du lien entre évolution culturelle et choix anthroponymiques. Néanmoins, en Angleterre, ce changement ne fait que débuter à la fin de la période anglo-saxonne puisque les noms grecs, latins et bibliques ne représentent que 2,6 % du stock en 1066[19].

La question du lien entre appartenance à l'élite et choix de noms spécifiques occupe un volume entier du projet[20]. Robert Durand a mis en évidence des effets de mode, avec la transmission privilégiée des noms de la famille royale chez les aristocrates, comme moyen de se distinguer socialement, tandis que les effets d'imitation par le bas peuple réduisent avec un léger décalage chronologique l'effectivité de cette différenciation sociologique[21]. Ainsi, les modes naîtraient parmi les membres de l'élite et se diffuseraient ensuite dans le corps social[22]. C'est le cas pour les nobles de Franconie qui, à la fin du Moyen Âge, ont préservé un stock onomastique qui leur était propre, en se plaçant sous le patronage particulier des saints-chevaliers, comme Georges/Georg[23]. À l'inverse, Cecily Clark souligne la possibilité d'une capillarité inversée : le nom étant une chose beaucoup plus importante pour ceux qui ont un patrimoine immatériel à défendre, les couches populaires ont plus de probabilité d'innover dans ce secteur[24].

Parfois, ces logiques divergentes se traduisaient par de grandes différences : les marginaux se distinguent alors par des noms eux aussi marginaux[25]. Parfois, c'est l'inverse et il n'y a pas de différence selon le niveau social des acteurs, qu'ils soient aristocrates ou artisans[26]. Quoi qu'il en soit, il faut toujours se souvenir du fait que la documentation est peu adaptée à l'étude des faibles, dont elle garde rarement la trace nominale, en particulier avant l'An Mil[27]. Certains noms qui nous apparaissent

---

18 M. Bourin, « Bilan de l'enquête », in *GMAM, Tome I*, p. 2444-245.

19 St. Wilson, *The Means of Naming, op. cit.*, p. 89-90.

20 M. Bourin et P. Chareille, *GMAM, Tome V.*

21 R. Durand, « Trois siècles de dénomination aristocratique portugaise d'après la littérature généalogique », in *GMAM, Tome III*, p. 43-53.

22 M. Pastoureau, « Du nom à l'armoirie. Héraldique et anthroponymie médiévale », in *GMAM, Tome IV*, p. 83-105.

23 J. Morsel, « Changements anthroponymiques », *loc. cit.*

24 C. Clark, « Socio-Economic Status », *loc. cit.*, p. 109.

25 P. Beck, « Noms de baptême et structures sociales à Nuits (Bourgogne) à la fin du Moyen Âge », *Bulletin Philologique et Historique*, 1980, p. 265.

26 Id., « Les noms de baptême en Bourgogne à la fin du Moyen Âge : choix roturier, choix aristocratique », in J. Dupaquier, A. Bideau et M.-E. Ducreux (éd.), *Le prénom, mode et histoire*, Paris, 1984, p. 161-167.

27 M. Bourin, « Bilan de l'enquête », *loc. cit.*, p. 240. C. Clark, « Socio-Economic Status », *loc. cit.*, p. 101-102.

comme rares du fait des sources étaient donc peut-être très courants, mais dans des groupes sociaux sur lesquels un nombre très faible de documents a été préservé[28].

Ces éléments étant pris en compte, se dessine une dialectique entre distinction sociale des élites, d'un côté, et mimétisme des groupes sociaux de niveau inférieur, qui tentent de s'approprier la part du capital symbolique que les puissants plaçaient dans leurs noms, d'autre part. En effet, les noms ont l'avantage de ne rien coûter à ceux qui les adoptent, contrairement à d'autres moyens de se distinguer socialement, comme la nourriture ou les vêtements. La tension entre intégration et distinction, originalité et maintien d'une tradition, constitue un élément de base pour saisir l'objet anthroponymique, y compris de nos jours[29]. Il convient aussi d'étudier les formes de variation horizontale (entre des zones, des régions) dans le choix du nom, en plus des formes verticales, qui permettent de révéler l'organisation hiérarchique de la société[30].

II. La popularité des noms

Dans les études spécialisées, le stock anthroponymique anglo-saxon apparaît comme répétitif et concentré sur un petit nombre de noms très repérables. D'après Woolf, le stock se concentre sur certains noms, en particulier à la haute époque et au sein des familles royales[31]. Stephen Wilson évoque la mode envahissante des Ælfric, Æthelstan et Ælfsige[32]. Cecily Clark met en avant quelques « noms-vedettes », comme Ælfwine, Godric ou Godwine[33]. Ann Williams mentionne la prédominance des thèmes Ælf- et Æthel-[34]. Peter Kitson identifie seulement quarante noms et une douzaine de thèmes nominaux au sein d'une population de cinquante-cinq individus[35]. Elisabeth Okasha, pour toutes les femmes de l'époque anglo-saxonne, compte seulement trois cents noms différents, lesquels reposent sur trente-trois deutérothèmes et quatre-vingt-dix protothèmes différents[36]. En conséquence, à la période qui nous intéresse, Ælfflæd, Æthelthryth ou Eadgyth sont des noms féminins très courants.

Toutes ces études aboutissent au constat d'une forte concentration du stock sur quelques racines et quelques noms. Néanmoins, ces études ont été menées de façon intuitive, sans réelle préoccupation méthodologique et sans corpus clairement

---

28 E. Okasha, *Women's Names, op. cit.*, p. 111-112.
29 St. Lieberson et F. B. Lynn, « Popularity as a taste : an application to the naming process », *Onoma*, 38 (2003), p. 235-276.
30 J. Insley, « Regional variation in Scandinavian personal nomenclature in England », *Nomina*, 3 (1979), p. 52.
31 H. B. Woolf, *The old Germanic principles, op. cit.*, p. 18-19 (Essex : Sige-), p. 26-27 (Kent : Eormen-, Eorcon- et Ead-), p. 40-44 (Mercie : Mere-, Cyne-, Cuth-, Coen-, Cwen- Wig-, Burh- et Beorn-), p. 54-55 (Bernicia : Frithu-, Os-, Eald- et Ealh-), p. 65 (Deira : Os- et Here-).
32 St. Wilson, *The Means of Naming, op. cit.*, p. 78.
33 C. Clark, « Willelmus Rex ? », *loc. cit.*, p. 286.
34 A. Williams, « A vice-comital family », *loc. cit.*, p. 281.
35 P. Kitson, « How Anglo-Saxon Personal Names Work », *art. cit.*, p. 97. Le problème est qu'il a regroupé cette population de départ d'une façon qui n'est pas précisée.
36 E. Okasha, *Women's Names, op. cit.*, p. 54, 64, 70, 115, 121-122.

184 CHAPITRE 5

déterminés, hormis dans le cas d'Elisabeth Okasha qui a le mérite de faire reposer sa réflexion sur une collation exhaustive des noms dans toute la documentation disponible. Toutefois, les femmes constituent, en elle-même, un groupe restreint par rapport au grand nombre d'hommes dont les sources ont permis la préservation du souvenir. Nous souhaitons donc poser à nouveau les questions relatives à la composition du stock onomastique anglo-saxon des xe-xie siècles, en nous fondant à la fois sur l'exhaustivité des données recueillies et sur des outils statistiques développés dans le but exact d'analyser les corpus de noms médiévaux.

La richesse du stock onomastique

L'*onomasticon* anglo-saxon est-il aussi pauvre qu'on le dit à la veille de la Conquête Normande ? Les mesures de condensation et de dispersion permettent de répondre à cette interrogation. Ces indicateurs sont d'ailleurs corrélés. En effet, plus la proportion de hapax est grande (extension importante), plus il y aura de noms différents pour 100 individus (faible condensation). Ces deux indicateurs, pris ensemble, révèlent avec précision la richesse du stock considéré.

Certaines différences entre les sources peuvent s'expliquer par la taille de l'échantillon[37]. Nonobstant ces différences, les calculs établis à partir des « individus synthétiques » du Domesday Book (cf. Carte 4) permettent de distinguer trois espaces :
a. une zone où le stock est très riche (condensation faible et extension importante). Cette zone inclut deux bandes nord/sud, l'une allant de la Wash au Surrey, en passant par Londres, le Middlesex, le Hertfordshire, le Bedfordshire, le Huntingdonshire et le Cambridgeshire et l'autre allant du Derbyshire à l'Oxfordshire, en passant par le Rutland, le Leicestershire et le Warwickshire. À ces comtés, s'ajoute la Cornwall[38] ;
b. une zone où le stock est plutôt pauvre (condensation forte et extension faible). Ce sont les comtés situés en périphérie du royaume : le Devon, le Somerset, le Hampshire, l'Essex, le Suffolk et les comtés de Lincoln et York[39] ;
c. une zone où la condensation et l'extension sont moyennes. Elle forme une sorte de halo autour de la zone a), incluant les comtés de Buckingham, de Gloucester, de Worcester, de Stafford et de Nottingham, ainsi que le Berkshire et le Kent.

Les calculs portant sur des sources ponctuelles (cf. Carte 5) mettent en évidence une autre constante : la condensation des stocks est moindre et leur dispersion plus élevé au nord du royaume.

---

37 Comme le note Pascal Chareille, on trouve moins de hapax dans un grand échantillon, tandis que le taux d'homonymie et le niveau de condensation croissent. Ainsi entre la dispersion sera forcément moindre dans des sources très fournies, comme le Domesday Book ou Bury C, et forcément plus importante dans des sources de taille modeste, comme les sources nécrologiques. De même, le stock féminin a théoriquement plus de probabilités d'être dispersé que le stock masculin.

38 Il s'agit des comtés en couleurs sombres dans les deux cartes d'extension et de condensation.

39 Il s'agit des comtés en blanc dans les deux cartes de condensation et d'extension.

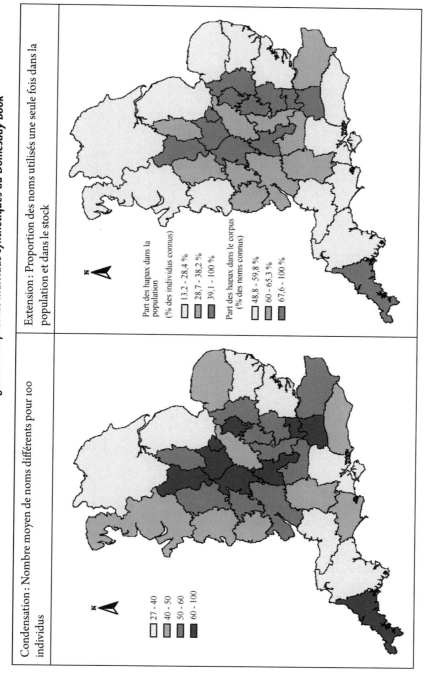

Carte 4. *Mesures de condensation et d'extension en Angleterre d'après les individus synthétiques du Domesday Book*

Carte 5. *Mesures de condensation, concentration et extension en Angleterre, d'après les Libri vitae et une partie du matériau diplomatique*

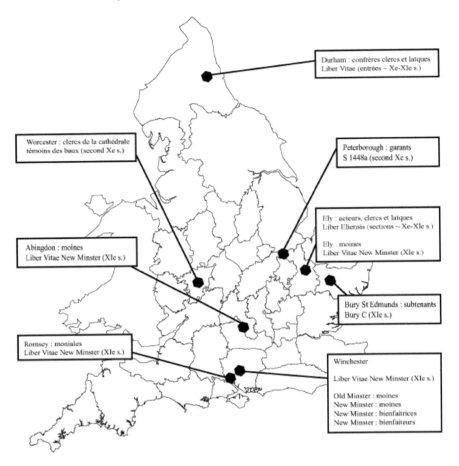

Si l'on recoupe ce que nous apprennent toutes ces sources dûment analysées, nous pouvons conclure à une grande richesse du stock dans les Midlands. Par contraste, son caractère est plus uniforme – plus condensé et moins étendu – dans les zones côtières, en particulier au sud[40].

En partant du constat assez empirique de la concentration du stock sur quelques noms, certains chercheurs ont déduit que le stock onomastique anglo-saxon était en

---

40   La Cornwall est exclue de cette synthèse. Bien qu'elle soit côtière et méridionale, son comportement onomastique semble plus proche de ce que l'on connaît pour les Midlands.

POPULARITÉ DES NOMS ET STRUCTURATION DU CORPS SOCIAL 187

	Confrères de Durham	Clercs de Worcester	Garants de Peterborough	Acteurs du Liber Eliensis	Moines d'Ely	Moines d'Abingdon
Nombre d'individus	230	53	122	286	27	41
Extension (nombre total de noms distincts)	162	29	91	141	24	31
Condensation (nombre de noms pour 100 individus)	70,4	73,6	74,6	49,3	88,9	75,6
Concentration (part du stock pour atteindre 50% des individus)	29,0	33,3	33,0	19,9	45,8	41,9
Concentration (part des individus pour les 5 noms les + populaires)	10,9	26,4	12,3	16,8	29,6	31,7
Dispersion (proportion hapax dans le stock)	78,4	74,4	80,2	63,1	87,5	77,4
Dispersion (proportion hapax dans la population)	55,2	54,7	59,8	31,1	77,8	58,5
Taux d'homonymie	0,005	0,014	0,007	0,010	0,009	0,017

	Subtenants de St Edmunds	Moniales de Romsey	Moines de l'Old Minster	Moines du New Minster	Bienfaitrices du New Minster	Bienfaiteurs du New Minster
Nombre d'individus	698	54	180	141	47	313
Extension (nombre total de noms distincts)	212	27	92	77	28	171
Condensation (nombre de noms pour 100 individus)	30,4	50,0	51,1	54,6	59,6	54,6
Concentration (part du stock pour atteindre 50% des individus)	10,8	22,2	23,9	26,0	25,0	22,8
Concentration (part des individus pour les 5 noms les + populaires)	23,4	46,3	17,2	22,7	44,7	14,1
Dispersion (proportion hapax dans le stock)	53,3	59,3	55,4	57,1	71,4	63,7
Dispersion (proportion hapax dans la population)	16,2	29,6	28,3	31,2	42,6	34,8
Taux d'homonymie	0,016	0,046	0,011	0,016	0,037	0,007

voie de rétraction et que les noms se raréfiaient au XIe siècle[41]. D'autres ont nuancé cette approche[42]. En effet, peu de sources permettent de saisir ce type de variations et il est évident que le discours de nos devanciers repose en bonne partie sur l'intuition. Qu'en est-il ?

Graphique 18. Évolution des différents indicateurs appliqués aux témoins des chartes royales pendant la période 954-1066

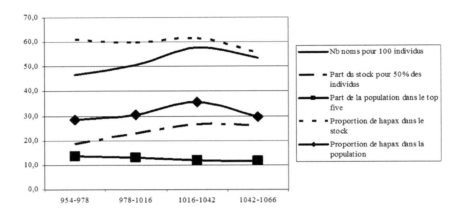

La compilation des listes de témoins dans les chartes royales permet de distinguer entre ceux qui interviennent pendant quatre grandes périodes de durées comparables, avec comme points d'inflexion les années 978, 1016 et 1042. Une telle étude livre un résultat très contrasté. Au vu de ces données, le stock connut en réalité sa concentration maximale au début de la période, à un moment où il n'était pas très dispersé non plus et où la condensation était élevée. *A contrario*, c'est pendant le règne des rois danois que le stock semble le plus riche, avec une condensation très faible et une très forte proportion de hapax, une forte part du stock pour nommer la moitié des individus et une part minimale de la population portant les cinq noms les plus courants. Une inflexion semble décelable en toute fin de période, sous le règne d'Edward le Confesseur, avec un léger appauvrissement du stock. En somme, non seulement le stock n'est pas si pauvre que cela à la fin de la période anglo-saxonne, mais il ne connaît pas non plus d'appauvrissement particulier au XIe siècle. Le constat empirique d'un fort taux d'homonymie est-il, pour sa part, vérifié ?

Le calcul de taux d'homonymie à partir des différentes populations étudiées jusqu'ici révèle que l'homonymie dans la population anglo-saxonne était en réalité particulièrement faible. Dans les populations où le stock est le plus concentré, c'est-à-dire dans les deux groupes de femmes (moniales de Romsey et bienfaitrices

---

41 F. M. STENTON, *Personal Names in Place-Names*, Nottingham, 1924, p. 176-179. H. B. WOOLF, *The old Germanic principles*, op. cit., p. 87. Fr. COLMAN, *Money talks*, Berlin, 1992, p. 26.
42 G. FELLOWS-JENSEN, « Some Problems of a Maverick Anthroponymist », in *The Study of the Personal Names*, op. cit., p. 48-49, 57-58.

Carte 6. *Taux d'homonymie d'après les individus synthétiques du Domesday Book*

du New Minster), le taux d'homonymie peine à atteindre 0,05 et la plupart des taux calculés se situent entre 0,01 et 0,02. Autant dire que les stocks sont émiettés et que la probabilité de trouver des homonymes y est faible. Cette conclusion est immédiatement perceptible grâce aux statistiques construites par l'intermédiaire des « individus synthétiques » du Domesday Book.

Ainsi, le sentiment de la rareté et de l'épuisement du stock qui a longtemps prévalu du fait sont des mirages historiographiques. Certes, de nombreux témoins de chartes royales et de nombreux *tenants* du Domesday Book étaient homonymes, mais il s'agit d'un effet d'optique qui nous fait oublier les nombreux hapax qui entourent ces noms, mais aussi les nombreux noms susceptibles d'être portés par plusieurs personnes dans une même liste. En réalité, malgré cet effet qui pousse les historiens à se concentrer sur un élément qui induit des difficultés d'identification et donc de nombreuses incertitudes qu'il leur importe de lever, le stock onomastique anglo-saxon aux Xe-XIe siècles est riche et varié. La mobilisation d'outils statistiques raffinés a permis de montrer aussi les différences qui existent entre nord-est, sud-ouest et zone intermédiaire. Dans deux pôles, au sud-ouest et au nord-est, les stocks ont tendance à être plus homogènes, plus condensés, plus concentrés, sinon moins étendus, en particulier au sud. Par contraste, le stock est visiblement plus riche dans la zone intermédiaire, sans doute parce qu'elle est le lieu où se rencontrent le plus nettement influences méridionales (west-saxonnes) et influences septentrionales (northumbriennes et surtout norroises). En ce sens, la zone intermédiaire apparaît comme un front sur lequel s'oppose la mode anglo-saxonne

Carte 7. Mesures de concentration du stock en Angleterre d'après les individus synthétiques du Domesday Book

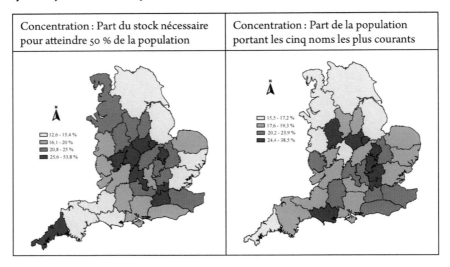

du sud et la mode danoise du nord. Et, l'on sait que les zones frontalières sont plus créatives que les autres en matière onomastique[43].

C'est dans le second Xe siècle que le stock est le plus pauvre. En ce sens, nous retrouvons sous une autre forme la société close et cohérente du règne d'Edgar, avec ses groupes aristocratiques interconnectés, par opposition au grand renouvellement du premier XIe siècle. Dans ce contexte et avec le renouveau anthroponymique induit par l'arrivée d'hommes neufs, danois ou anglo-saxons, mais aussi la revivification du bagage onomastique norrois implanté en Angleterre, le stock s'est visiblement enrichi dans les années 1020 et 1030 et le XIe siècle est une période de grande richesse du stock, et non l'inverse.

La société des Godwine et des Ælfric

Au-delà de cette réelle richesse du stock, certains noms et certaines racines reviennent très souvent. Sur ce point, ce sont les indicateurs de concentration du stock que nous devons mobiliser. Ces derniers permettent de révéler une nouvelle frontière nord/sud (cf. Carte 5). Dans les sites méridionaux, il faut compter 20-25 % du stock pour atteindre la moitié de la population, contre 30 % ou plus au nord de la Tamise[44]. L'étude du palmarès des noms les plus portés confirme que, dans les sites

---

43 M. E. W. VARNUM et Sh. KITAYAMA, « What's in a Name ? Popular Names are Less Common on Frontiers », *Psychological Science*, 22/2 (2011), p. 176-183.

44 La taille de la population étudiée a un impact sur cette donnée : la propension d'un nom à se répéter plusieurs fois est d'autant plus grande que le volume d'individus étudiés est important. Ainsi, les échantillons limités en taille, à Abingdon ou Ely, font augmenter ce taux, tandis qu'il diminue nettement à Bury St Edmunds dont la population étudiée est plus nombreuse.

septentrionaux, à Durham et Peterborough, les cinq noms les plus portés regroupent une part limitée de la population (10-15 %), cette part étant plus importante au sud, notamment parmi les moniales de Romsey et parmi les bienfaitrices du New Minster de Winchester (environ 45 %). Globalement, on observe donc une très faible concentration à Durham et Peterborough[45], tandis que la concentration est très forte dans les deux groupes de femmes et à Bury St Edmunds[46].

Néanmoins, les deux indices ne sont pas toujours corrélés. À Abingdon, Ely et Worcester, cinq noms regroupent un tiers de la population, tandis qu'une part importante du stock (environ 40 %) est nécessaire pour regrouper la moitié de la population. En ce sens, il y a concentration sur un petit palmarès, mais le stock lui-même est peu concentré. Ailleurs, à l'Old Minster, parmi les bienfaiteurs du New Minster ou les acteurs du *Liber Eliensis*, le stock est concentré, mais le palmarès fragile. L'articulation de ces indicateurs montre une hiérarchisation plus importante des stocks dans certains sites au sud du royaume.

Les calculs portant sur le Domesday Book recoupent partiellement les études portant sur les sites isolés. Si l'on recoupe les deux cartes ci-dessus, nous pouvons distinguer : a) des espaces, dans lesquels le stock de noms a tendance à se concentrer sur un petit palmarès[47], comme le Dorset, le Hertfordshire, le Bedfordshire et le Staffordshire ; b) d'autres qui ne disposent pas d'un palmarès très distinctif et connaissent une faible concentration du stock[48], comme la Cornwall, le Worcestershire, le Warwickshire, l'Oxfordshire ou le Surrey ; c) des comtés marginaux, dans lesquels le stock est assez concentré, mais sans hiérarchisation et palmarès clairement perceptible[49] : Dorset, Somerset, Gloucestershire, Shropshire, Yorkshire, Lincolnshire, Norfolk, Suffolk ou Essex. Aucune cohérence géographique ou sociologique ne nous semble en mesure d'expliquer ces différences.

Quels palmarès se dessinent parmi les populations étudiées ? Y a-t-il d'un comté à l'autre des différences majeures ? Les palmarès qui se dessinent à partir des différents échantillons sont assez similaires à travers le royaume. En compilant les palmarès de noms les plus courants dans le Domesday Book à partir des « individus synthétiques » (cf. Carte 8), nous retrouvons quatre noms qui se distinguent particulièrement : Alwin, Alfric, Godwin et Godric[50]. Mais ces calculs peuvent aussi bien renvoyer à de mêmes *lords* d'envergure nationale présents dans plusieurs comtés.

Les deux premières cartes, pour Alwin et Alfric, laissent apparaître une moitié sud-ouest, correspondant à peu près au royaume de Wessex au début du Xe siècle, zone à laquelle s'ajoutent les premières conquêtes du début du Xe siècle (East Anglia et sud des Midlands), tandis que la carte des Godwin lie entre eux la plupart des

---

45 Forte part du stock pour atteindre 50 % de la population et faible part de la population portant les cinq noms les plus courants.

46 Faible part du stock pour atteindre 50 % de la population et forte part de la population portant les cinq noms les plus courants.

47 Sombres à droite et clairs à gauche.

48 Sombres à gauche et clairs à droite.

49 Clairs des deux côtés.

50 Ces noms apparaissent respectivement dans les palmarès de seize, quinze, treize et neuf comtés différents.

Carte 8. *Palmarès pour les quatre noms les plus usuels, dans chaque comté, d'après les individus synthétiques du Domesday Book*

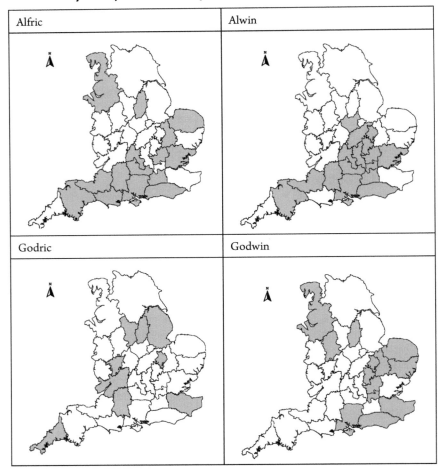

comtés de la partie orientale du royaume, de Peterborough à Winchester, en passant par Canterbury, zones dans lesquels l'*earl* Godwine de Wessex était implanté[51]. Par opposition, la carte des Godric ne livre aucune cohérence visible. Dans tous les cas, le nord-est du royaume échappe souvent à l'usage des noms les plus courants ailleurs : le Yorkshire n'apparaît dans aucun de ces palmarès et les comtés de Stafford, de Lincoln, de Leicester, de Chester dans un seul de ces classements. Cela laisse

---

51 Godwine était *earl* de Wessex et son fils, Harold, d'East Anglia. Lors de leur exil en 1052, le parti de Godwine obtient aisément le soutien des hommes du Kent, du Sussex, du Surrey, de l'Essex, notamment. Voir ASC CDE, *sub anno* 1052.

Carte 9. *Palmarès des noms les plus usuels d'après des sources diplomatiques et mémorielles*

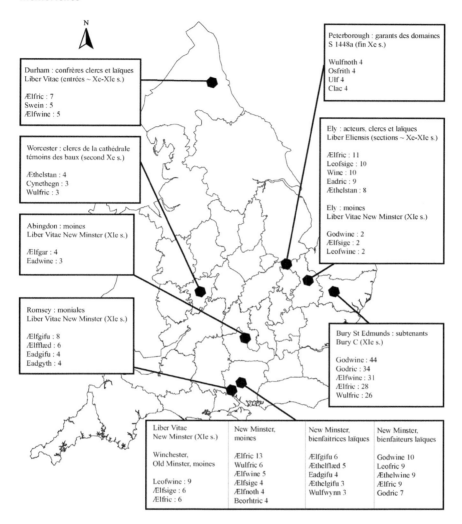

envisager des différences de stock et d'habitudes onomastiques selon que l'on se situe dans le vieux Wessex ou dans le cœur du Danelaw.

Les analyses menées à partir d'échantillons plus ponctuels dans des sites précis confortent ces palmarès (cf. Carte 9). Si l'on exclut les populations féminines étudiées, parmi lesquelles *Ælfgifu* et *Eadgifu* arrivent dans le palmarès des trois noms les plus courants, nous trouvons que, parmi les hommes, sur dix populations étudiées, Ælfric et Godwine arrivent en tête trois fois chacun, et qu'ils sont d'autant plus présents que l'on va vers le sud pour le premier et vers l'est pour le second.

194 CHAPITRE 5

Ces quatre noms très courants – Ælfric, Ælfwine, Godric et Godwine – partagent, en tout et pour tout, quatre thèmes nominaux : deux protothèmes (*Ælf* et *God*) et deux deutérothèmes (*ric* et *wine*). Or la circulation des thèmes nominaux au sein de la parenté a fait l'objet d'importants développements dans le chapitre précédent. Cela invite donc à analyser le stock à cette échelle également : à quel point les Anglo-Saxons puisaient-ils dans un stock limité de thèmes nominaux ? Quel est le « taux de variation naturel » qui existe dans la population[52] ?

Dans le document fiscal Bury C, qui recense des dépendants de l'abbaye de Bury St Edmunds vers 1066, 698 hommes nommés utilisent plus de 100 fois les protothèmes *god* et *ælf*, tandis que *wulf* et *leof* dépassent également les cinquante occurrences. Les deutérothèmes *ric*, *wine* et *mær* dépassent respectivement les cent cinquante, cent et cinquante occurrences. En somme, ces sept éléments entrent dans la composition de la moitié des noms. En conséquence, le taux de variation résiduel dans cet échantillon est de 15 %[53]. Dans le *Liber Vitae* du New Minster, quelques 888 personnes inscrites ont été retenues dans notre étude. Plus de 60 % de la population se concentre sur l'utilisation de cinq protothèmes (*ælf*, *æthel*, *ead*, *wulf* et *leof*) et un peu plus de 40 % sur cinq deutérothèmes (*ric*, *wine*, *sige*, *stan* et *gifu*). En conséquence, le taux de variation résiduel est aussi de 15 %[54]. Le taux de variation naturel des échantillons valide l'hypothèse d'une concentration du stock sur un nombre limité de thèmes nominaux vedettes.

Ces palmarès évoluent-ils dans le temps ? L'étude des thèmes les plus courants parmi les témoins royaux, indique une régression du taux de concentration au cours du XIe siècle, après un maximum pour l'usage de ces thèmes ou bien dans le troisième quart du Xe siècle, ou bien plus souvent encore au tournant de l'An Mil. Les six protothèmes les plus habituels entrent dans la composition d'un peu moins de 70 % des noms entre 978 et 1016 (Graphique 19), contre 47 % pour les six deutérothèmes les plus usuels (Graphique 20). Avant cela, le niveau est moins élevé ; mais, après cette date, le niveau diminue de façon régulière, jusqu'à 1066, accusant dès la période 1016-1042 une chute spectaculaire. Nous pouvons cependant noter, parmi les deutérothèmes, l'essor extrêmement étonnant du deutérothème *wine* qui part de très bas et connaît une croissance linéaire pendant toute la période, à la différence de *ræd*, qui décline de façon visible et régulière.

En guise de synthèse, nous sommes en mesure de souligner qu'une partie des intuitions des spécialistes se justifiaient. Quelques thèmes bien choisis suffisent à composer un nombre impressionnant de noms différents, ce qui se traduit par des taux « résiduels », « accidentels » de variation élevés, y compris entre individus qui n'ont rien à voir les uns avec les autres. La construction de palmarès, même avec des outils aussi imparfaits que les « individus synthétiques » du Domesday Book,

---

52 Il s'agit de combiner un groupe d'individu avec lui-même pour constituer autant de paires d'individus et de compter la part de la variation dans ce total. Cela permet de faire apparaître dans la population un taux résiduel de variation, lié au hasard ou à l'uniformité des modes anthroponymiques dans un échantillon donné.

53 La combinaison de cette base avec elle-même permet de constituer un échantillon artificiel de 698 * 698 entrées, c'est-à-dire 487.204. Dans ce total, nous identifions quelques 75.826 cas de variation.

54 113.926 cas sur les 788.544 combinaisons.

Graphique 19. *Évolution du palmarès des protothèmes les plus courants au cours de la période d'après les chartes royales*

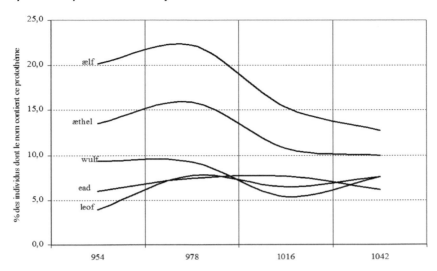

Graphique 20. *Évolution du palmarès des deutérothèmes les plus courants au cours de la période d'après les chartes royales*

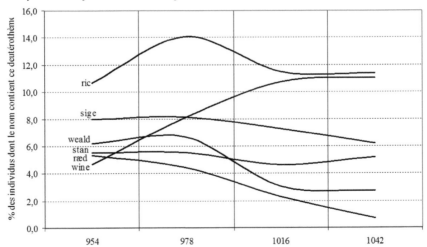

permet de mettre en évidence le caractère répétitif et les effets de concentration du stock onomastique. Néanmoins, bien que les palmarès fassent émerger des noms emblématiques (Ælfwine, Ælfric ou Godwine) et, plus encore, des thèmes nominaux (*ælf, god, wine, ric*), ces noms cachent un paysage onomastique varié, généralement riche et étendu, avec des taux d'homonymie assez faibles. Comme l'affirmait Dorothy Whitelock, « il serait trompeur de considérer le système anthroponymique anglo-saxon comme moribond ». La créativité anthroponymique était toujours à l'œuvre au XIe siècle, même si la très grande popularité de noms comme *Godwine* ou *Leofwine* avait tendance à brouiller cette vitalité[55]. Pour le dire autrement, la concentration du stock n'a pas d'incidence prédéterminée sur son niveau de dispersion et de condensation, ni même sur le taux d'homonymie.

En cela, en revanche, les spécialistes ont généralement fait erreur. En particulier au nord, dans les Midlands et pendant le règne de Cnut, le stock est très riche, très varié et moins concentré qu'il ne l'était au sud du royaume, parmi les clercs ou les femmes, autour de Winchester, dans le second Xe siècle[56]. En effet, la période connaît une nette évolution avec la diminution en proportion de la part de la population qui recourt à ces racines si courantes. À cette époque, en particulier, les choix se concentrent sur un petit nombre de noms, desquels émerge avec force le protothème universellement présent et hégémoniquement utilisé qu'était *ælf-*. Ultérieurement, à la fin de la période, le protothème *god-* semble avoir en partie rattrapé son devancier, mais sans totalement le remplacer. Dans le même temps, le déclin du deutérothème *-ræd* constitue l'image inversée de l'essor irrésistible de *-wine*. Dans la mesure où ces thèmes évoquent le pouvoir d'un souverain, Alfred, et celle d'un aristocrate, l'*earl* Godwine, il est difficile de ne pas poser la question des liens qu'entretinrent ces modes avec l'influence élitaire : est-ce à dire dans cette inversion des courbes que le pouvoir des rois décline à mesure que la période avance, tandis que s'affirme le pouvoir d'hommes nouveaux ?

III. Facteurs de changement et facteurs de continuité

Dans les sociétés traditionnelles, l'homonymie crée de l'identité[57] et même une forme de parenté fictive[58] ou de solidarité[59], ce qui peut même se traduire par des interdits de mariage[60]. Il est donc possible que l'homonymie ait constitué un

---

55 D. WHITELOCK, « Scandinavian Personal Names », *art. cit.*, p. 153.

56 Ces condensation et concentration fortes des noms des clercs par rapport à ceux des laïcs ne coïncident pas du tout avec ce que nous savons pour le continent. Voir *GMAM*, II-1, p. 152.

57 A. FINE, « L'héritage du nom de baptême », *art. cit.* M. DUPIRE, « Nomination, réincarnation et/ou ancêtre tutélaire ? Un mode de survie. L'exemple des Serer Ndout (Sénégal) », *L'Homme*, 22/1 (1982), p. 5-31.

58 Fr. ZONABEND, « Le nom de personne », *art. cit.*, p. 15. M. HOUIS, *Les noms individuels, op. cit.*, p. 14.

59 E. BONVINI, « Les noms individuels chez les Kasina du Burkina Faso », in E. MOTTE-FLORAC et Gl. GUARISMA (éd.), *Du terrain au cognitif : linguistique, ethnolinguistique, ethnosciences*, Louvain, 2004, p. 294. J. FEDRY, « Le nom, c'est l'homme », *art. cit.*, p. 94-95.

60 P.-H. STAHL, « Soi-même et les autres. Quelques exemples balkaniques », in *L'identité, op. cit.*, p. 286-303.

moyen de créer des relations sociales transversales. De même, pour capter l'amitié d'institutions ecclésiastiques, des modes onomastiques prenant appui sur les noms des saints et des héros séculiers, réels ou imaginaires, se sont sans doute développées[61]. La *memoria* et la *fama* de ces individus, l'exemplarité de leur comportement et le prestige qui entourait leurs noms pouvaient alors agir comme des moteurs pour une sorte d'acculturation anthroponymique. Le fait d'attribuer de tels noms à des enfants permettait sans doute de populariser des comportements idéels, en même temps que ces noms circulaient. Pour les porteurs, cela entraînait aussi des effets d'imitation, une volonté plus ou moins consciente de suivre le modèle d'un glorieux homonyme[62].

L'attractivité du nom des puissants

Au cours d'un colloque sur les modèles culturels, Georges Duby soulignait la communication bidirectionnelle qui s'établit entre l'élite, dont le comportement descend dans la population par capillarité, et la « culture populaire », qui imprègne la société jusqu'à son élite[63]. Conformément à cette logique, les modes onomastiques se déplacent dans le corps social[64]. Ce sont ces influences que nous souhaitons interroger ici. Est-il possible de distinguer un effet des liens de dépendance sur le choix des noms ? Dans le monde romain, lorsqu'un individu acquiert la citoyenneté, notamment en cas d'affranchissement, il prend le nom de l'empereur[65]. *A contrario*, les Carolingiens utilisaient les noms du stock familial comme une marque de légitimité et ils contrôlaient donc totalement ces noms[66]. Leurs successeurs ont relâché cette étreinte, puisque les noms royaux ottoniens et saliens, comme Henri et Conrad[67], ou capétiens, comme Philippe[68], s'imposèrent à tous. Entre tabou et popularité, qu'en était-il des noms royaux en Angleterre ?

Le nom du roi circulait et était connu, grâce aux monnaies et aux prières, mais aussi par le biais des documents normatifs et diplomatiques. Tous les éléments étaient donc réunis pour que la renommée du souverain puisse cristalliser des réactions de sympathie ou de rejet. Or, aucun des dix noms royaux portés entre 954 et 1066 ne figure dans les palmarès constitués préalablement[69]. En compilant les données de la *PASE*, les sources diplomatiques, numismatiques, nécrologiques et fiscales, et en les

---

61 J. Corblet, « Des noms de baptême », *Revue de l'art chrétien*, 5 (1876), p. 280-287 et 300-302.
P. Toubert, *Les structures du Latium médiéval. Le Latium méridional et la Sabine du IXe siècle à la fin du XIIe siècle*, Rome, 1973, p. 698.
62 K. Abraham, « La force déterminante du nom [1912] », in *Œuvres complètes, t. I : 1907-1914 : rêve et mythe*, Paris, 1965, p. 114-115. G. Tassin, « La tradition du nom », *art. cit.*, p. 67.
63 G. Duby, « La vulgarisation des modèles culturels dans la société féodale », in F. Braudel et E. Labrousse (éd.), *Niveaux de culture et groupes sociaux*, Paris, 1967, p. 33-35.
64 M. Bourin, « Bilan de l'enquête », *loc. cit.*, p. 240.
65 St. Wilson, *The Means of Naming*, *op. cit.*, p. 39-40. R. W. B. Salway, « What's in a Name ? », *art. cit.*, p. 133-136.
66 J. Depoin, « De la propriété », *art. cit.* R. Le Jan, *Famille et pouvoir*, *op. cit.*, p. 200-206.
67 K. F. Werner et M. Heinzelmann, « Liens de parenté », *loc. cit.*, p. 26-27. M. Mitterauer, *Ahnen und Heilige*, *op. cit.*, p. 275, 293.
68 M. Bloch, « Noms de personne et histoire sociale », *op. cit*, p. 67-69.
69 Hormis Swein parmi les confrères de Durham et dans le comté de Derby d'après le Domesday Book.

198   CHAPITRE 5

Tableau 11. *Occurrences des noms royaux dans le matériau diplomatique, numismatique et nécrologique aux Xᵉ-XIᵉ siècles*

Rois	PASE	Chartes			Monétaires			Obituaire ou *Liber Vitae*	Domesday Book
		Avant	Pendant	Après	Avant	Pendant	Après		
Eadred (946-955)	36	3	2	1	2	0	0	3	
Eadwig (955-959)	45	0	1	4	0	0	0	8	
Edgar (959-975)	28	0	1	0	2	0	2	7	
Edward (975-978)	50	4	1	1	0	0	2	20	
Æthelred II (978-1016)	65	3	3	1	4	2	0	8	
Swein (1013)	23	0	0	2		7		10	
Edmund (1016)	55	1	0	2	5	0	4	16	14
Cnut (1016-1035)	4	0	0	0	0	0	0	1	14
Harald (1035-1040)	9	2	1	1	0	0	0	0	8
Harthacnut (1040-1042)	5	0	0	0	3	0	0	0	0
Edward (1042-1066)	50	0	0	6	12	2	1	cf. *supra*	45
Harold (1066)	9	1	0	1	0	0	0	cf. *supra*	cf. *supra*

datant avec un intervalle d'une génération pour mesurer l'effet de la mémoire royale sur la société, on peut constater que les noms royaux ne sont pas particulièrement communs, surtout par rapport aux centaines d'Ælfric ou d'Ælfwine de la *PASE*[70]. Il n'y a pas de tabou frappant les noms royaux, mais pas non plus d'influence positive notoire En effet, les chartes et les monnaies indiquent qu'il n'y a pas de différences significatives selon le moment auquel on se place par rapport au règne[71].

Par contraste, les noms des *ealdormen*, des *earls*, des évêques et des abbés étaient moins présents dans les documents écrits, mais sans doute plus connus dans les

---

70   Hormis les noms d'origine scandinave (Swein, Cnut, Harold, Harthacnut).

71   L'étude des chartes donne le sentiment qu'une mode discrète est initiée par le roi, tandis que les monnaies laissent à penser qu'il y eut un relatif tabou.

sociétés locales[72]. L'institutionnalisation du parrainage, couplée au renforcement de la seigneurie, sur le continent et à l'époque anglo-normande, a été interprétée comme une cause majeure pour la circulation du nom de ces personnes dans le corps social[73]. Or, justement, l'encellulement seigneurial est très incomplet en Angleterre à cette époque. Il était contrebalancé par la puissance des rois[74] et éclaté entre le lien de fidélité personnelle (*commendatio* vis-à-vis du *hlaford*), le lien ténurial (*loanland* vis-à-vis du *landrica*) et le lien juridique (*soke*)[75]. Ainsi, un dépendant en matière juridique pouvait rechercher un *lord* auquel il se recommandait afin d'obtenir une protection supplémentaire, jouant ainsi sur la concurrence entre ces deux puissants[76]. Cette fragilité était d'autant plus forte avec les changements qui touchèrent l'aristocratie entre le début du XIe siècle et l'arrivée au pouvoir d'Edward le Confesseur[77].

La traduction onomastique de ces liens de dépendance se fait nécessairement avec une génération de décalage, puisqu'un adulte ne peut transmettre son nom à un adulte du même âge. Une étude sur la transmission du nom des *lords* à leurs dépendants suppose donc le maintien du lien de dépendance sur plusieurs générations et l'existence d'une documentation qui donne accès à plusieurs générations d'individus, *lords* ou dépendants. En l'état, nous nous appuyons donc sur le recoupement entre le Domesday Book et l'arrière-plan familial connu des seigneurs laïques. Dans les cas où seul le père de l'*overlord* laïque est connu, on obtient un taux de variation d'environ 10 % entre le nom de ce dernier et celui du dépendant. Mais, quand ces *overlords* appartiennent à de grandes familles aristocratiques (Godwinesons, Leofwinesons et Uhtredsons), le taux de variation atteint 58,3 % et le taux de répétition 14,5 %[78]. Dans les seigneuries ecclésiastiques, le taux de transmission du nom atteint 38,2 % entre dépendants et noms des prélats et abbés des trente années précédant la date de production de la source. De nombreux cas de variation sont sans doute fortuits, étant dus à la concentration du stock sur certains thèmes (comme *god*), mais il y a aussi un nombre non négligeable de cas de transmission du nom complet[79]. Il n'est donc pas exclu que les liens entre un dépendant et un grand *earl* ou un abbé se soient traduits par la circulation de matériau onomastique.

---

72 Pour tous ces dignitaires, se référer à E. B. Fryde *et al.*, *Handbook of British Chronology*, Londres, 1986. Pour les abbés, voir D. Knowles et al., *The Heads of Religious Houses, op. cit.* Pour les rois et les évêques, voir D. Hill, *An Atlas of Anglo-Saxon England*, Oxford, 1989, p. 29, 166.

73 C. Clark, « Willelmus Rex ? », *loc. cit.*, p. 280-282 et p. 289-290. P. J. Geary, *Phantoms of remembrance, op. cit.*, p. 73-76. *GMAM*, II-1, p. 3. Finalement ce serait plutôt des magnats régionaux que le commun s'inspire.

74 S. Baxter, « Lordship and labour », in *A social history of England, op. cit.*, p. 100-103. Id., *The Earls of Mercia, op. cit.*, p. 61 sq. P. A. Clarke, *The English Nobility, op. cit.*, p. 144-149.

75 F. W. Maitland, *Domesday Book and beyond, op. cit.*, p. 67.

76 S. Baxter, « Lordship and justice in the early English Kingdom : the judicial functions of soke and commendation revisited », in *Early medieval studies in memory of Patrick Wormald, op. cit.*, p. 383-419.

77 R. Fleming, *Kings and Lords, op. cit.*

78 Le point de vue est maximaliste, puisque nous vérifions le niveau de variation avec n'importe quel membre de ces groupes familiaux, même peu connus, alors que ces groupes sont assez étoffés.

79 L'hypothèse maximaliste, en la matière, atteint 8,8 %.

200   CHAPITRE 5

La transmission du nom d'un *lord* aux enfants d'un dépendant est difficile à tester, faute de documents. Quelques exemples mobilisables subsistent, néanmoins, au xᵉ siècle, comme le lien de dépendance entre l'*ealdorman* Æthelwine d'East Anglia et la parentèle d'Æthelstan Mannesune. Les enfants de ce dernier sont connus : Godric, Eadnoth, Ælfwaru et Ælfwynn. *Godric* et *Ælfwaru* ne semblent pas portés dans la parentèle d'Æthelwine, même si *ric* apparaît dans le nom de son oncle (Eadric) et qu'*ælf* chez son frère et son oncle (nommés tous deux Ælfstan). En revanche, son petit-neveu se nomme également *Eadnoth*, tandis que sa mère s'appelait peut-être *Ælfwynn*. Ajoutons qu'Æthelstan Mannesune lui-même porte le même nom que le père d'Æthelwine, Æthelstan Half-King. Avec cet échantillon, la logique mise en évidence par la méthode quantitative se confirme : les noms des membres de l'élite régionale circulent en direction des familles de dépendants.

Est-ce également le cas à l'échelle inférieure, au sein de la *familia*[80] ? Dans le monde franc, la structuration hiérarchique de la *familia* induit le passage d'éléments anthroponymiques des maîtres aux dépendants[81]. Parmi les membres de la *familia*, on distingue les serviteurs, les dépendants, les chapelains[82], mais aussi les esclaves domestiques[83]. Le recours à des parents plus ou moins éloignés, généralement plus jeunes, est possible pour servir de domestiques[84]. Une comparaison entre le nom des dépendants et le nom des maîtres dans les testaments indique un taux de transmission des noms de 17 %, c'est-à-dire un niveau plus élevé que dans la parenté éloignée. Néanmoins, l'hétérogénéité au sein de ce groupe est forte. Les chapelains, en particulier, partagent très souvent du matériau onomastique avec les *lords*. Peut-être appartenaient-ils d'ailleurs aux mêmes groupes familiaux et étaient-ils des oblats[85]. Toutefois, le nombre d'individus considéré est trop faible pour établir de telles conclusions.

Tableau 12. *La transmission du nom entre maîtres et dépendants d'après les testaments (en %)*

	Variation et répétition
Esclaves	7,3
Serviteurs	26,9
Chapelains, prêtres, nonnes	38,5
Tous	17

---

80 T. M. CHARLES-EDWARDS, « Anglo-Saxon Kinship Revisited », *loc. cit.*, p. 173 sq. Stenton effectue une distinction entre *family*, les parents vivant sous le même toit, et *household*, la communauté des co-résidents (*The First Century of English Feudalism, 1066-1166*, Oxford, 1961, p. 185).

81 R. LE JAN, « Structures familiales et politiques au ixᵉ siècle », *art. cit.*, p. 318-319. Voir aussi EAD., *Famille et pouvoir, op. cit.*, p. 191, ou EAD., « Dénomination, Parenté et Pouvoir », *loc. cit.*, p. 236.

82 P. STAFFORD, *Unification and Conquest, op. cit.*, p. 164.

83 D. A. E. PELTERET, *Slavery in early mediaeval England*, Woodbridge, 1995.

84 P. LASLETT, *The World we have lost*, Londres, 1965, p. 14. Dans ce cas, la transmission d'éléments anthroponymiques peut aussi bien relever du lien familial que du lien de dépendance.

85 M. DE JONG, *In Samuel's image : child oblation in the early medieval West*, Leyde, 1996.

Dans le testament S 1539, la variation, forte au niveau du groupe de parenté, est également très présente avec les dépendants, puisque deux esclaves (Eadwynn et Wulfflæd), mais aussi deux nonnes (Wulfflæd et Ceolwynn), partagent du matériau anthroponymique avec la testatrice, Wynnflæd. Dans le testament d'Æthelgifu, S 1497, de même, deux esclaves partagent le protothème, très usuel, de leur maîtresse (Æthelthryth et Æthelflæd). Si l'on étend ce type d'analyse en prenant en considération les éléments contenus dans les noms des parents connus de tous les testateurs, alors la proximité onomastique semble encore plus nette (plus de 40 %), avec une maximale à 61,5 % pour les serviteurs et une minimale à 34,5 % pour les esclaves. En revanche, l'élargissement de cette analyse aux noms des esclaves cités dans la soixantaine de manumissions entrées en marge de sources liturgiques[86], ne livre pas de résultats très satisfaisant (environ 5 %).

En somme, les noms de puissants ont un impact très variable sur ceux des dépendants. Le nom royal laisse indifférent les sujets : il n'est pas frappé de proscription, mais il n'entraîne pas non plus d'effet de mode. À l'inverse, les *lords* transmettaient à leurs dépendants une part de leur matériau anthroponymique. La transmission de noms entiers semble vraisemblable dans nombre de cas et cette transmission indiquait probablement la force de relations hiérarchiques et, potentiellement, affectives. Il est aussi possible que ces transmissions cachent des liens baptismaux non documentés. Au sein de la *familia*, ces formes de transmission sont également perceptibles, mais pour les serviteurs et les chapelains plutôt que pour les esclaves.

Donner le nom des saints

Alan Thacker et Richard Sharpe ont établi la distinction entre saints universels, saints mono-locaux (dont le culte se centre sur une seule relique, souvent un corps entier) et saints pluri-locaux (dont le corps est dispersé sous forme de reliques de petite taille)[87]. Dans l'Antiquité tardive, l'adoption de « noms chrétiens », théophores (*Théophile*), liés au temps liturgique (*Natalis*), ou encore inspirés de personnages bibliques ou de saints (des martyrs en particulier) connaît une croissance régulière, jusqu'à atteindre environ 15 % du stock au début du Moyen Âge autour de la Méditerranée[88]. Par suite, la période qui va du xe siècle au xiiie siècle se serait caractérisée par l'adoption progressive de noms universels, de sorte que le paysage onomastique européen devint nettement plus homogène après cette période[89]. Par contraste, au début de la période, ce sont les noms de saints locaux qui inspiraient les pratiques anthroponymiques, en se centrant sur des centres cultuels déterminés[90]. En

---

86 D. A. E. Pelteret, *Slavery, op. cit.*, p. XIII-XV. En tout, nous comptons 120 noms d'esclaves dans les manumissions où le nom du maître est connu, mais ces esclaves portent souvent des noms celtiques, ce qui disqualifie le recours aux modes de tradition du nom étudiées jusqu'ici.

87 A. T. Thacker et R. Sharpe (éd.), *Local Saints, op. cit.*

88 Ch. Pietri, « Remarques sur l'onomastique chrétienne de Rome », in *L'Onomastique Latine, op. cit.*, p. 442. St. Wilson, *The Means of Naming, op. cit.*, p. 59-61.

89 R. Bartlett, *The Making of Europe, op. cit.*, p. 277-280.

90 *Ibid.*, p. 271-273.

Carte 10. *Répartition géographique des individus connus portant des noms de saints universels d'après les sources diplomatiques, fiscales et nécrologiques*

Angleterre, les micro-chrétientés dominaient donc, le « processus d'universalisation » étant resté faible jusqu'au début du XIIe siècle[91].

---

91 C. Clark, « Battle c. 1110 », *loc. cit.*, p. 224.

Dans le contexte de christianisation, les noms des saints universels sont évidemment connus en Angleterre[92]. Les dédicaces des principales églises et des principaux monastères témoignent de l'omniprésence de ces cultes universels[93]. Pourtant, ces noms peinent à s'imposer aux populations locales. Sur plus de 2500 notices d'obituaires et de *libri vitae* que nous avons collationnées, moins de 0,4 % font référence à des noms d'inspiration biblique ou paléochrétienne. Dans les chartes, outre l'évêque Daniel de Cornwall[94], une vingtaine d'occurrences peut être identifiée : Pierre, Martin et Jean y figurent à plusieurs reprises, mais cela reste une proportion très faible par rapport aux noms anglo-saxons[95]. Sur plus de 20 000 monnaies, nous trouvons une quarantaine d'occurrences de monétaires portant des noms de saints universels (0,2 %). Parmi eux, *Benoît* et *Martin* frappent quelques monnaies dans un atelier que l'on peine à identifier[96]. Enfin, quarante-cinq occurrences sont préservées dans le Domesday Book, au nombre desquelles Martin, Jean et Augustin apparaissent à plusieurs reprises[97].

Sur toutes ces occurrences, les clercs et les moines figurent en bonne place, même si les monnaies et les données fiscales contrebalancent la suprématie que les sources nécrologiques leur donnent. Quelques zones se dessinent dans la répartition d'ensemble de ces occurrences : les Martin se situent dans une zone qui va de l'East Anglia aux Midlands, les Jean dans l'ouest et les Pierre en majorité dans le sud-est. Plusieurs de ces logiques peuvent être expliquées. Il n'est pas étonnant de retrouver les deux Léon dans la documentation d'Abingdon et de la capitale royale, Winchester, puisque Léon est le nom de deux papes, dont l'un est connu pour avoir confirmé la fondation d'Abingdon (Léon III)[98] et l'autre procédé à la confirmation du roi Alfred en 853 (Léon IV)[99]. Westminster et York, où Pierre est honoré, accueillent logiquement un individu du même nom[100]. La présence de Jean dans le sud-ouest se justifie sans doute par les attestations d'un culte spécifique à ce saint en Cornwall[101]. Néanmoins, la présence de saints majeurs, comme Pierre à Malmesbury ou Peterborough, ne se traduit pas par l'adoption de ce nom dans la population connue.

---

92 Le culte de Martin se développe suite au mariage d'Æthelberht de Kent avec la princesse mérovingienne Berthe à la fin du VIe siècle (I. WOOD, « Augustine in Gaul », in R. GAMESON (éd.), *St Augustine and the conversion of England*, Stroud, 1999, p. 70-74).
93 C. CUBITT, « Universal and local saints », *loc. cit.*, p. 445.
94 Présent dans une cinquantaine de chartes entre 955 et 960.
95 S 566, S 586, S 779, S 808, S 982, S 995, S 1021, S 1036, S 1037a, S 1039, S 1041, S 1129, S 1320, S 1324, S 1327, S 1381, S 1448a, S 1497, S 1539.
96 Martin est associé à Chester et à Shrewbury. L'influence galloise ou irlandaise est tout à fait envisageable dans cette zone.
97 Domesday Book : NTH 18,79 ; DOR 46,1 ; DOR 46,2 ; SOM 6,14 ; SOM 44,1 ; DEV 17,22 ; DEV 17,33 ; GLS 73,2 ; STS 11,24 ; SHR 4,28,1 ; SHR 4,21,12 ; SHR 4,3,44.
98 S 673.
99 ASSER, *Vita Alfredi*, ch. VIII. *ASC A*, *sub anno* 853.
100 C. CUBITT, « Universal and local saints », *loc. cit.*, p. 444.
101 O. J. PADEL, « Local Saints and Place-Names in Cornwall », in *Local Saints and Local Churches*, *op. cit.*, p. 303.

204 CHAPITRE 5

À l'instar de ce que l'on sait pour le Pays de Galles où prolifèrent les cultes ultra-localisés[102], l'Angleterre connaît également le maintien de cultes spécifiques au nord du royaume dans les sources liturgiques[103] et l'existence probable d'un système cultuel aussi foisonnant en Cornwall qu'en Galles du sud[104]. En conséquence, les cultes locaux non répertoriés sont sans doute très nombreux[105]. Faute de mieux, John Blair propose la carte des cultes attestés[106], en se fondant sur les principales listes de reliques[107].

Faute de pouvoir étudier tous les cultes locaux du royaume, ce sont sept sites majeurs (Bury, Canterbury, Glastonbury, Leominster, Winchcombe, Winchester et Worcester) et trente-deux saints qui sont retenus ici[108]. Par exemple, malgré la présence de fêtes liturgiques au nom d'Edmund, d'un monastère construit sur le corps entier du saint et d'une litanie locale citant son nom, ce nom n'apparaît que trois fois dans le document Bury C[109]. Le taux de variation sur les thèmes de son nom atteint à peine 5 %. En nous fondant sur les noms des saints honorés dans ces sites, on obtient un taux de répétition d'1,2 % avec leurs noms et un taux de variation de 35,9 %, mais surtout du fait de thèmes extrêmement courants (ælf, æthel, etc.), thèmes dont il serait peu sage d'expliquer la récurrence par le seul culte d'un saint.

Peut-être peut-on expliquer cette faible influence par le fait que tous les habitants d'une région n'étaient pas contraints d'adhérer aux cultes locaux. Pour pallier ce risque, le *Liber Eliensis* nous permet d'étudier spécifiquement les noms des personnes qui étaient proches du monastère d'Ely, où plusieurs saints étaient tenus en haute estime : Æthelthryth[110], Eadnoth[111], Eormenhild[112], Seaxburg[113], Wihtburg[114] et Wynthryth[115]. Si les soutiens du monastère obtiennent le meilleur taux de transmission du nom de ces saints par variation ou par répétition (33 %), ils sont talonnés par les offenseurs (25 %), alors que les moines arrivent en dernière position (19 %). Ainsi, ceux des individus qui devraient le plus participer à la commémoration active de leurs saints ne le font pas dans leurs noms ; à l'inverse de ceux qui pourraient être les plus hostiles à leur égard.

---

102 H. PRYCE, « Pastoral Care in Early Medieval Wales », in *Pastoral Care Before the Parish, op. cit.*, p. 60.
103 C. CUBITT, « Universal and local saints », *loc. cit.*, p. 442.
104 O. J. PADEL, « Local Saints », *loc. cit.*, p. 303-360. Pour une carte des dédicaces, voir p. 318.
105 J. BLAIR, « A saint for every minster ? », *loc. cit.*, p. 466-471.
106 *Ibid.*, p. 457-458.
107 D. W. ROLLASON, « Lists of Saints' Resting-Places in Anglo-Saxon England », *ASE*, 7, 1978, p. 61-93. Trois listes peuvent être citées : a) BL, Stowe 944, fols 34v-39r, b) Cambridge, Corpus Christi College, 201, fols 149-151, c) celle contenue dans *Chron Pet.* Ces listes, toutefois, excluent les saints secondaires, qui étaient sans doute aussi les plus « locaux » (p. 85).
108 Pour chaque site, il existe en général une relique, une (ou plusieurs) fête liturgique dans une communauté religieuse et une litanie incluant le nom du saint étudié.
109 0,4 %.
110 *Chron Pet.*, p. 62.
111 *Chron. Rams.*, ch. LXIX et *LE*, Livre II, ch. LXXI.
112 WILLIAM OF MALMESBURY, *GR*, Livre II, ch. CCXIV, § 3.
113 *Chron Pet.*, p. 62 et *LE*, Livre II, ch. LII.
114 *Chron Pet.*, p. 62 et *LE*, Livre II, ch. LIII.
115 *LE*, Livre II, ch. LXVI.

Tableau 13. *La transmission du nom des saints d'Ely parmi les acteurs du* Liber Eliensis

	Moines	Donateurs	Soutiens	Témoins	Vendeurs	Offenseurs
Æthelthryth	2	5	2	7	6	6
Eadnoth	1	1	2	14	3	2
Eormenhild	0	0	0	0	0	0
Seaxburg	0	0	0	3	0	0
Wihtburg	0	0	0	0	0	0
Wynthryth	0	1	0	1	0	1
Total	**3**	**7**	**4**	**25**	**9**	**9**
Nb d'individus	16	31	12	88	40	36
Pourcentage	18,8	22,6	33,3	28,4	22,5	25

Les résultats de cette étude sont maigres : la gloire des saints ne se concrétise pas dans les habitudes anthroponymiques des Anglo-Saxons. Même dans les cas où des cultes familiaux ou personnels peuvent être fortement supputés, il ne semble pas que les noms aient mimé ce lien. Seuls quelques rares individus optèrent pour des noms bibliques ou paléochrétiens, mais ils appartenaient sans doute à des groupes sociaux spécifiques, parmi lesquels se distinguent les clercs et les moines[116], mais également quelques migrants continentaux, comme des monétaires ou des marchands. Les corrélations qui ont pu être mises en lumière pour des noms de saints locaux sont non seulement rares, mais portent en outre sur des noms (et plus souvent, en réalité, sur des thèmes nominaux) qui sont trop courants dans n'importe quelle région du royaume pour qu'une conclusion quelconque puisse être formulée.

Objet de distinction et marque d'appartenance ?

Les forces verticales les plus traditionnellement décrites (culte de saints, imitation des puissants) ne s'exerçaient guère de façon certaine. Ce sont donc peut-être des groupes horizontaux qui structurent le paysage onomastique anglo-saxon. Le nom permettait-il d'afficher son appartenance à un groupe social spécifique ?

L'étude du nom comme marqueur de genre pourrait constituer un élément important de notre réflexion. Toutefois, la publication récente d'un ouvrage spécifiquement dédié à cet objet et dont nous acceptons les conclusions invite à ne pas reprendre ce dossier en lui-même. En effet, en sollicitant la plupart des sources disponibles, Elisabeth Okasha est parvenue à déconstruire un des dogmes les plus ancrés de l'anthroponymie anglo-saxonne : le fait que les noms indiquaient à

---

116 Pour les chercheurs du groupe *GMAM*, au contraire, clercs et laïcs portent des noms religieux dans des proportions voisines (voir *GMAM*, II-1, p. 150-153). La différence tient sans doute à la rareté générale de ces noms dans le paysage anthroponymique insulaire avant 1066.

206 CHAPITRE 5

coup sûr le genre de leur porteur[117]. Elle mène une étude minutieuse et prudente, afin d'identifier le sexe des individus en se fondant sur les données objectives qui accompagnent les noms dans les documents (nom de fonction, pronom personnel, accord au féminin, etc.), et non en utilisant, *a priori*, les données linguistiques. De la sorte, l'auteur a pu remettre en cause l'interprétation traditionnelle évoquée plus haut et montrer que certains noms sont épicènes, sans compter les cas où le genre du deutérothème n'est pas le même que celui du porteur du nom[118].

De nos jours, le déterminant sociologique constitue un élément important pour comprendre le choix des prénoms[119]. Dans cette logique, les groupes sociaux se distinguent par des temporalités différentes dans l'apparition et l'obsolescence des modes anthroponymiques, tandis que chacun utilise des stocks spécifiques. La division de la société anglo-saxonne en trois ordres est décrite par le roi Alfred, dans sa version vernaculaire de Boèce[120], et par Ælfric d'Eynsham, au détour d'une traduction du livre des Macchabées[121]. Bien que cette division, classique depuis Platon, soit idéelle[122], elle mérite d'être interrogée, dans la mesure où les défenseurs de cette idéologie justifiaient les structures concrètes de la société grâce à cette tripartition. Les palmarès de noms des laïcs, d'un côté, et des clercs et moines, de l'autre peuvent être établis[123]. L'étude des thèmes nominaux montre une grande congruence entre les uns et les autres, même si quelques différences existent[124]. L'étude des noms permet

---

117 J. M. Kemble, « The Names, Surnames and Nicnames », *art. cit.*, p. 86. H. B. Woolf, *The old Germanic principles, op. cit.*, p. 3, note 5. Pour vérifier cette règle, Olof von Feilitzen invente des mots masculins comme *mund* ou *noth* (*Pre-Conquest Personal Names, op. cit.*, p. 330 et 332). De nos jours, cette thèse est toujours défendue. N. Barley, « Perspectives on Anglo-Saxon Names », *art. cit.*, p. 6. P. Kitson, « How Anglo-Saxon Personal Names Work », *art. cit.*, p. 97. C. Hough, « Towards an explanation of phonetic differentiation in masculine and feminine personal names », *Journal of Linguistics*, 36 (2000), p. 7.

118 E. Okasha, *Women's Names, op. cit.*, p. 1-2, notamment, pour le cadre réflexif et la méthode mise en place. Sur 33 deutérothème, seuls douze sont grammaticalement féminins (p. 70-71), tandis que des deutérothèmes féminin (*mund*) ou ambigu (*noth, laf, frith*) entrent dans la composition de noms masculins (p. 71-72). Ainsi, le deutérothème *theow* entre en composition de noms masculin et féminin dans *Beowulf* (p. 106).

119 B. Coulmont, *Sociologie des prénoms*, Paris, 2011. N. Gueguen, *Psychologie des prénoms, op. cit.* Ph. Besnard et G. Desplanques, « Les catégories socioprofessionnelles à l'épreuve de la stratification temporelle des goûts », *Revue française de sociologie*, 40/1 (1999), p. 97-109. Ph. Besnard et C. Grange, « La fin de la diffusion verticale des goûts. Prénoms de l'élite et du *vulgum* », *Année sociologique*, 43 (1993), p. 269-294.

120 Alfred, *Boethii De Consolatione Philosophiae*, éd. W. J. Sedgefield, Oxford, 1899, p. 40-41.

121 Ælfric of Eynsham, *LS*, Homélie n°25, p. 120-125.

122 G. Duby, *Les trois ordres ou L'imaginaire du féodalisme*, Paris, 1978. Voir M. Godden, « Money, power and morality in late *Anglo-Saxon England* », *ASE*, 19 (1990), p. 41-65, p. 55-56.

123 D'après les listes de témoins des chartes royales et les témoins des chartes de l'évêque Oswald de Worcester entre 962 et 992, les individus commémorés dans les obituaires d'Ely (Cambridge, Trinity College O.2.1) et de Canterbury (London, BL Cotton Nero C.IX), et ceux qui apparaissent dans les *libri vitae* du New Minster et de Thorney (London, BL Additional 40000).

124 Dans les chartes royales, huit thèmes sur dix apparaissent dans le palmarès de chacune des catégories. Dans les baux, le total est de six sur neuf ; sept sur dix à Ely ; quatre sur huit à Canterbury ; trois sur six à Thorney et sept sur dix à Winchester.

de relever de plus grandes disparités, mais avec un nombre d'individus un peu trop faible pour qu'il soit possible d'accorder du sens à ces différences. En ce sens, il put y avoir une distinction qui affecta également le type de noms qu'ils portaient[125].

En Angleterre, la terre et la liberté étaient des éléments tout aussi importants pour déterminer l'appartenance sociale des personnes[126]. Les *wergelds* distinguent les membres de l'élite (*eorl*) et les paysans libres (*ceorl*), des esclaves (*þeow*)[127]. David Pelteret estime que les esclaves constituaient de 10 à 25 % de la population anglo-saxonne[128]. Pour des raisons statistiques, nous avons, jusqu'ici, repris le terme de *proceres* et regroupé derrière celui de *nobiles* les *thegns* et les quelques *ceorls* qui nous étaient connus, tant leur nombre est faible.

Cette structuration de la société insulaire a longtemps été considérée comme déterminante en termes anthroponymiques. Les faibles auraient tendance à utiliser des noms monothématiques et les puissants des noms bithématiques[129]. Ainsi, les noms de confins de domaines montrent que les noms monothématiques entraient souvent dans la construction de noms de petits « objets » (comme les arbres), alors que les noms bithématiques étaient utilisés pour construire des noms de domaines[130]. Néanmoins, Elisabeth Okasha a eu l'occasion de montrer que les serviteurs et esclaves recevaient au moins autant de noms bithématiques que leurs supérieurs[131].

Tableau 14. *La part des noms bithématiques dans des sources mémorielles et diplomatiques*

	Noms bithématiques	Individus	Part des noms bithématiques
Chartes de Worcester 962-992	159	163	97,5
Bury C	646	698	92,6
Obituaire de Canterbury	212	230	92,2
LVNM	818	888	92,1
Chartes royales	965	1140	84,6
Obituaire d'Ely	276	347	79,5
Listes de serfs	51	67	76,1
LV Thorney	216	294	73,5

---

125 Les conclusions du groupe *GMAM* sont très voisines des nôtres : pas de distinction dans le stock utilisé, à quelques différences près, notamment dans l'ordre des palmarès. Voir *GMAM*, II-1, p. 65-67, p. 75-76, p. 103-106, p. 124, p. 130 et p. 148-153.

126 III Æthelred 14 et II Cnut 72. L. LANCASTER, « Kinship 2 », *art. cit.*, p. 366-367.

127 D. WHITELOCK, *The beginnings, op. cit.*, p. 83-114. STENTON, *ASE*, p. 277-318.

128 D. A. E. PELTERET, « Poor and powerless », in *A social history of England, op. cit.*, p. 143-144.

129 F. M. STENTON, « Personal Names in Place-Names », *loc. cit.*, p. 165-189. H. B. WOOLF, *The old Germanic principles, op. cit.*, p. 140-141, 260. St. WILSON, *The Means of Naming, op. cit.*, p. 75-76. S. D. KEYNES, « A note on Anglo-Saxon personal names », *loc. cit.*, p. 20. P. KITSON, « How Anglo-Saxon Personal Names Work », *art. cit.*, p. 97.

130 *Ibid.*, p. 101-102.

131 E. OKASHA, *Women's Names, op. cit.*, p. 118.

Graphique 21. *Noms mono- et bithématiques selon la taille des manors dans le Domesday Book (nb de noms différents)*

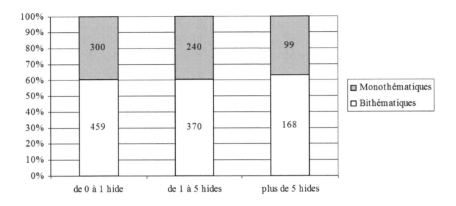

Les sources dépouillées concernent des membres de l'élite curiale ou régionale (*libri vitae*, obituaires, chartes royales) et des dépendants (chartes de Worcester, listes de serfs, Bury C). Or, comme on le voit, il n'existe pas de corrélation entre le niveau social des personnes et le taux de noms bithématiques dans les listes. La sollicitation d'occurrences isolées ajoute une pierre à cet édifice. Des artisans cités dans la *Vie d'Edith de Wilton* portent des noms très usuels : Ælfmær, Winstan et Wulfstan[132]. Un pêcheur ou un marchand de poisson, cité dans une vie tardive d'Oswald de Worcester, s'appelle Wulfgeat[133], tandis qu'un jeune ouvrier est nommé Wulfwine, dans la *Vie d'Edward le Confesseur*[134]. Bien évidemment, il est impossible de savoir à quel point ces individus étaient représentatifs, anthroponymiquement parlant, de la société des *ceorls* dans son ensemble, mais l'exemple de leurs noms invite à la prudence.

Le dernier aspect du paragraphe consiste à envisager une stratigraphie plus complexe de l'élite possédante, en s'appuyant sur le Domesday Book[135]. Selon le *Liber Eliensis*, les membres de l'élite (*proceres*) se doivent de posséder plus de 40 hides[136], tandis que les *thegns* doivent posséder 5 hides au minimum[137]. Au niveau inférieur, le simple paysan (*ceorl*) possède environ une *hide*, mais il peut en avoir un peu plus ou

---

132   Goscelin de Saint-Bertin, *VSE*, § 13, p. 280.
133   *De S. Oswaldo Episcopo Wigorniensi, Archiepiscopo Eboracensi (BHL 6380)*, Acta SS. Februari Tomus Tertius, ch. II, § 1, Col. 753A.
134   *VER*, Livre II, § 3, p. 98.
135   Les domaines les plus grands sont aussi ceux qui ont le plus de chances d'appartenir à de grands *lords*. P. A. Clarke, *The English Nobility*, op. cit., p. 40.
136   *LE*, Livre II, ch. xcvii, p. 167.
137   S'ajoutent à cela, une cloche, une porte et un office royal. « Geþyncðo », § 2 et « Norðleoda Laga », § 9-10, éd. Liebermann, p. 456-457, 460-461. A. Williams, « A bell-house and a *burh-geat* », art. cit.

un peu moins[138]. Le compte du nombre de noms différents contredit l'hypothèse la plus courante, puisque noms mono- et bithématiques sont en parfait équilibre dans toutes les catégories. L'étude du palmarès des thèmes nominaux les plus courants, pour chacune des tranches, en comptant les « individus synthétiques », livre un résultat tout à fait similaire. Enfin, les protothèmes et deutérothèmes les plus populaires sont exactement les mêmes pour chacune des trois tranches de richesse (*al-*, *wulf-*, *god-*, *thor-*, *ead-*, *-ric*, *-wine*, *-weard*, *-mær*, *-wulf*).

C'est avec les noms entiers, logiquement, que les différences semblent les plus importantes. Si *Alwin* est en tête des trois classements, les cinq noms suivants sont seulement communs aux deux catégories les moins opulentes. Les individus en possession d'au moins un *manor* de plus de 5 hides permettent la construction d'un palmarès différent, puisque les quatre noms qui suivent *Alwin* sont classés entre la septième et la vingt-troisième position dans les autres palmarès. La plupart des noms bien classés dans le premier palmarès dégringolent dans le deuxième et plus encore dans le troisième. Ainsi, *Alfric*, classé deuxième pour ceux qui possèdent moins d'une *hide*, arrive troisième pour ceux qui possèdent d'une à cinq *hides*, mais seulement onzième pour les plus gros propriétaires. À l'inverse, *Siward*, dix-neuvième nom du premier palmarès, est mieux classé dans le second (11e position) et dans le troisième (4e). En ce sens, s'il y a une différence, c'est bien entre les *ceorls* et les *thegns*, la différence entre propriétaires de *manors* de plus ou moins d'une *hide* n'ayant aucune incidence sérieuse.

En conclusion de ce paragraphe, la stratification sociale a effectivement un effet sur les pratiques onomastiques. Néanmoins, la distinction ne repose pas sur la forme des noms, puisque le taux de noms monothématiques est finalement assez stable. En revanche, l'analyse des palmarès de noms donne quelques réponses : les *thegns* se distinguent des *ceorls*, tandis que les *ceorls* les plus opulents développent des modes qui sont à mi-chemin entre les deux groupes extrêmes.

Les ecclésiastiques, et surtout les *proceres*, sollicitent donc des stocks de noms légèrement différents de ce que les laïcs et les *thegns* et *ceorls* utilisent. Les différences sont cependant fragiles et modestes, dans la mesure où ce sont les mêmes thèmes qui sont utilisés de façon courante dans tous les groupes considérés. Les effets de distinction peuvent être attribués à des décalages chronologiques dans les modes qui structurent les habitudes de chacun des groupes, mais cela reste impossible à démontrer. En ce sens, le modèle classique de l'imitation des puissants par les faibles peut être invoqué, mais les éléments dont nous disposons sont loin d'être concluants en la matière, puisque nous avons été dans l'incapacité de trouver des éléments attestant de l'utilisation préférentielle des noms des maîtres ou des saints environnants par les quelques individus du commun auxquelles les sources nous donnent accès. Les gens ne semblaient pas encore prêts à adopter massivement le nom de leurs rois, de leurs seigneurs ou de leurs saints-patrons.

---

138 T. M. CHARLES-EDWARDS, « Kinship, Status », *art. cit.*, p. 10.

Conclusion

Le modèle onomastique des puissants (noms royaux, noms de magnats, nom des saints emblématiques d'une zone) ne semble guère opérer de façon certaine. Les saints locaux n'ont aucun impact ; les seigneurs les plus puissants transmettent quelques noms entiers ; les noms des rois laissent la population indifférente ; et les saints universels n'ont qu'une influence limitée sur quelques clercs. Mais, force est de constater que les logiques horizontales, « égalitaires », ne sont guère opérantes non plus. Certes, quelques éléments permettent de penser que les clercs ne portaient pas exactement les mêmes noms que les laïcs. De la même manière, le niveau de richesse et le statut purent également jouer un rôle, avec l'adoption préférentiel de noms différents selon que l'on était un *ceorl* ou un *thegn*. Mais, dans les deux cas, le stock est le même, les thèmes nominaux absolument identiques et il est difficile d'affirmer avec certitude que ces différences étaient perceptibles.

Cependant, les logiques d'unification du stock, à l'échelle du royaume, étaient déjà à l'œuvre à cette date. Dès le Xe siècle, le paysage anthroponymique est très cohérent et très centripète. Sans doute la cour royale de Winchester est-elle alors en plein essor : son prestige est immense, renforcée qu'elle est par la pérennité de la maison de Wessex, par l'appel croissant aux invités et amis d'autres royaumes que cite la *Chronique anglo-saxonne* à la mort d'Edgar[139], mais aussi par le soutien de la monarchie à l'essor du monachisme insulaire. Dans ce contexte, les dynamiques anthroponymiques semblent se modeler sur celles qui ont cours dans le cœur du royaume : le stock se resserre, les palmarès se concentrent sur un petit nombre de noms très courants et sur quelques thèmes nominaux très usuels. Seule la zone d'influence scandinave, autour d'York, échappe à cette unification du stock et à la prépondérance de noms-vedettes comme Ælfric, Ælfwine, Godric ou Godwine. Par contraste, dans les Midlands, le stock est moins resserré, moins concentré et plus diversifié. Paradoxalement, le XIe siècle apparaît aussi comme une période de morcellement et donc d'enrichissement, et non comme un moment où le stock anglo-saxon agonisant n'aurait attendu qu'une invasion continentale pour être inséré dans les logiques d'homogénéisation liées à la révolution anthroponymique.

---

139 *ASC C, sub anno* 975.

CHAPITRE 6

Þeodisc Naman.
Nom et appartenance ethnique

Les hommes de notre pays dressent l'oreille avec inquiétude quand ils entendent résonner ces noms sauvages […]. Pour endormir notre méfiance, le naturalisé pourra « franciser » ses noms et prénoms par traduction ou par adjonction, suppression, modification de plusieurs lettres. Traduction : M. Blum devient M. Fleur ; modification : M. Blum devient M. Blin[1]

Quand les gens refusent de s'intégrer, c'est aussi parce que la société où ils vivent est incapable de les intégrer. À cause de leur nom, de leur religion, de leur allure, de leur accent[2]

Les noms s'inscrivent dans des langues de référence, auxquelles ils empruntent une prononciation et des éléments morphologique (marques de flexion casuelle, terminaisons), sinon des éléments lexicaux[3]. Toutefois, l'identification d'une langue d'origine est une chose, mais la *revendication* ou l'appartenance ethnique d'une personne en est une autre[4]. Si l'identité peut passivement se trouver *en réserve* dans un nom, ce potentiel identitaire n'est pas nécessairement repris par le porteur[5]. De la même manière, en situation réelle d'interaction[6], les acteurs décryptent plus ou moins efficacement les noms qui leur sont donnés à entendre[7].

Notre objectif dans ce chapitre est de comprendre l'articulation entre nom, langue, origine et identité. Y a-t-il une cohérence entre certaines indications d'ethnicité et l'origine linguistique des noms des personnes concernées ? Y a-t-il, par surcroît, des formes de *labeling* ethnique, qui tendraient à signaler l'appartenance ethnique d'une personne en prenant appui sur son nom ? Porter certains noms, linguistiquement marqués, était-il *dangereux* ou vecteur d'exclusion ? Y avait-il des stratégies pour

---

1 *Le Figaro*, 24 juin 1927.
2 A. MAALOUF, *Les désorientés*, 2012.
3 J. MOLINO, « Le nom propre dans la langue », *Langages*, 16/66 (1982), p. 5-20.
4 W. POHL, « Telling the differences », *loc. cit.*, p. 22-27.
5 Fr. HERITIER, « L'identité Samo », *loc. cit.*, p. 69.
6 E. DE STEFANI et N. PEPIN, « Une approche interactionniste de l'étude des noms propres. Les surnoms de famille », *Onoma*, 41 (2006), p. 131-162. A. STRAUSS, « Language and Identity », in *Mirrors and Masks, op. cit.*, p. 17-32.
7 B. RYMES, « Naming as social practice », *Language in Society*, 25/2 (1996), p. 237-260.

212 CHAPITRE 6

minimiser cet héritage ou, au contraire, une volonté de pérenniser la transmission de noms exogènes ?

I. Bilan historiographique

La langue, fondement de l'identité

Depuis Hérodote, les critères qui définissent la nation incluent une langue commune, le partage d'un territoire, une ascendance commune, une communauté de coutumes et de croyances, un ethnonyme commun, la conscience de l'appartenance à un même groupe et l'existence d'un mythe d'origine[8]. Ce modèle a été repris et adapté par Virgile[9], Pline l'Ancien[10], Tacite[11], Ammien Marcellin[12], Augustin d'Hippone[13].

Parallèlement, le mythe de la Tour de Babel justifie la discorde entre les peuples par l'attribution de langues diverses à ces derniers[14]. S'il y a là un paradoxe, en ce que la pluralité des nations (qui procèdent de divisions entre les fils de Noé) a précédé la pluralité des langues[15], il n'en reste pas moins que ce mythe fait à terme coïncider différence de peuple et différence de langue. Et, bien évidemment, le mythe de Babel a été transmis en Angleterre[16].

À la croisée de l'ethnographie classique et du mythe biblique, Isidore de Séville propose une modélisation qui fait de la langue un trait distinctif des nations[17], indiquant même que les nations découlent des langues[18] – bien que plusieurs peuples puissent, pour lui, partager la même langue. Bien sûr, les *Étymologies* sont connues en Angleterre, une vingtaine de manuscrits étant préservée et les auteurs insulaires y faisant de nombreuses références[19].

Dans cette optique, notamment pendant la période centrale du Moyen Âge, les nations se construisent en rendant plus uniformes leurs langues et en se structurant autour d'elles. « Une nation, au Moyen Âge, c'est d'abord une langue[20] ». La langue

---

8 Fr. HARTOG, *Le miroir d'Hérodote. Essai sur la représentation de l'autre*, Paris, 1980. P. GEARY, *Quand les nations refont l'histoire*, Paris, 2004 [2002], p. 59-62.
9 VIRGILE, *Énéide*, Livre VIII, v. 722-723.
10 PLINE L'ANCIEN, *Histoire naturelle*, Livre IV.
11 TACITE, *Germanie*.
12 AMMIEN MARCELLIN, *Histoires*, Livre XXXI, ch. II, § 17.
13 AUGUSTIN D'HIPPONE, *La cité de Dieu*, Livre XIV, ch. I.
14 Gn 11 :1-9.
15 W. POHL, « Telling the differences », in ID. et H. REIMITZ (éd.), *Strategies of Distinction*, Leyde, 1998, p. 23.
16 R. MARSDEN, *The Old English Heptateuch and Ælfric's Libellus de Veteri Testamento et Novo*, Oxford, 2008, p. 26-29.
17 Avec l'origine commune (ISIDORE DE SÉVILLE, *Etymologiae*, Livre IX, ch. II, § 1) et les costumes (*Ibid.*, Livre XIX, ch. XXIII, § 1 et § 6).
18 *Ibid.*, Livre IX, ch. I, § 14.
19 M. LAPIDGE, *The Anglo-Saxon Library*, Oxford, 2008, p. 311.
20 B. GUENÉE, *L'Occident aux XIVe et XVe siècle. Les États*, Paris, 1971, p. 117-119.

devient ainsi un signe de reconnaissance, que l'on utilise même parfois dans des formes d'inquisition linguistique. Ainsi les Polonais, au XIVe siècle, font subir aux Allemands un test de prononciation de certains mots[21]. En Angleterre, en particulier, ce lien entre langue et identité va de soi à la fin du Moyen Âge[22]. La langue structure tant l'appartenance nationale que des mouvements intellectuels du XIXe siècle, comme le *Kulturkreislehre* ou *Culture Historical Archaeology*, définissent ainsi les peuples comme des isolats qu'il est possible de reconnaître par leur langue, leur culture matérielle et leurs traditions[23]. Le *Kulturkreislehre* et ses émules supposent donc que la langue est un indice suffisant pour définir l'*identité* d'une population, ce qui s'est traduit dans la réflexion des chercheurs allemands par l'inclusion dans les *Monumenta Germaniae Historica* de tous les pays de langue « germanique »[24].

Même débarrassé de son arrière-plan nationaliste, la langue apparaît au nombre des *critères objectifs* qui définissent le groupe[25]. Ainsi Max Weber distingue l'ethnie (qui repose sur des similitudes dans les coutumes et sur la croyance en une origine commune), la race (qui suppose une appartenance « réelle », biologique) et la nation (dans laquelle l'appartenance entraîne une revendication politique). Il lie dans tous les cas présence d'une langue unique et développement d'un sentiment communautaire[26].

Les noms, témoins de l'origine des individus

L'utilisation de la langue comme élément distinctif pour départager les ethnies[27] a permis de faire du nom un indicateur d'appartenance à une communauté linguistique. Plusieurs spécialistes en épidémiologie ont ainsi mis en évidence un taux de corrélation assez fort entre noms et appartenance ethnique dans certaines communautés[28], mais aussi entre niveau social et noms ethniquement connotés[29]. Toutefois, d'autres chercheurs relèvent une marge d'erreur de 20 %[30], tout en signalant l'inefficacité de

---

21 N. DAVIES, *God's Playground, a history of Poland, I : The origins to 1795*, Oxford, 1981, p. 94.
22 J.-Ph. GENET, « Langues et langages », in ID. (éd.), *La genèse de l'État moderne. Culture et société politique en Angleterre*, Paris, 2003, p. 139-170.
23 B. G. TRIGGER, *A History of Archaeological Thought*, New York, 2007, p. 212 sq. Voir notamment les textes de l'autrichien Oswald Menghin, du suédois Oscar Montelius et de l'allemand Gustaf Kossina.
24 P. GEARY, *Quand les nations refont l'histoire, op. cit.*, p. 42.
25 R. DHOQUOIS-COHEN, *Appartenance et exclusion*, Paris, 1989, p. 249.
26 M. WEBER, *Economie et société, op. cit.*, t. II, p. 127 sq.
27 M. WEBER, *Economie et société, op. cit.*, t. I, p. 80 et t. II, p. 127 sq. E. BALIBAR et I. WALLERSTEIN, *Race, nation, classe, op. cit.*, p. 130-136. H. THOMAS, *The English and the Normans, op. cit.*, p. 33-34. *Contra* : V. H. GALBRAITH, « Nationality and Language in Medieval England », *TRHS*, 23 (1941), p. 113-128.
28 A. NICOLL, K. BASSETT et S. J. ULIJASZEK, « What's in a name ? Accuracy of using surnames and forenames in ascribing Asian ethnic identity in English populations », *Journal of Epidemiology and Community Health*, 40/4 (1986), p. 364-368.
29 Ainsi, porter un nom qui connote l'appartenance à la communauté noire, que l'on en fasse partie ou non, est généralement corrélé à une réussite sociale moindre. S. AURA et G. D. HESS, « What's in a name ? », *Economic Inquiry*, 48/1 (2010), p. 214-227.
30 A. J. COLDMAN, T. BRAUN et R. P. GALLAGHER, « The classification of ethnic status using name information », *Journal of Epidemiology and Community Health*, 42/4 (1988), p. 390-395.

214   CHAPITRE 6

cette méthode pour distinguer les sous-groupes[31]. Les noms ont donc une probabilité non nulle d'indiquer l'origine géographique des individus qui les portent, même s'il n'y a aucune certitude[32].

La possibilité de suivre des migrants sur la base de leur nom est infiniment plus aisée lorsque les personnes appartiennent à des groupes linguistiques très clairement distincts[33]. Ainsi, le remplacement de l'onomastique latine par des noms germaniques constitue un témoignage des *Grandes migrations*, sur le continent[34], mais aussi en Angleterre[35]. De même, la mise en contact des cultures arabo-musulmane, grecque et latine a abouti au maintien des différences onomastiques[36] : en Sicile musulmane, les Mozarabes maintinrent un stock gréco-latin[37], et, en Espagne chrétienne, les Mudéjares préservèrent l'usage de noms arabes[38]. Ultérieurement, l'anthroponymie franque sur la route de Compostelle a été analysée comme la trace d'une migration vers la fin du XIe siècle[39]. Néanmoins, le lien entre origine du nom et ethnicité n'est pas généralisable, puisque certains noms peuvent franchir les barrières linguistiques[40], et le nom ne peut donc être utilisé à coup sûr pour identifier l'ethnicité d'un individu, à moins d'être recoupé avec d'autres critères[41].

En effet, le maintien d'une langue est difficile à envisager quand une autre langue a un attrait suffisant pour entraîner des logiques transversales de dévolution du nom[42]. Dans nombre de cas, règne donc une forme de « syncrétisme anthro-

---

31 A. MARTINEAU et M. WHITE, « What's not in a name. The accuracy of using names to ascribe religious and geographical origin in a British population », *Journal of Epidemiology and Community Health*, 52/5 (1998), p. 336-337.

32 A. DEGIOANNI et P. DARLU, « A Bayesian approach to infer geographical origins of migrants through surnames », *Annals of Human Biology*, 28/5 (2001), p. 537-545.

33 En Espagne médiévale, M. BOURIN, P. MARTINEZ SOPENA et Fr. JACQUESSON (éd.), *Anthroponymie et migrations, op. cit.* Dans les Caraïbes anglophones, M. ACETO, « Ethnic Personal Names », *art. cit.*, p. 587. En Lituanie soviétique, E. D. LAWSON et A. BUKTUS, « Lithuanian patriotic names, 1878-1991 », *Onoma*, 34 (1998-1999), p. 249-263.

34 M.-Th. MORLET, *Les noms de personne sur le territoire de l'ancienne Gaule du VIe au XIIe siècle*, Paris, 1968, p. 546. G. TASSIN, « La tradition du nom », *art. cit.*, p. 68. L. TO FIGUERAS, M. BOURIN et P. CHAREILLE, « De la montagne à la mer ? Anthroponymie et migrations dans les comtés catalans aux IXe et Xe siècles », in *Anthroponymie et migrations, op. cit.*, p. 128-129.

35 S. D. KEYNES, « A note on Anglo-Saxon personal names », *loc. cit.*, p. 20.

36 P. GUICHARD, « L'anthroponymie des zones de contact entre monde chrétien et monde musulman : de Palerme à Tolède », in *L'anthroponymie. Document de l'histoire sociale, op. cit.*, p. 112.

37 A. NEF, « Anthroponymie et jarā'id de Sicile : une approche renouvelée de la structure sociale des communautés arabo-musulmanes de l'île sous les Normands », in *L'anthroponymie, op. cit.*, p. 123-142.

38 L. TO FIGUERAS, « Personal Naming and Structures of Kinship », in *Personal Names Studies of Medieval Europe, op. cit.*, p. 66. C. LALIENA CORBERA, « Personal Names, Immigration, and Cultural Change », in *Personal Names Studies of Medieval Europe, op. cit.*, p. 130. ID., « La antroponimia de los mudéjares », in *L'anthroponymie, op. cit.*, p. 143-166.

39 ID., « Personal Names, Immigration », *loc. cit.* J. I. RUIZ DE LA PENA SOLAR, « La antroponimia como indicador de fenomenos de movilidad geografica », in *Antroponimia y sociedad, op. cit.*, p. 133-154.

40 H. EBLING, J. JARNUT et G. KAMPERS, « Nomen et gens », *Francia*, 8 (1980), p. 721.

41 P. AMORY, « Names, ethnic identity », *art. cit.*, p. 6.

42 R. BARTLETT, *The Making of Europe, op. cit.*, p. 146-147, 200-201.

ponymique[43] ». Ainsi, après les Grandes Migrations, les noms romains, attractifs pour leur ancienneté, et les noms germaniques, portés par les nouveaux maîtres de l'Empire, se mêlent rapidement[44]. Des noms mixtes, sollicitant des éléments de chacune des deux langues, apparaissent[45], tandis que les groupes familiaux adoptent des noms dans les deux stocks, sans considération pour leur origine linguistique[46]. Le nom ne peut alors être analysé comme une marque d'origine, mais plutôt comme reflet d'une position sociale[47] : les noms latins signalent ainsi l'appartenance à la classe sénatoriale et à la fonction épiscopale chez les Burgondes[48]. De même, en Normandie et aux Hébrides, l'association de noms francs ou celtes avec des surnoms norrois (ou l'inverse) témoigne de formes d'acculturation et de métissage[49].

L'utilisation des surnoms de lieu et des surnoms ethniques pour déduire l'origine des individus est tout aussi courante[50]. Une telle analyse, évidemment, est délicate, dans la mesure où ces surnoms peuvent avoir été attribués pour de nombreuses autres raisons que l'origine supposée d'un individu : si le surnom est hérité, il est le reflet d'un mouvement antérieur, mais, d'une manière générale, il peut simplement se référer « à un séjour ou à d'autres circonstances exceptionnelles[51] » : ressemblance à un type, voyage d'affaire, relation professionnelle ou achat d'un bien sis dans le lieu en question, etc. Par exemple, l'utilisation d'un surnom faisant référence au *lieu d'arrivée* témoignerait d'une forme d'intégration rapide et impliquerait en conséquence l'escamotage de l'origine du migrant[52].

---

43 M. BOURIN et P. CHAREILLE, « Anthroponymie et migrations : les difficultés d'une enquête », in A. GREULE et M. SPRINGER (éd.), *Namen des Frühmittelalters als sprachliche Zeugnisse und als Geschichtsquellen*, Berlin, 2009, p. 259.

44 J. JARNUT, « Avant l'an Mil », in *L'anthroponymie. Document de l'histoire, op. cit.*, p. 13-14.

45 Chr. WICKHAM, *Early Medieval Italy*, Ann Arbor, 1989, p. 68-69.

46 P. J. GEARY, *Quand les nations refont l'histoire, op. cit.*, p. 159.

47 P. AMORY, « Names, ethnic identity », *art. cit.*, p. 3.

48 ID., « The naming and purpose », *art. cit.*, p. 25. *Contra* chez les Lombards : St. GASPARRI, « Recrutement social et rôle politique des évêques en Italie du VIe au VIIIe siècle », in Fr. BOUGARD, D. IOGNA-PRAT et R. LE JAN (éd.), *Hiérarchie et stratification sociale dans l'Occident médéval (400-1100)*, Turnhout, 2008, p. 137-159 et St. GASPARRI, « Le elite romane di fronte ai longobardi », in Fr. BOUGARD, L. FELLER et R. LE JAN (éd.), *Les élites au Haut Moyen Âge. Crises et renouvellements*, Turnhout, 2006, p. 143-166.

49 G. CHARTIER, « Les noms de personne scandinaves dans les chartes des ducs de Normandie entre 911 et 1066 », *Nouvelle revue d'onomastique*, 25-26 (1995), p. 158. P. GAMMELTOFT, « Scandinavian Naming-Systems in the Hebrides – A Way of Understanding how the Scandinavians were in Contact with Gaels and Picts ? », in B. BALLIN SMITH, S. TAYLOR et G. WILLIAMS (éd.), *West over the Sea*, Leyde-Boston, 2007, p. 480.

50 K. M. H. MICHAELSSON, *Études sur les noms de personne français d'après les rôles de taille parisiens*, Uppsala, 1927. Ch. HIGOUNET, « Le peuplement de Toulouse au XIIe siècle », *Annales du Midi*, 1943, p. 489-498. ID., « Mouvements de populations dans le Midi de la France, du XIe au XVe siècle d'après les noms de personne et de lieu », *Annales. Économies, Sociétés, Civilisations*, 8 (1953), p. 1-24. P. BECK et P. CHAREILLE, « Espaces migratoires », *art. cit.* R. BARTLETT, *The Making of Europe, op. cit.*, p. 188, 195.

51 M. BLOCH, « Noms de personne », *art. cit.*, p. 68.

52 M. BLOCH, « Noms de personne », *art. cit.*, p. 56.

Face à ces incertitudes, la loi des grands nombres rend les résultats des analyses quantitatives vraisemblables, mais toujours incertains[53]. C'est d'autant plus le cas qu'en-dehors de sa communauté de référence, une personne a tendance à perdre son nom et à devenir anonyme[54].

Dans le contexte anglo-saxon, au-delà de ces préventions, les analyses linguistiques des corpus de noms ont été associées aux recherches sur la présence scandinave et sur la Conquête normande. À l'instar d'autres éléments institutionnels (institutions et organisation administrative du Danelaw), sociaux (présence d'une paysannerie libre), économiques (existence de *multi-vill estates*), mais aussi linguistiques (toponymes d'origine étrangère)[55], les noms de personnes ont été largement sollicités pour montrer l'impact de ces vagues migratoires dans l'Angleterre des VIIIe-XIIe siècles.

Dès l'époque victorienne, les noms propres ont été collectés[56] dans le but d'être décrits linguistiquement[57]. Suite à ces travaux, l'école danoise et allemande prit la relève. Olof von Feilitzen collationne les occurrences, normalise les formes et, après avoir arbitré entre analyses scientifiques, identifie l'origine linguistique des noms. Veronica Smart et John Insley sont les héritiers de cette tradition, dont l'objectif ultime était la constitution d'un nouveau corpus onomastique complet[58]. Quoique critiquables[59], ces travaux sont toujours considérés comme solides et nous servent de base pour l'identification des noms[60].

Le déplacement d'une population en direction d'une zone utilisant une langue différente se traduit par une influence homogène sur les pratiques onomastiques de la communauté d'accueil, l'influence étant proportionnelle au nombre des migrants[61]. En conséquence de l'identification linguistique des noms, les historiens de l'époque victorienne ont rapidement déduit que les porteurs de noms exogènes étaient des

---

53 Ch. Higounet, « Mouvements de populations », *art. cit.*, p. 1. P. Beck et P. Chareille, « Espaces migratoires », *art. cit.*, p. 19.

54 Fr. Zonabend, « Pourquoi nommer ? », *loc. cit.*, p. 262-263.

55 D. M. Hadley, « And they proceeded to plough and to support themselves », in *ANS XIX*, p. 69-96, p. 69-70. Ead., *The Viking in England, op. cit.*, p. 1-27.

56 W. D. G. Birch, *Index Saxonicus*, Londres, 1885. W. G. Searle, *Onomasticon, op. cit.*

57 J. M. Corkery, « Approaches », *art. cit.*, p. 60. J. Insley, « The study of Old English personal names and anthroponymic lexica », in D. Geuenich, W. Harbrichs et J. Jarnut (éd.), *Person und Name*, Berlin, 2002, p. 148-176.

58 O. von Feilitzen, « Planning a new Old English Onomasticon », *loc. cit.* V. J. Smart, « *Onomasticon Anglo-Saxonicum numismaticum* : indexing and data-base », in W. F. H. Nicolaisen (éd.), *Proceedings of the XIXth International Congress of Onomastic Sciences*, Aberdeen, 1998, vol. I, p. 319-324.

59 Ainsi, le terme « germanique continental » est une abstraction. C. P. Lewis, « The French in England », *loc. cit.*, p. 132. De même, l'identification linguistique dépend des corpus disponibles dans les différents espaces étudiés, la Scandinavie étant pauvre en corpus anciens. G. Fellows-Jensen, *The Vikings and theirs victims, op. cit.*, p. 28. V. J. Smart, « Scandinavians, Celts, and Germans », *loc. cit.*, p. 173.

60 C. Clark, « Personal-Name studies », *loc. cit.*, p. 33. J. M. Dodgson, « Domesday Book : Place-Names and Personal Names », in *Domesday Studies, op. cit.*, p. 122.

61 C. Clark, « Clark's First Three Laws », in *Words, names and history, op. cit.*, p. 77-83.

Graphique 22. *La part relative des langues dans le matériau anthroponymique de certaines sources, d'après les grandes études de référence*

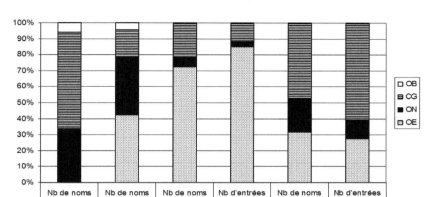

étrangers, que le mélange des noms était un reflet du mélange des « sangs[62] ». Comme les noms norrois étaient très nombreux dans le nord de l'Angleterre, ils en ont aussi déduit que les Scandinaves avaient migré en masse[63]. Les onomasticiens ont également utilisé le fort taux de *landlords* portant un nom norrois dans certains comtés, à l'époque du Domesday Book, comme la preuve manifeste d'une importante migration secondaire et du maintien durable du norrois dans ces zones[64]. Une assertion de cet ordre se retrouve aussi sous la plume, pourtant critique, de Peter Sawyer[65]. Dans ce contexte, des calculs multiples ont été effectués sur les sources qui se prêtaient le

---

62   J. M. Kemble, « The Names, Surnames », art. cit., p. 85-86. E. A. Freeman, *The history, op. cit.*, vol. I, p. 518-519 et vol. V, p. 556-575. J. H. Round, *Feudal England, op. cit.*, p. 327.
63   F. M. Stenton, *Documents illustrative of the social and economic history of the Danelaw*, Oxford, 1920, p. cxi-cxviii. Id., « The Danes in England », *Proceedings of the British Academy*, 8 (1927), p. 227-233. Id., *The Free Peasantry of the Northern Danelaw*, Oxford, 1969, p. 17. Stenton, *ASE*, p. 376, n. 1. D. C. Douglas, *The Social Structure of Medieval East Anglia*, Oxford, 1927, p. 215. E. Ekwall, « The Proportion of Scandinavian Settlers in the Danelaw », *Saga-Book of the Viking Society*, 12 (1937-45), p. 20-21. H. R. Loyn, *The Vikings in Britain, op. cit.*, p. 89.
64   F. T. Wainwright, « North-west Mercia A.D. 871-924 », in Id. et H. P. R. Finberg (éd.), *Scandinavian England*, Chichester, 1975, p. 63-129. G. Fellows-Jensen, *Scandinavian personal names in Lincolnshire and Yorkshire*, Copenhague, 1968, p. XXII-XXIII. Ead., « Scandinavian personal names in foreign fields », in *Recueil d'études en hommage à Lucien Musset*, Caen, 1990, p. 149-159, p. 153-159. Ead., « The Vikings and their Victims », *op. cit.*, p. 28. Ead., « Scandinavians in Cheshire », in A. R. Rumble et D. A. Mills (éd.), *Names, places and people*, Stamford, 1997, p. 89. L. Abrams et D. N. Parsons, « Place-names and the history of Scandinavian settlement in England », in J. Hines, A. Lane et M. Redknap (éd.), *Land, Sea and Home*, Leeds, 2004, p. 379-431, p. 403.
65   P. H. Sawyer, *Anglo-Saxon Lincolnshire*, Lincoln, 1998, p. 106.

218 CHAPITRE 6

mieux à une mise en série[66]. Toutefois, on n'a jamais procédé à une étude globale sur de nombreuses sources avec la même logique d'identification linguistique.

Mais, au-delà de ces calculs, linguistes et historiens restent parfois prisonniers d'une corrélation trop rapide entre noms et origine. Ainsi, un « nom, forme réflexe du norrois [...] [indiquerait] une origine scandinave[67] », « la présence de noms continentaux [dans un groupe] [supposerait] que certains membres du groupe n'étaient pas originaires de Scandinavie [68] » et lorsque trois frères « portent des noms norrois, cela laisse à penser que leur mère était d'origine scandinave[69] ». Certes, les études ADN menées au nord de l'Angleterre ces dernières années ont montré que les patronymes à *consonance scandinave* étaient fortement corrélés à une communauté de gènes avec les habitants de la Norvège et des Orcades[70]. Toutefois, le lien ne peut être considéré comme systématique. De même, la corrélation entre noms et sympathie politique a fait l'objet de remarques éparses de la part de Gillian Fellows-Jensen. En 1968, elle indique que ces individus se considéraient comme des sujets anglo-saxons, mais que le Danelaw restait une zone scandinave (culturellement ?)[71]. En 1990, elle estime que certains migrants (en particulier ceux qui arrivent avec Cnut) continuèrent peut-être de se sentir danois[72]. Enfin, en 1995, elle souligne la capacité de certains porteurs de noms scandinaves à se rallier à l'envahisseur au XIe siècle, tout en relevant aussi la résistance farouche de certains autres individus[73].

Pourtant, dès les années 1930, les spécialistes appellent à ne pas confondre origine du nom, identité ethnique, sympathie politique et communauté linguistique[74]. En effet, les noms sont des objets culturels et non un patrimoine génétique qui se transmettrait malgré les acteurs. Aussi de nombreux noms d'origine norroise sont la marque d'une influence culturelle ou d'une mode[75], probablement liée à d'anciennes

---

66 V. J. SMART, « Scandinavians, Celts, and Germans », *loc. cit.*, p. 181. O. VON FEILITZEN et Chr. BLUNT, « Personal names », *loc. cit.*, p. 208-209. O. VON FEILITZEN, *Pre-Conquest Personal Names, op. cit.*, p. 13-31. *ID.*, « The personal names of the Winton Domesday », *loc. cit.*, p. 184-185. D. WHITELOCK, « Scandinavian Personal Names », *art. cit.*, p. 129-130. D. N. PARSONS, « Anna, Dot, Thorir », *art. cit.*

67 J. INSLEY, « Some Scandinavian personal names », *art. cit.*, p. 47.

68 D. M. HADLEY, *The Viking in England, op. cit.*, p. 32.

69 A. WILLIAMS, « A vice-comital family », *loc. cit.*, p. 279.

70 Chr. CATLING, « The Viking roots of north-west England », *Current Archaeology*, 217/19 (2008), p. 7.

71 G. FELLOWS-JENSEN, *Scandinavian personal names, op. cit.*, p. XXIV.

72 *EAD.*, « Scandinavian personal names in foreign fields », *loc. cit.*, p. 156.

73 *EAD.*, The Vikings and theirs victims, *op. cit.*, p. 6 sq. C. CLARK, « On Dating the *Battle of Maldon* : Certain Evidence Reviewed », in *Words, names and history, op. cit.*, p. 20-36, p. 30-32.

74 O. VON FEILITZEN, *Pre-Conquest Personal Names, op. cit.*, p. 13. J. R. R. TOLKIEN, « English and Welsh », in H. LEWIS (éd.), *Angles and Britons. O'Donnell Lectures*, Cardiff, 1963, p. 8-9. G. FELLOWS-JENSEN, *The Vikings and their victims, op. cit.*, p. 6. *EAD.*, « Some Problems of A Maverick Anthroponymist », *loc. cit.*, p. 51. C. CLARK, « Battle c. 1110 », *loc. cit.*, p. 228. *EAD.*, « The early personal names of King's Lynn », *loc. cit.*, p. 242.

75 E. EKWALL, « The Proportion », *art. cit.*, p. 22. R. H. C. DAVIS, « East Anglia and the Danelaw », *Transactions of the Royal Historical Society*, 5/5 (1955), p. 23-39, p. 30. C. CLARK, « On Dating the *Battle of Maldon* », *loc. cit.*, p. 30. D. KENYON, *The origins of Lancashire*, Manchester, 1991, p. 127. A. WILLIAMS, « Cockles amongst the wheat », *Midland History*, 11 (1986), p. 1-22, p. 11. J. JESCH, *Women in the Viking Age*, Woodbridge, 1991, p. 75.

migrations[76], ou servant d'indicateur de statut à l'élite anglo-danoise[77]. La question d'une identité régionale a également été évoquée[78]. En outre, la circulation d'un grand nombre de noms peut être ramenée à d'autres paramètres que le grand nombre de migrants : des noms peuvent être connus par le biais d'histoires, écrites ou orales, sans circuler à dos d'homme, et le prestige d'une élite dépositaire de ces savoirs suffirait alors à les disséminer dans le corps social[79].

Le rapport entre noms et ethnicité est souple et fluctuant. Ainsi, dès lors que l'on tente d'approcher des individus, toute corrélation stricte et *a priori* doit être bannie. Même s'il n'est pas question d'exclure *a priori* un lien potentiel entre noms et identités ethniques, il nous faudra le démontrer, le rôle d'autres identités étant possible[80].

Le nom, vecteur d'appartenance et outil d'exclusion

Un stigmate apparaît dans la « situation de l'individu que quelque chose disqualifie et empêche d'être pleinement accepté par la société[81] ». Au nombre des stigmates, on compte les marques physiques, les disgrâces morales ou l'appartenance à des groupes minoritaires (ethnie, religion, etc.). Le stigmate apparaît forcément dans l'interaction. Avec Howard Becker, on parle d'un étiquetage ou *labeling* des déviants[82]. Et cet étiquetage se fait souvent indépendamment de la volonté de l'individu, par la mobilisation de ressemblances et de catégories plus ou moins arbitraires : on parle alors aussi d'« assignation identitaire[83] ».

La stigmatisation procède de la conjonction entre une opération de *labeling* et une stéréotypisation préalable, laquelle a trait à l'histoire des représentations[84] et peut être le fait d'« entrepreneurs de morale[85] ». Cette conjonction se traduit par le renforcement de la frontière nous/eux, par la structuration d'un rapport de force et par le développement

---

76 D. W. Rollason, « The Viking Kingdom of York : ethnic transformation ? », in *Northumbria 500-1100*, Cambridge, 2003, p. 236. V. J. Smart, « Scandinavians, Celts, and Germans », *loc. cit.*, p. 173, 175. Ead., « Moneyers of the late Anglo-Saxon coinage : the Danish dynasty 1017-42 », *art. cit.*, p. 233. Ead., « Moneyers of the Late Anglo-Saxon Coinage, 973-1016 », in N. L. Rasmusson et Br. Malmer (éd.), *Commentationes de nummis saeculorum IX-XI in Suecia repertis 2*, Stockholm, 1968, p. 191-276. G. Fellows-Jensen, « Scandinavian personal names in foreign fields », *loc. cit.*, p. 153.

77 D. M. Hadley, « Viking and native », *EME*, 11/1 (2002), p. 45-70, p. 60.

78 M. Innes, « Danelaw identities », in *Cultures in contact, op. cit.*, p. 65-88, p. 72 sq. A. Williams, « A vice-comital family », *loc. cit.*, p. 279.

79 J. M. Corkery, « Approaches », *art. cit.*, p. 60. J. D. Richards, *Viking Age England, op. cit.*, p. 49.

80 *Ibid.*, p. 49. D. M. Hadley, « And they proceeded », *loc. cit.*, p. 88. A. Williams, « Cockles amongst the wheat », *art. cit.*, p. 15.

81 *Ibid.*, p. 7.

82 H. S. Becker, *Outsiders : studies in the sociology of deviance*, New York, 1966.

83 P. Kunstadter, « Ethnic group, category and identity : Karen in northwestern Thailand », in C. F. Keyes (éd.), *Ethnic Adaptation and Identity. The Karen on the Thai Frontier with Burma*, Philadelphie, 1979, p. 119-163. R. Cohen, « Ethnicity : problem and focus », *art. cit.*, p. 383.

84 E. Goffman, *Stigmate, op. cit.*, p. 14. T. F. Heatherton, *The social psychology of stigma*, New York, 2000. T. J. Scheff, *Being mentally ill. A sociological theory*, Londres, 1966.

85 H. S. Becker, *Outsiders, op. cit.*, p. 147-164.

CHAPITRE 6

d'actions discriminatoires[86]. La société procède par discrimination du stigmatisé, en lui attribuant souvent d'autres tares. En réponse à cette situation, le stigmatisé peut adopter différentes stratégies, qui vont de la dissimulation du stigmate (avec la peur diffuse d'être découvert) à son acceptation et même à sa revendication, notamment par l'utilisation du stigmate comme occasion de créer de la groupalité. Auquel cas, l'individu accepte les modèles de comportement du « groupe de référence » qui lui a été assigné[87].

Les stigmates ne sont pas nécessairement évidents, ce qui ouvre la perspective de leur relativité, notamment selon la capacité de décodage du public[88], mais aussi selon la nature même du signe qui est utilisé pour repérer un stigmate. Cette capacité d'interprétation et de reconnaissance est centrale[89]. Le nom apparaît au nombre de ces « symboles de stigmate », c'est-à-dire comme un « signe dont l'effet spécifique est d'attirer l'attention sur une faille honteuse dans l'identité de ceux qui le portent[90] ». L'acteur peut en conséquence vouloir adopter un « faux semblant », un faux nom, un surnom, etc., pour dissimuler une part délicate de son identité[91].

En conséquence, il est nombreux cas où le nom agit comme une marque signalétique qui enferme un individu dans un ensemble de stéréotypes socio-culturels. Aux États-Unis, les porteurs de noms anglo-saxons ont 50 % de chances supplémentaires d'être appelés pour un emploi que des porteurs de noms africains[92]. Par ailleurs, les porteurs de noms arabes et africains qui postulent pour une location recevaient plus de réponses négatives que les autres, notamment dans le contexte de la guerre en Irak, même si, selon l'interlocuteur, ces noms pouvaient aussi entraîner parfois des réponses positives[93]. Les conséquences sont drastiques : à elles deux, les principales minorités nord-américaines (les Noirs et les Latinos) représentaient en 1983 seulement 7,5 % des cadres supérieurs du pays (avec une grosse majorité dans l'administration publique) ; ces catégories connaissaient un taux de chômage deux fois plus important que les Blancs ; le salaire familial moyen de ces groupe était moitié moindre[94]. Simultanément, des analyses faisant état de logiques similaires en France

---

86 B. G. Link et J. C. Phelan, « Conceptualizing stigma », Annual Review of Sociology, 27 (2001), p. 363-385.

87 R. K. Merton, Social Theory and Social Structure, Macmillan, 1967, p. 225-386.

88 E. Goffman, Stigmate, op. cit., p. 64-67.

89 J. E. Puddifoot, « Dimensions of Community Identity », Journal of Community & Applied Social Psychology, 1/5 (1995), p. 357-370, voir le tableau synthétique, p. 367.

90 E. Goffman, Stigmate, op. cit., p. 59, p. 77-78.

91 Ibid., p. 91-102.

92 M. Bertrand et S. Mullainathan, « Are Emily and Greg More Employable Than Lakisha and Jamal ? A Field Experiment on Labor Market Discrimination », American Economic Review, 94/4 (2004), p. 991-1013. Voir les critiques et les explications de ce modèle : R. G. Fryer et S. D. Levitt, « The Causes and Consequences of Distinctively Black Names », Quarterly Journal of Economics, 119/3 (2004), p. 767-805. Kr. M. Engemann et M. T. Owyang, « What's in a Name ? Reconciling Conflicting Evidence on Ethnic Names », The Regional Economist, 2006, p. 10-11.

93 A. G. Carpusor et W. E. Loges, « Rental Discrimination and Ethnicity in Names », Journal of Applied Social Psychology, 36/4 (2006), p. 934-952.

94 D. A. Thomas et C. P. Alderfer, « The influence of race on career dynamics : theory of research on minority career experiences », in M. B. Arthur, D. T. Hall et B. S. Lawrence (éd.), Handbook of career theory, Cambridge, 1996, p. 133.

ont été publiées, en particulier en recourant à la méthode du *testing*[95]. En somme, le nom apparaît souvent aujourd'hui comme un moyen qui permet aux acteurs d'identifier un stigmate d'ordre ethnique et d'exclure un individu.

Cette logique a été portée à son comble par le régime de Vichy qui, dans la loi du 10 février 1942, a interdit aux Juifs de changer de noms ; un décret du Conseil d'État de 1947 casse cette loi et explique que les Juifs (ou les porteurs de noms à « consonance israélite ») doivent pouvoir changer de nom afin de se préserver d'hypothétiques persécutions à venir. Parallèlement, l'ordonnance du 2 novembre 1945, les lois du 3 avril 1950, du 3 juillet 1965 et du 25 octobre 1972 permettent la francisation du prénom[96]. De tels changements de nom quand celui-ci était trop marqué, notamment pendant la guerre, sont un élément bien connu de la littérature : il s'agit de s'affranchir d'un stigmate, afin de garantir sa survie[97]. Des mécanismes d'exclusion très nets sont donc mis en évidence, le nom intervenant souvent comme une interface lors de l'apposition d'un stéréotype à une personne.

Dans des situations de cultures en contact, le stock anthroponymique a tendance à connaître des évolutions spécifiques. Les effets d'hybridation se multiplient et il est possible d'analyser ces données comme des stratégies d'adaptations et d'évitement[98]. Les effets de mode et les mécanismes d'acculturation brouillent l'adéquation supposée entre nom et identité ethnique. Les sociétés où le bilinguisme est fréquent pratiquent ce mouvement de façon presque spontanée, comme l'indiquent certains exemples canadiens[99], où se fait jour toutefois une part d'acculturation par les autorités anglophones[100]. Les migrants italiens ont adopté des stratégies similaires : transformation d'un *i* final trop connoté en *y*, traduction du nom, raccourcissement du nom, ce que l'auteur analyse comme une concession faite par les migrants à une société d'accueil réticente[101]. De même, les migrants hongrois aux États-Unis déploient

---

95 N. NEGROUCHE, « Changer de prénom pour trouver un emploi. Discrimination raciale à la française », *Le Monde diplomatique*, mars 2000, p. 7. J.-Fr. AMADIEU, « Enquête « Testing » sur CV », Adia/Paris 1, Observatoire des discriminations, 2004. N. GUEGUEN, « Helping on the Web : Ethnic stereotype and computer-mediating communication », *Research Journal of Social Sciences*, 3 (2008), p. 1-3. G. FELOUZIS, « La ségrégation ethnique au collège et ses conséquences », *Revue Française de Sociologie*, 44/3 (2003), p. 413-447.

96 N. LAPIERRE, « Changer de nom », *Communications*, 49 (1989), p. 151.

97 *Ibid.*, p. 155 et note 21. EAD., *Changer de nom*, Paris, 1995. M. MALGORZATA, « Changer de nom et changer d'identité : le cas des survivants de l'Holocauste qui ont survécu sous une identité d'emprunt », in P.-W. BOUDREAULT et D. JEFFREY (éd.), *Identités en errance. Multi-identité, territoire impermanent et être social*, Laval, 2007, p. 17-28.

98 J. CAUVIN et Kl. DEMBELE, « Les noms africains », *art. cit.*, p. 23.

99 J. M. LE MOINE, « Les noms de famille au Canada », in *L'album du touriste*, Québec, 1872, p. 297 (*shift* des noms Lamontagne et Boisvert en Mountain et Greenwood). B. SULTE, *L'opinion publique*, 6/50 (1875), p. 590-592 (adaptation du nom sans traduction, à la phonologie de l'anglais, par un changement orthographie : Lebeau devient Lebow).

100 Ch. GAFFIELD, *Language, Schooling, and Cultural Conflict. The Origins of the French-Language Controversy in Ontario*, Kingston-Montréal, 1987, p. 192 (le prénom Noël est traduit spontanément Christmas par les fonctionnaires anglophones).

101 J. G. FUCILLA, « The Anglicization of Italian Surnames in the United States », *American Speech*, 18/1 (1943), p. 26-32.

222 CHAPITRE 6

de multiples stratégies pour s'adapter à la nouvelle situation : disparition des traits typiques des noms hongrois comme les accents, traduction ou adoption de noms proches de l'anglais par le son, adoption à la seconde génération de noms ambigus[102]. Cette capacité d'adaptation des migrants à leur nouvel environnement représente une réponse de ces derniers à des *stimuli* que leur envoie la société d'accueil. C'est ce que démontre une étude sur les Chinois installés aux États-Unis[103]. La capacité d'adaptation anthroponymique est alors corrélée à la volonté d'intégration dans le pays, elle-même étant matérialisée par l'adoption de codes culturels propres, la réceptivité aux normes occidentales et des formes de sociabilité qui dépassent le cadre de la communauté chinoise[104]. Cette capacité d'adaptation est toutefois soumise à une variable de genre dans nombre de situation, comme celle des Latinos. En effet, les garçons ont des noms qui font généralement la jonction entre les deux langues, afin de jouer sur les deux tableaux de l'intégration à la société d'accueil et du maintien de l'identité ethnique de la société d'origine, tandis que les filles s'adaptent plus facilement à la situation du pays d'accueil faute d'enjeu dans la société d'origine[105].

Cette acculturation est parfois contrainte, comme dans les sociétés coloniales. Ainsi, en Algérie française, les autorités n'hésitent pas à tordre les noms, en particulier en les adaptant au contexte européen du système à deux noms[106]. En conséquence, la diglossie en cours dans la société colonisée se traduisait également par la dualité des noms et le maintien de l'identité du groupe dominé dans une anthroponymie parallèle[107]. C'est également ce qui se passe dans des cas de migrations volontaires, comme avec les Coréens des États-Unis, qui maintiennent un système double de dénomination : les noms anglicisés sont réservés à l'usage public, tandis que les noms de la culture originelle persistent dans le cadre domestique[108].

---

102 M. NOGRADY, « Treatment of Hungarian Names in Canada », in J.-Cl. BOULANGER (éd.), *Le nom propre au carrefour des études et des sciences sociales*, Laval, 1990, p. 433-440.

103 R. EDWARDS, « What's in a name ? Chinese learners and the practice of adopting English names », *Language, Culture and Curriculum*, 19/1 (2006), p. 90-103.

104 T. S. KANG, « Name and group identification », *Journal of Social Psychology*, 86 (1972), p. 159-160.

105 Chr. A. SU et E. TELLES, « Assimilation and gender in naming », *American Journal of Sociology*, 112/5 (2007), p. 1383-1415.

106 A. MEMMI, *Portrait du Colonisé - précédé du Portrait du Colonisateur*, Paris, 1957, p. 162. N. MOHIA, « De l'immigré à l'indigène. Esquisse d'une anthroponymie », *Sciences sociales*, « *L'honneur du nom, le stigmate du nom* », 1999, p. 60-65.

107 E. PULGRAM, *Theory of names*, Berkeley, 1955, p. 38-39 (pour les esclaves africains en Amérique). M. G. SMITH, *Kinship and community in Carriacou*, New Haven, 1962, p. 91. L. D. TURNER, *Africanisms in the Gullah dialect*, Ann Arbor, 1974. R. D. E. BURTON, « Names and naming in Afro-Caribbean cultures », *New West Indian Guide*, 73 (1999), p. 35-58 (pour la Martinique). M. ACETO, « Ethnic Personal Names and Multiple Identities in Anglophone Caribbean Speech Communities in Latin America », *Language in Society*, 31/4 (2002), p. 577-608.

108 R. THOMPSON, « Bilingual, bicultural, and binominal identities : Personal name investment and the imagination in the lives of Korean Americans », *Journal of Language, Identity, and Education*, 5/3 (2006), p. 179-208.

II. La présence des noms exogènes : marque d'une société multiculturelle ?

Frank Stenton défendait l'idée d'une migration de masse, qui imposa une marque importante à l'Angleterre conquise : avec le déplacement de nombreux Scandinaves, le pays se serait clivé en deux « races[109] », distinctes par leurs noms[110]. Les termes du débat ont été vigoureusement critiqués par Peter Sawyer[111], puisque migrants et natifs avaient de nombreux points communs[112]. En outre, les logiques d'accommodation entre colons scandinaves et héritiers des anciennes structures politiques anglo-saxonnes furent nombreuses[113]. Enfin, leur allégeance au roi des Anglais primait sur toutes les autres dès après la conquête du nord-est[114]. Ainsi, de même que l'hypothèse d'un bilinguisme de chaque habitant de l'Angleterre anglo-saxonne a été abandonnée au profit d'un « bilinguisme sociétal[115] », de même il nous faut délibérément oublier les analyses statiques sur le nom comme indicateur d'une appartenance ethnique. Derrière la bigarrure anthroponymique de l'Angleterre des Xe-XIe siècles, nous retrouvons les marques de ce qui a été décrit comme une « société anglo-scandinave[116] ». La présence de noms *étrangers* est alors un outil permettant de « mesurer l'influence culturelle » scandinave et, beaucoup plus hypothétiquement, « l'intensité du peuplement [scandinave][117] ».

Société anglo-scandinave et conscience régionale

Le premier niveau de réflexion est *national*. L'étude du Domesday Book permet de localiser avec une certaine précision les composantes linguistiques du stock onomastique.

En admettant que les variantes orthographiques soient fiables pour déterminer l'étymologie de tous les noms, nous constatons que le vieil anglais et le vieux norrois sont les deux langues qui participent à la construction d'une grande majorité des 1 104 noms différents que nous avons relevés dans le Domesday Book. Le caractère

---

109 F. M. Stenton, *The Danes in England*, Oxford, 1927, p. 41 et 46.
110 Stenton, *ASE*, p. 519-21.
111 P. H. Sawyer, *The Age of the Vikings*, Londres, 1971, p. 168-173. *Id., Kings and Vikings*, Londres-New York, 1982.
112 D. M. Hadley, *The Viking in England, op. cit.*, p. 278.
113 *Ibid.*, p. 28-80.
114 G. Fellows-Jensen, *Scandinavian personal names, op. cit.*, p. XXIV. S. Reynolds, « What Do We Mean by 'Anglo-Saxon' and 'Anglo-Saxons' ? », *The Journal of British Studies*, 24/4 (1985), p. 395-414. R. R. Davies, « L'État, la nation et les peuples au Moyen Âge : l'expérience britannique », *Histoire, économie & société*, 24/1 (2005), p. 18. D. Griffiths, « Settlement and acculturation in the Irish Sea region », in *Land, Sea and Home, op. cit.*, p. 125-138, p. 126, 137. D. M. Hadley, « And they proceeded », *loc. cit.*, p. 94-95.
115 M. Townend, « Viking Age England as a Bilingual Society », in *Cultures in Contact, op. cit.*, p. 89-105 et *Id., Language and History, op. cit.*
116 D. M. Hadley, « And they proceeded », *loc. cit.*, p. 95.
117 V. J. Smart, « Moneyers of the late Anglo-Saxon coinage », *art. cit.*, p. 233.

224 CHAPITRE 6

anglo-scandinave de l'Angleterre, en 1066, se traduit par le fait qu'un nombre semblable de noms ait été forgé dans chacune des deux langues.

La percée des noms continentaux et bibliques dépend à la fois du déplacement d'individus dans le sillage des Vikings et des suites des liens accrus avec la Normandie à compter du règne d'Æthelred II, à la fois de l'influence culturelle du continent dans le royaume insulaire. Le couplage de ce décompte avec celui des « individus synthétiques » aboutit à un tassement de toutes les valeurs, hormis celle des noms forgés dans la langue la plus usuelle[118]. De la sorte, comme en Normandie à la même époque, les éléments d'origine scandinave couvrent entre un quart et un tiers de la population[119]. L'étude des monnaies montre un résultat cohérent par rapport aux données livrées par les sources fiscales : part majoritaire des noms anglo-saxons et non négligeable des noms norrois. Les autres langues sont très faiblement représentées, ce qui suppose que le rôle des monétaires continentaux a alors décliné[120]. Les différences entre les deux échantillons sont imputables à des différences de recrutement et à la prépondérance des parties méridionales du royaume pour la frappe de monnaies.

Tableau 15. *Répartition des noms et des individus synthétiques par langue dans le Domesday Book et les monnaies (nb et part)*

Langue	Domesday Book				Monnaies			
	Noms différents		Individus		Noms différents		Individus[121]	
	Nb	%	Nb	%	Nb	%	Nb	%
Vieil anglais	440	39,9	5096	63,4	384	57	427	79,1
Vieux norrois	366	33,2	2033	25,3	144	21,4	86	15,9
Continental	144	13	291	3,6	80	11,9	16	3,0
Celtique	41	3,7	62	0,8	14	2,1		
Biblique	13	1,2	29	0,4	7	1		
Ambigu	78	7	502	6,2	24	3,6	6	1,1
Inconnu	22	2	25	0,3	21	3	5	0,9
Total	1104	100	8038	100	674	100	540	100

Les zones de répartition des noms recoupent d'une façon saisissante les zones linguistiques de l'île. Dans le nord-est, en particulier dans les comtés de York, Nottingham, Lincoln et le Rutland, les noms d'origine norroise et les individus

---

118 Les noms les plus courants sont sous-représentés et les noms les plus rares survalorisés lorsqu'on compte les noms. C'est l'inverse qui se produit lorsque l'on compte les individus.

119 G. CHARTIER, « Les noms de personne », *loc. cit.*, p. 160.

120 V. J. SMART, « Scandinavians, Celts, and Germans », *loc. cit.*

121 Les difficultés pour l'identification des monétaires sont palliées par le fait d'avoir seulement étudié ceux qui sont actifs pendant le règne d'Edward le Confesseur. Lorsque le même nom apparaît dans deux ateliers d'un même comté, nous l'avons compté comme un individu.

Carte 11. *Part des individus synthétiques portant un nom norrois par comté d'après le Domesday Book*

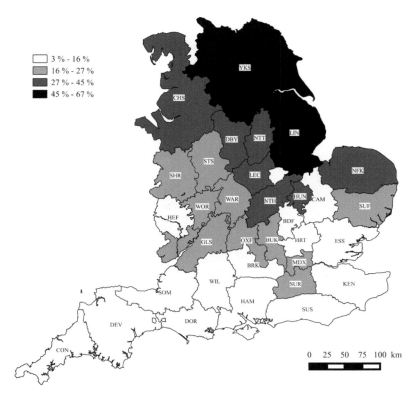

portant ces noms sont majoritaires, de même que le furent l'influence culturelle et sans doute la présence matérielle des Scandinaves[122]. Par suite, un gradient nord-est/sud-ouest est clairement perceptible, avec, de part et d'autres de la *frontière* du Danelaw des comtés où cette influence est médiane : Cheshire, Derbyshire, Leicestershire, Warwickshire, Northamptonshire, Huntingdonshire, Norfolk et Middlesex[123]. Si les West Midlands et l'East Anglia ont été distingués du Danelaw[124], il n'en reste pas moins que l'influence norroise y était importante, en particulier dans le Warwickshire et le Norfolk. Il y eut donc influence et métissage culturels.

---

122 Dans le Yorkshire, l'équilibre est de 70 noms norrois pour 30 noms anglo-saxons, mais, dans le Ryedale, au nord, ce *ratio* est de 92/8. D. N. Parsons, « Anna, Dot, Thorir », *art. cit.*, p. 39-44. M. Townend, *Scandinavian Culture in Eleventh-Century Yorkshire*, Kirkdale, 2007, p. 12-13.
123 Dans le dernier cas, on doit sans doute lire l'influence de Londres, de ses marchands, de ses monétaires et de ses courtisans, même si Londres n'est pas recensée dans le Domesday Book.
124 A. Williams, « Cockles amongst the wheat », *art. cit.*, p. 15-16. R. H. C. Davis, « East Anglia and the Danelaw », *art. cit.*, p. 36 sq. Sur le Norfolk, voir D. N. Parsons, « Anna, Dot, Thorir », *art. cit.*

Carte 12. *Part des individus synthétiques portant un nom norrois par hundred d'après le Domesday Book*

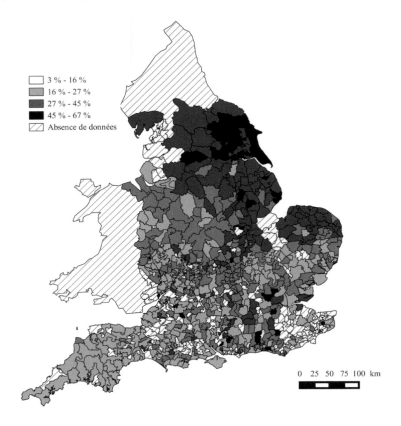

L'Essex, le Cambridgeshire, le Bedfordshire et le Hertfordshire représentent en revanche des zones où ce stock est nettement moins employé. Ces comtés constituent des isolats pour la présence de noms anglo-saxons. Il s'agit des zones qu'Edward l'Aîné a le plus rapidement conquises au début du Xe siècle[125], zone aussi où l'influence des seigneurs ecclésiastiques était plus grande (évêché de Worcester, monastères d'Ely, Ramsey et St Albans). Le vieux Wessex est peu touché par la présence d'individus portant un nom qui ne soit pas anglo-saxon. Dans le sud-ouest et le sud-est, en particulier, les noms norrois sont virtuellement absents. Seuls quelques « aventuriers isolés au service de rois anglo-saxons[126] » ou de Cnut y sont présents.

---

125 *ASC A, sub annis* 911 (Londres et Oxford), 912 (Hertford et Maldon), 914 (Bedford, Northampton, Buckingham) et 917 (Cambridge).
126 J. INSLEY, « Some Scandinavian Personal Names in South-West England », *Namn och Bygd*, 70 (1982), p. 77-78.

ÞEODISC NAMAN. NOM ET APPARTENANCE ETHNIQUE

En recoupant nombre de noms différents, part des noms norrois et en se plaçant au niveau des *hundreds* et *wapentakes*, cette analyse est confirmée[127]. La partie orientale du Yorkshire et du Lincolnshire constitue un foyer important pour les noms norrois. Les Midlands représentent une zone de transition. La *frontière* du Danelaw délimite assez nettement les zones où chacune des langues d'origine est la plus utilisée dans la formation des noms[128]. Toutes les zones où les noms norrois sont à la fois nombreux et majoritaires se situent dans le Yorkshire, le Lincolnshire, le Norfolk et le Rutland. En ce sens, les comparaisons avec la Normandie sont une nouvelle fois possibles[129].

Enfin, les noms celtiques se concentrent à proximité de l'Écosse, du Pays de Galles ou en Cornwall, ce qui indique clairement une adéquation entre matériau anthroponymique et influence directe d'un peuple allogène (ou minoritaire)[130]. En Cornwall, en particulier, cette présence d'un groupe de *landlords* porteurs de noms corniques confirme le maintien d'une élite locale au XIᵉ siècle[131]. À l'inverse, les noms d'origine continentale sont dispersés dans tout le royaume, sans réelle logique, ce qui indique sans doute la difficulté à distinguer ce matériau anthroponymique des noms anglo-saxons et norrois.

L'analyse de corpus numismatiques locaux[132], de sources mémorielles et de documents liés à Bury St Edmunds[133], Ely[134], Peterborough[135] et Worcester[136], permet de confirmer nos analyses[137]. Le gradient nord-est/sud-ouest pour les noms norrois est ainsi vérifié, avec de fortes valeurs à York[138] et Peterborough et des niveaux signifiants

---

127 Nous avons construit cette carte en superposant deux types de données : a) le nombre d'individus synthétiques portant un noms norrois par *hundred* (hachures qui vont de haut à droite vers bas à gauche), b) la part des individus synthétiques portant un noms norrois par *hundred* (hachures dans l'autre sens). Pour a), nous avons considéré que les individus étaient nombreux si nous en comptions plus de 15. Pour b), il fallait qu'il y ait plus de 50 % d'individus portant un nom norrois dans le *hundred* pour considérer que leur part était importante.

128 Seule une trentaine de *hundreds* compte plus de 50 % de noms norrois au sud de cette ligne.

129 Ils sont nombreux dans la Seine Maritime, la Manche et le Calvados. G. CHARTIER, « Les noms de personnes », *loc. cit.*

130 O. VON FEILITZEN, *Pre-Conquest Personal Names, op. cit.*, p. 29. J. INSLEY, « Regional variation », *art. cit.*, p. 52-60.

131 Ch. INSLEY, « Athelstan, Charters and the English in Cornwall », in M. T. FLANAGAN et J. A. GREEN (éd.), *Charters and Charter Scholarship in Britain and Ireland*, Basingstoke, 2005, p. 26.

132 Pour chaque atelier monétaire étudié, nous fournissons *a minima* un état des lieux à l'époque du roi Edward le Confesseur. Lorsqu'une seconde source étudiée permet d'établir une répartition à une date antérieure, alors nous donnons aussi les chiffres pour cette date.

133 *Bury C*, éd. D. C. DOUGLAS, « Feudal Documents from the Abbey of Bury St Edmunds », in *British Documents Records of the Social and Economic History of England and Wales*, viii, Londres, 1932, p. 25-44.

134 *LE*.

135 S 1448a.

136 Les 73 chartes de Worcester établies du temps d'Oswald : S 1297, S 1303-S 1370, S 1372-S 1375.

137 Tous ces individus vécurent vers la fin du Xᵉ siècle, hormis ceux qui figurent sur les monnaies à l'époque d'Edward le Confesseur (Winchester, Worcester, Exeter, Londres, York), dans le *LVNM* après 1031 et dans Bury C. Les échantillons testés comptent de 7 à 698 personnes, avec une moyenne de 150 individus.

138 C'était aussi la conclusion de Veronica Smart pour York (~ 75 %) et Lincoln (~ 50 %), à la grande différence de Londres (~ 5 %), dans « Cnut's York Moneyers », in F. SANDGREN (éd.), *Otium et Negotium : Studies in Onomatology and Library Science presented to Olof von Feilitzen*, Stockholm, 1973, p. 228. Le caractère « scandinave » de la ville est développé dans R. HALL, *Viking Age York, op. cit.*

Carte 13. *Nombre et proportion de noms norrois par hundreds d'après le Domesday Book*

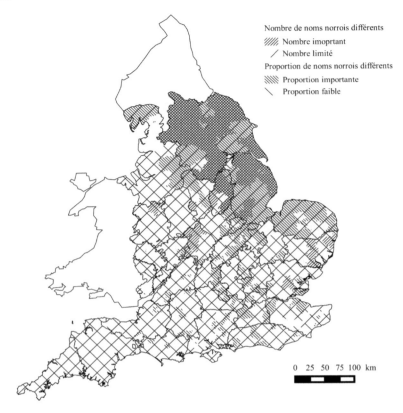

pour certaines catégories à Durham, Ely, Winchester, Worcester et même Exeter. En revanche, dans les sites du sud (Abingdon, Romsey, Londres et Winchester), la part des noms norrois est négligeable[139]. Faible au xe siècle, la part des noms norrois tend toutefois à augmenter ensuite (Winchester, Worcester, Ely). Les témoins anthroponymiques pour d'autres stocks linguistiques sont peu nombreux. Les noms continentaux sont notoirement élevés parmi les monétaires et dans les documents les plus tardifs (Bury C, entrées les plus récentes des *Libri Vitae*). La présence de sites plus ou moins urbanisés dans l'étude ne change pas grand-chose à cette répartition globale : la ville n'attire ni plus ni moins ces porteurs de noms étrangers[140].

---

139   L'influence scandinave dans ces différents sites (Londres, Winchester, Lincoln, York) a fait l'objet d'une synthèse dans K. Holman, *Scandinavian Runic Inscriptions, op. cit.*
140   A. Lestremau et L. Malbos, « Migrations et mouvements de population autour des mers du Nord (viie-xie siècle). L'exemple des sites portuaires », in C. Quertier, R. Chila et N. Pluchot (éd.), *Arriver en ville. Les migrants en milieu urbain au Moyen Âge*, Paris, 2013, p. 39-41.

Carte 14. *Part des noms dans les différentes langues, pour quelques sites, d'après plusieurs types de sources*

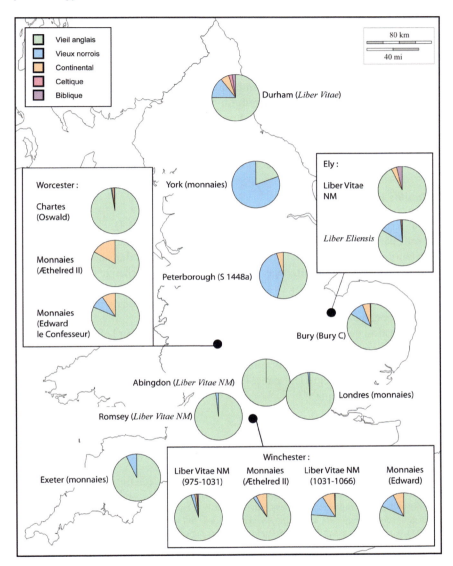

Dans l'ensemble, lorsque deux types de documents permettent de couvrir le même site (ou des sites très proches) à des époques similaires, ces sources sont en adéquation. À Ely, l'hégémonie du vieil anglais est aussi nette dans le *Liber Vitae* du New Minster et dans le *Liber Eliensis* qu'elle l'était dans le Domesday Book pour le comté environnant. La différence de traitement dans les langues de seconde impor-

CHAPITRE 6

tance tient à la nature du document et aux groupes sociaux visés : entre moines et aristocrates laïques à Ely, entre clercs et monétaires à Worcester ou entre aristocrates laïques et monétaires à Winchester.

Avec 20 % à 35 % du stock onomastique en langue norroise, on a affaire à un « apport en profondeur[141] », même si le cœur de la population (entre 60 et 80 % des individus) porte un nom anglo-saxon. Les différentes cartes de localisation des anthroponymes se recoupent avec les différentes zones toponymiques[142]. Si Watling Street constitue une frontière, les comtés qui jouxtent cette ligne n'accusent pas de rupture brutale dans l'usage de l'anthroponymie norroise, laissant plutôt apparaître un gradient. Enfin, la répartition des noms celtiques est logiquement corrélée à la proximité des zones celtophones, tandis que la répartition des noms d'origine continentale n'obéit à aucune logique perceptible. La présence de noms celtiques et norrois contribua sans doute au renforcement des identités régionales[143].

La famille anglo-scandinave

S'inscrivant dans les enjeux d'une société où les groupes se mêlent et où les identités finissent par se confondre, certaines familles acceptent une telle démultiplication des identités linguistiques et culturelles. Les noms utilisés dans certains groupes familiaux traduisent un métissage, qui est le produit de l'échange des femmes[144]. Le caractère anglo-scandinave de l'Angleterre du XIe siècle est démontré par l'étude de ces métissages linguistiques, même si, bien souvent, nous ne pouvons étudier plus que les élites[145].

La question des mariages mixtes et des familles *métisses* a fait l'objet de mentions éparses[146]. Leur étude est néanmoins difficile, dans la mesure où nous connaissons rarement l'ethnicité des deux époux, hormis dans la famille royale[147]. Aussi les spécialistes ont-ils conclu à leur rareté dans les sources connues et au caractère usuel de l'endogamie ethnique[148].

---

141 M. BLOCH, *La société féodale, op. cit.*, p. 81.

142 G. FELLOWS-JENSEN, « Scandinavian settlement in the British Isles and Normandy : what the place-names reveal », in *Scandinavia and Europe, op. cit.*, p. 137-147.

143 L. ABRAMS, « Diaspora and identity in the Viking Age », *EME*, 20/1 (2012), p. 35.

144 Cl. LÉVI-STRAUSS, *Les Structures élémentaires de la parenté*, Berlin, 2002 [1947], p. 269 sq.

145 Le cas le plus cité et analysé est celui des Godwinesons. R. I. PAGE, « How long did the Scandinavian language survive in England ? The epigraphical evidence », in *England Before the Conquest, op. cit.*, p. 165-183, p. 178. G. FELLOWS-JENSEN, *Scandinavian personal names, op. cit.*, p. LXIII-LXIV. EAD., « The Vikings and theirs victims », *op. cit., passim*.

146 P. H. SAWYER, « The density of the Danish settlement in England », *University of Birmingham Historical Journal*, 6/1 (1958), p. 8. ID., *The Age of the Vikings, op. cit.*, p. 253, n. 60. A. WILLIAMS, « Cockles amongst the wheat », *art. cit.*, p. 11.

147 Voir les remarques méthodologiques dans E. M. C. VAN HOUTS, « Intermarriage in Eleventh-Century England », in D. CROUCH et K. THOMPSON (éd.), *Normandy and its neighbours, 900-1250*, Turnhout, 2011, p. 240-241.

148 *Ibid.*, p. 238, 259. Même conclusion pour le début de la période anglo-normande : K. S. B. KEATS-ROHAN, *Domesday People, op. cit.*, p. 27-29. H. THOMAS, *The English and the Normans, op. cit.*, p. 138-160.

L'étude des mariages mixtes joue pourtant un grand rôle dans le champ socio-logique pour mettre en valeur les effets d'intégration de groupes exogènes, dont ils constituent à la fois un moyen et une preuve[149]. En ce sens, s'éloignant de l'image traditionnelle de la coercition, des violences imposées aux femmes et des mariages forcés avec de nouveaux arrivants[150], Elisabeth van Houts propose de ne pas minimiser la capacité d'action des femmes et des groupes familiaux « dominés », lesquels sont susceptibles de nouer volontairement des alliances avec les conquérants dans le but de maintenir leur niveau de vie[151]. Que le mariage soit contraint ou non, les spécialistes s'accordent pour indiquer que les femmes constituent un moyen de légitimer l'emprise des nouveaux arrivants normands sur le territoire anglo-saxon[152]. En l'absence de confiscation massive, cette hypothèse serait d'ailleurs plus vraisemblable encore pour la conquête de Cnut que pour celle de Guillaume[153].

Tableau 16. *Nombre d'Anglo-Saxons épousant des Scandinaves (S) ou des Français(es) (F)*[154]

	1000-1016	1017-1041	1042-1066	1067-1086
Homme	1 F	1 S	4/7 F	6 F
Femme	1 F 1 S	8/9 S	3 F	10 F

Faute de cas suffisamment nombreux, nous pouvons tenter d'étudier les mariages mixtes en nous fondant sur le constat d'une hétérogénéité linguistique entre les noms des deux époux[155]. En effet, de telles alliances *peuvent* révéler l'existence de mariages mixtes[156]. Or un peu moins du quart des alliances connues entre personnes portant des noms identifiés relève de ce type de métissage[157]. Sans surprise, dans la grande majorité des cas, l'un des deux époux porte un nom anglo-saxon. Mais, pour l'essentiel, les noms anglo-saxons sont portés par les femmes, tandis que les hommes concentrent

---

149 D. L. PAGNINI et S. P. MORGAN, « Intermarriage and social distance amongst U.S. immigrants at the turn of the century », *American Journal of Sociology*, 96 (1990), p. 405-432.

150 P. STAFFORD, « The laws of Cnut and the history of Anglo-Saxon royal promises », *ASE*, 10 (1981), p. 173-190. P. WORMALD, *The Making of English Law*, Oxford, 1999, p. 385-387. E. M. C. VAN HOUTS, « Intermarriage », *loc. cit.*, p. 250 sq.

151 *Ibid.*, p. 258.

152 E. SEARLE, « Women and the legitimization of succession at the Norman conquest », in *ANS III*, p. 159-170, 226-229. P. STAFFORD, « Women and the Norman Conquest », *loc. cit.*

153 E. M. C. VAN HOUTS, « Intermarriage », *loc. cit.*, p. 244. M. K. LAWSON, *Cnut*, Londres, 1993, p. 166-167.

154 E. M. C. VAN HOUTS, « Intermarriage », *loc. cit.*, p. 243.

155 M. ASHDOWN, « The attitude of the Anglo-Saxons to their Scandinavian invaders », *Saga-Book of the Viking Society*, 10 (1928), p. 82-84. O. ARNGART, « Some Aspects of the Relation between the English and the Danish Element in the Danelaw », *Studia Neophilologica*, 20 (1947-1948), p. 73-82. C. CLARK, « Clark's First Three Laws », *loc. cit.*, p. 81-82. D. M. HADLEY, « Viking and native », *art. cit.*, p. 61.

156 E. M. C. VAN HOUTS, « Intermarriage », *loc. cit.*, p. 240-241. J. S. MOORE, « Family-entries in English libri vitæ, c.1050 to c.1530 : Part II », *Nomina*, 18 (1995), p. 77-117, p. 81. *ID.*, « Prosopographical Problems », *loc. cit.*, p. 187-188.

157 37 cas contre 123.

Graphique 23. *Répartition des langues pour le nom de la femme et du mari dans le cas où ces derniers ont des noms issus de corpus linguistiques différents*

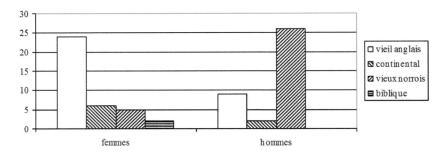

Graphique 24. *Alliances matrimoniales et origine linguistique des noms (en nombre)*

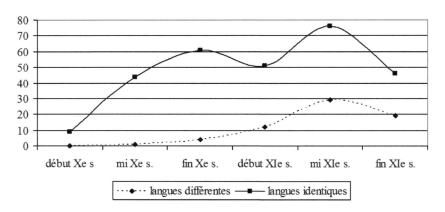

la plupart des noms norrois. De ce point de vue, l'exemple-type du mariage entre un migrant scandinave et une femme autochtone est possible dans nombre de cas, même s'il est impossible de prouver l'origine de chacun des membres de ces couples[158].

La répartition chronologique de ces alliances montre qu'elles se concentrent presque exclusivement au XIe siècle et connaissent alors une croissance très forte, en nombre et en part du total. L'apogée est atteint pendant le règne de Cnut et peu après. Dans le Yorkshire ou le Norfolk, ce type d'alliances représente la moitié des mariages recensés.

---

158 *Chron. Rams.*, § 75, pour exemple d'un mariage entre un Danois migrant et une veuve anglo-saxonne. A. WILLIAMS, « Cockles amongst the wheat », *art. cit.*, p. 14-15, à propos du migrant Ocea et de sa riche épouse, Ealdgyth.

Graphique 25. *Liens adelphiques et stocks linguistiques des noms aux X{^{e}}-XI{^{e}} siècles*

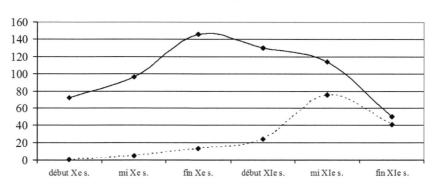

Outre les mariages, ce sont les filiations et les fratries qu'il convient d'étudier. Après 1066, les couples mixtes attribuent généralement un nom anglo-saxon aux filles et un nom normand aux garçons[159]. Or, l'étude des fratries révèle qu'un peu moins de 25 % des binômes (sœur/sœur, sœur/frère, frère/frère) sont constitués de noms d'origines différentes[160]. La langue d'un des deux noms est presque toujours le vieil anglais[161]. Les noms norrois apparaissent néanmoins en deuxième position[162]. En conséquence, les binômes hétérogènes entre noms anglo-saxon et norrois constituent la grande majorité des fratries *métisses*[163]. La variable de genre joue à la marge[164], avec une légère surreprésentation des noms norrois chez les frères et des noms anglo-saxons chez les sœurs.

Ces fratries *métisses* augmentent fortement en proportion au cours du XI{^{e}} siècle, notamment à partir du milieu du siècle. Par contraste, les mariages linguistiquement mixtes augmentaient autour de l'An Mil. Ce décalage équivaut sans doute au saut générationnel nécessaire pour que les enfants des mariages mixtes aient le temps d'apparaître dans la documentation. Malheureusement, la population statistique est trop faible pour pouvoir le démontrer. En effet, seuls douze couples dont les

---

159 C. CLARK, « Women's Name in Post-Conquest England : Observations and Speculations », in *Studies on the personal name, op. cit.*, p. 65-102, p. 65-102. EAD., « The early personal names of King's Lynn », *loc. cit.*, p. 255. A. WILLIAMS, *The English and the Norman Conquest, op. cit.*, p. 200. H. THOMAS, *The English and the Normans, op. cit.*, p. 148.
160 388 portent un nom d'une même langue, 97 des noms de langues différentes.
161 452 cas.
162 88 cas.
163 82 cas.
164 Alors que les deux tiers des femmes portent des noms anglo-saxons, il y a à peu près le même nombre d'hommes pour porter des noms anglo-saxons et norrois : 11 femmes portent des noms anglo-saxons (contre 5 des noms norrois) ; 40 hommes portent des noms norrois (contre 45 des noms anglo-saxons).

Graphique 26. *Origine linguistique des noms chez les Uhtredsons*

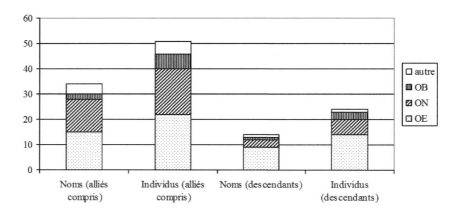

membres ont des noms d'origines différentes eurent un enfant connu et la plupart de ces couples appartiennent à de grandes familles aristocratiques. Parmi eux, le couple Godwine/Gytha est celui qui incarne au mieux cette tradition mixte, acquise lors d'un mariage au début du XIe siècle, les enfants apparaissant à leur tour dans les sources au milieu du siècle : Tosti, Harold, Swein et Gyrth portant des noms norrois, tandis qu'Ælfgifu, Ælfgar, Wulfnoth, Leofwine et Eadgyth ont reçu un héritage onomastique anglo-saxon. L'étude des traditions onomastiques au sein de la famille des *earls* de Bamburgh rend aussi compte de l'articulation de ces mécanismes.

Les mariages au sein de ce groupe témoignent des influences variées qu'il reçut : cinq se font entre porteurs de noms anglo-saxons, trois entre porteurs de noms anglo-saxons et de noms norrois et un dernier avec Judith, la nièce de Guillaume le Conquérant, qui porte un nom biblique. En remontant d'une génération parmi les alliés du groupe, il n'est pas rare de trouver des noms d'origine norroise ou celtique, comme avec Sigen, fille de Styrr, et avec Maldred, fils de Crinan. Ces mariages se traduisent, notamment aux générations 4 et 5, par l'entrée en force de langues exogènes dans le stemma[165].

Toutefois, les choix sont cohérents. Siward transmet ainsi le nom de son père, Björn[166], à l'un de ses fils, Osbeorn[167], mais sous une forme désormais anglo-saxonne, tout en lui adjoignant un thème présent dans la mémoire familiale à la même génération (*Os-wulf*). La transmission du nom *Waltheof* est un exemple abouti de *Nachbennenung* dans le groupe, avec une reprise périodique d'un nom porteur de

---

165 La génération 4 est celle de l'*earl* Siward (mort en 1055).
166 *Vita Waldevi*, éd. F. MICHEL, *Chroniques Anglo-Normandes : recueil d'extraits et d'écrits relatifs à l'histoire de Normandie et d'Angleterre pendant les XIe et XIIe siècles*, Rouen, 1836, p. 104.
167 ASC C, D, *sub anno* 1054.

Graphique 27. *L'apport linguistique à chaque génération chez les Uhtredsons*

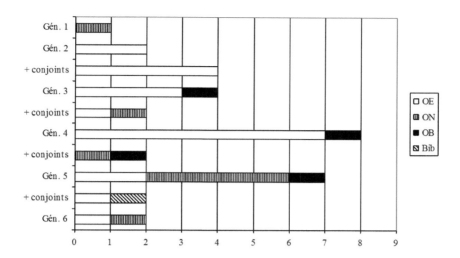

Graphique 28. *Les choix linguistiques dans la transmission des noms entre deux générations chez les Uhtredsons*

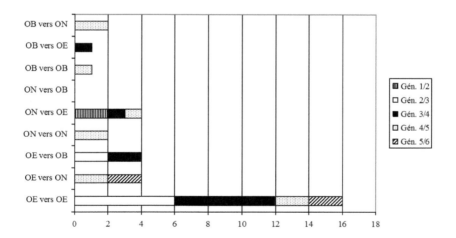

Graphique 29. *Stemma de la famille des Uhtredsons*

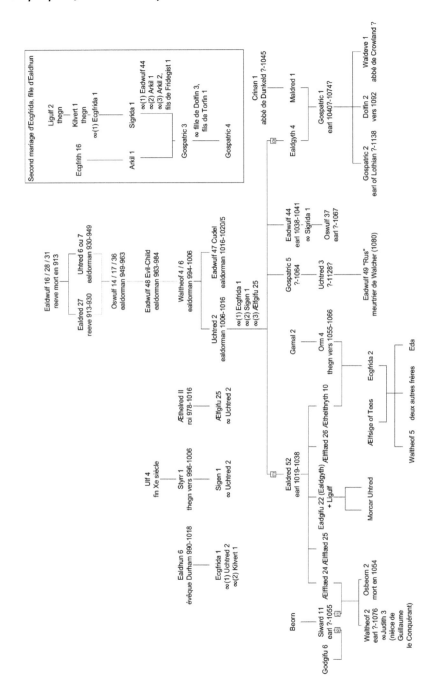

légitimité. Ainsi, ce groupe maintient la cohérence de son stock de noms[168], tout en franchissant les frontières linguistiques[169]. Or, à l'exception de l'attribution d'un nom celtique par un parent portant un nom norrois, toutes les configurations imaginables sont représentées, comme l'indique le Graphique 28. De la sorte, le groupe s'enrichit constamment de nouveaux éléments, en faisant vivre son stock de noms. Selon les besoins stratégiques du groupe, ses membres contractent des alliances ; et lorsque ces alliances se font avec les membres d'un autre groupe ethnique, porteur de traditions anthroponymiques différentes, alors ces traditions exogènes sont incorporées sans peine.

L'hégémonie des noms anglo-saxons est incontestable au xe siècle. Les pratiques anthroponymiques sont homogènes, avec peu de mariages et de fratries dans lesquels les noms appartiennent à des langues différentes. Toutefois, dans le contexte du royaume anglo-danois, l'hybridation des formes nominales dans les groupes familiaux s'accroît, allant jusqu'à représenter un quart des situations connues. Cela commence par des alliances entre porteurs de noms norrois et porteuses de noms anglo-saxons, et se poursuit, à la génération suivante, par la multiplication de fratries parcourues par ce clivage linguistique. L'ensemble de ces phénomènes se fait en synchronie parfaite avec la période pendant laquelle les Danois parviennent à prendre le pouvoir en Angleterre. Il y a donc tout lieu de penser que les noms, dans ce cas, sont la trace immédiate de migrations et de mariages mixtes.

III. Noms, surnoms et labels ethniques

L'utilisation du nom pour identifier *a priori* l'ethnicité de chaque individu est dangereuse. Il convient de solliciter des sources qui attestent clairement de l'origine des personnes, afin de ne pas surinterpréter la part des identités ethniques[170]. Les sources précisent-elles l'ethnicité des acteurs ? Si c'est le cas, l'origine linguistique du nom est-elle en adéquation ?

Choix des noms et identification ethnique

Postuler un lien entre noms et ethnicité relève du raisonnement circulaire. Nous pouvons *savoir* à coup sûr qu'un individu était danois si et seulement si la source nous le dit : *Danus*[171]. À ce titre, ce qui unit le nom à l'indication ethnique est une relation de prédication, assumée par un narrateur presque omniscient, le plus souvent dans les sources narratives de notre corpus. Toutefois, ces sources nous éloignent

---

168 Gospatric, un nom celtique, et Waltheof, un nom norrois, jouent le rôle de pivot, de même que les thèmes nominaux récurrents dans le groupe : *uht-*, *ead-*, *os-*, *-red* et *-wulf*.
169 15 cas sur 34 enfants.
170 C. P. LEWIS, « The French in England », *loc. cit.*, p. 136. G. FELLOWS-JENSEN, « Scandinavian personal names in foreign fields », *loc. cit.*, p. 153. A. WILLIAMS, « Cockles amongst the wheat », *art. cit.*, p. 12.
171 *Ibid.*, p. 12.

238 CHAPITRE 6

des pratiques sociales[172] et sont susceptibles d'insister sur l'ethnicité des personnes, notamment en cas de conflit[173]. En effet, certaines sources les ignorent au contraire, comme les sources hagiographiques, parce qu'elles préfèrent s'attarder sur le paganisme ou l'impiété des personnes[174]. Qu'un hagiographe ou un chroniqueur insiste (ou non) sur l'origine d'un individu ne signifie donc pas qu'un homme du commun, au cours d'une interaction, procéderait de même, puisqu'il y a une dimension thétique derrière cette affirmation et, bien souvent, une axiologie sous-jacente. Il n'empêche que ces identifications relèvent vraisemblablement de faits.

Les citations relevées permettent d'attribuer à vingt-huit individus une origine ethnique. Deux grands groupes se distinguent : des Scandinaves (Novitovi[175], Osgod[176], Simund[177], Thurstan[178], Toti[179], Eric[180], Thurcytel[181], Magnus et Swein[182], Hakon[183], Ocea[184] et, de père danois, Fræna, Frithogist, Godwin[185]) et des continentaux issus de plusieurs espaces (Radulf[186], Hereman[187], Duduc et Giso[188], Théodoric[189], Radbod et Benna[190], Weinrich[191], Lantferth[192], Fulchard[193], Hugues[194], Robert[195]). Enfin, s'ajoutent

---

172 Pris qu'ils sont dans des dynamiques stylistiques propres, que l'on pense au « style biblique » (D. HOWLETT, *British Books in Biblical Style*, Dublin, 1997), au style herméneutique (M. LAPIDGE, « The Hermeneutic Style », *art. cit.*), en passant par des habitudes textuelles liées au *scriptorium* d'origine (M. P. BROWN, « House Style in the *Scriptorium*, Scribal Reality, and Scholarly Myth », in C. E. KARKOV et G. H. BROWN (éd.), *Anglo-Saxon Styles*, Albany, 2003, p. 135-149).

173 D. M. HADLEY, « Ethnicity and acculturation », in *A social history of England, op. cit.*, p. 236. EAD., « Viking and native », *art. cit.*, p. 47, 51. M. INNES, « Danelaw identities », *loc. cit.*, p. 78.

174 B. YORKE, « Political and Ethnic Identity : A Case Study of Anglo-Saxon Practice », in *Social Identities in Early Medieval Britain, op. cit.* p. 69-89, p. 87. Comme cela a été montré pour l'image des Juifs chez Ælfric, par exemple (A. P. SCHEIL, « Anti-judaism in Ælfric's Lives of Saints », *ASE*, 28 (1999), p. 65-86).

175 *Chron. Ab.*, § 121, p. 194.

176 *Vita Kenelmi*, § 18, p. 72.

177 HEMMING' *CODICELLUS*, p. 265.

178 LE, Livre II, ch. II.

179 S 943.

180 JOHN OF WORCESTER, *sub anno* 949, p. 400.

181 JOHN OF WORCESTER, *sub anno* 1010, p. 466.

182 *ASC D, sub anno* 1046.

183 JOHN OF WORCESTER, *sub anno* 1029., p. 510.

184 HEMMING, *Codicellus*, p. 255-256.

185 JOHN OF WORCESTER, *sub anno* 993, p. 442.

186 *Chron. Ram.*, § 105.

187 WILLIAM OF MALMESBURY, GP, Livre II, ch. LXXXIII, § 6, p. 286.

188 JOHN OF WORCESTER, *sub anno* 1060, p. 586.

189 GOSCELIN DE SAINT-BERTIN, VSE, § 16, p. 286.

190 *Ibid.*, § 7, p. 50.

191 WILLIAM OF MALMESBURY, *Vita Wulfstani*, Livre I, ch. VIII, § 2, p. 36.

192 ÆLFRIC OF EYNSHAM, LS, Homélie n°21, l. 402.

193 *Vitae Swithuni*, § 49, p. 682.

194 *ASC C, D, E, F, sub anno* 1003.

195 *ASC D, sub anno* 1051.

les mentions d'un Grec (Sigewold)[196] et de Ralph the Staller, breton par sa mère et anglais par son père[197].

Ces assignations identitaires sont donc rares dans les textes anglo-saxons. Elles sont généralement postérieures à 1066, rarement authentiques et parfois inventées de toute pièce. Par exemple, le manuscrit E de la *Chronique*, copié en 1121 sur le manuscrit C[198], substitue un « *thegn* danois », *Dænisca þægn*, à l'original, qui mentionne un « *thegn* du Devon », *Defenisca þegen*[199]. Ainsi, le copiste anglo-normand a corrompu son texte, en transformant un nom de comté en indication ethnique.

Y a-t-il une cohérence entre ces indications ethniques et les noms des personnes ? Sur ces vingt-huit noms, dix sont linguistiquement ambigus. Pour autant, la concordance entre l'indicateur ethnique et l'origine du nom est frappante. Parmi les quatorze Scandinaves, huit portent un nom qui ne peut qu'être norrois, trois un nom qui admet une variante très improbable dans une autre langue et deux qui admettent une variante possible en vieil anglais. Seuls deux individus portent un nom qui ne concorde pas avec la langue norroise (Ocea, Godwine). Parmi les douze Francs et Flamands, huit portent un nom continental et les quatre autres un nom continental qui admet une variante dans une autre langue. En somme, seuls Ralph the Staller (de mère bretonne et de père anglo-saxon), avec un nom continental ou norrois, et l'évêque Sigewold[200] semblent échapper à la corrélation entre origine ethnique et dénomination.

Toutefois, on voit bien que la démarche inverse – partir du nom – serait dangereuse. En effet, la moitié des noms nous aurait mis en difficulté, ou bien parce qu'ils ne concordent pas avec l'ethnicité réelle du porteur (Godwine, Sigewold, Ralph), ou bien parce que ces noms sont plus ou moins ambigus linguistiquement (Benna, Duduc, Lantferth, Ralf, Frithegist, Magnus, Osgod, Eric, Sigmund). Malgré la corrélation forte entre origine du nom et ethnicité du porteur, il y aurait donc un grand danger à considérer que ce lien est systématique.

Or l'aptitude des acteurs à décrypter le caractère étrange ou étranger des noms se manifeste rarement dans notre documentation. Certes, le Gallois Gruffydd est « barbare par son nom[201] ». Mais Eadmer de Canterbury décrit Anselme de Canterbury comme étant « de nom et de nation normands[202] », ce qui ne laisse pas de surprendre s'agissant d'un natif d'Aoste. De même, en plein XIIe siècle, le chroniqueur de Ramsey commente les noms d'un couple de testateurs, « Ærnketel et sa femme, qui s'appelait Wulfrun, qui par l'indice de son nom rend manifeste sa

---

196 LE, Livre II, ch. [ii].
197 *ASC D, sub anno* 1076.
198 S. IRVINE, *The Anglo-Saxon Chronicle. Vol. 7 : MS E*, Oxford, 2002, p. XIII.
199 ASC C, E, *sub anno* 988. K. O'BRIEN O'KEEFFE, *The Anglo-Saxon Chronicle.Vol. 5 : MS C*, Oxford, 2000, p. XXVI sq.
200 Cependant, « Sige-wold » peut être la traduction en vieil anglais d'un nom grec du même sens, « Nicé-phore ». Il s'agirait là d'un évêque byzantin, Nicéphore d'Héraclée, chassé par l'empereur Constantin VII Porphyrogénète en 956. M. LAPIDGE, « Byzantium, Rome and England in the Early Middle Ages », in *Roma fra oriente et occidente. Settimane di studio del centro italiano di studi sull' alto medioevo XLIV*, Spolète, 2002, p. 363-400.
201 *VER*, Livre I, ch. VI, p. 64.
202 EADMER OF CANTERBURY, *Vita Dunstani*, § 25, p. 204.

240 CHAPITRE 6

gens d'origine[203] », même si celle-ci n'est guère précisée dans le document. Si ces éléments peuvent donner la preuve que le *labeling* ethnique était un réflexe dans la société du temps, il reste néanmoins frappant que toutes les sources citées à l'instant soient elles aussi postérieures à 1066.

En conclusion, les étiquetages ethniques concernent majoritairement des sources postérieures à 1066. Les sources anglo-saxonnes ignorent globalement l'ethnicité des acteurs. Si la corrélation entre origine du nom et ethnicité est forte, elle n'est pas totale et est souvent menacée par l'ambiguïté de certains noms. Ainsi, il y a des Scandinaves qui portèrent des noms anglo-saxons[204].

Des surnoms ethniques en Angleterre anglo-saxonne?

Les surnoms ethniques donnent également une idée de l'ethnie du porteur, suivant l'exemple antique[205]. Néanmoins, ces surnoms peuvent être fossilisés et ne plus guère attester l'origine de l'individu[206]. La part référentielle de ces *labels* est alors fragile. Seule persiste la logique interactionnelle qui a présidé à l'attribution du surnom[207].

---

203 *Chron. Rams.*, § 37.
204 I. Lehiste, « Names of Scandinavians in the Anglo-Saxon Chronicle », *Publications of the Modern Language Association*, 73 (1958), p. 7.
205 B. H. McLean, *An Introduction to Greek Epigraphy of the Hellenistic and Roman Periods from Alexander the Great down to the Reign of Constantine (323 BC-337 AD)*, Chicago, 2005², p. 96-97. P. Fraser, *Greek Ethnic Terminology*, Oxford, 2009 et « Ethnics as Personal Names », in E. Matthews et S. Hornblower (éd.), *Greek personal names : their value as evidence*, Oxford, 2000, p. 149-157. Dans le monde grec hellénistique, la fonction des ethniques est essentiellement d'ordre politique et permet l'affirmation d'une identité civique. M. H. Hansen, « City-Ethnics as Evidence for Polis Identity », in Id. et K. A. Raaflaub (éd.), *More Studies in the Ancient Greek Polis*, Stuttgart, 1996, p. 169-196.
206 M. Bloch, « Noms de personne », *art. cit.*, p. 68.
207 Parfois les deux manières d'indiquer l'ethnicité (*Simund danus* et *Simund genere danus*) se recoupent ou se substituent l'une à l'autre. A. Williams, « Cockles amongst the wheat », *art. cit.*, p. 13-14).

Dix-sept surnoms ethniques renvoient à la danicité supposée du porteur : Asmund[208], Eadric[209], Fin[210], Fin[211], Godric[212], Grimulf[213], Johannes[214], O(d)in[215], Önund[216], Simund[217], Strang[218], Thored[219], Thored[220], Toki[221], Tol(i)[222], Torketill[223] et Tovi[224].

La plupart des références proviennent à nouveau de sources anglo-normandes. Même les deux chartes d'époque anglo-saxonne sont préservées dans des manuscrits tardifs et ne sont pas exemptes d'incohérences. En revanche, il est impensable de mettre en cause le *Libellus Æthelwoldi episcopi*, qui est contemporain des faits, et le *Liber Vitae* du New Minster[225].

Y a-t-il une corrélation entre la langue de formation des noms et les surnoms ethniques qui les accompagnent ? Les variantes étymologiques sont moins nombreuses que dans l'échantillon précédent. La concordance entre ethnique et langue du *nomen* est grande : elle est certaine dans huit cas (Anund, Strang, Thored, Thored, Toca, Tol, Tovi, Torkell) et presque certaine dans quatre cas (Fin, Fin, Oin et Simund). Pour les noms ambigus, une des étymologies possibles est en adéquation avec l'ethnique (Grimulf et Osmund). Trois cas posent une difficulté (Jean, Eadric et Godric). Certes, *Jean* peut être interprété comme la trace d'une conversion ou la preuve d'une identité chrétienne, ce qui donne au nom un statut universel. Quant aux noms en -*ric*, ils sont rares dans le monde scandinave et particulièrement courants dans le monde anglo-saxon. La marge d'erreur augmente donc légèrement avec les ethniques, mais reste proche de ce que l'on avait observé plus haut[226]. De nouveau, dans un tiers des cas, les noms ambigus tendent à brouiller le signe linguistique contenu dans le nom.

Comme ces surnoms ethniques ne concordent pas en totalité avec l'origine linguistique des noms qu'ils complètent, cela suggère que l'un, l'autre ou les deux étaient dans certains cas déconnectés de l'ethnicité réelle des porteurs. À quoi

---

208 DB NTH 43,7.
209 LE, Livre II, ch. xlviii.
210 DB BUK 19,5 (suscrit) ; BUK 57,16.
211 DB ESS 23,38 ; ESS 23,43.
212 S 1110.
213 S 1055.
214 DB SOM 6,14.
215 DB ESS 18,37.
216 DB ESS 18,39.
217 DB WAR 22,24.
218 DB GLS 73,1 (suscrit).
219 LVNM, fol. 25r, 19.xlvii.
220 LVNM, fol. 25r, 19.xlix.
221 LVNM, fol. 25r, 19.l.
222 DB HAM 32,1 (suscrit).
223 DB HUN 2,8 (suscrit).
224 LVNM, fol. 25r, 19.xlviii.
225 *LVNM*, p. 38 (n°500). Gneuss, p. 85. Ker, p. 338-340 (n°274).
226 On passe de 4 cas d'inadéquation sur 28 indications ethniques à 3 ethniques qui ne concordent pas avec la langue du *nomen* sur 14 individus.

Carte 15. *Localisation des ethniques et stock anthroponymique norrois*

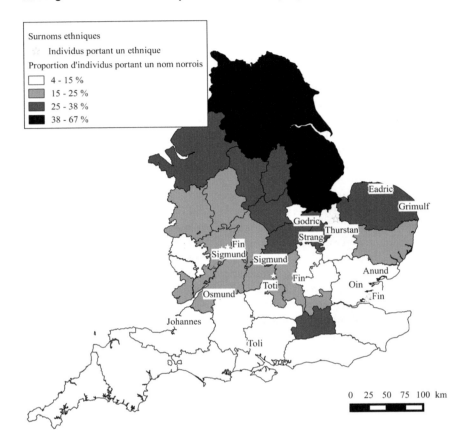

servait l'ethnique ? Le gardait-on d'une génération à la suivante ou en changeait-on rapidement ? En faisait-on l'acquisition à la suite d'une migration[227] ?

Les *Dani* identifiés ici appartiennent à trois générations différentes. Eadric vivait au temps du roi Edgar. Les *Dani* du *Liber Vitae* et de la charte S 1055 vinrent probablement de Scandinavie avec Cnut. Ceux du Domesday Book et de la charte S 1110 étaient contemporains d'Edward le Confesseur. En ce sens, l'usage d'ethniques semble plutôt caractéristique du xie siècle. La variable sociologique ne suffit pas à expliquer l'utilisation de ces surnoms, puisque les domaines des *Dani* sont de tailles et de richesses variées[228].

---

227 M. BOURIN et P. CHAREILLE, « Anthroponymie et migrations », *loc. cit.*, p. 252-253.
228 De 2 shillings et 23 livres pour la *value*. D'une demi hide à une vingtaine d'hides pour la surface.

En revanche, la distribution géographique de ces ethniques montre qu'ils n'étaient pas utilisés dans le Yorkshire ou le Lincolnshire, où une majorité de personnes portent des noms norrois. En effet, dans ces zones, un tel ethnique n'aurait guère permis de distinguer qui que ce soit, puisqu'il aurait sans doute pu être attribué à n'importe qui. Par contraste, nombre des surnoms ethniques se trouvent à proximité de la frontière du Danelaw[229], parfois dans des zones où les noms norrois sont présents de façon ponctuelle (Fin, Sigmund)[230], parfois dans des lieux où l'anthroponymie norroise est une anomalie (Jean, Osmund, Toli). Une telle localisation accrédite l'hypothèse d'un surnom donné localement par des Anglo-Saxons confrontés à une présence exogène[231], dans le double contexte de tension entre les uns et les autres, mais surtout d'affirmation de l'identité danoise[232].

Le caractère contextuel de l'usage des ethniques est clairement perceptible dans une autre forme figée susceptible d'indiquer l'origine d'une personne. Trois noms – *Halfdan* (le « demi-danois »)[233], *Denisc* (le « Danois »)[234] et *Northman* (« l'homme du nord » ou Norvégien)[235] – pointent directement vers une origine scandinave, mais avec toutefois de fortes probabilités que ces noms aient été portés indépendamment du sens que ces mots convoient. En ce sens, bien que le nom soit pourvu d'un sème ethnique transparent, les acteurs utilisaient ces noms comme désignateurs rigides, et non comme descriptions pourvues d'un sens propre.

En guise de conclusion, des ethniques circulaient dans la société, mais les sources n'en conservent que la trace. Même si l'ethnique correspond presque toujours à l'une des langues dans laquelle le *nomen* a été forgé, il y a une forme d'incertitude dans un tiers des cas. Ils ne sont donc pas les dépositaires « naturels » d'une origine ou d'une identité, attachées toutes deux à l'individu, de façon univoque et statique. Au contraire, leur répartition dans les Midlands suggère qu'ils jouaient un rôle social et politique. Les sources utilisées indiquent en creux la communauté qui utilisait ces surnoms : l'Enquête du Domesday s'appuie sur le compte-rendu des assemblées de comtés et de *hundreds*, ainsi que sur les témoignages des *lords*, tandis que les chartes étaient construites avec l'intervention des institutions qu'elles affectaient (comme le laisse entendre le degré de précision de nos documents). En somme, c'est donc la haute société locale qui contribua à fixer ces surnoms dans la documentation, en les rendant *officiels*. Ils procèdent, à ce titre, de la superposition d'une image transmise par les *proceres* de culture west-saxonne implantés dans les Midlands et de sa fixation

---

229 C. R. Hart, *The Danelaw, op. cit.*, p. 9, pour le tracée de la frontière du Danelaw.

230 La rareté supposée des ethniques dans les West Midlands est contestable, puisqu'il en existe deux, ce qui outrepasse largement le nombre d'ethniques disponibles dans le nord-est et le sud-ouest. A. Williams, « Cockles amongst the wheat », *art. cit.*, p. 15.

231 A. P. Smyth, « The Emergence of English Identity, 700-1000 », in Id. (éd.), *Medieval Europeans : studies in ethnic identity and national perspectives in medieval Europe*, Basingstoke, 1998, p. 24-52, p. 31-39.

232 K. Hastrup, « Establishing an Ethnicity : The Emergence of the 'Icelanders' in the Early Middle Ages », in *Island of Anthropology*, Odense, 1991, p. 69-82.

233 Une petite dizaine d'occurrences dans la *PASE*.

234 S 1452.

235 Une douzaine d'exemples dans la *PASE*.

244   CHAPITRE 6

dans des formes textuelles inhérentes à la culture administrative du Wessex. L'usage de ces surnoms peut donc être analysé comme le produit d'une domination politique et culturelle, du Wessex sur les Midlands et les populations anglo-scandinaves du royaume. L'usage inverse observé dans le *Liber vitae* de Winchester indique un renversement ponctuel du jeu politique, au moment où Cnut est sur le trône, la danicité étant alors signe d'appartenance au *comitatus*.

Le nom comme marqueur d'étrangeté : le cas d'Orc

L'étonnement d'un individu face à un nom peut déboucher sur la notification de cette bizarrerie onomastique. C'est dans une charte d'Edward le Confesseur que nous retrouvons la seule trace connue de *labeling* du nom, c'est-à-dire une insistance particulière sur le caractère linguistiquement hétérogène d'un nom.

Le document de 1044 précise qu'Orc a reçu son nom « conformément à la coutume de sa propre *gens*[236] ». Le nom, *Orc*, est sans conteste norrois[237]. Orc est, de toute évidence, proche de Cnut ; peut-être était-il son chancelier (*oeconomus*)[238]. Cette proximité avec le pouvoir des rois danois se confirme avec sa fonction d'*huscarl*[239]. En attestent également sa présence régulière comme souscripteur des chartes royales[240] et l'importance des domaines que Cnut lui concède[241]. Tous ces éléments et la souscription d'Orc avec d'autres *thegns* au nom norrois ont permis de l'identifier comme un Scandinave, arrivé en Angleterre avec Cnut[242], et implanté dans le Dorset pour défendre ses intérêts[243].

Un seul manuscrit de la charte S 1004 est conservé, en date du milieu du xie siècle, ce qui en fait un « original apparent[244] ». L'indiction concorde avec la date[245] et la liste de témoins est globalement cohérente pour l'année 1044[246]. En somme, même si le document n'est pas exempt de tout soupçon, l'authenticité de la formule utilisée dans le dispositif n'est pas remise en cause.

---

236 S 1004.
237 E. BJÖRKMAN, *Nordische Personennamen in England*, Halle, 1910, p. 171. O. VON FEILITZEN, *The Pre-Conquest Personal Names, op. cit.*, p. 335.
238 S. D. KEYNES, « The lost cartulary of Abbotsbury », *ASE*, 18 (1989), p. 221.
239 S 1063. Dans S 1064, sa veuve semble conserver quelque chose de cette function, puisqu'elle est considérée par Edward le Confesseur comme « son homme ».
240 S 969, S 975, S 993, S 999, S 1010.
241 17 hides à Abbotsbury (Abbots4), 7 hides à Portesham (S 961), 5 *perticas* et 2 hides et demie à Abbots Wootton (S 1004 et Abbots8). En tout, cinq domaines sont cités (Tolpuddle, Abbotsbury, Portesham, Hilton et Ansty), pour un total de plus de 70 hides dans le Domesday Book (DOR 13,1 sq.). S. D. KEYNES, « The lost cartulary of Abbotsbury », *art. cit.*, p. 222, 229-233.
242 A. WILLIAMS, A. P. SMYTH et D. P. KIRBY, *A Biographical Dictionary of Dark Age Britain*, Londres, 1991, p. 232. G. FELLOWS-JENSEN, *The Vikings and theirs victims, op. cit.*, p. 7.
243 Simon Keynes parle d'une « forteresse danoise » dans la region (« The lost cartulary of Abbotsbury », *art. cit.*, p. 230-231). N. HOOPER, « The Housecarls in England in the Eleventh Century », in *ANS VII*, p. 161-176. STENTON, *ASE*, p. 413-414.
244 S. D. KEYNES, « Regenbald, the Chancellor (*sic*) », in *ANS X*, p. 213.
245 Indiction 12, pour 1044.
246 La souscription des évêques Ealdred et Ælfwald, mais aussi des abbés Ælfwig et Æthelwig, sont étonnantes à cette date.

ÞEODISC NAMAN. NOM ET APPARTENANCE ETHNIQUE   245

Toutefois, parmi les chartes d'Edward le Confesseur, cette formule est un hapax. Elle a été analysée dans un sens ethnique par les spécialistes[247]. De nombreuses gloses, qui expliquent *gens* par le biais du vieil anglais *þeod*, « peuple, langue[248] », confirment ce sens. De même, dans les titulatures des chartes royales, le terme est souvent utilisé pour désigner le « peuple »[249]. Toutefois, l'usage se perd à l'époque d'Edward le Confesseur : nombre d'occurrences sont douteuses[250] et seules deux souscriptions royales en 1044 et 1049 dans des chartes probablement originales[251] tendraient à conforter l'authenticité d'un tel usage à cette date.

En outre, sur les 168 chartes d'Edward[252], parmi les vingt individus nommés dans le dispositif portant un nom continental ou norrois, seul Orc a droit à un commentaire à propos de l'étrangeté de son nom. Par contraste, la formule utilisée est d'une grande neutralité, que ce soit pour Thored ou Tovi[253]. Ainsi, cette insistance sur le caractère étranger du nom ne relève pas d'un traitement général, qui toucherait l'ensemble des personnes qui appartiennent au même groupe. Par ailleurs, le sens latin de *gens*, « famille », persiste à cette date[254]. Or, dans un « original apparent » antérieur, Cnut introduisait le nom d'Orc en soulignant qu'Orc avait « pour habitude » d'être appelé ainsi « par ses proches et ses amis[255] ». De même, il signale qu'un autre Danois, Bovi, était nommé ainsi par ses « proches et amis[256] ». Ce sont là les trois seules formules à introduire un nom de cette manière au milieu du XIe siècle. Toutes ces chartes ont pour bénéficiaire un *huscarl* danois et toutes sont originaires de Sherborne/Abbotsbury[257]. Ce sont d'ailleurs les seuls témoins de ces maisons, ce qui explique sans doute cette spécificité. La mention des interlocuteurs d'Orc et Bovi – membres de sa *gens, noti, affines* et *amici* – permet de couvrir un groupe social cohérent, composé de familiers, ce que confirme l'usage de *solere* et de *consuetudo*. En somme, ce n'est sans doute pas le peuple qui est visé, mais la *familia*, la parentèle et l'*affinitas* des personnes.

---

247 HARMER, *Writs*, p. 576. G. FELLOWS-JENSEN, *The Vikings and theirs victim, op. cit.*, p. 7.
248 A. S. NAPIER, *Old English Glosses, chiefly unpublished*, Oxford, 1900, p. 176 (pour une glose du milieu du XIe siècle du MS Phillipps, Cheltenham 8071, dans le *De laudibus uirginitatis* d'Aldhelm) et p. 205 (pour une glose du second Xe siècle du MS Oxford, Bodley 319, dans le *Contra Judaeos* d'Isidore de Séville).
249 Du temps d'Edgar (S 738), d'Æthelred II (S 864, S 884, S 892, S 905 et S 922) et de Cnut (S 956, S 961 et S 971). Seules les chartes au-dessus de tous soupçons et possiblement originales sont citées.
250 S 1016, S 1022 et S 1024. S 1016 est probablement un faux, modelé sur une charte d'Æthelred II (S. D. KEYNES, *The Diplomas of King Æthelred, op. cit.*, p. 89, note 23). La *gens Anglorum* apparaît aussi dans des chartes de Westminster, S 1039, S 1041, S 1043 et S 1046, qui sont toutes des faux...
251 S 1003 et S 1019.
252 La série attribuée par Peter Sawyer à Edward, avec les chartes ajoutées depuis 1968 et, par surcroît, la notification S 1477.
253 S 1010, S 1017. Le manuscrit est tardif, mais les chartes sont authentiques.
254 A. S. NAPIER, *Old English Glosses, op. cit.*, p. 194 : London, MS Royal 12.C.xxiii (*Enigmata* d'Aldhelm) : *gentis* est glosé par *cynnes*, « famille ».
255 S 961 : *noti atque amici.*
256 S 969 : *noti atque affines.*
257 Les deux sites, dans le Dorset, sont distants d'une trentaine de kilomètres tout au plus.

246 CHAPITRE 6

Une autre formule peut faire écho à cet usage. Certains dignitaires ont un nom
« connu des sages de cette patrie[258] ». Suivant une analyse ethnique, *hæc patria*
s'opposerait à *sua propria gens*, « nous » à « eux », grâce à l'usage du démonstratif
de proximité renforcé (*hic-ce*), d'un côté, et d'un pronom possessif de troisième
personne (*suus*), de l'autre. Or, sur les vingt-trois chartes utilisant cette formule,
trois sont adressées à des individus dont le nom n'est pas anglo-saxon[259] : Gunnere
est un nom norrois[260], Ingeram[261] et Mangoda[262] sont des noms continentaux. En
somme, un nom sur six ne concorde pas avec une interprétation ethnique, ce qui
implique d'analyser la formule suivant un autre principe. Le syntagme *hæcce patria*
relèverait alors de la simple localisation, l'Angleterre[263], et les *gnostices* viennent
sélectionner dans la population du royaume ceux qui connaissent l'individu nommé,
exactement de la même manière que *noti* ou *affines* dans les chartes citées plus haut.
En conséquence, ce type de formules doit sans doute être placé dans le champ de
l'affinité ou de l'interconnaissance, plutôt que dans celui de l'ethnicité.

Pourquoi alors insister de manière aussi singulière sur le nom d'Orc ? Dans la
mythologie classique, Orcus est le dieu des enfers[264]. Dans la langue populaire, le mot est
synonyme de *mors*[265]. Le mot est ainsi passé en vieil anglais, pour signifier « démon[266] ».
En conséquence, dans la littérature anglo-saxonne, Aldhelm cite cette divinité infernale
à plusieurs reprises[267]. Fin connaisseur de la culture latine[268], Aldhelm fut évêque de
Sherborne et sa mémoire devait donc être tenace dans le Dorset, de même que ses textes
et la connaissance d'Orcus qui en découlait. Par suite, le nom *Orcus* se retrouve dans
les œuvres de l'*ealdorman* Æthelweard, un autre auteur du sud-ouest de l'Angleterre[269].

---

258 S 639, S 698, S 702, S 709, S 710, S 711, S 714, S 716, S 717, S 719, S 720, S 722, S 737, S 738, S 747, S 762, S 771,
      S 794, S 800, S 801, S 805, S 847 et S 932. Ce groupe de chartes remonte, cependant, à la fin du xie siècle.

259 S 716, S 717, S 972. La seconde est un original apparent, tandis que les autres semblent authentiques.

260 E. Björkman, *op. cit.*, p. 54-55. O. von feilitzen, *Pre-Conquest Personal Names*, *op. cit.*, p. 277. O. von
      feilitzen et Chr. Blunt, « Personal names », *loc. cit.*, p. 197. V. J. Smart, « Moneyers », *loc. cit.*,
      1968, p. 240. K. Jonsson et G. van der Meer, « Mints and Moneyers », *loc. cit.*, p. 134. J. Insley,
      Scandinavian Personal Names, *op. cit.*, p. 159-160.

261 E. W. Förstemann, *Altdeutsches Namenbuch. Erster Band : Personennamen*, Nordhausen, 1856,
      col. 785. Th. Forssner, *Continental-Germanic Personal Names*, *op. cit.*, p. 73-74.

262 E. W. Förstemann, *op. cit.*, col. 904. Th. Forssner, *op. cit.*, p. 186-188. O. von feilitzen,
      Pre-Conquest Personal Names, *op. cit.*, p. 324. O. von feilitzen et Chr. Blunt, « Personal names »,
      loc. cit., p. 201. V. J. Smart, « Moneyers », *loc. cit.*, 1968, p. 263. Ead., « Moneyers », *art. cit.*, 1987,
      p. 269. K. Jonsson et G. van der Meer, « Mints and Moneyers », *loc. cit.*, p. 134.

263 L'utilisation d'une rare formule concurrente : *ab huiusce insulae*, dans au moins deux chartes
      contemporaines authentiques va dans ce sens (S 772 et S 773).

264 P. Grimal, *Dictionnaire de la mythologie grecque et romaine*, Paris, 1976⁵, p. 329. Voir également
      Isidore de Seville, *Etymologiae*, Livre VIII, ch. XI, § 42.

265 C. T. Lewis et Ch. Short, *A Latin Dictionary*, *op. cit.*, p. 1276.

266 J. R. Clark Hall et H. D. Meritt, *A Concise Anglo-Saxon Dictionary*, *op. cit.*, p. 268.

267 Aldhelm, *Enigmata*, éd. R. Ehwald, *Aldhelmi Opera*, Berlin (MGH), 1919, ch. LXX, p. 129 et
      ch. LXXXVII, p. 137. Aldhelm, *De metris*, p. 86. Aldhelm, *De virginitate (Prosa)*, p. 226-323, ch. XII, p. 241.

268 M. Winterbottom, « Aldhelm's Prose Style an dits Origins », *ASE*, 6 (1977), p. 39-76. M. Lapidge,
      The Anglo-Saxon Library, *op. cit.*, p. 178-191. Y. Coz, *Rome en Angleterre*, Paris, 2011, p. 85-127.

269 Æthelweard, p. 46.

ÆthelweardÆthelweard semble d'ailleurs vouer à Aldhelm une forme de culte[270], ce qui est un hapax avant la *translatio* de 980 ordonnée par l'archevêque Dunstan[271]. La proximité stylistique entre les deux auteurs a aussi été relevée[272]. Le mot *orcus* a été fortement glosé au XIe siècle dans plusieurs manuscrits du *De laudibus virginitatis*[273] : *mortis*[274], *deaðes*[275] – « mort » ou « esprits, fantômes[276] ». Il reçoit ailleurs la triple annotation : *ðyrs, orc* et *heldiobul*[277]. *Orc* signifie « démon », *þyrs* « géant, démon, sorcier[278] » et *heldiobul* « diable de l'enfer[279] ». L'influence d'Aldhelm sur le matériau diplomatique[280] explique aussi que le dieu Orcus s'invite dans les clauses comminatoires des chartes[281]. À ce titre, l'hypothèse d'une transmission, par Aldhelm, d'un sens particulier du mot *Orcus*, autour de Sherborne, semble tout à fait plausible. Cela justifierait sans difficulté la précision du scribe de S 1004. Il ne faudrait pas que l'on en vienne à croire que le roi est capable d'offrir des domaines au Diable lui-même – Orcus.

Au terme de ce dossier, le sens ethnique de la formule relevé à l'initiale doit être fortement nuancé. Certes, Orc portait un nom étranger et était danois, mais les précautions qui entourent l'utilisation de son nom s'inscrivent dans une tradition culturelle et diplomatique propre aux comtés du sud-ouest. L'influence d'Aldhelm se fait sentir dans les préventions qui entourent l'utilisation d'un nom aussi problématique. Par ailleurs, l'inscription du nom dans un groupe d'interconnaissance ne réduit pas nécessairement son usage à un groupe ethnique, mais à la *familia*. Dès lors, l'hypothèse d'un nom considéré comme *étranger* est difficile à accréditer. Le nom constituait peut-être une marque, un symbole de stigmate, indiquant en creux l'ethnicité du porteur, mais la documentation ne permet pas réellement de s'en convaincre.

---

270 *Ibid.*, p. 21.
271 J. BLAIR, « A handlist of Anglo-Saxon saints », in *Local Saints, op. cit.*, p. 512.
272 M. WINTERBOTTOM, « The style of Æthelweard », *Medium Aevum*, 36 (1967), p. 109-118.
273 BL, Digby 146 (GNEUSS 613). Cheltenham, Phillipps 8071 (A. S. NAPIER, *Old English Glosses, op. cit.*, p. XVI).
274 *Ibid.*, p. 23.
275 *Ibid.*, p. 177.
276 J. BOSWORTH et T. N. TOLLER, *An Anglo-Saxon Dictionary, op. cit.*
277 Cambridge, CCC 144 (GNEUSS 45). *The Corpus Glossary*, éd. W. M. LINDSAY, Cambridge, 1921, p. 127.
278 J. R. CLARK HALL et H. D. MERITT, *A Concise Anglo-Saxon Dictionary, op. cit.*, p. 368.
279 J. BOSWORTH et T. N. TOLLER, *An Anglo-Saxon Dictionary, op. cit.*
280 R. DRÖGEREIT, « Gab es eine angelsächsische Königskanzlei ? », *Archiv für Urkundenforschung*, 13 (1935), p. 411-412, 417. M. LAPIDGE, « The hermeneutic style », *art. cit.* B. SNOOK, *The Literary Dimensions of Anglo-Saxon Royal Diplomas from Edward 'the Elder' to Æthelred 'the Unready'*, Thèse soutenue en 2009, sous la direction de Rosalind Love, Université de Cambridge.
281 S 784, S 890 et S 963. Les deux dernières chartes sont des originaux apparents. Les trois documents concernent le sud-ouest du pays (Wiltshire et Devon) et font une place importante à l'évêque de Sherborne. P. HOFMANN, *Infernal Imagery in Anglo-Saxon Charters*, Thèse soutenue en 2008, sous la direction de Christine Rauer, University of St Andrews, School of English, p. 130-146.

IV. Exclusion et accommodation : le rôle du nom

Est considéré comme étranger « celui dont on ne peut connaître l'origine parce qu'il est né trop loin[282] », c'est-à-dire l'*alienus* ou l'*extraneus*, celui qui a changé de lieu et est donc intrinsèquement différent[283]. La différence ethnique se traduit souvent par la violence, la xénophobie et l'exclusion[284]. Au tournant du XIe siècle, se multiplient les opérations d'étiquetage ethnique donnant à certains groupes de la société une identité danoise[285]. L'identification d'un groupe exogène et l'utilisation massive de stéréotypes portant sur ce groupe pouvaient se traduire par des discriminations et des formes de violence[286]. Les porteurs de noms étrangers étaient-ils exclus de certaines charges, en particulier en période de tension ? En réaction, déployaient-ils des stratégies d'évitement afin de tenir à distance ce stigmate ethnique ?

Identité et altérité ethnique : le primat de la xénophobie

L'identité ethnique a beau être construite, certains acteurs s'attachent à elle de manière « spontanée » et « irréfléchie[287] », celle-ci ne manquant pas de persister dans certains cas où son maintien était contre-productif[288]. L'identité anglo-saxonne, avant la Conquête Normande, est très marquée[289]. L'ethnicité joue un rôle important et la conscience d'être anglo-saxon constitue un témoignage précoce de fixation des identités autour d'un souverain[290]. Néanmoins, les échelles auxquelles l'identité s'affirme sont nombreuses : la persistance des ethnonymes *régionaux* (West-Saxons, Merciens, Northumbriens, etc.) et la fluctuation dans l'usage des ethnonymes englobants (Anglais, Gallois, Danois, etc.) contribuent

---

282 M. Boulet-Sautel, « L'aubain dans la France coutumière du Moyen Âge », in *L'étranger-Foreigner*, Paris, 1984 [1958], p. 65-100, p. 68.

283 R. Le Jan, « Remarques sur l'étranger au haut Moyen Âge », in J.-P. Jessenne (éd.), *L'image de l'autre dans l'Europe du Nord-Ouest*, Lille, 1996, p. 23-32.

284 Cl. Gauvard, « Avant-propos », in *L'étranger au Moyen Âge, op. cit.*, p. 7-9. A. J. Gourevitch, *La Naissance de l'individu, op. cit.*, p. 70. H. Martin, *Mentalité médiévales, op. cit.*, t. 2, p. 163. R. Jouet, *La résistance à l'occupation anglaise en Basse-Normandie (1418-1450)*, Caen, 1969. P. Montaubin, « Étrangers en chrétienté : clercs italiens en France et en Angleterre (fin XIIe-mi XIVe siècle) », in *L'étranger au Moyen Âge, op. cit.*, p. 240.

285 M. Innes, « Danelaw identities », *loc. cit.*, p. 77, 84-85.

286 H. H. Fairchild et J. A. Cozens, « Chicano, Hispanic, or Mexican American : What's in a Name ? », *Hispanic Journal of Behavioral Sciences*, 3/2 (1981), p. 191-198.

287 R. Brubaker, « Au-delà de l'identité », *art. cit.*

288 G. De Vos, « Ethnic pluralism : conflict and accomodation » et G. Devereux, « Ethnic identity : its logical foundations and its dysfunctions », in G. De Vos et L. Romanucci-Ross (éd.), *Ethnic identity : confirmation and change*, Palo Alto, 1975, p. 5-41 et p. 42-70.

289 C. P. Lewis, « The French in England », *loc. cit.*, p. 143-144.

290 A. P. Smyth, « The Emergence of English Identity », *loc. cit.* T. Reuter, « The Making of England and Germany, 850-1050 : Points of Comparison and Difference », in *Medieval Europeans, op. cit.*, p. 53-70.

à brouiller les frontières entre ethnies[291]. Les textes narratifs signalent des mécanismes violents de rejet. En 1002, Æthelred II « ordonna que tous les Danois présents en Angleterre soient tués, ce qui fut fait le jour de la saint Brice, parce que l'on avait dit au roi qu'ils voulaient s'en prendre à sa vie[292] ». Sur la base d'un témoignage oral, Henry de Huntingdon ajoute que des ordres secrets auraient été envoyés, afin que les Anglo-Saxons puissent perpétrer ce massacre contre des Danois vivant en paix dans le royaume[293]. Cette attaque aurait aussi été justifiée par la propension des Danois à séduire les femmes anglo-saxonnes[294]. À Oxford, cet ordre aurait amené les Danois à se réfugier dans l'église St Frideswide's ; mais la population, « ayant mis le feu aux murs, brûla cette église » avec ceux qui s'y trouvaient[295]. Les restes de corps calcinés ont probablement été mis au jour, non loin de là, dans la cour de St John's College[296], le profil des morts correspondant tout à fait avec celui de Scandinaves[297]. Cette violence s'exerça vraisemblablement à l'égard d'un nombre limité de personnes, probablement les marchands, mercenaires et migrants récents[298].

Dès le règne de Cnut, le *murdrum* est mis en place pour protéger les sujets danois, ce qui laisse à penser que ces derniers pouvaient être visés par la vindicte populaire[299]. Suite à une augmentation d'impôt sous le règne d'Harthacnut, deux *huscarls* danois, Fæder et Thurstan, sont pris à parti et tués à Worcester[300]. Peu après, plusieurs Danois prennent la fuite, sous le règne d'Edward le Confesseur, par peur d'être assassinés par leurs dépendants anglo-saxons[301]. Enfin, au cours d'une altercation entre des hommes d'Eustache de Boulogne et des habitants de Douvres,

---

291   D. M. HADLEY, « Viking and native », *art. cit.*, p. 45-70. M. INNES, « Danelaw identities », *loc. cit.*, p. 65-88.

292   *ASC D, sub anno* 1002.

293   HENRY OF HUNTINGDON, Livre VI, ch. 11, p. 340.

294   JOHN OF WALLINGFORD, *Chronica*, éd. R. VAUGHAN, Londres, 1958, p. 60.

295   S 909, charte authentique d'Æthelred II en 1004. F. M. STENTON, « St. Frideswide and her Times », *Oxoniensia*, 1 (1936), p. 105-106.

296   L. SLOAN, « Experts reveal brutal Viking massacre », *The Oxford Times*, 5/11/2010. Ont été trouvés de trente-quatre à trente-huit corps, en partie brûlés, certains blessés, dont un décapité. Le taux de collagène dans les os et la taille de leurs squelettes laissaient à entendre que tous étaient des hommes, originaires du nord-ouest de l'Europe, ce que Sean Wallis (responsable du projet) n'hésite pas à analyser comme une forme de « nettoyage ethnique ».

297   Surreprésentation des hommes adultes et sous-représentation des femmes et enfants. S. TRAFFORD, « Ethnicity, Migration Theory, and the Historiography of the Scandinavian Settlement of England », in *Cultures in Contact, op. cit.*, p. 17-39.

298   S. REYNOLDS, « What do we mean », *art. cit.*, p. 412. A. WILLIAMS, *The English and the Norman Conquest, op. cit.*, p. 189. EAD., « Cockles amongst the wheat », *art. cit.*, p. 1, 14. S. D. KEYNES, *The Diplomas of King Æthelred, op. cit.*, p. 202-205. ID., « The massacre of St Brice's Day », *Hikuin*, 2007, p. 32-67. D. M. HADLEY, « Viking and native », *art. cit.*, p. 52. E. M. C. VAN HOUTS, « Invasion and Immigration », in *A social history of England, op. cit.*, p. 217-219. *Contra* : tout individu vivant dans le Danelaw pouvait être concerné (STENTON, *ASE*, p. 380).

299   O'BRIEN, Bruce, « From *Morðor* to *Murdrum* : the preconquest origin and Norman revival of the murder fine », *Speculum*, 71 (1996), p. 321-357.

300   JOHN OF WORCESTER, *sub annis* 1040-1041.

301   *Chron. Rams.*, § 76-77.

250 CHAPITRE 6

de nombreux individus sont mis à mort de part et d'autre, ce qui, après l'exil du clan de Godwine, aboutit à l'expulsion, ou à la fuite, de certains Français[302].

Y avait-il une forme d'« épuration linguistique » ou de « traque des noms » dans l'Angleterre anglo-saxonne tardive[303] ? La *justissima examinatio* de 1002 pouvait-elle analyser les noms des individus, afin de choisir ses victimes ? Peut-on, par exemple, observer une disparition brutale de porteurs de noms étrangers entre 1001 et 1003 ? Lors de la frappe monétaire de 997, 106 noms anglo-saxons peuvent être distingués, contre trente-deux noms norrois ; lors de la frappe de 1003, la proportion des seconds baisse dans une infime proportion, avec quatre-vingt-deux noms anglo-saxons et vingt-quatre noms norrois. De ce point de vue, donc, ou bien le massacre fut d'une faible ampleur, excluant notamment la catégorie d'individus que les monnaies nous donnent à voir, ou bien ce ne furent pas les noms qui jouèrent un rôle pour l'identification des Danois d'Angleterre. Il est même fort à parier que les deux causes aient joué ensemble : la population visée n'était pas celle qui incluait les monétaires et les noms ne jouèrent pas un rôle décisif. Qu'en est-il à Oxford, où la charte S 909 et l'archéologie garantissent qu'il y eut un massacre ? Entre 997 et 1003, on observe seulement la réduction du nombre de monétaires et la disparition de cinq monétaires sur les sept qui étaient connus avant cette date[304].

En conclusion, nous pouvons penser que des stéréotypes négatifs étaient mobilisés, notamment dans certaines situations politiquement tendues. Toutefois, lors du massacre de la Saint-Brice, perpétré sur une base ethnique, les noms ne semblent pas avoir été utilisés pour identifier les Danois. La transmission des ordres à des membres de la communauté suppose des techniques moins rudimentaires pour certifier le niveau d'indésirabilité de chacun. En ce sens, certains Danois portant un nom anglo-saxon furent probablement tués, eux aussi, mais parce que l'on savait qui ils étaient, indépendamment de leur nom : les allégeances politiques ou le paganisme des personnes jouaient alors un rôle plus décisif que les connotations attachées aux noms.

Le résultat d'un processus d'exclusion?

Porter un nom *connoté* peut fermer ou ouvrir des portes[305]. Mais, comme nous ne pouvons appliquer la méthode du *testing*[306], nous sommes contraints de renverser la perspective. Si le nom était identifié comme un signe de stigmate et une cause

---

302 ASC E, *sub annis* 1048 et 1052.

303 L. Spitzer, *Traque des mots étrangers, haines des peuples étrangers. Polémique contre le nettoyage de la langue*, Limoges, 2013.

304 Ælfmær, Ælfwine, Æthelmær, Æthelwine, Goding, Leofman, Wulfwine cèdent leurs places à Ælfwine, Æthelric, Beorhtwine, Leofman et Leofwine. Tous ces individus portent des noms anglo-saxons.

305 M. Weber, *Economie et société. op. cit.*, t. II, p. 55.

306 Le *testing* ou test *in situ* simule la réceptivité d'une composante sociale à un groupe d'individus déterminés par une variable sociologique (sexe, couleur de peau, handicap, orientation sexuelle, niveau de formation, etc.) en les plaçant dans la position d'être reçus ou rejetés par cette dernière (demande d'emploi, recherche de logement, demande de crédit, accès à certains établissements, etc.)

Graphique 30. *Part relative des noms anglo-saxons et norrois dans quelques monnayages*

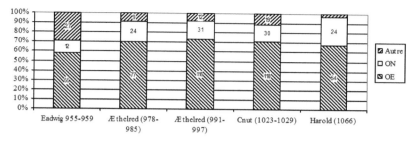

Graphique 31. *Part relative des noms anglo-saxons et norrois dans quelques monnayages à Winchester*

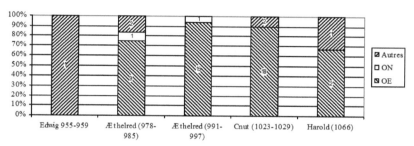

Graphique 32. *Part relative des noms anglo-saxons et norrois dans quelques monnayages à York*

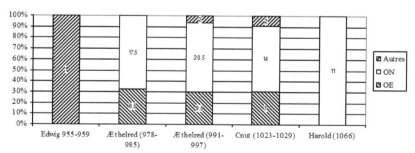

de discrimination, alors cela avait forcément pour conséquence de réduire la part des porteurs de noms connotés négativement. En période de tension, on peut donc

---

afin de mettre en évidence les discriminations dans ce groupe par rapport à un groupe-témoin. Si cette méthode est désormais très courante dans la lutte contre les discriminations, la littérature théorique sur le sujet est loin d'être pléthorique.

CHAPITRE 6

s'attendre à voir ces noms disparaître de la population pour certaines fonctions prestigieuses. Que constate-t-on en matière de distribution de ces noms ?

Comme on le voit, la place des monnayeurs portant un nom norrois n'est absolument pas affectée par la reprise des guerres contre les Vikings dans la seconde partie du règne d'Æthelred II. Paradoxalement, c'est même sous le règne de Cnut que ces noms sont les moins présents, au moment précis où les Danois connaissent les faveurs du roi scandinave.

À Winchester, en particulier, le nombre – négligeable – de noms norrois est stable sous Æthelred II, mais leur part diminue au profit de noms anglo-saxons. En revanche, l'étude du règne de Cnut confirme que les noms norrois n'étaient pas un sésame pour obtenir une faveur royale à cette époque. À York, la présence des noms norrois est hégémonique[307]. Elle est stable entre les règnes d'Æthelred et Cnut, mais augmente sous le règne d'Harold Godwineson, avec la même diminution simultanée du nombre total de monétaires.

Les listes de témoins des chartes royales montrent que les courtisans porteurs de noms norrois, présents dès le début de la période, nombreux à la fin du règne d'Edgar, perdent en importance au début du règne d'Æthelred II. Mais, paradoxalement, leur montée en puissance coïncide avec la reprise des guerres danoises dans les années 990 et culmine, sans surprise, avec la fin du règne de Cnut.

L'étude du nombre de souscription pour chacun de ces individus permet de réduire la visibilité des acteurs les plus marginaux et de mettre en évidence l'origine du nom des courtisans les plus actifs et les plus puissants. L'hégémonie des noms anglo-saxons pendant les premières décennies est manifeste, de même que la charnière représentée par le règne d'Æthelred II et la prise de contrôle par les Danois sous Cnut. La présence continue de noms norrois et l'apparition massive de noms continentaux (« autres ») pendant le règne d'Edward le Confesseur sont également perceptibles.

Ces résultats dépendent en partie du caractère disparate de ces noms « étrangers », dont certains étaient plus connus que d'autres et dont les connotations étaient donc diverses. De ce fait, il conviendrait de concentrer notre analyse sur les noms, souvent étrangers, qui connotaient le plus de stéréotypes négatifs, à savoir les noms qui se rattachent peu ou prou aux religions païennes. Parmi les thèmes nominaux propres à l'espace germanique, plusieurs renvoyaient *à l'origine* aux divinités païennes. C'est évidemment le cas lorsque le nom d'un dieu était repris tel quel (Odin, Thor), mais aussi lorsqu'il était combiné à d'autres éléments (Thorstan, Thorkel, etc.). C'est le cas, de manière plus discrète, avec l'usage du thème *Os-/As-*, qui renvoie à la grande famille germano-scandinave des Ases et qui sert de base pour la composition de nombreux noms. Ces noms étaient-ils l'objet d'une prohibition, d'un rejet spontané ? Ou, au contraire, étaient-ils portés, sans difficulté, au sein de la société anglo-saxonne ?

La reprise du nom de dieux est assez rare. Tous les individus connus nommés Odin vivaient au sud du royaume[308] et cette localisation, alliée à leur rareté, justifie

---

307 Les demi-monétaires représentent les cas où la forme du nom est ambiguë. Plutôt que de trancher entre vieux norrois et vieil anglais, nous avons préféré compter le nom, *à moitié*, sous chacune des deux langues.

308 DB CHS FT 1,8 et FT 3,1. DB HAM 3,8. DB WIL 68,25. DB SUR 8,22.

Graphique 33. *Origine linguistique du nom des courtisans (par individu)*

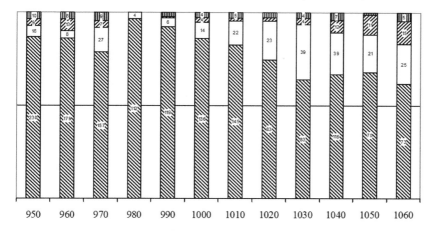

Graphique 34. *Origine linguistique du nom des courtisans (par nombre de souscriptions)*

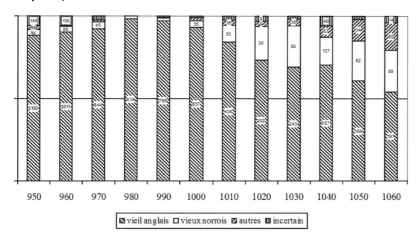

qu'on les interprète comme des variantes d'un *Odon* continental. En revanche, les occurrences de Thor sont à la fois nombreuses et issues de sources variées[309] ; elles

---

309 Le souscripteur d'une charte royale authentique donnée à York par Edgar (S 679) et un individu mentionné dans un *writ* authentique de Gospatric, au milieu du xie siècle, dans le nord (S 1243). Par ailleurs, le Domesday Book conserve de nombreuses occurrences dans le Yorkshire, mais aussi le Norfolk (19,9), le Lincolnshire (28,19 ; 4,10 ; 26,30 ; 14,72), le Worcestershire (8,2) et le Northamptonshire (57,1-2). Un ou plusieurs monétaires d'York portent aussi ce nom sous le règne d'Edward le Confesseur.

254   CHAPITRE 6

sont globalement localisées dans le nord du pays (avant tout dans le Yorkshire). Il en va de même pour les noms théophores formés sur les thèmes *thor-* et *os-*. Parmi ces personnes, certaines étaient peut-être réellement païennes. Auquel cas, ces noms portaient en eux un aspect dénotatif, en plus de connoter l'appartenance à un groupe exogène. Limitons donc l'analyse aux ecclésiastiques, parmi lesquels nous dénombrons trois porteurs du théophore *thor-* : les abbés Thurcytel de Bedford (fin xe siècle), Thurstan de Pershore (fin xie siècle) et Thurstan d'Ely (fin xie siècle). Si l'origine normande des deux *Thurstan* est probable, le premier individu est cité par plusieurs documents dont l'un au moins est un original anglo-saxon[310]. Or Thurcytel est un parent de deux autres dignitaires dont le nom est théophore : les archevêques Os-cytel et Os-wald d'York, eux-mêmes étant d'origine scandinave. D'autres noms de dignitaires religieux reposent sur la racine *os-* : l'évêque Oswulf de Ramsbury (mi xe siècle) et les abbés Osgar d'Abingdon et Osweard d'Evesham (seconde moitié du xe siècle), ainsi qu'Oscytel de Crowland et Oswig de Thorney (mi xie siècle). Ces occurrences de thèmes nominaux renvoyant initialement au paganisme germanique dans le nom d'ecclésiastiques indiquent que le contenu païen de ces thèmes avait disparu ou était neutralisé. Mieux encore, la divinité, *os*, avait peut-être elle-même été christianisée.

Il est frappant de noter que tous ces noms se concentrent dans les Midlands, c'est-à-dire dans une zone où le brassage de population était important, mais où les Scandinaves ne furent jamais majoritaires. Le fait qu'une même famille (celle d'Oscytel, Oswald et Thurcytel) concentre plusieurs occurrences de ces noms suggère, peut-être, de leur part, une forme de revendication. Dans cette parentèle, il est possible que l'usage de noms théophores relève d'une stratégie de distinction, à une période où les Scandinaves étaient les maîtres et où le « paganisme culturel » était un indice de niveau social dans ces Midlands du premier xe siècle, à la veille de la conquête de la zone par Edward l'Aîné[311]. L'utilisation du thème *os-* devait aussi permettre de se placer dans la filiation du grand saint de la conversion du nord qu'était Oswald de Northumbrie, dont le culte se réaffirme précisément au cours du xe siècle, autour du roi Edward l'Aîné et de sa sœur Æthelflæd, la Dame des Merciens[312]. En cela, une telle série permettait de se situer à la rencontre de deux traditions culturelles : celles des maîtres scandinaves du pays et celle de la culture chrétienne propre au nord du royaume.

En conclusion, il ne semble pas que les changements d'ordre politique aient eu une quelconque influence sur le recrutement des monétaires, qui étaient sans doute choisis sur la base de leurs compétences ou de leur surface économique[313]. Les seules variations sensibles sont régionales et reflètent l'arrière-plan culturel de sites spécifiques. À l'inverse, les courtisans aux noms étrangers sont exclus jusqu'au début

---

310 *ASC C, sub anno* 971. Les autres documents sont des chartes plus ou moins douteuses (S 766, S 771, S 779 et S 806) et le *Liber Eliensis* (Livre II, ch. XXII et XLI, fondés sur le *Libellus Æthelwoldi episcopi*).

311 J. JESCH, « Scandinavians and 'cultural paganism' », in *The Christian Tradition, op. cit.*, p. 55-68.

312 C. E. KARKOV, *The Ruler Portraits, op. cit.*, p. 77-79. C. HEIGHWAY, « Gloucester and the new minster of St Oswald », in *Edward the Elder, op. cit.*, p. 108.

313 V. J. SMART, « Scandinavians, Celts, and Germans », *loc. cit.*

Graphique 35. *Changer de langue pour les noms d'une génération à la suivante (total)*

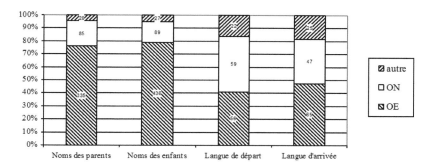

du règne d'Æthelred II[314], avant de gagner la faveur du roi dans le premier quart du XIᵉ siècle. Après le règne de Cnut, cette faveur se maintint et se renforça. Ainsi, les noms montrent la force de la faveur royale en faveur des Danois plus qu'elle n'indique la vigueur de la discrimination. Sous le règne d'Æthelred II, malgré la dégradation des relations avec le monde scandinave, rien ne se passe pour les porteurs de noms norrois dans les ateliers monétaires (où leur proportion *reste* forte dans certaines régions) et à la cour (où il *reste* faible). Néanmoins, dans tous les cas, ce n'est pas le nom qui induisait ces changements, mais la fidélité que le roi pouvait attendre de ses courtisans, l'origine étant susceptible de jouer en faveur de certains : Cnut a promu des fidèles scandinaves[315], Emma et Edward des fidèles continentaux[316]. De même, les noms théophores qui auraient pu connoter un lien fort au paganisme n'étaient plus connotés au Xᵉ siècle à la cour royale, de sorte que nous avons trace de plusieurs dignitaires ecclésiastiques porteurs de tels noms.

Des stratégies d'évitement ?

Quand les tensions ethniques se renforcent au point de menacer les individus, il n'est pas rare que les noms eux-mêmes soient l'objet de « tactiques destinées à éviter la visibilité de l'extranéité »[317]. Autant que faire se peut, ces adaptations permettent de maintenir une part de l'identité antérieure, mettant ainsi en place une « dualité positive », afin de construire une « identité officielle plurielle, par la stratification

---

314 Le *witan* est alors effectivement une assemblée à « caractère national ». STENTON, *ASE*, p. 551, n. 1. S. D. KEYNES, *The Diplomas of King Æthelred, op. cit.*, p. 161-162. M. INNES, « Danelaw identities », *loc. cit.*, p. 83.
315 S. D. KEYNES, « Cnut earls », *loc. cit.*
316 C. P. LEWIS, « The French in England », *loc. cit.*
317 R. BARTLETT, *The Making of Europe, op. cit.*, p. 271-273.

Graphique 36. *Changer de langue pour les noms d'une génération à la suivante (langue de départ)*

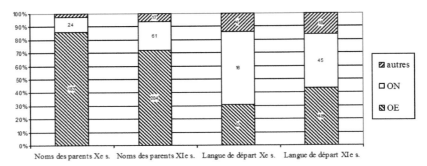

d'un nom qui maintient la continuité et réunit les fidélités[318] ». Plusieurs possibilités existent : choix de noms culturellement neutres, adaptations phonologiques et graphiques, création de nouveaux noms, substitutions ou traduction de lexèmes entrant dans la composition des noms.

L'étude des relations de filiation montre que dans 77 % des cas les parents donnaient à leurs enfants un nom issu du même stock linguistique qu'eux[319], en particulier aux filles[320]. Si toutes les langues sont susceptibles d'être maintenues d'une génération à l'autre, c'est toutefois la transmission de noms anglo-saxons que l'on observe le plus souvent. Parmi les 440 parents et 552 enfants connus, près de 75-80 % portent un nom anglo-saxon et environ 15-20 % un nom norrois[321]. Or, 88 % des cas de transmission se font entre porteurs de noms anglo-saxons contre 10 % entre porteurs de noms norrois.

En cas de changement de stock linguistique d'une génération à l'autre, quels abandons sont les plus réguliers ? Quand les parents décident d'un changement de stock linguistique pour les noms de leurs enfants, il y a, globalement, une fuite depuis le norrois et en direction du vieil anglais. Même si les parents portant des noms anglo-saxons sont beaucoup plus nombreux que les parents portant un nom norrois, ils sont aussi nombreux les uns que les autres à forger pour leurs enfants des noms dans un stock différent du leur[322]. Le choix préférentiel de noms anglo-saxons pour ces mêmes enfants confirme cette désaffection pour les noms norrois dans la tête des parents[323].

---

318   N. LAPIERRE, « Changer de nom », *art. cit.*, p. 154.
319   482 cas sur 655.
320   Presque 82 % des 115 cas connus, contre 72 % pour les 540 garçons.
321   335 parents et 436 enfants portent un nom anglo-saxon (76,1 % et 79 %) ; 85 parents et 89 enfants portent un nom norrois (19,3 % et 16,1 %).
322   Comparaison entre les « Noms des parents » et la « Langue de départ ».
323   Le nombre de départs en vieil anglais est inférieur au nombre d'arrivées. C'est l'inverse qui se produit pour les noms norrois.

Graphique 37. *Changer de langue pour les noms d'une génération à la suivante (langue d'arrivée)*

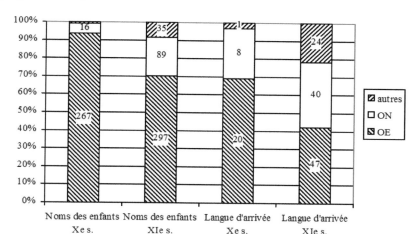

Y a-t-il, pour ces changements, des périodes plus propices ? Environ 80 % des changements interviennent au XIe siècle. Au Xe siècle, des parents portant un nom anglais n'abandonnent presque jamais ce stock à la génération suivante[324]. À l'inverse le stock norrois l'est presque toujours[325]. Au XIe siècle, la tendance se rééquilibre avec un abandon à peu près aussi important des noms anglo-saxons et norrois[326] ; néanmoins, si l'on compare la part de ces rejets à la part que les noms des deux langues occupent dans le stock, les noms norrois sont toujours proportionnellement plus rejetés qu'ils ne sont portés par les parents, ce qui n'est toujours pas le cas pour le stock anglo-saxon[327].

Dans quelle langue ces parents forgent-ils le nom de leur progéniture ? À proportion des langues dans lesquels sont formés les noms des enfants, le norrois représente un choix moins important que le vieil anglais, tout en étant moins souvent choisi qu'il n'est abandonné[328]. À l'inverse, le vieil anglais est très souvent choisi pour nommer l'enfant d'une personne portant un nom forgé dans une autre langue au Xe siècle et plus encore, comparé au nombre d'abandon. Ce bilan positif du vieil anglais se réduit au XIe siècle[329].

---

324 9 abandons sur 183 parents, c'est-à-dire 4,9 %. Comparer les zones en rouge des colonnes 1 et 3.
325 16 abandons sur 24 parents, c'est-à-dire 66,7 %. Comparer les zones en bleu des colonnes 1 et 3.
326 45 abandons des noms norrois, contre 48 des noms anglo-saxons. Comparer les parties en rouge et en bleu, dans la colonne 4.
327 Les 45 abandons de noms norrois pèsent pour 73,8 % des noms portés dans cette génération de parents, tandis que les 48 noms anglo-saxons ne représentent que 23,5 % du stock de la génération de parents. Comparer le volume relatif des zones en bleu entre les colonnes 1 et 3, et les colonnes 2 et 4.
328 Comparer la part relative des zones en bleu dans les colonnes 3 et 4 des graphiques relatifs aux langues de départ et d'arrivée.
329 Comparer la part relative des zones en rouge dans les colonnes 3 et 4 des graphiques relatifs aux langues de départ et d'arrivée.

258 CHAPITRE 6

Le rapport entre arrivées et départs traduit directement la persistance d'une désaffection pour les noms norrois. Avec des taux de 0.5 et 0.89, cette désaffection est moins importante au XIᵉ qu'au Xᵉ siècle. Au contraire, pour les noms anglo-saxons, le taux est d'abord très élevé (2.22), avant de se normaliser au XIᵉ siècle (0.98)[330]. Le taux des noms « autres » bondit de 0.25 à 1.33, ce qui reflète la multiplication des noms continentaux et la part croissante des noms linguistiquement ambigus. En Normandie, après l'installation de Rollon, un abandon similaire frappe les noms norrois[331].

La proximité linguistique entre noms anglo-saxons, norrois et continentaux, du fait qu'ils sont tous germaniques, pose le problème de formes parfois impossibles à distinguer, notamment lorsque l'état matériel des sources laisse à désirer[332]. Comme la langue anglo-saxonne emprunte aussi de nombreux termes au stock lexical norrois[333], il n'est pas étonnant que le matériau onomastique soit lui aussi marqué par l'influence de cette langue[334]. Le norrois Mannig a influencé l'usage de l'anglo-saxon Manna, le norrois Ketill a été anglicisé en Cytel, des formes hybrides (Uhtbrand[335]) et ambiguës ont vu le jour (Asulfr/Oswulf[336]). De nombreux autres exemples pourraient être cités[337]. Produits d'un déplacement, ces noms n'appartiennent plus tout à fait à la société scandinave et ne peuvent être considérés comme étrangers[338]. Notre hypothèse est que ces formes étaient choisies par les acteurs, parce qu'elles étaient « acceptables pour les deux cultures[339] ». Les variantes orthographiques et phonologiques dessinaient un continuum entre formes étrangères et formes endogènes. Pour un nom bithématique composé de thèmes courants, aux formes norroise (Asfrothr[340]), anglo-saxonne (Osferth[341]) et continentale (Ansfrid[342]), s'ajoutent autant de possibilités médianes : Osfrith, Asfrith, Ansfred, etc. Toutes ces solutions « intermédiaires » ne sont pas

---

330 Ce rapport est calculé sur la base d'une division entre nombre de départ et nombre d'arrivée pour une langue à un même moment. Le chiffre obtenu indique donc le nombre d'arrivée pour chaque départ. Autrement dit, une valeur inférieure à 1 indique un solde négatif. Plus le chiffre est important, plus les noms de la langue sont attractifs.

331 G. CHARTIER, « Les noms de personne », loc. cit., p. 158-159.

332 O. VON FEILITZEN, Pre-Conquest Personal Names, op. cit., p. 27. V. J. SMART, « Scandinavians, Celts, and Germans », loc. cit., p. 172. G. FELLOWS-JENSEN, « Scandinavian personal names in foreign fields », loc. cit., p. 149-153.

333 D. KASTOVSKY, « Semantics and Vocabulary », in The Cambridge History of the English Language, op. cit., p. 320-336.

334 C. CLARK, « Onomastics », loc. cit., p. 465-469 (anthroponymes).

335 O. VON FEILITZEN, Pre-Conquest Personal Names, op. cit., p. 324, p. 304, 397.

336 V. J. SMART, « Moneyers of the late Anglo-Saxon coinage : the Danish dynasty 1017-42 », art. cit., p. 266.

337 O. VON FEILITZEN, Pre-Conquest Personal Names, op. cit., p. 56, p. 66, p. 69, p. 82, p. 94, p. 126-129, etc.

338 V. J. SMART, « Moneyers : the Danish dynasty 1017-42 », art. cit., p. 307. C. P. LEWIS, « Joining the dots », loc. cit., p. 76-77.

339 C. CLARK, « On Dating the Battle of Maldon », loc. cit., p. 28-29. J. LE GALL et D. MEINTEL, « Choix du nom et affirmation des appartenances », in A. FINE et Fr.-R. OUELLETTE (éd.), Le nom dans les sociétés occidentales contemporaines, Toulouse, 2005, p. 189-212.

340 O. VON FEILITZEN, Pre-Conquest Personal Names, op. cit., p. 165.

341 Ibid., p. 202.

342 Ibid., p. 161.

þEODISC NAMAN. NOM ET APPARTENANCE ETHNIQUE 259

totalement *étrangères*, mais pas tout à fait indigènes non plus. Ces solutions témoignent de l'adaptation du stock anthroponymique au bilinguisme sociétal présent dans le royaume. La multiplication de ces noms au XIᵉ siècle cadre alors parfaitement avec le développement d'une société de plus en plus métissée.

L'ambiguïté peut aussi se manifester dans le choix de deux noms accolés, choisis dans deux langues différentes. De la sorte, il est possible de ne pas renier une identité d'origine, tout en s'adaptant à la société englobante[343]. Cette solution est courante dans les sociétés en position de diglossie (sociétés coloniales, en particulier) et chez les hommes notamment[344]. Nous pouvons observer des faits semblables dans le monde romain[345], dans le duché de Normandie[346], mais aussi dans les îles de la mer d'Irlande[347]. Pour notre période, les études portant sur ce sujet concernent les monétaires. Certains chercheurs estiment que ces noms doubles témoignaient effectivement de l'utilisation de surnoms[348] ; d'autres y voient la juxtaposition de noms appartenant à deux individus distincts et travaillant de concert[349]. S'il est impossible de trancher entre ces hypothèses[350], le fait que les deux noms puissent être choisis dans deux langues différentes ouvre d'intéressantes perspectives[351], puisque nous pouvons connecter cette situation au cas de la reine Emma. En effet, cette Normande, porteuse d'un nom continental, prit ou reçut, lors de son mariage avec Æthelred II, le nom anglo-saxon de la grand-mère du roi, *Ælfgifu*, femme en l'honneur duquel un culte est alors attesté[352]. Dans les sources originales, c'est la forme anglo-saxonne *Ælfgifu* qui est utilisée[353] ; à l'inverse, *Emma* apparaît en majorité dans des textes postérieurs à la Conquête[354]. Néanmoins, bien que les formes doubles (*Ælfgifu-Emma*) soient elles aussi sujettes à caution[355] ou tardives[356], Emma par ce second nom prit (ou

---

343 M. Aceto, « Ethnic Personal Names », art. cit., p. 582.

344 E. Pulgram, *Theory of names, op. cit.*, p. 38-39.

345 *Ibid.*, p. 11-12. St. Wilson, *The Means of Naming, op. cit.*, p. 42.

346 G. Chartier, « Les noms de personne », loc. cit., p. 158-160.

347 P. Gammeltoft, « Scandinavian Naming-Systems », loc. cit., p. 479-480. G. Fellows-Jensen, *The Vikings and their victims, op. cit.*, p. 30-31.

348 S. D. Keynes, « A note on Anglo-Saxon personal names », loc. cit., p. 20-23.

349 O. von Feilitzen et Chr. Blunt, « Personal names on the coinage », loc. cit., p. 210.

350 V. J. Smart, « Osulf Thein and others », loc. cit.

351 Avec une différenciation entre vieux norrois et vieil anglais (V. J. Smart, « Moneyers : the Danish dynasty 1017-42 », art. cit., p. 303).

352 P. Stafford, *Queen Emma and Queen Edith, op. cit.*, p. 90, 93, 172.

353 Chartes originales : S 916, S 950, S 956, S 971, S 977, S 994, S 1394 et S 1471. *LVNM*, fol. 26r, entrée 20v. *ASC C, sub annis* 1035 *et* 1037. *ASC D, sub annis* 1035, 1037 *et* 1052.

354 P. Stafford, *Queen Emma and Queen Edith, op. cit.*, p. 12, 61-62. A. Campbell, « Appendix I. Queen Emma's Name, Title, and Forms of Assent », in *EER*, p. 55-61. Dans des chartes douteuses ou fausses (S 941, S 952 et S 995), dans des versions tardives de chartes authentiques (S 1463 et S 1523), dans des manuscrits tardifs de la *Chronique* (*ASC F, sub annis* 1013, 1017 *et* 1040 ; *ASC C, sub anno* 1051, avec l'effacement d'Ælfgifu, remplacé ultérieurement par Emma).

355 Dans des chartes douteuses ou fausses (S 981, S 1011, S 1062 et S 1148).

356 Dans des versions tardives de chartes authentiques (S 1228, S 1530, S 1638 et S 1644), dans des manuscrits tardifs de la *Chronique* (*ASC F, sub annis* 1002, 1013, 1017, 1037 *et* 1040, avec Ymma en glose en 1002, 1017 et 1040 ; *ASC E, sub anno* 1052 ; *ASC C, sub anno* 1035, avec Imme dans une glose largement postérieure au-dessus de la ligne). Ces formes ne se limitent donc pas à ASC F, malgré

260 CHAPITRE 6

reçut) probablement une part de l'identité anglo-saxonne qui lui faisait défaut. La prépondérance de son identité d'adoption est manifeste dans les actes officiels, mais l'oblitération de son identité d'origine n'est pas totale[357]. L'usage de ces deux noms, en alternance, donne l'occasion d'adapter son identité au contexte.

D'autres exemples de noms doubles peuvent être identifiés en dehors du corpus numismatique. Ces exemples sont assez nombreux pour être considérés comme authentiques[358]. Une nouvelle fois, la localisation de ces noms n'est pas innocente : ils se trouvent dans des zones où plusieurs langues sont en concurrence. Au même titre que la reine Emma, on peut donc considérer que ces noms doubles permettaient de s'adapter à divers contextes d'énonciation, en fonction des interlocuteurs et de leur langue d'origine, sans renier tout à fait son origine culturelle[359].

Pour conclure, trois parents sur quatre transmettent à leur enfant un nom qui appartient au même stock linguistique que le leur. Néanmoins, les différences sont fortes, entre les porteurs de noms anglo-saxons, qui conservent leur patrimoine, et les porteurs de noms norrois, qui ont tendance à le rejeter très fortement au xe siècle. Au xie siècle, les noms norrois sont un peu moins abandonnés et les noms anglo-saxons moins unilatéralement transmis d'une génération à la suivante. Ce rééquilibrage concorde avec la conquête danoise. Au même moment, des noms continentaux apparaissent dans les sources, signalant l'effet des amitiés normandes d'Æthelred II et Edward le Confesseur. C'est alors que les noms doubles et les noms linguistiquement ambigus se multiplient, sans doute pour donner à chacun la possibilité de négocier son identité ethnique en se plaçant dans un entre-deux confortable, entre identité d'origine et norme culturelle dominante. Néanmoins, il est impossible de savoir si ces choix étaient faits consciemment.

Conclusion

Les premiers éléments développés dans ce chapitre invitent à nuancer les conclusions de nos devanciers. Les corpus de noms laissent apparaître des logiques régionales incontestables : les zones les plus touchées par les migrations scandinaves se caractérisent par la présence massive de l'anthroponymie norroise. Du nord-est au sud-ouest, un dégradé apparaît, avec les Midlands comme zone de rencontre avec la tradition anglo-saxonne. En ce sens, l'existence Danelaw est confirmée,

---

P. STAFFORD, *Queen Emma and Queen Edith*, op. cit., p. 8, notes 7 et 9.

357 Emma s'est probablement recommandée aux prières de la communauté de Brême sous son nom de baptême (*EER*, p. 57).

358 JOHN OF WORCESTER, *sub anno* 1044, p. 540 : Wulfmær Manni. LE, Livre II, ch. LXXX, p. 149 : Osketill Leofwine. Monnaies : Fastolf Boiga. Wulfwig Ubi. Godric Calic. Ælfwine Tosti. DB CAM 26,38 : Goding Thorbert (suscrit). ESS 6,4 : Ælfstan Stric. HAM IoW3,1 : Ælfwine Forst (suscrit). HRT 5,22 : Ælfric Scoua. KEN 9,17 et 9,49 : Ealdred Bot (suscrit ou attaché). SUF, *passim* : Eadric Grim. SUF 53,6 : Wulfric Högni. SUF 8,49 et ESS 46,2 : Leofwine Croc.

359 D. M. HADLEY, « Viking and the native », art. cit., p. 57. M. TOWNEND, *Language and history*, op. cit., p. 49, 54.

mais de façon conditionnelle : Watling Street est une frontière, mais une frontière poreuse, de part et d'autre de laquelle les deux stocks se concurrencent et fusionnent. S'ajoutent à ce bilan, dans des proportions infimes, la place des langues celtiques aux confins septentrionaux et occidentaux du royaume, et le rôle ponctuel et sans grande cohérence des noms venus du continent. L'étude de groupes familiaux a néanmoins démontré que ces rencontres linguistiques ou onomastiques ne se faisaient pas entre deux « groupes » ou deux « nations », mais que nombre de parentèles en faisaient l'expérience en leur sein, en particulier au XIe siècle. L'hypothèse de mariages mixtes, entre Danois et Anglo-Saxonnes, avec à la clé des fratries portant des noms issus des deux latéralités, semble aussi difficile à prouver qu'elle est séduisante à avancer.

Le modèle interactionniste, appliqué à la question du nom « étranger » et des discriminations que ce dernier pouvait induire, livre un résultat difficile à interpréter. En effet, les stéréotypes qui affectaient les populations allogènes, tantôt danoises, tantôt normandes, par-dessus tout lorsqu'elles étaient païennes, sont particulièrement marqués. Les logiques d'exclusion et les actes de violence sont attestés dans la documentation, au moins pendant les moments de tension, au tournant de l'An Mil et suite à la mort de Cnut. En ce sens, le fait d'être reconnu, à tort ou à raison, comme étranger pouvait induire de sérieux dommages. Néanmoins, l'imposition de *labels* ethniques était très rare. En outre, l'insistance des sources sur l'origine ethnique ou géographique des individus manque cruellement de cohérence et de précision. Dans ce contexte, le lien entre nom et identité ethnique est complexe : le nom connote l'ethnicité, mais sans la dénoter ; il l'indique, mais sans la prouver. Les *labels* ethniques concernent donc surtout les zones où l'appartenance ethnique pouvait avoir son importance (les Midlands) et des espaces où la présence exogène était rare (sud-ouest). Une partie de la société, dans ces zones et pour des raisons variables, attribuaient alors des surnoms ethniques, mais selon des modalités toutefois difficiles à saisir.

Dans tous les cas, il est impossible de prouver que discriminations et violences étaient causées par l'identification de noms « étrangers ». Bien au contraire, les monétaires portant des noms norrois sont en augmentation pendant les guerres danoises, sous le règne d'Æthelred II, et en recul pendant le règne de Cnut. La connotation que portent ces noms devait donc être très faible, y compris lorsque ces noms avaient initialement un rapport avec le paganisme des populations considérées. Toutefois, d'une génération à la suivante, les parents avaient plutôt tendance à abandonner le stock norrois au profit de noms endogènes. De même, les noms linguistiquement ambigus sont de plus en plus courants au cours de la période. Cette restructuration du stock est une conséquence vraisemblable de la fusion des cultures anglo-saxonnes et scandinaves au XIe siècle, fusion qui n'efface pas, toutefois, la supériorité culturelle de la première. Cette désaffection par rapport aux noms norrois constituerait la preuve d'une intégration à la culture dominante, sans doute justifiée par la volonté de neutraliser un léger handicap social. Il est de toute évidence impossible d'analyser cette désaffection comme la conséquence d'une forte stigmatisation des porteurs de noms norrois. De cette manière, les acteurs semblent avoir opté pour une voie médiane afin de maximiser les avantages que supposaient conjointement la perpétuation des identités familiales et l'adoption de modes communes, ces modes régionales étant parfois tributaires des changements politiques ou des migrations passées.

Conclusion Générale

*Qu'y a-t-il dans un nom ? Nous nous le demandons quand nous
sommes enfants en écrivant ce nom qu'on nous dit être le nôtre[1]*

*Sa personnalité sociale, si incertaine, me devint claire aussitôt
que je sus son nom, comme quand, après avoir peiné sur
une devinette, on apprend enfin le mot qui rend clair ce qui
était resté obscur et qui, pour les personnes, est le nom[2]*

Depuis Aristote, nous savons que le langage joue un rôle prépondérant dans l'insertion sociale de la personne[3]. En effet, l'usage de mots et d'abstractions donne aux sociétés un médium commun de compréhension du monde, c'est-à-dire un outil qui permet d'avoir prise sur le réel, de le saisir et d'agir sur lui. Dans cette optique, l'activité de « nomothète[4] », de créateur de noms, se situe au fondement de l'ordre social. Grâce à cette action, en effet, c'est le monde qui trouve son sens aux yeux de tous. Le *nomen* est alors la manifestation du *numen*, de la puissance divine qui, en premier chef, a donné sens aux choses. En héritage de cette tradition philosophique, le nom apparaît rarement comme un artefact forgé arbitrairement par l'homme. Il est pensé pour donner du sens. Il est alors un présage, *omen*, qui désigne en creux la réalité de l'objet nommé. Dans cette perspective, avec le reprise des thèses platoniciennes sur le nom naturel à l'époque paléochrétienne, l'étymologie révèle le sens de choses qui sont cachées et la philologie constitue une des bases de l'exégèse biblique. Tous ces éléments concourent à faire du Moyen Âge occidental un moment où les noms sont omniprésents et inévitables, mais aussi un monde où, dans l'imaginaire, le sens voulu par Dieu jaillit en tout point de la création, pour qui sait se saisir de cette matière.

Convertis à la charnière du VIe et du VIIe siècle, christianisés pendant les siècles qui suivirent, mis en contact avec la culture classique une première fois à l'époque de Bède et une seconde fois à la suite de la double réforme alfrédienne au IXe siècle et bénédictine au Xe siècle, les peuples anglo-saxons ne font pas figure d'exception en Europe occidentale. La circulation des manuscrits, des idées, des hommes, des traités étymologiques, des grammaires latines et des mots eux-mêmes, de part et

---

1 J. JOYCE, *Ulysse*, Londres, 2000, p. 269.
2 M. PROUST, *À la Recherche du temps perdu*, t. II, Paris, 1954, p. 892.
3 ARISTOTE, *Les Politiques*, Livre I, ch. II, 1253a8-1253a19.
4 PLATON, *Cratyle*, 389a.

d'autre de la Manche, ne fait de secret pour personne. En ce sens, pour la plupart des auteurs insulaires, c'est bien cette culture classique qui est à la racine de la pensée et agit comme déterminant dans leur compréhension des noms. Le nom propre, le nom de personne, dans cette optique, est doté d'un sens, ou plutôt d'une pluralité de sens possibles.

Le premier point que nous avons mis en évidence porte sur la chronologie de la période et les évolutions du système anthroponymique. La première évolution concerne les traditions linguistiques. Elle permet de cerner avec une grande netteté l'impact du mouvement viking. Nous observons en effet une démultiplication du matériau norrois dans le stock anthroponymique au xɪ[e] siècle, que cela soit dû à la migration de nouveaux magnats danois, installés après leur souverain, ou que cela soit lié à un puissant effet de mode, qui aurait stimulé le choix des noms d'inspiration norroise par des sujets anglo-saxons. Auquel cas, certains de ces noms, présents dans le stock anglo-scandinave du royaume, auraient été réactivés. Cette évolution majeure connaît ses prémices au début du règne d'Æthelred II, mais se concrétise massivement pendant le règne de Cnut et après. À cette époque, non seulement les noms norrois sont moins généralement objet de méfiance, mais ils connaissent même une relative attractivité. Au xɪ[e] siècle, le système anthroponymique semble aussi se brouiller pour accueillir une quantité croissante de noms ambigus, mêlant influences scandinaves, anglo-saxonnes et continentales dans un stock de plus en plus unifié. Une telle évolution accompagne un renouvellement de la mode anthroponymique insulaire, avec le déclin de quelques anciens noms (en *ælf-* et en *-ræd*) et une promotion des noms en *god-* et en *-wine*.

La seconde évolution concerne l'inscription de ces pratiques dans le champ de la parenté. Cette évolution n'est pas exactement synchrone par rapport à la précédente, puisqu'elle commence très précisément entre le dernier tiers du xe siècle et le premier tiers du xɪ[e] siècle. Elle se manifeste par un changement rapide et continu des formes de la transmission du nom. En effet, à compter d'une période qui coïncide avec le début du règne d'Æthelred II, l'usage de la variation se réduit brutalement, tandis que la répétition est loin de combler l'espace laissé libre. Ainsi, à en croire cette évolution, ou bien la conscience familiale cesse de se traduire dans les pratiques anthroponymiques, ou bien la conscience familiale connaît un déclin, ou bien encore les familles exprimant leur conscience d'elles-mêmes par le biais de la variation disparaissent. Toutes ces interprétations apportent sans doute un élément à la compréhension de la période. De nombreuses familles cessent visiblement d'exister autour de l'An Mil et d'autres familles apparaissent ; dans le même temps, peut-être les guerres danoises ont-elles nui au maintien d'une conscience familiale continue, même si la période de stress social induite par l'instabilité politique des années 1010 a plus de chance d'avoir renforcé la rigidité du système. Il est possible, cependant, que la période se soit aussi concentrée à cette date sur l'attribution croissante de surnoms, lesquels permettaient de jouer le même rôle de légitimation et d'inscription dans la parenté que la variation. Néanmoins, la qualité des données ne nous permet pas réellement de confirmer une telle hypothèse.

Quelles que soient les causes de ces évolutions, pour reprendre les points saillants de notre démonstration, il nous semble impossible, de souscrire à trois opinions courantes dans l'historiographie traditionnelle : 1) cette période n'est pas livrée à l'absence de normes et aux incohérences qui découleraient des effets changeants de la mode, dans la mesure où l'inscription dans le champ de la parenté joue encore un rôle prépondérant au Xe siècle ; 2) le XIe siècle ne constitue aucunement une période d'uniformisation des pratiques et d'homogénéisation du stock, dans la mesure où, au contraire, ce siècle connaît une diversification du stock connu par rapport au siècle précédent ; 3) les évolutions dans le champ de la parenté ne sont pas imputables à la présence de migrants danois, qui ont accéléré, tout au plus et à la marge, une dynamique qui était déjà en bonne part enclenchée quelques décennies avant leur prise de pouvoir.

Tous ces éléments posent en sous-main le problème d'une documentation cohérente, mais toutefois marquée par quelque hétérogénéité passagère. Comme nous le suggérions, l'évolution dans le champ des pratiques familiales peut être imputée à un renouvellement des parentèles les plus puissantes du royaume entre le règne d'Æthelred II et celui de Cnut. Or cette période est aussi marquée par une croissance importante de la documentation numismatique et le maintien d'une abondante production diplomatique, tandis que la production de sources narratives avait brutalement décliné après le règne d'Edgar. Dans ce contexte, il est fort à parier que certaines familles se maintinrent, mais il n'existe aucun document pour le démontrer. *A contrario*, le règne d'Edgar connaît une abondance documentaire exceptionnelle qui explique en bonne partie le tableau très cohérent que nous pouvons dresser des pratiques onomastiques familiales : les sources hagiographiques et historiographiques, mais aussi les chroniques-cartulaires nous permettent d'assembler une masse importante d'informations pour cette courte période. En ce sens, le déclin des pratiques familiales pourrait tout à fait être analysé comme une conséquence de la quasi-disparition des sources narratives après le règne d'Edgar. De la même manière, le milieu du XIe siècle est marqué par la prolifération de la documentation fiscale (le Domesday Book et ses satellites), mais aussi mémorielle, avec les *libri vitae* de Thorney et du New Minster. Bien que ceux-ci ne livrent qu'une information très éparse et ponctuelle sur l'histoire de la parenté, elle est cependant suffisante pour contrebalancer la rareté de la documentation propre au règne de Cnut. Cette croissance brutale du gisement documentaire au milieu du siècle constitue aussi un élément important pour expliquer la généralisation des noms linguistiquement ambigus, beaucoup d'entre eux étant le fait des scribes anglo-saxons et normands qui faisaient leur possible pour latiniser la forme et la graphie des noms vernaculaires, tandis que les gisements locaux, en particulier en East Anglia (testaments, *liber vitae* de Thorney), accroissent la visibilité d'une société où l'onomastique d'origine norroise est plus présente qu'ailleurs. En ce sens, le métissage croissant du stock ne serait qu'un effet du coup de loupe dont bénéficia une partie de l'Angleterre du nord et de l'est à cette époque et non le reflet d'une évolution du stock du royaume à proprement parler.

Au terme de ce parcours, l'idée majeure de cet ouvrage est que les identités sociales s'additionnent et se complètent, plus qu'elles ne s'annulent mutuellement. Nombre d'entre elles sont en suspens dans le corps social et elles sont donc susceptibles de se combiner de façon variable et imprévisible. Le nom apparaît comme un artefact où plusieurs de ces influences s'affrontent et se rencontrent. Chaque nom, en effet, est susceptible de révéler l'attachement à un groupe social (ou plusieurs) et de rendre manifeste une appartenance.

En premier chef, le nom est le marqueur par excellence de l'individuation. Il permet de distinguer entre une personne et une autre, aussi bien pour le logicien ou le grammairien que pour l'acteur du champ social. En ce sens, il apparaît aussi comme le révélateur de l'identité personnelle : il porte un sens devant la société et ce sens est à l'intersection entre la dénotation, propre à sa fonction de « désignateur rigide », c'est-à-dire le fait de renvoyer à cette personne et non une autre, et la connotation qui transparaît des éléments, souvent lemmatiques, qui le composent. En effet, les morphèmes qui composent le nom lui donnent en général un sens, que le corps social est en mesure de comprendre ou de re-sémantiser à tout instant, dans le but d'en faire un *omen* portant sur la personne elle-même. En conséquence, le nom est une réserve de sens dont le corps social peut s'emparer à tout instant pour donner de l'épaisseur à une personne. De ce point de vue, le nom recèle un important potentiel identitaire. Par ailleurs, même s'il est impossible de saisir un tel processus dans notre documentation, il a été démontré par les psychologues que le nom constituait un fondement auquel s'adossait la construction de la personnalité à la petite enfance, au point que le nom fasse corps avec le moi. Par suite, en effet, la personne peut aussi se saisir de cette réserve de sens et modeler en parallèle sa vie et son nom. Ainsi donc, le nom fonde la différence entre *ego* et *alter*, permet d'individuer les acteurs dans le monde socio-linguistique et constitue une réserve sémantique et psychologique dans laquelle s'ancre et se construit l'identité individuelle.

Néanmoins, l'acte de nommer insère aussi l'individu dans plusieurs collectivités. L'acte de baptême, qui consiste à nommer publiquement un nouvel être, est lui-même éminemment social. Choisir un nom n'est pas seulement une activité visant à donner de l'identité à une personne, mais bien un moment-clé par lequel la société s'approprie la personne. En lui donnant un nom, cette dernière classe et organise le réel, mais donne surtout prise sur lui. En contrepartie, cet acte fait aussi exister le nouvel entrant, lui reconnaît un rôle et une fonction. Objet linguistique, le nom est donc un médium du social, une marque de l'identité de groupe imposée à la personne et sur laquelle s'adosse cette dernière. En conséquence, le nom permet la rencontre entre un individu et la société qui l'englobe. De ce point de vue, ce sont les *autres* qui font exister la personne, qui prennent acte de cette existence et perpétuent cette dernière au-delà de la mort grâce aux divers rites qui s'appuient sur l'épiphanie ou la remémoration du nom. En cela, l'anthroponyme permet de rendre concrète cette existence autonome. Dans le même temps, il permet d'articuler personne et groupe. En l'occurrence, le nom permet de révéler l'insertion de la personne dans le groupe et la mainmise du groupe sur la personne, mais il donne aussi le moyen à la personne de se détacher du groupe et d'assumer un destin spécifique, qui se traduit par la mémoire individuelle de son nom et la reconnaissance particulière par la divinité des actes bons et mauvais attachés à ce nom dans l'objet-symbole de l'eschatologie chrétienne qu'était le *Liber Vitae* céleste.

Enfin, le nom manifeste l'intersection des identités de groupes divers dans la personne elle-même. Si l'historiographie anglo-saxonne a concentré une part importante de sa réflexion à l'identité ethnique, il semble évident, au terme de notre étude, qu'il conviendrait de rendre sa place à la parenté dans la compréhension de l'objet anthroponymique. Conformément aux études portant sur la parenté sur le continent ou en Scandinavie, le nom à l'époque qui nous intéresse est avant tout forgé dans un contexte familial. Les acteurs majeurs de la dation, pendant toute la période, sont bel et bien les membres de la cellule familiale. Ce sont les parents qui le choisissent et le donnent, solennellement, devant un public composé des membres de la communauté de vie, tandis qu'un clerc donne à ce choix une part de mystère sacral. Ce sont les enfants et les héritiers qui permettent à la mémoire du nom de se perpétuer dans l'espace social, grâce aux donations et aux actes de piété qu'ils consentent en vue du salut de leurs proches. Enfin, c'est dans la parenté elle-même et dans le cercle des parents les plus proches que les noms sont, tout ou partie, choisis afin de désigner les nouveau-nés. De ce point de vue, la vogue ultérieure qui consiste à utiliser le nom des parents spirituels est encore marginale dans la documentation, tandis que l'incidence croisée du culte des saints et des liens verticaux de fidélité sur les modes de dénomination est également anecdotique. Néanmoins, des effets de mode sont tout à fait perceptibles, que ceux-ci embrassent la société dans son ensemble, ou qu'ils relèvent de tropismes régionaux. L'élément ethnolinguistique lui-même n'est pas forcément indifférent. Dans nombre de cas, les noms sont ce qu'ils disent et l'origine étrangère des porteurs de noms étrangers a été établie dans une proportion honorable, bien que la corrélation ne soit absolument pas systématique. Toutefois, dans bon nombre de cas, les parents décident de corriger le handicap social que pourrait représenter l'utilisation de noms étrangers et préfèrent choisir un nom anglo-saxon en dépit d'origines culturelles diverses. Ce faisant, il s'agit pour eux de maximiser l'avantage que le nom peut leur donner plutôt que d'abandonner des noms susceptibles d'apporter la mort à leurs porteurs à cause des connotations qui les accompagnent. Ainsi, c'est la prolifération des identités susceptibles d'habiter le nom qui frappe au terme de notre réflexion.

Si les noms apparaissent comme des artefacts polysémiques, susceptibles d'exprimer un certain nombre de constantes identitaires, comme l'appartenance familiale ou ethnolinguistique, il convient de ne pas exagérer la part des déterminismes. Comme nous l'avons déjà indiqué, le nom est un outil plastique, qui permet aux acteurs d'adapter ce porte-identité à un « projet » en évolution constante.

En premier lieu, le nom est susceptible de s'adapter aux circonstances. Les éléments lexicaux qui le composent peuvent être modifiés au gré des situations d'énonciation, notamment en subissant des inflexions propres à la prononciation des acteurs. De ce fait, certains noms sont en mesure d'endosser des éléments de la variation dialectale et linguistique insulaire. De même, la possibilité est offerte aux individus de changer de noms dans certaines situations, notamment lors de l'entrée en religion. La propension des acteurs à prendre des surnoms est aussi attestée. La nature des surnoms disponibles à l'époque est très variable : beaucoup de sobriquets ont été identifiés, un bon nombre de topoanthroponymes, quelques patronymiques et une poignée d'ethniques, auxquels on peut ajouter le cas problématique des doubles noms. Ces usages sont variés et renvoient visiblement à un lot d'identités sociales diverses. Le sobriquet atteste de l'intégration d'une personne dans une communauté de vie, en relevant grâce à cet artefact linguistique ce qui fait le propre d'un individu (particularité morphologique ou physionomique, trait de caractère, etc.). De ce point de vue, le sobriquet met en lumière l'articulation entre la personne et le groupe. Les surnoms patronymiques et matronymiques permettent d'insister sur le lien aux parents, dont on tire bien souvent un héritage matériel et immatériel, tandis que l'ethnique révèle d'une façon ou d'une autre un lien, réel ou supposé, avec un groupe ethnolinguistique. Enfin, les surnoms toponymiques sont à mettre en relation avec une origine ou un lieu de référence (lieu de résidence, lieu où une charge importante est détenue, etc.), lesquels sont érigés en vecteur d'identité pour définir une personne. Nous pouvons ajouter à ces éléments l'ensemble des titres et fonctions honoraires qui accompagnent assez souvent les noms dans la documentation et agissent, de ce fait, comme des désignations complémentaires. Ces dernières sont attachées à la fonction sociale des personnes et permettent de les ancrer dans le champ du pouvoir. De ce point de vue, donc, les surnoms expriment à leur manière des formes d'appartenance identitaires.

Il est toutefois capital de ne pas se méprendre : la société anglo-saxonne des xe et xie siècles n'a pas connu de mutation anthroponymique. En ce sens, l'usage des surnoms est encore d'une grande fragilité. Non seulement l'usage d'un second nom est irrégulier et imprévisible, mais il est aussi très souvent incohérent. Un individu est susceptible, d'une source à l'autre, de recevoir plusieurs surnoms différents, ou plus souvent encore aucun. Au-delà du caractère méthodologiquement problématique qu'induit cette fluidité, il nous semble intéressant d'en analyser le corollaire pour notre propos. Le caractère interchangeable et plastique des surnoms laisse à penser que le prisme identitaire qu'ils permettent de saisir est lui aussi modulable selon le contexte. Cela révèle que les identités qui se rencontrent au sein de chaque individu sont susceptibles d'être plus ou moins valorisées, plus ou moins mises en avant ou camouflées. De ce point de vue, adapter son nom à un contexte permet aussi de structurer la communication politique à l'œuvre.

En dernier lieu, ces surnoms interrogent : qui les utilisait ? Les variations ne sont pas seulement contextuelles, mais elles peuvent également être expliquées selon la nature des sources étudiées et selon la personne qui assume l'acte de nommer. Que cette personne soit l'individu nommé lui-même, son entourage immédiat ou un tiers observateur, poser cette simple question revient à placer de nouveau notre réflexion dans cet interstice qui sépare l'individu de son groupe de référence. Il est difficile de répondre avec certitude à ce type d'interrogations. Nous avons montré que les titres, en particulier, étaient omniprésents dans les sources proches du pouvoir royal (diplômes et chroniques, en particulier), dans la mesure où le souverain apparaît en la matière comme une espèce de nomothète. Néanmoins, le recours à des titres est aussi un moyen d'affirmation du pouvoir des élites. En ce sens, bien qu'elle ait été probablement impulsée par la cour, cette logique faisait sans doute écho à une attente sociale réelle. Bien souvent, les surnoms toponymiques jouaient ainsi le même rôle à l'échelle régionale. Par contraste, les sobriquets et, vraisemblablement, les ethniques ressemblent à une opération de *labeling* par laquelle la société agit de façon résolue et peut-être invasive sur l'identité des personnes. Il n'est pas à exclure que certains individus « surnommés » aient été à l'initiative de ces choix onomastiques ou qu'ils se soient appropriés de tels surnoms, en les revendiquant ou en détournant le sens à leur avantage, mais il est impossible de le dire. Les surnoms patronymiques et matronymiques, avec une charge critique moindre, portent un rôle thétique tout aussi important, puisqu'ils permettent de revendiquer un héritage en inscrivant un individu dans un arrière-plan familial donné. Il apparaît donc que les surnoms, au même titre que les noms, portent des discours que les acteurs sont en mesure de faire évoluer selon leurs besoins. Ces acteurs, dans tous les cas, regroupent la personne nommée et son environnement social immédiat dans le lieu où elle est connue et reconnue. Il nous semble en conséquence très difficile d'accréditer la thèse du surnom comme simple outil de distinction entre homonymes : le surnom est un objet de communication politique et une marque de l'intégration dans une communauté d'interconnaissance.

Les usages du nom sont pour partie distinctifs socialement. En ce sens, le nom permet de révéler l'existence de groupes liés par des formes de solidarité horizontale, mais il peut aussi refléter de façon très nette les formes de hiérarchisation du corps social. Au même titre que les vêtements, la nourriture ou le lieu de résidence, il est un élément qui permet de marquer son rang et son rôle dans la société.

Le paramètre le plus visible et le plus net est la corrélation forte entre appartenance à l'élite sociale et circulation des noms. Dans le contexte rituel et liturgique, mais aussi, de façon plus générale, dans l'idée même de *fama*, les noms irriguent le corps social. Toutefois, tous ne le font pas dans les mêmes proportions. L'échelle géographique ou temporelle de cette circulation est très souvent proportionnelle à la surface sociale des personnes considérées. Ainsi, le fait qu'un nom soit connu dans le royaume entier et le fait que des rites mémoriels permettent d'en conserver le souvenir longtemps après la mort d'un individu sont deux signes de l'appartenance à l'élite. De même, l'usage généralisé de certains surnoms atteste d'une connaissance de la personne et d'une reconnaissance large de son statut, tandis que l'oubli qui frappe parfois fortement certaines personnes constitue au contraire une forme de châtiment spécifique à l'élite, qui la toucherait alors dans ce qui la constitue, à savoir son capital symbolique et sa capacité à être reconnue comme élite. Par contraste, l'échelle de cette circulation du nom est susceptible d'être restreinte à l'échelle d'une ville, d'une région, d'un village. Auquel cas, les marques mémorielles et les traces de cette circulation sont nettement plus difficiles à relever, tant nous manquons de données localisées. L'utilisation de noms de personnes dans les confins des domaines en langue vernaculaire, dans les chartes, est un exemple possible de ce type de notoriétés localisées passées à la postérité par l'intermédiaire de documents à portée plus générale. La conséquence d'une telle structuration du corps social par la visibilité du nom est que la notoriété est susceptible d'être construite *ex nihilo*, dès lors que l'on possède un accès à des pôles où l'on peut démultiplier l'information et faciliter sa circulation. En ce sens, le déploiement textuel du culte des saints autour de pôles monastiques et les entreprises de légitimation qui sous-tendent la production de certaines hagiographies permettent de rendre tangible un tel mouvement, d'autant plus nettement que le nom joue souvent un rôle important en révélant la nature des pouvoirs du saint dans les textes hagiographiques, tout en focalisant une partie des prières et du culte dans les textes liturgiques.

La conséquence de cette disjonction dans la circulation des noms se traduit par l'utilisation de noms propres à cette élite. En effet, les noms des *proceres* et les noms des hommes libres ne sont pas exactement les mêmes. Si l'antique distinction entre noms monothématiques et noms bithématiques ne peut être retenue comme un élément satisfaisant de distinction, il semble néanmoins difficile de ne pas reconnaître quelques spécificités dans l'usage populaire, pour autant que ce dernier puisse être réellement cerné : une proportion plus forte d'hapax et un usage courant de noms et de thèmes nominaux peu courants au sommet de la société. La présence d'un groupe limité d'individus en situation d'interconnaissance, souvent liés par le sang et l'alliance, justifie et explique cette homogénéité anthroponymique à l'échelle du royaume parmi les membres de l'aristocratie. Les logiques de distinction sociale sont alors suffisantes pour maintenir cette homogénéité et d'importantes différences avec l'usage qui a cours parmi les hommes libres. Pour ces derniers, le localisme est plus marqué.

Ce n'est pas seulement dans le choix ou la circulation des noms que la différence sociale se niche et se révèle. En réalité, la façon de transmettre le nom et de l'inscrire dans une parentèle est également un puissant facteur de distinction. En terme de surnoms, cela se traduit par le recours aux patronymiques, lesquels sont à l'homme d'un certain statut ce que la généalogie remontant à Woden est au souverain. Il s'agit effectivement de s'inscrire dans une lignée, dans un groupe de noms qui renvoient l'individu à une origine prestigieuse, souvent afin d'appuyer une communication politique et de légitimer un pouvoir. En nommant un ancêtre, cet usage révèle l'importance de l'échelle temporelle qui préside à la mémorialisation du nom dans l'ensemble du groupe. Cette échelle temporelle permet alors d'affirmer ou de revendiquer un statut. En orientant l'histoire du présent par rapport à un ancêtre dont le nom est connu, cet usage permet aussi de légitimer une action en l'adossant sur un passé prestigieux. Ainsi, le nom des puissants n'est jamais un nom isolé : il est toujours inscrit, implicitement ou explicitement, dans une série de noms, avec lesquels il entre en résonance. En cela, ces listes traduisent de façon diachronique la communauté de connaissance mutuelle qui structure l'élite d'un point de vue synchronique : les aristocrates se connaissent entre eux, mais ils connaissent aussi leurs prédécesseurs. Au sein de la parenté, cette inscription de groupe se traduit par le recours massif aux formes de transmission du nom que sont l'allitération, la variation et la répétition. Nous avons montré que la seconde était la plus signifiante et la plus courante. Nous savons aussi que la transmission du nom intervenait plus souvent dans l'élite que parmi les simples hommes libres, qu'elle se faisait généralement entre individus séparés au plus par deux degrés germaniques (de grands-parents à petits-enfants, entre oncles/ tantes et neveux/nièces) et plus encore entre parents et enfants, mais aussi qu'elle avait tendance à favoriser le côté patrilatéral. À l'échelle des *procere*, toutefois, une tendance à se structurer en parentèle autour de la lignée royale est tout à fait probable, au moins au Xe siècle, avec un double mouvement : 1) favoriser, pour l'attribution de la couronne, l'héritage masculin en ligne directe, en excluant donc les filles et 2) l'ouverture de la circulation des noms à la parentèle entière, y compris de façon cognatique. De telles habitudes définissent l'élite, lui permettant de se distinguer du reste de la population, de nourrir le jeu de l'inter-connaissance, de la consanguinité, de l'alliance ou de l'amitié. Elles donnent également la possibilité à chaque groupe de parents de légitimer son autorité par la circulation d'un patrimoine anthroponymique

CONCLUSION GÉNÉRALE **271**

propre, qui accompagne symboliquement la transmission d'une partie du patrimoine matériel et immatériel. Cette circulation a lieu au sein des groupes eux-mêmes, par le biais des modes de transmission du nom, mais aussi au sein de la société entière, ou bien en induisant des effets de mode, ou bien en irriguant le corps social grâce aux effets conjugués de la renommée et des rites mémoriels propres à l'élite.

Ainsi, les identités sociales que les noms permettent de révéler sont multiples, foisonnantes, parfois en contradiction les unes avec les autres. Avec les fortes nuances qu'imposent la documentation, le groupe social, l'origine régionale des individus considérés, mais aussi la période d'exercice qui fut la leur, il apparaît clairement que l'identité familiale est celle qui prévaut sur les autres. Dans de nombreux cas, néanmoins, peut-être à cause de données lacunaires, cette dernière n'est pas perceptible. Elle est celle qui est la plus visible et peut-être surtout celle que les acteurs négocient le moins : elle est souvent présente, dès que le nom est donné, et les acteurs ont tout loisir ensuite de s'en servir pour appuyer leurs ambitions. Les noms placent aussi les individus au cœur de communautés réelles ou imaginaires, structurées par la circulation de noms célèbres, à l'échelle du village, de la région, du royaume ou de la chrétienté. Les effets de mode sont puissants, même s'il est très difficile de comprendre sur quoi ils reposaient et quels individus-modèles permirent à certains noms d'acquérir une telle popularité. Par contraste, la propension des identités ethniques à se manifester dans les noms est très fragile, aussi bien pour ce qui est de la volonté des acteurs d'afficher de telles identités que pour la capacité de réaction de la société à ces indices d'appartenance. De ce point de vue, le lien entre noms et identités ethniques est très subtil, conditionnel, susceptible de s'adapter aux besoins et il est impossible de le postuler d'une manière mécanique. Cela invite sans doute à une prudence accrue sur un thème que pollue notre point de vue d'homme du xxie siècle.

Cette articulation entre différents types d'identités nous permet à la fois de mesurer les écarts et les points communs avec la situation présente. Le système à deux noms attribue automatiquement au nom de famille le rôle de marqueur d'appartenance à une parenté et, bien souvent, inscrit aussi l'individu dans un héritage linguistique qu'une transmission héréditaire fossilise. L'identité y est donc passive, puisque la transmission actuelle des noms n'est pas conditionnelle. Par contraste, le prénom est sujet aux fluctuations et aux effets de la mode, en se fondant sur de glorieux prédécesseurs qui servent de réserves d'exemplarité. On peut cependant, à travers le prénom, redoubler son appartenance au groupe familial, mais aussi jouer de stratégie pour affirmer son adhésion à un groupe linguistique, en signe d'intégration vis-à-vis d'une société d'accueil ou, à l'inverse, montrer son ouverture culturelle, en choisissant un nom « étranger ». Gageons toutefois que les Audrey (Æthelthryth), Edwy (Eadwig), Edith (Eadgyth) et autres Alfred (Ælfræd) n'ont pas toujours conscience des prétentions dynastiques que leurs noms suggèrent.

Bibliographie

I. Sources primaires

A. Ressources générales

1. Catalogues de manuscrits

N. R. KER, *Catalogue of manuscripts containing Anglo-Saxon*, Oxford, 1990.

H. GNEUSS, *Handlist of Anglo-Saxon Manuscripts: A List of Manuscripts and Manuscript Fragments Written or Owned in England up to 1100*, Tempe, 2001.

H. GNEUSS, « Addenda and corrigenda to the Handlist of Anglo-Saxon Manuscripts », *Anglo-Saxon England*, 32 (2003), p. 293-305.

R. GAMESON, *The scribe speaks?: colophons in early English manuscripts*, Cambridge, 2002.

2. Recueils de documents

F. E. HARMER, *Select English Historical Documents of the Ninth and Tenth Centuries*, Cambridge, 1914.

D. WHITELOCK, *English Historical Documents, c. 500-1042*, New York, 1955.

D. C. DOUGLAS et G. W. GREENAWAY, *English Historical Documents, c. 1042-1189*, New York, 1953.

M. SWANTON, *Anglo-Saxon Prose*, Londres, 1975.

S. KEYNES et M. LAPIDGE, *Alfred the Great*, Londres, 2004.

B. Sources normatives et administratives

1. Sources législatives

F. LIEBERMANN, *Die Gesetze der Angelsachsen. Herausgegeben im Auftrage der Savigny-Stiftung*, Halle, 1898.

A. J. ROBERTSON, *The Laws of the Kings of England from Edmund to Henry I*, Cambridge, 2009.

B. THORPE, *The Ancient Laws and Institutes of England*, Londres, 1840.

H. SPELMAN, *Concilia, decreta, leges, constitutiones in Re Ecclesiarum Orbis Britannici*, Londres, 1639.

J. E. CROSS et A. HAMER, *Wulfstan's Canon Law Collection*, Woodbridge-Rochester, 1999.

D. WHITELOCK, *Councils and Synods with other Documents Relating to the English Church, 1: AD 871-1204*, Oxford, 1981.

BIBLIOGRAPHIE

2. Sources diplomatiques

a. Catalogues

P. H. SAWYER, *Anglo-Saxon Charters*, Londres, 1968.

S. E. KELLY et R. RUSHFORTH, *The Electronic Sawyer*, http: //www.esawyer.org.uk/about/index.html, consulté le 23 avril 2017.

b. Fac-similés

E. A. BOND, *Facsimiles of Ancient Charters in the British Museum*, 4 vols, Londres, 1873-1878[1].

W. B. SANDERS, *Facsimiles of Anglo-Saxon Manuscripts*, Southampton, 3 vols, 1878.

T. A. M. BISHOP et P. CHAPLAIS, *Facsimiles of English Royal Writs to A.D. 1100. Presented to Vivian Hunter Galbraith*, Oxford, 1957.

S. D. KEYNES, *Facsimiles of Anglo-Saxon charters*, Oxford, 1991.

c. Éditions complémentaires

N. P. BROOKS et S. D. KEYNES, *Kemble. The Anglo-Saxon Charters Website*, http: //www.kemble.asnc.cam.ac.uk/, consulté le 23 avril 2017.

Anglo-Saxon Charters, Oxford, 1973-

W. D. G. BIRCH, *Cartularium Saxonicum: a collection of charters relating to Anglo-Saxon history*, Londres, 1885-1893[2].

M. P. BROWN, *A Guide to Western Historical Scripts from Antiquity to 1600*, Londres, 1990[3].

W. H. HART et P. A. LYONS, *Cartularium Monasterii de Rameseia*, Londres, 1884-1893[4].

R. DODSWORTH et W. DUGDALE, *Monasticon Anglicanum*, Londres, 1655-1673[5].

W. DUGDALE *et al.*, *Monasticon Anglicanum*, Londres, 1817-1830[6].

J. EARLE, *A hand-book to the land-charters, and other Saxonic documents*, Oxford, 1888[7].

F. E. HARMER, *Anglo-Saxon Writs*, Manchester, 1952.

C. R. HART, *The Early Charters of Eastern England*, Leicester, 1966[8].

J. M. KEMBLE, *Codex diplomaticus ævi saxonici*, Londres, 1839-1848[9].

---

1 S 1407.
2 S 1355 et S 1662.
3 S 1405.
4 S 1481a.
5 S 1380.
6 S 1380.
7 S 1347 et S 1385.
8 S 1608.
9 S 965, S 1049, S 1217, S 1223, S 1226, S 1228, S 1230-1231, S 1233, S 1235-1236, S 1238, S 1330-1331, S 1333-1334, S 1336-1346, S 1348-1354, S 1356-1361, S 1364-1365, S 1367, S 1371, S 1379, S 1381, S 1384, S 1388, S 1392, S 1395-1398, S 1408, S 1424, S 1463, S 1475, S 1479-1481, S 1481e, S 1664, S 1807-1810.

BIBLIOGRAPHIE 275

N. R. Ker, « Hemming' Cartulary. A description of the two Worcester Cartularies in Cotton Tiberius A. XIII », *in* R. W. Hunt, W. A. Pantin et R. W. Southern (éd.), *Studies in Medieval History Presented to Frederick Maurice Powicke*, Oxford, 1948, p. 49-75[10].

S. D. Keynes, « A lost cartulary of St Albans Abbey », *Anglo-Saxon England*, 22 (1993), p. 253-279.

—, « The lost cartulary of Abbotsbury », *Anglo-Saxon England*, 18 (1989), p. 207-243.

Matthieu Paris, *Chronica Majora*, éd. H. R. Luard, Londres, 1882[11].

D. A. E. Pelteret, « Two Old English Lists of Serfs », *Mediaeval Studies*, 48 (1986), p. 470-513[12].

A. J. Robertson, *Anglo-Saxon Charters*, Cambridge, 2009[2].

H. Sweet, *A Second Anglo-Saxon Reader, Archaic and Dialectical*, Oxford, 1887[13].

P. Varin, *Archives Administratives de la Ville de Reims*, Paris, 1839[14].

d. Testaments

D. Whitelock, *Anglo-Saxon Wills*, Londres, 1930.

—, *The will of Æthelgifu*, Oxford, 1968.

3. Sources fiscales

a. Domesday Book

A. Williams et G. H. Martin, *Domesday Book: A Complete Translation*, Londres, 2003.

J. Palmer, *SN 5694 -Electronic Edition of Domesday Book: Translation, Databases and Scholarly Commentary, 1086*, Hull, 2007 et 2010.

J. Morris, *Domesday Book: A Survey of the Counties of England*, Chichester, 39 vols, 1975-1992.

b. "Domesday Satellites"

Abingdon A, Abingdon B, éd. par D. C. Douglas, « Some Early Surveys from the Abbey of Abingdon », *The English Historical Review*, 44 (1929), p. 623-625.

Bath A, Bath B, éd. W. Hunt, *Two Chartularies of the Priory of St Peter at Bath*, Bath, 1893.

Braybrooke Cartulary, éd. G. H. Fowler, « An Early Cambridgeshire Feodary », *The English Historical Review*, 46 (1931), p. 442-443.

Burton B, éd. J. F. R. Walmsley, « Another Domesday Text », *Medieval Studies*, 39 (1977), p. 116.

---

10 S 1859-1860.
11 S 1425.
12 S 1481 f.
13 S 1393.
14 S 1237.

BIBLIOGRAPHIE

Bury A, B et C, éd. D. C. Douglas, « Feudal Documents from the Abbey of Bury St Edmunds », *in British Documents Records of the Social and Economic History of England and Wales*, Londres, 1932, p. 1-44.

Crowland Domesday Book, éd. W. Fulman, *Rerum Anglicarum Scriptores Veteres*, Oxford, 1684.

Descriptio Terrarum, éd. D. R. Roffe, « The *Descriptio Terrarum* of Peterborough Abbey », *Historical Research*, 65 (1992), p. 15-16.

Domesday Monachorum A, B, D et E, éd. D. C. Douglas, Londres, 1944.

Ely A, Ely B, Ely C, Ely D, Inquisitio Eliensis, Inquisitio Comitatus Cantabrigiensis, éd. N. E. S. A. Hamilton, *Inquisitio Comitatus Cantabrigiensis*, Londres, 1876.

Evesham A, éd. P. H. Sawyer, « Evesham A, a Domesday Text », *Miscellany*, 1 (1960), p. 3-36.

Excerpta, éd. A. Ballard, « An Eleventh-Century Inquisition of St Augustine's, Canterbury », *in British Documents Records of the Social and Economic History of England*, 4, Londres, 1920, p. 1-33.

Exon Domesday, éd. H. Ellis, Londres, 1816.

Kentish Assessment List, éd. R. S. Hoyt, « A Pre-Domesday Kentish Assessment List », *in* P. M. Barnes et C. F. Slade (éd.), *A Medieval Miscellany for Doris Mary Stenton*, Londres, 1960, p. 199-202.

Winton Domesday, éd. M. Biddle, *Winchester in the Middle Ages. An edition and discussion of the Winton Domesday*, Oxford, 1976.

Worcester A, Worcester B, éd. Th. Hearne, *Hemingi Chartularium Ecclesiæ Wigornensis*, Oxford, 1723, p. 83-84 et p. 298-313.

R. Lennard, « A Neglected Domesday Satellite », *The English Historical Review*, 68 (1943), p. 32-41.

c. Descriptions du Domesday Book

Richard FitzNigel, *Dialogus de Scaccario*, éd. E. Amt, Oxford, 2007.

W. H. Stevenson, « A Contemporary Description of the Domesday Survey », *The English Historical Review*, 22/85 (1907), p. 72-84.

C. Sources religieuses

1. Sources bibliques

Ælfric of Eynsham, *Libellus de Veteri Testamento et Novo*, éd. R. Marsden, Oxford, 2008.

F. Wormald, *The Winchester Psalter*, Londres, 1973.

B. Thorpe, *Libri Psalmorum versio antiqua Latina; cum paraphrasi Anglo-Saxonica, partim soluta oratione, partim metrice composita*, Oxford, 1835.

—, *The Anglo-Saxon Version of the Holy Gospels*, Londres-Oxford, 1842.

N. Barker, *The York Gospels: a facsimile with introductory essays*, Londres, 1986.

2. Sources exégétiques

JERÔME, *Liber interpretationis Hebraicorum nominum*, éd. P. LAGARDE, G. MORIN et M. ADRIAEN, *S. Hieronymi Presbyteri opera. Pars I., Opera exegetica. 1*, Turnhout, 1959.
ALDHELM, *Opera Omnia*, éd. R. Ehwald, *Aldhelmi Opera*, Berlin, 1919.

3. Sources homilétiques

a. Ælfric d'Eynsham

ÆLFRIC OF EYNSHAM, *Sermones catholici*, éd. B. THORPE, Londres, 1844-1846.
ÆLFRIC OF EYNSHAM, *Sermones catholici*, éd. P. CLEMOES, Londres, 1997.
ÆLFRIC OF EYNSHAM, *Sermones catholici*, éd. M. GODDEN, Londres, 1979.
M. GODDEN, *Ælfric's Catholic Homilies: Introduction, Commentary and Glossary*, Londres, 2000.
ÆLFRIC OF EYNSHAM, *Lives of Saints*, éd. W. W. SKEAT, Londres, 1881-1900.
ÆLFRIC OF EYNSHAM, *Supplementary Homilies*, éd. J. C. POPE, Londres-New York-Toronto, 1967-1968.

b. Wulfstan d'York

WULFSTAN OF YORK, *Homiliae*, éd. D. BETHURUM, Oxford, 1998.
WULFSTAN OF YORK, *Homilia*, éd. J. TALLY Lionarons, *Wulfstan's Eschatological Homilies*, <http://webpages.ursinus.edu/jlionarons/wulfstan/Wulfstan.html>, consulté le 23 avril 2017.
WULFSTAN OF YORK, *Homeliae*, éd. A. S. NAPIER, *Sammlung der ihm Zugeschriebenen Homilien nebst Untersuchungen über ihre Echtheit*, Berlin, 1883.
T. N. HALL, *Wulfstan's Latin Sermons*, Turnhout, 2004.

c. Autres homélies

R. MORRIS, *The Blickling Homilies of the Tenth Century*, Londres, 1880.
D. SCRAGG, *The Vercelli Homilies*, Oxford, 1992.
S. IRVINE, *Old English Homilies from MS Bodley 343*, Oxford, 1993.

4. Sources nécrologiques

a. Libri Vitae

S. D. KEYNES, *The liber vitæ of the New Minster and Hyde Abbey Winchester: British library Stowe 944*, Copenhague, 1996.
D. W. ROLLASON et L. ROLLASON, *Durham Liber Vitæ: The Complete Edition*, Londres, 2007.

278   BIBLIOGRAPHIE

b. Obituaires

J. GERCHOW, *Die Gedenküberlieferung der Angelsachsen : mit einem Katalog der 'libri vitae' und Necrologien*, Berlin, 1988.

R. FLEMING, « Christchurch's Sisters and Brothers: an Edition and Discussion of Canterbury Obituary Lists », *in* M. A. MEYER (éd.), *The culture of Christendom: essays in Medieval history in commemoration of Denis L.T. Bethell*, Londres, 1993, p. 115-153.

5. Sources liturgiques

a. Martyrologes, calendriers liturgiques, litanies

G. HERZFELD, *An Old English Martyrology. Re-edited from manuscripts in the libraries of the British Museum and of Corpus Christi College, Cambridge*, Londres, 1900.

G. KOTZOR, *Das altenglische Martyrologium*, Munich, 1981.

M. LAPIDGE, « A Tenth-Century Metrical Calendar from Ramsey », *Revue Bénédictine*, 94 (1984), p. 326-369.

F. WORMALD, *English Benedictine Kalendars before A.D. 1100*, Woodbridge, 1988.

R. RUSHFORTH, *Saints in English kalendars before A.D. 1100*, Woodbridge, 2008.

M. LAPIDGE, *Anglo-Saxon Litanies of the Saints*, Woodbridge, 1991.

Fr. DOLBEAU, « Le *Breuiloquium de omnibus sanctis* : un poème inconnu de Wulfstan, chantre de Winchester », *Analecta Bollandiana*, 106 (1988), p. 35-98.

b. Missels, Collectaires, Sacramentaires, Bénédictionnels, Pontificals

The Gelasian Sacramentary, éd. H. A. WILSON, Oxford, 1894.

Le sacramentaire grégorien, éd. J. DESHUSSES, Fribourg, 1971-1982.

Pontifical romano-germanique, éd. C. VOGEL et R. ELZE, Città del Vaticano, 1963.

The Benedictional of St Æthelwold, éd. A. PRESCOTT, Londres, 2002.

The Durham Ritual: a Southern English Collectar of the tenth century with Northumbrian additions: Durham Cathedral Library A. IV. 19, éd. T. J. BROWN, Copenhague, 1969.

The Leofric Collectar, éd. E. S. DEWICK et W. H. FRERE, Londres, 1913-1918.

The Leofric Missal, as Used in the Cathedral of Exeter, éd. F. E. WARREN, Oxford, 1883.

The Leofric Missal, éd. N. A. ORCHARD, Woodbridge, 2002.

The Canterbury Benedictional, éd. R. M. WOOLEY, Woodbridge, 1995.

The Canterbury Hymnal, éd. G. R. WIELAND, Toronto, 1982.

The Missal of Robert of Jumièges, éd. H. A. WILSON, Woodbridge, 1896.

The Benedictional of Archbishop Robert, éd. H. A. WILSON, Londres, 1903.

The Pontifical of Magdalen College, éd. H. A. WILSON, Londres, 1910.

The Missal of the New Minster, éd. D. H. TURNER, Leighton Buzzard, 1960.

The Portiforium of saint Wulstan, éd. A. HUGHES, Leighton Buzzard, 1958-1960.

The Claudius Pontificals, éd. D. H. TURNER, Chichester, 1964.

The St. Albans Psalter (Albani Psalter), éd. O. PÄCHT, C. R. DODWELL et F. WORMALD, Londres, 1960.

Two Anglo-Saxon Pontificals, éd. H. M. J. BANTING, Woodbridge, 1989.

Ælfwine's Prayerbook. London, British Library, Cotton Titus D. xxvi-xvii, éd. B. GÜNZEL, Woodbridge, 1993.

Winchcombe Sacramentary, éd. A. DAVRIL, Woodbridge, 1995.

Pontificale Lanaletense, éd. G.-H. DOBLE, Londres, 1937.

C. HOHLER, « The Red Book of Darley », *in Nordiskt kollokvium II i latinsk liturgiforskning, 12-13 maj 1972, Hässelby Slott*, Stockholm, 1972, p. 39-47.

R. I. PAGE, « Old English Liturgical Rubrics in Corpus Christi Colege, Cambridge, MS 422 », *Anglia - Zeitschrift für englische Philologie*, 96 (1978), p. 149-158.

A. J. FRANTZEN, *Penitentials: A cultural database*, http://www.anglo-saxon.net/penance/index.html, consulté le 23 avril 2017.

6. Sources éducatives

a. Grammaires et traités antiques

PLATON, *Cratyle*, éd. E. CHAMBRY, Paris, 1967.

ARISTOTE, *La Métaphysique*, éd. J. BARTHÉLEMY-Saint-Hilaire, P. MATHIAS et J.-L. POIRIER, Paris, 1991.

ARISTOTE, *Les Politiques*, éd. P. PELLEGRIN, Paris, 1990.

CICERON, *De inuentione*, éd. G. ACHARD, Paris, 2003.

DONAT, *Ars grammatica*, éd. L. HOLTZ, *Donat et la tradition de l'enseignement grammatical. Étude sur l'Ars de Donat et sa diffusion (IVᵉ-IXᵉ siècle) et édition critique*, Paris, 1981.

PRISCIEN, *Institutiones grammaticales*, éd. L. HOLTZ, *Donat et la tradition de l'enseignement grammatical. Étude sur l'Ars de Donat et sa diffusion (IVᵉ-IXᵉ siècle) et édition critique*, Paris, 1981.

DIOMEDE, *Ars grammatica*, éd. A. GARCEA, *Corpus Grammaticorum Latinorum* (http://kaali.linguist.jussieu.fr/CGL/index.jsp), Paris, 2012.

AUGUSTIN D'HIPPONE, *De Civitate Dei*, éd. L. JERPHAGNON, *La Cité de Dieu*, Paris, 2000.

AUGUSTIN D'HIPPONE, *De libero arbitrio*, éd. G. MADEC, Paris, 1993.

SCAURUS, *De ordinatione partium orationis*, éd. L. HOLTZ, *Donat et la tradition de l'enseignement grammatical. Étude sur l'Ars de Donat et sa diffusion (IVᵉ-IXᵉ siècle) et édition critique*, Paris, 1981.

TERTULLIEN, *De Idolatria*, éd. J. H. WASZING et J. C. M. van Winden, Leyde, 1987.

ISIDORE DE SEVILLE, *Differentiae I*, éd. C. CODOÑER, Paris, 1992.

ISIDORE DE SEVILLE, *Differentiae II*, éd. M. A. ANDRES Sanz, Turnhout, 2006.

ISIDORE DE SEVILLE, *Etymologiae*, éd. S. A. BARNEY *et al.*, Stephen A., Cambridge, 2010.

ISIDORE DE SEVILLE, *Allegoriae*, éd. D. POIREL, Paris, 1986.

JEAN CHRYSOSTOME, *Sur la vaine gloire et l'éducation des enfants*, éd. A.-M. MALINGREY, Paris, 1972.

JEAN CHRYSOSTOME, *Homélies sur les deux épîtres aux Corinthiens*, éd. J.-B. JEANNIN, *Saint Jean Chrysostome, Œuvres complètes*, vol. IX, Bar-le-Duc, 1864, p. 293-610.

b. Manuels et grammaires médiévaux

TATWINE OF CANTERBURY, *Ars grammatica*, éd. M. de Marco, Turnhout, 1968.

BIBLIOGRAPHIE

SMARAGDE DE SAINT-MIHIEL, *Liber in partibus Donati*, éd. B. LÖFSTEDT, L. HOLTZ et A. KIBRE, Turnhout, 1986.

ABBON DE FLEURY, *Quæstiones grammaticales*, éd. A. GUERREAU-Jalabert, Paris 1982.

ÆLFRIC OF EYNSHAM, *Grammatica*, éd. J. ZUPITZA, Berlin, 1880.

ÆLFRIC OF EYNSHAM, *Grammatica*, éd. M. MENSAH et F. TOUPIN, Paris, 2005.

Beatus Quid Est, éd. M. BAYLES, in V. LAW (éd.), *History of Linguistic Thought in the Early Middle Ages*, Amsterdam, 1993, p. 66-110.

Excerptiones de Prisciano, éd. D. W. PORTER, Woodbridge, 2002.

BYRHTFERTH OF RAMSEY, *Enchiridion*, éd. P. S. BAKER et M. LAPIDGE, Oxford, 1995.

c. Colloques

ÆLFRIC OF EYNSHAM, *Colloquium*, éd. G. N. GARMONSWAY, Exeter, 1999.

ÆLFRIC BATA, *Colloquia*, éd. S. GWARA, Toronto, 1996.

d. Gloses et glossaires

P. LENDINARA, « The Abbo glossary in London, BL, Cotton Domitian i », *ASE*, 19 (1990), p. 133-149.

H. D. MERRIT, *Old English Glosses (A Collection)*, Londres, 1945.

A. S. NAPIER, *Old English Glosses, chiefly unpublished*, Oxford, 1900.

7. Sources hagiographiques

a. Vies de saints anglo-saxons d'époque anglo-saxonne

Vitae Cuthberti, éd. B. COLGRAVE, Cambridge, 1940.

ALCUIN, *Vita sancti Willibrordi*, éd. W. LEVISON, Hannovre-Leipzig, 1920.

FELIX, *Vita Guthlaci*, éd. B. COLGRAVE, Cambridge, 1956.

Vita S. Ecgwini Episcopi et Confessoris, éd. M. LAPIDGE, *Analecta Bollandiana*, 96 (1978), p. 65-104.

ABBON DE FLEURY, *Vita S. Eadmundi*, éd. M. WINTERBOTTOM, *Three Lives of English Saints*, Toronto, 1972.

LANTFERTH, *Translatio et miracula S. Swithuni*, éd. M. LAPIDGE, Oxford, 2003.

WULFSTAN OF WINCHESTER, *Narratio metrica de S. Swithuni*, éd. M. LAPIDGE, Oxford, 2003.

ÆLFRIC OF EYNSHAM, *Epitiome de S. Swithuni*, éd. M. LAPIDGE, Oxford, 2003.

WULFSTAN OF WINCHESTER, *Vita Æthewoldi*, éd. M. LAPIDGE et M. WINTERBOTTOM, Oxford, 1996.

ÆLFRIC OF EYNSHAM, *Vita Æthewoldi*, éd. M. LAPIDGE et M. WINTERBOTTOM, Oxford, 1996.

BYRHTFERTH OF RAMSEY, *Vita Oswaldi*, éd. M. LAPIDGE, Oxford, 2009.

BYRHTFERTH OF RAMSEY, *Vita Ecgwini*, éd. M. LAPIDGE, Oxford, 2009.

B., *Vita Dunstani*, éd. M. Lapidge et M. WINTERBOTTOM, Oxford, 2012.

Vita S. IUDOCI, éd. M. Lapidge, *The Journal of Medieval Latin*, 10, 2000, p. 255-306.

b. Vies de saints anglo-saxons d'époque normande

ADELARD DE GAND, *Lectiones in Depositione S. Dunstani*, éd. M. LAPIDGE et M. WINTER-BOTTOM, Oxford, 2012.

EADMER OF CANTERBURY, *Vita S. Odonis*, éd. A. J. Turner et B. J. MUIR, Oxford, 2009.

EADMER OF CANTERBURY, *Vita et Miracula S. Dunstani*, éd. A. J. TURNER et B. J. MUIR, Oxford, 2009.

EADMER OF CANTERBURY, *Vita et Miracula S. Oswaldi*, éd. A. J. TURNER et B. J. MUIR, Oxford, 2009.

GOSCELIN DE SAINT-BERTIN, *Vitae Sexburge, Eormenhilde, Werburge, Wihtburge et Ætheldrethe*, éd. R. C. LOVE, *Goscelin of Saint-Bertin. The Hagiography of the Female Saints of Ely*, Oxford, 2004.

GOSCELIN DE SAINT-BERTIN, *De S. Editha seu Eadgitha, virgine sanctimoniali, Wiltoniae in Anglia*, éd. A. WILMART, *Analecta Bollandiana*, 56 (1938), p. 5-101 et p. 265-307.

GOSCELIN DE SAINT-BERTIN, *De S. Editha seu Eadgitha, virgine sanctimoniali, Wiltoniae in Anglia*, éd. S. HOLLIS, *Writing the Wilton Women: Goscelin's Legend of Edith and Liber Confortatorius*, Turnhout, 2004.

GOSCELIN DE SAINT-BERTIN, *Vita Wulfsini*, éd. C. H. TALBOT, *Revue bénédictine*, 69 (1959), p. 68-85.

GOSCELIN DE SAINT-BERTIN, *Vita Wulfsini*, éd. R. C. LOVE, in K. BARKER, D. A. HINTON et A. HUNT (éd.), *St Wulfsige and Sherborne: Essays to Celebrate the Millennium of the Benedictine Abbey 998-1998*, Oxford, 2005, p. 98-123.

GOSCELIN DE SAINT-BERTIN, *Vitae Wulfildae, Ethelburgae et Hildelithae*, éd. M. L. COLKER, « Texts of Jocelyn of Canterbury which relate to the history of Barking Abbey », *Studia Monastica*, 7/2 (1965), p. 383-460.

Vitae S. Birini, S. Kenelmi et S. Rumwoldi, éd. R. C. LOVE, *Three Eleventh-Century Anglo-Latin Saints' Lives*, Oxford, 2006.

Vita Waldevi, éd. F. MICHEL, *Chroniques Anglo-Normandes : recueil d'extraits et d'écrits relatifs à l'histoire de Normandie et d'Angleterre pendant les XIᵉ et XIIᵉ siècles*, Rouen, 1836.

Vita Ædwardi Regis, éd. F. BARLOW, Oxford, 1992.

Passio et Miracula Sancti Eadwardi Regis et Martyris, éd. C. FELL, Leeds, 1971.

WILLIAM OF MALMESBURY, *Vitae SS. Wulfstani, Dunstani, Patricki, Benigni et Indracti*, éd. R. M. Thomson et M. Winterbottom, Oxford, 2002.

Translatio Sancti Ælfegi Cantuariensis archiepiscopi et martiris (BHL 2519), éd. A. R. Rumble et R. Morris, in A. R. RUMBLE (éd.) *The Reign of Cnut: King of England, Denmark and Norway*, Londres, 1994, p. 283-315.

c. Vies de saints anglo-saxons dans les *Acta Sanctorum*

De S Ælgyfa, siue Elgiua, regina Angliae, éd. G. HENSCHEN *et al.*, *Acta Sanctorum. Maii Tomus Quartus*, Anvers, 1688, p. 186-187.

De S. Ædelnodo, archiepiscopo Cantuariensis in Anglia. Commentarius Historicus, éd. J. van Hecke *et al.*, *Acta Sanctorum. Octobris Tomus Tertius Decimus*, Bruxelles, 1883, p. 451-456.

BIBLIOGRAPHIE

De S. Dunstano, ex abbate Glastoniensi, episcopo Wigorniensi et Londinensi, dein archiepiscopo Canturiensi (BHL 2342, 2344 et 2345), éd. G. Henschen *et al.*, Acta Sanctorum. Maii Tomus Quartus, Anvers, 1688, p. 344-384.

De S. Dunstano, ex abbate Glastoniensi, episcopo Wigorniensi et Londinensi, dein archiepiscopo Canturiensi (BHL 2350 et 2347), éd. G. Henschen *et al.*, Acta Sanctorum. Maii Tomus Septimus, Anvers, 1695, p. 810-816.

De S. Eadburga siue Edburga, filia Edouardi I Regis Angliae, éd. G. Henschen *et al.*, Acta Sanctorum. Junii Tomus Secundus, Anvers, 1701, p. 1070-1071.

De S. Eduardo Confessore Angliae rege (BHL 2424 et 2427), éd. J. Bolland et G. Henschen, Acta Sanctorum. Januarii Tomus Primus, Anvers, 1643, p. 290-304.

De S. Eduardo martyre, Angliae rege (BHL 2418 et 2420), éd. J. Bolland, G. Henschen et D. van Papenbroeck, Acta Sanctorum. Martii Tomus Secundus, Anvers, 1668, p. 638-647.

De S. Elphego, cognomento calvo, episcopo Wintoniensi in Anglia, éd. J. Bolland, G. Henschen et D. van Papenbroeck, Acta Sanctorum. Martii Tomus Secundus, Anvers, 1668, p. 229-231.

De S. Oswaldo Episcopo Wigorniensi, Archiepiscopo Eboracensi (BHL 6380), éd. J. Bolland, G. Henschen et D. van Papenbroeck, Acta Sanctorum. Februari Tomus Tertius, Anvers, 1658, p. 749-756.

De S. Wulstano Episcopo Wigorniensi in Anglia (BHL 8756 et 8759) éd. J. Bolland et G. Henschen, Acta Sanctorum. Januarii Tomus Secundus, Anvers, 1643, p. 238-249.

De SS. Merwinna et Elfleda Abbatissis Rumeseiensibus in Anglia (BHL 2471 et 2472), éd. J. van Hecke *et al.*, Acta Sanctorum. Octobris Tomus Duodecim, Bruxelles, 1867, p. 922-926.

Osbern of Canterbury, *De S. Elphego martyre, archiepiscopo Canturiensi in Anglia (BHL 2518-2519)*, éd. G. Henschen, D. van Papenbroeck et J. Ravenstein, Acta Sanctorum. Aprilis Tomus Secundus, Anvers, 1675, p. 630-642.

Osbern of Canterbury, *De S. Odone episcopo et confessore Canturiae in Anglia (BHL 6289)*, éd. P. van den Bosche *et al.*, Acta Sanctorum. Julii Tomus Secundus, Anvers, 1723, p. 63-73.

D. Sources littéraires

1. Généalogies

K. Sisam, « Anglo-Saxon Royal Genealogies », Proceedings of the British Academy, 39 (1953), p. 287-346.

D. N. Dumville, « The Anglian collection of royal genealogies and regnal lists », Anglo-Saxon England, 5 (1976), p. 23-50.

D. N. Dumville, « The West Saxon Genealogical Regnal List and the Chronology of Early Wessex », Peritia, 4 (1985), p. 21-66.

2. Annales et Chroniques

The Anglo-Saxon Chronicle, éd. T. Jebson, <*http://asc.jebbo.co.uk/*>, accès le 23 avril 2017.

The Anglo-Saxon Chronicle, éd. G. N. Garmonsway, Londres, 1972.

The *Anglo-Saxon Chronicle*, éd. M. SWANTON, New York, 1996.

The *Anglo-Saxon Chronicle: A Collaborative Edition*, éd. D. N. DUMVILLE et S. D. KEYNES, Oxford, 1983-

ÆTHELWEARD, *Chronicon*, éd. A. CAMPBELL, Londres, 1962.

JOHN OF WORCESTER, *Chronicon ex chronicis*, éd. B. THORPE, Londres, 1848-1849.

JOHN OF WORCESTER, *Chronicon ex chronicis*, éd. R. R. DARLINGTON, P. McGURK et J. BRAY, Oxford, 1995.

JOHN OF WALLINGFORD, *Chronica*, éd. R. VAUGHAN, Londres, 1958.

3. Histoires monastiques

Liber Eliensis, éd. E. O. BLAKE, Londres, 1962.

Liber Eliensis, éd. J. FAIRWEATHER, Woodbridge, 2005.

Historia Ecclesie Abbendonensis, éd. J. HUDSON, Oxford, 2007-2008.

HEMMING, *Codicellus* et *Geanbec*, éd. T. HEARNE, *Hemingi Chartularium Ecclesiæ Wigornensis*, Oxford, 1723, p. 248-316.

The *Chronicle of Evesham*, éd. W. DUNN Macray, Londres, 1863.

The *Chronicle of Ramsey*, éd. W. DUNN Macray, Londres, 1886.

HUGH CANDIDUS, The *Chronicle of Peterborough*, éd. C. MELLOWS et W. T. MELLOWS, Peterbogourh, 1966.

HUGH CANDIDUS, The *Chronicle of Peterborough*, éd. W. T. MELLOWS, Londres, 1949.

The *Waltham Chronicle*, éd. L. WATKISS et M. CHIBNALL, Oxford, 1994.

AELRED DE RIEVAULX, *De Sanctis Ecclesiae Haugustaldensis*, éd. J. RAINE, The *Priory of Hexham, its chroniclers, endowments and annals, vol. 1*, Durham, 1864.

Historia de Sancto Cuthberto, éd. T. J. SOUTH, Cambridge, 2002.

4. Historiographie

BEDE LE VENERABLE, *Historia ecclesiastica gentis Anglorum*, éd. A. CREPIN *et al.*, Paris, 2005.

HENRY OF HUNTINGDON, *Historia Anglorum*, éd. T. ARNOLD, Londres, 1879.

HENRY OF HUNTINGDON, *Historia Anglorum*, éd. D. E. GREENWAY, Oxford, 1996-2002.

ORDERIC VITAL, *Historia Ecclesiastica*, éd. M. CHIBNALL, Oxford, 1980.

SYMEON OF DURHAM, *De Northymbrorum comitibus*, éd. T. ARNOLD, *Symeonis Monachi Opera Omnia*, Londres, 1882, p. 382-384.

SYMEON OF DURHAM, *De Obsessione Dunelmi*, éd. T. ARNOLD, *Symeonis Monachi Opera Omnia*, Londres, 1882, p. 215-220.

5. Biographies

ASSER, *Vita Alfredi*, éd. W. H. STEVENSON, Oxford, 1904.

ASSER, *Vita Alfredi*, éd. A. GAUTIER, Paris, 2013.

Encomium Emmae Reginae, éd. A. CAMPBELL et S. KEYNES, Cambridge, 1998.

WILLIAM OF MALMESBURY, *Gesta Pontificum Anglorum*, éd. R. M. THOMSON et M. WINTERBOTTOM, Oxford, 2007.

BIBLIOGRAPHIE

WILLIAM OF MALMESBURY, *Gesta Regum Anglorum*, éd. R. A. B. MYNORS, R. M. THOMSON et M. WINTERBOTTOM, Oxford, 1998-1999.

6. Lettres et préfaces

E. DÜMMLER, *Epistolae Karolini Aevi, t. 2*, Berlin, 1895.
ÆLFRIC OF EYNSHAM, *Letter to the Monks of Eynsham*, éd. C. A. JONES, Cambridge, 1998.

7. Poésie

CYNEWULF, *Elene*, éd. P. O. E. GRADON, Londres, 1958.
Beowulf, éd. A. CRÉPIN, Paris, 2007.
Beowulf, éd. R. M. LIUZZA, Peterborough, 2000.
E. V. K. DOBBIE, *Beowulf and Judith*, Londres, 1954.
Guthlac A et B, éd. J. A. ROBERTS, Oxford, 1979.
Codex Exoniensis, éd. B. J. MUIR, Exeter, 2000^2.
Codex Exoniensis, éd. B. THORPE, Londres, 1842.
The Battle of Maldon, éd. D. SCRAGG, Manchester, 1981.
The Battle of Maldon, éd. D. SCRAGG, Oxford, 1991.
Old English Poetry, http: //www8.georgetown.edu/departments/medieval/labyrinth/library/ oe/alpha.html, accès le 23 avril 2017.

8. Textes narratifs anglo-saxons antérieurs au Xe siècle

ALFRED, *Augustini Soliloquiorum libri duo*, éd. T. A. CARNICELLI, Cambridge, 1999.
ALFRED, *Boethii De Consolatione Philosophiae*, éd. W. J. SEDGEFIELD, Oxford, 1899.
ALFRED, *Gregorii Cura Pastoralis*, éd. H. SWEET, Londres, 1871.
PAUL OROSE, *Historiarum Adversum Paganos Libri VII*, éd. J. M. BATELY, Londres, 1980.
N. LUND et C. E. FELL, *Two Voyagers at the Court of King Alfred: The Ventures of Ohthere and Wulfstan Together With the Description of Northern Europe from the "Old English Orosius"*, York, 1984.

9. Textes continentaux

ADAM DE BRÊME, *Gesta Hammaburgensis ecclesiae pontificum*, éd. B. SCHMEIDLER, Hanover-Leipzig (MGH), 1917.
ERMOLD LE NOIR, *In honorem Hludovici imperatoris*, éd. E. FARAL, Paris, 1932.
LIUTPRAND DE CREMONE, *Antapodosis*, éd. P. CHIESA, Turnhout, 1998.
GUILLAUME DE POITIERS, *Gesta Guillelmi*, éd. R. H. C. DAVIS et M. CHIBNALL, Oxford, 1998.
E. van HOUTS, *The Gesta Normannorum Ducum of William of Jumieges, Orderic Vitalis, and Robert of Torigni*, Oxford, 1992.

E. Sources matérielles

1. Épigraphie

E. OKASHA, *Hand-List of Anglo-Saxon Non-Runic Inscriptions*, Cambridge, 1971.

—, « A supplement to Hand-List of Anglo-Saxon Non-Runic Inscriptions », *Anglo-Saxon England*, 11 (1982), p. 83-118.

—, « A second supplement to Hand-List of Anglo-Saxon Non-Runic Inscriptions », *Anglo-Saxon England*, 21 (1992), p. 37-85.

—, « A third supplement to Hand-List of Anglo-Saxon Non-Runic Inscriptions », *Anglo-Saxon England*, 33 (2004), p. 225-281.

T. WILLS, *Runic Dictionary*, < http://skaldic.abdn.ac.uk/db.php?if=default&table=home&view=>, accès le 23 avril 2017.

M. P. BARNES et R. I. PAGE, *The Scandinavian Runic Inscriptions of Britain*, Uppsala, 2006.

K. HOLMAN, *Scandinavian Runic Inscriptions in the British Isles: Their Historical Context*, Oslo, 1996.

2. Numismatique

S. MILLER, *Fitzwilliam Museum: Corpus of Early Medieval Coin Finds et Sylloge of Coins of the British Isles*, http: //www.fitzmuseum.cam.ac.uk/dept/coins/emc/, accès le 23 avril 2017.

II. Sources secondaires

R. P. ABELS, *Lordship and military obligation in Anglo-Saxon England*, Londres, 1988.

I. ABOUT et V. DENIS, *Histoire de l'identification des personnes*, Paris, 2010.

L. ABRAMS, « Conversion and Assimilation », *in* D. M. HADLEY et J. D. RICHARDS (éd.), *Cultures in Contact: Scandinavian Settlement in England in the Ninth and Tenth Centuries*, Turnhout, 2000, p. 135-153.

—, « Diaspora and identity in the Viking Age », *Early Medieval Europe*, 20 (2012), p. 17-38.

—, « Germanic Christianities », *in* T. F. X. NOBLE et J. M. H. SMITH (éd.), *Early Medieval Christianities, c.600-c.1100*, Cambridge, 2008, p. 107-129.

—, « The conversion of the Danelaw », *in* J. GRAHAM-CAMPBELL *et al.* (éd.), *Vikings and the Danelaw*, Oxford, 2001, p. 31-44.

— et D. N. PARSONS, « Place-names and the history of Scandinavian settlement in England », *in* J. HINES, A. LANE et M. REDKNAP (éd.), *Land, Sea and Home: Proceedings of a Conference on Viking-Period Settlement at Cardiff, July 2001*, Leeds, 2004, p. 379-431.

S. AIRLIE, « The aristocracy », *in* R. MCKITTERICK (éd.), *The New Cambridge Medieval History, vol. II, c. 700-c. 900*, Cambridge, 1995, p. 431-450.

R. D. ALFORD, *Naming and identity: a cross-cultural study of personal naming practices*, New Haven, 1988.

G. Althoff, *Family, Friends and Followers*, Cambridge, 2004 [1990].

—, J. Fried et P. J. Geary (éd.), *Medieval concepts of the past: ritual, memory, historiography*, Cambridge, 2002.

P. Amory, « The naming and purpose of ethnic terminology in the Burgundian laws », *Early Medieval Europe*, 2 (1993), p. 1-28.

—, « Names, ethnic identity, and community in fifth and sixth-century Burgundy », *Viator: Medieval and Renaissance Studies*, 25 (1994), p. 1-30.

J.-L. Amselle et E. M'bokolo (éd.), *Au cœur de l'ethnie : ethnies, tribalisme et État en Afrique*, Paris, 1985.

B. R. Anderson, *Imagined communities: reflections on the origin and spread of nationalism*, Londres, 1983.

A. Angenendt, « *Missa Specialis*. Zugleich ein Beitrag zur Entstehung der Privatmessen », *Frühmittelalterliche Studien*, 17 (1983), p. 153-221.

P. Ariès, *L'Enfant et la vie familiale sous l'Ancien Régime*, Paris, 1960.

F. Armengaud, « Nom », *Encyclopædia Universalis*, Paris, 2013.

M. Ashdown, « The attitude of the Anglo-Saxons to their Scandinavian invaders », *Saga-Book of the Viking Society*, 10 (1928), p. 75-99.

M. Aurell, « Introduction. Rompre la concorde familiale : typologie, imaginaire, questionnements », *in* M. Aurell (éd.), *La Parenté déchirée : les luttes intrafamiliales au Moyen Âge. Actes du colloque de Poitiers, 13-14 mars 2009*, Turnhout, 2010, p. 7-60.

—, « La Parenté de l'An Mil », *Cahiers de civilisation médiévale*, 43 (2000), p. 125-142.

E. Balibar et I. Wallerstein, *Race, nation, classe : les identités ambiguës*, Paris, 1988.

N. Banton, « Monastic Reform and the Unification of Tenth Century England », *in* S. Mews (éd.), *Religion and national identity: papers read at the nineteenth Summer Meeting and the twentieth Winter Meeting of the Ecclesiastical History Society*, Oxford, 1982, p. 71-85.

N. Barley, « Perspectives on Anglo-Saxon Names », *Semiotica*, 11 (1974), p. 1-31.

G. Barraclough, « The Anglo-Saxon Writ », *History*, 39 (1954), p. 193-215.

B. Barriere, « La dénomination chez les vicomtes limousins : le lignage des Comborn », *in* M. Bourin et P. Chareille (éd.), *Genèse médiévale de l'anthroponymie moderne, Tome III : Enquêtes généalogiques et données prosopographiques*, Tours, 1995, p. 65-80.

F. Barth, « Boundaries and connections », *in* A. P. Cohen (éd.), *Signifying identities: anthropological perspectives on boundaries and contested values*, Londres, 2000, p. 17-36.

—, « Les groupes ethniques et leurs frontières », *in* P. Poutignat et J. Streiff-Fenart (éd.), *Théories de l'ethnicité*, Paris, 2008 [1969], p. 203-249.

R. Barthes, « Proust et les noms », *in Le degré zéro de l'écriture, suivi de Nouveaux essais critiques*, Paris, 1972, p. 118-130.

R. Bartlett, *The Making of Europe. Conquest, Colonization and Cultural Change, 950-1350*, Princeton, 1993.

D. Bates, « Charters and historians of Britain and Ireland: problems and possibilities », *in* M. T. Flanagan et J. A. Green (éd.), *Charters and Charter Scholarship in Britain and Ireland*, Basingstoke, 2005, p. 1-14.

—, « The Prosopographical Study of Anglo-Norman Royal Charters », *in* K. S. B. Keats-Rohan (éd.), *Family Trees and the Roots of Politics. The Prosopography of Britain and France from the Tenth to the Eleventh Century*, Woodbridge, 1997, p. 89-102.

—, *Normandy before 1066*, Londres, 1982.

P. Bauduin, « Introduction », *in* V. Gazeau, P. Bauduin et Y. Moderan (éd.), *Identité et ethnicité : concepts, débats historiographiques, exemples: (IIIe-XIIe siècle), Table ronde tenue les 15-16 octobre 2004 à la Maison de la recherche en sciences humaines (Mrsh) de l'Université de Caen Basse-Normandie*, Caen, 2008, p. 7-21.

—, « Observations sur les structures familiales de l'aristocratie normande au XIe siècle », *in* D. Bates (éd.), *Liens personnels, réseaux, solidarités en France et dans les îles britanniques (XIe-XXe siècle) : actes de la table ronde organisée par le Gdr 2136 et l'Université de Glasgow (10-11 mai 2002)*, Paris, 2006, p. 15-28.

—, *Le monde franc et les Vikings : VIIIe-Xe siècle*, Paris, 2009.

S. Baxter, « Lordship and justice in the early English Kingdom: the judicial functions of sioke and commendation revisited », *in* S. Baxter *et al.* (éd.), *Early medieval studies in memory of Patrick Wormald*, Farnham, 2009, p. 383-419.

—, « Lordship and labour », *in* J. C. Crick et E. M. C. Van Houts (éd.), *A social history of England, 900-1200*, Cambridge, 2011, p. 98-114.

—, *The Earls of Mercia: Lordship and Power in Late Anglo-Saxon England*, Oxford, 2007.

P. Beck, « Les noms de baptême en Bourgogne à la fin du Moyen Âge : choix roturier, choix aristocratique », *in* J. Dupaquier, A. Bideau et M.-E. Ducreux (éd.), *Le prénom, mode et histoire. Entretiens de Malher*, Paris, 1984, p. 161-167.

—, « Noms de baptême et structures sociales à Nuits (Bourgogne) à la fin du Moyen Âge », *Bulletin Philologique et Historique*, (1980), p. 253-266.

—, « De la transmission du nom et du surnom en Bourgogne à la fin du Moyen Âge (X^e-XVe siècles) », *in* M. Bourin et P. Chareille (éd.), *Genèse médiévale de l'anthroponymie moderne, Tome III : Enquêtes généalogiques et données prosopographiques*, Tours, 1995, p. 123-141.

—, « Discours littéraires sur la dénomination (VIe-XVIe siècles) », *in* P. Beck (éd.), *Genèse médiévale de l'anthroponymie moderne, Tome IV : Discours sur le nom : normes, usages, imaginaire (VIe-XVIe siècles)*, Tours, 1997, p. 121-161.

—, « Le nom protecteur », *Cahiers de recherches médiévales (XIIIe-XVe siècles)*, 8 (2001), p. 165-174.

— (éd.), *Genèse médiévale de l'anthroponymie moderne, Tome IV : Discours sur le nom : normes, usages, imaginaire (VIe-XVIe siècles)*, Tours, 1997.

— et P. Chareille, « Espaces migratoires et aire d'influence de la ville de Dijon à la fin du XIVe siècle », *Cahiers de recherches médiévales et humanistes*, 3 (1997), p. 17-32.

H. S. Becker, *Outsiders: studies in the sociology of deviance*, New York, 1966.

M. B. Bedingfield, *The Dramatic Liturgy of Anglo-Saxon England*, Woodbridge 2002.

B. M. Bedos-Rezak et D. Iogna-Prat (éd.), *L'Individu au Moyen Âge. Individuation et individualisation avant la modernité*, Paris, 2005.

G. Beech, M. Bourin et P. Chareille, *Personal Names Studies of Medieval Europe*, Kalamazoo, 2002.

M. Bennett, « Spiritual Kinship and the Baptismal Name in Traditional European Society », *in* D. Postles et J. T. Rosenthal (éd.), *Studies on the personal name in later medieval England and Wales*, Kalamazoo, 2006, p. 115-146.

P. Besnard et G. Desplanques, « Les catégories socioprofessionnelles à l'épreuve de la stratification temporelle des goûts », *Revue française de sociologie*, 40 (1999), p. 97-109.

— et C. GRANGE, « La fin de la diffusion verticale des goûts. Prénoms de l'élite et du *vulgum* », *Année sociologique*, 43 (1993), p. 269-294.

M. BIDDLE, « Organisation and Society, iii the Mint », *in* M. BIDDLE (éd.), *Winchester in the Middle Ages. An edition and discussion of the Winton Domesday*, Oxford, 1976, p. 396-422.

J.-L. BIGET, « L'évolution des noms de baptême en Languedoc au Moyen Âge (IXe-XIVe s.) », *Cahiers de Fangeaux*, 17 (1982), p. 297-341.

P.-H. BILLY, « Nommer en Basse-Normandie aux XIe-XVe siècles », *in Mélanges René Lepelley*, Caen, 1995, p. 223-232.

—, « Nommer à Toulouse aux XIe-XIVe siècles », *in* M. BOURIN et P. CHAREILLE (éd.), *Genèse médiévale de l'anthroponymie moderne, Tome III : Enquêtes généalogiques et données prosopographiques*, Tours, 1995, p. 171-189.

W. D. G. BIRCH, *Index Saxonicus: an index to all the names of persons in Cartularium Saxonicum*, Londres, 1885.

E. BJÖRKMAN, *Nordische Personennamen in England in alt- und frühmittel-englischer Zeit. Ein Beitrag zur englischen Namenkunde*, Halle, 1910.

M. A. S. BLACKBURN, « Mints, Burhs, and the Grately Code, cap. 14.2 », *in* D. HILL et A. R. RUMBLE (éd.), *The defence of Wessex: the Burghal Hidage and Anglo-Saxon fortifications*, Manchester, 1996, p. 160-175.

J. BLAIR, « A handlist of Anglo-Saxon saints », *in* A. THACKER et R. SHARPE (éd.), *Local Saints and Local Churches in the Early Medieval West*, Oxford, 2002, p. 495-595.

—, « A saint for every minster? Local cults in Anglo-Saxon England », *in* A. THACKER et R. SHARPE (éd.), *Local Saints and Local Churches in the Early Medieval West*, Oxford, 2002, p. 455-494.

— (éd.), *Minsters and Parish Churches: the local Church in transition, 950-1200: Conference on the English Parish Church in the 11th and 12th Centuries*, Oxford, 1988.

— et R. SHARPE (éd.), *Pastoral Care Before the Parish*, Londres, 1992.

—, *The church in Anglo-Saxon society*, Oxford, 2005.

J. BLISS, *Naming and Namelessness in Medieval Romance*, Woodbridge, 2008.

M. BLOCH, « Noms de personne et histoire sociale », *Annales d'histoire économique et sociale*, 13 (1932), p. 67-69.

—, *La société féodale*, Paris, 1978 [1939].

R. H. BLOCH, « Genealogy as a Medieval Mental Structure and Textual Form », *in Grundriß der romanischen Literaturen des Mittelalters, 11: La Littérature historiographique des origines à 1500*, Heidelberg, 1986, p. 135-156.

—, *Etymologies and genealogies: a literary anthropology of the French Middle Ages*, Chicago, 1983.

L. BOLTANSKI et L. THÉVENOT, *Les économies de la grandeur*, Paris, 1987.

E. BONVINI, « Les noms individuels chez les Kasina du Burkina Faso », *in* E. MOTTE-FLORAC et G. GUARISMA (éd.), *Du terrain au cognitif: linguistique, ethnolinguistique, ethnosciences: à Jacqueline M. C. Thomas*, Louvain, 2004, p. 281-298.

J. BOSWORTH et T. N. TOLLER, *An Anglo-Saxon Dictionary*, Oxford, 1898.

C. B. BOUCHARD, « Conclusions: Family Structure and the Year 1000 », *in Those of my blood: constructing noble families in medieval Francia*, Philadelphia, 2001, p. 175-180.

—, « Family Structure and Family Consciousness among the Aristocracy in the Ninth to Eleventh Centuries », *Francia*, 14 (1986), p. 639-658.

—, « The Carolingian creation of a model of patrilineage », *in* C. M. CHAZELLE et F. LIFSHITZ (éd.), *Paradigms and methods in early medieval studies*, New York, 2007, p. 135-151.

P. BOURDIEU, « Espace social et genèse des 'classes' », *Actes de la recherche en sciences sociales*, 52-53 (1984), p. 3-14.

—, « L'identité et la représentation : éléments pour une réflexion critique sur l'idée de région », *Actes de la recherche en sciences sociales*, 35 (1980), p. 63-72.

—, « La parenté comme représentation et comme volonté », *in Esquisse d'une théorie de la pratique*, Genève, 1972, p. 71-151.

—, « Le capital social », *Actes de la recherche en sciences sociales*, 31 (1980), p. 2-3.

—, « Les rites comme actes d'institution », *Actes de la recherche en sciences sociales*, 43 (1982), p. 58-63.

—, *Le sens pratique*, Paris, 1980.

—, *Raisons pratiques*, Paris, 1994.

A. BOUREAU, « L'individu, auteur de la vérité et suppôt de l'erreur. Connaissance et dissidence dans le monde scolastique (vers 1270-vers 1330) », *in* B. M. BEDOS-REZAK et D. IOGNA-PRAT (éd.), *L'Individu au Moyen Âge. Individuation et individualisation avant la modernité*, Paris, 2005, p. 289-306.

M. BOURIN, « Bilan de l'enquête », *in* M. BOURIN et P. CHAREILLE (éd.), *Genèse médiévale de l'anthroponymie moderne, Tome I : Enquêtes généalogiques et données prosopographiques*, Tours, 1990, p. 233-246.

—, « De rares discours réflexifs sur le nom mais des signes évidents de choix de dénomination réfléchis », *in* P. BECK (éd.), *Genèse médiévale de l'anthroponymie moderne, Tome IV : Discours sur le nom : normes, usages, imaginaire (vi^e-xvie siècles)*, Tours, 1997, p. 239-252.

— et P. CHAREILLE, « Anthroponymie et migrations : les difficultés d'une enquête », *in* A. GREULE et M. SPRINGER (éd.), *Namen des Frühmittelalters als sprachliche Zeugnisse und als Geschichtsquellen*, Berlin, 2009, p. 251-266.

— et P. CHAREILLE, « Le choix anthroponymique : entre hasards individuels et nécessités familiales », *in* M. BOURIN et P. CHAREILLE (éd.), *Genèse Médiévale de l'Anthroponymie Moderne : Tome V-1. Intégration et Exclusion Sociale : Serfs et dépendants au Moyen Âge (viiie-xiie siècle)*, Tours, 2002, p. 219-241.

— et P. CHAREILLE, *Genèse médiévale de l'anthroponymie moderne, Tome I : Enquêtes généalogiques et données prosopographiques*, Tours, 1990.

— et P. CHAREILLE, *Genèse médiévale de l'anthroponymie moderne, Tome II - 1 : Persistance du nom unique. L'anthroponymie des clercs*, Tours, 1992.

— et P. CHAREILLE, *Genèse médiévale de l'anthroponymie moderne, Tome II - 2 : Persistance du nom unique. Désignation et anthroponymie des femmes*, Tours, 1992.

— et P. CHAREILLE, *Genèse médiévale de l'anthroponymie moderne, Tome III : Enquêtes généalogiques et données prosopographiques*, Tours, 1995.

— et P. CHAREILLE, *Genèse médiévale de l'anthroponymie moderne, Tome V : Intégration et exclusion sociale : lectures anthroponymiques. Serfs et dépendants au Moyen Âge*, Tours, 2002.

— et B. CHEVALIER, « L'enquête : Buts et méthodes », *in* M. BOURIN et P. CHAREILLE (éd.), *Genèse médiévale de l'anthroponymie moderne, Tome I : Enquêtes généalogiques et données prosopographiques*, Tours, 1990, p. 7-12.

—, J.-M. MARTIN et F. MENANT, *L'anthroponymie. Document de l'histoire sociale des mondes méditerranéens médiévaux. Actes du colloque international organisé par l'École française de Rome avec le concours du GDR 955 du CNRS* « *Genèse médiévale de l'anthroponymie moderne* », *Rome, 6-8 octobre 1994*, Rome, 1996.

R. BOYER, *Les Vikings*, Paris, 1992.

L. BRAUDY, *The frenzy of renown: fame & its history*, Oxford, 1986.

E. BRIGGS, « Nothing but names: the original core of the Durham Liber Vitæ », *in* D. W. ROLLASON *et al.* (éd.), *The Durham Liber Vitæ and its Context*, Woodbridge, 2004, p. 63-85.

C. BROMBERGER, « Choix, dation et règles d'utilisation des noms propres dans une commune de l'Hérault : Bouzigues », *Le Monde Alpin et Rhodanien*, 1 (1976), p. 133-151.

—, « Pour une analyse anthropologique des noms de personnes », *Langages*, 16 (1982), p. 103-124.

N. P. BROOKS, « Anglo-Saxon charters: Recent Work », *in Anglo-Saxon Myths. State and Church, 400-1066*, Londres, 2000, p. 181-215.

—, « Why is the *Anglo-Saxon Chronicle* about kings? », *Anglo-Saxon England*, 39 (2010), p. 43-70.

R. BRUBAKER, « Au-delà de l'"identité' », *Actes de la recherche en sciences sociales*, 139 (2001), p. 66-85.

D. BULLOUGH, « Early Medieval Social Groupings: The Terminology of Kinship », *Past & Present*, 45 (1969), p. 3-18.

C. BURIDAND, « Les paramètres de l'étymologie médiévale », *Lexique*, 14 (1998), p. 11-56.

A. G. CARPUSOR et W. E. LOGES, « Rental Discrimination and Ethnicity in Names », *Journal of Applied Social Psychology*, 36 (2006), p. 934-952.

C. CATLING, « The Viking roots of north-west England », *Current Archaeology*, 217 (2008), p. 7.

J. CAUVIN et K. DEMBELE, « Les noms africains, sens, valeur, avenir », *Pirogue*, 41 (1981), p. 1-31.

M. H. CAVINESS et C. G. NELSON, « Silent Witnesses, Absent Women, and the Law Courts in Medieval Germany », *in* T. S. FENSTER et D. L. SMAIL (éd.), *Fama: the politics of talk and reputation in medieval Europe*, Ithaca, 2003, p. 47-72.

P. CHAPLAIS, « The Origin and Authenticity of the Royal Anglo-Saxon Diploma », *Journal of the Society of Archivists*, 3 (1965), p. 48-61.

—, « Anglo-Saxon Chancery: from the Diplomas to the Writs », *Journal of the Society of Archivists*, 3 (1965-1969), p. 160-176.

—, « The Royal Anglo-Saxon 'Chancery' of the Tenth Century Revisited », *in* H. MAYR-HARTING et R. I. MOORE (éd.), *Studies in Medieval History presented to R. H. C. DAVIES*, Londres, 1985, p. 41-51.

—, « William of Saint-Calais and the Domesday Survey », *in* J. HOLT (éd.), *Domesday Studies: Papers Read at the Novocentenary Conference of the Royal Historical Society and the Institute of British Geographers, Winchester, 1986*, Woodbridge, 1987, p. 65-77.

D. Chapman, « *Uterque Lingua / Ægðer Gereord*: Ælfric's Grammatical Vocabulary and the Winchester Tradition », *Journal of English and Germanic Philology*, 109 (2010), p. 421-445.

P. Chareille, « Eléments pour un traitement statistique des données anthroponymiques », *in* M. Bourin et P. Chareille (éd.), *Genèse médiévale de l'anthroponymie moderne, Tome II - 2 : Enquêtes généalogiques et données prosopographiques*, Tours, 1992, p. 245-297.

—, « Methodological Problems in a Quantitative Approach to Changes in Naming », *in* D. Postles et J. T. Rosenthal (éd.), *Studies on the personal name in later medieval England and Wales*, Kalamazoo, 2006, p. 15-27.

— et P. Darlu, « Anthroponymie et migrations », *in* M. Bourin, P. Martinez Sopena et F. Jacquesson (éd.), *Anthroponymie et migrations dans la chrétienté médiévale*, Madrid, 2010, p. 41-73.

—, *Genèse médiévale de l'anthroponymie moderne. Tome VI. Le nom : histoire et statistiques : quelles méthodes quantitatives pour une étude de l'anthroponymie médiévale ?*, Tours, 2008.

T. M. Charles-Edwards, « Anglo-Saxon Kinship Revisited », *in* J. Hines (éd.), *The Anglo-Saxons from the Migration Period to the Eighth Century: An Ethnographic Perspective*, Woodbridge, 1997, p. 171-210.

—, « Kinship, Status and the Origin of the Hide », *Past & Present*, 56 (1972), p. 3-33.

G. Chartier, « Les noms de personne scandinaves dans les chartes des ducs de Normandie entre 911 et 1066 », *Nouvelle revue d'onomastique*, 25-26 (1995), p. 143-164.

M. Chibnall, « Charter and Chronicle: The Use of Archive Sources by Norman Historians », *in* C. N. L. Brooke (éd.), *Church and government in the Middle Ages: essays presented to C. R. Cheney on his 70th birthday*, Cambridge, 1976, p. 1-18.

—, *The world of Orderic Vitalis*, Oxford, 1984.

—, *Anglo-Norman England, 1066-1166*, Oxford, 1986.

M. T. Clanchy, *From memory to written record: England 1066-1307*, Londres, 1979.

J. R. Clark Hall et H. D. Meritt, *A Concise Anglo-Saxon Dictionary*, Toronto, 2007[4].

C. Clark, « A Witness to Post-Conquest English Cultural Patterns: The *Liber* Vitæ of Thorney Abbey », *in* C. Clark et P. Jackson (éd.), *Words, names and history: selected writings of Cecily Clark*, Cambridge, 1996, p. 339-347.

—, « Battle c. 1110: An Anthroponymist Looks at an Anglo-Norman New Town », *in* C. Clark et P. Jackson (éd.), *Words, names and history: selected writings of Cecily Clark*, Cambridge, 1996, p. 221-240.

—, « Certains éléments français de l'anthroponymie anglaise du Moyen Âge : essai méthodologique », *in* C. Clark et P. Jackson (éd.), *Words, names and history: selected writings of Cecily Clark*, Cambridge, 1996, p. 84-91.

—, « Clark's First Three Laws of Applied Anthroponymics », *in* C. Clark et P. Jackson (éd.), *Words, names and history: selected writings of Cecily Clark*, Cambridge, 1996, p. 77-83.

—, « Domesday Book - a great red-herring: thoughts on some late-eleventh-century orthographies », *in* C. Clark et P. Jackson (éd.), *Words, names and history: selected writings of Cecily Clark*, Cambridge, 1996, p. 156-167.

—, « Historical Linguistics. Linguistic Archaeology », *in* C. Clark et P. Jackson (éd.), *Words, names and history: selected writings of Cecily Clark*, Cambridge, 1996, p. 92-99.

—, « On Dating the *Battle of Maldon*: Certain Evidence Reviewed », *in* C. CLARK et P. JACKSON (éd.), *Words, names and history: selected writings of Cecily Clark*, Cambridge, 1996, p. 20-36.

—, « People and Languages in Post-Conquest Canterbury », *in* C. CLARK et P. JACKSON (éd.), *Words, names and history: selected writings of Cecily Clark*, Cambridge, 1996, p. 179-206.

—, « Personal-Name studies: bringing them to a wider audience », *Nomina*, 15 (1991-92), p. 21-34.

—, « Socio-Economic Status and Individual Identity: Essential Factors in the Analysis of Middle English Personal-Naming », *in* C. CLARK et P. JACKSON (éd.), *Words, names and history: selected writings of Cecily Clark*, Cambridge, 1996, p. 100-113.

—, « Some Early Canterbury Surnames », *in* C. CLARK et P. JACKSON (éd.), *Words, names and history: selected writings of Cecily Clark*, Cambridge, 1996, p. 207-220.

—, « The early personal names of King's Lynn: an essay in sociocultural history », *in* C. CLARK et P. JACKSON (éd.), *Words, names and history: selected writings of Cecily Clark*, Cambridge, 1996, p. 241-279.

—, « The Liber Vitæ of Thorney Abbey and its "catchment area" », *in* C. CLARK et P. JACKSON (éd.), *Words, names and history: selected writings of Cecily Clark*, Cambridge, 1996, p. 320-338.

—, « Willelmus Rex? Vel Alius Willelmus? », *in* C. CLARK et P. JACKSON (éd.), *Words, names and history: selected writings of Cecily Clark*, Cambridge, 1996, p. 280-298.

—, « Women's Name in Post-Conquest England: Observations and Speculations », *in* D. POSTLES et J. T. ROSENTHAL (éd.), *Studies on the personal name in later medieval England and Wales*, Kalamazoo, 2006, p. 65-102.

—, « English personal names, ca. 650-1300: some prosopographical bearings », *in* D. POSTLES et J. T. ROSENTHAL (éd.), *Studies on the personal name in later medieval England and Wales*, Kalamazoo, 2006, p. 7-28.

—, « Onomastics », *in* R. M. HOGG (éd.), *The Cambridge History of the English Language*, Cambridge, 1992, p. 452-489.

P. A. CLARKE, *The English Nobility Under Edward the Confessor*, Oxford, 1994.

M. CLAYTON, « Homiliaries and Preaching in Anglo-Saxon England », *Peritia*, 4 (1985), p. 207-242.

J. CLERGET (éd.), *Le nom et la nomination*, Toulouse, 1990.

A. J. COLDMAN, T. BRAUN et R. P. GALLAGHER, « The classification of ethnic status using name information », *Journal of Epidemiology and Community Health*, 42 (1988), p. 390-395.

C. COLLARD, « Les noms-numéros chez les Guidar », *L'Homme*, 13 (1973), p. 45-59.

F. COLMAN, *Money talks: reconstructing Old English*, Berlin, 1992.

—, *The grammar of names in Anglo-Saxon England: the linguistics and culture of the Old English onomasticon*, Oxford, 2014.

G. CONSTABLE, « Religious Communities, 1024-1215 », *in* D. E. LUSCOMBE et J. RILEY-SMITH (éd.), *The New Cambridge Medieval History, vol. IV, c. 1024-c. 1198*, Cambridge, 2004, p. 335-367.

—, « The commemoration of the dead in the early Middle Ages », *in* D. A. BULLOUGH et J. M. H. SMITH (éd.), *Early medieval Rome and the Christian West: essays in honour of Donald A. Bullough*, Leyde, 2000, p. 169-195.

J. J. CONTRENI, « The Carolingian Renaissance: education and literary culture », *in* R. MCKITTERICK (éd.), *The New Cambridge Medieval History, vol. II, c. 700-c. 900*, Cambridge, 1995, p. 709-757.

A. COOPER, « Protestations of ignorance in the Domesday Book », *in* R. F. BERKHOFER, A. COOPER et A. J. KOSTO (éd.), *The Experience of Power in Medieval Europe, 950-1350*, Aldershot, 2005, p. 169-181.

J. CORBLET, *Histoire dogmatique, liturgique et archéologique du sacrement du baptême*, Paris, 1881-1882.

—, « Des noms de baptême et des prénoms chrétiens. Étude philologique et liturgique », *Revue de l'art chrétien*, 5 (1876), p. 5-24.

—, « Des noms de baptême et des prénoms chrétiens. Étude philologique et liturgique », *Revue de l'art chrétien*, 5 (1876), p. 273-306.

—, « Des noms de baptême et des prénoms chrétiens. Étude philologique et liturgique », *Revue de l'art chrétien*, 6 (1877), p. 76-110.

—, « Recherches historiques sur les rites, cérémonies et coutumes de l'administration du baptême », *Revue de l'art chrétien*, 11 (1879), p. 108-140 et p. 329-400.

J. M. CORKERY, « Approaches to the study of English forename use », *Nomina*, 23 (2003), p. 55-74.

B. COULMONT, *Sociologie des prénoms*, Paris, 2011.

S. COVIAUX, « Les échanges culturels au sein du monde nordique : l'exemple du culte de saint Olaf », *in* (éd.), *Les Échanges Culturels au Moyen-Âge, Compte-rendu du XXXIIe Congrès de la SHMESP, tenu en 2001 à Boulogne-sur-Mer*, Paris, 2002, p. 207-225.

—, « Baptême et conversion des chefs scandinaves du IXe au XIe siècle », *in* P. BAUDUIN (éd.), *Les Fondations scandinaves en Occident et les débuts du duché de Normandie. Colloque de Cerisy-la-Salle (25-29 septembre 2002)*, Caen, 2005, p. 67-80.

Y. COZ, *Rome en Angleterre. L'image de la Rome antique dans l'Angleterre anglo-saxonne du VIIe siècle à 1066*, Paris, 2011.

J. CRICK, « Posthumous Obligation and Family Identity », *in* W. O. FRAZER et A. TYRRELL (éd.), *Social Identities in Early Medieval Britain*, Londres-New York, 2000, p. 193-208.

—, « Women, Posthumous Benefaction, and Family Strategy in Pre-Conquest England », *The Journal of British Studies*, 38 (1999), p. 399-422.

—, « Women, Wills and Moveable Wealth in Pre-Conquest England », *in* M. DONALD et L. HURCOMBE (éd.), *Gender and Material Culture in Historical Perspective*, Londres, 2000, p. 17-37.

J. E. CROSS, « The Name and Not the Deed », *The Modern Language Review*, 54 (1959), p. 66.

C. CUBITT, « Memory and Narrative in the Cult of Anglo-Saxon Saints », *in* Y. HEN et M. INNES (éd.), *The uses of the past in the Early Middle Ages*, Cambridge, 2000, p. 29-66.

—, « Monastic Memory and Identity in Early Anglo-Saxon England », *in* W. O. FRAZER et A. TYRRELL (éd.), *Social Identities in Early Medieval Britain*, Londres-New York, 2000, p. 253-276.

—, « Pastoral care and conciliar canons: the provisionsof the 747 council of Clofesho », *in* J. BLAIR et R. SHARPE (éd.), *Pastoral Care before the Parish*, Londres, 1992, p. 193-211.

—, « Unity and diversity in the early Anglo-Saxon liturgy », *in* R. N. SWANSON (éd.), *Unity and diversity in the church*, Oxford, 1996, p. 45-57.

—, « Universal and local saints in Anglo-Saxon England », *in* A. THACKER et R. SHARPE (éd.), *Local Saints and Local Churches in the Early Medieval West*, Oxford, 2002, p. 423-453.

—, « Pastoral Care and Religious Belief », *in* P. STAFFORD (éd.), *A companion to the early Middle Ages: Britain and Ireland c.500-1100*, Chichester, 2009, p. 395-413.

CURTIUS, Ernst Robert, « L'étymologie considérée comme forme de pensée », *in La littérature européenne et le Moyen Âge latin*, Paris, 1956, t. 2, p. 317-326.

H. C. DARBY et E. M. J. CAMPBELL, *The Domesday geography of South-East England*, Cambridge, 1962.

R. R. DAVIES, « The Medieval States: The Tyranny of a Concept? », *Journal of Historical Sociology*, 16 (2003), p. 280-300.

—, « L'État, la nation et les peuples au Moyen Âge : l'expérience britannique », *Histoire, économie & société*, 24 (2005), p. 17-28.

C. R. DAVIS, « Cultural assimilation in the Anglo-Saxon royal genealogies », *Anglo-Saxon England*, 21 (1992), p. 23-36.

R. H. C. DAVIS, « East Anglia and the Danelaw », *Transactions of the Royal Historical Society*, 5 (1955), p. 23-39.

M. DE JONG, *In Samuel's image: child oblation in the early medieval West*, Leyde, 1996.

F. DE SAUSSURE, *Cours de linguistique générale*, Paris, 1995[5].

E. DE STEFANI et N. PEPIN, « Une approche interactionniste de l'étude des noms propres. Les surnoms de famille », *Onoma*, 41 (2006), p. 131-162.

G. A. DE VOS, « Ethnic pluralism : conflict and accomodation », *in* G. A. DE VOS et L. ROMANUCCI-ROSS (éd.), *Ethnic identity : confirmation and change*, Palo Alto, 1975, p. 5-41.

A. DEBERT, « L'iconographie de l'Imposition du nom dans l'Europe occidentale du Moyen Âge », *in* P. BECK (éd.), *Genèse médiévale de l'anthroponymie moderne, Tome IV : Discours sur le nom : normes, usages, imaginaire (VIe-XVIe siècles)*, Tours, 1997, p. 75-81.

A. DEGIOANNI et P. DARLU, « A Bayesian approach to infer geographical origins of migrants through surnames », *Annals of Human Biology*, 28 (2001), p. 537-545.

R. DELIEGE, *Anthropologie de la parenté*, Paris, 1996.

F. M. DENNY, « Names and Naming », *in* M. ELIADE (éd.), *The Encyclopaedia of Religion*, New York, 1987, p. 300-307.

J. DEPOIN, « De la propriété et de l'hérédité des noms dans les familles palatines », *Revue des Études Historiques*, 68 (1902), p. 545-557.

P. DEPREUX, « La dimension publique de certaines dispositions privés : fondations pieuses et *memoria* en Francie occidentale aux IXe-Xe siècles », *in* F. BOUGARD, C. LA ROCCA et R. LE JAN (éd.), *Sauver son âme et se perpétuer : transmission du patrimoine et mémoire au haut Moyen Âge*, Rome, 2005, p. 331-378.

Z. DEVLIN, *Remembering the dead in Anglo-Saxon England: memory theory in archaeology and history*, Oxford, 2007.

K. L. DION, « Names, identity, and self », *Names*, 31 (1983), p. 245-256.

M. Dockray-Miller, *Motherhood and Mothering in Anglo-Saxon England*, New York, 2000.

J. M. Dodgson, « Domesday Book: Place-Names and Personal Names », *in* J. Holt (éd.), *Domesday Studies: Papers Read at the Novocentenary Conference of the Royal Historical Society and the Institute of British Geographers, Winchester, 1986*, Woodbridge, 1987, p. 121-137.

—, « Some Domesday personal-names, mainly post-Conquest », *Nomina*, 9 (1986), p. 41-51.

M. Dolley et D. M. Metcalf, « The reform of the English coinage under Eadgar », *in* M. Dolley (éd.), *Anglo-Saxon Coins: Studies Presented to F. M. Stenton*, Londres, 1961, p. 136-168.

Domesday Re-bound, Londres, 1954.

M. Dondin-Payre et M.-T. Raepsaet-Charlier, *Noms, identités culturelles et romanisation sous le Haut-Empire*, Bruxelles, 2001.

R. Drögereit, « Gab es eine angelsächsische Königskanzlei? », *Archiv für Urkundenforschung*, 13 (1935), p. 335-436.

M. D. C. Drout, « Anglo-Saxon Wills and the inheritance of tradition », *Journal of the Spanish Society for Medieval English Language and Literature*, 10 (2000), p. 3-43.

G. Duby, « La vulgarisation des modèles culturels dans la société féodale », *in* F. Braudel et E. Labrousse (éd.), *Niveaux de culture et groupes sociaux. Actes du colloque réuni du 7 au 9 mai 1966 à l'École normale supérieure*, Paris, 1967, p. 33-41.

—, « Lignage, noblesse et chevalerie au XIIe siècle dans la région mâconnaise. Une révision », *Annales. Économies, Sociétés, Civilisations*, 27 (1972), p. 803-823.

—, *Les trois ordres ou L'imaginaire du féodalisme*, Paris, 1978.

L. Dumont, *Essais sur l'individualisme. Une perspective anthropologique sur l'idéologie moderne*, Paris, 1983.

D. N. Dumville, « The *ætheling*: a study in Anglo-Saxon constitutional history », *Anglo-Saxon England*, 8 (1979), p. 1-33.

—, *Liturgy and the Ecclesiastical History of Late Anglo-Saxon England*, Woodbridge, 1992.

J. Dupaquier, « Le prénom. Approche historique », *in* J. Clerget (éd.), *Le nom et la nomination*, Toulouse, 1990, p. 209-222.

R. Durand, « Trois siècles de dénomination aristocratique portugaise d'après la littérature généalogique », *in* M. Bourin et P. Chareille (éd.), *Genèse médiévale de l'anthroponymie moderne, Tome III : Enquêtes généalogiques et données prosopographiques*, Tours, 1995, p. 43-53.

E. Durkheim, « Communauté et société selon Tönnies », *Revue philosophique*, 27 (1889), p. 416-422.

—, *Sociologie et philosophie*, Paris, 1974 [1924].

—, « Représentations individuelles et représentations collectives », *Revue de métaphysique et de morale*, VI (1898), p. 273-302.

—, *Les formes élémentaires de la vie religieuse*, Paris, 1990².

H. Ebling, J. Jarnut et G. Kampers, « *Nomen et gens*: Untersuchungen zu den Führungsschichten des Franken-, Langobarden- und Westgotenreiches im 6 und 7 Jahrundert », *Francia*, 8 (1980), p. 687-745.

R. Edwards, « What's in a name? Chinese learners and the practice of adopting English names », *Language, Culture and Curriculum*, 19 (2006), p. 90-103.

E. Ekwall, « The Proportion of Scandiavian Settlers in the Danelaw », *Saga-Book of the Viking Society*, 12 (1937-45), p. 19-34.

—, « The Scandinavian Element », *in* F. M. Stenton et A. Mawer (éd.), *Introduction to the survey of English place-names*, Nottingham, 1924, p. 55-92.

P. Engel, *Identité et référence, la théorie des noms propres chez Frege et Kripke*, Paris, 1985.

K. M. Engemann et M. T. Owyang, « What's in a Name? Reconciling Conflicting Evidence on Ethnic Names », *The Regional Economist*, (2006), p. 10-11.

P. Erny, « Le nom dans la tradition africaine », *Sciences sociales*, 26, « L'honneur du nom, le stigmate du nom » (1999), p. 34-37.

E. Ewig, « Die Namengebung bei den ältesten Frankenkönigen und im merowingischen Königshaus. Mit genealogischen Tafeln und Notizen », *Francia*, 18 (1991), p. 21-70.

H. H. Fairchild et J. A. Cozens, « Chicano, Hispanic, or Mexican American: What's in a Name? », *Hispanic Journal of Behavioral Sciences*, 3 (1981), p. 191-198.

A. Faulkes, « Descent from the gods », *Medieval Scandinavia*, 11 (1978), p. 92-125.

J. Fedry, « 'Le nom, c'est l'homme'. Données africaines d'anthroponymie », *L'Homme*, 3 (2009), p. 77-106.

C. E. Fell, C. Clark et E. Williams, *Women in Anglo-Saxon England and the impact of 1066*, Bloomington, 1984.

G. Fellows-Jensen, « Of Danes-and Thanes-and *Domesday Book* », *in* I. Wood et N. Lund (éd.), *People and Places in Northern Europe, 500-1100*, Woodbridge, 1992, p. 113-121.

—, « Scandinavian personal names in foreign fields », *in* (éd.), *Recueil d'études en hommage à Lucien Musset*, Caen, 1990, p. 149-159.

—, « Scandinavian settlement in the British Isles and Normandy: what the place-names reveal », *in* J. Adams et K. Holman (éd.), *Scandinavia and Europe 800-1350: Contact, Conflict, and Coexistence*, Turnhout, 2004, p. 137-147.

—, « On the identification of Domesday tenants in Lincolnshire », *Nomina*, 9 (1986), p. 31-40.

—, « Scandinavians in Cheshire: a Reassessment of the Onomastic », *in* A. R. Rumble et A. D. Mills (éd.), *Names, places and people: an onomastic miscellany in memory of John McNeal Dodgson*, Stamford, 1997, p. 77-92.

—, « Some Problems of a Maverick Anthroponymist », *in* H. Voitl (éd.), *The Study of the Personal Names of the British Isles. Proceedings of a Working Conference at Erlangen. 21-24 September 1975*, Erlangen, 1976, p. 43-61.

—, *Scandinavian personal names in Lincolnshire and Yorkshire*, Copenhague, 1968.

—, *The Vikings and theirs victims: the verdict of the names. The Dorothea Coke memorial lecture in Northern studies*, Londres, 1995.

T. S. Fenster et D. L. Smail, *Fama: the politics of talk and reputation in medieval Europe*, Ithaca, 2003.

J. Fentress et C. Wickham, *Social memory*, Oxford, 1992.

V. Feroldi, « Dieu connaît chacun par son nom », *in* J. Clerget (éd.), *Le nom et la nomination*, Toulouse, 1990, p. 271-278.

S. Ferret, *L'identité*, Paris, 1998.

P.-A. Fevrier, « La mort chrétienne », *in Segni e riti nella chiesa altomedievale occidentale : Settimane di studio*, Spolète, 1987, p. 881-942.

A. Fine, « L'héritage du nom de baptême », *Annales. Économies, Sociétés, Civilisations*, 42 (1987), p. 853-877.

H. Finger et T. Schilp, « *Memoria* im frühmittelalterlichen (Erz-)Bistum Köln », *in* D. Geuenich, U. Ludwig et T. Schilp (éd.), *Nomen et fraternitas : Festschrift für Dieter Geuenich zum 65. Geburtstag*, Berlin, 2008, p. 297-316.

J. D. C. Fisher, *Christian Initiation: Baptism in the Medieval West: A Study in the Disintegration of the Primitive Rite of Initiation*, Mundelein, 2004.

R. Fleming, « Christ Church Canterbury's Anglo-Norman cartulary », *in* C. W. Hollister (éd.), *Anglo-Norman political culture and the twelfth-century Renaissance: proceedings of the Borchard conference on Anglo-Norman history, 1995*, Woodbridge, 1997, p. 83-107.

—, « History and Liturgy at Pre-Conquest Christ Church », *Haskins Society Journal*, 6 (1995), p. 67-83.

—, « Oral Testimony and the Domesday Inquest », *in* C. Harper-Bill, C. Rawcliffe et R. G. Wilson (éd.), *Anglo-Norman Studies, XVII. Proceedings of the Battle Conference, 1994*, Woodbridge, 1995, p. 101-122.

—, « Rural Elites and Urban Communities in Late-Saxon England », *Past & Present*, 141 (1993), p. 3-37.

—, *Kings and Lords in Conquest England*, Cambridge, 1991.

J. Flori, « Knightly society », *in* D. E. Luscombe et J. Riley-Smith (éd.), *The New Cambridge Medieval History, vol. IV, c. 1024-c. 1198*, Cambridge, 2004, p. 148-184.

J. Fontaine, « Cohérence et originalité de l'étymologie isidorienne », *in* J. Iturriaga Elorza (éd.), *Homenaje a Eleuterio Elorduy*, Bilbao, 1978, p. 113-144.

—, « Isidore et la lexicographie médiévale », *in* (éd.), *La lexicographie du latin médiéval et ses rapports avec les recherches actuelles sur la civilisation du Moyen Âge*, Paris, 1981, p. 97-103.

—, *Isidore de Séville et la culture classique dans l'Espagne wisigothique*, Paris, 1983.

S. Foot, « 'By Water in the Spirit': the Administration of Baptism in Early Anglo-Saxon England », *in* J. Blair et R. Sharpe (éd.), *Pastoral Care before the Parish*, Londres, 1992, p. 171-192.

—, « Reading Anglo-Saxon Charters: Memory, Record, or Story? », *in* E. M. Tyler et R. Balzaretti (éd.), *Narrative and history in the early medieval West*, Turnhout, 2006, p. 39-65.

—, « Remembering, Forgetting and Inventing: Attitudes to the Past in England at the End of the First Viking Age », *Transactions of the Royal Historical Society*, 9 (1999), p. 185-200.

—, « Parochial ministry in early Anglo-Saxon England: the role of monastic communities », *Studies in Church History*, XXVI (1989), p. 43-54.

T. Forssner, *Continental-Germanic Personal Names in England in Old and Middle English Times*, Uppsala, 1916.

E. W. Förstemann, *Altdeutsches Namenbuch. Erster Band: Personennamen*, Nordhausen, 1856.

R. Fossier, « Rural economy and country life », *in* T. Reuter (éd.), *The New Cambridge Medieval History, Vol. III, 900-1024*, Cambridge, 1999, p. 27-63.

298 BIBLIOGRAPHIE

P. FRASER, « Ethnics as Personal Names », *in* E. MATTHEWS et S. HORNBLOWER (éd.), *Greek personal names: their value as evidence*, Oxford, 2000, p. 149-157.

E. A. FREEMAN, *The history of the Norman conquest of England, its causes and its results*, Oxford, 1867-1879.

E. B. FRYDE *et al.*, *Handbook of British Chronology*, Londres, 1986.

R. G. FRYER et S. D. LEVITT, « The Causes and Consequences of Distinctively Black Names », *Quarterly Journal of Economics*, 119 (2004), p. 767-805.

V. H. GALBRAITH, « Nationality and Language in Medieval England », *Transactions of the Royal Historical Society*, 23 (1941), p. 113-128.

—, *The Making of Domesday Book*, Oxford, 1961.

P. GAMMELTOFT, « Scandinavian Naming-Systems in the Hebrides - A Way of Understanding how the Scandinavians were in Contact with Gaels and Picts? », *in* B. BALLIN SMITH, S. TAYLOR et G. WILLIAMS (éd.), *West over the Sea. Studies in Scandinavian Sea-Borne Expansion and Settlement Before 1300. A Festschrift in Honour of Dr Barbara E. Crawford*, Leyde-Boston, 2007, p. 479-495.

A. H. GARDINER, *The theory of proper names. A controversial essay*, Londres, 1954.

M.-N. GARY-PRIEUR, *Grammaire du nom propre*, Paris, 1994.

A. GAUTIER, « 'Matériau de débauche et mère de tous les vices': goinfrerie, démesure et luxure dans la littérature homilétique anglaise aux Xe-XIe siècles », *Food & History*, 4 (2006), p. 113-129.

—, *Le Festin dans l'Angleterre anglo-saxonne*, Rennes, 2006.

C. GAUVARD, « La *Fama* une parole fondatrice », *Médiévales : langue, textes, histoire*, 24 (1993), p. 5-13.

P. J. GEARY, *Le vol des reliques au Moyen Âge*, Paris, 1993.

—, *Living with the dead in the Middle Ages*, Ithaca, 1994.

—, *Phantoms of remembrance: memory and oblivion at the end of the first millennium*, Princeton, 1994.

—, « Échanges et relations entre les vivants et les morts », *Droit et cultures*, 12 (1986), p. 3-17.

—, « Entre gestion et *gesta* », *in* O. GUYOTJEANNIN, L. MORELLE et M. PARISSE (éd.), *Les Cartulaires : actes de la table ronde organisée par l'École nationale des chartes et le G.D.R. 121 du CNRS*, Paris, 1993, p. 13-26.

—, « Barbarians and Ethnicity », *in* G. W. BOWERSOCK, P. BROWN et O. GRABAR (éd.), *Interpreting Late Antiquity: A Guide to the Postclassical World*, Cambridge, 2001, p. 107-129.

—, « Land, Language and Memory in Europe 700-1100 », *Transactions of the Royal Historical Society*, 9 (1999), p. 169-184.

—, *Quand les nations refont l'histoire. L'invention des origines médiévales de l'Europe [The myth of nations]*, Paris, 2004 [2002].

J. GEIPEL, *The Viking legacy: the Scandinavian influence on the English and Gaelic languages*, Newton Abbot, 1971.

J.-P. GENET, « Identité, espace, langue », *Cahiers de recherches médiévales et humanistes*, 19 (2010), p. 1-10.

—, « Langues et langages », *in* (éd.), *La genèse de l'État moderne. Culture et société politique en Angleterre*, Paris, 2003, p. 139-170.

—, *Les îles britanniques au Moyen Âge*, Paris, 2005.

G. GENETTE, *Mimologiques: Voyages en Cratylie*, Paris, 1976.

J. GERCHOW, « Prayers for King Cnut: the Liturgical Commemoration of a Conqueror », *in* C. HICKS (éd.), *England in the eleventh century: proceedings of the 1990 Harlaxton symposium*, Stamford, 1992, p. 219-238.

—, *Die Gedenküberlieferung der Angelsachsen: mit einem Katalog der 'libri vitae' und Necrologien*, Berlin, 1988.

D. GEUENICH, « Survey of Early Medieval Confraternity Books », *in* D. W. ROLLASON *et al.* (éd.), *The Durham Liber Vitæ and its Context*, Woodbridge, 2004, p. 141-147.

—, W. HAUBRICHS et J. JARNUT (éd.), *Nomen et Gens: Zur historischen Aussagekraft frühmittelalterlicher Personennamen*, Berlin-New York, 1997.

M. F. GIANDREA, *Episcopal culture in Late Anglo-Saxon England*, Woodbridge, 2007.

H. GITTOS, « Is there any evidence for the liturgy of parish churches in late Anglo-Saxon England? The Red Book of Darley and the status of Old English », *in* F. TINTI (éd.), *Pastoral Care in Late Anglo-Saxon England*, Woodbridge, 2005, p. 63-82.

M. GODDEN, « Ælfric and the Vernacular Prose Tradition », *in* P. E. SZARMACH et B. F. HUPPE (éd.), *The Old English homily and its backgrounds*, Albany, 1978, p. 99-117.

—, « Money, power and morality in late *Anglo-Saxon England* », *Anglo-Saxon England*, 19 (1990), p. 41-65.

M. GODELIER, *L'énigme du don*, Paris, 1996.

H. W. GOETZ, « *Nomen Feminile*. Namen und Namengebung der Frauen im frühen Mittelalter », *Francia*, 23 (1996), p. 99-127.

—, « Zur Namengebung in der alamannischen Grundbesitzerschicht der Karolingerzeit. Ein Beitrag zur Familienforschung », *Zeitschrift für die Geschichte des Oberrheins*, 133 (1985), p. 1-41.

E. GOFFMAN, *Stigmate: les usages sociaux des handicaps*, Paris, 1975 [1963].

J. GOODY, *La Famille en Europe*, Paris, 2001.

—, *The Development of the Family and Marriage in Europe*, Cambridge, 1983.

A. J. GOUREVITCH, *La Naissance de l'individu dans l'Europe médiévale*, Paris, 1997.

A. GRANSDEN, *Historical writing in England*, Londres, 1974.

V. GREENE, « Un cimetière livresque: la liste nécrologique médiévale », *Le Moyen Âge: Revue d'histoire et de philologie*, 105 (1999), p. 307-330.

M. GRETSCH, *Ælfric and the Cult of the Saints in Late Anglo-Saxon England*, Cambridge, 2005.

A. GRONDEUX, « Le vocabulaire latin de la renommée au Moyen Âge », *Médiévales: langue, textes, histoire*, 24 (1993), p. 15-26.

N. GUEGUEN, *Psychologie des prénoms*, Paris, 2008.

B. GUENÉE, « Les Généalogies entre l'Histoire et la politique. La fierté d'être Capétien, en France, au Moyen Âge », *Annales. Économies, Sociétés, Civilisations*, 33 (1978), p. 450-477.

—, *Du Guesclin et Froissart: la fabrication de la renommée*, Paris, 2008.

A. GUERREAU-JALABERT, « La Parenté dans l'Europe médiévale et moderne: à propos d'une synthèse récente », *L'Homme*, 29 (1989), p. 69-93.

300 BIBLIOGRAPHIE

—, « Observations sur la logique sociale des conflits dans la parenté au Moyen Âge », *in* M. AURELL (éd.), *La Parenté déchirée : les luttes intrafamiliales au Moyen Âge. Actes du colloque de Poitiers, 13-14 mars 2009*, Turnhout, 2010, p. 413-429.

—, « Sur les structures de parenté dans l'Europe médiévale », *Annales. Économies, Sociétés, Civilisations*, 6 (1981), p. 1028-1049.

—, « La désignation des relations et des groupes de parenté en latin médiéval », *Archivum Latinitatis Medii Aevi*, 46 (1988), p. 65-108.

—, « *Spiritus et caritas*. Le baptême dans la société médiévale », *in* F. HERITIER-AUGE et E. COPET-ROUGIER (éd.), *La parenté spirituelle*, Paris, 1995, p. 133-203.

—, R. LE JAN et J. MORSEL, « De l'histoire de la famille à l'anthropologie de la parenté », *in* O. G. OEXLE et J. C. SCHMITT (éd.), *Les tendances actuelles de l'histoire du Moyen Âge en France et en Allemagne : actes des colloques de Sèvres, 1997, et Göttingen, 1998, organisés par le Centre national de la recherche scientifique et le Max-Planck-Institut für Geschichte*, Paris, 2002, p. 433-446.

P. GUICHARD, « L'anthroponymie des zones de contact entre monde chrétien et monde musulman : de Palerme à Tolède », *in* M. BOURIN, J.-M. MARTIN et F. MENANT (éd.), *L'anthroponymie. Document de l'histoire sociale des mondes méditerranéens médiévaux*, Rome, 1996, p. 109-122.

O. GUYOTJEANNIN, J. PYCKE et B.-M. TOCK, *Diplomatique médiévale*, Turnhout, 2006.

D. M. HADLEY, « And they proceeded to plough and to support themselves: The Scandinavian Settlement of England », *in* C. HARPER-BILL, C. RAWCLIFFE et R. G. WILSON (éd.), *Anglo-Norman Studies, XIX. Proceedings of the Battle Conference, 1996*, Woodbridge, 1997, p. 69-96.

—, « Ethnicity and acculturation », *in* J. C. CRICK et E. VAN HOUTS (éd.), *A social history of England, 900-1200*, Cambridge, 2011, p. 235-246.

—, « Viking and native: re-thinking identity in the Danelaw », *Early Medieval Europe*, 11 (2002), p. 45-70.

— et J. BUCKBERRY, « Caring for the dead in late Anglo-Saxon England », *in* F. TINTI (éd.), *Pastoral Care in Late Anglo-Saxon England*, Woodbridge, 2005, p. 121-147.

—, *The Vikings in England - Settlement, Society and Culture*, Manchester, 2006.

M. HALBWACHS, *Les Cadres sociaux de la mémoire*, Paris, 1925.

R. HALL, *Viking Age York*, Londres, 1994.

T. N. HALL, « Ælfric as pedagogue », *in* H. MAGENNIS et M. SWAN (éd.), *A Companion to Ælfric*, Leyde, 2009, p. 193-216.

S. HAMILTON, « Rites of passage and pastoral care », *in* J. C. CRICK et E. M. C. VAN HOUTS (éd.), *A social history of England, 900-1200*, Cambridge, 2011, p. 290-308.

C. R. HART, *The Early Charters of Eastern England*, Leicester, 1966.

—, « Athelstan Half-King and his family », *Anglo-Saxon England*, 2 (1973), p. 115-144.

—, *The Danelaw*, Londres, 1992.

P. A. HAYWARD, « Demystifying the role of sanctity in Western Christendom », *in* J. HOWARD-JOHNSTON et P. A. HAYWARD (éd.), *The cult of saints in late antiquity and the Middle Ages: essays on the contribution of Peter Brown*, Oxford, 1999, p. 115-142.

—, « Saints and cults », *in* J. C. CRICK et E. M. C. VAN HOUTS (éd.), *A social history of England, 900-1200*, Cambridge, 2011, p. 309-320.

T. F. HEATHERTON, *The social psychology of stigma*, New York, 2000.

Y. Hen et M. Innes (éd.), *The uses of the past in the Early Middle Ages*, Cambridge, 2000.

D. Herlihy, « The Making of the Medieval Family: Symmetry, Structure, and Sentiment », *Journal of Family History*, 8 (1983), p. 116-130.

—, *Medieval households*, Cambridge, 1985.

C. Higounet, « Mouvements de populations dans le Midi de la France, du xie au xve siècle d'après les noms de personne et de lieu », *Annales. Économies, Sociétés, Civilisations*, 8 (1953), p. 1-24.

D. Hill, *An Atlas of Anglo-Saxon England*, Oxford, 1989.

J. Hill, « Ælfric's Use of Etymologies », *Anglo-Saxon England*, 17 (1988), p. 35-44.

—, *Bede and the Benedictine reform*, Jarrow, 1998.

P. Hintermeyer, « Le nom au-delà de la mort », *Sciences sociales*, 26, « L'honneur du nom, le stigmate du nom » (1999), p. 18-21.

P. Hofmann, *Infernal Imagery in Anglo-Saxon Charters*, 2008.

K. Holman, *The Northern Conquest. Vikings in Britain and Ireland*, Oxford, 2007.

J. C. Holt, « 1086 », *in* J. Holt (éd.), *Domesday Studies: Papers Read at the Novocentenary Conference of the Royal Historical Society and the Institute of British Geographers, Winchester, 1986*, Woodbridge, 1987, p. 41-64.

—, « Feudal Society and the Family in Early Medieval England, 1: The Revolution of 1066 », *Transactions of the Royal Historical Society*, 32 (1982), p. 193-212.

—, « Feudal Society and the Family in Early Medieval England, 2: Notions of Patrimony », *Transactions of the Royal Historical Society*, 33 (1983), p. 193-220.

—, « Feudal Society and the Family in Early Medieval England, 3: Patronage and Politics », *Transactions of the Royal Historical Society*, 34 (1984), p. 1-25.

—, « Feudal Society and the Family in Early Medieval England, 4: The Heiress and the Alien », *Transactions of the Royal Historical Society*, 35 (1985), p. 1-28.

—, *What's in a name? Family Nomenclature and the Norman Conquest*, Reading, 1982.

I. Howard, *Harthacnut: the last Danish king of England*, Stroud, 2008.

M. Hunter, « Germanic and Roman antiquity and the sense of the past in Anglo-Saxon England », *Anglo-Saxon England*, 3 (1974), p. 29-50.

N. Huyghebaert et J.-L. Lemaitre, *Les documents nécrologiques*, Turnhout, 1972.

P. R. Hyams, « 'No Register of Title'. The Domesday inquest and land adjudication », *in* R. A. Brown (éd.), *Anglo-Norman Studies, Ix. Proceedings of the Battle Conference, 1986*, Woodbridge, 1987, p. 127-141.

M. Innes, « Danelaw identities: ethnicity, regionalism and political allegiance », *in* D. M. Hadley et J. D. Richards (éd.), *Cultures in contact: Scandinavian settlement in England in the ninth and tenth centuries*, Turnhout, 2000, p. 65-88.

C. Insley, « Athelstan, Charters and the English in Cornwall », *in* M. T. Flanagan et J. A. Green (éd.), *Charters and Charter Scholarship in Britain and Ireland*, Basingstoke, 2005, p. 15-31.

—, « Charters and Episcopal Scriptoria in the Anglo-Saxon South-West », *Early Medieval Europe*, 7 (1998), p. 173-197.

J. Insley, « Regional variation in Scandinavian personal nomenclature in England », *Nomina*, 3 (1979), p. 52-60.

—, « Some Scandinavian Personal Names in South-West England », *Namn och Bygd*, 70 (1982), p. 77-93.

—, « Some Scandinavian personal names in south-west England from post-Conquest records », *Studia Anthroponymica Scandinavica*, 3 (1985), p. 23-58.

—, « The study of Old English personal names and anthroponymic lexica », *in* D. Geuenich, W. Harbrichs et J. Jarnut (éd.), *Person und Name. Methodische Probleme bei der Erstellung eines Personennamenbuches des Frühmittelalters*, Berlin, 2002, p. 148-176.

—, *Scandinavian personal names in Norfolk: a survey based on medieval records and place-names*, Uppsala, 1994.

S. Jayakumar, « Eadwig and Edgar: Politics, Propaganda, Faction », *in* D. G. Scragg (éd.), *Edgar, King of the English, 959-975: new interpretations*, Woodbridge, 2008, p. 83-103.

J. Jesch, « Scandinavians and 'cultural paganism' », *in* P. Cavill (éd.), *The Christian Tradition in Anglo-Saxon England: Approaches to Current Scholarship and Teaching*, Cambridge, 2004, p. 55-68.

—, *Women in the Viking Age*, Woodbridge, 1991.

E. John, *Reassessing Anglo-Saxon England*, Manchester, 1996.

G. Jones, *A History of the Vikings*, Oxford, 2001.

K. Jonsson et G. Van Der Meer, « Mints and Moneyers c. 973-1066 », *in* K. Jonsson (éd.), *Studies in Late Anglo-Saxon Coinage. In memory of Bror Emil Hildebrand*, Stockholm, 1990, p. 47-136.

A. J. Kabir, *Paradise, death, and doomsday in Anglo-Saxon literature*, Cambridge, 2001.

C. E. Karkov, *The Ruler Portraits of Anglo-Saxon England*, Woodbridge, 2004.

K. S. B. Keats-Rohan, *Domesday People. A Prosopography of Persons Occuring in English Documents, 1066-1166*, Woodbridge, 1998.

S. A. Keefe, *Water and the word. Baptism and the education of the clergy in the Carolingian empire*, Notre Dame, 2002.

S. L. Keefer, « Manuals », *in* A. Corrêa et R. W. Pfaff (éd.), *The liturgical books of Anglo-Saxon England*, Kalamazoo, 1995, p. 99-109.

S. E. Kelly, « Anglo-Saxon Lay Society and the Written Word », *in* R. McKitterick (éd.), *The Uses of literacy in early mediaeval Europe*, Cambridge, 1990, p. 36-62.

J. M. Kemble, « The Names, Surnames and Nicnames of the Anglo-Saxons », *in* Proceedings of the Annual Meeting of the Archaeological Institute of Great Britain and Ireland, Winchester, 1846, p. 81-102.

S. D. Keynes, « The Liber Vitæ of the New Minster, Winchester », *in* D. W. Rollason et al. (éd.), *The Durham Liber Vitæ and its Context*, Woodbridge, 2004, p. 149-163.

—, « The massacre of St Brice's Day (13 November 1002) », *Hikuin*, Beretning fra seksogtyvende tværfaglige vikingesymposium (2007), p. 32-67.

—, « A note on Anglo-Saxon personal names », *in* K. Barker, D. A. Hinton et A. Hunt (éd.), *St Wulfsige and Sherborne: Essays to Celebrate the Millennium of the Benedictine Abbey 998-1998*, Oxford, 2005, p. 20-23.

—, « Cnut earls », *in* A. Rumble (éd.), *The Reign of Cnut: King of England, Denmark and Norway*, Londres, 1994, p. 43-88.

—, « Edgar, *rex admirabilis* », *in* D. G. Scragg (éd.), *Edgar, King of the English, 959-975: new interpretations*, Woodbridge, 2008, p. 3-59.

—, « Giso bishop of Wells (1061-88) », *in* C. Harper-Bill (éd.), *Anglo-Norman Studies, XIX. Proceedings of the Battle Conference, 1996*, Woodbridge, 1997, p. 203-271.

—, « The 'Dunstan B' charters », *Anglo-Saxon England*, 23 (1994), p. 165-193.

—, « The Declining Reputation of King Æthelred the Unready », *in* D. HILL (éd.), *Ethelred the Unready: Papers from the Millenary Conference*, Oxford, 1978, p. 227-253.

—, *The Diplomas of King Æthelred « the Unready »*. *A Study in their use as historical evidence*, Cambridge, 1980.

— et M. LAPIDGE, *Alfred the Great*, Londres, 2004[4].

V. KING, « St Oswald's tenants », *in* N. BROOKS et C. CUBITT (éd.), *St Oswald of Worcester: Life and Influence*, Leicester, 1996, p. 100-116.

P. KITSON, « How Anglo-Saxon Personal Names Work », *Nomina*, 25 (2002), p. 91-132.

C. KLAPISCH-ZUBER, « Le nom 'refait' », *L'Homme*, 20 (1980), p. 77-104.

—, « La construction de l'identité sociale. Les magnats dans la Florence du Moyen-Âge », *in* B. LEPETIT (éd.), *Les formes de l'expérience. Une autre histoire sociale*, Paris, 1995, p. 151-164.

D. KNOWLES, C. N. L. BROOKE et V. C. M. LONDON, *The Heads of Religious Houses - England and Wales, 940-1216*, Cambridge, 1972.

E. KRAWUTSCHKE et G. BEECH, « Le choix du nom d'enfant en Poitou (XIᵉ-XIIᵉ siècle) : l'importance des noms familiaux », *in* M. BOURIN et P. CHAREILLE (éd.), *Genèse médiévale de l'anthroponymie moderne, Tome III : Enquêtes généalogiques et données prosopographiques*, Tours, 1995, p. 143-154.

N. KRETZMANN, « Plato on the correctness of names », *American Philosophical Quarterly*, 8 (1971), p. 126-138.

S. A. KRIPKE, *Naming and necessity*, Oxford, 1998 [1972].

F. KRÜPE, *Die damnatio memoriae : über die Vernichtung von Erinnerung : eine Fallstudie zu Publius Septimius Geta (189-211 n.Chr.)*, Gutenberg, 2011.

L'étranger au Moyen Âge : Xxxᵉ congrès de la SHMESP, Paris, 2000.

B. LAHIRE, *Dans les plis singuliers du social*, Paris, 2013.

C. LALIENA, « La antroponimia de los mudéjares : resistencia y aculturación de une minoria étnico-religiosa », *in* M. BOURIN, J.-M. MARTIN et F. MENANT (éd.), *L'anthroponymie. Document de l'histoire sociale des mondes méditerranéens médiévaux*, Rome, 1996, p. 143-166.

—, « Personal Names, Immigration, and Cultural Change: *Francos* and Muslims in the Medieval Crown of Aragon », *in* G. BEECH, M. BOURIN et P. CHAREILLE (éd.), *Personal Names Studies of Medieval Europe*, Kalamazoo, 2002, p. 121-130.

L. LANCASTER, « Kinship in Anglo-Saxon Society 1 », *The British Journal of Sociology*, 9 (1958), p. 230-250.

—, « Kinship in Anglo-Saxon Society 2 », *The British Journal of Sociology*, 9 (1958), p. 359-377.

M. LAPIDGE, « Byzantium, Rome and England in the Early Middle Ages », *in* (éd.), *Roma fra oriente et occidente. Settimane di studio del centro italiano di studi sull' alto medioevo XLIV*, Spolète, 2002, p. 363-400.

—, « The Anglo-Latin Background », *in* S. B. GREENFIELD et D. G. CALDER (éd.), *A New Critical History of old English Literature*, New York, 1986, p. 5-37.

—, « Israel the Grammarian in Anglo-Saxon England », *in* (éd.), *Anglo-Latin Literature 900-1066*, Londres, 1993, p. 87-104.

—, *The Anglo-Saxon Library*, Oxford, 2008.

—et al., The Blackwell Encyclopaedia of Anglo-Saxon England, Oxford, 2007.

N. Lapierre, *Changer de nom*, Paris, 1995.

—, « Changer de nom », *Communications*, 49 (1989), p. 149-160.

P. Laslett et R. Wall, *Household and family in past time: comparative studies in the size and structure of the domestic group over the last three centuries*, Cambridge, 1972.

R. Lavelle, « The Politics of Rebellion: the Ætheling Æthelwold and the West Saxon Royal Succession, 899-902 », *in* P. Skinner (éd.), *Challenging the boundaries of medieval history: the legacy of Timothy Reuter*, Turnhout, 2009, p. 51-80.

V. Law, « Anglo-Saxon England: Aelfric's *Excerptiones de arte grammatica anglice* », *Histoire Epistémologie Langage*, 9 (1987), p. 47-71.

—, « The study of grammar », *in* R. McKitterick (éd.), *Carolingian culture: emulation and innovation*, Cambridge, 1994, p. 88-110.

M. K. Lawson, *Cnut: the Danes in England in the early eleventh century*, Londres, 1993.

J. Le Gall et D. Meintel, « Choix du nom et affirmation des appartenances », *in* A. Fine et F.-R. Ouellette (éd.), *Le nom dans les sociétés occidentales contemporaines*, Toulouse, 2005, p. 189-212.

M. Le Glay, « Remarques sur l'onomastique gallo-romaine » *in L'Onomastique Latine : Colloque International de Paris, 13-15 octobre 1975*, Paris, 1977, p. 269-277.

R. Le Jan, « Dénomination, Parenté et Pouvoir dans la Société du Haut Moyen Âge (vie-xe siècle) », *in* (éd.), *Femmes, pouvoir et société dans le haut Moyen Âge*, Paris, 2001, p. 224-238.

—, « Réseaux de parenté, memoria et fidélité autour de l'an 800 », *in* (éd.), *Femmes, pouvoir et société dans le haut Moyen Âge*, Paris, 2001, p. 108-118.

—, « Structures familiales et politiques au Ixe siecle: un groupe familial de l'aristocratie franque », *Revue Historique*, 265 (1981), p. 289-333.

—, « Continuity and change in the tenth-century nobility », *in* A. Duggan (éd.), *Nobles and nobility in medieval Europe: concepts, origins, transformations*, Woodbridge, 2000, p. 53-68.

—, « Personal names and the transformation of kinship in early medieval society (sixth to tenth centuries) », *in* G. Beech, M. Bourin et P. Chareille (éd.), *Personal Names Studies of Medieval Europe: Social Identity and Familial Structures*, Kalamazoo, 2002, p. 31-50.

—, « Remarques sur l'étranger au haut Moyen Âge », *in* J.-P. Jessenne (éd.), *L'image de l'autre dans l'Europe du Nord-Ouest*, Lille, 1996, p. 23-32.

—, *Famille et pouvoir dans le monde franc (viie-xe siècle)*, Paris, 1995.

—, *La Société du haut Moyen Âge*, Paris, 2003.

S. Lebecq et al., *Histoire des îles Britanniques*, Paris, 2007.

C. A. Lees, *Tradition and belief: religious writing in late Anglo-Saxon England*, Minneapolis, 1999.

I. Lehiste, « Names of Scandinavians in the *Anglo-Saxon Chronicle* », *Publications of the Modern Language Association*, 73 (1958), p. 6-22.

L. Leleu, « La famille aristocratique et ses ancêtres en Germanie ottonienne. Revendication et dissimulation des liens de parenté », *Hypothèses*, 1 (2006), p. 25-34.

—, *Semper patrui in fratrum filios seviunt. Les oncles se déchaînent toujours contre les fils de leurs frères : autour de Thietmar de Mersebourg et de sa 'Chronique' : représentations de la parenté aristocratique en Germanie vers l'an mille dans les sources narratives*, Paris, 2010.

S. LEROY, *Le Nom propre en français*, Paris, 2004.

D. LETT, *Famille et parenté dans l'Occident médiéval (Vᵉ-XVᵉ siècle)*, Paris, 2000.

—, « Les Frères et soeurs, 'parents pauvres' de la parenté », *Médiévales*, 54 (2008), p. 5-12.

C. LÉVI-STRAUSS, *L'homme nu*, Paris, 1971.

—, *La pensée sauvage*, Paris, 1962.

—, *Les Structures élémentaires de la parenté*, Berlin, 2002 [1947].

L. LEVY-BRÜHL, *Les fonctions mentales dans les sociétés inférieures*, Paris, 1922.

C. T. LEWIS et C. SHORT, *Latin Dictionary*, Oxford, 1933.

C. P. LEWIS, « Joining the dots: a methodology for identifying the English », *in* K. S. B. KEATS-ROHAN (éd.), *Family Trees and the Roots of Politics: The Prosopography of Britain and France from the Tenth to the Twelfth Century*, Woodbridge, 1997, p. 68-87.

—, « The Domesday jurors », *in* D. POSTLES et J. T. ROSENTHAL (éd.), *Studies on the personal name in later medieval England and Wales*, Kalamazoo, 2006, p. 307-339.

—, « The French in England before the Norman Conquest », *in* C. HARPER-BILL, C. RAWCLIFFE et R. G. WILSON (éd.), *Anglo-Norman Studies, XVII. Proceedings of the Battle Conference, 1994*, Woodbridge, 1995, p. 123-144.

K. LEYSER, « The German Aristocracy from the Ninth to the Early Twelfth Century. A Historical and Cultural Sketch », *Speculum*, 41 (1968), p. 25-53.

—, « Maternal Kin in Early Medieval Germany. A Reply », *Past & Present*, 49 (1970), p. 126-134.

S. LIEBERSON et F. B. LYNN, « Popularity as a taste: an application to the naming process », *Onoma*, 38 (2003), p. 235-276.

B. G. LINK et J. C. PHELAN, « Conceptualizing stigma », *Annual Review of Sociology*, 27 (2001), p. 363-385.

K. A. LOWE, « The Nature and Effect of the Anglo-Saxon Vernacular Will », *Journal of Legal History*, 19 (1998), p. 23-61.

—, « Latin versions of Old English wills », *Journal of Legal History*, 20 (1999), p. 1-23.

H. R. LOYN, « Kinship in Anglo-Saxon England », *Anglo-Saxon England*, 3 (1974), p. 197-209.

—, *The Vikings in Britain*, Oxford, 1994.

A. LUHTALA, « Syntax and Dialectic in Carolingian Commentaries on Priscian's *Institutiones Grammaticae* », *in* V. LAW (éd.), *History of Linguistic Thought in the Early Middle Ages. Studies in the History of the Language Sciences*, Amsterdam, 1993, p. 145-191.

—, *Grammar and philosophy in late Antiquity: a study of Priscian's sources*, Amsterdam, 2005.

—, « Priscian's Philosophy », *in* M. BARATIN, B. COLOMBAT et L. HOLTZ (éd.), *Priscien. Transmission et refondation de la grammaire de l'Antiquité aux Modernes*, Turnhout, 2009, p. 109-124.

J. H. LYNCH, *Godparents and Kinship in Early Medieval Europe*, Princeton 1986.

—, « *Spiritale vinculum*: the vocabulary of spiritual kinship in early medieval Europe », *in* T. F. X. NOBLE et J. J. CONTRENI (éd.), *Religion, Culture and Society in the Early Middle Ages*, Kalamazoo, 1987, p. 181-204.

306 BIBLIOGRAPHIE

—, *Christianizing Kinship: Ritual Sponsorship in Anglo-Saxon England*, Ithaca, 1998.

K. MACK, « Changing Thegns: Cnut's Conquest and the English Aristocracy », *Albion*, 16 (1984), p. 375-387.

H. MAGENNIS, « Approaches to saints' lives », *in* P. CAVILL (éd.), *The Christian Tradition in Anglo-Saxon England: Approaches to Current Scholarship and Teaching*, Cambridge, 2004, p. 163-183.

—, *Images of community in old English poetry*, Cambridge, 1996.

M. MALGORZATA, « Changer de nom et changer d'identité : le cas des survivants de l'Holocauste qui ont survécu sous une identité d'emprunt », *in* P.-W. BOUDREAULT et D. JEFFREY (éd.), *Identités en errance. Multi-identité, territoire impermanent et être social*, Laval, 2007, p. 17-28.

A. MARTINEAU et M. WHITE, « What's not in a name. The accuracy of using names to ascribe religious and geographical origin in a British population », *Journal of Epidemiology and Community Health*, 52 (1998), p. 336-337.

E. MASON, *St Wulfstan of Worcester, c. 1008-1095*, Oxford, 1990.

M. MAUSS, « L'âme, le nom et la personne [1929] », *in* (éd.), *Œuvres*, Paris, 1969, p. 131-135.

—, « Une catégorie de l'esprit humain : la notion de personne, celle de 'moi' » », *in* (éd.), *Sociologie et anthropologie*, Paris, 2004 [1950], p. 331-362.

P. McCLURE, « The Interpretation of Middle-English Nicknames », *Nomina*, 5 (1981), p. 95-104.

P. McGURK, « The *Chronicon ex chronicis* of 'Florence' of Worcester and its Use of Sources for English History before 1066 », *in* R. ALLEN BROWN (éd.), *Anglo-Norman Studies, V. Proceedings of the Battle Conference, 1982*, Woodbridge, 1983, p. 185-196.

R. McKITTERICK, *History and memory in the Carolingian world*, Cambridge, 2004.

—, « The Church », *in* T. REUTER (éd.), *The New Cambridge Medieval History, Vol. 3, 900-1024*, Cambridge, 1999, p. 130-162.

—, *The Uses of literacy in early mediaeval Europe*, Cambridge, 1990.

M. McLAUGHLIN, *Consorting with saints: prayer for the dead in early medieval France*, Ithaca, 1994.

M. J. MENZER, « Ælfric's *Grammar*. Solving the problem of the English-language text », *Neophilologus*, 83 (1999), p. 637-652.

—, « Ælfric's English Grammar », *Journal of English and Germanic Philology*, 103 (2004), p. 106-124.

—, « Multilingual Glosses Bilingual Text: English, French, and Latin in Three Manuscripts of Ælfric's Grammar », *in* J. T. LIONARONS (éd.), *Old English Literature in its manuscript context*, Morgantown, 2004, p. 95-120.

M. A. MEYER, « Land charters and the legal position of Anglo-Saxon women », *in* B. KANNER (éd.), *The women of England: from Anglo-Saxon times to the present*, Londres, 1980, p. 57-82.

M. MITTERAUER, *Ahnen und Heilige. Namengebung in der europäischen Geschichte*, München, 1993.

—, « Zur Nachbennenung nach Lebenden und Toten in Fürstenhäusern des Frühmittelalters », *in* F. SEIBT (éd.), *Gesellschaftsgeschichte. Festschrift für Karl Bosl zum 80. Geburtstag*, Munich, 1988, p. 386-399.

P. Montaubin, « Etrangers en chrétienté : clercs italiens en France et en Angleterre (fin xiie-mi xive siècle) », in (éd.), *L'étranger au Moyen Âge : Xxx^e congrès de la S.H.M.E.S.P.*, Paris, 2000, p. 233-243.

J. S. Moore, « Family-entries in English libri vitæ, c.1050 to c.1530: Part I », *Nomina*, 16 (1992), p. 99-128.

—, « Family-entries in English libri vitæ, c.1050 to c.1530: Part II », *Nomina*, 18 (1995), p. 77-117.

—, « Inside the Anglo-Norman Family: Love, Marriage, and the Family », in C. P. Lewis (éd.), *Anglo-Norman Studies, XXVIII. Proceedings of the Battle Conference, 2005*, Woodbridge, 2006, p. 1-18.

—, « Prosopographical Problems of English *libri Vitæ* », in K. S. B. Keats-Rohan (éd.), *Family Trees and the Roots of Politics. The Prosopography of Britain and France from the Tenth to the Eleventh Century*, Woodbridge, 1997, p. 165-188.

—, « The Anglo-Norman Family: size and structure », in M. Chibnall (éd.), *Anglo-Norman Studies, XIV. Proceedings of the Battle Conference, 1991*, Woodbridge, 1992, p. 153-196.

C. Morris, *The discovery of the individual, 1050-1200*, New York, 1972.

R. Morris, « Baptismal places 600-800 », in I. Wood et N. Lund (éd.), *People and places in Northern Europe 500-1600: Essays in Honours of Peter Hayes Sawyer*, Woodbridge, 1991, p. 15-24.

—, *Churches in the landscape*, Londres, 1989.

J. Morsel, « Changements anthroponymiques et sociogénèse de la noblesse en Franconie à la fin du Moyen Âge », in M. Bourin et P. Chareille (éd.), *Genèse médiévale de l'anthroponymie moderne, Tome III : Enquêtes généalogiques et données prosopographiques*, Tours, 1995, p. 89-119.

—, « Le médiéviste, le lignage et l'effet de réel. La construction du *Geschlecht* par l'archive en Haute-Allemagne à partir de la fin du Moyen Âge », *Revue de Synthèse*, 125 (2004), p. 83-110.

A. C. Murray, *Germanic Kinship Structure: Studies in Law and Society in Antiquity and the Early Middle Ages*, Toronto, 1983.

A. Nef, « Anthroponymie et jarâ'id de Sicile : une approche renouvelée de la structure sociale des communautés arabo-musulmanes de l'île sous les Normands », in M. Bourin, J.-M. Martin et F. Menant (éd.), *L'anthroponymie. Document de l'histoire sociale des mondes méditerranéens médiévaux*, Rome, 1996, p. 123-142.

F. Neiske, « La transcription des noms dans les actes du Moyen Âge », in M. Bourin et P. Chareille (éd.), *Genèse médiévale de l'anthroponymie moderne, Tome III : Enquêtes généalogiques et données prosopographiques*, Tours, 1995, p. 25-37.

J. L. Nelson, « Rulers and Government », in T. Reuter (éd.), *The New Cambridge Medieval History, Vol. 3, 900-1024*, Cambridge, 1999, p. 95-129.

—, « Parents, Children, and Church », *Studies in Church History*, 31 (1994), p. 81-114.

—, *Politics and ritual in early medieval Europe*, Londres, 1986.

A. Nicoll, K. Bassett et S. J. Ulijaszek, « What's in a name? Accuracy of using surnames and forenames in ascribing Asian ethnic identity in English populations », *Journal of Epidemiology and Community Health*, 40 (1986), p. 364-368.

P. Niles, « Baptism and the Naming of Children in Late Medieval England », *in* D. Postles et J. T. Rosenthal (éd.), *Studies on the personal name in later medieval England and Wales*, Kalamazoo, 2006, p. 147-157.

M. Nogrady, « Treatment of Hungarian Names in Canada », *in* J.-C. Boulanger (éd.), *Le nom propre au carrefour des études et des sciences sociales : Actes du XVIe Congrès International des Sciences Onomastiques*, Laval, 1990, p. 433-440.

T. O'Loughlin, « Individual anonymity and collective identity: the enigma of early medieval Latin theologians », *Recherches de théologie et philosophie médiévales: Forschungen zur Theologie und Philosophie des Mittelalters*, 64 (1997), p. 291-314.

O. G. Oexle, « Die Gegenwart der Toten », *in* H. Braet et W. Verbeke (éd.), *Death in the Middle Ages*, Louvain, 1983, p. 19-77.

—, « Memoria und Memorialüberlieferung im frühen Mittelalter », *Frühmittelalterliche Studien*, 10 (1976), p. 70-95.

— et F. Chaix, « Les groupes sociaux du Moyen Âge et les débuts de la sociologie contemporaine », *Annales. Économies, Sociétés, Civilisations*, 47 (1992), p. 751-765.

E. Okasha, *Women's Names in Old English*, Londres, 2011.

O. J. Padel, « Local Saints and Place-Names in Cornwall », *in* A. Thacker et R. Sharpe (éd.), *Local Saints and Local Churches in the Early Medieval West*, Oxford, 2002, p. 303-360.

R. I. Page, « Anglo-Saxon Episcopal Lists, Parts I and II », *Nottingham Medieval Studies*, 9 (1965), p. 71-95.

—, « Anglo-Saxon Episcopal Lists, Parts III », *Nottingham Medieval Studies*, 9 (1966), p. 2-24.

—, « How long did the Scandinavian language survive in England? The epigraphical evidence », *in* P. Clemoes et K. Hughes (éd.), *England Before the Conquest: Studies in Primary Sources presented to Dorothy Whitelock*, Cambridge, 1971, p. 165-183.

J. Palmer, « Domesday Book and the Computer », *in* P. H. Sawyer (éd.), *Domesday Book: A Reassessment*, Londres, 1987, p. 164-174.

M. Parisse, « Des surnoms pour les morts. Quelques remarques sur les surnoms princiers », *in* P. Beck (éd.), *Genèse médiévale de l'anthroponymie moderne, Tome IV : Discours sur le nom : normes, usages, imaginaire (VIe-XVIe siècles)*, Tours, 1997, p. 107-119.

—, « Sur-noms en interligne », *in* M. Bourin et P. Chareille (éd.), *Genèse médiévale de l'anthroponymie moderne, Tome III : Enquêtes généalogiques et données prosopographiques*, Tours, 1995, p. 7-24.

D. N. Parsons, « Anna, Dot, Thorir… counting Domesday personal names », *Nomina*, 25 (2002), p. 29-52.

O. Patterson, « Context and Choice in Ethnic Allegiance: A Theoretical Framework and Caribbean Case Study », *in* N. Glazer et D. P. Moynihan (éd.), *Ethnicity, Theory and Experience*, Cambridge, 1975, p. 305-349.

F. S. Paxton, « Communities of the Living and the Dead in Late Antiquity and the Early Medieval West », *in* M. F. Williams (éd.), *The making of Christian communities in late antiquity and middle ages*, Londres, 2005, p. 149-176.

—, « Birth and death », *in* T. F. X. Noble et J. M. H. Smith (éd.), *Early Medieval Christianities, c.600-c.1100*, Cambridge, 2008, p. 383-398.

—, *Christianizing death: the creation of a ritual process in early medieval Europe*, Ithaca, 1990.

BIBLIOGRAPHIE   309

T. M. PEARCE, « Names Patterns in Ælfric's Catholic Homilies », *Names*, 14 (1966), p. 150-156.

D. A. E. PELTERET, « Poor and powerless », *in* J. C. CRICK et E. VAN HOUTS (éd.), *A social history of England, 900-1200*, Cambridge, 2011, p. 142-151.

—, *Slavery in early mediaeval England: from the reign of Alfred until the twelfth century*, Woodbridge, 1995.

L. PEROUAS, *Léonard, Marie, Jean et les autres : les prénoms en Limousin depuis un milleénaire*, Paris, 1984.

R. W. PFAFF, « Massbooks », *in* A. CORRÊA et R. W. PFAFF (éd.), *The liturgical books of Anglo-Saxon England*, Kalamazoo, 1995, p. 7-34.

—, *The liturgy in medieval England: a history*, Cambridge, 2009.

G. PFEFFER, « The Vocabulary of Anglo-Saxon Kinship », *L'Homme*, 27 (1987), p. 113-128.

H. G. PFLAUM et N. DUVAL (éd.), *L'onomastique latine : Actes du colloque international organisé à Paris du 13 au 15 octobre 1975*, Paris, 1977.

B. PHILLPOTTS, *Kindred and clan in the middle ages and after; a study in the sociology of the Teutonic races*, Cambridge, 1913.

W. POHL, « Telling the differences: signs of ethnic identity », *in* W. POHL et H. REIMITZ (éd.), *Strategies of Distinction: The Construction of Ethnic Communities, 300-800*, Leyde, 1998, p. 17-70.

D. POSTLES, *Naming the People of England, c.1100-1350*, Newcastle, 2006.

— et J. T. ROSENTHAL, *Studies on the personal name in later medieval England and Wales*, Kalamazoo, 2006.

J. E. PUDDIFOOT, « Dimensions of Community Identity », *Journal of Community & Applied Social Psychology*, 1 (1995), p. 357-370.

I. RÉAL, *Vies de saints, vie de famille : représentation et système de la parenté dans le royaume mérovingien [481-751] d'après les sources hagiographiques*, Turnhout, 2001.

P. H. REANEY, *The Origin of English surnames*, Londres, 1967.

— et R. M. WILSON, *A Dictionary of English Surnames*, Oxford, 1997.

M. REDIN, *Studies on Uncompounded Personal-Names in Old English*, Uppsala, 1919.

G. REDMONDS, « English Surnames Research », *in* H. VOITL (éd.), *The Study of the Personal Names of the British Isles. Proceedings of a Working Conference at Erlangen. 21-24 September 1975*, Erlangen, 1976, p. 75-82.

A. REINHARTZ, *"Why ask my name?": anonymity and identity in Biblical narrative*, Oxford, 1998.

R. E. REYNOLDS, « The organization, law and liturgy of the western church, 700-900 », *in* R. MCKITTERICK (éd.), *The New Cambridge Medieval History, vol. II, c. 700-c. 900*, Cambridge, 1995, p. 587-621.

S. REYNOLDS, « What Do We Mean by "Anglo-Saxon" and "Anglo-Saxons"? », *The Journal of British Studies*, 24 (1985), p. 395-414.

B. RIBEMONT, *Les origines des encyclopédies médiévales d'Isidore de Séville aux Carolingiens*, Paris, 2001.

—, « Encyclopédie et Tradition », *in* E. BAUMGARTNER et L. HARF-LANCNER (éd.), *Seuil de l'oeuvre dans le texte médiéval, vol. II*, Paris, 2002, p. 59-88.

J. D. RICHARDS, *Viking Age England*, Stroud, 2000.

BIBLIOGRAPHIE

S. J. RIDYARD, *The royal saints of Anglo-Saxon England: a study of West Saxon and East Anglian cults*, Cambridge, 1988.

F. C. ROBINSON, « Beowulf », *in* M. GODDEN et M. LAPIDGE (éd.), *The Cambridge Companion to Old English Literature*, Cambridge, 1991, p. 142-159.

—, « The Significance of Names in Old English Literature », *Anglia - Zeitschrift für englische Philologie*, 86 (1968), p. 14-58.

D. ROFFE, « From Thegnage to Barony: Sake and Soke, Title, and Tenants-in-chief », *in* R. A. BROWN (éd.), *Anglo-Norman Studies, XII. Proceedings of the Battle Conference, 1989*, Woodbridge, 1990, p. 157-176.

—, « The Making of Domesday Book Reconsidered », *Haskins Society Journal*, 6 (1995), p. 153-166.

—, *Domesday: The Inquest and the Book*, Oxford, 2002.

D. W. ROLLASON *et al.*, *The Durham Liber Vitæ and its Context*, Woodbridge, 2004.

—, « Lists of Saints' Resting-Places in Anglo-Saxon England », *Anglo-Saxon England*, 7 (1978), p. 61-93.

—, « The cults of murdered royal saints in Anglo-Saxon England », *Anglo-Saxon England*, 11 (1982), p. 1-22.

—, « The Viking Kingdom of York: ethnic transformation? », *in* D. W. ROLLASON (éd.), *Northumbria 500-1100*, Cambridge, 2003, p. 231-236.

—, *Saints and Relics in Anglo-Saxon England*, Oxford, 1989.

J. T. ROSENTHAL, « Names and Naming Patterns in Medieval England: An Introduction », *in* D. POSTLES et J. T. ROSENTHAL (éd.), *Studies on the personal name in later medieval England and Wales*, Kalamazoo, 2006, p. 1-6.

B. ROSENWEIN, « Y avait-il un 'moi' au haut Moyen Âge ? », *Revue historique*, 633 (2005), p. 31-52.

M. RUBELLIN, « Entrée dans la vie, entrée dans la chrétienté, entrée dans la société : autour du baptême à l'époque carolingienne », *in Les Entrées dans la vie. Initiations et apprentissages. Actes du congrès de la* SHMESP *de 1981*, Nancy, 1982, p. 31-51.

J. I. RUIZ DE LA PENA SOLAR, « La antroponimia como indicador de fenomenos de movilidad geografica : el ejemplo de las colonizaciones francas en el Oviedo medieval (1100-1230) », *in* P. MARTINEZ SOPENA (éd.), *Antroponimia y sociedad. Sistemas de identificacion hispano-cristianos en los siglos IX a XIII*, Santiago de Compostela, 1995, p. 133-154.

R. RUSHFORTH, *Saints in English kalendars before A.D. 1100*, Woodbridge, 2008.

R. W. B. SALWAY, « What's in a Name? A Survey of Roman Onomastic Practice from c. 700 BC to AD 700 », *The Journal of Roman Studies*, 84 (1994), p. 124-145.

C. SAUER, Fundatio *und* Memoria *: Stifter und Klostergründer im Bild 1100 bis 1350*, Göttingen, 1993.

N. SAUL (éd.), *The Oxford Illustrated History of Medieval England*, Oxford, 1997.

B. SAWYER, *Property and inheritance in Viking Scandinavia: the runic evidence*, Alingsas, 1988.

—, *The Viking-Age Rune-Stones: Custom and Commemoration in Early Medieval Scandinavia*, Oxford, 2000.

P. H. SAWYER, « 1066-1086: A Tenurial Revolution? », *in* P. H. SAWYER (éd.), *Domesday Book: A Reassessment*, Londres, 1987, p. 71-85.

—, « Ethelred II, Olaf Tryggvason, and the Conversion of Norway », *Scandinavian Studies*, 59 (1987), p. 299-307.

—, « Fairs and Markets in Early Medieval England », *in* N. Lund et N. Skyum-Nielsen (éd.), *Danish medieval history: new currents*, Copenhague, 1981, p. 153-168.

—, « The density of the Danish settlement in England », *University of Birmingham Historical Journal*, 6 (1958), p. 1-17.

—, « The Original Returns and Domesday Book », *The English Historical Review*, 70 (1955), p. 177-197.

—, *Anglo-Saxon Lincolnshire*, Lincoln, 1998.

—, *Kings and Vikings: Scandinavia and Europe AD 700-1100*, Londres-New York, 1982.

—, *The Age of the Vikings*, Londres, 1971.

K. Schmid, « Zur Problematik von Familie, Sippe und Geschlecht, Haus und Dynastie beim mittelalterlichen Adel : Vorfragen zum Thema 'Adel und Herrschaft im Mittelalter' », *Zeitschrift für die Geschichte des Oberrheins*, 105 (1957), p. 1-62.

—, « The structure of the nobility in the earlier middle ages (Über die Struktur des Adels im früheren Mitteltalters) », *in* T. Reuter (éd.), *The Medieval Nobility: Studies on the ruling classes of France and Germany from the sixth to the twelfth century*, Amsterdam, 1978, p. 37-61.

—, « Über das Verhältnis von Person und Gemeinschaft im früheren Mittelalter », *Frühmittelalterliche Studien*, 1 (1967), p. 225-249.

—, *Gebetsgedenken und adliges Selbstverständnis im Mittelalter : ausgewählte Beiträge : Festgabe zu seinem sechzigsten Geburtstag*, Sigmaringen, 1983.

— et J. Wollasch, « Die Gemeinschaft der Lebenden und Verstorbenen in Zeugnissen des Mittelalters », *Frühmittelalterliche Studien*, 1 (1967), p. 365-405.

— et J. Wollasch, « *Societas* et *Fraternitas*: Begründung eines kommentierten Quellenwerkes zur Erforschung der Personen und Personengruppen des Mittelalters », *Frühmittelalterliche Studien*, 9 (1975), p. 529-571.

— et J. Wollasch, *Memoria : der geschichtliche Zeugniswert des liturgischen Gedenkens im Mittelalter*, Munich, 1984.

J.-C. Schmitt, « La 'découverte de l'individu' : une fiction historiographique ? », *in* (éd.), *Le corps, les rites, les rêves, le temps : essais d'anthropologie médiévale*, Paris, 2001, p. 241-262.

E. Searle, « Women and the legitimization of succession at the Norman conquest », *in* R. A. Brown (éd.), *Anglo-Norman Studies, III. Proceedings of the Battle Conference, 1980*, Woodbridge, 1980, p. 159-170 et p. 226-229.

M. V. Seeman, « The unconscious meaning of personal names », *Names*, 31 (1983), p. 237-244.

M. M. Sheehan, *The Will in Medieval England*, Toronto, 1963.

—, *Marriage, Family, and Law in Medieval Europe*, Toronto, 1997.

V. J. Smart, « Cnut's York Moneyers », *in* F. Sandgren (éd.), *Otium et Negotium: Studies in Onomatology and Library Science presented to Olof von Feilitzen*, Stockholm, 1973, p. 221-231.

—, « Moneyers of the Late Anglo-Saxon Coinage, 973-1016 », *in* N. L. Rasmusson et B. Malmer (éd.), *Commentationes de nummis saeculorum Ix-Xi in Suecia repertis 2*, Stockholm, 1968, p. 191-276.

—, « Moneyers of the late Anglo-Saxon coinage: the Danish dynasty 1017-42 », *Anglo-Saxon England*, 16 (1987), p. 233-308.

—, « Moneyers' names on the Anglo-Saxon coinage », *Nomina*, 3 (1979), p. 20-28.

—, « *Onomasticon Anglo-Saxonicum numismaticum*: indexing and data-base », *in* W. F. H. NICOLAISEN (éd.), *Proceedings of the XIXth International Congress of Onomastic Sciences, Aberdeen, August 4-11, 1996, vol. 1*, Aberdeen, 1998, p. 319-24.

—, « Osulf Thein and others: double moneyers' names on the late Anglo-Saxon coinage », *in* K. JONSSON (éd.), *Studies in Late Anglo-Saxon Coinage. In memory of Bror Emil Hildebrand*, Stockholm, 1990, p. 435-453.

—, « Personal names in England », *in* E. EICHLER *et al.* (éd.), *Name studies: an international handbook of onomastics, vol. 1*, Berlin, 1995-1996, p. 782-786.

—, « Scandinavians, Celts, and Germans in Anglo-Saxon England: the evidence of moneyers' names », *in* M. A. S. BLACKBURN (éd.), *Anglo-Saxon Monetary History: Essays in Memory of Michael Dolley*, Leicester, 1986, p. 171-184.

H. SMITH, « Early Northern Nick-Names and Surnames », *Saga Book of the Viking Society*, 11 (1928), p. 30-60.

J. M. H. SMITH, « Oral and Written: Saints, Miracles, and Relics in Brittany, c. 850-1250 », *Speculum*, 65 (1990), p. 309-343.

—, « Saints and their cults », *in* T. F. X. NOBLE et J. M. H. SMITH (éd.), *Early Medieval Christianities, c.600-c.1100*, Cambridge, 2008, p. 581-605.

—, « The problem of female sanctity in Carolingian Europe c. 780-920 », *Past & Present*, 146 (1995), p. 3-37.

—, « Religion and lay society », *in* R. MCKITTERICK (éd.), *The New Cambridge Medieval History, vol. II, c. 700-c. 900*, Cambridge, 1995, p. 654-678.

M. F. SMITH, R. FLEMING et P. HALPIN, « Court and piety in late Anglo-Saxon England », *The Catholic Historical Review*, 87 (2001), p. 569-602.

A. P. SMYTH, « The Emergence of English Identity, 700-1000 », *in* A. P. SMYTH (éd.), *Medieval Europeans: studies in ethnic identity and national perspectives in medieval Europe*, Basingstoke, 1998, p. 24-52.

B. SNOOK, *The Literary Dimensions of Anglo-Saxon Royal Diplomas from Edward « the Elder » to Aethelred « the Unready »*, 2009.

P. STAFFORD, « Queens, Nunneries and Reforming Churchmen: Gender, Religious Status and Reform in Tenth- and Eleventh-Century England », *Past & Present*, 163 (1999), p. 3-35.

—, « The king's wife in Wessex 800-1066 », *Past & Present*, 91 (1981), p. 3-27.

—, « Kinship and women in the world of *Maldon*: Byrhtnoth and his family », *in* J. COOPER (éd.), *The Battle of Maldon: fiction and fact*, Londres, 1993, p. 225-235.

—, « La mutation familiale: a suitable case for caution », *in* J. HILL et M. SWAN (éd.), *The community, the family, and the saint: patterns of power in early medieval Europe: selected proceedings of the International Medieval Congress, University of Leeds, 4-7 July 1994, 10-13 July 1995*, Turnhout, 1998, p. 103-125.

—, « Political ideas in late tenth-century England. Charters as evidence », *in* P. STAFFORD, J. L. NELSON et J. MARTINDALE (éd.), *Law, laity and solidarities: essays in honour of Susan Reynolds*, Manchester, 2001, p. 68-82.

BIBLIOGRAPHIE 313

—, « The Reign of Æthelred II, a study in the limitations on royal policy and action », in D. Hill (éd.), *Ethelred the Unready: Papers from the Millenary Conference*, Oxford, 1978, p. 15-46.

—, « VIII. King and Kin, Lord and Community. England in the Tenth and Eleventh Centuries », in P. Stafford (éd.), *Gender, Family and the Legitimation of Power*, Aldershot, 2006, p. 1-33.

—, « Women and the Norman Conquest », in L. K. Little et B. H. Rosenwein (éd.), *Debating the Middle Ages: Issues and Readings*, Oxford, 1998, p. 254-263.

—, *Queen Emma and Queen Edith. Queenship and Women's Power in Eleventh Century England*, Oxford, 2004.

—, *Unification and Conquest: a Political and Social History of England in the Tenth and Eleventh Centuries*, Londres, 1989.

F. M. Stenton, « The Danes in England », *Proceedings of the British Academy*, 8 (1927), p. 203-246.

—, *Anglo-Saxon England*, Oxford, 1971.

—, *Documents illustrative of the social and economic history of the Danelaw, from various collections*, Oxford, 1920.

—, « Personal Names in Place-Names », in F. M. Stenton et A. Mawer (éd.), *Introduction to the survey of English place-names*, Nottingham, 1924, p. 165-189.

—, *The Danes in England*, Oxford, 1927.

—, *The Free Peasantry of the Northern Danelaw*, Oxford, 1969.

A. L. Strauss, *Mirrors & masks: the search for identity*, New Brunswick, 1997.

M. Swan, « Authorship and anonymity », in P. Pulsiano et E. M. Treharne (éd.), *A companion to Anglo-Saxon literature*, Oxford, 2001, p. 71-83.

A. M. Talbot et S. McGrath, « Monastic Onomastics », in M. Kaplan (éd.), *Monastères, images pouvoirs et société à Byzance*, Paris, 2006, p. 89-120.

G. Tassin, « La tradition du nom selon la littérature islandaise des XIIe et XIIIe siècles », *L'Homme*, 21 (1981), p. 63-86.

G. Tellenbach, « Der *Liber Memorialis* von Remiremont », *Deutsches Archiv für Erforschung des Mittelalters*, 25 (1969), p. 64-110.

G. Tengvik, *Old English bynames*, Uppsala, 1938.

A. Thacker, « Cults at Canterbury: Relics and Reform under Dunstan and his Successors », in N. Ramsay, M. Sparks et T. Tatton-Brown (éd.), *St. Dunstan: His Life, Times and Cult*, Woodbridge, 1992, p. 221-245.

—, « Æthelwold and Abingdon », in B. Yorke (éd.), *Bishop Æthelwold: his Career and Influence*, Woodbridge, 1988, p. 43-64.

—, « Lindisfarne and the Origins of the Cult of St Cuhbert », in G. Bonner, D. W. Rollason et C. Stancliffe (éd.), *St. Cuthbert, his cult and his community: to AD 1200*, Woodbridge, 1989, p. 102-122.

—, « Roman Apostles and Martyrs in the 7th and 8th centuries », in D. A. Bullough et J. M. H. Smith (éd.), *Early medieval Rome and the Christian West: essays in honour of Donald A. Bullough*, Leyde, 2000, p. 247-277.

— et R. Sharpe (éd.), *Local Saints and Local Churches in the Early Medieval West*, Oxford, 2002.

L. Thévenot, *L'action au pluriel*, Paris, 2006.

BIBLIOGRAPHIE

G. Thoma, *Namensänderungen in Herrscherfamilien des mittelalterlichen Europa*, Kallmünz, 1985.

D. A. Thomas et C. P. Alderfer, « The influence of race on career dynamics: theory of research on minority career experiences », *in* M. B. Arthur, D. T. Hall et B. S. Lawrence (éd.), *Handbook of career theory*, Cambridge, 1996, p. 133-158.

H. Thomas, *The English and the Normans. Ethnic Hostility, Assimilation, and Identity, 1066-c. 1220*, Oxford, 2003.

R. Thompson, « Bilingual, bicultural, and binominal identities: Personal name investment and the imagination in the lives of Korean Americans », *Journal of Language, Identity, and Education*, 5 (2006), p. 179-208.

V. Thompson, *Dying and death in later Anglo-Saxon England*, Woodbridge, 2004.

J.-Y. Tilliette, « Sémantique du nom de personne dans le haut Moyen Âge (vi^e-xiie siècles) », *in* P. Beck (éd.), *Genèse médiévale de l'anthroponymie moderne, Tome IV : Discours sur le nom : normes, usages, imaginaire (vi^e-xvie siècles)*, Tours, 1997, p. 3-22.

L. To Figueras, « Personal Naming and Structures of Kinship in the Medieval Spanish Peasantry », *in* G. Beech, M. Bourin et P. Chareille (éd.), *Personal Names Studies of Medieval Europe: Social Identity and Familial Structures*, Kalamazoo, 2002, p. 53-66.

B.-M. Tock, « Les textes diplomatiques, des médias au Moyen Âge ? », *in* M. Serwanski (éd.), *Le rôle des médias à travers l'histoire. Actes du VIIIe colloque Poznan-Strasbourg, mai 1994*, Poznan, 1995, p. 61-84.

—, *Scribes, souscripteurs et témoins dans les actes privés en France (viie-début du xiie siècle)*, Turnhout, 2005.

J. R. R. Tolkien, « English and Welsh », *in* H. Lewis (éd.), *Angles and Britons. O'Donnell Lectures*, Cardiff, 1963, p. 1-41.

L. Tollerton, *Wills and will-making in Anglo-Saxon England*, Woodbridge, 2011.

F. Tönnies, *Communauté et société, catégories fondamentales de la sociologie pure [Gemeinschaft und Gesellschaft]*, Paris, 2010 [1887].

P. Toubert, « Le moment carolingien (viiie-xe siècle) », *in* H. Bresc *et al.* (éd.), *La Famille occidentale au Moyen Âge*, Bruxelles, 2005 [1986], p. 123-172.

M. Townend, *Language and History in Viking Age England. Linguistic Relations between Speakers of Old Norse and Old English*, Turnhout, 2002.

—, « Viking Age England as a Bilingual Society », *in* D. M. Hadley et J. D. Richards (éd.), *Cultures in Contact: Scandinavian Settlement in England in the Ninth and Tenth Centuries*, Turnhout, 2000, p. 89-105.

—, *Scandinavian Culture in Eleventh-Century Yorkshire*, Kirkdale, 2007.

— (éd.), *Wulfstan, Archbishop of York: The Proceedings of the Second Alcuin Conference*, Turnhout, 2004.

S. Trafford, « Ethnicity, Migration Theory, and the Historiography of the Scandinavian Settlement of England », *in* D. M. Hadley et J. D. Richards (éd.), *Cultures in Contact: Scandinavian Settlement in England in the Ninth and Tenth Centuries*, Turnhout, 2000, p. 17-39.

C. Treffort, *Mémoires carolingiennes : L'épitaphe entre célébration mémorielle, genre littéraire et manifeste politique, milieu viiie-début xie siècle*, Rennes, 2007.

E. M. Treharne, « Ælfric's Account of St Swithun: Literature of Reform and Reward », *in* E. M. Tyler et R. Balzaretti (éd.), *Narrative and history in the early medieval West*, Turnhout, 2006, p. 167-186.

—, « The Invisible Woman: Ælfric and his Subject Female », *Leeds Studies in English*, 37 (2006), p. 191-208.

O. Trotignon, « Hiérarchie sociale et dévolution généalogique du nom dans le Berry méridional », *in* M. Bourin et P. Chareille (éd.), *Genèse médiévale de l'anthroponymie moderne, Tome III : Enquêtes généalogiques et données prosopographiques*, Tours, 1995, p. 81-87.

A. Van Gennep, *Les rites de passage : étude systématique des rites de la porte et du seuil, etc.*, Paris, 1909.

E. Van Houts, « Family, marriage, kinship », *in* J. C. Crick et E. Van Houts (éd.), *A social history of England, 900-1200*, Cambridge, 2011, p. 133-141.

—, « Invasion and Immigration », *in* J. C. Crick et E. Van Houts (éd.), *A social history of England, 900-1200*, Cambridge, 2011, p. 208-234.

—, « Historical Writing », *in* C. Harper-Bill et E. Van Houts (éd.), *A companion to the Anglo-Norman world*, Woodbridge, 2003, p. 103-121.

—, « Intermarriage in Eleventh-Century England », *in* D. Crouch et K. Thompson (éd.), *Normandy and its neighbours, 900-1250: essays for David Bates*, Turnhout, 2011, p. 237-270.

E. R. Varner, *Mutilation and transformation:* damnatio memoriae *and Roman imperial portraiture*, Leyde, 2004.

M. E. W. Varnum et S. Kitayama, « What's in a Name? Popular Names are Less Common on Frontiers », *Psychological Science*, 22 (2011), p. 176-183.

B. Vernier, « La circulation des biens de la main-d'oeuvre et des prénoms Karpathos : du bon usage des parents et de la parenté », *Actes de la Recherche en Sciences sociales*, 31 (1980), p. 63-92.

—, *La genèse sociale des sentiments. Aînés et cadets dans l'île grecque de Karpathos*, Paris, 1991.

P. Veyne, *Sur l'individu*, Paris, 1987.

O. Von Feilitzen, *Pre-Conquest Personal Names in Domesday Book*, Uppsala, 1937.

—, « The personal names of the Winton Domesday », *in* M. Biddle, Barlow, Frank (éd.), *Winchester in the early middle ages*, Oxford, 1976, p. 143-229.

—, « Planning a new Old English Onomasticon », *in* H. Voitl (éd.), *The Study of the Personal Names of the British Isles. Proceedings of a Working Conference at Erlangen. 21-24 September 1975*, Erlangen, 1976, p. 16-42.

— et C. Blunt, « Personal names on the coinage of Edgar », *in* P. Clemoes et K. Hughes (éd.), *England Before the Conquest: Studies in Primary Sources presented to Dorothy Whitelock*, Cambridge, 1971, p. 183-214.

J. M. Wallace-Hadrill, *Early Germanic kingship in England and on the Continent: the Ford lectures delivered in the University of Oxford in Hilary Term 1970*, Oxford, 1971.

A. Wareham, « The transformation of kingship and the family in late Anglo-Saxon England », *Early Medieval Europe*, 10 (2001), p. 375-399.

—, « Two Models of Marriage: Kinship and the Social Order in England and Normandy », *in* H. Teunis, A. Wareham et A.-J. A. Bijsterveld (éd.), *Negotiating secular*

316 BIBLIOGRAPHIE

and ecclesiastical power: Western Europe in the central Middle Ages, Turnhout, 1999, p. 107-132.

—, *Lords and Communities in Early Medieval East Anglia*, Woodbridge, 2005.

M. WEBER, *Economie et société. t. 1 : Les catégories de la sociologie*, Paris, 1971.

—, *Economie et société. t. 2 : L'organisation et les puissances de la société dans leur rapport avec l'économie*, Paris, 1971.

K. F. WERNER, « Important noble families in the kingdom of Charlemagne, a prosopographical study of the relationship between king and nobility in the early Middle Ages », *in* T. REUTER (éd.), *The medieval nobility: studies on the ruling classes of France and Germany from the 6th to the 12th century*, Amsterdam, 1978, p. 137-202.

— et M. HEINZELMANN, « Liens de parenté et noms de personne : un problème historique et méthodologique », *in* G. DUBY et J. LE GOFF (éd.), *Famille et parenté dans l'Occident médiéval, Actes du colloque de Paris (6-8 juin 1974)*, Rome, 1977, p. 13-34.

E. G. WHATLEY, « Late Old English Hagiography », *in* G. PHILIPPART (éd.), *Hagiographies, vol. 2*, Turnhout, 1996, p. 429-499.

D. WHITELOCK, « Scandinavian Personal Names in the *Liber Vitæ* of Thorney Abbey », *Saga-Book for Northern Research*, 12 (1940), p. 127-153.

A. WILLIAMS, « A bell-house and a *burh-geat*: lordly residences in England before the Norman Conquest », *Medieval Knighthood*, 4 (1992), p. 221-240.

—, « A West-Country Magnate of the Eleventh Century: the Family, Estates and Patronage of Beorhtric Son of Ælfgar », *in* K. S. B. KEATS-ROHAN (éd.), *Family Trees and the Roots of Politics: The Prosopography of Britain and France from the Tenth to the Twelfth Century*, Woodbridge, 1997, p. 41-68.

—, « Cockles amongst the wheat: Danes and English in the West Midlands in the first half of the eleventh century », *Midland History*, 11 (1986), p. 1-22.

—, « 'Princeps Merciorum gentis': The Family, Career and Connections of Ælfhere, Ealdorman of Mercia », *Anglo-Saxon England*, 10 (1982), p. 143-172.

—, « Thegnly piety and ecclesiastical patronage in the late Old English Kingdom », *in* J. GILLINGHAM (éd.), *Anglo-Norman Studies, XXIV. Proceedings of the Battle Conference, 2001*, Woodbridge, 2002, p. 1-24.

—, « A vice-comital family in pre-Conquest Warwickshire », *in* R. A. BROWN (éd.), *Anglo-Norman Studies, XI. Proceedings of the Battle Conference, 1988*, Woodbridge, 1989, p. 279-295.

—, « The king's nephew: the family, career, and connections of Ralph, earl of Hereford », *in* C. HARPER-BILL, C. J. HOLDSWORTH et J. L. NELSON (éd.), *Studies in medieval history presented to R. Allen Brown*, Woodbridge, 1989, p. 327-343.

—, *Æthelred the Unready. The ill-counselled king*, Londres, 2003.

—, *Land, power and politics: the family and career of Odda of Deerhurst*, Deerhurst, 1997.

—, *The English and the Norman Conquest*, Woodbridge, 1995.

—, *The world before Domesday: the English aristocracy 900-1066*, Londres, 2008.

—, A. P. SMYTH et D. P. KIRBY, *A Biographical Dictionary of Dark Age Britain. England, Scotland and Wales, c.500-c.1050*, Londres, 1991.

S. WILSON, *The Means of Naming: a Social and Cultural History of Personal Naming in Western Europe*, Londres, 1998.

J. WOLLASCH, « Gemeinshaftsbewusstsein und soziale Leistung im Mittelalter », *Frühmittelalterliche Studien*, 9 (1975), p. 268-286.

—, « Les moines et la mémoire des morts », *in* D. IOGNA-PRAT et J.-C. PICARD (éd.), *Religion et culture autour de l'an mil : royaume capétien et Lotharingie : actes du colloque Hugues Capet 987-1987, la France de l'an mil, Auxerre, 26 et 27 juin 1987, Metz, 11 et 12 septembre 1987*, Paris, 1990, p. 47-54.

—, « Les obituaires, témoins de la vie clunisienne », *Cahiers de civilisation médiévale*, 22 (1979), p. 139-171.

H. B. WOOLF, *The old Germanic principles of Name-Giving*, Baltimore, 1939.

P. WORMALD, « Anglo-Saxon Society and its literature », *in* M. GODDEN et M. LAPIDGE (éd.), *The Cambridge Companion to Old English Literature*, Cambridge, 1991, p. 1-22.

—, « Æthelwold and his Continental Counterparts: Contact, Comparison, Contrast », *in* B. YORKE (éd.), *Bishop Æthelwold: his Career and Influence*, Woodbridge, 1988, p. 13-42.

—, « Charters, Law and the Settlement of Disputes in Anglo-Saxon England », *in* W. DAVIES et P. FOURACRE (éd.), *The Settlement of Disputes in Early Medieval Europe*, Cambridge, 1986, p. 149-168.

—, « Domesday Lawsuits », *in* C. HICKS (éd.), *England in the eleventh century: proceedings of the 1990 Harlaxton symposium*, Stamford, 1992, p. 61-102.

—, « *Lex Scripta* and *Verbum Regis*: legislation and Germanic kingship, from Euric to Cnut », *in* P. H. SAWYER et I. WOOD (éd.), *Early Medieval Kingship*, Leeds, 1977, p. 105-138.

—, *The Making of English Law: King Alfred to the Twelfth Century, I, Legislation and its Limits*, Oxford, 1999.

M. ZIMMERMANN, « Les débuts de la révolution anthroponymique en Catalogne (x^e-xiie siècles) », *in* P. MARTINEZ SOPENA (éd.), *Antroponimia y sociedad. Sistemas de identificacion hispano-cristianos en los siglos ix a xiii*, Santiago de Compostela, 1995, p. 351-369.

F. ZONABEND, « Pourquoi nommer ? Les noms de personnes dans un village français : Minot-en-Châtillonnais », *in* C. LÉVI-STRAUSS (éd.), *L'identité, séminaire interdisciplinaire*, Paris, 1977, p. 257-286.

—, « Le nom de personne », *L'Homme*, 20 (1980), p. 7-23.

—, « Nom », *in* P. BONTE et M. IZARD (éd.), *Dictionnaire de l'ethnologie et de l'anthropologie*, Paris, 1991, p. 508-509.

Stemma des principaux groupes familiaux

A. La lignée de Cerdic d'Ecgberth à Edward l'Aîné

Ces stemma ont été réalisés en prenant appui sur les sources primaires et sur les identifications réalisées par la *Prosopography of Anglo-Saxon England*. Nous indiquons donc toujours le nom des individus tels qu'ils figurent dans la *PASE*, c'est-à-dire suivis d'un numéro, afin de faciliter le recoupement entre nos propositions et les recherches effectuées par nos collègues britanniques.

Charles 4 (III) le Chauve, roi de Francie occidentale 840-877, Empereur 875-877

Ecgberht 10, roi des West-Saxons 802-839 — Oslac 2, pincerna of Æthelwulf 1

Baldwin 1 (1er), comte de Flandre, mort en 897

Baldwin 2 (II), comte de Flandre, mort en 918

Judith 1

Æthelwulf 1, roi des West-Saxons 839-858 — Osburg 2 [famille royale de l'Île de Wight]

Æthelstan, roi Kent, Sussex, Essex 556-858

Æthelred Mucel 1 (aka Mucel 3), dux in Mercia 836-868

Æthelwald 35, mort en 902

Æthelhelm 4 — Beorhtfrith 6 — Oswald 6

Æthelbald 13, roi WS 855-860, mort en 860

Æthelstan

Æthelberht 9, roi WS 860-865, mort en 865

Æthelred 15, roi WS 865-871, mort en 871

Eadburg 6

Ælffæd 10

Æthelswith 1, morte en 888 — Burgred 5, roi Mercia 852-873/4

Edward 2 The Elder, roi WS 899-924
- ∞ (1) Ecgwynn
- ∞ (2) Ælffæd 10
- ∞ (3) Eadgifu 4

Æthelweard 5 (aka 15), mort en 920

Ætheigifu 4, abbesse de Shaftesbury

Æthelred 1, Lord of the Mercians 879-911

Æthelflæd 4, Lady of the Mercians 879-911, morte en 918 (?)

Alfred 8 The Great, roi WS 871-899, mort en 899 — Ealhswith 1

Ælfwine 9, mort en 941

Ælfwine 13, mort en 941

Ælfwynn 2

Arnulf 2 (aka Earnwulf) (aka Æthelwulf)

Osfrith 8

Æthelwulf 21, dux in Mercia, mort en 902

Ælfthryth 5

Adelolf 1, comte de Flandre, mort en 918

Baldwin 2, comte de Flandre, mort en 918

Ealhswith 2

Eormenthryth 1

Ælfwald 35, nièce d'Æthelwald 35, reléguée à Wilton en 917/8

STEMMA DES PRINCIPAUX GROUPES FAMILIAUX

B. La lignée de Cerdic d'Edward l'Aîné à Edgar le Pacifique

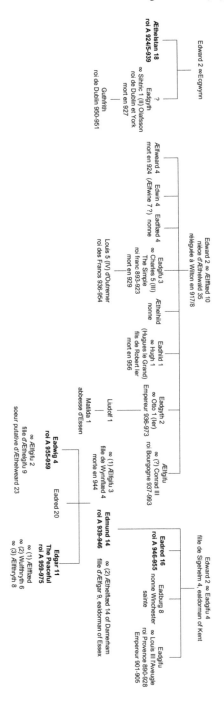

STEMMA DES PRINCIPAUX GROUPES FAMILIAUX 321

C. La lignée de Cerdic d'Edgar le Pacifique à son extinction

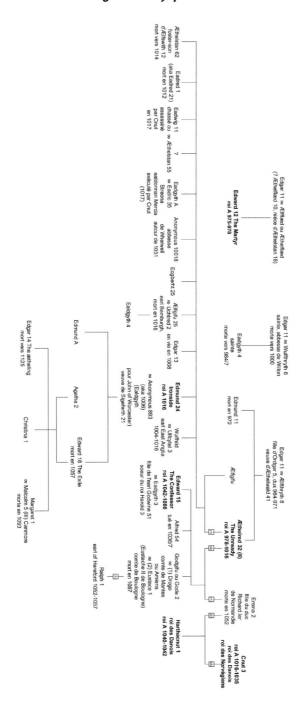

322 STEMMA DES PRINCIPAUX GROUPES FAMILIAUX

D. La parentèle de l'ealdorman Uhtred de Bamburgh

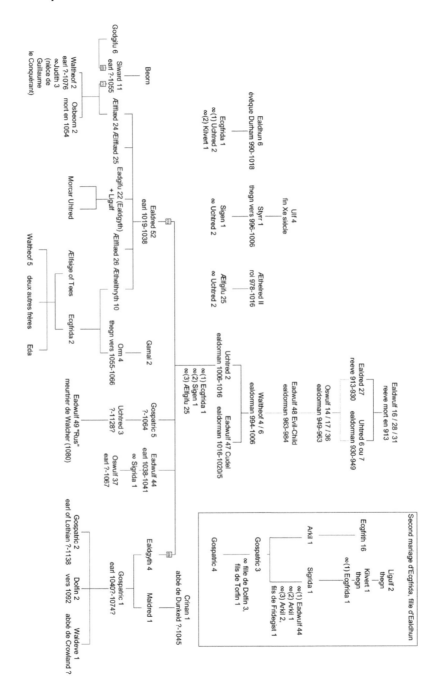

E. La parentèle d'Æthelweard des Provinces de l'Ouest

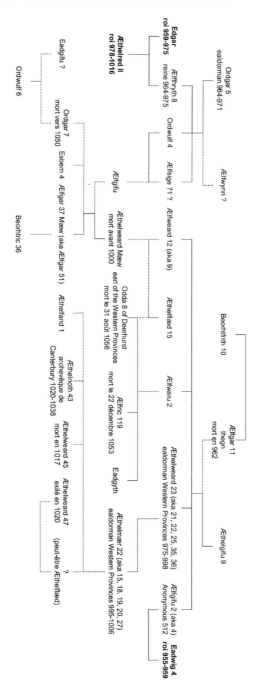

324 STEMMA DES PRINCIPAUX GROUPES FAMILIAUX

F. La parentèle de l'ealdorman Beorhtnoth d'Essex

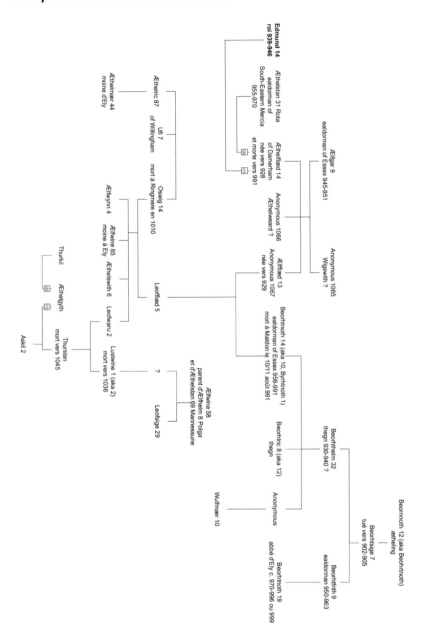

STEMMA DES PRINCIPAUX GROUPES FAMILIAUX   325

G. La parentèle de l'ealdorman Æthelstan Half-King

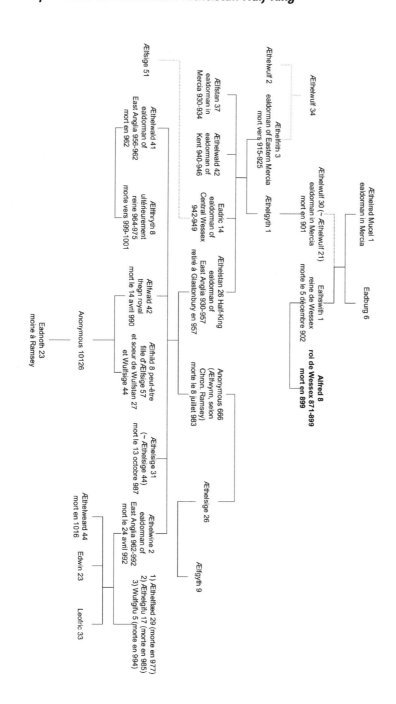

326 STEMMA DES PRINCIPAUX GROUPES FAMILIAUX

H. La parentèle de l'ealdorman Ælfhelm de Northumbrie

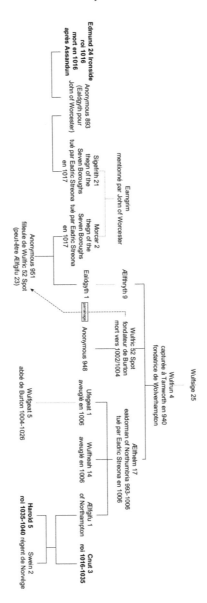

STEMMA DES PRINCIPAUX GROUPES FAMILIAUX

I. La parentèle de l'ealdorman Leofric de Mercie

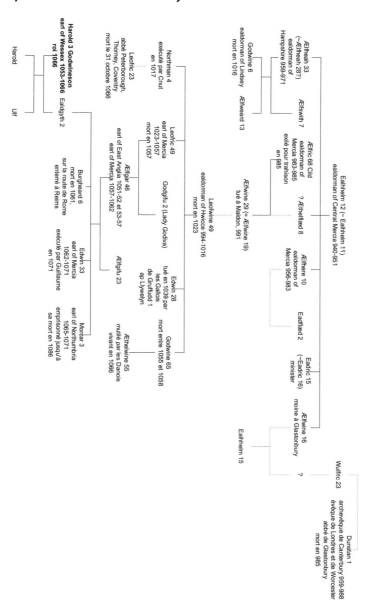

J. La parentèle de l'ealdorman Godwine de Wessex

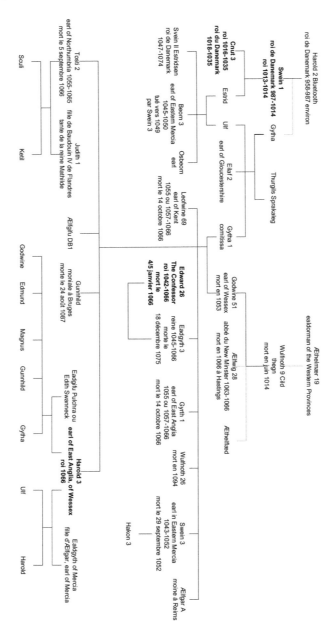

Index

Index personarum

A
Abbon de Fleury 55, 102, 110
Abraham 67
Adam 65, 100, 270
Aelred de Rievaulx 150
Alcuin 61, 80, 87
Aldhelm 246, 247
Alfred ætheling 114
Alfred, roi 49, 159, 160, 165-167, 196, 203, 206
Alfric 191, 192
Alric 48
Alwine 48, 191, 192, 209
Ammien Marcellin 212
Anglais 44, 68, 160, 223, 248
Anglo-Saxons 52, 74, 112, 146, 194, 205, 242, 243, 249, 261
Anselme de Canterbury 239
Ansfred 258
Ansfrid 258
Anund 241
Ariès, Philippe 128, 145
Aristote 23, 59, 263
Asfrith 258
Asfrothr 258
Asmund 241
Asser 110
Asulfr 258
Augustin, archevêque 38, 65, 123
Augustin d'Hippone 212
Augustin 203

Æ
Ælfflæd, abbesse 110
Ælfflæd 155, 183
Ælfgar, ealdorman 155

Ælfgar, earl 92, 169
Ælfgar Godwineson 234
Ælfgar Mæw 149
Ælfgifu 92, 149, 159, 192, 193
Ælfgifu, reine 107, 110, 259
Ælfheah, archevêque martyr 102, 123
Ælfheah, ealdorman 92, 162, 163
Ælfheah Godwine, archevêque 101
Ælfheah 147
Ælfhelm 149, 173
Ælfhelm Polga 149
Ælfhere, ealdorman 163
Ælfmær 208
Ælfnoth 120
Ælfred Westou larwe 149
Ælfric d'Eynsham 35, 56, 57, 60-62, 64, 78, 80, 102, 110, 111, 124, 206
Ælfric, ealdorman 108
Ælfric 48, 147, 183, 189, 190, 193, 194, 196, 198, 209
Ælfsige, évêque 107
Ælfsige, moine du New Minster 77
Ælfsige 183
Ælfstan Lyfing, archevêque 101
Ælfstan 147, 200
Ælfthryth, reine 92, 108
Ælfwaru 172, 200
Ælfwine, abbé du New Minster 74, 77, 87, 118, 120
Ælfwine 48, 155, 183, 192, 194, 196, 198
Ælfwold grossus 103
Ælfwynn 120, 155, 200
Ælhere, ealdorman 163
Ælle, roi 65
Ærnketel 239

330 INDEX

Æthelbald, roi 160
Æthelberht, roi 160
Æthelflæd, Lady of the Mercians 165, 166, 254
Æthelflæd 201
Æthelfrith 169
Æthelgifu 92, 201
Æthelmær, ealdorman 116, 169
Æthelmær Greate 149
Æthelnoth cild 94
Æthelnoth 120
Æthel[?] 111
Æthelred II, roi 16, 17, 40, 98, 99, 102, 108, 109, 114, 124, 134, 143, 144, 159, 160, 163, 164, 166-168, 198, 224, 248-250, 252, 254, 255, 264, 265
Æthelric Bigga 149
Æthelric 48, 92
Æthelsige, clerc 109
Æthelstan Half-King 102, 162, 163, 166, 168, 169, 200
Æthelstan Mannesune 200
Æthelstan 183
Æthelstan, roi 39, 49, 114, 159, 160, 166, 168
Æthelthryth, abbesse 65, 110, 119, 204, 205
Æthelthryth 183, 201
Æthelwald, ealdorman 169
Æthelweald Greate 149
Æthelweard, ealdorman 78, 102, 106, 108, 163, 169, 246, 247
Æthelweard Mæw 149
Æthelwine, ealdorman 115, 169, 200
Æthelwine 48
Æthelwold ætheling 167
Æthelwold, évêque 56, 63, 69, 79, 85, 119
Æthelwulf, roi 160, 166

B
Baldwin 92
Barth, Fredrik 28
Bartlett, Robert 180
Becker, Howard 219
Bède le Vénérable 36, 61, 65, 66, 73, 100, 107, 111, 263
Benna 238

Benoît 203
Beorhtnoth, ealdorman 114, 155-157, 163
Beorhtric 108, 117
Beorhtsige 112
Beowulf 105, 151
Biddle, Martin 49
Blair, John 204
Blancs 220
Bloch, Marc 132, 133, 135
Boèce 206
Bourdieu, Pierre 103, 131
Bourin, Monique 180, 182
Bovi 245
Burgondes 215
Buridant, Claude 58
Byrhtferth de Ramsey 35, 77

C
Cædmon 69
Carolingiens 135, 162, 197
Ceolwynn 201
Cerdic, roi 16, 176
Chaplais, Pierre 39
Chareille, Pascal 180, 181
Charisius 58
Charles-Edwards, Thomas 153, 175
Chinois 222
Christina 159
Cicéron 58
Clark, Cecily 34, 133, 182, 183
Cnut IV, roi 46
Cnut, roi 17, 36, 49, 50, 99, 100, 115, 117, 121, 137, 143, 144, 160, 168, 176, 177, 194, 196, 198, 218, 241, 242, 244, 245, 249, 250, 252, 254, 255, 260, 261, 264, 265
Conrad 197
Constantin 66, 69
Coréens 222
Crick, Julia 44
Crinan 234
Cuthbert 36, 123
Cynewulf 78
Cyprien 73
Cytel 258

INDEX 331

D

Daniel, évêque 203
Danois 17, 40, 50, 165, 241, 242, 248-250, 261
Denisc 243
Descartes, René 25
Deusdedit, archevêque 100
Diomède 58, 59
Dolbeau, François 77
Donat 55-60, 80
Dryhthelm 63
Duby, Georges 180, 197
Duduc, évêque 238, 239
Dumville, David 167
Dunstan, archevêque 61, 77, 79, 80, 86, 107, 247
Dunstan 57
Durand, Robert 182
Durkheim, Emile 24

E

Eadburh 112
Eadgifu 117, 193
Eadgyth 183
Eadgyth, reine 234
Eadmer de Canterbury 239
Eadnoth, abbé 204, 205
Eadnoth 200
Eadred 76
Eadred, roi 134, 159, 160, 198
Eadric 92, 112, 147, 174, 199, 200, 241, 242
Eadric Streona 103, 108, 109
Eadwald, prêtre 92
Eadwig ætheling 168
Eadwig, roi des ceorls 168
Eadwig, roi 16, 40, 102, 107, 108, 114, 134, 159, 160, 166, 198
Eadwynn 201
Ealdgyth 159
Ealdred, ealdorman 149
Ealhhelm, ealdorman 155
Ealhswith, reine 110
Ecgberht, roi 159, 160
Ecgwine, évêque 119, 123
École de Fribourg-Münster 120

École de Vienne 29
Edgar 57, 159
Edgar, roi 16, 40, 49, 50, 66, 102, 106, 114, 134, 153, 159, 160, 166, 167, 189, 190, 198, 209, 210, 242, 252, 265
Edith de Wilton 66, 79, 152
Edmund ætheling 90, 159, 165, 166
Edmund Ironside, roi 102, 114, 159, 160, 168, 198
Edmund, roi martyr 102, 111, 122, 165, 204
Edmund, roi 108, 114, 134, 159, 160
Edward ætheling 114, 159
Edward l'Aîné, roi 68, 159, 160, 165-168, 226, 254
Edward le Confesseur, roi 17, 40, 47, 48, 50, 92, 98, 114, 159, 188, 198, 199, 241-245, 252, 255
Edward le Martyr, roi 16, 114, 124, 160, 198
Edward 159
Edwine, earl 169
Eilaf larwe 150
Emma, reine 108, 114, 115, 117, 160, 254, 255, 259
Eormenhild, abbesse 204, 205
Eric 238
Ermold le Noir 65
Esbern Bigga 149
Étienne, protomartyr 64
Euphrosyne, vierge 66
Eustache de Boulogne 249
Eustache 99

F

Fæder 249
Feilitzen, Olof von 33
Feilitzen, Olof von 34, 48, 136, 216
Felix de Dunwich 65
Fellows-Jensen, Gillian 218
Fin 240, 241, 243
Flamands 239
Fleming, Robin 143
Flugel, Ingeborg 54
Fræna 108, 238
Français 249, 250
Francs 239

INDEX

Freud, Sigmund 24, 54
Fridburg 75
Friðegist 108, 238
Fulchard 238

G
Galbraith, Vivian 46
Gallois 248
Gardiner, Alan 21
Genèse médiévale de l'anthroponymie moderne 180
Georges 182
Giso, évêque 238
Godeman 78
Gode 120
Godric 111, 183, 191, 192, 194, 200, 210, 241
Godwine, earl 17, 107, 108, 169, 234, 249, 250
Godwine 108, 183, 189, 190, 192-194, 196
Godwinesons 143, 169, 199
Godwin 191, 192, 238
Goscelin de Saint-Bertin 152
Gospatric 169
Goths 29
Grégoire le Grand 64, 65, 123
Grendel 110
Grimulf 240, 241
Groupe de Cambridge 128
Gruffydd, roi 239
Guerreau-Jalabert, Anita 179
Guillaume de Saint-Calais 46
Guillaume le Conquérant, roi 45, 46, 159, 231, 234
Guillaume le Roux, roi 46
Gunnere 246
Guthlac, ermite 66, 122
Guthrum 165, 166, 168
Gyrth, earl 169, 234
Gytha 234

H
Hadrien, pape 70, 71
Hakon 238
Halfdan 243
Harald Ier, roi 102, 198

Harald le Sévère, roi 17
Harold II Godwineson, roi 107, 169, 177, 234, 250, 252
Harthacnut, roi 17, 86, 106, 115, 117, 198, 249
Haskins, Charles Omer 25
Heahstan 78, 147
Henri III, roi 179
Henri II, roi 44, 179
Henri 197
Henry de Huntingdon 36, 249
Hereman, évêque 88, 238
Hérodote 212
Holopherne 105
Holt, James 46
Houts, Elisabeth van 231
Hugues 108, 238

I
Ine 159
Ingeram 246
Insley, John 216
Isidore de Séville 55, 57, 58, 60, 61, 64, 212
Israël 55
Ithamar, évêque 100

J
Jean-Baptiste 87, 92
Jean Chrysostome 89
Jean, évangéliste 76
Jérôme 58, 64
Jésus Christ 45, 67, 84, 86, 90, 153
Johannes 202, 203, 240, 241, 243
John de Worcester 36
Judith 105, 234
Juifs 221

K
Kenelm 119
Ketill 258
Keynes, Simon 41, 65
Kitson, Peter 183
Kripke, Saül 84
Kulturkreislehre 213

INDEX 333

L

Lancaster, Lorraine 153, 175
Lantferth de Winchester 78, 109, 238, 239
Latinos 220, 222
Le Jan, Régine 133, 179
Leofa 108
Leofflæd 155
Leofgifu 120
Leofric, abbé 108
Leofric, earl 17, 115, 169
Leofric 111
Leofstan 110
Leofwaru 155
Leofwine, ealdorman 169
Leofwine, earl 169, 234
Leofwine 111, 196
Leofwinesons 169, 199
Léon III 203
Léon IV 203
Léon 203
Le Play 128
Lethings 29
Lewis, Christopher 47
Locke, John 23
Loðan 112
Lombards 29
Loyn, Henry 153
Luc, évangéliste 76
Luo 158
Lynch, Joseph 91

M

Magnus 238
Malcolm III Canmore 159
Maldred 234
Mangoda 246
Manna 258
Mannig 258
Marc, évangéliste 76
Margaret 159
Martin de Tours 63
Martin 201, 203
Mathilde, abbesse 110, 163
Matthieu, évangéliste 76
Mauss, Marcel 25

Merciens 248
Mérovingiens 135
Moïse 69
Montaigne 179
Morcar, earl 169
Morcar, thegn 108
Morris, Colin 25
Morsel, Joseph 179
Mozarabes 214
Mudéjars 214

N

Nabuchodonosor 69
Nightingale, Pamela 49
Noé 212
Noirs 220
Nomen et Gens 34
Normands 136, 138
Northman 243
Northumbriens 248
Novitovi 238

O

Ocea 238, 239
Oda, archevêque 79, 100, 101, 170
Odda de Deerhurst 163
Odin 240, 241, 252
Odon de Cluny 100
Odon 253
Okasha, Elisabeth 34, 141, 183, 205, 207
Olaf Tryggvason, roi 99
Önund 241
Orc 243-245
Orcus 246, 247
Orderic Vital 36
Osbeorn 234
Oscytel, abbé 254
Oscytel, évêque 254
Osferth 258
Osfrith 258
Osgar, abbé 254
Osgod Digri 103
Osgod 238
Osmund 111, 242, 243
Oswald, archevêque 92, 170, 254

334 INDEX

Oswald, roi 123, 254
Osweard, abbé 254
Oswig, abbé 254
Oswig 155
Oswulf, évêque 254
Oswulf 258
Oswynn 111

P

Parsons, David 34
Paul de Tarse 67, 99
Pelteret, David 207
Pépin 110
Pflaum, Hans Georg 103
Philippe 197
Phillpotts, Bertha 175
Phocas 55
Pierre, apôtre 67
Pierre 201, 203
Plantagenêt 131
Platon 206
Pline l'Ancien 212
Pohl, Walter 27
Priscien 55-57
Prosopography of Anglo-Saxon England
  35, 41, 197, 198

R

Raban Maur 65
Radbod 238
Radulf 238
Ralph the Staller 238, 239
Ranulf Flambard 46
Redin, Mats 49
Régime de Vichy 221
Ricarð 111
Richard FitzNigel 44
Robert, archevêque 238
Roffe, David 46
Romains 112
Rumwold 92

S

Sarah 67
Sawyer, Peter 217, 223

Saxons 248
Scandinaves 16, 99, 136, 150, 217, 225, 238-
  240, 244, 248, 249, 252, 254, 255
Scaurus 59
Schmid, Carl 37
Schmid, Karl 128, 130, 132, 135, 170
Searle, William 134
Seaxburg, abbesse 204, 205
Sergius 55
Servius 55
Sharpe, Richard 201
Sheehan, Michael 43
Sigeferth, thegn 108
Sigen 234
Sigewold, évêque 238, 239
Sigmund 240-243
Siward, earl 17, 103, 234
Siward 209
Smaragde de Saint-Mihiel 56, 58, 60
Smart, Veronica 49, 50, 216
Stafford, Pauline 44
Stenton, Frank 50, 223
Stewart, Ian 49
Strang 240, 241
Styrr 234
Sumarliði 112
Swein Godwineson 169, 234
Swein 238
Swein, roi 108, 198
Swithun 63, 80, 102, 105, 119
Symeon de Durham 36

T

Tacite 212
Tatwine de Canterbury 56, 58, 60
Tellenbach, Gerd 128
Tengvik, Gösta 150, 151
Teothic 109
Tertullien 89
Thacker, Alan 201
Théodore de Canterbury 89
Théodoric 238
Theodred, évêque 100, 102
Thored 240, 241
Thorfast 111

INDEX 335

Thorkel 252
Thor 252, 253
Thorstan, abbé 254
Thorstan 238, 249, 252
Thurcytel, abbé 254
Thurcytel Myrenheafod 103, 108
Thurcytel 152, 238
Thurkil Hoche 102
Toki 240, 241
Toli 241, 243
Tönnies, Ferdinand 26
Torkell 241
Torketill 241
Tosti, earl 169, 234
Toti 238
Tovi 240, 241

U
Ufegeat 173
Uhtbrand 258
Uhtred, ealdorman 159, 163
Uhtredsons 140, 149, 169, 199, 234-236
Ulfberht 112
Ulfcytel, ealdorman 108, 114
Ulfcytel 152
Ullmann, Walter 25

V
Vestiane 111
Vikings 224
Virgile 212

W
Waltheof 169, 234
Walton, William 54
Wareham, Andrew 154

Weber, Max 213
Weinrich 238
Wenskus, Reinhard 29
Werner, Karl Ferdinand 37
West-Saxons 160, 248
Whitelock, Dorothy 196
Wigberht 111
Wigswith 155
Wihtburg, abbesse 204, 205
Wilfrid, archevêque 123
William de Malmesbury 36, 167
Williams, Ann 183
Wilson, Stephen 183
Winstan 208
Woden 106, 158, 270
Woolf, Henry 132, 134, 136, 138-140, 152, 183
Wudeman 111
Wulfflæd 201
Wulfgeat 208
Wulfheah 173
Wulfmær 172
Wulfnoth cild 108
Wulfnoth Godwineson 234
Wulfric 173
Wulfric Spot 92, 155, 163, 173
Wulfrun 155, 173, 174, 239
Wulfstan de Winchester 35, 77-79, 86, 109, 110
Wulfstan d'York 62, 78, 90, 170
Wulfstan 208
Wulfwaru 172
Wulfwine Cada 78
Wulfwine 208
Wulfwynn 120
Wynnflæd 147, 201
Wynthryth, abbesse 204, 205

Index locorum

Abbotsbury 121, 245
Abingdon 37, 41, 115, 187, 190, 191, 203, 228
Aix-la-Chapelle 112
Algérie 222
Aoste 239
Aquitaine 179
Ashdown 108
Babel 212
Bamburgh 169, 234
Bedfordshire 184, 226
Berkshire 41, 184
Bridekirk 111
Buckingham 184
Burton 173
Bury St Edmunds 43, 187, 191, 194, 204, 227
Butcombe 172
Byzance 59
Cambridgeshire 121, 184, 226
Canterbury 41, 43, 50, 61, 101, 107, 108, 118, 149, 203, 204
Cheshire 225
Chester 192
Christ Church 116
Cologne 70
Compostelle 214
Cornwall 15, 184, 203, 204, 227
Coventry 115
Cranborne 149
Danelaw 138, 166, 192, 193, 225, 227, 241, 243
Deira 65
Derbyshire 184, 225
Devon 150, 184, 239
Dorchester 37
Dorset 244, 246
Douvres 249
Dublin 112
Durham 149, 163, 187, 191, 228
East Anglia 102, 139, 140, 165-169, 191, 192, 203, 265
Écosse 15, 123, 159, 227
Edington 165

Ely 114, 115, 117-119, 187, 190, 191, 204, 205, 226-228, 230
Espagne 214
Essex 45, 184, 226
États-Unis 220-222
Evesham 37, 115, 119
Exeter 39, 50, 108, 111, 228
Feilitzen, Olof von 33
Fenland 41, 119, 166
FitzWilliam Museum 50
Five Boroughs 138, 140
France 78, 133, 221
Franconie 182
Fulda 70
Germanie 106
Glastonbury 39, 107, 204
Gloucester 184
Gloucestershire 41
Grande-Bretagne 15
Great Edstone 112
Hampshire 41, 76, 184
Hatfield 140
Hébrides 215
Heorot 151
Hertfordshire 184, 226
Hexham 149
Huntingdonshire 121, 184, 225
Irlande 259
Islande 134
Jérusalem 67
Kent 43, 158, 165, 184
Kew 44
Leicester 192
Leicestershire 184, 225
Leominster 204
Lincoln 37, 111, 184, 192, 224
Lincolnshire 121, 227, 241, 243
Lindisfarne 74
Little Billing 111
Londres 47, 49, 50, 107, 111, 184, 228
Lund 111
Maldon 16, 155
Malmesbury 203

INDEX

Manche 264
Méditerranée 201
Mercia 17, 41, 123, 166, 169
Middlesex 184, 225
Midlands 123, 139, 140, 185, 186, 191, 192, 196, 203, 210, 227, 243, 244, 254, 261
New Minster 70, 74, 116, 189, 191
Norfolk 45, 225, 227, 232
Normandie 17, 36, 179, 224, 227, 257-259
Northamptonshire 121, 225
Northumbria 139, 140, 167, 169
Norvège 218
Nottingham 184, 224
Old Byland 112
Old Minster 190, 191
Orcades 218
Oxford 249, 250
Oxfordshire 184
Pays de Galles 15, 203, 204
Pershore 111
Peterborough 37, 187, 189-192, 227
Pologne 213
Provinces de l'Ouest 169
Ramsey 37, 115, 226
Reims 88
Rome 56, 101, 109, 114, 215
Romsey 187-189, 191
Rutland 184, 224, 227
Scandinavie 17, 29, 75, 152, 218, 242, 267
Sherborne 245-247
Sicile 214

Somerset 184
Stafford 184, 192
St Albans 226
St-Amand 70
Stamford 102
Suffolk 45, 152, 184
Surrey 184
Tamise 16, 166, 190
Trondheim 112
Wallingford 112
Wareham 111
Warwickshire 184, 225
Wash 184
Watling Street 260, 261
Wearmouth-Jarrow 74
Wedmore 165
Wessex 15-17, 41, 49, 134, 138, 158, 159, 166, 167, 169, 191-193, 210, 226, 243, 244
Westminster 203
Whitchurch 75
Wiltshire 41
Winchcombe 119, 204
Winchester 39, 41, 47, 49, 50, 56, 70, 74, 75, 78, 80, 118, 119, 139, 143, 194, 196, 203, 204, 209, 210, 228, 250-252
Worcester 37, 41, 61, 173, 184, 187, 190, 191, 203, 204, 207, 208, 226, 227, 249
Worcestershire 174
York 16, 184, 210, 224, 227, 250-252
Yorkshire 150, 227, 232, 241, 243, 252, 254

Tables des figures

Graphiques

Graphique 1. *Nombre de chartes conservées par décennie* — 41

Graphique 2. *Répartition (approximative) des monnaies par types* — 51

Graphique 3. *Naturalisation et resémentisation des noms* — 65

Graphique 4. *Naturalisation et resémentisation des noms* — 66

Graphique 5. *Le mensonge du nom* — 67

Graphique 6. *Dation divine du nom et rétablissement du sens* — 68

Graphique 7. *Les noms dans les inscriptions trouvées en Angleterre* — 76

Graphique 8. *Les titres comme partie du nom dans les sources narratives* — 97

Graphique 9. *Évolution des modes de transmission du nom entre parents consanguins à la fin de la période anglo-saxonne* — 137

Graphique 10. *Part relative des modes de transmission du nom entre consanguins dans les différentes langues représentées en Angleterre à la fin de la période anglo-saxonne* — 138

Graphique 11. *Évolution de la part des modes de transmission des noms anglo-saxons* — 139

Graphique 12. *Les formes de transmission du nom dans les différents groupes sociaux à la fin de la période anglo-saxonne* — 142

Graphique 13. *La disparition des grands-parents à la fin du Xe siècle dans la documentation* — 144

Graphique 14. *Trois groupes de parenté (S 1539, S 1458 et obituaire du New Minster)* — 148

Graphique 15. *La parenté de Beorhtnoth d'Essex et ses alliés* — 156

Graphique 16. *Part relative des formes de transmission du nom pour les liens de parenté éloignés selon le niveau social des groupes familiaux* — 162

Graphique 17. *Surreprésentation et sous-représentation des légataires selon leur identité et le type de biens concédés* — 171

Graphique 18. *Évolution des différents indicateurs appliqués aux témoins des chartes royales pendant la période 954-1066* — 188

Graphique 19. *Évolution du palmarès des protothèmes les plus courants au cours de la période d'après les chartes royales* — 195

Graphique 20. *Évolution du palmarès des deutérothèmes les plus courants au cours de la période d'après les chartes royales* — 195

Graphique 21. *Noms mono- et bithématiques selon la taille des manors dans le Domesday Book (nb de noms différents)* — 208

TABLES DES FIGURES

Graphique 22. *La part relative des langues dans le matériau anthroponymique de certaines sources, d'après les grandes études de référence*   217

Graphique 23. *Répartition des langues pour le nom de la femme et du mari dans le cas où ces derniers ont des noms issus de corpus linguistiques différents*   232

Graphique 24. *Alliances matrimoniales et origine linguistique des noms (en nombre)*   232

Graphique 25. *Liens adelphiques et stocks linguistiques des noms aux Xe-XIe siècles* 233

Graphique 26. *Origine linguistique des noms chez les Uhtredsons*   234

Graphique 27. *L'apport linguistique à chaque génération chez les Uhtredsons*   235

Graphique 28. *Les choix linguistiques dans la transmission des noms entre deux générations chez les Uhtredsons*   235

Graphique 29. *Stemma de la famille des Uhtredsons*   236

Graphique 30. *Part relative des noms anglo-saxons et norrois dans quelques monnayages*   251

Graphique 31. *Part relative des noms anglo-saxons et norrois dans quelques monnayages à Winchester*   251

Graphique 32. *Part relative des noms anglo-saxons et norrois dans quelques monnayages à York*   251

Graphique 33. *Origine linguistique du nom des courtisans (par individu)*   253

Graphique 34. *Origine linguistique du nom des courtisans (par nombre de souscriptions)*   253

Graphique 35. *Changer de langue pour les noms d'une génération à la suivante (total)*   255

Graphique 36. *Changer de langue pour les noms d'une génération à la suivante (langue de départ)*   256

Graphique 37. *Changer de langue pour les noms d'une génération à la suivante (langue d'arrivée)*   257

Cartes

Carte 1. *Les comtés de l'Angleterre anglo-saxonne au temps du Domesday Book*   19

Carte 2. *Répartition du matériau diplomatique par archives et par comtés dans lesquels les domaines sont concédés*   42

Carte 3. *Cartographier la transmission du nom : variation et allitération*   141

Carte 4. *Mesures de condensation et d'extension en Angleterre d'après les individus synthétiques du Domesday Book*   185

Carte 5. *Mesures de condensation, concentration et extension en Angleterre, d'après les Libri vitae et une partie du matériau diplomatique*   186

Carte 6. *Taux d'homonymie d'après les individus synthétiques du Domesday Book* 189

Carte 7. *Mesures de concentration du stock en Angleterre d'après les individus synthétiques du Domesday Book*   190

Carte 8. *Palmarès pour les quatre noms les plus usuels, dans chaque comté, d'après les individus synthétiques du Domesday Book*   192

Carte 9. *Palmarès des noms les plus usuels d'après des sources diplomatiques et mémorielles* — 193

Carte 10. *Répartition géographique des individus connus portant des noms de saints universels d'après les sources diplomatiques, fiscales et nécrologiques* — 202

Carte 11. *Part des individus synthétiques portant un nom norrois par comté d'après le Domesday Book* — 225

Carte 12. *Part des individus synthétiques portant un nom norrois par hundred d'après le Domesday Book* — 226

Carte 13. *Nombre et proportion de noms norrois par hundreds d'après le Domesday Book* — 228

Carte 14. *Part des noms dans les différentes langues, pour quelques sites, d'après plusieurs types de sources* — 229

Carte 15. *Localisation des ethniques et stock anthroponymique norrois* — 242

Tableaux

Tableau 1. *L'authenticité du matériau diplomatique* — 40

Tableau 2. *Principales subdivisions du* nomen — 60

Tableau 3. *Répartition géographique des principales formes de transmission du nom dans la parenté consanguine (x^e-xie siècles)* — 140

Tableau 4. *La variation dans les liens de filiation (en %)* — 146

Tableau 5. *La variation dans les fratries, exprimée en valeur absolue et en valeur relative par rapport au nombre total de liens identifiés* — 147

Tableau 6. *Les surnoms matronymiques et patronymiques compilés par Tengvik par catégorie et par langue pour le nom du parent* — 150

Tableau 7. *Part de la transmission du nom (ici variation et répétition) dans les liens consanguins selon la latéralité et le sexe* — 154

Tableau 8. *Variation et allitération avec les grands-parents, selon la latéralité, pour les individus dont on connaît trois grands-parents* — 154

Tableau 9. *Les liens familiaux et la transmission du nom selon la latéralité et l'origine sociale des individus (en %)* — 157

Tableau 10. *Parenté éloignés et transmission du nom (variation, répétition) (en %)* — 161

Tableau 11. *Occurrences des noms royaux dans le matériau diplomatique, numismatique et nécrologique aux xe-xie siècles* — 198

Tableau 12. *La transmission du nom entre maîtres et dépendants d'après les testaments (en %)* — 200

Tableau 13. *La transmission du nom des saints d'Ely parmi les acteurs du Liber Eliensis* — 205

Tableau 14. *La part des noms bithématiques dans des sources mémorielles et diplomatiques* — 207

Tableau 15. *Répartition des noms et des individus synthétiques par langue dans le Domesday Book et les monnaies (nb et part)* — 224

Tableau 16. *Nombre d'Anglo-Saxons épousant des Scandinaves (S) ou des Français(es) (F)* — 231

Table des matières

Remerciements	5
Liste des abréviations	7
Introduction	13

Chapitre 1. Le nom, substrat essentiel de l'identité	21
I. Entre identité individuelle et identité de groupe	23
Identité et individu	23
Le primat de l'identité spécifique au Moyen Âge	24
Les limites du modèle	25
II. Des identités construites et contextuelles	27
La théorie constructiviste et fonctionnelle de l'ethnicité	27
L'action au pluriel	30
Le « feuilletage » sémantique des noms	31
III. Trouver les noms, les individus et les groupes	33
Bases de données, identification linguistique et reconstruction des groupes familiaux	34
Noms, individus et groupes dans les chartes	38
Intérêt individuel et intérêt de groupe dans les testaments	42
Identifier noms et personnes dans le Domesday Book	44
Qui sont les monétaires ?	48
Conclusion	51

Chapitre 2. Nom et individuation	53
I. La grammaire du nom	55
La grammaire en Angleterre aux xe et xie siècles	55
La théorie des noms propres	56
Les types de noms	59
II. Les représentations du nom	61
Identifier, ordonner et contraindre par le nom	63
L'étymologie ontologique des noms	64
III. Dieu connaît chacun par son nom	69
La discrète omniprésence du nom dans la liturgie baptismale	70
La mémoire du nom dans la liturgie commémorative	72
Mémoire individuelle et sources non-liturgiques	75
Les noms d'auteurs	77
La place des noms dans le matériau hagiographique	79
Conclusion	80

TABLE DES MATIÈRES

Chapitre 3. Nom et intégration sociale ... 83
  I. Baptême, dation du nom et environnement social ... 84
    Choisir le nom d'un enfant : le rôle des parents ... 84
    Le baptême et la sacralisation du nom ... 87
    La rareté de la parenté rituelle ... 90
  II. Renommer et surnommer : les maîtres des noms ... 93
    Le surnom des aristocrates, affirmation de soi ou choix du roi ? ... 95
    Le désintérêt de l'Église ... 98
    Donner un nom aux adultes au sein de la communauté ... 101
  III. La renommée des puissants et la structuration des communautés ... 104
    La glorification du nom des élites ... 105
    Mauvais nom et *damnatio memoriae* ... 107
    La privation du nom ... 109
  IV. Le rôle social des noms dans les pratiques mémorielles ... 113
    La distinction des élites ... 114
    La légitimation des pouvoirs ... 117
    La structuration de l'identité des groupes ... 120
  Conclusion ... 125

Chapitre 4. *Nomen*, famille et pouvoir ... 127
  I. Bilan – Les formes de la parenté et le rôle du nom ... 128
  II. La transmission du nom ... 133
    Les modes de transmission du nom ... 134
    Évolutions et disparités ... 136
    Les limites du système ... 143
  III. Anthroponymie et structures de la parenté ... 145
    Le primat de la famille nucléaire ... 145
    Un système bilatéral à tendance patrilinéaire ... 151
    La lignée royale et les *Sippen* aristocratiques ... 158
  IV. Patrimoine matériel et patrimoine immatériel ... 164
    Légitimer et revendiquer la charge royale ... 165
    Appartenir à un groupe aristocratique ou à un clan épiscopal ... 169
    Le pouvoir des familles au village ... 171
  Conclusion ... 175

Chapitre 5. Popularité des noms et structuration du corps social ... 179
  I. Bilan – Genèse médiévale de l'anthroponymie moderne ... 180
  II. La popularité des noms ... 183
    La richesse du stock onomastique ... 184
    La société des Godwine et des Ælfric ... 190
  III. Facteurs de changement et facteurs de continuité ... 196
    L'attractivité du nom des puissants ... 197
    Donner le nom des saints ... 201
    Objet de distinction et marque d'appartenance ? ... 205
  Conclusion ... 210

TABLE DES MATIÈRES 345

Chapitre 6. *Þeodisc Naman*. Nom et appartenance ethnique 211
  I. Bilan historiographique 212
     La langue, fondement de l'identité 212
     Les noms, témoins de l'origine des individus 213
     Le nom, vecteur d'appartenance et outil d'exclusion 219
  II. La présence des noms exogènes : marque d'une société multiculturelle ? 223
     Société anglo-scandinave et conscience régionale 223
     La famille anglo-scandinave 230
  III. Noms, surnoms et labels ethniques 237
     Choix des noms et identification ethnique 237
     Des surnoms ethniques en Angleterre anglo-saxonne ? 240
     Le nom comme marqueur d'étrangeté : le cas d'Orc 244
  IV. Exclusion et accommodation : le rôle du nom 248
     Identité et altérité ethnique : le primat de la xénophobie 248
     Le résultat d'un processus d'exclusion ? 250
     Des stratégies d'évitement ? 255
  Conclusion 260

Conclusion Générale 263

Bibliographie 273
  I. Sources primaires 273
     A. Ressources générales 273
     B. Sources normatives et administratives 273
     C. Sources religieuses 276
     D. Sources littéraires 282
     E. Sources matérielles 285
  II. Sources secondaires 285

Stemma des principaux groupes familiaux 319
     A. La lignée de Cerdic d'Ecgberth à Edward l'Aîné 319
     B. La lignée de Cerdic d'Edward l'Aîné à Edgar le Pacifique 320
     C. La lignée de Cerdic d'Edgar le Pacifique à son extinction 321
     D. La parentèle de l'*ealdorman* Uhtred de Bamburgh 322
     E. La parentèle d'Æthelweard des Provinces de l'Ouest 323
     F. La parentèle de l'*ealdorman* Beorhtnoth d'Essex 324
     G. La parentèle de l'*ealdorman* Æthelstan Half-King 325
     H. La parentèle de l'*ealdorman* Ælfhelm de Northumbrie 326
     I. La parentèle de l'*ealdorman* Leofric de Mercie 327
     J. La parentèle de l'*ealdorman* Godwine de Wessex 328

Index	329
Index personarum	329
Index locorum	337
Tables des figures	339
Graphiques	339
Cartes	340
Tableaux	341